# 20일 만에 끝내는 해커스 토익750⁺LC 200% 활용법

KB100694

---

## 🖥 무료 온라인 토익 실전모의고사

해커스토익(Hackers.co.kr) 접속 ▶ 상단 메뉴
[교재/무료 MP3 → 해커스 토익 책 소개 →
20일 만에 끝내는 해커스 토익 750+ LC] 클릭 ▶
[온라인 모의고사] 아이콘 클릭하여 이용하기

## 🎧 교재 MP3

해커스인강(HackersIngang.com) 접속 ▶ 상단 메뉴
[MP3/자료 → 문제풀이 MP3]
클릭하여 다운받기

\* QR코드로 [교재 MP3] 바로 가기

---

## 📋 무료 들으면서 외우는 단어암기자료

해커스인강(HackersIngang.com) 접속 ▶ 상단 메뉴 [MP3/자료 → 무료 MP3/자료]
클릭하여 다운받기

## ✏ 무료 받아쓰기+쉐도잉 프로그램

\* QR코드로 [MP3/자료] 바로 가기

---

## 📖 무료 매월 적중예상특강

해커스토익(Hackers.co.kr) 접속 ▶ 상단 메뉴
[교재/무료 MP3 → 해커스 토익 책 소개 → 20일 만에 끝내는 해커스 토익 750+ LC] 클릭 ▶
[적중예상특강] 아이콘 클릭하여 이용하기

\* QR코드로 [무료 적중예상특강] 바로 보기

---

## 📨 무료 실시간 토익시험 정답확인/해설강의

해커스토익(Hackers.co.kr) 접속 ▶ 상단 메뉴
[교재/무료 MP3 → 해커스 토익 책 소개 → 20일 만에 끝내는 해커스 토익 750+ LC] 클릭 ▶
[채점서비스] 아이콘 클릭하여 이용하기

\* QR코드로 [실시간 토익정답] 바로 보기

# 20일 만에 끝내는

# 해커스 토익

David Cho

# 750⁺ LC

**해커스** 어학연구소

20일 만에 끝내는

# 해커스
David Cho
# 토익
## 750⁺ LC

**개정 4판 6쇄 발행 2024년 8월 5일**

개정 4판 1쇄 발행 2021년 7월 1일

| | |
|---|---|
| **지은이** | David Cho |
| **펴낸곳** | (주)해커스 어학연구소 |
| **펴낸이** | 해커스 어학연구소 출판팀 |

| | |
|---|---|
| **주소** | 서울특별시 서초구 강남대로61길 23 (주)해커스 어학연구소 |
| **고객센터** | 02-537-5000 |
| **교재 관련 문의** | publishing@hackers.com |
| **동영상강의** | HackersIngang.com |

| | |
|---|---|
| **ISBN** | 978-89-6542-423-9 (13740) |
| **Serial Number** | 04-06-01 |

**영어 전문 포털, 해커스토익**
Hackers.co.kr
**해커스토익**

- 최신 기출경향이 완벽 반영된 무료 온라인 토익 실전모의고사
- 단기간에 토익 끝내기! 무료 매월 적중예상특강 및 실시간 토익시험 정답확인/해설강의
- 매일 실전 RC/LC 및 토익 기출보카 TEST 등 다양한 무료 학습 컨텐츠

**외국어인강 1위, 해커스인강**
HackersIngang.com
**해커스인강**

- 효과적인 리스닝 학습을 돕는 무료 교재 MP3
- 듣기가 쉬워지는 무료 받아쓰기&쉐도잉 프로그램
- 영역별 무료강의, 진단고사 해설강의 등 다양한 무료 학습 컨텐츠
- 토익 스타강사의 본 교재 인강

[외국어인강 1위] 헤럴드 선정 2018 대학생 선호브랜드 대상 '대학생이 선정한 외국어인강' 부문 1위

# 토익은 역시 해커스입니다.

'토익을 통한 올바른 영어공부'를 목적으로 시작된 <해커스 토익>은 목표를 향해가는 수험자들을 올바르게 안내하는 등대와 같은 역할을 해왔습니다.

이번에도 학습자들이 영어 실력을 향상하고 토익 고득점을 달성하는 데 도움을 주고 자 《해커스 토익 750+ LC》를 출간하게 되었습니다.

### 토익에 완벽하게 대비할 수 있는 <해커스 토익 750+>

《해커스 토익 750+ LC》는 중급 학습자들이 토익에 완벽하게 대비할 수 있도록 토익 리스닝을 철저하게 연구 · 분석하여 반영하였습니다. 특히, 토익 최신 출제 경향이 반 영된 문제 및 지문을 교재에 수록하였고, 토익 리스닝을 가장 확실하게 풀어낼 수 있 는 유형별 전략을 제공하였습니다.

### 20일 만에 빠른 실력 향상과 철저한 실전 대비가 모두 가능한 <해커스 토익 750+>

《해커스 토익 750+ LC》는 20일 간의 학습을 통해 빠른 실력 향상과 철저한 실전 대 비가 가능하도록 구성되었습니다. 학습자들이 빠르게 실력을 향상할 수 있도록 실제 토익 리스닝 시험에 출제되는 다양한 유형과 이에 대한 핵심 전략을 수록하였고, 학 습자들이 실전 감각을 충분히 키울 수 있도록 실전 문제를 풍부하게 수록하였습니다. 이와 더불어, 토익 리스닝 실력 향상과 실전 문제 풀이에 도움이 되는 듣기 연습 코너 를 별도로 마련하였고, 받아쓰기 & 쉐도잉 프로그램을 통해 추가적인 학습이 가능하 도록 하였습니다.

### 다양한 학습자료를 이용할 수 있는 <해커스 토익>

마지막으로, 해커스토익 사이트(Hackers.co.kr)에서 다양한 무료 토익 학습자료를 이용하여 학습한다면, 보다 효과적이고 즐거운 학습을 할 수 있을 것입니다.

《해커스 토익 750+ LC》를 통해 여러분들이 토익 리스닝 고수의 위치로 성큼 올라서 고, 나아가 더 커다란 목표에 도달할 수 있기를 바랍니다.

# CONTENTS

해커스 토익 750+ LC

# 책의 특징

## 01 단 20일 만에 중급에서 상급으로 도약할 수 있는 토익 리스닝 교재

이 책은 토익 리스닝의 기초를 다진 학습자들이 중급 실력을 완성하고, 나아가 상급 리스닝 실력으로 발돋움하기 위한 중급용 토익 리스닝 교재이다. 토익 리스닝 전 영역을 20일 학습 분량으로 구성하여 학습자들은 단 20일 만에 750점 이상의 목표 점수를 달성하고 한 단계 높은 상급 실력까지 도약할 수 있다.

## 02 토익 최신 출제 경향 반영

최근 토익 시험에 출제되는 문제 유형과 지문 유형을 철저하게 분석하여 교재에 반영하였다. 또한 실제 리스닝 시험 8회분 상당의 풍부한 토익 문제를 유형별로 제공하였으며, 각 유형을 풀어내는 문제 풀이 전략을 함께 제공해 학습자들이 토익 리스닝 시험에 철저히 대비할 수 있도록 하였다.

## 03 유형별/단계별 학습을 통한 완벽한 리스닝 정복

학습자가 각 Day마다 유형별 핵심 전략을 학습하고 실전 문제를 풀어보도록 함으로써 해당 유형의 문제를 가장 쉽게 해결하는 연습을 할 수 있게 하였다. 또한, 각 유형을 중급부터 상급까지 차근차근 학습할 수 있도록 '출제 경향 → 핵심 전략 → 실전 연습 → Hackers Practice → Hackers Test'순의 단계별 학습으로 구성하였고, 학습 마무리 단계에서는 실전모의고사를 통해 최종 정리를 할 수 있도록 하였다.

## 04 토익 리스닝 실력 향상을 위한 듣기 연습 코너

혼동되는 자음/모음, 유사 발음, 미국식·영국식 발음 차이, 긴 문장 듣기 등 단어 듣기부터 문장 듣기까지 학습자들이 어려워하고 자주 틀리는 문제의 원인을 해결해주는 듣기 연습을 Listening Solution이라는 코너로 수록하여, 학습자들이 토익 리스닝의 기본을 다지고 실질적인 점수 향상을 할 수 있다.

## 05 효과적인 리스닝 학습을 위한 해석·해설과 어휘 제공

교재에 수록된 문제와 지문에 대한 해석과 해설을 제공하여 학습자가 보다 정확하게 문제와 지문을 이해하도록 하였다. 또한 모든 문제와 지문에 대한 중요 어휘를 제공하여 어휘력을 향상시킬 수 있도록 하였다.

## 06 전문 성우 발음을 수록한 입체적 구성의 교재 MP3

전문 성우들의 정통 미국식·캐나다식·영국식·호주식 발음을 수록하는 동시에, 교재 내용 중 집중 연습이 필요한 부분을 반복해서 들려주어 토익 리스닝을 위한 듣기 실력을 탄탄하게 향상시킬 수 있도록 하였다. 교재 MP3는 해커스인강 사이트(HackersIngang.com)에서 다운 받을 수 있고, 각 파트에 있는 QR 코드를 이용하여 재생할 수 있다.

## 07 받아쓰기&쉐도잉 프로그램과 워크북을 통한 철저한 복습

교재에 수록된 핵심 문장을 복습할 수 있도록 받아쓰기&쉐도잉 프로그램과 워크북을 제공하여, 토익 리스닝 점수를 단기에 대폭 향상할 수 있는 기본 실력을 갖추도록 하였다. 받아쓰기 프로그램과 쉐도잉 워크북(PDF)은 해커스인강 사이트(HackersIngang.com)에서 이용 가능하다.

## 08 방대한 영어 학습자료 및 동영상강의 제공

해커스토익 사이트(Hackers.co.kr)에서 매일 새로운 토익 문제를 풀어 볼 수 있고, 무료 온라인 실전모의고사를 비롯한 토익 예상 강의 등 다양한 학습자료가 무료로 제공된다. 학습자들 간의 온라인 학습 토론을 통해 공부하면서 생기는 문제점도 해결할 수 있다. 추가로, 해커스인강 사이트(HackersIngang.com)에서 동영상 강의를 수강하면 선생님의 설명과 함께 보다 깊이 있는 학습이 가능하다.

# 책의 구성

**DAY 01** 사람 중심 사진

· 사람 중심 사진을 1인 사진과 2인 이상 사진으로 나누어 살펴보자. 1인 사진과 2인 이상 사진은 Part1
전체 6문제 중 각각 2~3문제 정도 매회 출제된다.

**기출포인트 01** | **1인 사진**

1인 사진은 한 명의 사람이 중심이 되는 사진이다. 한 명의 사람이 사무실에서 일
물건이 쌓여 있는 사진이 자주 출제된다.

## • 파트별 출제 포인트

토익 리스닝에 출제되는 포인트들을 각 파트별로 철저히 분석하여 정리하였
다. 이를 통해 학습자들은 해당 파트를 공부할 때 주력해야 할 부분이 무엇
인지 알 수 있다.

---

**기출포인트 01** | **시각 자료 문제 1 (표 및 그래프)**

표 및 그래프 문제는 대화에서 언급된 내용 중 질문과 함께 제시된 표 또는 그래프

**출제 경향**

1. 사무기기 가격표 또는 재고 현황, 업무 일정표, 회사의 연 매출 그래프 등의 시
2. 주로 다음과 같은 질문을 사용한다.
   Look at the graphic. What model will the man request? 시각 자료를 보아라
   Look at the graphic. Which branch do the speakers work at? 시각 자료를

**핵심 전략**

1. 주어진 표 또는 그래프를 보고 무엇에 관한 내용인지 빠르게 파악한다.
2. 변경 사항, 최고·최저 항목 등의 특이 사항이 언급될 경우 해당 부분의 주변에

## • 출제 경향과 핵심 전략

각 파트별 출제되는 문제 또는 지문의 유형을 철저히 분석하여 각 유형에서
반드시 알아야 할 특징과 전략을 수록하였다. 이를 통해 토익 리스닝에서 출
제되는 유형을 완벽히 익힐 수 있도록 하였다.

---

**실전 연습** | 질문과 보기를 먼저 읽은 후, 대화를 들으면서 정답을 선택해보자.

해석

1. What does the man imply when he says, "That work is scheduled for next week"?
   (A) He was told a project was delayed.
   (B) He was assigned a new task.
   (C) He was not notified of a change.
   (D) He was not aware of a meeting.

Question 1 refers to the following conversation.
W: Hey. We can't use the large conference room to host our meeting tomorrow.
M: Why is that?
W: The maintenance department notified us that **the carpet in that room will be cleaned tomorrow afternoon**.

해석
남자는 "그 작업은
때 무엇을 의도하
(A) 그는 프로젝트
(B) 그는 새로운 업
(C) 그는 변경 사
(D) 그는 회의에 대

1은 다음 대화에 관
W: 안녕하세요. 우리
   회의실을 사용할
M: 왜 그런가요?
W: 그 방의 카펫이 다
   부서가 우리에게
M: 그 작업은 다음

## • 실전 연습

해당 유형의 실전 문제를 핵심 전략을 적용하여 풀어봄으로써 효과적으로 실
력을 쌓을 수 있도록 하였다.

---

## HACKERS **PRACTICE**

🎧 D3_HP

**질문을 듣고 알맞은 응답을 선택한 후, 다시 들으며 빈칸을 채우시오.** (음성은 두 번씩 들려줍니다.)

01 Q: _____ will be the _____ for the next collection?
   (A) Cynthia Boone, I think.
   (B) The designs need some changes.

02 Q: _____ will Brian _____ the proposals?
   (A) By the end of the week.

## • Hackers Practice

앞서 학습한 핵심 전략을 실전에 적용할 수 있도록 하여 문제 풀이 능력을 키
우고 받아쓰기 연습을 통해 듣기 실력이 향상되도록 하였다.

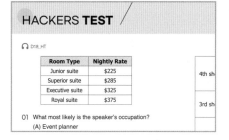

## • Hackers Test

각 Day의 학습을 마무리한 후 그 Day에 해당하는 모든 유형의 실전 문제들을 충분히 풀어봄으로써 각 유형별 학습 내용을 실전에 적용할 수 있도록 하였다.

## • Listening Solution

각 Day의 마지막에 혼동되는 자음/모음, 유사 발음, 미국식·영국식 발음 차이, 긴 문장 듣기 등의 듣기 연습 코너를 제공하여 학습자가 어려워하고 자주 틀리는 문제에 완벽하게 대비할 수 있도록 하였다.

## • 실전모의고사 [별책]

모든 파트를 마무리한 후 실제 토익 리스닝과 동일한 문항 수 및 난이도로 구성된 실전모의고사를 풀어봄으로써 학습자의 성취도와 실력을 평가해볼 수 있도록 하였다.

## • 스크립트와 해석·해설

교재에 수록된 문제 및 지문의 스크립트, 정확한 해석·해설을 제공하여 학습자가 교재를 효율적으로 학습할 수 있도록 하였다.

# 토익 소개

## 🐻 토익이란 무엇인가?

TOEIC은 Test Of English for International Communication의 약자로 영어가 모국어가 아닌 사람들을 대상으로 언어 본래의 기능인 '커뮤니케이션' 능력에 중점을 두고 일상생활 또는 국제 업무 등에 필요한 실용영어 능력을 평가하는 시험이다. 토익은 일상 생활 및 비즈니스 현장에서 필요로 하는 내용을 평가하기 위해 개발되었고 다음과 같은 실용적인 주제들을 주로 다룬다.

- 협력 개발: 연구, 제품 개발
- 재무 회계: 대출, 투자, 세금, 회계, 은행 업무
- 일반 업무: 계약, 협상, 마케팅, 판매
- 기술 영역: 전기, 공업 기술, 컴퓨터, 실험실
- 사무 영역: 회의, 서류 업무
- 물품 구입: 쇼핑, 물건 주문, 대금 지불
- 식사: 레스토랑, 회식, 만찬
- 문화: 극장, 스포츠, 피크닉
- 건강: 의료 보험, 병원 진료, 치과
- 제조: 생산 조립 라인, 공장 경영
- 직원: 채용, 은퇴, 급여, 진급, 고용 기회
- 주택: 부동산, 이사, 기업 부지

## 🐻 토익 시험의 구성

| 구성 | | 내용 | 문항 수 | 시간 | 배점 |
|---|---|---|---|---|---|
| Listening Test | Part 1 | 사진 묘사 | 6문항 (1번~6번) | 45분 | 495점 |
| | Part 2 | 질의 응답 | 25문항 (7번~31번) | | |
| | Part 3 | 짧은 대화 | 39문항, 13지문 (32번~70번) | | |
| | Part 4 | 짧은 담화 | 30문항, 10지문 (71번~100번) | | |
| Reading Test | Part 5 | 단문 빈칸 채우기 (문법/어휘) | 30문항 (101번~130번) | 75분 | 495점 |
| | Part 6 | 장문 빈칸 채우기 (문법/어휘/문장 고르기) | 16문항, 4지문 (131번~146번) | | |
| | Part 7 | 지문 읽고 문제 풀기 (독해) - 단일 지문 (Single Passage) - 이중 지문 (Double Passages) - 삼중 지문 (Triple Passages) | 54문항, 15지문 (147번~200번) - 29문항, 10지문 (147번~175번) - 10문항, 2지문 (176번~185번) - 15문항, 3지문 (186번~200번) | | |
| TOTAL | | 7 Parts | 200 문항 | 120분 | 990점 |

# ● 토익, 접수부터 성적 확인까지!

## 1. 토익 접수

- 접수 기간을 TOEIC위원회 인터넷 사이트(www.toeic.co.kr) 혹은 공식 애플리케이션에서 확인한다.
- 추가시험은 연중 상시로 시행되니 인터넷으로 확인하고 접수한다.
- 접수 시, jpg형식의 사진 파일이 필요하므로 미리 준비해 둔다.

## 2. 토익 응시

- 토익 응시일 이전에 시험 장소 및 수험번호를 미리 확인해 둔다.
- 시험 당일 신분증이 없으면 시험에 응시할 수 없으므로, 반드시 ETS에서 요구하는 신분증(주민등록증, 운전면허증, 공무원증 등)을 지참한다. ETS에서 인정하는 신분증 종류는 TOEIC위원회 인터넷 사이트(www.toeic.co.kr)에서 확인 가능하다.

## 3. 성적 확인

| | |
|---|---|
| 성적 발표일 | 시험일로부터 약 10일 이후 (성적 발표 기간은 회차마다 상이함) |
| 성적 확인 방법 | TOEIC위원회 인터넷 사이트(www.toeic.co.kr) 혹은 공식 애플리케이션 |
| 성적표 수령 방법 | 우편 수령 또는 온라인 출력 (시험 접수 시 선택)<br>*온라인 출력은 성적 발표 즉시 발급 가능하나, 우편 수령은 약 7일가량의 발송 기간이 소요될 수 있음 |

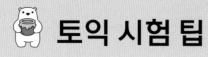

# 토익 시험 팁

## ● 시험 시작 전

| | |
|---|---|
| **1. 고사장 가기 전** | • 신분증, 연필, 지우개, 손목시계를 반드시 준비한다.<br>• 수험번호를 적어가면 고사장을 찾을 때 편리하므로 반드시 메모지에 적어간다.<br>• 평소 정리해 둔 오답노트나 단어암기장을 준비해 시험 시작 전까지 최종 정리를 한다.<br><br>[시험 당일 준비물]<br><br>신분증　　연필&지우개　　시계　　수험번호를 적어둔 메모　　오답노트&단어암기장 |
| **2. 고사장 도착**<br>AM 09:20 이전<br>[PM 02:20 이전] | • 고사장에는 9시 20분 이전에 도착한다.<br>• 고사장 입구에서 자신의 이름과 수험번호로 해당 고사실을 확인한 후, 고사실 입구에서 자신의 자리를 확인한다. |
| **3. 답안지 작성**<br>AM 09:30 ~ 09:45<br>[PM 02:30 ~ 02:45] | • 9시 30분이 되면 답안지 작성에 관한 안내 방송이 시작된다.<br>• DATA SHEET와 ANSWER SHEET로 구성된 답안지를 받으면, 안내 방송 내용에 따라 답안지의 해당 부분에 필요한 정보를 마킹한다. (이름, 학력, 취업 상태, 영어 실력 및 학습 방법 등) |
| **4. 쉬는 시간**<br>AM 09:45 ~ 09:50<br>[PM 02:45 ~ 02:50] | • 9시 45분부터 약 5분 동안 휴식시간이 주어진다. 시험이 시작되면 추가 휴식시간이 없으므로 반드시 이 시간을 이용해서 화장실을 다녀오도록 한다.<br>• 준비해간 오답노트나 단어암기장을 보면서 최종 마무리 학습을 한다. |
| **5. 신분 확인**<br>AM 09:50 ~ 10:10<br>[PM 02:50 ~ 03:10] | • 휴식시간이 끝나는 9시 50분부터 신분 확인과 함께 스피커 점검이 시작된다. 이때 핸드폰 및 각종 전자 기기의 전원을 차단하여 감독관에게 제출하게 되며, 신분증과 필기도구를 제외한 소지품 및 가방을 고사실 앞으로 모아놓게 된다.<br>• 신분 확인이 끝나면, 문제지가 배부되고 파본 검사를 하게 된다. 이때 문제지에 수험번호와 이름을 쓰게 된다. 그리고 바로 Listening Test가 시작된다. |

※ 괄호 안의 시간은 오후 추가시험일 경우에 해당됨

## ● 시험 시작 후

| | |
|---|---|
| **1. Listening**<br>**문제 풀이 및**<br>**답안지 마킹**<br><br>AM 10:10 ~ 10:55<br>(PM 03:10 ~ 03:55) | • Part 1과 Part 2의 디렉션이 나오는 동안 Part 5의 문제를 최대한 많이 풀어둔다. 단, "Now Part 1 will begin" 또는 "Now let us begin with question number 7"이라는 음성이 들리면 바로 Part 1이나 Part 2로 돌아가서 문제를 푼다.<br>• Part 1과 Part 2는 문제를 풀면서 정답을 바로 답안지에 마킹한다.<br>• Part 3의 디렉션이 나오는 동안에는 32번부터 34번의 질문과 보기를 미리 읽어두고, Part 4의 디렉션이 나오는 동안에는 71번부터 73번을 읽어둔다.<br>• Part 3와 Part 4는 문제의 정답 보기 옆에 살짝 표시해 두고, Listening Test가 끝난 후 한꺼번에 마킹한다.<br>　\* 방송 시스템에 문제가 생겨 Reading Test를 먼저 진행하고 Listening Test를 나중에 진행할 경우에는 별도의 마킹 시간이 주어지지 않으므로 모든 문제의 정답을 곧바로 답안지에 마킹해야 한다. |
| **2. Reading**<br>**문제 풀이 및**<br>**답안지 마킹**<br><br>AM 10:55 ~ PM 12:10<br>(PM 03:55 ~ 05:10) | • Part 5와 Part 6는 문항당 최대 30초를, Part 7은 지문당 5분을 넘기지 않도록 한다. 문제를 푸는 중간 중간에 시계를 확인하여 문제 푸는 속도를 조절한다.<br>• Reading Test는 각 문제를 풀 때 바로 정답을 마킹한다. |
| **3. 시험 종료**<br><br>PM 12:10<br>(PM 05:10) | • 시험 종료 예고 방송은 시험 종료 15분 전과 5분 전에 두 번 이루어지며, 시험 종료 5분 전이라는 예고 방송이 나올 때에는 답안지 마킹이 거의 끝나있도록 속도를 조절한다.<br>• 시험이 종료되면 줄 제일 뒤에 앉은 사람이 시험지와 답안지를 수거한다. 시험 종료 후 마킹을 계속할 경우, 부정 처리가 되어 불이익을 당할 수 있다는 점을 유의한다. |

※ 괄호 안의 시간은 오후 추가시험일 경우에 해당됨

# 파트별 문제 형태 및 전략

## PART 1   사진 묘사 [6문제]

Part 1은 사진 묘사 능력을 측정하는 파트로, 주어진 4개의 보기 중에서 사진의 상황을 가장 잘 묘사한 보기를 선택해야 하는 문제가 출제된다. 총 6문제가 출제되며, 문제지에는 사진만 제시되고 음성으로는 4개의 보기를 들려준다.

## 1. 문제 형태

| 문제지 | 음성 |
| --- | --- |
| **1.**  | Number 1. Look at the picture marked number one in your test book.<br><br>(A) He's closing his laptop.<br>(B) He's typing on the keyboard.<br>(C) He's talking on the phone.<br>(D) He's picking up a folder. |

## 2. 문제 풀이 전략

- **보기를 듣기 전에 사진 유형을 확인하고 관련 표현을 미리 연상한다.**

  보기를 듣기 전에 사진을 관찰하여 사진에 등장하는 사람의 유무 및 수에 따라 사진의 유형을 확인한 다음, 사진 속 사람의 동작/상태 또는 사물의 상태와 관련된 표현들을 미리 연상한다. 표현을 미리 연상하는 과정에서 사진의 내용을 정확하게 확인하게 되며, 연상했던 표현이 보기에 사용될 경우 훨씬 명확하게 들을 수 있어 정답 선택이 쉬워진다.

- **사진을 완벽하게 묘사한 것이 아니라 가장 적절하게 묘사한 보기를 선택한다.**

  Part 1은 사진을 완벽하게 묘사한 보기가 아니라 가장 적절하게 묘사한 보기를 선택해야 한다. 따라서 Part 1의 문제를 풀 때 O, X를 표시하면서 보기를 들으면 오답 보기를 확실히 제거할 수 있어 정확히 정답을 선택할 수 있다. 특별히 Part 1에서 자주 출제되는 오답 유형을 알아두면 X를 표시하면서 훨씬 쉽게 오답을 제거할 수 있다.

  [Part 1 빈출 오답 유형]

  사진 속 사람의 동작을 잘못 묘사한 오답

  사진에 없는 사람이나 사물을 언급한 오답

  사진 속 사물의 상태나 위치를 잘못 묘사한 오답

  사물의 상태를 사람의 동작으로 잘못 묘사한 오답

  사진에서는 알 수 없는 사실을 진술한 오답

  혼동하기 쉬운 어휘를 이용한 오답

## PART 2  질의 응답 (25문제)

Part 2는 짧은 질문에 대한 적절한 응답을 고르는 능력을 측정하는 파트로, 주어진 질문이나 진술에 가장 적절한 응답을 선택해야 하는 문제가 출제된다. 총 25문제가 출제되며, 문제지에는 질문과 보기가 제시되지 않고 음성으로는 질문과 3개의 보기를 들려준다.

## 1. 문제 형태

| 문제지 | 음성 |
|---|---|
| **7.** Mark your answer on your answer sheet. | Number 7. Who called the clinic?<br><br>(A) Yes, he did.<br>(B) The secretary.<br>(C) No, she isn't well. |

## 2. 문제 풀이 전략

- **질문의 첫 단어를 반드시 들어 질문 유형을 파악한다.**

  질문을 들을 때 첫 단어를 반드시 들어서 질문 유형을 파악한다. Part 2에서 평균 12~14문제가 출제되는 의문사 의문문은 첫 단어인 의문사만 들으면 대부분 정답을 선택할 수 있다. 단, 부가 의문문은 평서문의 후반에 덧붙여진 'doesn't he?'와 같은 형태를 듣고, 선택 의문문은 질문의 중반에서 접속사 'or'를 듣고 유형을 파악한다.

- **Part 2의 오답 유형을 알아두어 오답 제거 방법을 최대한 활용한다.**

  Part 2에서는 자주 출제되는 오답 유형이 있으므로, 오답 유형을 확실히 알아두면 문제를 풀 때마다 이를 최대한 활용할 수 있다. 따라서 Part 2의 문제를 풀 때 O, X를 표시하면서 보기를 들으면 오답 보기를 확실히 제거하면서 정확히 정답을 선택할 수 있다.

  [Part 2 빈출 오답 유형]

  질문에 등장한 단어를 반복하거나, 발음이 유사한 어휘를 사용한 오답
  Ex) Should I send you my passport **number**? - I can't remember his phone **number**.

  동의어, 관련 어휘, 다의어를 사용한 오답
  Ex) **The post office** is closing early today, right? - No, I haven't **mailed** it yet.

  주체를 혼동한 오답
  Ex) Is **she** Mr. Jones's assistant? - I can help you with that.

  시제를 혼동한 오답
  Ex) We'll **be picking** Lucy up later, correct? - No, she **wasn't** there.

  정보를 묻는 의문사 의문문에 Yes/No로 응답한 오답
  Ex) **Who** is the woman next to the manager? - **No**, he is out of town.

## PART 3 짧은 대화 (39문제)

Part 3는 두세 사람이 주고받는 짧은 대화를 듣고 그 내용에 대한 이해 능력을 측정하는 파트로, 하나의 대화를 듣고 이와 관련된 3개의 문제의 정답을 선택해야 하는 문제가 출제된다. 총 13개의 대화에 39문제가 출제되며, 문제지에는 한 대화당 3문제가 제시되고, 일부 문제는 시각 자료가 함께 제시된다. 음성으로는 대화와 이에 대한 3문제의 질문을 들려준다.

## 1. 문제 형태

| 문제지 | 음성 |
|---|---|
| **34.** What does the woman imply when she says, "That's for sure"?<br><br>(A) She is confirming a date.<br>(B) She is approving a project.<br>(C) She likes some lecturers.<br>(D) She agrees with a plan. | **Questions 32 through 34** refer to the following conversation.<br><br>W: Hey, Carl. Are you going to register to attend next month's interior design conference?<br>M: Of course. I'm planning on signing up this afternoon. I'm really looking forward to the event, since some interesting speakers will be there.<br>W: That's for sure. Did you see that Norman Chen from Arts TV's *Design Alike* is giving a lecture?<br>M: Yeah. I think he'll give us some new ideas about ways to improve advertising efforts at our firm.<br><br>Number 34. What does the woman imply when she says, "That's for sure"? |

## 2. 문제 풀이 전략

- **대화를 듣기 전에 반드시 문제를 먼저 읽는다.**

  대화를 듣기 전에 한 대화에 해당하는 3개의 문제(질문과 보기)를 먼저 읽어 문제 유형과 질문의 핵심어구를 확인한다. 이를 통해 대화의 어느 부분을 중점적으로 들어야 할지 전략을 세울 수 있다. 시각 자료가 제시된 문제의 경우, 시각 자료를 함께 확인하면서 시각 자료의 종류와 내용을 파악한다.

- **대화를 들으면서 동시에 정답을 선택한다.**

  문제를 읽을 때 세워놓은 전략에 따라, 대화를 들으면서 3문제의 정답을 선택해야 한다. 따라서 대화를 들려주는 음성이 끝날 때에는 3문제의 정답 선택도 완료되어 있어야 한다.

- **대화의 초반은 반드시 듣는다.**

  Part 3에서는 대화의 초반에 언급된 내용 중 80% 이상이 문제로 출제되므로 대화의 초반은 반드시 들어야 한다. 특히 주제 및 목적 문제나 화자 및 장소 문제처럼 전체 대화 관련 문제에 대한 정답의 단서는 대부분 대화의 초반에 언급됨을 기억한다. 대화의 초반을 듣지 못할 경우 대화 후반에서 언급된 특정 표현을 사용한 오답을 정답으로 선택하는 오류를 범할 수 있으므로 주의한다.

# PART 4 짧은 담화 (30문제)

Part 4는 짧은 담화에서 언급된 특정 정보에 대한 이해 능력을 측정하는 파트로, 하나의 지문을 듣고 이와 관련된 3개의 문제의 정답을 선택해야 하는 문제가 출제된다. 총 10개의 지문에 30문제가 출제되며, 문제지에는 한 지문당 3문제가 제시되고 일부 문제는 시각 자료가 함께 제시된다. 음성으로는 지문과 이에 대한 3문제의 질문을 들려준다.

## 1. 문제 형태

| 문제지 | 음성 |
|---|---|
| **Updated Program** 표와 문제 | **Questions 71 through 73** refer to the following talk and table. |

| Updated Program | |
|---|---|
| Activity | Time |
| Morning Competition | 9:00 A.M. |
| Afternoon Competition | 1:30 P.M. |
| Award Ceremony | 3:00 P.M. |
| Closing Remarks | 4:00 P.M. |

**73.** Look at the graphic. What activity is the cause of the change?

(A) Morning Competiton
(B) Afternoon Competiton
(C) Award Ceremony
(D) Closing Remarks

**Questions 71 through 73** refer to the following talk and table.

Thank you all for attending the Stone Foundation Charity Golf Tournament. The money raised today will be used to support schools in need, so your donations are greatly appreciated. By the way, please note that the closing remarks will no longer take place directly following the competition. They had to be pushed out later in order to make time for a special activity.

Number 73. Look at the graphic. What activity is the cause of the change?

## 2. 문제 풀이 전략

- **지문을 듣기 전에 반드시 문제를 먼저 읽는다.**
  지문을 듣기 전에 한 지문에 해당하는 3개의 문제(질문과 보기)를 먼저 읽어 문제 유형과 질문의 핵심어구를 확인한다. 이를 통해 지문의 어느 부분을 중점적으로 들어야 할지 전략을 세울 수 있다. 시각 자료가 제시된 문제의 경우, 시각 자료를 함께 확인하면서 시각 자료의 종류와 내용을 파악한다.

- **지문을 들으면서 동시에 정답을 선택한다.**
  문제를 읽을 때 세워놓은 전략에 따라, 지문을 들으면서 3문제의 정답을 선택해야 한다. 따라서 지문을 들려주는 음성이 끝날 때에는 3문제의 정답 선택도 완료되어 있어야 한다.

- **지문의 초반은 반드시 듣는다.**
  Part 4에서는 지문의 초반에 언급된 내용 중 80% 이상이 문제로 출제되므로 지문의 초반은 반드시 들어야 한다. 특히 주제 및 목적 문제나 화자/청자 및 장소 문제처럼 전체 지문 관련 문제에 대한 정답의 단서는 대부분 지문의 초반에 언급됨을 기억한다. 지문의 초반을 듣지 못할 경우 더 이상 문제와 관련된 내용이 언급되지 않아 정답 선택이 어려워질 수 있으므로 주의한다.

# 성향별 학습 방법

 ## 학원 학습 "선생님의 강의를 직접 들을 때 가장 효과적이다!"

1. 학원 수업은 빠지지 않는 것이 가장 중요하다는 마음가짐으로 임한다.

2. 선생님이 주신 진도표를 보고, 해당 부분을 먼저 읽어본 뒤 문제를 풀어보고 **모르는 부분을 체크해 놓고 수업에 참석**한다.

3. 선생님이 설명해주시는 내용은 하나도 빠뜨리지 않겠다는 각오로 수업에 임하고, **이해가 되지 않는 부분은 반드시 선생님께 질문**하여 확실히 이해할 수 있도록 한다.

4. 수업이 끝나면 반드시 그날 배웠던 부분을 복습한다. 한 문제 한 문제를 완벽하게 체득한다는 마음으로 잘 이해가 되지 않았던 부분이나 틀린 문제는 오답노트에 정리해 두어 수시로 확인할 수 있도록 하고, 지문에 나왔던 단어를 익힌다.

5. 영어 테스트 전문 교육 기관인 해커스어학원 사이트(Hackers.ac)의 **[반별게시판]에서 선생님 및 다른 학생들과의 상호 작용**을 통해 모르는 부분을 짚고 넘어간다. 또한 다양한 토익 정보 및 학습자료를 얻어 학습 효과를 상승시킨다.

 ## 스터디 학습 "다른 사람과 함께 공부할 때 더 열심히 한다!"

1. 학습 플랜에 따라 **각 파트의 유형별 출제 경향, 핵심 전략, 실전 연습, Hackers Practice 등의 본문 내용을 숙지한 후 스터디에 참석**한다. 특별히 정확히 들을 수 없었던 부분은 미리 체크해 놓는다.

2. 스터디를 시작하면 개별적으로 예습해 온 출제 경향과 핵심 전략에 대해 **팀원들끼리 토론**한다. 특별히 예습할 때 잘 이해하지 못했던 부분이 있으면 서로 공유하여 해결하도록 한다.

3. 스터디 후반에는 **Hackers Test와 실전모의고사를 시험 보듯이 풀어본다.**

4. **정답을 맞추고, 틀린 문제에 대해서는 왜 틀렸는지 함께 확인**한다. 잘 모르는 문제는 토론을 통해 해결하도록 하고 필요하면 오답노트를 정리한다.

5. 스터디 후 **복습을 할 때에는 여러 번 반복해서 들으면서 받아쓰기와 따라 읽는 연습**을 하여 듣기 실력을 꾸준히 향상시켜 나간다.

6. 스터디 후 복습 시 잘 모르는 문제가 있을 경우, 해커스토익 사이트(Hackers.co.kr)의 **[교재 Q&A] 게시판을 통해 문의 및 확인**하고, 추가로 학습하고 싶을 경우 **[매일실전LC풀기]에서 문제를 더 풀어본다.**

## 개별 학습 "혼자서 공부할 때 가장 집중이 잘 된다!"

1. 학습 플랜에 따라 **출제 경향, 핵심 전략, 실전 연습, Hackers Practice** 등의 본문 내용을 숙지한다.

2. 학습한 내용을 바탕으로 **Hackers Test와 실전모의고사**를 시험 보듯이 시간을 정해놓고 풀어본다. 이때, 실전보다 제한 시간을 짧게 두고, 해당 문제의 유형과 전략을 적용하며 문제를 푸는 것이 중요하다.

3. **문제를 다 푼 후 정답을 맞추고, 틀린 문제는 반드시 왜 틀렸는지 확인**한다. 또한 문제에 나온 단어를 암기하여 나만의 것으로 만든다.

4. 잘 모르는 문제는 해커스토익 사이트(Hackers.co.kr)의 [교재 Q&A] 게시판을 통해 문의 및 확인하고, 추가로 학습하고 싶을 경우 [매일실전LC풀기]에서 문제를 더 풀어본다.

## 동영상 학습 "학원에 다니고 싶은데 여유가 없다!"

1. 동영상 학습은 시간에 구애를 받지 않아 자꾸 미루려는 경향이 있으므로 **공부 시간을 정해 놓고 그 시간에 정확히 동영상강의를 듣는 것이** 중요하다.

2. 스스로 하는 학습이므로 **반드시 예습과 복습을 실시**한다. 강의를 듣기 전에 본문의 내용을 충분히 숙지하고 문제를 풀어보면서 모르는 부분을 체크해 놓았다가, 강의를 들을 때에는 해당 부분을 집중적으로 듣는다. 강의를 수강한 후에는 배웠던 부분을 여러 번 반복해서 들으면서 받아쓰기와 따라 읽는 연습을 하여 듣기 실력을 꾸준히 향상시켜 나간다.

3. 동영상강의 포털 사이트인 해커스인강 사이트(HackersIngang.com)에서 제공하는 동영상강의로 학습하고, [선생님께 질문하기]에서 모르는 부분을 질문하여 이해가 되지 않았던 부분들을 확실히 이해하도록 한다.

# 학습 플랜

## Study Plan A · 파트 순차 학습법

| Week | 1st Day | 2nd Day | 3rd Day | 4th Day | 5th Day |
|---|---|---|---|---|---|
| **1st Week** | Part 1<br>Day 01, 02<br>(p.24~39) | Part 2<br>Day 03<br>(p.42~49) | Part 2<br>Day 04<br>(p.50~57) | Part 2<br>Day 05<br>(p.58~65) | Part 2<br>Day 06<br>(p.66~73) |
| | 최빈출 어휘<br>Day 01<br>(p.200) | 최빈출 어휘<br>Day 02<br>(p.201) | 최빈출 어휘<br>Day 03<br>(p.202) | 최빈출 어휘<br>Day 04<br>(p.203) | 최빈출 어휘<br>Day 05<br>(p.204) |
| **2nd Week** | Part 3<br>Day 07<br>(p.76~83) | Part 3<br>Day 08<br>(p.84~91) | Part 3<br>Day 09<br>(p.92~99) | Part 3<br>Day 10<br>(p.100~107) | Part 3<br>Day 11<br>(p.108~119) |
| | 최빈출 어휘<br>Day 06<br>(p.205) | 최빈출 어휘<br>Day 07<br>(p.206) | 최빈출 어휘<br>Day 08<br>(p.207) | 최빈출 어휘<br>Day 09<br>(p.208) | 최빈출 어휘<br>Day 10<br>(p.209) |
| **3rd Week** | Part 3<br>Day 12<br>(p.120~127) | Part 3<br>Day 13<br>(p.128~135) | Part 4<br>Day 14<br>(p.138~145) | Part 4<br>Day 15<br>(p.146~153) | Part 4<br>Day 16<br>(p.154~161) |
| | 최빈출 어휘<br>Day 11<br>(p.210) | 최빈출 어휘<br>Day 12<br>(p.211) | 최빈출 어휘<br>Day 13<br>(p.212) | 최빈출 어휘<br>Day 14<br>(p.213) | 최빈출 어휘<br>Day 15<br>(p.214) |
| **4th Week** | Part 4<br>Day 17<br>(p.162~169) | Part 4<br>Day 18<br>(p.170~181) | Part 4<br>Day 19<br>(p.182~189) | Part 4<br>Day 20<br>(p.190~197) | 실전모의고사<br>(별책 p.2~13) |
| | 최빈출 어휘<br>Day 16<br>(p.215) | 최빈출 어휘<br>Day 17<br>(p.216) | 최빈출 어휘<br>Day 18<br>(p.217) | 최빈출 어휘<br>Day 19<br>(p.218) | 최빈출 어휘<br>Day 20<br>(p.219) |

→ 20일 완성의 경우 위의 표를 따르고, 10일 단기 완성을 원할 경우 위의 표에서 이틀 분량을 하루에 걸쳐서 학습하세요.

# Study Plan **B** • 파트 혼합 학습법

| Week | 1st Day | 2nd Day | 3rd Day | 4th Day | 5th Day |
|---|---|---|---|---|---|
| **1st Week** | Part 1<br>Day 01<br>(p.24~31) | Part 2<br>Day 03, 04<br>(p.42~57) | Part 3<br>Day 07<br>(p.76~83) | Part 4<br>Day 14<br>(p.138~145) | Part 1<br>Day 02<br>(p.32~39) |
| | 최빈출 어휘<br>Day 01<br>(p.200) | 최빈출 어휘<br>Day 02<br>(p.201) | 최빈출 어휘<br>Day 03<br>(p.202) | 최빈출 어휘<br>Day 04<br>(p.203) | 최빈출 어휘<br>Day 05<br>(p.204) |
| **2nd Week** | Part 2<br>Day 05, 06<br>(p.58~73) | Part 3<br>Day 08<br>(p.84~91) | Part 4<br>Day 15<br>(p.146~153) | Part 3<br>Day 09<br>(p.92~99) | Part 4<br>Day 16<br>(p.154~161) |
| | 최빈출 어휘<br>Day 06<br>(p.205) | 최빈출 어휘<br>Day 07<br>(p.206) | 최빈출 어휘<br>Day 08<br>(p.207) | 최빈출 어휘<br>Day 09<br>(p.208) | 최빈출 어휘<br>Day 10<br>(p.209) |
| **3rd Week** | Part 3<br>Day 10<br>(p.100~107) | Part 4<br>Day 17<br>(p.162~169) | Part 3<br>Day 11<br>(p.108~119) | Part 4<br>Day 18<br>(p.170~181) | Part 3<br>Day 12<br>(p.120~127) |
| | 최빈출 어휘<br>Day 11<br>(p.210) | 최빈출 어휘<br>Day 12<br>(p.211) | 최빈출 어휘<br>Day 13<br>(p.212) | 최빈출 어휘<br>Day 14<br>(p.213) | 최빈출 어휘<br>Day 15<br>(p.214) |
| **4th Week** | Part 4<br>Day 19<br>(p.182~189) | Part 3<br>Day 13<br>(p.128~135) | Part 4<br>Day 20<br>(p.190~197) | 실전모의고사<br>Part 1, 2<br>(별책 p.2~6) | 실전모의고사<br>Part 3, 4<br>(별책 p.7~13) |
| | 최빈출 어휘<br>Day 16<br>(p.215) | 최빈출 어휘<br>Day 17<br>(p.216) | 최빈출 어휘<br>Day 18<br>(p.217) | 최빈출 어휘<br>Day 19<br>(p.218) | 최빈출 어휘<br>Day 20<br>(p.219) |

→ 20일 완성의 경우 위의 표를 따르고, 10일 단기 완성을 원할 경우 위의 표에서 이틀 분량을 하루에 걸쳐서 학습하세요.

20일 만에 끝내는
해커스 토익 750+ LC

# PART 1

Part 1은 사진 속에 등장하는 것이 사람인지,
사물 또는 풍경인지에 따라 각기 다른 특징 및 전략이 있으므로
Part 1에 출제되는 문제들을 사진 유형으로 분류하여 학습해보자.

◀ **MP3 바로듣기**

교재에 수록된 모든 MP3를 무료로 다운받거나 바로 스트리밍하여 더욱 편리하게 이용해보
세요. 고속 버전 MP3도 구매하여 학습하면 실전에 더욱 완벽하게 대비할 수 있습니다.

# DAY 01 사람 중심 사진

1인 사진
[2~3문제]

파트 1
총 6문제

2인 이상
사진
[2~3문제]

최근 출제 경향

· 사람 중심 사진을 1인 사진과 2인 이상 사진으로 나누어 살펴보자. **1인 사진**과 **2인 이상 사진**은 Part 1
  전체 6문제 중 각각 2~3문제 정도 매회 출제된다.

## 기출포인트 01  1인 사진

1인 사진은 한 명의 사람이 중심이 되는 사진이다. 한 명의 사람이 사무실에서 일하고 있는 사진이나 한 사람의 주변에
물건이 쌓여 있는 사진이 자주 출제된다.

### 출제 경향

1. 보기의 주어로 주로 사람을 나타내는 표현(He, She, A man, A woman 등)이 사용된다.

2. 보기에는 사람의 동작이나 상태를 표현하기 위해 현재 진행형(be + ing) 동사가 주로 사용된다.
   **ex** He **is holding** a chair.

3. look at(보다), hold(들다), stand(서다), wear(입고 있다)처럼 가장 일반적인 동작이나 상태를 나타내는 동사가 보기
   에 자주 사용된다.

### 핵심 전략

1. 보기를 듣기 전에, 사진 속 사람의 시선, 동작, 자세 및 옷차림 등을 파악하며 관련 표현을 미리 연상한다.

2. 사람의 동작과 무관한 동사를 사용한 오답이나, 사람이 하고 있는 동작의 대상이 되는 사물을 잘못 언급한 오답, 사
   진에 없는 사물을 언급한 오답에 유의한다.

---

**실전 연습**  사진을 먼저 관찰한 후, 음성을 들을 때 O, X를 표시하며 정답을 선택해보자.   D1_실전1

(A) _____
(B) _____
(C) _____
(D) _____

(A) She's answering the phone.
(B) She's opening up the laptop.
(C) She's wearing a jacket.
(D) She's standing near the desk.

**해설**                                    정답 (C)
(×) 여자의 동작을 잘못 묘사한 오답
(×) 여자의 손동작을 잘못 묘사한 오답
(○) 여자의 옷차림을 정확히 묘사한 정답
(×) 여자의 자세를 잘못 묘사한 오답

**Possible Answer**
She's looking at the monitor.
그녀는 모니터를 보고 있다.

**해석**
(A) 그녀는 전화를 받고 있다.
(B) 그녀는 노트북 컴퓨터를 열고 있다.
(C) 그녀는 재킷을 입고 있다.
(D) 그녀는 책상 근처에 서 있다.

어휘   open up ~을 열다  laptop[læptɑːp] 노트북 컴퓨터

# 02 2인 이상 사진

2인 이상 사진은 두 명 이상의 사람들이 등장하는 사진이다. 두 명 이상의 사람이 회의를 하는 사진, 야외에서 물건을 구경하거나 식당에서 주문하는 사진이 자주 출제된다.

## 🎯 출제 경향

1. 보기의 주어로 주로 사람을 나타내는 복수 및 단수 표현(They, People, The man, The woman 등)이 사용되며, 사물을 나타내는 표현이 사용되기도 한다.

2. 보기의 주어로 사람이 사용된 경우, 동작/상태를 표현하기 위해 현재 진행형(be + ing) 동사나 현재 완료형(have + p.p.) 동사가 주로 사용된다.

   **ex** People **are standing** near the bus.
   Some men **have lined up** at the water fountain.

3. 보기의 주어로 사물이 사용된 경우, 상태 표현을 위한 현재 완료 수동형(have + been + p.p.) 동사나 '수동형(be + p.p.) + 전치사구' 형태 문장, 동작 표현을 위한 진행 수동형(be + being p.p.) 동사가 주로 사용된다.

   **ex** A coat **has been placed** on the rack.
   Some papers **are posted** on the board.
   The sidewalk **is being repaired**.

## 🎯 핵심 전략

1. 보기를 듣기 전에, 사진 속 사람들의 공통된 동작이나 개별 동작을 파악한 후 사진의 전반적인 상황을 파악하며 관련 표현을 미리 연상한다.

2. 개별적인 동작을 공통적인 것처럼 묘사하는 오답이나 서로의 동작을 바꾸어 묘사하는 오답에 유의한다.

3. 사물의 상태를 잘못 묘사하는 오답이나 사람의 동작과 무관한 사물을 언급한 오답에 유의한다.

---

**실전 연습**　사진을 먼저 관찰한 후, 음성을 들을 때 O, X를 표시하며 정답을 선택해보자.　🎧 D1_실전2

(A) _____
(B) _____
(C) _____
(D) _____

(A) A man is looking at the menu.
(B) A waiter is clearing away some dishes.
(C) The people have finished their meal.
(D) The server is standing between the diners.

---

**해설**　　　　　　　　　　　　　　　　정답 (D)
(×) 한 사람의 동작을 잘못 묘사한 오답
(×) 한 사람의 동작을 잘못 묘사한 오답
(×) 사람들의 동작을 잘못 묘사한 오답
(○) 한 사람의 동작을 정확히 묘사한 정답

**Possible Answer**
Glasses have been set on the table.
유리잔들이 탁자 위에 놓여 있다.

**해석**
(A) 한 남자가 메뉴판을 보고 있다.
(B) 종업원이 접시들을 치우고 있다.
(C) 사람들이 식사를 마쳤다.
(D) 종업원이 식당 손님들 사이에 서 있다.

어휘　clear away 치우다　server[só:rvər] 종업원

# HACKERS **PRACTICE**

🎧 D1_HP

음성을 들으며 제시된 상황을 가장 적절히 묘사한 보기를 고르시오. (음성은 한 번만 들려줍니다.)

| | | | | |
|---|---|---|---|---|
| 01 | 종이에 뭔가를 쓰고 있는 한 남자 | (A)___ (B)___ | 06 | 식당에서 음식을 먹고 있는 사람들 | (A)___ (B)___ |

01  종이에 뭔가를 쓰고 있는 한 남자    (A)___ (B)___       06  식당에서 음식을 먹고 있는 사람들    (A)___ (B)___

02  모니터를 보고 있는 한 여자    (A)___ (B)___       07  서류에 서명하고 있는 여자들    (A)___ (B)___

03  책상 옆에 있는 캐비닛    (A)___ (B)___       08  바닷가에서 사진을 찍고 있는 남자들    (A)___ (B)___

04  자전거 바퀴를 교체하고 있는 한 남자    (A)___ (B)___       09  배에 탑승해 있는 사람들    (A)___ (B)___

05  차고에 주차되어 있는 자동차    (A)___ (B)___       10  책상에 놓여있는 시계    (A)___ (B)___

사진을 관찰한 후 음성을 들으며 O, X를 표시한 다음 빈칸을 받아쓰시오. (음성은 두 번씩 들려줍니다.)

11  ___  The woman is _____.
12  ___  The woman is _____.
13  ___  The woman is _____.

14  ___  The lawn _____.
15  ___  He is _____.
16  ___  He has _____.

17  ___  Shoppers are _____.
18  ___  A woman is _____.
19  ___  Some people are _____.

20  ___  They are _____.
21  ___  They are _____.
22  ___  They are _____.

정답·해석·해설  p. 2

# HACKERS **TEST**

01

(A)　　　(B)　　　(C)　　　(D)

02

(A)　　　(B)　　　(C)　　　(D)

03

(A)　　　(B)　　　(C)　　　(D)

04

(A)　　　(B)　　　(C)　　　(D)

*GO ON TO THE NEXT PAGE* ➡

05
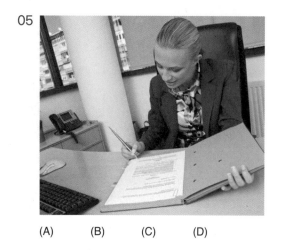

(A)     (B)     (C)     (D)

06

(A)     (B)     (C)     (D)

07
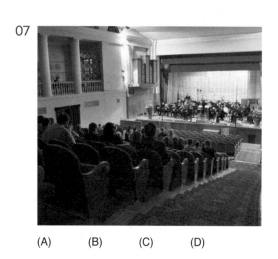

(A)     (B)     (C)     (D)

08
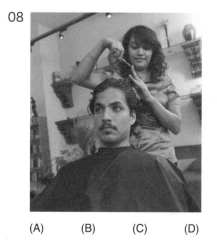

(A)     (B)     (C)     (D)

09

(A)　　　(B)　　　(C)　　　(D)

10
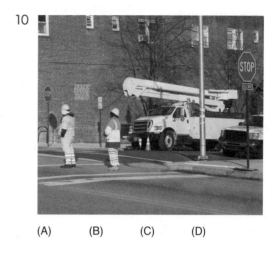

(A)　　　(B)　　　(C)　　　(D)

11

(A)　　(B)　　(C)　　(D)

12

(A)　　(B)　　(C)　　(D)

정답·해석·해설  p. 3

PART 1

DAY 01 사람 중심 사진

해커스 토익 750+ LC

# LISTENING SOLUTION

## 혼동되는 자음 연습 ① - [p] / [f], [b] / [v]

토익 리스닝에는 발음이 비슷하여 혼동되는 자음을 함정으로 이용한 문제가 자주 출제된다. 예를 들어 "Do you have a **copy** of the report?"라고 묻는 질문에 "Yes, I'll have **coffee**."로 답하는 오답은 copy의 [p]와 coffee의 [f]의 발음이 비슷한 것을 이용한 함정이다. 마찬가지로 curb와 curve처럼 [b]와 [v]의 발음을 이용한 함정도 등장한다. 따라서 이러한 혼동되는 자음의 발음을 듣고 구별하는 연습이 필요하다.

다음은 토익에 자주 등장하는 어휘들입니다. [p] / [f], [b] / [v] 발음의 차이를 비교하면서 듣고 따라 해보세요!

| [p] / [f] | | [b] / [v] | |
|---|---|---|---|
| **p**ile - **f**ile | **p**ast - **f**ast | **b**end - **v**end | **b**est - **v**est |
| co**p**y - co**ff**ee | **p**assion - **f**ashion | **b**an - **v**an | cur**b** - cur**v**e |
| **p**ull - **f**ull | su**pp**er - su**ff**er | cu**pb**oard - co**v**ered | **b**ury - **v**ery |
| chea**p** - chie**f** | **p**ale - **f**ail | **b**oat - **v**ote | **b**ent - **v**ent |
| **p**air - **f**air | **p**it - **f**it | **b**ase - **v**ase | **b**oys - **v**oice |

### Let's practice!

다음은 토익 리스닝에 자주 출제되는 문장입니다. 주의 깊게 듣고 빈칸을 채워보세요. (음성은 두 번 들려줍니다.)

01  Because of the discount, the shoes were _____.

02  Ms. Langdon is _____ of the Milan branch.

03  _____ parked at the front entrance.

04  The city has placed _____.

05  Ms. Riker works for _____.

06  Sylvia _____ and it really looks great.

07  We believe Claude Renault is _____.

08  David picked up _____ during the clearance sale.

09  Ranjan wasn't feeling well and _____.

10  Christina was quite worried that she would _____.

## 스크립트와 해석

01 Because of the discount, the shoes were <u>quite cheap</u>.
할인 덕분에 그 신발은 꽤 저렴했어요.

02 Ms. Langdon is <u>the chief</u> of the Milan branch.
Ms. Langdon은 밀라노 지점장입니다.

03 <u>The delivery van has been</u> parked at the front entrance.
배달 차량이 정문에 주차되어 있어요.

04 The city has placed <u>a ban</u> on street vendors.
그 도시는 길거리 행상을 금지시켰습니다.

05 Ms. Riker works for <u>a downtown law firm</u>.
Ms. Riker는 시내에 있는 법률 사무소에서 일해요.

06 Sylvia <u>got a perm</u> and it really looks great.
Sylvia가 파마를 했는데 아주 잘 어울려요.

07 We believe Claude Renault is <u>the best</u> candidate.
우리는 Claude Renault가 최고의 후보라고 생각합니다.

08 David picked up <u>a new jacket and vest</u> during the clearance sale.
David는 재고 정리 할인 기간 동안에 새 재킷과 조끼를 샀어요.

09 Ranjan wasn't feeling well and <u>looked pale</u>.
Ranjan은 몸이 좋지 않아서 창백해 보였어요.

10 Christina was quite worried that she would <u>fail the exam</u>.
Christina는 시험에서 낙제할 것 같아 꽤 걱정했어요.

# DAY 02 사물 및 풍경 중심 사진

사물 및 풍경 중심 사진

파트 1
총 6문제

최근 출제 경향

· 사물 및 풍경 중심 사진을 사물 중심 사진과 풍경 중심 사진으로 나누어 살펴보자. **사물 및 풍경 중심**
**사진**은 Part 1 전체 6문제 중 1문제 정도 매회 출제된다.

---

**기출포인트 01** 사물 중심 사진

사물 중심 사진은 사물을 가까이에서 찍은 사진이다. 가구가 놓여 있는 방 안 등의 사진이 자주 출제된다.

### 출제 경향

1. 보기의 주어로 실내에서 볼 수 있는 사물 표현이 사용되며, 특히 의자를 furniture(가구)로, 사과를 food(음식)로 표현하는 것처럼 일반적인 범주의 표현이 자주 사용된다.

2. 보기에는 사물의 위치나 상태를 표현하기 위해 현재 완료 수동형(have + been + p.p.)이나 현재 진행형(be + ing) 동사, 그리고 'be + 전치사구' 형태의 문장이 주로 사용된다.

   ex Clocks **have been arranged** in a case.
   Paintings **are hanging** on the wall.
   Lamps **are on** the table.

3. on(~의 위에), by(~의 옆에), between(~의 사이에), in(~의 안에) 등 위치를 나타내는 전치사가 자주 사용된다.

### 핵심 전략

1. 사람이 없는 사진이므로 사람을 나타내는 표현(woman, people, waiter 등)을 사용한 오답에 유의한다.

2. 사람의 동작을 묘사하는 진행 수동형(be + being + p.p.) 동사를 사용한 오답에 유의한다. 단, display, exhibit 등의 동사를 진행 수동형으로 사용하면 사물의 상태를 나타낼 수 있음을 알아둔다.

   ex Items **are being displayed** in a store.

---

**실전 연습** 사진을 먼저 관찰한 후, 음성을 들을 때 O, X를 표시하며 정답을 선택해보자. 🎧 D2_실전1

(A) _____
(B) _____
(C) _____
(D) _____

(A) Flowers are being put into a pot.
(B) A vase has been placed on the desk.
(C) Some chairs have been arranged on a rug.
(D) A table is prepared for a meal.

정답 (B)

**해설**
(×) 사람의 동작을 묘사하는 진행 수동형을 사용한 오답
(○) 사물의 위치를 정확히 묘사한 정답
(×) 사물의 위치를 잘못 묘사한 오답
(×) 사물의 상태를 잘못 묘사한 오답

**Possible Answer**
The chairs are unoccupied.
의자들이 비어 있다.

**해석**
(A) 꽃들이 병에 꽂히고 있다.
(B) 꽃병이 책상 위에 놓여 있다.
(C) 몇몇 의자들이 양탄자 위에 정렬되어 있다.
(D) 탁자가 식사를 위해 준비되어 있다.

## 02 풍경 중심 사진

풍경 중심 사진은 야외의 풍경이나 주변 환경을 넓게 찍은 사진이다. 강이나 호수 주변, 건물 외관 및 주변 등의 사진이 자주 출제된다.

### 🎯 출제 경향

1. 보기의 주어로 야외에서 주로 볼 수 있는 사물 표현이 사용되며, 특히, boat(배), car(자동차), truck(트럭), vehicle(차량), airplane(비행기), building(건물) 등이 자주 사용된다.

2. 보기에는 풍경의 상태를 표현하기 위해 현재 진행형(be + ing)이나 현재 시제 동사, 그리고 '수동형(be + p.p.) + 전치사구', 'There be 주어 + 전치사구' 형태의 문장이 주로 사용된다.

   ex An airplane **is landing** on the runway.
   Steps **lead** up to the door.
   A vehicle **is parked in front of a building.**
   **There are buildings** on a hill.

3. next to(~의 옆에), near(~의 가까이에), along(~을 따라서), in front of(~의 앞에) 등의 부사나 전치사들이 자주 사용된다.

### 🎯 핵심 전략

1. 사람이 없는 사진이므로 사람을 나타내는 표현(people, workers, driver 등)을 사용한 오답에 유의한다.

2. 사람의 동작을 묘사하는 진행 수동형(be + being + p.p.) 동사를 사용한 오답에 유의한다. 단, cast, build 등의 동사를 진행 수동형으로 사용하면 풍경의 상태를 나타낼 수 있음을 알아둔다.

   ex Shadows **are being cast** on the ground.

---

**실전 연습** 사진을 먼저 관찰한 후, 음성을 들을 때 O, X를 표시하며 정답을 선택해보자. 🎧 D2_실전2

(A) _____
(B) _____
(C) _____
(D) _____

(A) Some boats are floating on the water.
(B) A ship is being tied up at the dock.
(C) Some people are jumping into the lake.
(D) A home is under construction.

**해설**                                     정답 (A)
(O) 풍경의 상태를 정확히 묘사한 정답
(×) 사람의 동작을 묘사하는 진행 수동형을 사용한 오답
(×) 사진에 없는 사람을 묘사한 오답
(×) 사물의 상태를 잘못 묘사한 오답

**Possible Answer**
Houses are situated near the shoreline.
집들이 물가 근처에 위치해 있다.

**해석**
(A) 몇몇 보트들이 물 위에 떠 있다.
(B) 배가 부두에 묶이고 있다.
(C) 몇몇 사람들이 호수로 뛰어들고 있다.
(D) 집이 공사 중이다.

어휘 **float**[미 flout, 영 fləut] 뜨다, 떠오르다
**dock**[미 dɑːk, 영 dɔk] 부두
**under construction** 공사 중인

# HACKERS **PRACTICE**

음성을 들으며 제시된 상황을 가장 적절히 묘사한 보기를 고르시오. (음성은 한 번만 들려줍니다.)

| | | |
|---|---|---|
| 01 호수 위에 떠 있는 비행기 | (A)___ (B)___ | 06 집 근처에 심어져 있는 나무들 (A)___ (B)___ |
| 02 도로를 달리고 있는 자동차 | (A)___ (B)___ | 07 분수에서 물이 뿌려지는 연못 (A)___ (B)___ |
| 03 건설 현장에 남겨진 공구들 | (A)___ (B)___ | 08 탁자 위의 비어 있는 유리잔들 (A)___ (B)___ |
| 04 다리를 건너고 있는 자동차들 | (A)___ (B)___ | 09 상점에 전시되어 있는 시계들 (A)___ (B)___ |
| 05 역으로 들어오고 있는 두 대의 기차 | (A)___ (B)___ | 10 건물들 뒤로 멀리 보이는 산 (A)___ (B)___ |

사진을 관찰한 후 음성을 들으며 O, X를 표시한 다음 빈칸을 받아쓰시오. (음성은 두 번씩 들려줍니다.)

11 ___ There are some _____ .
12 ___ Chairs _____ in a corner.
13 ___ Workers _____ at their desks.

14 ___ Cushions _____ .
15 ___ Pillars _____ both sides of a door.
16 ___ A carpet _____ .

17 ___ The bridge _____ in the water.
18 ___ Some _____ .
19 ___ Tree branches are _____ .

20 ___ A door has _____ .
21 ___ A path _____ some steps.
22 ___ Flowers are _____ .

# HACKERS **TEST**

01

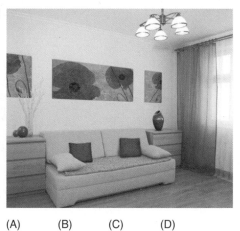

(A)          (B)          (C)          (D)

02

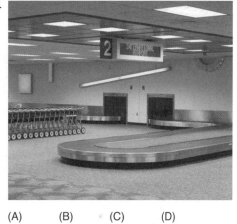

(A)          (B)          (C)          (D)

03

(A)          (B)          (C)          (D)

04

(A)          (B)          (C)          (D)

*GO ON TO THE NEXT PAGE*

**PART 1**

**DAY 02** 사물및 풍경 중심 사진

해커스 토익 750+ LC

05

07

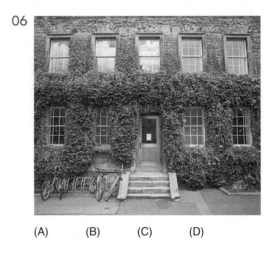

06    (A)    (B)    (C)    (D)

(A)    (B)    (C)    (D)

08    (A)    (B)    (C)    (D)

(A)    (B)    (C)    (D)

09

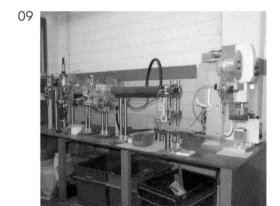

(A)          (B)          (C)          (D)

10

(A)        (B)        (C)        (D)

11

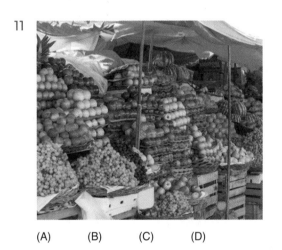

(A)        (B)        (C)        (D)

12

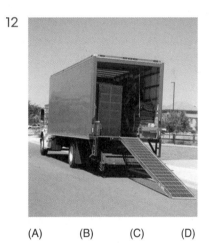

(A)        (B)        (C)        (D)

정답·해석·해설  p. 6

PART 1

DAY 02 사물 및 풍경 중심 사진

해커스 토익 750+ LC

## 혼동되는 자음 연습 ② - [l]/[r], [s]/[θ]

토익 리스닝에는 발음이 비슷하여 혼동되는 자음을 함정으로 이용한 문제가 자주 출제된다. 예를 들어 "Did you **collect** the data?"라고 묻는 질문에 "Yes, I **corrected** them."으로 답하는 오답은 collect의 [l]과 correct의 [r]의 발음이 비슷한 것을 이용한 함정이다. 마찬가지로 pass와 path처럼 [s]와 [θ]의 발음을 이용한 함정도 등장한다. 따라서 이러한 혼동되는 자음의 발음을 듣고 구별하는 연습이 필요하다.

다음은 토익에 자주 등장하는 어휘들입니다. [l] / [r], [s] / [θ] 발음의 차이를 비교하면서 듣고 따라 해보세요!

| [l] / [r] | | [s] / [θ] | |
|---|---|---|---|
| light - right | load - road | sink - think | sing - thing |
| collect - correct | lead - read | sick - thick | close - cloth |
| low - row | glass - grass | worse - worth | mass - math |
| lane - rain | cloud - crowd | pass - path | sum - thumb |
| late - rate | lock - rock | boss - both | saw - thaw |

### Let's practice!

다음은 토익 리스닝에 자주 출제되는 문장입니다. 주의 깊게 듣고 빈칸을 채워보세요. (음성은 두 번 들려줍니다.)

01 _____ due to repair work.

02 The warehouse staff will _____ in the morning.

03 I placed an order for _____.

04 The headquarters will be constructed _____.

05 We _____ a larger office space.

06 _____ Ms. Jordon my car this morning.

07 The price we paid for the hotel was _____.

08 The weather today is _____ predicted.

09 The cost of _____ in recent weeks.

10 _____ at the seminar than expected.

## 스크립트와 해석

01 The **road** was closed due to repair work.
그 길은 보수 작업으로 인해 폐쇄되었습니다.

02 The warehouse staff will **load the truck** in the morning.
아침에 창고 직원이 트럭에 짐을 실을 거예요.

03 I placed an order for fine-quality **cloth** to make a suit.
저는 양복을 만들기 위해 고급 천을 주문했어요.

04 The headquarters will be constructed **close** to the river.
본사는 강 근처에 건설될 것입니다.

05 We **need to rent** a larger office space.
우리는 더 넓은 사무실 공간을 임대해야 해요.

06 I **lent** Ms. Jordon my car this morning.
저는 오늘 아침에 Ms. Jordon에게 제 차를 빌려주었어요.

07 The price we paid for the hotel was **well worth** it.
우리가 호텔에 지불한 돈은 그만큼의 충분한 가치가 있었어요.

08 The weather today is **much worse** than predicted.
오늘 날씨는 예상했던 것보다 훨씬 안 좋아요.

09 The cost of **fuel** has dropped in recent weeks.
연료의 가격이 최근 몇 주 동안 하락했습니다.

10 There were **fewer** attendees at the seminar than expected.
예상했던 것보다 적은 수의 사람들이 세미나에 참석했어요.

20일 만에 끝내는
해커스 토익 750+ LC

# PART 2

Part 2는 질문의 종류에 따라
각기 다른 응답 방법 및 전략이 있으므로
Part 2에 출제되는 문제들을 질문 유형으로 분류하여 학습해보자.

**◀ MP3 바로듣기**

교재에 수록된 모든 MP3를 무료로 다운받거나 바로 스트리밍하여 더욱 편리하게 이용해보
세요. 고속 버전 MP3도 구매하여 학습하면 실전에 더욱 완벽하게 대비할 수 있습니다.

# DAY 03 의문사 의문문 1

· 의문사 의문문 중 Who 의문문, Where 의문문, When 의문문을 살펴보자. **Who 의문문**은 Part 2 전체 25문제 중 2문제, **Where 의문문**은 1~2문제, **When 의문문**은 2문제 정도 매회 출제된다.

최근 출제 경향

## 01 Who 의문문

Who 의문문은 특정 행동, 업무, 직책 등에 관련된 당사자를 묻는 의문문이다.

### 🎯 출제 경향

**1.** 사람 이름이나 직책/부서명 또는 인칭대명사를 사용한 응답이 정답으로 출제된다.

> Q: **Who** will be the new accounting director?　A: **Mr. Goodman**, I believe. [사람 이름]
> Q: **Who** is Mr. Plowright talking to?　A: To a **supervisor**. [직책]
> Q: **Who** is going to organize the conference?　A: The **personnel department** will. [부서명]
> Q: **Who** is going to pick up the brochures?　A: **I** can do it. [인칭대명사]

**2.** 사물의 소유자를 묻는 질문에 해당 사물이 있는 장소로 응답하기도 한다.

> Q: **Who** has the copy of the contract?　A: It's **on the desk**. [장소]

### 🎯 핵심 전략

**1.** No one 또는 Not me를 사용한 응답도 출제됨을 기억한다.

---

| 실전 연습 | 질문과 보기를 들을 때 각 보기에 O, X를 표시하면서 정답을 선택해보자.　🎧 D3_실전1 |
|---|---|

| (A) _____ (B) _____ (C) _____ | Who is handling the delivery?<br><br>(A) I think Marisol is.<br>(B) It was delivered late.<br>(C) Yes, she's at the market. |
|---|---|
| **해설**　　　　　　　　　　　　　　　　　정답 (A)<br>배송 담당자를 묻는 질문<br><br>(○) Marisol이라는 사람 이름으로 응답한 정답<br>(×) delivery와 발음이 유사한 delivered를 사용한 오답<br>(×) 의문사 의문문에 Yes로 응답한 오답<br><br>**Possible Answer**<br>I'm taking care of it.<br>제가 담당하고 있어요. | **해석**<br>누가 배송을 처리하고 있나요?<br><br>(A) Marisol일 거예요.<br>(B) 늦게 배송되었어요.<br>(C) 네, 그녀는 시장에 있어요.<br><br>어휘　delivery[dilívəri] 배송<br>　　　deliver[미dilívər, 영dilívə] 배송하다 |

# Where 의문문

Where 의문문은 사물 및 건물의 위치나 업무 관련 장소, 출처, 방향을 묻는 의문문이다.

## 출제 경향

1. 위치, 장소, 출처, 방향 등을 나타내는 전치사구나 부사, 특정 장소를 나타내는 표현 등을 사용한 응답이 정답으로 출제된다.

> Q: **Where** are the budget reports?　A: **In the cabinet.**
> Q: **Where's** that noise coming from?　A: **From the fax machine.**
> Q: **Where** should I hand in these forms?　A: Right **over there.**
> Q: **Where** can I purchase a warm coat?　A: Try the **department store.**

2. 사물의 소재지를 묻는 질문에 해당 사물의 소유자나 위치를 아는 사람으로 응답하기도 한다.

> Q: **Where** is my stapler?　A: **Mr. Collins** borrowed it.
> Q: **Where** is the list of attendees for the seminar?　A: **George** probably knows.

## 핵심 전략

1. 질문에서 Where와 함께 주어와 동사를 반드시 듣고 위치, 장소, 출처, 방향 중 어느 것을 묻는지 파악한다.
2. in, at, on, across처럼 장소를 나타내는 전치사를 사용한 정답이 자주 출제됨을 기억한다.

---

**실전 연습** 질문과 보기를 들을 때 각 보기에 O, X를 표시하면서 정답을 선택해보자.　🎧 D3_실전2

| (A) _____　(B) _____　(C) _____ | Where is the account manager?<br><br>(A) A savings account.<br>(B) In the conference room.<br>(C) Yes, I managed to finish it. |
|---|---|

| 해설　　　　　　　　　　정답 (B) | 해석 |
|---|---|
| 회계부장이 있는 장소를 묻는 질문<br><br>(×) 질문에서 사용된 account를 반복 사용한 오답<br>(○) 전치사 In을 사용하여 장소로 응답한 정답<br>(×) 의문사 의문문에 Yes로 응답한 오답<br><br>**Possible Answer**<br>Check the copy room.<br>복사실을 확인해보세요. | 회계부장님이 어디에 계시나요?<br><br>(A) 예금 계좌요.<br>(B) 회의실이요.<br>(C) 네, 제가 그것을 끝낼 수 있었어요.<br><br>어휘　savings account 예금 계좌 |

When 의문문은 특정 행동 및 업무가 이루어지는 시점을 묻는 의문문이다.

### 🎯 출제 경향

1. 시점을 나타내는 전치사구, 특정 시각, 날짜 또는 시간 관련 부사 등을 사용한 응답이 정답으로 출제된다.

> Q: **When** will the post office close?　A: **In two hours.**
> Q: **When** should I call you?　A: **At four o'clock.**
> Q: **When** are you leaving for Singapore?　A: **On September 6.**
> Q: **When** are the tax forms due?　A: **Soon,** I think.
> Q: **When** did Susan finish the report?　A: She completed it **last Thursday.**

### 🎯 핵심 전략

1. 질문에서 When과 함께 주어와 동사를 반드시 듣고 과거 또는 미래 중 어느 시점을 묻는지 파악한다.
2. When 의문문의 응답에 숫자가 자주 사용된다는 특징을 이용하여, 기간, 빈도, 가격을 언급한 응답처럼 숫자를 함정으로 사용한 오답에 유의한다.

> **For three days.** [기간] / **Four times.** [빈도] / **It costs $10.** [가격]

---

**실전 연습**　질문과 보기를 들을 때 각 보기에 O, X를 표시하면서 정답을 선택해보자.　🎧 D3_실전3

| | | |
|---|---|---|
| (A) _____　(B) _____　(C) _____ | When would you like to meet?<br><br>(A) Yes, I liked the film a lot.<br>(B) What about on Thursday?<br>(C) At the bus stop. | |

| 해설　　　　　　　　　　　　　　　　정답 (B) | 해석 |
|---|---|
| 만나고 싶은 시점을 묻는 질문 | 언제 만나는 게 좋은가요? |
| (×) 의문사 의문문에 Yes로 응답한 오답 | (A) 네, 저는 그 영화가 매우 좋았어요. |
| (○) 전치사 on과 함께 목요일이라는 시점으로 응답한 정답 | (B) 목요일 어때요? |
| (×) 장소로 응답한 오답 | (C) 버스 정류장에서요. |
| **Possible Answer** | 어휘　film[film] 영화　bus stop 버스 정류장 |
| I'm free this afternoon. | |
| 저는 오늘 오후에 시간이 있어요. | |

# HACKERS **PRACTICE**

질문을 듣고 알맞은 응답을 선택한 후, 다시 들으며 빈칸을 채우시오. (음성은 두 번씩 들려줍니다.)

01  Q: _____ will be the _____ for the next collection?

   (A) Cynthia Boone, I think.
   (B) The designs need some changes.

02  Q: _____ will Brian _____ the proposals?

   (A) By the end of the week.
   (B) I'll see you later.

03  Q: _____ this proposal?

   (A) At 10 P.M. on Tuesday.
   (B) I believe the director did.

04  Q: _____ did you leave _____?

   (A) I leave tomorrow.
   (B) I put it on the coffee table.

05  Q: _____ are the _____ due?

   (A) On May 31.
   (B) For two months.

06  Q: _____ is the _____?

   (A) To exchange some money.
   (B) There's one on the corner.

질문과 응답을 듣고 응답이 적절하면 O, 적절하지 않으면 X를 표시하시오. (음성은 두 번씩 들려줍니다.)

| | |
|---|---|
| 07 _____ | 15 _____ |
| 08 _____ | 16 _____ |
| 09 _____ | 17 _____ |
| 10 _____ | 18 _____ |
| 11 _____ | 19 _____ |
| 12 _____ | 20 _____ |
| 13 _____ | 21 _____ |
| 14 _____ | |

정답·해석·해설  p. 10

# HACKERS **TEST**

01  Mark you answer.        (A)      (B)      (C)

02  Mark you answer.        (A)      (B)      (C)

03  Mark you answer.        (A)      (B)      (C)

04  Mark you answer.        (A)      (B)      (C)

05  Mark you answer.        (A)      (B)      (C)

06  Mark you answer.        (A)      (B)      (C)

07  Mark you answer.        (A)      (B)      (C)

08  Mark you answer.        (A)      (B)      (C)

09  Mark you answer.        (A)      (B)      (C)

10  Mark you answer.        (A)      (B)      (C)

11  Mark you answer.        (A)      (B)      (C)

12  Mark you answer.        (A)      (B)      (C)

13  Mark you answer.        (A)      (B)      (C)

14  Mark you answer.          (A)        (B)        (C)

15  Mark you answer.          (A)        (B)        (C)

16  Mark you answer.          (A)        (B)        (C)

17  Mark you answer.          (A)        (B)        (C)

18  Mark you answer.          (A)        (B)        (C)

19  Mark you answer.          (A)        (B)        (C)

20  Mark you answer.          (A)        (B)        (C)

21  Mark you answer.          (A)        (B)        (C)

22  Mark you answer.          (A)        (B)        (C)

23  Mark you answer.          (A)        (B)        (C)

24  Mark you answer.          (A)        (B)        (C)

25  Mark you answer.          (A)        (B)        (C)

정답·해석·해설  p. 11

## 혼동되는 모음 연습 – [ou] / [ɔː], [i] / [iː]

토익 리스닝에는 발음이 비슷하여 혼동되는 모음을 함정으로 이용한 문제가 자주 출제된다. 예를 들어 "Did you get a **loan**?"이라고 묻는 질문에 "I'm mowing **lawn**."으로 답하는 오답은 loan의 [ou]와 lawn의 [ɔː]의 발음이 비슷한 것을 이용한 함정이다. 마찬가지로 hit와 heat처럼 [i]와 [iː]의 발음을 이용한 함정도 등장한다. 따라서 이러한 혼동되는 모음의 발음을 듣고 구별하는 연습이 필요하다.

다음은 토익에 자주 등장하는 어휘들입니다. [ou] / [ɔː], [i] / [iː] 발음의 차이를 비교하면서 듣고 따라 해보세요!

| [ou] / [ɔː] | | [i] / [iː] | |
|---|---|---|---|
| coast - cost | loan - lawn | list - least | fill - feel |
| cold - called | bowl - ball | live - leave | still - steal |
| won't - want | bold - bald | hit - heat | bit - beat |
| hold - hall | sew - saw | rich - reach | fit - feet |
| coat - caught | low - law | sit - seat | sick - seek |

### Let's practice!

다음은 토익 리스닝에 자주 사용되는 문장입니다. 주의 깊게 듣고 빈칸을 채워보세요. (음성은 두 번 들려줍니다.)

01  I'm going home early because _____.

02  We _____ with strong communication skills.

03  The boardroom is _____.

04  _____ and I'll connect you to the personnel office.

05  Mr. Sanders _____ to the office.

06  _____ Santiago on July 5.

07  I have reserved four seats _____.

08  The dietician recommended _____.

09  The doctor prescribed _____ for a week.

10  The advertising concept _____.

## 스크립트와 해석

**01** I'm going home early because I feel sick.
오늘 몸이 안 좋아서 집에 일찍 들어갈 거예요.

**02** We are seeking an applicant with strong communication skills.
우리는 커뮤니케이션 능력이 훌륭한 지원자를 찾고 있습니다.

**03** The boardroom is down the hall.
이사회실은 복도 끝에 있습니다.

**04** Please hold and I'll connect you to the personnel office.
잠깐만 기다리시면 인사부로 연결해 드리겠습니다.

**05** Mr. Sanders lives quite close to the office.
Mr. Sanders는 사무실에서 꽤 가까이에 살아요.

**06** He leaves for Santiago on July 5.
그는 7월 5일에 산티아고로 떠나요.

**07** I have reserved four seats in the front row.
제가 앞 줄에 있는 좌석 네 자리를 예약해 두었어요.

**08** The dietician recommended eating raw vegetables.
그 영양사는 익히지 않은 야채를 먹는 것을 권했어요.

**09** The doctor prescribed enough pills for a week.
그 의사는 일주일 동안 먹기에 충분한 약을 처방했어요.

**10** The advertising concept appealed to the client.
그 광고 이미지는 고객의 관심을 이끌어 냈습니다.

 **DAY 04** 의문사 의문문 2

최근 출제 경향

· 의문사 의문문 중 What/Which 의문문, Why 의문문, How 의문문을 살펴보자. **What/Which 의문문**과 **Why 의문문**은 Part 2 전체 25문제 중 각각 1~2문제 정도 매회 출제되며, **How 의문문**은 2문제 정도 매회 출제된다.

---

 **What/Which 의문문**

What 의문문은 시점, 종류, 의견 등 다양한 정보를 묻는 의문문이며, Which 의문문은 특정 대상 중 선택할 것을 묻는 의문문이다.

### 🎯 출제 경향

1. What 의문문은 주로 시점, 종류, 의견, 날씨 등을 묻는다.

> Q: **What time** do you leave the office? [시점]　A: Usually **at six**.
> Q: **What kind of apartment** did you rent? [종류]　A: A **two-bedroom** place.
> Q: **What** do you **think** of our marketing proposal? [의견]　A: It seems like a **good plan**.
> Q: **What** is the **weather** for tomorrow? [날씨]　A: It's going to **rain**.

2. Which 의문문의 경우 one을 사용한 응답이 정답으로 자주 출제된다.

> Q: **Which bus** do you take?　A: The **one** that stops in front of the building.

### 🎯 핵심 전략

1. 질문에서 What/Which와 함께 명사 또는 동사를 반드시 듣고 질문이 무엇에 관한 정보를 묻고 있는지 파악한다.
2. Which 의문문에 either를 사용한 응답도 출제됨을 기억한다.

> Q: **Which seat** do you want?　A: **Either** is fine.

---

| **실전 연습** 질문과 보기를 들을 때 각 보기에 O, X를 표시하면서 정답을 선택해보자. 🎧 D4_실전1 | |
|---|---|
| (A) _____　(B) _____　(C) _____ | What kind of food are you ordering?<br><br>(A) No, I'm not.<br>(B) Probably Chinese.<br>(C) In about a month. |

| 해설 | 정답 (B) | 해석 |
|---|---|---|
| 주문할 음식의 종류를 묻는 질문<br><br>(×) 의문사 의문문에 No로 응답한 오답<br>(○) 중국 음식이라는 음식의 종류로 응답한 정답<br>(×) 시점으로 응답한 오답<br><br>**Possible Answer**<br>Just light snack.<br>그냥 가벼운 간식이요. | | 어떤 종류의 음식을 주문하실 건가요?<br><br>(A) 아니요, 저는 아니에요.<br>(B) 아마 중국 음식이요.<br>(C) 약 한 달 후에요.<br><br>어휘　order[미 ɔ́:rdər, 영 ɔ́:də] 주문하다<br>　　　probably[미 prɑ́:bəbli, 영 prɔ́bəbli] 아마 |

## 기출포인트 02 | Why 의문문

Why 의문문은 특정 행동 및 사건에 관련된 이유를 묻는 의문문이다.

### 🎯 출제 경향

**1.** Because 없이 이유를 설명하거나, Because (of) 또는 To 부정사를 사용한 응답이 정답으로 출제된다.

> Q: **Why** are you rewriting that report?　A: I noticed several errors.
> Q: **Why** is the flight delayed?　A: **Because** there was a bad storm.
> Q: **Why** was the table moved?　A: **To make** room for more chairs.

**2.** didn't나 hasn't 등을 사용한 부정 Why 의문문이 출제되기도 한다.

> Q: **Why didn't** you come to the party?　A: I forgot all about it.

### 🎯 핵심 전략

**1.** Because를 사용한 오답 보기도 출제되므로 질문에서 Why와 함께 주어, 동사를 반드시 듣고 무엇에 관한 이유를 묻고 있는지 정확히 파악한다.

**실전 연습**　질문과 보기를 들을 때 각 보기에 O, X를 표시하면서 정답을 선택해보자.　🎧 D4_실전2

| (A) _____　(B) _____　(C) _____ | Why are you asking for another copy? (A) Would you like some coffee? (B) I lost my files. (C) On the secretary's desk. |
|---|---|

| 해설 | 정답 (B) | 해석 |
|---|---|---|
| 다른 한 부를 요청하는 이유를 묻는 질문 | | 당신은 왜 다른 한 부를 요청하나요? |
| (×) copy와 발음이 유사한 coffee를 사용한 오답 (○) 파일을 잃어버렸다는 이유로 응답한 정답 (×) 장소로 응답한 오답 | | (A) 커피 좀 드시겠어요? (B) 제 파일들을 잃어버렸어요. (C) 비서의 책상 위에요. |
| **Possible Answer** To give it to Mark. Mark에게 주려고요. | | 어휘　ask for 요청하다　file[fail] 파일, 서류철 secretary [미 sékrətèri, 영 sékrətəri] 비서 |

PART 2

DAY 04 의문사 의문문 2　해커스 토익 750+ LC

How 의문문은 방법, 기간, 수량, 의견 등을 묻는 의문문이다.

### 🎯 출제 경향

**1.** 주로 방법, 기간, 수량, 가격, 빈도, 의견 등을 묻는다.

> Q: **How** do you **commute** to the office? [방법]    A: **By car.**
> Q: **How long** will the order take to arrive? [기간]    A: Usually **three days.**
> Q: **How many** people responded to the survey? [수량]    A: About **60.**
> Q: **How much** is the fare? [가격]    A: About **$50.**
> Q: **How often** do you meet with your clients? [빈도]    A: **Once a week.**
> Q: **How** is your new apartment? [의견]    A: It's very **cozy.**

### 🎯 핵심 전략

**1.** 질문에서 How와 함께 형용사, 부사 또는 동사를 반드시 듣고 질문이 어떤 내용을 묻는지를 파악한다.

**2.** 의견을 묻기 위해 관용적으로 사용되는 'How do(would) you like ~ ?'와 'How ~ go?' 같은 표현을 알아둔다.

> Q: **How do you like** the new printer?    A: It's very convenient.
> Q: **How did** the seminar **go?**    A: It was very informative.

---

**실전 연습**  질문과 보기를 들을 때 각 보기에 O, X를 표시하면서 정답을 선택해보자.  🎧 D4_실전3

| (A) _____ (B) _____ (C) _____ | How many people will attend the exhibition?<br><br>(A) At the convention center.<br>(B) About a thousand.<br>(C) Every year. |
|---|---|

| 해설 | 정답 (B) | 해석 |
|---|---|---|
| 사람의 수를 묻는 질문 | | 전시회에 얼마나 많은 사람들이 참석할 예정인가요? |
| (×) 장소로 응답한 오답 | | (A) 컨벤션 센터에요. |
| (○) 천이라는 숫자로 응답한 정답 | | (B) 약 천 명이요. |
| (×) 빈도로 응답한 오답 | | (C) 해마다요. |
| **Possible Answer** | | 어휘  attend [əténd] 참석하다 |
| I haven't checked yet. | | exhibition [èksəbíʃən] 전시회 |
| 아직 확인하지 못했어요. | | |

# HACKERS **PRACTICE**

질문을 듣고 알맞은 응답을 선택한 후, 다시 들으며 빈칸을 채우시오. (음성은 두 번씩 들려줍니다.)

01 Q: _____ does your flight leave?

    (A) From the international terminal.
    (B) At about six.

02 Q: _____ does the _____ usually take?

    (A) About two weeks.
    (B) We will proceed with the meeting.

03 Q: _____ is Mr. Martin moving to a new _____ ?

    (A) It is quite expensive.
    (B) He wants to live closer to the office.

04 Q: _____ the _____ of the visiting professor's talk?

    (A) We will meet in the gymnasium.
    (B) Environmental awareness, I believe.

05 Q: _____ will you _____ the seminar on Thursday?

    (A) I'm taking my car.
    (B) Actually, it starts at 10.

06 Q: _____ was the _____ ?

    (A) Not enough people signed up.
    (B) It will be very informative.

질문과 응답을 듣고 응답이 적절하면 O, 적절하지 않으면 X를 표시하시오. (음성은 두 번씩 들려줍니다.)

| | |
|---|---|
| 07 _____ | 15 _____ |
| 08 _____ | 16 _____ |
| 09 _____ | 17 _____ |
| 10 _____ | 18 _____ |
| 11 _____ | 19 _____ |
| 12 _____ | 20 _____ |
| 13 _____ | 21 _____ |
| 14 _____ | |

정답·해석·해설 p. 15

# HACKERS **TEST**

01  Mark you answer.          (A)        (B)        (C)

02  Mark you answer.          (A)        (B)        (C)

03  Mark you answer.          (A)        (B)        (C)

04  Mark you answer.          (A)        (B)        (C)

05  Mark you answer.          (A)        (B)        (C)

06  Mark you answer.          (A)        (B)        (C)

07  Mark you answer.          (A)        (B)        (C)

08  Mark you answer.          (A)        (B)        (C)

09  Mark you answer.          (A)        (B)        (C)

10  Mark you answer.          (A)        (B)        (C)

11  Mark you answer.          (A)        (B)        (C)

12  Mark you answer.          (A)        (B)        (C)

13  Mark you answer.          (A)        (B)        (C)

14 Mark you answer.　　(A)　　(B)　　(C)

15 Mark you answer.　　(A)　　(B)　　(C)

16 Mark you answer.　　(A)　　(B)　　(C)

17 Mark you answer.　　(A)　　(B)　　(C)

18 Mark you answer.　　(A)　　(B)　　(C)

19 Mark you answer.　　(A)　　(B)　　(C)

20 Mark you answer.　　(A)　　(B)　　(C)

21 Mark you answer.　　(A)　　(B)　　(C)

22 Mark you answer.　　(A)　　(B)　　(C)

23 Mark you answer.　　(A)　　(B)　　(C)

24 Mark you answer.　　(A)　　(B)　　(C)

25 Mark you answer.　　(A)　　(B)　　(C)

정답·해석·해설  p. 17

PART 2

DAY 04 의문사 의문문 2　해커스 토익 750+ LC

## 발음이 비슷한 단어 구별 연습

토익 리스닝에는 전체적인 발음이 유사하거나 발음의 일부가 같아서 비슷하게 들리는 단어를 함정으로 이용한 문제가 자주 출제된다. 예를 들어 "Did you attend the **annual** conference?"라고 묻는 질문에 "Yes, I read the **manual**."로 답하는 오답은 annual과 manual에 공통적으로 들어 있는 [ǽnjuəl] 발음을 이용한 함정이다. 따라서 전체적인 발음이 유사하거나 발음의 일부가 같은 단어를 구별하는 연습이 필요하다.

다음은 토익에 자주 등장하는 어휘들입니다. 각 단어의 발음의 차이를 비교하면서 듣고 따라 해보세요!

| 전체적인 발음이 유사하거나 발음의 일부가 같은 단어 | | | |
|---|---|---|---|
| contact - contract | annual - manual | overtime - time | review - view |
| repair - prepare | directly - directory | weekend - weekly | winter - winner |
| apartment - department | supplies - surprise | upstairs - stare | intersection - interview |
| inspect - expect | computer - commuter | workbook - workforce | meant - mental |
| apply - supply | color - call her | handbook - hand | direction - director |

### Let's practice!

다음은 토익 리스닝에 자주 출제되는 문장입니다. 주의 깊게 듣고 빈칸을 채워보세요. (음성은 두 번 들려줍니다.)

01  What time are you _____?

02  Do you have that tie _____?

03  _____ on the top shelf.

04  I can _____ with that.

05  I'll _____ when I've finished the report.

06  We expect to _____ by Thursday.

07  _____ close the Frankfurt branch.

08  Passengers _____ the flight delay.

09  I _____ how to get to the bank.

10  Ms. Porter is _____.

## → 스크립트와 해석

01 What time are you going to call her?
언제 그녀에게 전화하실 건가요?

02 Do you have that tie in a brighter color?
그 넥타이로 좀 더 밝은 색도 있나요?

03 The handbook is on the top shelf.
안내서는 선반 제일 위에 있어요.

04 I can give you a hand with that.
제가 그것을 도와드릴 수 있어요.

05 I'll contact you when I've finished the report.
제가 보고서를 마치면 연락 드릴게요.

06 We expect to sign the final contract by Thursday.
우리는 목요일에 최종 계약서에 서명하는 것을 예상하고 있습니다.

07 The company decided to close the Frankfurt branch.
그 회사는 프랑크푸르트 지점을 닫기로 결정했습니다.

08 Passengers complained about the flight delay.
승객들은 비행 지연에 대해 불만을 터뜨렸습니다.

09 I need directions on how to get to the bank.
저는 은행에 가는 길을 알아야 해요.

10 Ms. Porter is a famous film director.
Ms. Porter는 유명한 영화감독입니다.

# DAY 05 일반 의문문 1

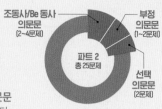

조동사/Be 동사 의문문 (2~4문제)
부정 의문문 (1~2문제)
파트 2 총 25문제
선택 의문문 (2문제)

최근 출제 경향

· 일반 의문문 중 조동사/Be 동사 의문문, 부정 의문문, 선택 의문문을 살펴보자. **조동사/Be 동사 의문문**
은 Part 2 전체 25문제 중 2~4문제, **부정 의문문**은 1~2문제, **선택 의문문**은 2문제 정도 매회 출제된다.

---

 기출포인트
## 01 조동사/Be 동사 의문문

조동사/Be 동사 의문문은 Do, Have, Can/Will/Should 등의 조동사나 Is, Was, Are, Were 등의 Be 동사로 시작되
며, 특정 사실을 확인하거나 의견을 묻는 의문문이다.

### 🎯 출제 경향

**1.** 주로 Yes/No를 사용한 후 부연 설명을 추가한 응답이 정답으로 출제된다.

> Q: **Do** you have to work late tonight?　　A: **Yes**, until 10 P.M.

**2.** Yes/No를 생략한 응답도 출제된다.

> Q: **Were** there a lot of people at the theater?　　A: Some of the seats were empty.

**3.** 그 외에도 의문문을 사용하며 되묻거나, '잘 모르겠다' 혹은 '아직 ~하지 않았다'와 같이 응답하는 경우도 출제된다.

> Q: **Should** I cancel the appointment with Ms. Shin?　　A: Didn't you do that yet?
> Q: **Is** the seminar going to be held in New York this year?　　A: It hasn't been decided yet.

**4.** 의문사가 포함된 질문이 출제되기도 한다.

> Q: **Do** you know **why** Mr. Grove left so early?　　A: He has an appointment.

### 🎯 핵심 전략

**1.** 시제나 주어가 질문과 일치하지 않는 오답 보기가 자주 출제되므로, 질문 처음에 나오는 조동사나 Be 동사의 종류,
시제와 주어를 반드시 듣고 파악한다.

**2.** Of course(물론이죠), Probably not(아닐 거예요), I don't think so(그렇게 생각하지 않아요) 등 Yes나 No를 대체하는
표현도 정답으로 자주 출제됨을 기억한다.

**3.** 질문의 중간에 의문사가 포함된 경우, 해당 의문사에 알맞게 응답한 보기를 정답으로 선택한다.

**4.** Be 동사 의문문의 경우, be going to와 be -ing는 미래 시제를 나타내는 구문임을 기억한다.

---

**실전 연습**　질문과 보기를 들을 때 각 보기에 O, X를 표시하면서 정답을 선택해보자.　🎧 D5_실전1

| | |
|---|---|
| (A) _____　(B) _____　(C) _____ | Does the bus stop here?<br><br>(A) When does it arrive?<br>(B) Please stop by my office later.<br>(C) No, at the next corner. |
| **해설**<br>버스가 여기에 정차하는지를 확인하는 질문<br><br>(×) 질문에서 사용된 bus와 관련된 arrive를 사용한 오답<br>(×) 질문에서 사용된 stop을 반복 사용한 오답<br>(○) No로 부인한 후, 다음 모퉁이라고 부연 설명한 정답<br><br>**Possible Answer**<br>Yes, every hour.<br>네, 매시간마다요. | 정답 (C)　**해석**<br>버스가 여기에 정차하나요?<br><br>(A) 그것은 언제 도착하나요?<br>(B) 나중에 제 사무실에 들러주세요.<br>(C) 아니요, 다음 모퉁이에서요.<br><br>어휘　arrive [əráiv] 도착하다　stop by ~에 들르다 |

부정 의문문은 '조동사/Be 동사 + not'으로 시작되며, 자신이 알고 있는 사실의 진위 여부를 확인하거나 자신의 의견에 동의를 구하는 의문문이다.

### 🎯 출제 경향

1. 확인하고자 하는 사실이 참이거나 의견에 동의하면 Yes로, 사실을 부인하거나 의견에 반대하면 No로 응답한 후 부연 설명을 추가한 응답이 정답으로 출제된다.

> Q: **Doesn't** the delivery come today?　　A: **Yes**, but not until seven. [사실이 참]
> [배송이 오늘 도착한다는 사실을 확인]　　A: **No**, I think it arrives on Thursday. [사실을 부인]

2. Yes/No를 생략한 응답도 출제된다.

> Q: **Hasn't** the report already been finished?　A: It will be ready in an hour.

### 🎯 핵심 전략

1. Shouldn't we로 시작하는 부정 의문문은 제안의 의도를 전달하므로, 제안을 수락하거나 거절하는 내용의 보기를 정답으로 선택한다.

> Q: **Shouldn't we** hire more employees?　A: That's an excellent idea.

---

**실전 연습**　질문과 보기를 들을 때 각 보기에 O, X를 표시하면서 정답을 선택해보자.　🎧 D5_실전2

|  |  |
|---|---|
| (A) _____　(B) _____　(C) _____ | Don't you have to leave now?<br><br>(A) No, not until four o'clock.<br>(B) I'll have two, please.<br>(C) Turn left at the intersection. |

| 해설　　　　　　　　　　　　　　　　정답 (A) | 해석 |
|---|---|
| 지금 떠나야 하는지를 확인하는 질문 | 지금 떠나야 하지 않나요? |
| (○) No로 부인한 후, 네 시나 되어서야 떠난다고 부연 설명한 정답<br>(×) 질문에서 사용된 have를 반복 사용한 오답<br>(×) 질문에서 사용된 leave의 과거형인 left를 사용한 오답 | (A) 아니요, 네 시나 되어서야 떠나요.<br>(B) 두 개 주세요.<br>(C) 교차로에서 좌회전하세요. |
| **Possible Answer**<br>I probably should.<br>아마 그래야 할 거예요. | 어휘　leave [liːv] 떠나다<br>　　　intersection [미 ìntərsékʃən, 영 ìntəsékʃən] 교차로 |

선택 의문문은 두 가지 선택 사항을 or로 연결하여 제시하며, 둘 중 하나를 선택하도록 요구하는 의문문이다.

### 출제 경향

**1.** 선택 사항은 주로 단어와 단어, 구와 구, 의문문과 의문문의 형태로 제시되며, 두 가지 선택 사항 중 하나를 선택하거나, 둘 다 선택 또는 둘 다 선택하지 않는 내용으로 응답한다.

> Q: **Would you like us to deliver your order**, or **will you pick it up yourself?** [의문문과 의문문]
> A: I'd like it sent to my office, please. [둘 중 하나를 선택함]
>
> Q: Would you rather do the interviews in **the director's office** or **the conference room?** [구와 구]
> A: Either is OK. [둘 다 괜찮음]
>
> Q: Are you going to the **cafeteria** or the **restaurant** across the street? [단어와 단어]
> A: I brought my lunch from home. [둘 다 선택하지 않음]

**2.** 두 개의 단어나 구를 연결한 선택 의문문은 Yes나 No로 응답할 수 없으며, 두 개의 의문문을 연결한 경우는 Yes나 No로 응답이 가능하다.

> Q: Will Mr. Park come to the office **today** or **tomorrow?** [단어와 단어]
> A: Tomorrow, I guess. [Yes / No 사용 불가]
>
> Q: **Are you leaving now**, or **can you help me finish this proposal?** [의문문과 의문문]
> A: Yes, I can help. [Yes / No 사용 가능]

### 핵심 전략

**1.** either, neither, whichever, both를 사용한 응답이 정답으로 자주 출제됨을 기억한다.

> Q: Do you want to stay at the **Casa Hotel** or the **Brava Resort?**
> A: **Whichever** one has a vacancy.

---

| 실전 연습 | 질문과 보기를 들을 때 각 보기에 O, X를 표시하면서 정답을 선택해보자. 🎧 D5_실전3 |
|---|---|

|  | Is my appointment with Dr. Russ on Tuesday or Thursday? |
|---|---|
| (A) _____ (B) _____ (C) _____ | (A) Yes, we're open every day.<br>(B) At the clinic.<br>(C) Neither. It's on Friday. |

| 해설 | 정답 (C) | 해석 |
|---|---|---|
| 예약이 화요일인지 아니면 목요일인지를 묻는 질문 |  | Dr. Russ와의 제 예약이 화요일인가요, 목요일인가요? |
| (×) 두 단어를 연결한 선택 의문문에서 Yes로 응답한 오답 |  | (A) 네, 저희는 매일 영업합니다. |
| (×) 질문의 Dr. Russ와 관련된 clinic을 사용한 오답 |  | (B) 진료소에서요. |
| (○) Neither로 둘 다 선택하지 않은 정답 |  | (C) 둘 다 아니에요. 금요일이에요. |

**Possible Answer**
It's on Thursday at 11.
목요일 11시예요.

# HACKERS **PRACTICE**

질문을 듣고 알맞은 응답을 선택한 후, 다시 들으며 빈칸을 채우시오. (음성은 두 번씩 들려줍니다.)

01  Q: _____ you _____ editing my article yet?

    (A) Yes, I'm working on it now.
    (B) The fifth edition.

02  Q: _____ you _____ to Cynthia's farewell party on Friday?

    (A) It's coming along very well.
    (B) I told her I would.

03  Q: _____ the new product _____ this month?

    (A) It will be held at the trade center.
    (B) The schedule is not posted yet.

04  Q: _____ you _____ about the food fair tomorrow?

    (A) That's not fair.
    (B) Yes, are you going?

05  Q: Does Mr. Cristos _____ ?

    (A) He likes both.
    (B) I ordered green tea.

06  Q: _____ you know _____ the _____ is for the project?

    (A) I haven't seen the projector.
    (B) Not until the beginning of next year.

질문과 응답을 듣고 응답이 적절하면 O, 적절하지 않으면 X를 표시하시오. (음성은 두 번씩 들려줍니다.)

| | |
|---|---|
| 07 _____ | 15 _____ |
| 08 _____ | 16 _____ |
| 09 _____ | 17 _____ |
| 10 _____ | 18 _____ |
| 11 _____ | 19 _____ |
| 12 _____ | 20 _____ |
| 13 _____ | 21 _____ |
| 14 _____ | |

정답·해석·해설 p. 21

# HACKERS **TEST**

01  Mark you answer.          (A)        (B)        (C)

02  Mark you answer.          (A)        (B)        (C)

03  Mark you answer.          (A)        (B)        (C)

04  Mark you answer.          (A)        (B)        (C)

05  Mark you answer.          (A)        (B)        (C)

06  Mark you answer.          (A)        (B)        (C)

07  Mark you answer.          (A)        (B)        (C)

08  Mark you answer.          (A)        (B)        (C)

09  Mark you answer.          (A)        (B)        (C)

10  Mark you answer.          (A)        (B)        (C)

11  Mark you answer.          (A)        (B)        (C)

12  Mark you answer.          (A)        (B)        (C)

13  Mark you answer.          (A)        (B)        (C)

14  Mark you answer.          (A)        (B)        (C)

15  Mark you answer.          (A)        (B)        (C)

16  Mark you answer.          (A)        (B)        (C)

17  Mark you answer.          (A)        (B)        (C)

18  Mark you answer.          (A)        (B)        (C)

19  Mark you answer.          (A)        (B)        (C)

20  Mark you answer.          (A)        (B)        (C)

21  Mark you answer.          (A)        (B)        (C)

22  Mark you answer.          (A)        (B)        (C)

23  Mark you answer.          (A)        (B)        (C)

24  Mark you answer.          (A)        (B)        (C)

25  Mark you answer.          (A)        (B)        (C)

정답·해석·해설  p. 23

## 의미가 다양한 단어 구별 연습

토익 리스닝에는 의미가 다양한 단어를 함정으로 이용한 문제가 자주 출제된다. 예를 들어, "Which director reviewed this report?"라는 질문에 대한 "The news report was interesting."과 같은 오답은 질문의 report (보고서)를 '보도'라는 의미로 사용하여 혼동을 준 함정이다. 따라서 의미가 다양한 단어를 구별하는 연습이 필요하다.

다음은 토익에 자주 등장하는 문장들입니다. 문맥에 따른 의미의 차이를 비교하면서 듣고 따라 해보세요!

| 의미가 다양한 단어들 | 예문 |
|---|---|
| fine [fain]<br>① 좋은 ② 벌금 | It's a **fine** day today. 오늘 날씨가 좋네요.<br>I had to pay a **fine** for illegal parking. 저는 불법 주차를 해서 벌금을 내야 했어요. |
| last [læst]<br>① 지속되다 ② 지난 | How long will the show **last**? 쇼는 얼마 동안 지속될 건가요?<br>I sent it out **last** month. 저는 그것을 지난 달에 보냈어요. |
| apply [əplái]<br>① 지원하다 ② 적용하다 | George plans to **apply** for the job. George는 입사 지원을 할 계획이에요.<br>The rules **apply** to all members. 규칙은 모든 회원들에게 적용돼요. |
| rate [reit]<br>① 평가하다 ② 비율 | Critics **rated** the movie without bias. 평론가들은 편견 없이 영화를 평가했어요.<br>Unemployment **rates** are down. 실업률이 떨어졌어요. |

### Let's practice!

다음은 토익 리스닝에 자주 출제되는 문장입니다. 주의 깊게 듣고 빈칸을 채운 후, 주어진 단어가 괄호 안의 두 가지 의미 중 어떤 의미로 쓰였는지 골라보세요. (음성은 두 번 들려줍니다.)

01 What time are you _____ the convention? (출발하다 / 휴가)

02 Ms. Owens is away _____. (출발하다 / 휴가)

03 Do you need anything _____? (저장하다 / 가게)

04 I don't have a _____ it. (저장하다 / 가게)

05 To _____ the program, fill out this form. (적용하다 / 지원하다)

06 Shipping charges _____ all orders. (적용하다 / 지원하다)

07 I'm tired and _____. (휴식 / 나머지)

08 I will hand out _____ the brochures. (휴식 / 나머지)

09 Can you help me _____? (분명한 / 치우다)

10 The answer _____ to me. (분명한 / 치우다)

## → 스크립트와 해석

**01** What time are you **leaving** for the convention?  (출발하다)
몇 시에 회의를 위해 출발하나요?

**02** Ms. Owens is away **on leave**.  (휴가)
Ms. Owens는 휴가 중이에요.

**03** Do you need anything **from the store**?  (가게)
가게에서 필요한 게 있나요?

**04** I don't have a **place to store** it.  (저장하다)
저는 그것을 저장할 공간이 없어요.

**05** To **apply** for the program, fill out this form.  (지원하다)
프로그램에 지원하시려면, 이 양식을 작성하세요.

**06** Shipping charges **apply to** all orders.  (적용하다)
배송비는 모든 주문에 적용됩니다.

**07** I'm tired and **need a rest**.  (휴식)
저는 피곤해서 휴식이 필요해요.

**08** I will hand out **the rest** of the brochures.  (나머지)
제가 나머지 안내 책자를 나눠줄게요.

**09** Can you help me **clear** the table?  (치우다)
테이블 치우는 것을 도와줄래요?

**10** The answer **seems clear** to me.  (분명한)
제게 정답은 분명해 보이네요.

# DAY 06 일반 의문문 2

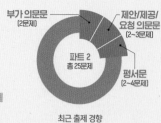

최근 출제 경향

· 일반 의문문 중 부가 의문문, 제안/제공/요청 의문문, 평서문을 살펴보자. **부가 의문문**은 Part 2 전체 25문제 중 **2문제**, **제안/제공/요청 의문문**은 2~3문제, **평서문**은 2~4문제 정도 매회 출제된다.

---

**기출포인트 01** 부가 의문문

부가 의문문은 평서문 형태의 진술문에 덧붙여 사용되며, 사실을 확인하거나 의견에 동의를 구하는 의문문이다.

### 🎯 출제 경향

1. 진술문이 전달하는 사실이 참이거나 의견에 동의하면 Yes로, 사실을 부인하거나 의견에 반대하면 No로 응답한 후 적절한 부연 설명을 덧붙여 응답한다.

   Q: You saw the latest Brian Forrester movie, **didn't you**?
   [Brian Forrester의 영화를 보았는지를 확인]

   A: **Yes**, I watched it on Sunday. [사실이 참]
   A: **No**, I was busy. [사실을 부인]

2. Yes/No를 생략한 응답도 출제된다.

   Q: The manual is helpful, **isn't it**?
   [사용 설명서가 도움이 된다는 것에 동의를 구함]

   A: It helps a lot. [의견에 동의]
   A: It's outdated. [의견에 반대]

### 🎯 핵심 전략

1. 진술문의 내용에 상관없이, 부가 의문문에 알맞게 응답한 정답이 출제됨을 기억한다.

   Q: It's nice to have the extra office space, **isn't it**?
   A: **Yes**, it is.
   A: **No**, it isn't.

---

**실전 연습** 질문과 보기를 들을 때 각 보기에 O, X를 표시하면서 정답을 선택해보자. 🎧 D6_실전1

| (A) _____ (B) _____ (C) _____ | She works in the sales department, doesn't she?<br><br>(A) Yes, I will tell her.<br>(B) It is a large apartment.<br>(C) No, in accounting. |
|---|---|

| 해설　　　　　　　　　　　　　　　　　정답 (C) | 해석 |
|---|---|
| 그녀가 영업부서에 일하는지를 확인하는 질문<br><br>(×) 질문에서 사용된 She와 관련된 her를 사용한 오답<br>(×) 질문의 department와 발음이 유사한 apartment를 사용한 오답<br>(○) No로 부인한 후, 회계부서라고 부연 설명한 정답<br><br>**Possible Answer**<br>That's what I heard.<br>저는 그렇게 들었어요. | 그녀는 영업부서에서 일하죠, 그렇지 않나요?<br><br>(A) 네, 제가 그녀에게 얘기할게요.<br>(B) 넓은 아파트네요.<br>(C) 아니요, 회계부서예요.<br><br>어휘　department[미 dipá:rtmənt, 영 dipá:tmənt] 부서<br>　　　accounting[əkáuntiŋ] 회계 |

# 제안/제공/요청 의문문

제안/제공/요청 의문문은 주로 Why don't you(we), How about, Do you want me to, Can(Could) you, Would you 등으로 시작하며, 상대방에게 제안, 제공, 또는 요청하는 의문문이다.

### 🎯 출제 경향

**1.** 제안, 제공, 요청을 수락 또는 거절하거나, 수락 여부를 결정하기 위해 추가 정보를 요청하는 내용의 응답이 정답으로 출제된다.

> Q: **Why don't we** ask Frank to be the guest speaker? [제안]
> A: That sounds like a great idea. [수락]

> Q: **Do you want me to** help complete the report? [제공]
> A: Thanks, but I'm almost done. [거절]

> Q: **Can you** tell me your printer's serial number? [요청]
> A: Where can I find it? [추가 정보 요청]

**2.** 제안이나 제공, 또는 요청한 사항을 이미 완료했음을 나타내는 응답도 정답으로 출제된다.

> Q: **Do you want me to** review the report?
> A: I've already taken care of it.

### 🎯 핵심 전략

**1.** Sure, No problem, That's a good idea, That sounds good과 같이 제안을 수락하는 전형적인 표현이 정답으로 자주 출제됨을 기억한다.

> Q: **Would you** ask Ms. Irene to come to my office?
> A: Sure, no problem.

---

**실전 연습**  질문과 보기를 들을 때 각 보기에 O, X를 표시하면서 정답을 선택해보자.  🎧 D6_실전2

<table>
<tr><td>(A) _____  (B) _____  (C) _____</td><td>Why don't we set up the company booth this evening?<br><br>(A) At the annual trade fair.<br>(B) Sure. How about at seven?<br>(C) For our new product line.</td></tr>
</table>

| 해설 | 정답 (B) | 해석 |
|---|---|---|
| 회사 부스를 오늘 저녁에 설치하자고 제안하는 질문 | | 오늘 저녁에 회사 부스를 설치하는 것이 어떨까요? |

(×) 질문의 booth와 관련된 trade fair를 사용한 오답
(○) 수락을 나타내는 전형적인 표현으로 응답한 정답
(×) 질문의 company booth와 관련된 product line을 사용한 오답

(A) 연례 무역 박람회에서요.
(B) 좋아요. 7시에 어때요?
(C) 신제품을 위해서요.

**Possible Answer**
Sorry, I already have other plans for tonight.
죄송해요, 저는 오늘 밤에 이미 다른 계획이 있어요.

어휘  line[lain] 제품, 제품의 종류

평서문은 의문문이 아닌 형태로 상대의 응답을 요구하며, 주로 정보 제공, 문제점 언급, 제안/제공/요청, 의견 전달, 감정 표현, 칭찬 등의 의도를 전달하는 진술문이다.

### 🎯 출제 경향

**1.** 평서문의 의도에 따라 추가 정보 제공, 수락 또는 거절, 동의 또는 반대, 공감, 감사 등의 응답이 정답으로 출제된다.

> Q: I heard the new department store is opening this weekend. [정보 제공]
> A: Actually, not until next Monday. [추가 정보 제공]
>
> Q: We could stay at the hotel downtown. [제안]
> A: Yes, it has nice rooms. [제안 수락]
>
> Q: I didn't like the concert we saw yesterday. [의견 전달]
> A: Neither did I. [의견에 동의]
>
> Q: I really love my new job. [감정 표현]
> A: I knew you would. [공감]
>
> Q: You've been an excellent team leader. [칭찬]
> A: I appreciate the kind words. [감사]

**2.** 의문문을 사용하여 추가 정보를 요구하는 응답도 정답으로 출제된다.

> Q: We can't attend the trade fair this fall. [문제점 언급]　　A: Are your schedules too busy?

### 🎯 핵심 전략

**1.** 평서문은 질문의 초점이 되는 부분이 없어 문장 전체의 내용을 이해해야만 정답을 선택할 수 있으므로, 문제를 끝까지 주의 깊게 듣고 내용과 어조를 통해 의도를 파악해야 한다.

---

**실전 연습**　질문과 보기를 들을 때 각 보기에 O, X를 표시하면서 정답을 선택해보자.　🎧 D6_실전3

| | My computer is not connecting to the Internet. |
|---|---|
| (A) _____　(B) _____　(C) _____ | (A) No, there's a connecting flight. |
| | (B) We should call a technician. |
| | (C) A number of programs. |

| 해설 | 정답 (B) | 해석 |
|---|---|---|
| 인터넷에 연결되지 않는다는 문제점을 언급한 평서문 | | 제 컴퓨터가 인터넷에 연결되지 않아요. |
| (×) 질문에서 사용된 connecting을 반복 사용한 오답 | | (A) 아니요, 연결 비행편이 있어요. |
| (○) 기술자를 불러야 한다는 해결책을 제시한 정답 | | (B) 기술자를 불러야겠어요. |
| (×) 질문의 computer와 관련된 programs를 사용한 오답 | | (C) 많은 프로그램들이요. |

**Possible Answer**
Neither is mine.
제 것도 그래요.

# HACKERS **PRACTICE**

질문을 듣고 알맞은 응답을 선택한 후, 다시 들으며 빈칸을 채우시오. (음성은 두 번씩 들려줍니다.)

01  Q: _____ all the seminars this week, _____?

(A) At the convention center in Madrid.
(B) Yes, I'm planning to.

02  Q: Yumi was _____.

(A) Oh, I hadn't heard.
(B) We need more members.

03  Q: _____ a good place to stay in Bangkok?

(A) The Royal Ruby Hotel is nice.
(B) I'd suggest the Japanese restaurant.

04  Q: Ms. Lords _____ this morning, _____?

(A) Yes, it was very inspiring.
(B) She's speaking at a conference.

05  Q: _____ work early and get some rest?

(A) I'll see her later tonight.
(B) No, I have too many things to do.

06  Q: _____ includes long distance calls.

(A) I hadn't planned to.
(B) How much is it per month?

질문과 응답을 듣고 응답이 적절하면 O, 적절하지 않으면 X를 표시하시오. (음성은 두 번씩 들려줍니다.)

07 _____

08 _____

09 _____

10 _____

11 _____

12 _____

13 _____

14 _____

15 _____

16 _____

17 _____

18 _____

19 _____

20 _____

21 _____

# HACKERS **TEST**

01  Mark you answer.　　　(A)　　(B)　　(C)

02  Mark you answer.　　　(A)　　(B)　　(C)

03  Mark you answer.　　　(A)　　(B)　　(C)

04  Mark you answer.　　　(A)　　(B)　　(C)

05  Mark you answer.　　　(A)　　(B)　　(C)

06  Mark you answer.　　　(A)　　(B)　　(C)

07  Mark you answer.　　　(A)　　(B)　　(C)

08  Mark you answer.　　　(A)　　(B)　　(C)

09  Mark you answer.　　　(A)　　(B)　　(C)

10  Mark you answer.　　　(A)　　(B)　　(C)

11  Mark you answer.　　　(A)　　(B)　　(C)

12  Mark you answer.　　　(A)　　(B)　　(C)

13  Mark you answer.　　　(A)　　(B)　　(C)

14  Mark you answer.　　(A)　　(B)　　(C)

15  Mark you answer.　　(A)　　(B)　　(C)

16  Mark you answer.　　(A)　　(B)　　(C)

17  Mark you answer.　　(A)　　(B)　　(C)

18  Mark you answer.　　(A)　　(B)　　(C)

19  Mark you answer.　　(A)　　(B)　　(C)

20  Mark you answer.　　(A)　　(B)　　(C)

21  Mark you answer.　　(A)　　(B)　　(C)

22  Mark you answer.　　(A)　　(B)　　(C)

23  Mark you answer.　　(A)　　(B)　　(C)

24  Mark you answer.　　(A)　　(B)　　(C)

25  Mark you answer.　　(A)　　(B)　　(C)

정답·해석·해설  p. 29

PART 2

DAY 06 일반 의문문 2

해커스 토익 750+ LC

## 미국식·영국식 발음의 차이 연습 ① - /r/

토익 리스닝에서 미국식 발음과 영국식 발음의 차이를 구별해야 할 자음 중에는 /r/이 있다. 예를 들어 park의 경우, /r/을 살려 부드럽게 굴리는 미국식 발음에서는 [파r크]로 들리고, 단어 끝에 오는 /r/을 발음하지 않는 영국식 발음에서는 [파크]로 들린다. 따라서 /r/의 미국식 발음과 영국식 발음 차이에 대한 연습이 필요하다.

다음은 토익에 자주 등장하는 어휘들입니다. 미국식과 영국식 발음의 차이를 비교하면서 듣고 따라 해보세요!

| 단어 | 미국식 발음 | 영국식 발음 | 단어 | 미국식 발음 | 영국식 발음 |
|---|---|---|---|---|---|
| park | [파r크] | [파크] | order | [오r더r] | [오더] |
| seminar | [세미나r] | [세미나] | store | [스토어r] | [스토어] |
| clerk | [클러r크] | [클러크] | work | [워r크] | [워크] |
| corner | [코r너r] | [코너] | hour | [아워r] | [아워] |
| paper | [페이퍼r] | [페이퍼] | sure | [슈어r] | [슈어] |
| hire | [하이어r] | [하이어] | urgent | [어r전트] | [어전트] |
| shirt | [셔r트] | [셔트] | here | [히어r] | [히어] |

### Let's practice!

다음은 토익 리스닝에 자주 출제되는 문장입니다. 주의 깊게 듣고 빈칸을 채워보세요.
(음성은 영국식 발음과 미국식 발음으로 두 번 들려줍니다.)

01  I often _____ during my lunch break.

02  The meeting _____ when Mr. Baines arrives.

03  There's a bus stop _____ of Vine Street.

04  The _____ was very polite and helpful.

05  The waiter was quite busy and forgot _____.

06  The flight to Regina leaves from Gate F12 _____.

07  Don't forget to switch off _____ before leaving the office.

08  The _____ provides free delivery within the downtown area.

09  Ms. Samson would like _____ real estate agency _____.

10  _____ you have your passport and ticket before leaving _____.

## → 스크립트와 해석

01 I often go to the **park** during my lunch break.
저는 자주 점심 휴식 시간에 공원에 가요.

02 The meeting will **start** when Mr. Baines arrives.
회의는 Mr. Baines가 도착하면 시작할 거예요.

03 There's a bus stop on the **corner** of Vine Street.
Vine가 모퉁이에 버스 정류장이 있어요.

04 The **clerk** at the bank was very polite and helpful.
은행원이 매우 친절하고 도움이 되었어요.

05 The waiter was quite busy and forgot to take **our order**.
종업원이 상당히 바빠서 우리의 주문을 받는 것을 잊었어요.

06 The flight to Regina leaves from Gate F12 in about an **hour**.
리자이나로 떠나는 비행기는 F12 탑승구에서 한 시간 정도 후에 출발합니다.

07 Don't forget to switch off **your computer** before leaving the office.
사무실을 나서기 전에 컴퓨터 스위치를 끄는 것을 잊지 마세요.

08 The **store** across the street provides free delivery within the downtown area.
길 건너 상점은 시내 지역 내에 무료 배달을 제공해요.

09 Ms. Samson would like to operate **her** own real estate agency in the **future**.
Ms. Samson은 앞으로 자신의 부동산 중개소를 운영하기를 원해요.

10 Make **sure** you have your passport and ticket before leaving **for the airport**.
공항으로 떠나기 전에 여권과 표를 챙겼는지 꼭 확인하세요.

20일 만에 끝내는
해커스 토익 750+ LC

# PART 3

Part 3은 문제가 묻는 내용과 대화의 주제에 따라 각기 다른 특징 및 전략이 있으므로
Part 3에 출제되는 문제와 대화를 각각 문제 유형과 대화 유형으로 분류하여 학습해보자.

◀ **MP3 바로듣기**

교재에 수록된 모든 MP3를 무료로 다운받거나 바로 스트리밍하여 더욱 편리하게 이용해보
세요. 고속 버전 MP3도 구매하여 학습하면 실전에 더욱 완벽하게 대비할 수 있습니다.

# DAY 07  전체 대화 관련 문제

**주제 및 목적 문제**(2문제)

**파트 3 총 39문제**

**화자 및 장소 문제**(6문제)

최근 출제 경향

· 전체 대화 관련 문제를 주제 및 목적 문제와 화자 및 장소 문제로 나누어 살펴보자. **주제 및 목적 문제**는 Part 3 전체 39문제 중 2문제 정도 출제되며, **화자 및 장소 문제**는 6문제 정도 매회 출제된다.

---

## 기출포인트 01  주제 및 목적 문제

주제 및 목적 문제는 화자들이 이야기하고 있는 중심 내용을 묻는 문제이다.

### 🎯 출제 경향

**1.** 한 대화에 해당되는 세 개의 문제들 중 주로 첫 번째 문제로 출제된다.

**2.** 주로 다음과 같은 질문을 사용한다.

| 주제 | **What are the speakers mainly discussing?** 화자들은 주로 무엇에 관해 이야기하고 있는가?<br>**What is the conversation mainly about?** 대화는 주로 무엇에 관한 것인가? |
| --- | --- |
| 목적 | **Why is the woman calling?** 여자는 왜 전화를 하고 있는가?<br>**What is the purpose of the call?** 전화의 목적은 무엇인가? |

### 🎯 핵심 전략

**1.** 주제 및 목적과 관련된 내용은 주로 대화의 초반에 언급되므로 대화의 초반을 주의 깊게 듣는다.

**2.** 대화의 초반에서 주제 및 목적을 파악하기 어려운 경우 전체적인 맥락을 파악하여 정답을 선택한다.

**3.** 대화의 후반에 언급된 명사나 명사구를 직접 사용한 보기는 오답인 경우가 많으므로 주의한다.

---

**실전 연습**  질문과 보기를 먼저 읽은 후, 대화를 들으면서 정답을 선택해보자. 🎧 D7_실전1

1. What are the speakers mainly discussing?

(A) A sale in a store
(B) The price of a bag
(C) A menu for a dinner
(D) The location of a bank machine

Question 1 refers to the following conversation.

M: I'm glad we decided to come to this sale. **Many of the items are offered at 50 percent off!**

W: **Yes, they hold a big sale every year.** Last time I came here, I got a bag for only $40.

M: I want to buy a few ties, but if I do that I won't have enough cash for our dinner later.

W: Do you want to charge your purchases to my credit card for now? We can stop by a bank machine later.

**해석**

1. 화자들은 주로 무엇에 관해 이야기하고 있는가?

(A) 상점의 할인 판매
(B) 가방의 가격
(C) 저녁 메뉴
(D) 현금 지급기의 위치

1은 다음 대화에 관한 문제입니다.

M: 이번 할인 판매에 오길 잘한 것 같아요. 많은 품목이 50퍼센트 할인가에 제공되네요!

W: 맞아요, 그들은 매년 큰 할인 행사를 열어요. 지난번에 여기 왔을 때, 겨우 40달러에 가방을 샀어요.

M: 넥타이를 몇 개 사고 싶은데, 그러면 나중에 저녁 먹을 현금이 부족할 것 같아요.

W: 지금은 제 신용카드로 살래요? 나중에 현금 지급기에 들르면 돼요.

**해설**                                                     정답 1. (A)

질문의 What, mainly discussing을 통해 주제를 묻는 문제임을 알 수 있다. 대화의 초반에 남자가 "Many ~ are offered at 50 percent off!"라며 많은 품목이 50퍼센트 할인가에 제공된다고 하자, 여자가 "Yes, they hold a big sale every year."라며 그들이 매년 큰 할인 행사를 연다고 하였으므로 (A) A sale in a store가 정답이다.

어휘   **offer**[ɔ́:fər] 제공하다  **hold**[hould] 열다, 개최하다  **charge**[tʃɑ:rdʒ] (신용카드로) 사다, 지불하다  **bank machine** 현금 지급기

화자 및 장소 문제는 화자들의 신분이나 직업, 그리고 대화가 이루어지고 있는 장소를 묻는 문제이다.

### 🎯 출제 경향

**1.** 한 대화에 해당되는 세 개의 문제들 중 주로 첫 번째 문제로 출제된다.

**2.** 주로 다음과 같은 질문을 사용한다.

화자  **Who** most likely is **the man/the woman?**  남자/여자는 누구인 것 같은가?
**Who** are **the speakers?**  화자들은 누구인가?
**Where** do **the speakers** most likely **work?**  화자들은 어디에서 일하는 것 같은가?

장소  **Where** does this **conversation** (probably) **take place?**  이 대화는 어디에서 일어나는가?
**Where** most likely are **the speakers?**  화자들은 어디에 있는 것 같은가?

### 🎯 핵심 전략

**1.** 화자 및 장소와 관련된 내용은 주로 대화의 초반에 언급되므로 대화의 초반을 주의 깊게 듣는다.

**2.** 특정 직업이나 장소와 관련된 여러 표현들을 통해 화자의 직업이나 대화 장소를 유추한다.

**3.** 대화의 후반에 직접 언급되는 직업이나 장소 보기는 오답인 경우가 많으므로 주의한다.

---

**실전 연습**  질문과 보기를 먼저 읽은 후, 대화를 들으면서 정답을 선택해보자.  🎧 D7_실전2

| | 해석 |
|---|---|
| 1. Who most likely is the woman?<br><br>(A) A visitor<br>(B) A client<br>(C) A receptionist<br>(D) A supplier | 1. 여자는 누구인 것 같은가?<br><br>(A) 방문객<br>(B) 고객<br>(C) 접수원<br>(D) 공급업자 |
| Question 1 refers to the following conversation.<br><br>W: **Front desk**, good morning. **How can I help you?**<br>M: Hello. This is David Ling from Asian Trade International. I'm expecting a guest this morning. Could you let me know when she arrives and have her proceed to my office please?<br>W: Of course. Could you tell me which floor your office is located on?<br>M: It's on the 25th floor, Room 2510. | 1은 다음 대화에 관한 문제입니다.<br><br>W: 안녕하세요, 안내 데스크입니다. 어떻게 도와드릴까요?<br>M: 안녕하세요. 저는 Asian Trade International사의 David Ling입니다. 오늘 아침에 손님을 기다리고 있는데요. 그녀가 도착하면 저에게 알려 주시고 그녀가 제 사무실로 향하도록 안내해 주시겠어요?<br>W: 물론입니다. 귀하의 사무실이 몇 층에 위치해 있는지 알려 주시겠어요?<br>M: 25층 2510호예요. |

해설  정답 1. (C)

질문의 Who, the woman을 통해 화자 중 여자의 직업을 묻는 문제임을 알 수 있다. 대화의 초반에 여자가 "Front desk", "How can I help you?"라고 한 말을 통해 여자가 안내 데스크에서 일하는 접수원임을 알 수 있으므로 (C) A receptionist가 정답이다.

어휘  **expect**[ikspékt] 기다리다, 예상하다  **proceed**[미 prousí:d, 영 prəsí:d] 향하다, 가다  **locate**[미 lóukeit, 영 ləukéit] 위치하다

# HACKERS **PRACTICE**

질문과 보기를 먼저 읽은 후 대화를 들으며 정답을 선택하시오. 그 후 대화를 다시 들으며 빈칸을 채워보시오. (음성은 두 번 들려줍니다.)

01 What is the purpose of the call?

(A) To place a food order        (B) To ask about a film schedule

M: Hello. What time does the movie *Stuck in Place* begin? I was _____

_____ .

W: Falls Cinema has _____ for that film. The first

_____ , and _____ .

02 Where most likely are the speakers?

(A) At a restaurant        (B) At a supermarket

W: Hello. Are you _____ , or do you need a few more minutes?

M: Actually, what is _____ ?

W: Today it's _____ sauce.

[03-04]

03 Who most likely are the speakers?

(A) Coworkers        (B) Computer technicians

04 What is the conversation mainly about?

(A) A computer purchase        (B) Software problems

W: I saw the _____ this morning. Are you having _____

_____ ?

M: Yes, several _____ properly. The technician had to _____ .

W: Well, hopefully everything is OK now.

[05-06]

05 What is the conversation mainly about?

(A) Finding research materials        (B) Returning an overdue book

06 Where most likely is the conversation taking place?

(A) At a mall        (B) At a library

W1: Good morning. My friend and I are _____ . What section should we

go to?

W2: For books, _____ . Journals are located by the circulation desk.

M:  OK. We need _____ , so _____ . Thank you.

정답·해석·해설 p. 34

# HACKERS TEST

01 Who most likely is the man?
(A) A unit owner
(B) A driving instructor
(C) A sales agent
(D) A building employee

02 What does the woman want?
(A) Confirmation of a fee payment
(B) Advice on purchasing a car
(C) A brochure about apartment services
(D) Information about obtaining a parking space

03 Why is the woman unable to pick up the form today?
(A) The man is out of town.
(B) Maintenance is being carried out.
(C) Interviews are being conducted.
(D) The man is busy.

04 Who most likely is the man?
(A) A property manager
(B) An interior decorator
(C) A furniture designer
(D) A delivery person

05 Why is the woman concerned?
(A) A price is high.
(B) An area is crowded.
(C) A package is late.
(D) An address is incorrect.

06 What does the man suggest?
(A) Placing an online order
(B) Consulting an architect
(C) Trying a different brand
(D) Requesting a discount

07 Where does the woman most likely work?
(A) At a shipping warehouse
(B) At a bus terminal
(C) At a sports equipment store
(D) At a fitness center

08 What is the man calling about?
(A) A card balance
(B) An account password
(C) A delivery date
(D) A payment process

09 What information does the woman ask for?
(A) The name of a store
(B) The amount of the purchase
(C) A security code
(D) A home address

10 What is the purpose of the woman's visit?
(A) To make a purchase
(B) To apply for a job
(C) To request a repair
(D) To cancel a membership

11 What did the woman learn about from her friend?
(A) A promotion period
(B) A free gift
(C) A product feature
(D) A return policy

12 What does the man encourage the woman to do?
(A) Read a catalog
(B) Ask for a refund
(C) Attend an event
(D) Watch a video

GO ON TO THE NEXT PAGE

13  Where is the conversation probably taking place?
   (A) In a government building
   (B) In a design studio
   (C) In a law office
   (D) In a real estate agency

14  What does the woman say about the contract?
   (A) It has been signed.
   (B) It is incomplete.
   (C) It has been mailed out.
   (D) It has been recently revised.

15  What does the man suggest?
   (A) Agreeing to a deal
   (B) Copying a document
   (C) Contacting some representatives
   (D) Providing some materials

16  What is the conversation mainly about?
   (A) Purchasing a ticket
   (B) Inquiring about a price
   (C) Filing a complaint
   (D) Making a reservation

17  What does the man request?
   (A) A room with a sea view
   (B) A late checkout time
   (C) A vegetarian meal
   (D) A reduced rate

18  What does the woman offer?
   (A) A complimentary meal
   (B) A room transfer
   (C) A suite on the second floor
   (D) A coupon for an upgrade

19  What are the speakers mainly discussing?
   (A) Making an appointment
   (B) Issuing a certificate
   (C) Changing a schedule
   (D) Responding to an inquiry

20  What does the man say the woman should do?
   (A) Contact a patient
   (B) Perform a test
   (C) Complete a form
   (D) Read a message

21  Why does the woman say, "Jake is Ms. Polson's nurse"?
   (A) He can perform a task.
   (B) He will not attend an event.
   (C) He will assist with an operation.
   (D) He cannot answer a question.

22  What is the conversation mainly about?
   (A) A project delay
   (B) A report error
   (C) An unsatisfied customer
   (D) A company evaluation

23  What must the men do?
   (A) Prepare for a conference
   (B) Cancel a team meeting
   (C) Revise an employee manual
   (D) Review some questionnaires

24  What will the woman most likely do next?
   (A) Organize a workshop
   (B) Speak with a manager
   (C) Assign a task
   (D) Meet with a client

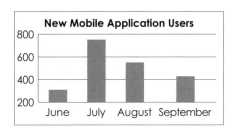

**New Mobile Application Users**

25 What industry do the speakers most likely work in?

(A) Software
(B) Electronics
(C) Publishing
(D) Finance

26 Look at the graphic. When was the application upgraded?

(A) In June
(B) In July
(C) In August
(D) In September

27 What does the woman suggest?

(A) Collecting additional data
(B) Rescheduling a staff meeting
(C) Sharing a report with colleagues
(D) Fixing application errors

| Applicant | Related Experience |
|---|---|
| Dan Blather | 4 years |
| Cynthia Bloom | 9 years |
| Jie Xing | 6 years |
| Marla Garcia | 3 years |

28 What are the speakers mainly discussing?

(A) A research project
(B) A training session
(C) A new recruiter
(D) A hiring decision

29 What does the woman recommend?

(A) Assembling a team for an assignment
(B) Holding a second group interview
(C) Requiring a certain amount of experience
(D) Getting feedback from a department head

30 Look at the graphic. Who will the man send an e-mail to tomorrow?

(A) Dan Blather
(B) Cynthia Bloom
(C) Jie Xing
(D) Marla Garcia

정답·해석·해설  p. 35

## 미국식·영국식 발음의 차이 연습 ② - /t/

토익 리스닝에서 미국식 발음과 영국식 발음의 차이를 구별해야 할 자음 중에는 /t/가 있다. 예를 들어 meeting의 경우, 모음 사이의 /t/를 [d]와 [r]의 중간처럼 발음하는 미국식 발음에서는 [미링]으로 들리고, /t/를 그대로 발음하는 영국식 발음에서는 [미팅]으로 들린다.

다음은 토익에 자주 등장하는 어휘들입니다. 미국식과 영국식 발음의 차이를 비교하면서 듣고 따라 해보세요!

| 단어 | 미국식 발음 | 영국식 발음 | 단어 | 미국식 발음 | 영국식 발음 |
|------|-----------|-----------|------|-----------|-----------|
| water | [워러r] | [워터] | computer | [컴퓨러r] | [컴퓨터] |

또한 미국식 발음에서는 모음 사이에 /nt/와 /rt/가 올 때 [t] 발음이 생략되는 반면 영국식 발음에서는 [t] 발음이 그대로 들린다. 그 외에도 미국식 발음에서는 /tn/과 /tli/ 발음에서 [t]가 발음되지 않고 한번 숨을 멈추었다가 [n]이 '응' 혹은 '은'과 같은 콧소리로 들리거나 [li]만 들리지만, 영국식 발음에서는 [t]가 그대로 들린다.

다음은 토익에 자주 등장하는 어휘들입니다. 미국식과 영국식 발음의 차이를 비교하면서 듣고 따라 해보세요!

| 구분 | 단어 | 미국식 발음 | 영국식 발음 | 단어 | 미국식 발음 | 영국식 발음 |
|------|------|-----------|-----------|------|-----------|-----------|
| /nt/ | advantage | [어드배니지] | [어드밴티지] | representative | [레프리제너티브] | [레프리젠터티브] |
| /rt/ | party | [파리] | [파티] | artist | [아리스트] | [아티스트] |
| /tn/ | button | [버ㅌ은] | [버튼] | curtain | [컬ㅌ은] | [커튼] |
| /tli/ | recently | [리슨ㅌ리] | [리슨틀리] | instantly | [인스턴ㅌ리] | [인스턴틀리] |

### Let's practice!

다음은 토익 리스닝에 자주 출제되는 문장입니다. 주의 깊게 듣고 빈칸을 채워보세요.
(음성은 영국식 발음과 미국식 발음으로 두 번 들려줍니다.)

01  The company has over _____ offices.

02  To turn off the machine, _____.

03  The bank _____ three additional tellers.

04  The flight to Cologne arrives _____.

05  The _____ connected Mr. Arnold to the shipping department.

06  Mark Ward studied graphic design before he became _____.

07  Mr. Price decided to invest in _____ for the office.

08  Landon _____ before showing staff members the video presentation.

09  The waiter brought the customers menus and several _____.

10  Because of the busy schedule, the staff meeting was delayed _____.

## → 스크립트와 해석

01 The company has over **thirty international** branch offices.
그 회사는 전 세계적으로 30개가 넘는 지사를 가지고 있습니다.

02 To turn off the machine, <u>press the red</u> **button**.
기계를 끄려면, 빨간색 버튼을 누르세요.

03 The bank **recently** hired three additional tellers.
그 은행은 최근에 3명의 금전 출납계원을 추가로 고용했습니다.

04 The flight to Cologne arrives <u>at a **quarter** past eight</u>.
쾰른행 비행기는 8시 15분에 도착합니다.

05 The <u>sales **representative**</u> connected Mr. Arnold to the shipping department.
그 영업 사원은 Mr. Arnold를 운송부서에 연결시켜 주었어요.

06 Mark Ward studied graphic design before he became <u>a professional **artist**</u>.
Mark Ward는 전문 예술가가 되기 전에 그래픽 디자인을 공부했습니다.

07 Mr. Price decided to invest in <u>a new **computer** system</u> for the office.
Mr. Price는 사무실을 위한 새로운 컴퓨터 시스템에 투자하기로 결정했어요.

08 Landon <u>closed the **curtains**</u> before showing staff members the video presentation.
Landon은 직원들에게 영상 발표를 보여주기 전에 커튼을 닫았습니다.

09 The waiter brought the customers menus and several <u>glasses of **water**</u>.
종업원은 손님들에게 메뉴와 물 여러 잔을 가져왔습니다.

10 Because of the busy schedule, the staff meeting was delayed <u>until **later** in the week</u>.
바쁜 일정 때문에 직원 회의는 그 주의 나중으로 연기되었습니다.

# DAY 08 세부 사항 관련 문제 1

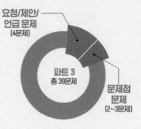

요청/제안/언급 문제 [4문제]

파트 3 총 39문제

문제점 문제 [2~3문제]

최근 출제 경향

· 세부 사항 관련 문제 중 요청/제안/언급 문제와 문제점 문제를 살펴보자. **요청/제안/언급 문제**는 Part 3 전체 39문제 중 4문제 정도 매회 출제되며, **문제점 문제**는 2~3문제 정도 출제된다.

---

**기출포인트 01** | 요청/제안/언급 문제

요청/제안/언급 문제는 화자 중 한 명이 상대방에게 요청 또는 제안한 사항이나 언급한 사항을 묻는 문제이다.

### 🎯 출제 경향

1. 요청/제안/언급 문제의 질문에는 화자 중 한 명, 즉 남자 또는 여자가 항상 등장한다.
2. 주로 다음과 같은 질문을 사용한다.

   요청 ▮ **What** does the woman **ask** the man to do?  여자는 남자에게 무엇을 하라고 요청하는가?

   제안 ▮ **What** does the man **suggest** the woman do?  남자는 여자에게 무엇을 하라고 제안하는가?

   언급 ▮ **What** does the woman **say about** the weather?  여자는 날씨에 대해 무엇을 말하는가?

### 🎯 핵심 전략

1. 질문에 언급된 화자(남자 또는 여자)의 말에서 정답의 단서를 파악한다.
2. 요청하는 내용은 Can(Could) you, Would you, I'd like you to 등의 표현 다음에서, 제안하는 내용은 Why don't we /you, I suggest, You should 등의 표현 다음에서 자주 언급됨을 기억한다. 그리고 언급하는 내용은 질문의 핵심어구가 언급된 주변을 들으면서 정답의 단서를 파악한다.

---

**실전 연습** | 질문과 보기를 먼저 읽은 후, 대화를 들으면서 정답을 선택해보자. 🎧 D8_실전1

| 실전 연습 | 해석 |
|---|---|
| 1. What does the man suggest the woman do?<br><br>(A) Return on Saturday<br>(B) Contact another caterer<br>(C) Review the menu<br>(D) Place an order online<br><br>Question 1 refers to the following conversation.<br><br>W: Good afternoon. I'm holding a party, and I'd like to know how much you charge for catering.<br>M: Well, it depends on the size of the event and the types of food and drinks you choose. When are you planning to have the party?<br>W: It is this Saturday, actually.<br>M: I'm very sorry, but we're fully booked. **There are many wonderful caterers in the city, though. You should try calling one of them.** | 1. 남자는 여자에게 무엇을 하라고 제안하는가?<br><br>(A) 토요일에 다시 온다.<br>(B) 다른 출장 요리 업체에 연락한다.<br>(C) 메뉴를 살펴본다.<br>(D) 온라인 주문을 한다.<br><br>1은 다음 대화에 관한 문제입니다.<br><br>W: 안녕하세요. 제가 파티를 열 예정인데, 출장 요리에 얼마를 청구하는지 알고 싶어요.<br>M: 음, 행사 규모나 선택하시는 음식 및 음료의 종류에 의해 결정됩니다. 언제 파티를 열 계획이신가요?<br>W: 사실, 그건 이번 토요일이에요.<br>M: 정말 죄송합니다만, 저희는 예약이 꽉 찼어요. 하지만 시내에 훌륭한 출장 요리 업체들이 많이 있어요. 그 중 한 곳에 전화해 보시는 게 좋겠네요. |

**해설**

정답 1. (B)

질문의 What, the man suggest를 통해 남자가 제안하는 내용을 묻는 문제임을 알 수 있다. 남자가 "There are many ~ caterers ~. You should try calling one of them."이라며 다른 출장 요리 업체에 전화해 보라고 하였으므로 (B) Contact another caterer가 정답이다.

어휘 hold[미hould, 영həuld] 열다, 주최하다  charge[미tʃɑːrdʒ, 영tʃɑːdʒ] (요금을) 청구하다  catering[kéitəriŋ] 출장 요리

문제점 문제는 화자가 겪고 있는 문제점이나 화자가 걱정 또는 염려하는 사항을 묻는 문제이다.

### ◎ 출제 경향

**1.** 한 대화에 해당되는 세 개의 문제들 중 첫 번째나 두 번째 문제로 자주 출제된다.

**2.** 주로 다음과 같은 질문을 사용한다.

> **What** is the **problem?**   문제는 무엇인가?
> **What problem** does the man mention?   남자는 무슨 문제를 언급하는가?
> **What** is the woman **concerned/worried about?**   여자는 무엇을 걱정하는가?
> **What** is the woman **having trouble with?**   여자는 무엇에 어려움을 겪고 있는가?

### ◎ 핵심 전략

**1.** 문제점과 관련된 내용은 problem이나 concerned about, 또는 not, but, broken(고장 난), forget(잊다)과 같은 부정적인 상황을 나타내는 표현 다음에서 자주 언급됨을 기억한다.

**2.** 질문에 특정 화자가 언급되는 경우 해당 화자의 말을 주의 깊게 듣는다.

**3.** 대화의 후반에 언급된 단어를 직접 사용한 오답 보기에 유의한다.

---

**실전 연습**  질문과 보기를 먼저 읽은 후, 대화를 들으면서 정답을 선택해보자.  🎧 D8_실전2

1. What is the problem?

(A) No rooms are available on the requested day.
(B) The event is canceled.
(C) The man cannot attend the conference.
(D) Some speakers are late.

Question 1 refers to the following conversation.

M: Hello. I'd like to reserve a conference room for next Friday.

W: **I'm sorry sir, but all our rooms have already been reserved for Friday.** We do have vacancies on Thursday and Monday, though.

M: Monday would be fine. Do you have anything available for 4 o'clock that can accommodate about 30 people?

W: Let me check. Yes, Conference Room C is free at that time. Would you like me to go ahead and reserve that room for you?

**해석**

1. 문제는 무엇인가?

(A) 요청된 날에 이용 가능한 회의실이 없다.
(B) 행사가 취소되었다.
(C) 남자는 회의에 참석할 수 없다.
(D) 몇몇 연설자들이 늦다.

1은 다음 대화에 관한 문제입니다.

M: 안녕하세요. 다음 주 금요일에 회의실을 예약하고 싶어요.

W: **죄송합니다만, 금요일에는 모든 회의실이 이미 예약되어 있습니다.** 하지만, 목요일과 월요일에는 빈 회의실이 있습니다.

M: 월요일이 좋겠네요. 4시에 30명 정도를 수용할 수 있는 회의실이 있나요?

W: 확인해 볼게요. 네, C 회의실이 그 시간에 비어 있네요. 그 회의실을 예약해 드릴까요?

---

**해설**                                                                                                 정답 1. (A)

질문의 What, problem을 통해 문제점 문제임을 알 수 있다. 여자가 "I'm sorry sir, but all our rooms have already been reserved for Friday."라며 남자가 요청한 금요일에는 모든 회의실이 이미 예약되었다고 하였으므로 (A) No rooms are available on the requested day가 정답이다.

어휘   reserve[미 rizə́:rv, 영 rizə́:v] 예약하다   accommodate[미 əká:mədeit, 영 əkɔ́mədeit] 수용하다

# HACKERS **PRACTICE**

질문과 보기를 먼저 읽은 후 대화를 들으며 정답을 선택하시오. 그 후 대화를 다시 들으며 빈칸을 채워보시오. (음성은 두 번 들려줍니다.)

01 What does the woman ask the man to do?

(A) Meet a client                           (B) Contact Ms. Trudeau

W: Mike, _____ Ms. Trudeau and _____ with her? I have a dental
   appointment this morning.
M: No problem, Ms. Blake. What time would you _____?
W: Tomorrow after ten is fine.

02 What is the woman's problem?

(A) She has not found suitable locations.      (B) She did not receive approval for a budget.

M1: Francie, I heard that _____ to open three factories in China.
W:  Yes, but I'm already _____. Since we don't have funds
    to build new structures, I need to _____ that can be renovated.
M2: You should talk to Sam. _____ in Taiwan last year.

[03-04]
03 What is the man's problem?

(A) He hasn't completed a report.              (B) He hasn't submitted some forms.

04 What does the man request the woman do?

(A) Pick up some documents                    (B) Proofread an assignment

M:  Marina, have you _____?
W:  Yes, I sent them off this morning. Why?
M:  I keep forgetting to turn them in. Could you _____ on
    your way back from lunch?

[05-06]
05 What is the woman worried about?

(A) There aren't enough seats.                 (B) The investors cannot attend a meeting.

06 What does the man suggest?

(A) Arranging transportation                   (B) Borrowing furniture

W: _____ will be coming to the meeting tomorrow, but _____
   _____ in the conference room.
M: You're right. Maybe _____ some chairs _____.
W: Good idea. I'll _____ and ask now.

정답·해석·해설 p. 41

# HACKERS **TEST**

01 According to the speakers, who will be in training next week?
 (A) New employees
 (B) The personnel department
 (C) Project leaders
 (D) The research team

02 What does the man suggest?
 (A) Completing the training materials
 (B) Speaking with the coordinator
 (C) Making a presentation
 (D) Reviewing a document

03 What does the woman ask the man to do?
 (A) Give her a number
 (B) Attend an upcoming seminar
 (C) Submit a report
 (D) Accompany her to a meeting

04 Where do the speakers most likely work?
 (A) At a gallery
 (B) At a community center
 (C) At an auction house
 (D) At a university

05 What does the woman inquire about?
 (A) The cost of a service
 (B) The location of a facility
 (C) The creator of an item
 (D) The date of an event

06 What does the man recommend?
 (A) Contacting an instructor
 (B) Searching online
 (C) Providing information
 (D) Joining a tour

07 What are the speakers mainly discussing?
 (A) Launching a new Web site
 (B) Coming up with a strategy
 (C) Reviewing questionnaire results
 (D) Hiring additional sales staff

08 What does the woman offer to do?
 (A) Modify a submission
 (B) Perform an installation
 (C) Get a product list
 (D) Look at Web sites

09 What does the man want to do?
 (A) Create advertisements for a service
 (B) Offer free delivery for some products
 (C) Gather feedback from customers
 (D) Conduct employee evaluations

10 Why is the man calling?
 (A) To invite the woman to a performance
 (B) To give the woman directions
 (C) To ask the woman about a presentation
 (D) To inform the woman about a project

11 Why is the woman planning to get together with colleagues?
 (A) To celebrate a promotion
 (B) To welcome a new employee
 (C) To discuss an upcoming assignment
 (D) To prepare for a conference

12 What is mentioned about the restaurant?
 (A) It does not open until 5 o'clock.
 (B) It is located near a theater.
 (C) It can accommodate a request.
 (D) It is holding a special event.

DAY 08 세부 사항 관련 문제 1  해커스 토익 750+ LC

*GO ON TO THE NEXT PAGE*

DAY 08 세부 사항 관련 문제 1  **87**

13 What does the man ask the woman about?

(A) Changes to a travel itinerary
(B) Transportation to the airport
(C) Hotel accommodations in Madrid
(D) Flight ticket reservations

14 Why did the woman make a booking with Miles Airways?

(A) She needs to follow a corporate policy.
(B) It offers less expensive fares.
(C) It has a weekend departure.
(D) She wants to collect membership points.

15 What does the man say about Miles Airways?

(A) The flights are always delayed.
(B) The airfare is priced reasonably.
(C) They provide great services.
(D) They fly to various destinations.

16 What is the main topic of the conversation?

(A) A safety inspection
(B) A policy change
(C) An equipment malfunction
(D) A software upgrade

17 What does the woman say about Kevin Ayer?

(A) He made an error on a report.
(B) He works on a production team.
(C) He repairs factory machinery.
(D) He commented on cleanliness.

18 What does the man mean when he says, "I'm attending a workshop next week"?

(A) He will talk to a manager.
(B) He cannot visit a plant.
(C) He will install an application.
(D) He cannot use a program.

19 Where most likely is the conversation taking place?

(A) In a furniture showroom
(B) At a shopping center
(C) In a clothing store
(D) At an interior design firm

20 Why does the woman want to avoid a charge?

(A) She was unaware of a change.
(B) She has not parked for long.
(C) She forgot her store membership card.
(D) She is dissatisfied with a service.

21 What does the woman ask for?

(A) A discount for an item
(B) Details about an event
(C) Directions to a facility
(D) A name of a business

22 What does the woman say she will do this weekend?

(A) Attend a conference
(B) Spend time with some friends
(C) Visit relatives in another city
(D) Join a class

23 What does the man say the woman should do?

(A) Pay a deposit by credit card
(B) Access a Web site
(C) Contact a resort by phone
(D) Reschedule a planned trip

24 Why is the woman concerned?

(A) She has to find transportation.
(B) She has to work overtime.
(C) She may not receive a refund.
(D) She could not make a reservation.

| Unit | Number of Bedrooms | Rental Fee |
|------|-------------------|-----------|
| 201A | 1 | $1,700 |
| 304C | 1 | $1,750 |
| 406A | 2 | $1,775 |
| 502B | 2 | $1,825 |

25 Why is the man interested in moving?

(A) He needs to live closer to his office.

(B) He would like a smaller apartment.

(C) He wants to be in a modern building.

(D) He cannot afford his current rent.

26 What does the woman offer to do?

(A) Reduce a rate

(B) Set up an appointment

(C) Print a contract

(D) Find a tenant

27 Look at the graphic. Which unit will the man probably tour?

(A) 201A

(B) 304C

(C) 406A

(D) 502B

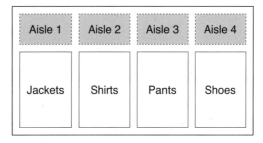

28 What problem does the woman mention?

(A) A product is damaged.

(B) A discount was not applied.

(C) A garment is too small.

(D) A shipment did not arrive.

29 What does the man inquire about?

(A) A payment method

(B) A delivery fee

(C) A purchase date

(D) A home address

30 Look at the graphic. Which aisle are the Carmona products located in?

(A) Aisle 1

(B) Aisle 2

(C) Aisle 3

(D) Aisle 4

정답·해석·해설 p. 42

# LISTENING SOLUTION

## 미국식·영국식 발음의 차이 연습 ③ – /a/

토익 리스닝에서 미국식 발음과 영국식 발음의 차이를 구별해야 할 모음 중에는 /a/가 있다. 예를 들어 answer의 경우, /a/를 [æ(애)]로 발음하는 미국식 발음에서는 [앤써r]로 들리고, [ɑ(아)]로 발음하는 영국식 발음에서는 [안써]로 들린다. 따라서 /a/의 미국식 발음과 영국식 발음 차이에 대한 연습이 필요하다.

다음은 토익에 자주 등장하는 어휘들입니다. 미국식과 영국식 발음의 차이를 비교하면서 듣고 따라 해보세요!

| 단어 | 미국식 발음 | 영국식 발음 | 단어 | 미국식 발음 | 영국식 발음 |
|---|---|---|---|---|---|
| ask | [애스크] | [아스크] | half | [해프] | [하프] |
| can't | [캔트] | [칸트] | pass | [패쓰] | [파스] |
| dance | [댄쓰] | [단쓰] | staff | [스태프] | [스타프] |
| fast | [패스트] | [파스트] | last | [래스트] | [라스트] |
| glass | [글래쓰] | [글라쓰] | past | [패스트] | [파스트] |

### Let's practice!

다음은 토익 리스닝에 자주 출제되는 문장입니다. 주의 깊게 듣고 빈칸을 채워보세요.
(음성은 영국식 발음과 미국식 발음으로 두 번 들려줍니다.)

01 The waiter brought Ms. Antonio _____.

02 _____ are available for all guests at the front desk.

03 Mr. Compton's boss is _____ in the grey suit.

04 _____ attended the monthly seminar last week.

05 The post office is located just _____.

06 Tracey _____ the accounting examination this summer.

07 _____ are required to attend the safety presentation.

08 If you require any additional information, _____ one of our service representatives.

09 The new subway line _____ from the downtown area to the regional airport.

10 The current warehouse _____ all the products being produced.

## 스크립트와 해석

01 The waiter brought Ms. Antonio <u>a **glass**</u> of white wine.
종업원은 Ms. Antonio에게 화이트와인 한 잔을 가져다주었습니다.

02 <u>Tourist **maps**</u> are available for all guests at the front desk.
모든 손님들을 위해 관광 지도가 안내 데스크에서 이용 가능합니다.

03 Mr. Compton's boss is <u>the tall **man**</u> in the grey suit.
Mr. Compton의 사장은 회색 정장을 입은 키가 큰 남자입니다.

04 <u>**Half** the legal staff</u> attended the monthly seminar last week.
법무팀 직원들의 절반은 지난주에 있었던 월례 세미나에 참석했습니다.

05 The post office is located just <u>**past** the intersection</u>.
우체국은 교차로 바로 지나서 위치해 있습니다.

06 Tracey <u>hopes to **pass**</u> the accounting examination this summer.
Tracey는 이번 여름에 회계 시험에 통과하기를 희망해요.

07 <u>All **staff** members</u> are required to attend the safety presentation.
모든 직원들은 안전 관련 발표에 참석하도록 요청받습니다.

08 If you require any additional information, <u>please **ask**</u> one of our service representatives.
만약 추가 정보를 원하시면, 저희 서비스 직원 중 한 명에게 물어보세요.

09 The new subway line <u>offers **fast** service</u> from the downtown area to the regional airport.
새로운 지하철 노선은 시내 지역에서 지역 공항까지 빠른 서비스를 제공합니다.

10 The current warehouse **can't** accommodate all the products being produced.
지금의 창고는 생산되고 있는 모든 제품들을 수용할 수가 없어요.

# DAY 09 세부 사항 관련 문제 2

이유/방법/
정도 문제
(2~4문제)

파트 3
총 39문제

특정 세부
사항 문제
(15~17문제)

최근 출제 경향

· 세부 사항 관련 문제 중 이유/방법/정도 문제와 특정 세부 사항 문제를 살펴보자. **이유/방법/정도 문제**는
Part 3 전체 39문제 중 2~4문제 정도, **특정 세부 사항 문제**는 15~17문제 정도 매회 출제된다.

---

기출포인트
01 **이유/방법/정도 문제**

이유/방법/정도 문제는 특정 상황 또는 화자의 감정과 관련된 이유를 묻거나, 방법이나 수단, 또는 기간/빈도/수량 등의 정도를 묻는 문제이다.

### 🎯 출제 경향

**1.** 주로 다음과 같은 질문을 사용한다.

이유 ┃ **Why** did the man **contact** the woman?   남자는 왜 여자에게 연락했는가?

방법 ┃ **How** does the woman **get to work**?   여자는 어떻게 직장에 가는가?

정도 ┃ **How long** have the speakers **been waiting**?   화자들은 얼마나 오래 기다려 왔는가?

### 🎯 핵심 전략

**1.** 이유 문제의 단서는 질문에서 사용된 핵심어구 주변에서 to 부정사(~하기 위해서)의 형태로 언급되거나 so(그래서)의 앞뒤에서 자주 언급됨을 기억한다.

**2.** 교통, 통신 수단을 묻는 방법 문제에서는 대화에서 언급된 여러 수단이 오답 보기로 사용될 수 있으므로 질문의 핵심어구와 관련된 수단을 정확히 파악한다.

**3.** 기간/빈도/수량을 묻는 정도 문제는 대화 중 여러 수치가 언급되기도 하므로 정확히 구별하여 듣는다.

---

| 실전 연습 | 질문과 보기를 먼저 읽은 후, 대화를 들으면서 정답을 선택해보자.  🎧 D9_실전1 |

**해석**

1. Why does the man want to take a later bus?

(A) He wants to meet a friend.
(B) He would like to have a meal.
(C) He needs to do some shopping.
(D) He has an urgent appointment.

Question 1 refers to the following conversation.

M: Excuse me, but can I make a change to my bus ticket? **I want to wait for the evening bus so that I can have lunch.**

W: Of course. Please give me your booking number.

M: I can't remember my booking number. Can you trace it if I give you my ID card?

W: OK, it may take a few minutes while I try to retrieve your trip details.

1. 남자는 왜 후발 버스를 타고 싶어 하는가?

(A) 그는 친구를 만나고 싶어 한다.
(B) 그는 식사를 하고 싶어 한다.
(C) 그는 쇼핑을 해야 한다.
(D) 그는 급한 약속이 있다.

1은 다음 대화에 관한 문제입니다.

M: 실례합니다만, 제 버스표를 변경할 수 있을까요? 점심을 먹을 수 있도록 저녁 버스를 기다리고 싶어서요.

W: 물론입니다. 고객님의 예약 번호를 제게 주세요.

M: 제 예약 번호가 생각나지 않네요. 제 신분증을 드리면 추적하실 수 있나요?

W: 그렇죠, 제가 고객님의 이동 세부 사항을 검색하는 데 몇 분 걸릴 거예요.

---

**해설**                                                                                          정답 1. (B)

질문의 Why, the man want to take a later bus를 통해 남자가 후발 버스를 타고 싶어 하는 이유를 묻는 문제임을 알 수 있다. 남자가 "I want to wait for the evening bus so that I can have lunch."라며 점심을 먹을 수 있도록 저녁 버스를 기다리고 싶다고 하였으므로 (B) He would like to have a meal이 정답이다.

특정 세부 사항 문제는 대화에서 언급된 다양한 특정 세부 사항에 관련된 사실을 묻는 문제이다.

### 출제 경향

1. 화자 중 한 명, 즉 남자 또는 여자가 질문에 자주 언급되며, 대화에 등장한 사람의 이름이 언급되기도 한다.
2. 다음에 할 일, 특정 시기/장소/인물 등이 질문에 자주 언급된다.
3. 주로 다음과 같은 질문을 사용한다.

| | |
|---|---|
| 다음에 할 일 | **What** will the woman probably **do next**?  여자는 다음에 무엇을 할 것 같은가? |
| 특정 시기 | **When** do the speakers **plan to meet**?  화자들은 언제 만날 계획인가? |
| 특정 장소 | **Where** did Amy **stay** in Paris?  Amy는 파리에서 어디에 머물렀는가? |
| 특정 인물 | **Who** does the woman **want to speak to**?  여자는 누구에게 말하고 싶어 하는가? |
| 기타 세부 | **What** is the man **preparing** for?  남자는 무엇을 준비하고 있는가?<br>**What task** has been **assigned** to the intern?  인턴에게 무슨 과제가 배정되었는가? |

### 핵심 전략

1. 대화에서 핵심어구가 언급된 부분을 주의 깊게 듣는다.
2. 과거의 행동과 관련된 내용은 대화의 초반에, 미래의 행동이나 다음에 할 일과 관련된 내용은 후반에 정답의 단서가 자주 언급됨을 기억한다.
3. 특정 인물에 대해 묻는 경우 화자의 이름과 질문에서 언급된 제3자의 이름을 구분해서 듣는다.
4. 정답의 단서가 자주 Paraphrasing됨을 기억한다.

---

**실전 연습** 질문과 보기를 먼저 읽은 후, 대화를 들으면서 정답을 선택해보자.  🎧 D9_실전2

1. According to the man, what happened earlier today?

(A) An agreement was reached.
(B) A business was opened.
(C) An announcement was made.
(D) A director was promoted.

Question 1 refers to the following conversation with three speakers.

W1: Is our firm still planning to buy out Forward Technologies?
W2: It seems so. But a final acquisition price has not been settled on yet.
M:  Actually, **our director just told me that the most recent offer was accepted this morning**.
W2: Is that so?
M:  Yeah. A company-wide announcement will be made within the hour.
W1: That's excellent news!

**해석**

1. 남자에 따르면, 오늘 아침에 무슨 일이 일어났는가?

(A) 합의에 이르렀다.
(B) 상점이 개업했다.
(C) 공지가 이루어졌다.
(D) 부장이 승진했다.

1은 다음 세 명의 대화에 관한 문제입니다.

W1: 우리 회사가 여전히 Forward Technologies사를 인수할 계획인가요?
W2: 그런 것 같아요. 하지만 최종 인수 가격이 아직 정해지지 않았어요.
M:  실은, 부장님이 방금 저에게 가장 최근의 제안이 오늘 아침에 받아들여졌다고 이야기해 주었어요.
W2: 그래요?
M:  네. 한 시간 내로 회사 전체에 공지가 될 거예요.
W1: 아주 좋은 소식이네요!

---

**해설** **정답 1. (A)**

질문의 what, happened earlier today를 통해 오늘 아침에 일어난 일을 묻는 특정 세부 사항 문제임을 알 수 있다. 남자가 "our director just told me that the most recent offer was accepted this morning"이라며 부장님이 방금 자신에게 가장 최근의 제안이 오늘 아침에 받아들여졌다고 이야기해 주었다고 하였으므로 (A) An agreement was reached가 정답이다.

어휘 acquisition[미 ӕkwəzíʃən, 영 ӕkwizíʃən] 인수 settle on 정하다 reach[riːtʃ] (~에) 이르다

# HACKERS **PRACTICE**

질문과 보기를 먼저 읽은 후 대화를 들으며 정답을 선택하시오. 그 후 대화를 다시 들으며 빈칸을 채워보시오. (음성은 두 번 들려줍니다.)

01 Why is Samantha unavailable?

    (A) She is installing a computer.          (B) She is out of the office.

   M: I think there's something wrong with my work laptop. Do either of you know where Samantha is?
       She _____ .

   W1: Samantha isn't around. She's currently in Jacksonville — at a convention. I don't think _____

       _____ .

   W2: _____ basic computer repairs, so I can try to help you out.

02 What will the speakers do this morning?

    (A) Give a presentation                 (B) Cancel a conference

   W: Claude, _____ this morning, right?

   M: Yes. It was _____ , but another team already booked the conference
       room for that time. So, _____ .

   W: OK, I will see you then.

[03-04]

03 What will be provided to trainees?

    (A) Some breakfast                   (B) A manual

04 What will the woman probably do next?

    (A) Change a schedule               (B) Place an order

   W: I believe _____ 8 o'clock. I was thinking that maybe we should order
       some _____ .

   M: That's a good idea. Not everyone will _____ if we start that early.
       Could you order _____ for 20 people as soon as possible?

[05-06]

05 What is the woman delivering?

    (A) Some office supplies             (B) A piece of furniture

06 How long will Ms. Harris be gone?

    (A) For 30 minutes                  (B) For 45 minutes

   W: I'm here to _____ . Is Ms. Harris in?

   M: She's _____ . _____ .
       I'm her secretary and can sign for it.

   W: Great. Just _____ .

정답·해석·해설 p. 49

D9_HT

01 Why do the speakers want to meet?
(A) To visit a construction site
(B) To plan a department seminar
(C) To finalize a marketing strategy
(D) To discuss a factory renovation

02 What will the man most likely do at 10 A.M. on Monday?
(A) Have a meal
(B) Interview an applicant
(C) Attend a workshop
(D) Tour a complex

03 Who will most likely send the woman a report?
(A) A building manager
(B) An engineer
(C) A sales representative
(D) An accountant

04 What does the man need to do this afternoon?
(A) Download a program
(B) Revise a report
(C) Submit a form
(D) Make a payment

05 What does the woman give the man?
(A) Some printer paper
(B) A sales receipt
(C) A storeroom key
(D) Some ink cartridges

06 How will the woman place an order?
(A) By e-mailing a salesperson
(B) By going to a shop
(C) By using a mobile application
(D) By calling a supplier

07 Who most likely is the woman?
(A) A cashier
(B) A driver
(C) A receptionist
(D) A dentist

08 What does the man want to do?
(A) Change an appointment
(B) Get a checkup
(C) Request a cleaning
(D) Pay for a medical bill

09 How long will the man probably wait?
(A) For 5 minutes
(B) For 15 minutes
(C) For half an hour
(D) For an hour

10 What is the reason for the call?
(A) A rental vehicle should be returned.
(B) A personal loan needs to be repaid.
(C) A travel plan will be changed.
(D) A pick-up time must be arranged.

11 Who is the woman expecting in an hour?
(A) Some relatives
(B) Some friends
(C) A landlord
(D) A delivery person

12 What will the man most likely do next?
(A) Repair a van
(B) Make a phone call
(C) Visit a store
(D) Prepare a meal

*GO ON TO THE NEXT PAGE*

PART 3

DAY 09 세부 사항 관련 문제 2    해커스 토익 750+ LC

13  What is the conversation mainly about?
(A) A shop relocation
(B) A stock report
(C) Job openings
(D) Event invitations

14  Why can't the man use Corporate Prints?
(A) The order was placed too late.
(B) The store recently closed down.
(C) The store lacks experienced designers.
(D) The order was too small.

15  How can the woman assist the man?
(A) By contacting several nearby shops
(B) By reporting on the stock market
(C) By talking to an event consultant
(D) By looking through a business directory

16  What will the woman prepare?
(A) A list of job candidates
(B) An application form
(C) A workspace lease
(D) A job posting

17  What happened last week?
(A) A device was reviewed.
(B) A plant was opened.
(C) An agreement was finalized.
(D) An advertisement was approved.

18  What does the woman say about the company's products?
(A) They will be made in Japan from next year.
(B) They have been inspected by an official.
(C) They have been redesigned to be more appealing.
(D) They will be sold overseas for the first time.

19  What is the woman's problem?
(A) She cannot locate a concert hall.
(B) She is unable to use some tickets.
(C) She could not find an available flight.
(D) She forgot to request a day off from work.

20  What is the man planning to do this evening?
(A) Attend a performance
(B) Meet with a client
(C) Go on a business trip
(D) Ask for a refund

21  What does the man suggest?
(A) Purchasing some tickets
(B) Rescheduling an event
(C) Leaving for the airport
(D) Speaking with a colleague

22  What are the speakers talking about?
(A) Departure times for trains
(B) A report from a local newspaper
(C) A recently opened subway line
(D) Commute times for suburban residents

23  Why is the man pleased?
(A) He can take a shorter route to work.
(B) He can sit down during his commute.
(C) He is able to carpool with colleagues.
(D) He gets to leave the office early.

24  Why does the man say, "I save a lot of money"?
(A) To offer a reason for purchasing a monthly pass
(B) To explain why he moved closer to his workplace
(C) To point out an advantage of public transportation
(D) To suggest that subway fares have been reduced

| Job Duties | Satisfactory | Unsatisfactory |
|---|---|---|
| Customer service | V | |
| Communicating with coworkers | V | |
| Directing phone calls | | V |
| Punctuality | V | |

25 Who most likely is George?

(A) A facility owner

(B) A hotel worker

(C) A sales associate

(D) A service technician

26 Look at the graphic. Which job skill has been incorrectly marked?

(A) Customer service

(B) Communicating with coworkers

(C) Directing phone calls

(D) Punctuality

27 What does the woman ask the man to do?

(A) Open an account

(B) Review a document

(C) Conduct some training

(D) Fill out a form

Midnight in Beijing

**Cast List**

| Role | Actor |
|---|---|
| General | Han Lee |
| Nurse | Mei Chin |
| Detective | Bo Lou |
| Spy | Fen Vang |

28 Why is the man late?

(A) He had to work overtime.

(B) He got stuck in traffic.

(C) He forgot about an appointment.

(D) He needed to run an errand.

29 Look at the graphic. Who recently won an award?

(A) Han Lee

(B) Mei Chin

(C) Bo Lou

(D) Fen Vang

30 What will the speakers probably do next?

(A) Find their seats

(B) Check their coats

(C) Get some tickets

(D) Review a program

정답·해석·해설 p. 50

PART 3

DAY 09 세부 사항 관련 문제 2    해커스 토익 750+ LC

## 미국식·영국식 발음의 차이 연습 ④ - /o/

토익 리스닝에서 미국식 발음과 영국식 발음의 차이를 구별해야 할 모음 중에는 /o/가 있다. 예를 들어 got의 경우, /o/를 [ɑ(아)]처럼 발음하는 미국식 발음에서는 [갓]으로 들리고, [o(오)]처럼 발음하는 영국식 발음에서는 [곳]으로 들린다. 따라서 /o/의 미국식 발음과 영국식 발음 차이에 대한 연습이 필요하다.

다음은 토익에 자주 등장하는 어휘들입니다. 미국식과 영국식 발음의 차이를 비교하면서 듣고 따라 해보세요!

| 단어 | 미국식 발음 | 영국식 발음 | 단어 | 미국식 발음 | 영국식 발음 |
|---|---|---|---|---|---|
| b**o**ttle | [바를] | [보틀] | g**o**t | [갓] | [곳] |
| b**o**x | [박쓰] | [복쓰] | sh**o**p | [샵] | [숍] |
| c**o**py | [카피] | [코피] | t**o**p | [탑] | [톱] |
| h**o**t | [핫] | [홋] | st**o**p | [스탑] | [스톱] |
| l**o**t | [랏] | [롯] | n**o**t | [낫] | [놋] |
| r**o**ck | [락] | [록] | d**o**t | [닷] | [돗] |

### Let's practice!

다음은 토익 리스닝에 자주 출제되는 문장입니다. 주의 깊게 듣고 빈칸을 채워보세요.
(음성은 영국식 발음과 미국식 발음으로 두 번 들려줍니다.)

01  The postman _____ at the reception desk.

02  _____ also sells newspapers.

03  Louis spends a lot of his free time _____.

04  The hotel offers _____ to all guests.

05  _____ across the street in front of the bookstore.

06  Mr. Ing asked for _____ of the rental contract.

07  Passengers _____ leave their baggage unattended.

08  It takes approximately two hours to hike _____.

09  Ms. Leigh thought the restaurant charged too much _____.

10  The real estate agent said he _____ for the new warehouse.

## 스크립트와 해석

01 The postman left the **box** at the reception desk.
우체부는 안내 데스크에 상자를 두고 갔어요.

02 The **shop** on the corner also sells newspapers.
모퉁이에 있는 가게는 신문도 팔아요.

03 Louis spends a lot of his free time **rock**climbing.
Louis는 그의 많은 여가 시간을 암벽 등반을 하면서 보내요.

04 The hotel offers a free **hot** breakfast to all guests.
그 호텔은 모든 손님들에게 따뜻한 아침 식사를 무료로 제공합니다.

05 There's a bus **stop** across the street in front of the bookstore.
길 건너 서점 앞에 버스 정류장이 있어요.

06 Mr. Ing asked for an additional **copy** of the rental contract.
Mr. Ing은 임대 계약서를 추가로 한 부 더 요청했어요.

07 Passengers are asked **not** to leave their baggage unattended.
승객들은 짐을 내버려 두고 자리를 비우지 않도록 요청받습니다.

08 It takes approximately two hours to hike to the **top** of the mountain.
그 산의 정상까지 오르는 데에 거의 두 시간이 걸려요.

09 Ms. Leigh thought the restaurant charged too much for a **bottle** of water.
Ms. Leigh는 그 식당이 물 한 병에 너무 비싸게 값을 매겼다고 생각했어요.

10 The real estate agent said he found the perfect **lot** for the new warehouse.
부동산 중개인은 새 창고를 위한 완벽한 부지를 찾았다고 말했어요.

# DAY 10 세부 사항 관련 문제 3

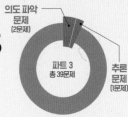

의도 파악
문제
[2문제]

파트 3
총 39문제

추론
문제
[1문제]

최근 출제 경향

· 세부 사항 관련 문제 중 의도 파악 문제와 추론 문제를 살펴보자. **의도 파악 문제**는 Part 3 전체 39문제
중 2문제가 매회 출제되며, **추론 문제**는 1문제 정도 가끔 출제된다.

 **기출포인트 01** 의도 파악 문제

의도 파악 문제는 대화에서 언급된 특정 문장에 담긴 화자의 의도나 뜻을 묻는 문제이다.

### 🎯 출제 경향

1. 구체적인 문맥을 파악해야 하는 인용어구가 질문에 등장한다.
2. 주로 다음과 같은 질문을 사용한다.

> **Why** does the man **say**, "I didn't attend the meeting in the morning"?
> 남자는 왜 "저는 오전에 회의에 참석하지 않았어요"라고 말하는가?
> **What** does the woman **imply/mean** when she **says**, "He is currently working on it"?
> 여자는 "그는 현재 그것을 작업하고 있어요"라고 말할 때 무엇을 의도하는가?

### 🎯 핵심 전략

1. 정답의 단서는 질문의 인용어구 주변에서 자주 언급되므로, 해당 인용어구의 앞뒤를 주의 깊게 듣는다.
2. 강세나 어조도 문맥을 파악하는 데 단서가 될 수 있으므로 주의 깊게 듣는다.
3. 인용어구 일부 단어의 일차적 의미를 이용한 오답 보기에 유의한다.

---

**실전 연습** 질문과 보기를 먼저 읽은 후, 대화를 들으면서 정답을 선택해보자. 🎧 D10_실전1

1. What does the man imply when he says, "That work is scheduled for next week"?

(A) He was told a project was delayed.
(B) He was assigned a new task.
(C) He was not notified of a change.
(D) He was not aware of a meeting.

Question 1 refers to the following conversation.

W: Hey. We can't use the large conference room to host our meeting tomorrow.
M: Why is that?
W: The maintenance department notified us that **the carpet in that room will be cleaned tomorrow afternoon**.
M: **That work is scheduled for next week.**
W: **It was moved up.** We'll just have to use the smaller conference room.

**해석**

1. 남자는 "그 작업은 다음 주로 예정되어 있는데요"라고 말할 때 무엇을 의도하는가?

(A) 그는 프로젝트가 지연되었다고 들었다.
(B) 그는 새로운 업무를 배정받았다.
(C) 그는 변경 사항에 대해 통지받지 못했다.
(D) 그는 회의에 대해 알지 못했다.

1은 다음 대화에 관한 문제입니다.

W: 안녕하세요. 우리가 내일 있을 회의를 진행하기 위한 큰 회의실을 사용할 수 없어요.
M: 왜 그런가요?
W: 그 방의 카펫이 내일 오후에 청소될 것이라고 보수 관리 부서가 우리에게 알려왔어요.
M: 그 작업은 다음 주로 예정되어 있는데요.
W: 앞당겨졌대요. 우리는 더 작은 회의실을 사용해야 할 거예요.

---

**해설** 정답 1. (C)

질문의 What, imply, says, "That work is scheduled for next week"을 통해 의도 파악 문제임을 알 수 있다. 여자가 "the carpet ~ will be cleaned tomorrow afternoon"이라며 카펫이 내일 오후에 청소될 것이라고 한 말에, 남자가 그 작업은 다음 주로 예정되어 있다고 하자, 여자가 "It was moved up."이라며 앞당겨졌다고 하였다. 이를 통해 남자가 변경 사항에 대해 통지받지 못했음을 알 수 있다. 따라서 (C) He was not notified of a change가 정답이다.

**어휘** notify [nóutifai] 알리다, 통지하다 **move up** 앞당기다

추론 문제는 대화의 내용을 통해 유추할 수 있는 사실을 묻는 문제이다.

### 출제 경향

**1.** 세 명의 대화인 경우, 남자들 또는 여자들과 같이 같은 성별을 가진 화자들에 대한 질문이 출제되기도 한다.

**2.** 주로 다음과 같은 질문을 사용한다.

> **What** is **suggested about** the division?    부서에 대해 무엇이 암시되는가?
> **What** does the woman **suggest about** Lofty Airlines?    여자는 Lofty 항공사에 대해 무엇을 암시하는가?
> **What** do the men **imply about** Dave Harrison?    남자들은 Dave Harrison에 대해 무엇을 암시하는가?

### 핵심 전략

**1.** 대화에서 질문의 about 뒤에 오는 핵심어구가 언급된 부분을 주의 깊게 듣는다.

**2.** 질문에 남자들 또는 여자들과 같이 여러 화자가 언급되는 경우, 같은 성별의 화자들이 동의하거나 공통적으로 언급하는 내용을 주의 깊게 듣는다.

**3.** 정답의 단서가 분산되어 나올 수 있으며, 자주 Paraphrasing됨을 기억한다.

---

**실전 연습**  질문과 보기를 먼저 읽은 후, 대화를 들으면서 정답을 선택해보자.  🎧 D10_실전2

1. What is suggested about the office?

   (A) It was renovated recently.
   (B) It includes multiple devices.
   (C) It has a shortage of desks.
   (D) It will be closed down soon.

Question 1 refers to the following conversation with three speakers.

M1: The office shredder is having issues. I need its manual to figure out how to get it working again.

W:  I haven't seen that manual for a while. Do you know where it is, Daniel?

M2: I have it under my desk, actually. Here you go, Sam.

M1: Thanks. **I really hope our office gets a replacement shredder soon** since this one is so outdated.

M2: Actually, I heard from our supervisor that he recently ordered a new one.

W:  That's great. I knew **we were going to order a replacement scanner and printer**, but I hadn't heard about that.

**해석**

1. 사무실에 대해 무엇이 암시되는가?

   (A) 최근에 수리되었다.
   (B) 여러 대의 기기들을 포함한다.
   (C) 책상이 부족하다.
   (D) 곧 폐쇄될 것이다.

1은 다음 세 명의 대화에 관한 문제입니다.

M1: 사무실의 문서 분쇄기에 문제가 있어요. 그것을 어떻게 다시 작동시키는지 알아내기 위해 설명서가 필요해요.

W:  저는 그 설명서를 한동안 못 봤어요. 그게 어디 있는지 아시나요, Daniel?

M2: 실은, 제 책상 밑에 있어요. 여기 있어요, Sam.

M1: 감사해요. 이것은 매우 구식이기 때문에, 우리 사무실이 곧 교체 문서 분쇄기를 사기를 정말 희망해요.

M2: 사실, 우리 상사가 최근에 새것을 주문했다고 그에게 들었어요.

W:  잘됐네요. 우리가 교체 스캐너와 프린터를 주문할 것이라는 건 알았지만, 그것에 대해서는 듣지 못했거든요.

---

**해설**                                                        정답 1. (B)

질문의 What, suggested about을 통해 추론 문제임을 알 수 있다. 남자 1이 "I really hope our office gets a replacement shredder soon"이라며 사무실이 곧 교체 문서 분쇄기를 사기를 정말 희망한다고 하자, 여자가 "we were going to order a replacement scanner and printer"라며 교체 스캐너와 프린터를 주문할 것이라고 한 말을 통해 사무실에 여러 대의 기기들이 있음을 알 수 있다. 따라서 (B) It includes multiple devices가 정답이다.

**어휘**    shredder[미ʃrédər, 영ʃrédə] 문서 분쇄기  **manual**[mǽnjuəl] 설명서  **replacement**[ripléismənt] 교체(품), 대체(품)

# HACKERS **PRACTICE**

질문과 보기를 먼저 읽은 후 대화를 들으며 정답을 선택하시오. 그 후 대화를 다시 들으며 빈칸을 채워보시오. (음성은 두 번 들려줍니다.)

01 What does the man suggest about GroCorp?

    (A) It is a new marketing company.        (B) Its work has been unsatisfactory.

    M: We should _____ for our new line of fashion backpacks.

    W: But we always use GroCorp for _____.

    M: That's true, but their last few projects _____.

02 What does the woman imply when she says, "I have an app on my phone"?

    (A) She can confirm a location.        (B) She can answer a question.

    M: Do you know what time the buses _____? I might be out late _____

    _____.

    W: I have an app on my phone. Hold on . . .

    M: I _____.

[03-04]

03 What is suggested about the company?

    (A) It is expanding its staff.        (B) It increased its profits last year.

04 What does the woman mean when she says, "I hope an announcement will be made soon"?

    (A) She has not dealt with a scheduling problem.    (B) She does not know a project's details.

    W: Mr. Stuart has been interviewing _____. I heard the company is _____

    _____.

    M: That means we're _____. Do you have any idea _____?

    W: I hope an announcement will be made soon.

[05-06]

05 What does the man imply about the hotel?

    (A) It has few guests now.        (B) It offers seasonal discounts.

06 Why does the woman say, "I cannot carry them by myself"?

    (A) To accept an offer        (B) To indicate a problem

    W: Good morning. I booked a standard suite, but _____.

    M: _____ at this time of year. I'll have your room key ready shortly.

    _____?

    W: _____, but I cannot carry them by myself.

정답·해석·해설 p. 57

# HACKERS **TEST**

01 What is the problem?

(A) A staff member is busy.

(B) A dinner party has been canceled.

(C) A food option is unavailable.

(D) A dish has been prepared incorrectly.

02 Why does the man say, "It's completely free of nuts"?

(A) To confirm an order

(B) To express surprise

(C) To determine a preference

(D) To reassure a customer

03 What does the woman ask the man about?

(A) Menu changes

(B) Daily specials

(C) Chef recommendations

(D) Specialty beverages

04 Where is the conversation most likely taking place?

(A) In a furniture store

(B) In a bank

(C) In a restaurant

(D) In a company warehouse

05 What does the woman mean when she says, "She just put some square ones on the table"?

(A) A decision was approved by a supervisor.

(B) An order was sent to the wrong location.

(C) An incorrect purchase was made.

(D) A customer complaint was received.

06 What does the woman offer to do?

(A) Put up some decorations

(B) Return to a retail outlet

(C) Prepare some ingredients

(D) Notify a colleague

07 What will the man do in Lima?

(A) Deliver a speech

(B) Convene with shareholders

(C) Inspect a distribution facility

(D) Promote a new product

08 How will the man get to the airport?

(A) By driving his car

(B) By riding a bus

(C) By using the subway

(D) By taking a taxi

09 What does the woman suggest about Hart Airlines?

(A) It serves complimentary meals.

(B) It has a membership program.

(C) It offers annual discounts.

(D) It aims to attract budget travelers.

10 Why does the man say, "You attended the trade show in Dallas last month, right"?

(A) To show that he values the woman's opinion

(B) To encourage the woman to participate in an event

(C) To tell the woman the location of a venue

(D) To indicate that he knows the woman

11 What is mentioned about Beyond Apparel?

(A) It is about to release another clothing line.

(B) It will be sponsoring an upcoming show.

(C) It wants to improve its public image.

(D) It is planning to open another store.

12 What does the man ask the woman to do?

(A) Send an e-mail

(B) Visit his office

(C) Get an estimate

(D) Meet with his colleague

***GO ON TO THE NEXT PAGE***

PART 3

DAY 10 세부 사항 관련 문제 3 해커스 토익 750+ LC

13 What are the speakers mainly discussing?

(A) A factory inspection
(B) A customer complaint
(C) A marketing campaign
(D) A device upgrade

14 What does the woman imply when she says, "We shouldn't have any more issues like this"?

(A) Product quality must be ensured.
(B) Accurate information must be provided.
(C) Shipping costs must be reduced.
(D) Additional features must be added.

15 What will the man most likely receive?

(A) A report
(B) A payment
(C) A sample
(D) An invoice

16 What are the speakers mainly discussing?

(A) An employee evaluation
(B) A meeting topic
(C) A faulty product
(D) A feedback summary

17 Why does the man say, "Do you have anything else to do now"?

(A) A meeting might be rescheduled.
(B) A change may be necessary.
(C) A sale must be completed.
(D) A project should be started.

18 What does the man request?

(A) An appliance manual
(B) Some business data
(C) Some survey responses
(D) A sales receipt

19 Who is Mary Frasier?

(A) A board member
(B) An accountant
(C) A team leader
(D) An illustrator

20 According to the woman, why are the booklets not useful?

(A) They are lacking images.
(B) They are complicated.
(C) They are outdated.
(D) They are missing pages.

21 Why does the man say, "The workshop ends in one day"?

(A) To confirm the date of an event
(B) To explain why a request was denied
(C) To specify when a project will begin
(D) To stress the need for more training

22 What problem does the woman mention?

(A) A seminar was canceled.
(B) A task is delayed.
(C) An employee quit.
(D) A camera is broken.

23 What happened last week?

(A) An interview was conducted.
(B) Equipment was purchased.
(C) A commercial was aired.
(D) Transportation was arranged.

24 What does the man imply about Dave Harrison?

(A) He requested a larger crew.
(B) He was given a promotion.
(C) He will star in a commercial.
(D) He is familiar with audio equipment.

25 What does the woman say about the museum gala?

(A) It is held annually.
(B) It features celebrity speakers.
(C) It is attended by supporters.
(D) It was organized by the city.

26 What does the woman mean when she says, "I need to check the projector system"?

(A) She will introduce a contributor.
(B) She cannot meet a guest now.
(C) She wants to deal with a problem alone.
(D) She worries that a device was not ordered.

27 What will the director do?

(A) Announce a facility change
(B) Revise an opening speech
(C) Review a project budget
(D) Address a crowd of attendees

28 What does the woman agree with the man about?

(A) The problem with traveling overseas
(B) The need to promote products
(C) The plan for launching a service
(D) The decision to reduce expenses

29 What is suggested about the publishing company?

(A) It hosts a number of events.
(B) It has had a decline in sales.
(C) It operates several branches.
(D) It has updated its Web site.

30 What will the woman probably do next?

(A) Make an appointment
(B) Send a package
(C) Print a brochure
(D) Complete a survey

정답·해석·해설 p. 58

## 미국식·영국식 발음의 차이 연습 ⑤ – 기타

토익 리스닝에서 구별해야 할 미국식 발음과 영국식 발음의 차이 중에는 특정 단어에 주로 적용되는 것도 있다. 예를 들어 either와 같은 경우, 미국식 발음에서는 [이더r]로 발음하는 반면 영국식 발음에서는 [아이더]로 발음한다.

**/i/ 발음**: 미국식 발음에서는 /i/를 [i(이)]로 발음하고, 영국식 발음에서는 [ai(아이)]로 발음하는 단어들이 있다.

다음은 토익에 자주 등장하는 어휘들입니다. 미국식과 영국식 발음의 차이를 비교하면서 듣고 따라 해보세요!

| 단어 | 미국식 발음 | 영국식 발음 | 단어 | 미국식 발음 | 영국식 발음 |
|---|---|---|---|---|---|
| **ei**ther | [이더r] | [아이더] | d**i**rection | [디렉션] | [다이렉션] |
| n**ei**ther | [니더r] | [나이더] | organ**i**zation | [오r거니제이션] | [오거나이제이션] |

**-ary, -ory로 끝나는 어휘**: 영국식 발음에서는 [e], [ɔ]의 발음이 [ə]로 약해지는 단어들이 있다.

다음은 토익에 자주 등장하는 어휘들입니다. 미국식과 영국식 발음의 차이를 비교하면서 듣고 따라 해보세요!

| 단어 | 미국식 발음 | 영국식 발음 | 단어 | 미국식 발음 | 영국식 발음 |
|---|---|---|---|---|---|
| second**ary** | [쎄컨데리] | [쎄컨드리] | laborat**ory** | [레보러토리] | [레보라트리] |
| monet**ary** | [머니테리] | [머니트리] | invent**ory** | [인벤토리] | [인벤트리] |

**schedule, suggest**: 미국식 발음에서는 sch-와 –gg를 끊어서, 영국식에서는 축약된 느낌으로 짧게 발음한다.

다음을 미국식과 영국식 발음의 차이를 비교하면서 듣고 따라 해보세요!

| 단어 | 미국식 발음 | 영국식 발음 | 단어 | 미국식 발음 | 영국식 발음 |
|---|---|---|---|---|---|
| **sch**edule | [스케줄] | [쉐쥴] | su**gg**est | [써그제스트] | [써제스트] |

### Let's practice!

다음은 토익 리스닝에 자주 출제되는 문장입니다. 주의 깊게 듣고 빈칸을 채워보세요.
(음성은 영국식 발음과 미국식 발음으로 두 번 들려줍니다.)

01 _____ was available for the meeting.

02 _____ for the conference was handed out to attendees.

03 The _____ for use by research team members only.

04 _____ is hosting a fundraiser this spring.

05 Gen-Co _____ medications made from natural materials.

06 Ms. Althorp normally _____ all her business travel arrangements.

07 _____ making smaller investments _____.

08 Traffic headed _____ the financial district can expect lengthy delays.

## 스크립트와 해석

**01** **Neither** the manager nor the **director** was available for the meeting.
부장님이나 이사님도 회의에 참석할 수 없었어요.

**02** A **schedule** of events for the conference was handed out to attendees.
컨퍼런스의 행사 일정이 참석자들에게 전달되었어요.

**03** The **laboratory** is restricted for use by research team members only.
실험실은 오직 연구팀 직원들만 사용하도록 제한되어 있습니다.

**04** The charity **organization** is hosting a fundraiser this spring.
자선 단체가 이번 봄에 모금 행사를 주최해요.

**05** Gen-Co **primarily** produces medications made from natural materials.
Gen-Co사는 주로 천연 재료로 만든 약물을 생산합니다.

**06** Ms. Althorp normally has her **secretary** make all her business travel arrangements.
Ms. Althorp는 보통 그녀의 비서에게 모든 출장 준비를 하도록 합니다.

**07** The broker **suggested** making smaller investments in the **secondary** market.
중개인은 유통시장에서 좀 더 적은 투자를 하는 것을 제안했어요.

**08** Traffic headed in the **direction** of the financial district can expect lengthy delays.
금융지구 방면으로 향하는 차량은 긴 지체가 예상됩니다.

# DAY 11 세부 사항 관련 문제 4

시각 자료
문제
(3문제)

파트 3
총 39문제

최근 출제 경향

· 세부 사항 관련 문제 중 시각 자료 문제를 살펴보자. **시각 자료 문제**에는 표나 그래프, 약도, 쿠폰 등의 시각
자료가 질문과 함께 제시되며, Part 3 전체 39문제 중 3문제가 매회 출제된다.

---

**기출포인트 01** ## 시각 자료 문제 1 (표 및 그래프)

표 및 그래프 문제는 대화에서 언급된 내용 중 질문과 함께 제시된 표 또는 그래프와 관련된 사항을 묻는 문제이다.

### 🎯 출제 경향

**1.** 사무기기 가격표 또는 재고 현황, 업무 일정표, 회사의 연 매출 그래프 등의 시각 자료가 주로 출제된다.

**2.** 주로 다음과 같은 질문을 사용한다.

> Look at the **graphic**. **What model** will the man **request**?  시각 자료를 보아라. 남자는 어떤 모델을 요청할 것인가?
> Look at the **graphic**. **Which branch** do the speakers **work at**?  시각 자료를 보아라. 화자들은 어느 지점에서 일하는가?

### 🎯 핵심 전략

**1.** 주어진 표 또는 그래프를 보고 무엇에 관한 내용인지 빠르게 파악한다.

**2.** 변경 사항, 최고·최저 항목 등의 특이 사항이 언급될 경우 해당 부분의 주변에서 정답의 단서를 파악한다.

---

**실전 연습**  시각 자료, 질문과 보기를 먼저 읽은 후, 대화를 들으면서 정답을 선택해보자.  🎧 D11_실전1

| Model Name | Amount |
|------------|--------|
| Modex R10 | $550 |
| Simplex H7 | $700 |
| Simplex H42 | $400 |
| Modex R8 | $350 |

1. Look at the graphic. What model will the man request?

(A) Modex R10　　　(B) Simplex H7
(C) Simplex H42　　(D) Modex R8

Question 1 refers to the following conversation and list.

M: The projector in Conference Room 3 isn't working again.
W: We should get a replacement, then.
M: OK. I'll contact Diane in the purchasing department to have one ordered.
W: **Just make sure it costs less than $500.** We have a limited equipment budget.
M: **All right. I'll try to get a replacement from the same brand — Modex.**

**해석**

| 모델명 | 금액 |
|--------|------|
| Modex R10 | 550달러 |
| Simplex H7 | 700달러 |
| Simplex H42 | 400달러 |
| **Modex R8** | 350달러 |

1. 시각 자료를 보아라. 남자는 어떤 모델을 요청할 것인가?

(A) Modex R10　　(B) Simplex H7
(C) Simplex H42　(D) Modex R8

1은 다음 대화와 목록에 관한 문제입니다.

M: 3번 회의실에 있는 영사기가 또 작동을 안 해요.
W: 그렇다면 대체품을 사야겠군요.
M: 네. 제가 구매부의 Diane에게 대체품을 주문해달라고 연락할게요.
W: 500달러보다 적게 드는지 꼭 확인해 주세요. 우리는 장비 예산이 제한되어 있거든요.
M: 알겠어요. 같은 브랜드인 Modex에서 대체품을 구하도록 노력해 볼게요.

---

**해설**                                                                 정답 1. (D)

질문의 graphic, What model, the man request를 통해 남자가 요청할 모델을 묻는 시각 자료 문제임을 알 수 있다. 여자가 "Just make sure it costs less than $500."라며 500달러보다 적게 드는지 꼭 확인하라고 하자, 남자가 "All right. I'll try to get ~ the same brand—Modex."라며 알겠다고 한 후 같은 브랜드인 Modex에서 구해 보겠다고 하였다. 따라서 (D) Modex R8이 정답이다.

# 시각 자료 문제 2 (약도 및 기타 시각 자료)

약도 및 기타 시각 자료 문제는 질문과 함께 제시된 약도 또는 쿠폰, 식품 성분표, 영화표 등의 기타 시각 자료와 관련된 사항을 묻는 문제이다.

## 🎯 출제 경향

**1.** 상점 및 시설 안내도, 거리 약도, 쿠폰, 식품 성분표, 영화표 등의 시각 자료가 주로 출제된다.

**2.** 주로 다음과 같은 질문을 사용한다.

> Look at the **graphic**. **What store** will the man **go to**?  시각 자료를 보아라. 남자는 어떤 상점으로 갈 것인가?
> Look at the **graphic**. **What information** does not **apply to** the woman's meal?
> 시각 자료를 보아라. 여자의 식사에 어떤 정보가 적용되지 않는가?

## 🎯 핵심 전략

**1.** 주어진 약도 또는 기타 시각 자료를 보고 무엇에 관한 내용인지 빠르게 파악한다.

**2.** 약도 문제의 정답 단서는 between(~와 -의 사이에), next to(~의 옆에), across(~의 맞은편에), in front of(~의 앞에), toward(~쪽으로)와 같이 위치나 방향을 나타내는 표현의 주변에서 자주 언급됨을 기억한다.

**3.** 생소한 형태의 시각 자료의 경우, 어떤 종류의 시각 자료인지를 먼저 파악한다.

---

**실전 연습**  시각 자료, 질문과 보기를 먼저 읽은 후, 대화를 들으면서 정답을 선택해보자.  🎧 D11_실전2

| Norway Apparel | Java Café | Martin Formal | Elevator |
|---|---|---|---|
| Peter's Clothing | Bathroom / Fair Boutique | Food Court | |

1. Look at the graphic. What store will the man go to?
(A) Norway Apparel  (B) Peter's Clothing
(C) Fair Boutique  (D) Martin Formal

Question 1 refers to the following conversation and map.

M: Excuse me. Where can I buy a men's suit here at this shopping plaza?

W: Well, there are two stores selling business attire for men on the third floor. However, Martin Formal is currently undergoing renovations.

M: How can I get to the other store, then?

W: Here's a map of our mall. **You will find it just between the bathroom and the food court. Across from Java Café.**

M: Thanks! **I'll head there now.**

**해석**

| Norway 의류 | Java 카페 | Martin 정장 | 엘리베이터 |
|---|---|---|---|
| Peter's 의상 | 화장실 / Fair 부티크 | 푸드 코트 | |

1. 시각 자료를 보아라. 남자는 어떤 매장으로 갈 것인가?
(A) Norway 의류  (B) Peter's 의상
(C) Fair 부티크  (D) Martin 정장

1은 다음 대화와 지도에 관한 문제입니다.

M: 실례합니다. 이 쇼핑 센터에서 남성 정장은 어디에서 살 수 있나요?

W: 음, 3층에 남성용 정장을 파는 매장이 두 군데 있어요. 하지만, Martin 정장은 현재 수리 중이에요.

M: 그렇다면 다른 매장으로 어떻게 갈 수 있나요?

W: 여기 저희 쇼핑몰의 지도가 있어요. 화장실과 푸드 코트 바로 사이에서 찾으실 수 있을 거예요. Java 카페 맞은편이에요.

M: 감사해요! 지금 그곳으로 갈게요.

정답 1. (C)

**해설**

질문의 graphic, What store, the man go to를 통해 남자가 갈 매장을 묻는 시각 자료 문제임을 알 수 있다. 여자가 "You will find ~ between the bathroom and the food court. Across from Java Café."라며 화장실과 푸드 코트 사이이자 Java 카페 맞은편에서 매장을 찾을 수 있다고 하자, 남자가 "I'll head there now."라며 지금 그곳으로 가겠다고 하였다. 따라서 (C) Fair Boutique가 정답이다.

어휘  business attire 정장  renovation [rènəvéiʃən] 수리  head [hed] 가다, 향하다
boutique [buːtíːk] 부티크(값비싼 옷이나 선물을 파는 가게)

# HACKERS **PRACTICE**

시각 자료, 질문과 보기를 먼저 읽은 후 대화를 들으며 정답을 선택하시오. 그 후 대화를 다시 들으며 빈칸을 채워보시오.
(음성은 두 번 들려줍니다.)

| Area | Price per ticket |
|------|------------------|
| Standing | $115 |
| Sitting | $95 |

01  Look at the graphic. Which area will the speakers buy tickets for?

(A) Standing                               (B) Sitting

W: Hey, Ron. _____ the Greg Williams concert with me?

M: Sure. But how much are the tickets? _____.

W: Hmm . . . then we'd better get seats _____.

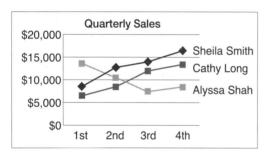

02  Look at the graphic. Who will receive the Excellent Employee Award?

(A) Cathy Long                               (B) Alyssa Shah

M: Who do you think should receive the Excellent Employee Award?

W: Sheila should get it. _____.

M: She was promoted to supervisor, and _____. Let's pick the person

   with _____.

**[03-04]**

| Meeting Room A | | Meeting Room B |
|---|---|---|
| Mr. Ayer's Office | | Elevators |
| Meeting Room C | | |

03 What are the speakers planning to do?

(A) Watch a demonstration (B) Interview a candidate

04 Look at the graphic. Which room will the meeting take place in?

(A) Meeting Room B (B) Meeting Room C

W: Are you ready for our meeting? Mr. Lewis will be _____.

M: I am. _____ in Meeting Room A, right?

W: No. We'll be in the room on _____. Uh . . . _____

_____.

**[05-06]**

**Gold Star Financial Billing Statement**
**Card Holder:** Elena Rodriguez

| Transaction Date | Description | Amount |
|---|---|---|
| May 1 | Henri Books | $45.88 |
| May 3 | Parrot Café | $12.35 |

05 What did the woman do today?

(A) Made a payment (B) Visited a Web site

06 Look at the graphic. Which amount does the woman say is incorrect?

(A) $45.88 (B) $12.35

W: Hello. _____ for May on your Web site today, and my credit card

was _____. My card number is 3732-2294-8608.

M: Which charge are you referring to?

W: _____ of the month.

정답·해석·해설 p. 64

# HACKERS **TEST**

| Item | Amount in Stock |
|------|-----------------|
| Notebooks | 7 |
| Envelopes | 10 |
| Binders | 3 |
| Pens | 12 |

01 What does the man request that the woman do?
(A) Purchase goods for colleagues
(B) Distribute office supplies to staff
(C) Replace broken equipment
(D) Write down a list of supplies

02 What will the woman probably do next?
(A) Request a reimbursement
(B) Finish a report
(C) Meet an associate
(D) Inspect some inventory

03 Look at the graphic. What item will the woman most likely buy?
(A) Notebooks
(B) Envelopes
(C) Binders
(D) Pens

04 Why is the sales director delayed?
(A) He got stuck in traffic.
(B) A flight arrived late.
(C) A meeting was extended.
(D) He got lost.

05 What does the man say about the sales report?
(A) It was submitted to executives.
(B) It was distributed by e-mail.
(C) It was recently completed.
(D) It was written by a manager.

06 Look at the graphic. Which month's sales will the woman confirm?
(A) September
(B) October
(C) November
(D) December

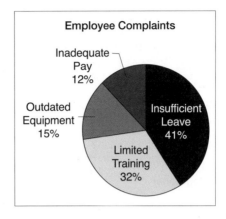

07 Look at the graphic. Which section did the man get tickets for?

(A) Section 1
(B) Section 2
(C) Section 3
(D) Section 4

08 How did the man learn about the concert?

(A) By listening to a broadcast
(B) By visiting a Web site
(C) By reading a flyer
(D) By speaking to a coworker

09 What does the woman offer to do?

(A) Confirm a booking
(B) Provide transportation
(C) Look up information
(D) Pay for a meal

10 Look at the graphic. What will be the focus of the woman's presentation?

(A) Insufficient leave
(B) Limited training
(C) Outdated equipment
(D) Inadequate pay

11 What did the company do last week?

(A) Held a workshop
(B) Relocated an office
(C) Launched a service
(D) Updated a policy

12 Who did the woman receive assistance from?

(A) A branch manager
(B) A company president
(C) A board member
(D) A department head

*GO ON TO THE NEXT PAGE*

| Topic | Deadline |
|---|---|
| City events | Thursday |
| Highway repairs | Friday |
| School budgets | Saturday |
| Business closures | Sunday |

13  Who most likely is the woman?

(A) A graphic designer
(B) A photographer
(C) An illustrator
(D) An editor

14  What does the woman tell the man to do?

(A) Update an agenda
(B) Organize a workspace
(C) Train an employee
(D) Print a document

15  Look at the graphic. What topic is the man working on?

(A) City events
(B) Highway repairs
(C) School budgets
(D) Business closures

16  Where does the man most likely work?

(A) At a retail outlet
(B) At an engineering firm
(C) At a law office
(D) At a travel agency

17  What does the man ask about?

(A) Train facilities
(B) A station address
(C) Ticket cost
(D) An arrival time

18  Look at the graphic. What seat will the man choose?

(A) 1B
(B) 1D
(C) 2C
(D) 3A

**Maya's Kitchen**
**Coupon**

**Expiration Date:** May 8
**Usable Branch:** Norfolk Street
**Discount Amount:** 15% (on purchases over $20)

Only good for dinner (after 6 P.M.)

*June's Gift*

1st week – Pillow
2nd week – Headphones
3rd week – Blender
4th week – Suitcase

19 What does the woman mention about the restaurant?

(A) It has expanded its dining area.

(B) It serves vegetarian dishes.

(C) It opens early on weekends.

(D) It is popular with her colleagues.

20 Look at the graphic. Why can't the woman use the coupon?

(A) It has already expired.

(B) It is not valid at this branch.

(C) It has a minimum purchase requirement.

(D) It is not accepted at lunch.

21 What does the woman ask the man about?

(A) A parking fee

(B) A delivery service

(C) A store location

(D) A public event

22 What does the woman plan to do?

(A) Purchase a device

(B) Try on a garment

(C) Return some luggage

(D) Sign up for a membership

23 Look at the graphic. Which gift does the woman want to get?

(A) Pillow

(B) Headphones

(C) Blender

(D) Suitcase

24 What does the man suggest?

(A) Making a reservation

(B) Visiting a restaurant

(C) Checking a schedule

(D) Downloading a coupon

*GO ON TO THE NEXT PAGE*

PART 3

DAY 11 세부 사항 관련 문제 4

해커스 토익 750+ LC

| Stage | | | | |
|---|---|---|---|---|
| Aisle | Section 1 | Section 2 | Section 3 | Section 4 |

Entrance

| First Week of March: Available Halls | | | | | |
|---|---|---|---|---|---|
| | Mon | Tue | Wed | Thu | Fri |
| 10 A.M. ~ 12 P.M. | Hall A | ✕ | ✕ | ✕ | Hall B |
| 6 P.M. ~ 8 P.M. | ✕ | Hall C | Hall D | ✕ | ✕ |

**25** Where do the speakers most likely work?

(A) A publishing firm
(B) A marketing company
(C) A real estate agency
(D) A medical clinic

**26** Look at the graphic. Which section will Nathan Muller be seated in?

(A) Section 1
(B) Section 2
(C) Section 3
(D) Section 4

**27** What will the woman probably do next?

(A) Move a table
(B) Send an e-mail
(C) Contact a business
(D) Give a speech

**28** According to the man, what will take place in March?

(A) A trade exhibition
(B) A fundraising dinner
(C) A press conference
(D) A company party

**29** Why is the finance director traveling abroad?

(A) To use vacation time
(B) To tour a facility
(C) To meet with partners
(D) To present on expenses

**30** Look at the graphic. What hall will the woman reserve?

(A) Hall A
(B) Hall B
(C) Hall C
(D) Hall D

정답·해석·해설 p. 65

# 호주식 발음 연습

토익 리스닝에서 호주식 발음은 영국식 발음과 거의 동일한 비율로 등장한다. 호주식 발음은 영국식 발음과 대부분 비슷한 특징을 가지는데, 약간의 차이가 있다. 모음의 경우 대체로 미국식과 영국식의 중간 발음이거나 콧소리가 다소 많이 섞인 것처럼 들리고, 전체적으로 영국식 발음보다는 부드럽고 관사나 전치사 등을 좀 더 약하게 발음한다.

다음은 토익에 자주 등장하는 어휘들입니다. 호주식 발음과 미·영국식 발음의 차이를 비교하며 듣고 따라 해보세요!

| 구분 | 호주식 발음 | | 미·영국식 발음 |
|---|---|---|---|
| 미국식·영국식의 중간 발음 | **water** /wa/는 [워]나 [와] 대신 [오]에 가깝게, [r] 발음은 사라짐: [오우러] | | 미:[와러r] 영:[워터] |
| | **cutter** /u/는 [어]나 [아] 대신 [오]에 가깝게, [r] 발음은 사라짐: [커우러] | | 미:[커러r] 영:[카터] |
| 콧소리가 섞인 발음 | **mouth** /au/는 입을 옆으로 벌리고 콧소리와 함께 발음: [매오쓰] | | [마우쓰] |
| | **best** /e/는 [i]에 콧소리가 섞여 약간 긴 소리로 발음: [비에스트] | | [베스트] |
| | **mate** /ei/에 콧소리를 섞어 [ai]와 [ə]사이 소리로 발음: [머이트] | | [메이트] |
| | **like** /ai/에 콧소리를 섞어 [oi]에 가까운 소리로 발음: [로이크] | | [라이크] |

## Let's practice!

다음은 토익 리스닝에 자주 출제되는 문장입니다. 주의 깊게 듣고 빈칸을 채워보세요.
(음성은 호주식 발음, 미국식 발음, 그리고 영국식 발음으로 세 번 들려줍니다.)

01  The quickest way to the bus terminal is _____.

02  _____ manage to arrive on time?

03  The housekeeper _____ once a week.

04  Let us know _____ if you need a shuttle service.

05  My secretary _____ the forms today.

06  Ms. Armand took a taxi, so _____.

07  Elizabeth said the meal was _____ she had ever eaten.

08  Donald was unable to speak because _____ food.

09  Ms. Stevens ordered _____ from the housewares store.

10  The advertising team _____ in Bangkok during their business trip.

## 스크립트와 해석

01 The quickest way to the bus terminal is <u>by subway</u>.
버스 터미널로 가는 가장 빠른 방법은 지하철을 타는 거예요.

02 <u>How'd you</u> manage to arrive on time?
어떻게 제시간에 도착하셨어요?

03 The housekeeper <u>waters</u> the <u>plants</u> once a week.
가정부가 일주일에 한 번씩 식물에 물을 줘요.

04 Let us know <u>a day</u> in advance if you need a shuttle service.
셔틀 서비스가 필요하시면 하루 전에 미리 알려 주십시오.

05 My secretary <u>will send you</u> the forms today.
제 비서가 오늘 당신에게 그 양식을 보낼 거예요.

06 Ms. Armand took a taxi, so <u>she wouldn't be late</u>.
Ms. Armand는 택시를 타서 늦지 않을 거예요.

07 Elizabeth said the meal was <u>one of the best</u> she had ever eaten.
Elizabeth는 그 음식이 그녀가 먹어본 최고의 음식 중 하나라고 말했어요.

08 Donald was unable to speak because <u>his mouth was full of</u> food.
Donald는 입이 음식으로 가득 차서 말을 할 수가 없었어요.

09 Ms. Stevens ordered a cookie <u>cutter</u> from the housewares store.
Ms. Stevens는 가정용품점에서 쿠키 커터를 주문했어요.

10 The advertising team <u>will spend two nights</u> in Bangkok during their business trip.
광고 팀은 그들의 출장 동안 방콕에서 이틀 밤을 보낼 거예요.

# DAY 12 회사 생활

회사 업무·행사·사무기기 관련 대화 (6~7지문)

파트 3 총 13지문

마케팅·판매·재정 관련 대화 (2지문)

최근 출제 경향

· 회사 생활에 관한 회사 업무·행사·사무기기 관련 대화와 마케팅·판매·재정 관련 대화를 살펴보자.
**회사 업무·행사·사무기기 관련 대화**는 Part 3 전체 13개의 대화 중 6~7개 정도 매회 출제되며, **마케팅·판매·재정 관련 대화**는 2개 정도 출제된다.

---

**기출포인트 01** | **회사 업무 · 행사 · 사무기기 관련**

회사 업무·행사·사무기기 관련 대화는 회의, 문서 작성, 채용, 직원 연수, 사무기기 수리 등 회사에서 접하는 상황에 관한 대화이다. 주로 '주제 → 세부 사항 → 요청 및 제안 사항'의 순으로 대화가 전개된다.

### 🎯 출제 경향

1. 회의 및 문서 작성, 회사 내 직책 및 부서, 사무기기와 관련된 표현이 자주 출제된다.
2. 다음과 같은 상황이 자주 출제된다.
   – 회의 및 발표 일정, 문서 제출 기한, 파일 정리 등 기본적인 업무에 관한 대화
   – 채용, 승진, 퇴임, 직원 연수, 컨퍼런스, 송별회 등 인사·사내 행사에 관한 대화
   – 사무기기 오작동 및 수리, 사무용품 주문 등 사무기기 및 사무용품에 관한 대화

---

**실전 연습** | 질문과 보기를 먼저 읽은 후, 대화를 들으면서 정답을 선택해보자. 🎧 D12_실전1

1. What are the speakers mainly discussing?
   (A) A document       (B) A deadline
   (C) A budget         (D) A product

2. What does the woman say about the previous report?
   (A) It was turned in last week.
   (B) It contained some errors.
   (C) It was submitted to an executive.
   (D) It received some praise.

3. What will the woman most likely do next?
   (A) Attend a company meeting
   (B) Make a request for additional funds
   (C) Proofread an online report
   (D) Prepare copies of a proposal

Questions 1-3 refer to the following conversation.

M: ¹**Are you almost done writing the proposal for state funding?**
W: Yes, but would you review the document? ²**I want to make sure that it doesn't include typos like the budget report did.**
M: Of course. ³**Print out two copies and bring them to my office at 2 P.M.**

**해석**

1. 화자들은 주로 무엇에 관해 이야기하고 있는가?
   (A) 문서          (B) 마감 기한
   (C) 예산          (D) 상품

2. 여자는 이전의 보고서에 대해 무엇을 말하는가?
   (A) 지난주에 제출되었다.
   (B) 몇몇 오류를 포함했다.
   (C) 임원에게 제출되었다.
   (D) 칭찬을 받았다.

3. 여자는 다음에 무엇을 할 것 같은가?
   (A) 회사 회의에 참석한다.
   (B) 추가 자금을 요청한다.
   (C) 온라인 보고서를 교정한다.
   (D) 제안서 몇 부를 준비한다.

1-3은 다음 대화에 관한 문제입니다.

M: ¹정부 자금 지원을 위한 제안서 작성은 거의 끝났나요?
W: 네, 하지만 이 문서를 검토해 주시겠어요? ²예산 보고서가 그랬던 것처럼 오타를 포함하지는 않는지 확실히 하고 싶어서요.
M: 물론이죠. ³두 부를 출력해서 제 사무실로 오후 2시에 가져다 주세요.

---

**해설**

정답 1. (A)   2. (B)   3. (D)

1. [주제] 대화의 초반에 남자가 "Are you ~ done writing the proposal ~?"이라고 하였으므로 (A)가 정답이다.
2. [언급] 여자가 "I want to make sure ~ it doesn't include typos like the budget report did."라고 하였으므로 (B)가 정답이다.
3. [특정] 남자가 "Print out two copies and bring them ~"이라고 하였으므로 (D)가 정답이다.

마케팅·판매·재정 관련 대화는 마케팅, 광고, 매출, 회사 재정 관리 등 보다 구체적인 회사 업무에 관한 대화이다. 주로 '주제/문제점 → 세부 사항 → 요청 및 제안 사항'의 순으로 대화가 전개된다.

### 🎯 출제 경향

**1.** 마케팅 전략 및 홍보 수단, 매출 증가 및 감소, 경비 및 자금과 관련된 표현이 자주 출제된다.

**2.** 다음과 같은 상황이 자주 출제된다.
 – 상품 마케팅 전략, 제품 홍보, 광고 등 마케팅 업무에 관한 대화
 – 매출 증가 및 감소, 계약 성사, 생산 증진 등 판매 업무에 관한 대화
 – 예산 분배, 비용 절감, 자금 조달, 합병 및 인수 성사 등 회사 재정에 관한 대화

---

**실전 연습** 시각 자료, 질문과 보기를 먼저 읽은 후, 대화를 들으면서 정답을 선택해보자. 🎧 D12_실전2

| Event | Start Time |
|---|---|
| Company Introduction | 8 A.M. |
| Applicant Consultations | 10 A.M. |
| Résumé Reviews | 1 P.M. |
| CEO's Lecture | 3 P.M. |

1. What did the man do this morning?

(A) Registered for a workshop
(B) Gave a presentation
(C) Spoke with a supervisor
(D) Attended an orientation

2. What problem does the woman mention?

(A) An office branch has been closed.
(B) An event date has been changed.
(C) An order has been delayed.
(D) A worker is not available.

3. Look at the graphic. When will the brochures be distributed?

(A) At 8 A.M.       (B) At 10 A.M.
(C) At 1 P.M.       (D) At 3 P.M.

Questions 1-3 refer to the following conversation and list.

M: ¹**Our manager called me this morning**, and she wants to look at one of the brochures for the job fair next week. Has the printer sent them to us yet?

W: No. We requested some additional copies, and ²**the order has been delayed** as a result.

M: Why did we decide to order extra copies?

W: ³**We wanted to make sure that we had enough brochures to hand out at the start of our company introduction.**

**해석**

| 행사 | 시작 시간 |
|---|---|
| 회사 소개 | 오전 8시 |
| 지원자 상담 | 오전 10시 |
| 이력서 검토 | 오후 1시 |
| 최고경영자 강연 | 오후 3시 |

1. 남자는 오늘 아침에 무엇을 했는가?

(A) 워크숍에 등록했다.
(B) 발표를 했다.
(C) 상사와 이야기했다.
(D) 오리엔테이션에 참석했다.

2. 여자는 무슨 문제를 언급하는가?

(A) 회사 지점이 문을 닫았다.
(B) 행사 날짜가 변경되었다.
(C) 주문품이 지연되었다.
(D) 직원이 시간이 되지 않는다.

3. 시각 자료를 보아라. 소책자들은 언제 배부될 것인가?

(A) 오전 8시에       (B) 오전 10시에
(C) 오후 1시에       (D) 오후 3시에

1-3은 다음 대화와 목록에 관한 문제입니다.

M: ¹우리 부장님이 오늘 아침에 제게 전화하셨는데, 다음 주에 있을 채용 박람회용 소책자들 중 하나를 보고 싶으시대요. 인쇄업체에서 그것들을 우리에게 이미 보냈나요?

W: 아니요. 우리가 약간의 추가 부수를 요청해서, 결과적으로 ²주문이 지연되었어요.

M: 우리가 왜 추가 부수를 주문하기로 결정했었죠?

W: ³우리는 회사 소개가 시작될 때 나눠줄 소책자들이 충분히 있도록 확실하게 하고자 했어요.

---

**해설**                                                             정답 1. (C)   2. (C)   3. (A)

1. [특정] 남자가 "Our manager called me this morning"이라고 하였으므로 (C)가 정답이다.
2. [문제점] 여자가 "the order has been delayed"라고 하였으므로 (C)가 정답이다.
3. [시각] 여자가 "We ~ had enough brochures to hand out at the ~ company introduction."이라고 하였으므로 (A)가 정답이다.

PART 3

DAY 12 회사생활  해커스 토익 750+ LC

# HACKERS **PRACTICE**

🎧 D12_HP

질문과 보기를 먼저 읽은 후 대화를 들으며 정답을 선택하시오. 그 후 대화를 다시 들으며 빈칸을 채워보시오. (음성은 두 번 들려줍니다.)

## [01-03]

01 What will the topic of the training session be about?

(A) Laboratory safety                (B) Equipment operation

02 According to the woman, how should the men register for the event?

(A) By talking to a supervisor          (B) By filling out a form

03 What will the men probably do next?

(A) Read a memo                       (B) Eat a meal

W: Have you two heard about _____ on using the new _____
_____?

M1: No, I haven't.

M2: Me neither. Was a memo _____?

W: Yeah, _____.

M2: That explains it. We just got out of a two-hour-long meeting.

M1: Say, Jenna, does the memo indicate _____ for the session?

W: Yes. Just tell our manager, and he'll mark your name _____.

M1: OK. We'll do that right after _____.

## [04-06]

04 According to the woman, what should the company do?

(A) Reduce operating costs         (B) Increase marketing efforts

05 What does the woman recommend?

(A) Distributing leaflets           (B) Visiting local businesses

06 What is mentioned about Mr. Dewey?

(A) He will attend a team gathering.        (B) He has organized previous events.

W: Seeing as our competitor's tablet computers have been selling well, our company _____

_____.

M: I know, but we're on a very tight advertising budget until next quarter.

W: Even so, there are definitely some advertising methods _____.

M: Like what?

W: Well, I suggest _____ about our tablets at local universities.

M: Yeah, I suppose we could do that. However, _____ from Mr. Dewey
first. You should share your idea with him soon.

W: OK, I'll tell him about it later, since _____ this afternoon.

정답·해석·해설 p. 73

# HACKERS TEST

01 What was recently sent to employees?
(A) A manual
(B) A form
(C) A survey
(D) A notice

02 What will Mr. Garcia talk about?
(A) Upcoming projects
(B) Recent hires
(C) Updated policies
(D) New facilities

03 What was Mr. Garcia's previous workplace?
(A) An accounting office
(B) A manufacturing plant
(C) A health center
(D) An educational institution

04 What is the man preparing?
(A) A company budget
(B) A personal check
(C) A bank statement
(D) A meeting agenda

05 What does the man offer to do?
(A) E-mail a document
(B) Authorize a transaction
(C) Call the woman later
(D) Give a presentation

06 Where will the woman be waiting?
(A) In her office
(B) At an advertising agency
(C) In a conference room
(D) At a call center

07 Why does the man want to meet with Ms. Haus?
(A) To talk about an employee orientation
(B) To discuss a building design
(C) To sign a construction contract
(D) To make a managerial decision

08 Who most likely is Ms. Haus?
(A) A personal assistant
(B) A material supplier
(C) An interior decorator
(D) A company director

09 What does the woman recommend?
(A) Leaving a memo
(B) Ordering some supplies
(C) Revising a plan
(D) Coming back later on

10 What are the speakers mainly discussing?
(A) Changes to a schedule
(B) A project timeline
(C) Accommodations for a vacation
(D) An evening meal

11 Why is the man going to Chicago?
(A) To inspect company facilities
(B) To meet possible new clients
(C) To purchase some equipment
(D) To lead a training seminar

12 What does the woman mention about the flight tickets?
(A) They are nonrefundable.
(B) They will be very costly.
(C) They were paid for by the company.
(D) They will be booked today.

*GO ON TO THE NEXT PAGE*

13 What problem does the woman mention?

(A) Some products are defective.

(B) Some clients are asking for samples.

(C) Some supplies are running low.

(D) Some boxes are the incorrect size.

14 What did the man do last week?

(A) Resolved a customer complaint

(B) Compared prices of retailers

(C) Placed items in storage

(D) Confirmed a delivery time

15 What does the man offer to do?

(A) Make an online order

(B) Visit a nearby store

(C) Send a shipment

(D) Package an item

16 What items are the speakers talking about?

(A) Software programs

(B) Electronic devices

(C) Printed materials

(D) Company vehicles

17 What will most likely happen today?

(A) Items will be delivered.

(B) Repairs will be completed.

(C) A payment will be refunded.

(D) A demonstration will be given.

18 What will the woman most likely do next?

(A) Assemble some devices

(B) Meet with a customer

(C) Speak with a technician

(D) Exchange some products

19 What does the woman say about the report?

(A) It was written by a consultant.

(B) It covers various company departments.

(C) It shows low sales for a region.

(D) It was modified recently.

20 What does the woman ask Jim to do?

(A) View a TV advertisement

(B) Display a Web page

(C) Update a directory

(D) Request a budget increase

21 What does the woman imply when she says, "he's currently on leave"?

(A) She does not have an alternative.

(B) She will explain a decision.

(C) She has received a criticism.

(D) She cannot accept a suggestion.

22 What most likely is the man's job?

(A) Event planner

(B) Personal assistant

(C) Conference organizer

(D) Human resources director

23 What does the woman suggest doing?

(A) Applying for a position

(B) Changing a workspace

(C) Accepting a benefits package

(D) Talking to a superior

24 According to the woman, what will happen tomorrow?

(A) An industry event will be held.

(B) A social media campaign will begin.

(C) A promotion will be announced.

(D) A speech will be given.

| Space | Maximum Occupancy |
|---|---|
| Green Room | 2 people |
| Red Room | 4 people |
| Blue Room | 6 people |
| Purple Room | 8 people |

25  What are the speakers mainly discussing?

(A) A venue switch

(B) A work gathering

(C) A restaurant renovation

(D) A dinner menu

26  What problem does the woman mention?

(A) A meeting was canceled.

(B) A credit card was denied.

(C) A group has increased.

(D) A promotion has ended.

27  Look at the graphic. What room did the man probably book?

(A) Green Room

(B) Red Room

(C) Blue Room

(D) Purple Room

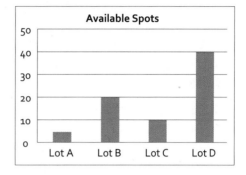

28  What is the woman surprised about?

(A) The size of a new store

(B) The cost of a parking service

(C) The types of promotional offers

(D) The number of visitors at a mall

29  What did the man recently do?

(A) Spoke to a colleague

(B) Handed out parking tickets

(C) Set up a sign

(D) Assisted some customers

30  Look at the graphic. Where will the woman most likely direct shoppers to?

(A) Lot A

(B) Lot B

(C) Lot C

(D) Lot D

정답·해석·해설  p. 74

PART 3

DAY 12 회사생활

해커스 토익 750+ LC

## 외래어 듣기 연습 ① – 자음

토익 리스닝에는 영어에서 들어와 한국어처럼 사용되면서 실제 영어 발음과 다르게 표기되는 외래어가 등장한다. 특히 자음의 경우, 실제 영어에서 다양하게 발음되는 자음을 한 가지 소리로 고정적으로 인식하는 경우가 많아서 단어를 듣고 파악하는데 혼동을 줄 수 있다.

예를 들어, 'catalog'는 외래어 표기법에 따라 [카탈로그]로 표기하지만, 실제 영어 발음에서는 't'가 'ㄹ'로 약하게 발음되면서 [캐럴록]에 가깝게 들린다. 따라서 우리말 표기와는 다르게 발음되는 외래어의 실제 영어 발음을 정확하게 알기 위한 연습이 필요하다.

다음은 토익에 자주 등장하는 어휘들입니다. 우리말 표기와 영어 발음의 차이를 비교하면서 듣고 따라 해보세요!

| 실제 영어 발음과 다르게 표기하는 경우 | | | 강세가 없는 음절에서 약하게 발음되는 경우 | | |
|---|---|---|---|---|---|
| 단어 | 우리말 표기 | 영어 발음 | 단어 | 우리말 표기 | 영어 발음 |
| allergy | 알레르기 | [앨러쥐] | marketing | 마케팅 | [마키링] |
| whiteboard | 화이트보드 | [와잇보드] | pattern | 패턴 | [패런] |
| wheelchair | 휠체어 | [윌체어] | total | 토탈 | [토를] |
| marathon | 마라톤 | [매러쏜] | model | 모델 | [마를] |
| catholic | 가톨릭 | [캐뜰릭] | academy | 아카데미 | [어캐러미] |

### Let's practice!

다음은 토익 리스닝에 자주 출제되는 문장입니다. 주의 깊게 듣고 빈칸을 채워보세요. (음성은 두 번 들려줍니다.)

01 _____ to an increase in sales.

02 There is a _____.

03 _____ at the hotel shortly.

04 A shellfish _____ health risk.

05 _____ about consumer preferences.

06 Over 300 athletes participated _____.

07 _____ are very popular these days.

08 We produce fabrics with _____.

09 Government buildings must be _____.

10 _____ are on sale this weekend.

## → 스크립트와 해석

01 The **marketing** campaign led to an increase in sales.
   그 마케팅 캠페인은 매출 증가로 이어졌습니다.

02 There is a **whiteboard** in the conference room.
   회의실에 화이트보드가 있어요.

03 The airport **shuttle** will arrive at the hotel shortly.
   공항 셔틀버스가 호텔에 곧 도착할 거예요.

04 A shellfish **allergy** is a significant health risk.
   조개 알레르기는 상당한 건강상의 위험 요인입니다.

05 The survey will provide **data** about consumer preferences.
   그 설문 조사는 소비자 선호도에 대한 자료를 제공할 것입니다.

06 Over 300 athletes participated in the **marathon**.
   300명이 넘는 선수들이 마라톤에 참가했습니다.

07 **Digital** cameras are very popular these days.
   디지털 카메라가 요즘 매우 인기있어요.

08 We produce fabrics with a variety of **patterns**.
   저희는 다양한 패턴의 직물을 생산합니다.

09 Government buildings must be **wheelchair** accessible.
   정부 청사는 반드시 휠체어가 들어갈 수 있어야 합니다.

10 All **items in the store** are on sale this weekend.
   상점의 모든 물품이 이번 주말 할인됩니다.

# DAY 13 일상 생활

쇼핑·편의 시설·
주거 관련 대화
[3지문]

파트 3
총 13지문

여행·여가
관련 대화
[1지문]

최근 출제 경향

· 일상 생활에 관한 쇼핑·편의 시설·주거 관련 대화와 여행·여가 관련 대화를 살펴보자. **쇼핑·편의 시설·주거 관련 대화**는 Part 3 전체 13개의 대화 중 3개 정도 매회 출제되며, **여행·여가 관련 대화**는 1개 정도 출제된다.

## 기출포인트 01 쇼핑 · 편의 시설 · 주거 관련

쇼핑·편의 시설·주거 관련 대화는 쇼핑, 교통수단 이용, 외식, 병원 이용, 이사 등 평범한 일상 생활에 관한 대화이다. 주로 '문의 사항 → 세부 사항 → 제안 사항'의 순으로 대화가 전개된다.

### 🎯 출제 경향

1. 물건 구매, 교통수단 및 편의 시설 이용, 부동산 매매와 관련된 표현이 자주 출제된다.
2. 다음과 같은 상황이 자주 출제된다.
   - 상점에서의 물건 구매, 환불 등 쇼핑에 관한 대화
   - 대중교통 및 주차장 이용, 외식, 병원, 은행, 우체국, 도서관, 미용실 등 교통수단 및 편의 시설에 관한 대화
   - 이사, 가구, 집 구매 등 주거에 관한 대화

---

**실전 연습** 질문과 보기를 먼저 읽은 후, 대화를 들으면서 정답을 선택해보자. 🎧 D13_실전1

| | |
|---|---|
| 1. What most likely is the woman's job? | **해석** |
| (A) Sports instructor　(B) Sales associate | 1. 여자의 직업은 무엇인 것 같은가? |
| (C) A repairperson　(D) Personal assistant | (A) 스포츠 강사　(B) 판매 직원 |
| | (C) 수리공　(D) 개인 비서 |
| 2. What did the man recently do? | |
| (A) Purchased special equipment | 2. 남자는 최근에 무엇을 했는가? |
| (B) Signed up for lessons | (A) 특별 장비를 구매했다. |
| (C) Updated a work schedule | (B) 수업에 등록했다. |
| (D) Downloaded a store application | (C) 업무 일정을 업데이트했다. |
| | (D) 상점 애플리케이션을 내려받았다. |
| 3. What does the man request? | |
| (A) A price reduction | 3. 남자는 무엇을 요청하는가? |
| (B) A complimentary item | (A) 가격 할인 |
| (C) A partial refund | (B) 무료 제품 |
| (D) A warranty extension | (C) 부분 환불 |
| | (D) 보증 연장 |

Questions 1-3 refer to the following conversation.

1-3은 다음 대화에 관한 문제입니다.

M: [1]**Does your store sell tennis rackets?**
W: [1]**Yes.** Are you looking for a particular brand?
M: Not really. [2]**I just enrolled in lessons**, so could you recommend one for beginners?
W: Most inexperienced players prefer KC rackets.
M: [3]**Can I get a discount on any of those rackets?**
W: We're having a special sale from next week.

M: [1]여기 상점에서 테니스 라켓을 판매하나요?
W: [1]네. 특정 브랜드를 찾으시나요?
M: 아니요. [2]저는 이제 막 수업에 등록해서, 초보자용으로 하나 추천해주실 수 있나요?
W: 대부분의 초보 선수들은 KC사 라켓을 선호해요.
M: [3]그 라켓들 중 어느 것에든 제가 할인을 받을 수 있나요?
W: 저희가 다음 주부터 특별 할인을 할 거예요.

---

**해설** 　　　　　　　　　　　　　　　　　　　　　　　　　정답 1. (B)　2. (B)　3. (A)

1. [화자] 남자가 "Does your store sell tennis rackets?"라고 하자, 여자가 "Yes."라고 하였으므로 (B)가 정답이다.
2. [특정] 남자가 "I just enrolled in lessons"라고 하였으므로 (B)가 정답이다.
3. [요청] 남자가 "Can I get a discount ~?"라고 하였으므로 (A)가 정답이다.

여행·여가 관련 대화는 항공편 및 숙박 예약, 여행 일정, 공항, 호텔, 공연 및 전시회 관람 등 다양한 여가 생활에 관한 대화이다. 주로 '주제 → 세부 사항 → 다음에 할 일'의 순으로 대화가 전개된다.

### 🎯 출제 경향

**1.** 항공편, 숙박 시설, 예약 날짜, 표 구매와 관련된 표현이 자주 출제된다.

**2.** 다음과 같은 상황이 자주 출제된다.
 – 항공편 및 숙박 예약, 계획된 여행 일정, 공항, 기내, 호텔 등 여행에 관한 대화
 – 공연 관람, 영화 관람, 전시회 관람, 박물관 방문 등 문화 생활에 관한 대화
 – 파티 참석, 축제 참가 등 일상 여가 생활에 관한 대화

---

**실전 연습** 질문과 보기를 먼저 읽은 후, 대화를 들으면서 정답을 선택해보자. 🎧 D13_실전2

| | |
|---|---|
| 1. Where is the conversation taking place?<br>(A) At a trade show (B) At an office<br>(C) At a bus terminal (D) At a theater | **해석**<br>1. 대화는 어디에서 일어나고 있는가?<br>(A) 무역 박람회에서 (B) 사무실에서<br>(C) 버스 터미널에서 (D) 극장에서 |

2. How did the speakers receive a discount?
 (A) By selecting certain seats
 (B) By printing coupons
 (C) By presenting ID cards
 (D) By becoming members

3. Who will the man probably speak to tomorrow?
 (A) His roommate
 (B) His coworkers
 (C) His client
 (D) His family members

Questions 1-3 refer to the following conversation.

W: Wow! That play was really excellent. Didn't you think so, Matt?
M: It sure was. [1]**I'm so glad that we were able to get tickets here at the theater.** I thought they'd be completely sold out.
W: Yeah, and [2]**they were even discounted since we both showed our employee ID cards**.
M: I didn't realize that we were entitled to a reduced rate. [3]**When we go back to work tomorrow, I'm going to tell my team members.**

**해석**

2. 화자들은 어떻게 할인을 받았는가?
 (A) 특정 좌석을 선택함으로써
 (B) 쿠폰을 인쇄함으로써
 (C) 신분증을 보여줌으로써
 (D) 회원이 됨으로써

3. 남자는 내일 누구에게 이야기할 것 같은가?
 (A) 그의 룸메이트
 (B) 그의 동료들
 (C) 그의 고객
 (D) 그의 가족들

1-3은 다음 대화에 관한 문제입니다.

W: 와! 그 연극은 정말 훌륭했어요. 그렇게 생각하지 않았나요, Matt?
M: 정말 그랬어요. [1]저는 우리가 이곳 극장에서 표를 살 수 있었다는 게 정말 기뻐요. 완전히 매진되었을 거라고 생각했거든요.
W: 네, 그리고 [2]우리 둘 다 직원 신분증을 보여줘서 심지어 표가 할인되었어요.
M: 저는 우리가 할인 요금을 낼 자격이 있었다는 것을 알지 못했어요. [3]내일 우리가 회사에 돌아가면, 제가 저의 팀원들에게 말해줄 거예요.

**정답 1. (D) 2. (C) 3. (B)**

**해설**
1. [장소] 남자가 "I'm so glad that we ~ get tickets here at the theater."라고 하였으므로 (D)가 정답이다.
2. [방법] 여자가 "they were ~ discounted since we ~ showed our employee ID cards"라고 하였으므로 (C)가 정답이다.
3. [특정] 남자가 "When we go back ~ tomorrow, I'm going to tell my team members."라고 하였으므로 (B)가 정답이다.

**어휘** **sold out** 매진된 **ID card** 신분증 **entitled to** ~할 자격이 있는 **reduced rate** 할인 요금

# HACKERS **PRACTICE**

🎧 D13_HP

시각 자료, 질문과 보기를 먼저 읽은 후 대화를 들으며 정답을 선택하시오. 그 후 대화를 다시 들으며 빈칸을 채워보시오.
(음성은 두 번 들려줍니다.)

## [01-03]

01  Where most likely are the speakers?

(A) At a post office            (B) At a financial institution

02  What does the man ask the woman to do?

(A) Complete some paperwork       (B) Scan an identification card

03  Why does the man say, "Our Web site needs to be updated"?

(A) To indicate that a policy has been changed

(B) To verify that an amount has been increased

W: Excuse me. I'd like to _____ . _____ at your bank.

M: Certainly. Could you please _____ ?

W: Here you go. And I read online that _____ .

M: You don't need to worry about that. Our Web site needs to be updated.

## [04-06]

| Hotel Name | Rating |
| --- | --- |
| Fairwell Inn | ★★★ |
| Locksburg Hotel | ★★★★ |

04  What does the woman say about the convention?

(A) It will run for a weekend.       (B) It will have an evening meal.

05  Look at the graphic. What hotel does the woman recommend?

(A) Fairwell Inn           (B) Locksburg Hotel

06  What will the woman probably do next?

(A) Confirm booking details       (B) Get contact information

M: Hello. I'd like to _____ on March 11.

W: I'm sorry. We're _____ . There's a convention taking place that weekend.

M: I see. Are there any other places to stay nearby that you could recommend?

W: Yes. I recommend _____ that is four blocks away. Would you like me to

_____ ?

M: I'd appreciate that.

W: OK. One moment please.

# HACKERS **TEST**

01 What are the speakers mainly discussing?
(A) A building inspection
(B) A property purchase
(C) A retail space
(D) A renovation project

02 What did Mr. Lewis do?
(A) Signed a contract
(B) Went to a real estate office
(C) Agreed to a proposal
(D) Checked a listing

03 What does the man suggest the woman do?
(A) Visit an office
(B) Post an advertisement
(C) E-mail a client
(D) Make a payment

04 Where are the speakers?
(A) At a taxi stand
(B) On a train
(C) On an airplane
(D) At a subway station

05 What does the man say he will do?
(A) Change his seat assignment
(B) Take out a device from a bag
(C) Show an attendant his ticket
(D) Retrieve a lost item

06 What will the woman most likely do next?
(A) Bring a blanket
(B) Print some vouchers
(C) Access an account
(D) Use some equipment

07 Who most likely is the man?
(A) A tour guide
(B) A city official
(C) An airport employee
(D) A travel agent

08 According to the man, what will happen tomorrow?
(A) Weather conditions will improve.
(B) A departure time will be confirmed.
(C) Passenger numbers will increase.
(D) A cancellation will be announced.

09 What does the man remind the woman to do?
(A) Check a Web site
(B) Download an application
(C) Update a trip itinerary
(D) Change a reservation date

10 Where most likely does the conversation take place?
(A) At a car dealership
(B) At a parking facility
(C) At a repair shop
(D) At a rental agency

11 Why does the woman say, "my husband and I have a child"?
(A) To offer an alternative
(B) To select an option
(C) To confirm a decision
(D) To reject a suggestion

12 What will the speakers most likely do next?
(A) Put on some safety gear
(B) Talk to a technician
(C) Process a payment
(D) Look at some vehicles

**GO ON TO THE NEXT PAGE** ➡

13 What are the speakers mainly discussing?
(A) A musical performance
(B) An art class
(C) A cultural festival
(D) A museum exhibit

14 What is mentioned about Sharon Norman?
(A) She made a donation.
(B) She conducted a lecture.
(C) She founded a company.
(D) She gave an interview.

15 What does the woman offer to do?
(A) Purchase some tickets
(B) Check a schedule
(C) Arrange a tour
(D) E-mail some directions

16 Where most likely are the speakers?
(A) At a storage facility
(B) At a customer service center
(C) At a manufacturing plant
(D) At a retail outlet

17 What is available for an additional fee?
(A) Assistance with assembly
(B) Insurance for damage
(C) Installation of software
(D) Upgrades to devices

18 What does the woman ask the man to do?
(A) Provide a manual
(B) Meet with an interior designer
(C) Deliver an item
(D) Call a vendor

19 What is the woman's problem?
(A) She did not arrive on time.
(B) She forgot to make an appointment.
(C) She went to the wrong building.
(D) She cannot get a prescription.

20 What does the man suggest the woman do?
(A) Contact a physician
(B) Fill out a form
(C) Wait in a lobby
(D) Come back later

21 What is mentioned about Dr. Dawson?
(A) He is looking forward to a meeting.
(B) He has to leave a facility.
(C) He needs to examine a machine.
(D) He will be available in half an hour.

22 What did the man do yesterday evening?
(A) He toured a concert hall.
(B) He purchased a book.
(C) He reserved some tickets.
(D) He went to a theater.

23 According to the woman, what do critics like about *The Vultures' Daughters*?
(A) It is well written.
(B) It is very dramatic.
(C) It has a surprise ending.
(D) It has a great director.

24 Why is the woman not free tomorrow?
(A) She needs to work overtime.
(B) She will be giving a college lecture.
(C) She is attending another event.
(D) She will be visiting a patient.

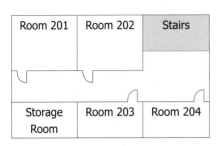

| | | |
|---|---|---|
| Room 201 | Room 202 | Stairs |
| Storage Room | Room 203 | Room 204 |

| Destination | Departure Date | Trip Price |
|---|---|---|
| Paris | May 10 | $2,200 |
| Bordeaux | May 16 | $2,300 |
| Lyon | May 20 | $2,050 |
| Nice | May 22 | $2,500 |

25 What does the man ask about?

(A) The schedule of a course

(B) The name of an instructor

(C) The availability of a service

(D) The location of a building

26 How can the man receive a discount?

(A) By enrolling in an evening class

(B) By renewing a membership

(C) By paying for several sessions

(D) By registering on a Web site

27 Look at the graphic. Which room is the Westwood Language Academy located in?

(A) Room 201

(B) Room 202

(C) Room 203

(D) Room 204

28 What does the man ask the woman about?

(A) Group member rates

(B) Anticipated travel dates

(C) Place of interest

(D) Preferred method of payment

29 What does the man say about the travel agency?

(A) It specializes in corporate events.

(B) It currently has special offers.

(C) It recently added destinations.

(D) It opened a new office abroad.

30 Look at the graphic. Which destination will the woman most likely choose?

(A) Paris

(B) Bordeaux

(C) Lyon

(D) Nice

정답·해석·해설 p. 81

## 외래어 듣기 연습 ② - 모음

토익 리스닝에는 영어에서 들어와 한국어처럼 사용되면서 실제 영어 발음과 다르게 표기되는 외래어가 등장한다. 특히 모음의 경우, 실제 영어에서 다양하게 발음되는 모음 a, e, i, o, u를 각각 '아', '에', '이', '오', '우'로 고정적으로 인식하는 경우가 많아서 단어를 듣고 파악하는데 혼동을 줄 수 있다.

예를 들어, label의 경우 외래어 표기법에 따라 [라벨]로 표기하지만, 실제 영어 발음은 [래이블]에 가깝게 들린다. 따라서 우리말 표기와는 다르게 발음되는 외래어의 실제 영어 발음을 정확하게 알기 위한 연습이 필요하다.

다음은 토익에 자주 등장하는 어휘들입니다. 우리말 표기와 영어 발음의 차이를 비교하면서 듣고 따라 해보세요!

| 단어 | 우리말 표기 | 영어 발음 | 단어 | 우리말 표기 | 영어 발음 |
|------|-----------|----------|------|-----------|----------|
| **a**mateur | 아마추어 | [애머춰] | **ga**s | 가스 | [개스] |
| v**i**tamin | 비타민 | [바이러민] | r**a**dio | 라디오 | [래이디오우] |
| carp**e**t | 카펫 | [카핏] | cafe**te**ria | 카페테리아 | [카페티리어] |
| pr**o**file | 프로필 | [프로파일] | **i**on | 이온 | [아이언] |
| l**o**bby | 로비 | [라비] | **yo**gurt | 요구르트 | [여거r트] |

### Let's practice!

다음은 토익 리스닝에 자주 출제되는 문장입니다. 주의 깊게 듣고 빈칸을 채워보세요. (음성은 두 번 들려줍니다.)

01 _____ while I drive to work.

02 _____ should be recycled.

03 _____ was recently redecorated.

04 There is a security guard _____ of the building.

05 _____ will be cleaned on Saturday.

06 _____ to many beverage products.

07 The exhibit features the work of _____.

08 _____ many health benefits.

09 Many motorists complain about _____.

10 _____ at 8:30 A.M. every morning.

## 스크립트와 해석

01 I like to listen to the **radio** while I drive to work.
전 차로 출근하는 동안 라디오 듣는 것을 좋아해요.

02 **Aluminum** cans should be recycled.
알루미늄 캔은 재활용 되어야 합니다.

03 The hotel's **interior** was recently redecorated.
그 호텔의 인테리어는 최근에 개조되었어요.

04 There is a security guard **in the lobby** of the building.
그 건물의 로비에는 경비원이 있어요.

05 The **carpets in our office** will be cleaned on Saturday.
우리 사무실의 카펫은 토요일에 청소될 거예요.

06 **Vitamins are added** to many beverage products.
비타민은 여러 음료 제품에 첨가되어 있어요.

07 The exhibit features the work of **amateur** photographers.
그 전시회는 아마추어 사진가들의 작품을 특별히 포함합니다.

08 **Yogurt** has many health benefits.
요거트는 많은 건강상의 이점이 있습니다.

09 Many motorists complain about **the price of gas**.
많은 운전자들이 유가에 대해 불평합니다.

10 The **cafeteria** opens at 8:30 A.M. every morning.
그 구내 식당은 매일 아침 8시 30분에 문을 엽니다.

20일 만에 끝내는
해커스 토익 750+ LC

# PART 4

Part 4는 문제가 묻는 내용과 지문의 종류에 따라 각기 다른 특징 및 전략이 있으므로
Part 4에 출제되는 문제와 지문을 각각 문제 유형과 지문 유형으로 분류하여 학습해보자.

◀ **MP3 바로듣기**

교재에 수록된 모든 MP3를 무료로 다운받거나 바로 스트리밍하여 더욱 편리하게 이용해보
세요. 고속 버전 MP3도 구매하여 학습하면 실전에 더욱 완벽하게 대비할 수 있습니다.

# DAY 14 전체 지문 관련 문제

주제 및
목적 문제
[2~3문제]

파트 4
총 30문제

화자/청자
및 장소 문제
[4~5문제]

최근 출제 경향

· 전체 지문 관련 문제를 주제 및 목적 문제와 화자/청자 및 장소 문제로 나누어 살펴보자. **주제 및 목적 문제**는 Part 4 전체 30문제 중 2~3문제 정도 출제되며, **화자/청자 및 장소 문제**는 4~5문제 정도 매회 출제된다.

## 기출포인트 01 주제 및 목적 문제

주제 및 목적 문제는 지문의 중심 내용 및 목적을 묻는 문제이다.

### 🎯 출제 경향

1. 한 지문에 해당되는 세 개의 문제들 중 주로 첫 번째 문제로 출제된다.

2. 주로 다음과 같은 질문을 사용한다.

주제 | **What** is the speaker mainly **discussing**? 화자는 주로 무엇에 관해 이야기하고 있는가?
　　| **What** is the **main topic** of the talk? 담화의 주제는 무엇인가?

목적 | **What** is the **purpose** of the announcement? 공지의 목적은 무엇인가?
　　| **Why** is the speaker **calling**? 화자는 왜 전화를 하고 있는가?

### 🎯 핵심 전략

1. 주제 및 목적에 관련된 내용은 지문의 초반에 자주 언급되므로, 지문의 초반을 주의 깊게 듣는다.

2. 지문의 초반을 듣고 주제를 파악하기 어려운 경우, 전체적인 맥락을 파악하여 정답을 선택한다.

---

**실전 연습** 질문과 보기를 먼저 읽은 후, 지문을 들으면서 정답을 선택해보자. 🎧 D14_실전1

1. What is the main topic of the talk?
   (A) Choosing a career
   (B) Getting a license
   (C) Starting a business
   (D) Making a budget

Question 1 refers to the following talk.

Hello everyone, and welcome to our monthly talk. Today, **I will share some tips with you on how to start a catering company**. This has become a very popular type of business as the start-up cost is low and many caterers can work from home. Cooking is the most important factor in helping you succeed, so we will first discuss what culinary courses can help improve your cooking skills. In addition, I will also explain how to get a business license and insurance. After the talk, I will be answering any questions you may have.

**해석**

1. 담화의 주제는 무엇인가?
   (A) 직업 선택하기
   (B) 자격증 취득하기
   (C) 회사 창업하기
   (D) 예산 편성하기

1은 다음 담화에 관한 문제입니다.

안녕하세요 여러분, 월례 강연에 오신 것을 환영합니다. 오늘, 저는 출장 연회 업체를 창업하는 방법에 대한 몇 가지 팁을 여러분과 공유하겠습니다. 이것은 초기 비용이 낮고 많은 출장 연회업자들이 자택에서 일할 수 있기 때문에 매우 인기 있는 종류의 사업이 되었습니다. 요리가 여러분이 성공하도록 돕는 가장 중요한 요소이므로, 어떤 요리 강좌들이 여러분의 요리 실력 향상을 도울 수 있는지에 대해 먼저 논의할 것입니다. 또한, 사업 면허와 보험 취득 방법에 대해서도 설명할 것입니다. 강연이 끝난 후, 여러분의 질문에 답해 드릴 것입니다.

---

**해설**　　　　　　　　　　　　　　　　　　　　　　　　　　　　　　　　　　　정답 1. (C)

질문의 What, main topic을 통해 주제를 묻는 문제임을 알 수 있다. 지문의 초반에서 화자가 "I will share some tips ~ on how to start a catering company"라고 한 말을 통해 출장 연회 업체 창업 방법에 관한 내용임을 알 수 있으므로 (C) Starting a business가 정답이다.

어휘　**start**[stɑːrt] 창업하다, 시작하다　**catering**[kéitəriŋ] 출장 연회업　**factor**[fǽktər] 요소　**culinary**[kjúːlənèri] 요리의

# 02 화자/청자 및 장소 문제

화자/청자 및 장소 문제는 화자나 청자의 신분, 직업 또는 근무지 그리고 이야기를 들을 수 있는 장소를 묻는 문제이다.

## 🎯 출제 경향

**1.** 한 지문에 해당하는 세 개의 문제들 중 주로 첫 번째 문제로 출제된다.

**2.** 주로 다음과 같은 질문을 사용한다.

| | |
|---|---|
| 화자/청자 | **Who** most likely is **the speaker/listener?** 화자/청자는 누구일 것 같은가? |
| | **Where** does **the speaker** probably **work?** 화자는 어디에서 일하는 것 같은가? |
| | **Who is the speaker** most likely **calling?** 화자는 누구에게 전화하는 것 같은가? |
| 장소 | **Where** is the announcement **being made?** 공지는 어디에서 이루어지고 있는가? |
| | **Where** most likely are **the listeners?** 청자들은 어디에 있는 것 같은가? |

## 🎯 핵심 전략

**1.** 화자/청자 및 장소에 관련된 내용은 지문의 초반에 자주 언급되므로, 지문의 초반을 주의 깊게 듣는다.

**2.** 화자의 신분이나 직업은 I'm your instructor와 같이 I am이나, As a vice president와 같이 As(~로서) 다음에 자주 언급됨을 기억한다.

**3.** 청자의 신분이나 직업은 지문에서 언급된 장소 및 전체적인 맥락을 통해 유추해야 하거나, As 또는 Attention 다음에 직접 언급됨을 기억한다.

**4.** 장소 문제에 대한 단서는 Welcome to, Thank you for coming to, here at 등과 같은 표현 다음에 자주 언급됨을 기억한다.

---

**실전 연습** 질문과 보기를 먼저 읽은 후, 지문을 들으면서 정답을 선택해보자. 🎧 D14_실전2

**1.** Who most likely is the speaker?

    (A) A musician
    (B) A building manager
    (C) A tour guide
    (D) A real estate agent

Question 1 refers to the following talk.

**Welcome to the Classical Instrument Museum.** My name is Maria Trevi, and **I'll be your guide** this morning. Our facility is a three-story building that houses a valuable collection of musical instruments from around the world. Peter Reeve built this museum 50 years ago to encourage people to learn about local musical traditions. Before we begin, let me remind you that the playing of any instruments is strictly prohibited inside the museum. Now, let's start here at the Salzburg gallery.

**해석**

**1.** 화자는 누구인 것 같은가?

    (A) 음악가
    (B) 건물 관리인
    (C) 관광 가이드
    (D) 부동산 중개인

1은 다음 담화에 관한 문제입니다.

고전 악기 박물관에 오신 것을 환영합니다. 제 이름은 Maria Trevi이며, 오늘 오전 동안 여러분의 가이드가 될 것입니다. 저희 시설은 전 세계의 귀중한 악기 콜렉션을 소장하고 있는 3층 건물입니다. Peter Reeve는 사람들이 지역 음악 전통을 배우도록 장려하기 위해 50년 전에 이 박물관을 설립하였습니다. 시작하기 전에, 박물관 내에서는 모든 악기의 연주가 엄격히 금지되고 있음을 재차 알려드립니다. 그럼, 이곳 잘츠부르크 전시실부터 시작해봅시다.

---

**해설**                                                         정답 1. (C)
질문의 Who, the speaker를 통해 화자의 직업을 묻는 문제임을 알 수 있다. 지문의 초반에서 화자가 "Welcome to the ~ Museum."이라며 박물관에 온 것을 환영한다고 하였고, "I'll be ~ guide"라며 자신을 가이드라고 소개하였으므로 (C) A tour guide가 정답이다.

**어휘**    instrument[ínstrəmənt] 악기   house[hauz] 소장하다, 보관하다   encourage[미 inkɔ́ːridʒ, 영 inkʌ́ridʒ] 장려하다
       prohibit[미 prouhíbit, 영 prəuhíbit] 금지하다   gallery[ɡǽləri] (예술품) 전시실, 갤러리

# HACKERS **PRACTICE**

질문과 보기를 먼저 읽은 후 지문을 들으며 정답을 선택하시오. 그 후 지문을 다시 들으며 빈칸을 채워보시오. (음성은 두 번 들려줍니다.)

01 What is the purpose of the talk?

(A) To discuss plans for an event        (B) To describe a new hotel

I just wanted to give you all an update on our plans _____. We were
thinking _____ either at the Bolivar Hotel or the San Pedro Convention Center.
However, many people have suggested _____ as it is closer to the office.

02 Where most likely is the announcement being made?

(A) At a book store        (B) At a publishing company

Attention all _____! A _____ Milly Baines will begin in
15 minutes in our fiction department. Ms. Baines will share an excerpt from her newest work *Siberian
Summer* and will answer your questions. Following this, you may _____
and Ms. Baines will be available to _____.

[03-04]

03 Who most likely is the listener?

(A) A fashion designer        (B) A customer

04 What is the purpose of the telephone message?

(A) To provide notice of a scheduling issue     (B) To confirm attendance to a convention

This is Alexis calling from Dolly's Hair Salon. You are _____ next
Tuesday at two o'clock with Mr. Rousseau. Unfortunately, he will be _____ at a stylists'
convention so he will be unable to do your hair. However, if you'd like, _____.
Please call back and let us know if you would like to _____ it until
Mr. Rousseau returns from his trip.

[05-06]

05 What is the speaker mainly talking about?

(A) Traffic conditions        (B) Public transportation

06 Who most likely is the speaker?

(A) A city representative        (B) A radio news reporter

You're listening to WBDM _____. Commuters will be happy to know
that the _____ on highways 9 and 24 opened this morning. Both highways are currently
flowing quite smoothly. However, there is _____ 12 with a lot
of traffic completely stopped at the Renton Boulevard exit. _____
_____ on Highway 12 is causing delays.

# HACKERS TEST

01  Where is the event being held?
   (A) At a restaurant
   (B) At a hotel
   (C) At an art museum
   (D) At an exhibition center

02  What is the purpose of the speech?
   (A) To announce an upcoming film
   (B) To promote a new product
   (C) To thank employees
   (D) To introduce an award recipient

03  Who is Mr. Davidson?
   (A) A painter
   (B) A musician
   (C) A director
   (D) A writer

04  What is the announcement mainly about?
   (A) A promotional event
   (B) A merchandise line
   (C) A lost item
   (D) A store closure

05  According to the speaker, what is located near an entrance?
   (A) A display case
   (B) A checkout lane
   (C) A bulletin board
   (D) A service desk

06  According to the speaker, what must be provided?
   (A) A discount coupon
   (B) Some identification
   (C) A purchase receipt
   (D) Some contact information

07  What is the talk mainly about?
   (A) A policy evaluation
   (B) An expansion plan
   (C) A marketing strategy
   (D) A sales record

08  Who most likely are the listeners?
   (A) Maintenance workers
   (B) Production supervisors
   (C) Company directors
   (D) Research analysts

09  What are the listeners asked to do?
   (A) Conduct experiments
   (B) Write a financial analysis
   (C) Submit a document
   (D) Prepare an inventory

10  Where are the listeners?
   (A) At an awards ceremony
   (B) At a movie festival
   (C) At a company banquet
   (D) At a college lecture

11  What is Mr. Jenson's specialty?
   (A) Planning events
   (B) Training workers
   (C) Giving performances
   (D) Making films

12  What does the speaker suggest?
   (A) Getting some passes
   (B) Watching a video clip
   (C) Creating an account
   (D) Interacting with guests

**GO ON TO THE NEXT PAGE** ▶

13 Who most likely is the speaker?

(A) An office accountant

(B) A store employee

(C) A repairperson

(D) A laboratory researcher

14 What is the purpose of the message?

(A) To request some information

(B) To schedule a meeting

(C) To respond to a complaint

(D) To give some instructions

15 What does the speaker request the listener do?

(A) Buy some products

(B) Check a device

(C) Make a phone call

(D) Meet with Phyllis Hoffman

16 Who most likely is the speaker?

(A) A building contractor

(B) A city official

(C) A radio announcer

(D) A travel agent

17 According to the mayor, what will be a benefit of the new rail line?

(A) It will reduce travel times.

(B) It will increase property values.

(C) It will attract more visitors.

(D) It will lower transportation costs.

18 What does the speaker imply when she says, "Construction work will begin next week"?

(A) Rail passes will be refunded.

(B) Traffic problems are likely.

(C) A project has been delayed.

(D) A ceremony was canceled.

19 What is the talk mainly about?

(A) A company meeting

(B) A product launch

(C) A guest speaker

(D) A workshop

20 Who is Mr. Bailey?

(A) A professor

(B) A consultant

(C) A programmer

(D) A journalist

21 What will most likely happen after the presentation?

(A) Books will be distributed.

(B) Questions will be answered.

(C) Awards will be given.

(D) Snacks will be served.

22 What is the broadcast mainly about?

(A) Traffic conditions

(B) A government policy

(C) Winter festivals

(D) A city fundraiser

23 What will likely happen at 12 P.M.?

(A) An expressway will reopen.

(B) A task will be completed.

(C) An announcement will be made.

(D) A snowstorm will end.

24 What will the listeners most likely hear next?

(A) An interview

(B) A weather forecast

(C) An advertisement

(D) A press conference

| | | |
|---|---|---|
| Parking Area 1 | Seaward Building | Parking Area 2 |

1st St.  — Center Ave. — 2nd St.

| | | |
|---|---|---|
| Parking Area 3 | Star Tower | Parking Area 4 |

Forest Ave.

 **West Coast Camping**

| Product Type | Discount |
|---|---|
| Sleeping Bags | 5% |
| Tents | 7% |
| Backpacks | 10% |
| Hiking Boots | 15% |

25 Who most likely is the speaker?

(A) A receptionist

(B) A company intern

(C) A real estate agent

(D) A sales representative

26 What will Mr. Kent most likely do next Monday?

(A) Attend a client meeting

(B) Sign a legal agreement

(C) Lead a training session

(D) Join a building tour

27 Look at the graphic. Which parking area will the listener most likely use?

(A) Parking Area 1

(B) Parking Area 2

(C) Parking Area 3

(D) Parking Area 4

28 Who is the message for?

(A) A card member

(B) A professional athlete

(C) A branch manager

(D) An event planner

29 Why is the speaker calling?

(A) To request payment for an order

(B) To inform a customer about an event

(C) To provide directions to a campsite

(D) To promote a new sports club

30 Look at the graphic. What is the most popular type of product?

(A) Sleeping bags

(B) Tents

(C) Backpacks

(D) Hiking boots

정답·해석·해설 p. 89

## 축약 듣기 연습

토익 리스닝에서는 축약된 단어들이 약하게 발음되어 전혀 다른 소리로 들리기 때문에, 의미를 파악하는 데 혼동을 줄 수 있다. 따라서 자주 사용되는 축약 표현을 여러 번 듣고 익숙해지기 위한 연습이 필요하다.

영어 발음에서는 '주어 + would/had', '주어 + have/has', '조동사 + have', 또는 '조동사 + 부정어'가 축약되기 쉽다.

다음은 토익에 자주 등장하는 축약 표현입니다. 주의해서 듣고 따라 해보세요!

| 축약 형태 | 예시 |
|---|---|
| 주어 + would/had | I'd   you'd   we'd   they'd   she'd   he'd   it'd |
| | **I'd** like to speak with Ms. Haus, please. |
| 주어 + have/has | I've   you've   we've   they've   she's   he's   it's |
| | **We've** been overloaded with assignments. |
| 조동사 + have | could've   should've   would've   might've |
| | I **should've** received a 20 percent discount. |
| 조동사 + 부정어 | won't   wouldn't   shouldn't   couldn't   mustn't   haven't   hasn't   can't   don't   doesn't   didn't |
| | She **didn't** mention the date. |

### Let's practice!

다음은 토익 리스닝에 자주 출제되는 문장입니다. 주의 깊게 듣고 빈칸을 채워보세요. (음성은 두 번 들려줍니다.)

01 _____ interview Ms. Lang.

02 _____ the proposal since June.

03 _____ submit the forms by tomorrow.

04 I wish _____ you while you were in town.

05 Mr. Lewis _____ a cheaper supplier.

06 The store_____ next Monday.

07 We _____ without your hard work.

08 Ms. Kim _____ because she was busy.

09 _____ a mobile phone when driving a vehicle.

10 _____ setting up the conference room.

## 스크립트와 해석

01 **We'd** like to interview Ms. Lang.
우리는 Ms. Lang과 인터뷰하기를 원해요.

02 **They've** worked on the proposal since June.
그들은 6월부터 그 계획을 준비해왔어요.

03 **You've** got to submit the forms by tomorrow.
그 양식을 내일까지 제출하셔야 합니다.

04 I wish I **could've seen** you while you were in town.
당신이 여기에 있는 동안 봤으면 좋았을 텐데요.

05 Mr. Lewis **should've chosen** a cheaper supplier.
Mr. Lewis는 좀 더 저렴한 공급업체를 선택해야 했어요.

06 The store **won't be open** next Monday.
그 상점은 다음 주 월요일에는 문을 열지 않을 거예요.

07 We **wouldn't** have succeeded without your hard work.
우리는 여러분의 노고가 아니었더라면 성공하지 못했을 것입니다.

08 Ms. Kim **couldn't** attend the meeting because she was busy.
Ms. Kim은 바빠서 회의에 참석하지 못했어요.

09 **You mustn't use** a mobile phone when driving a vehicle.
운전할 때는 휴대전화를 사용해서는 안 됩니다.

10 **They haven't finished** setting up the conference room.
그들은 회의실을 마련하는 것을 아직 끝내지 않았어요.

# DAY 15 세부 사항 관련 문제 1

· 세부 사항 관련 문제 중 요청/제안/언급 문제와 이유/방법/정도 문제를 살펴보자. **요청/제안/언급 문제** 는 Part 4 전체 30문제 중 3문제 정도 매회 출제되며, **이유/방법/정도 문제**는 1~2문제 정도 출제된다.

## 기출포인트 01 요청/제안/언급 문제

요청/제안/언급 문제는 화자가 청자에게 요청, 지시, 제안, 추천하는 내용이나, 화자가 세부적으로 언급한 사항을 묻는 문제이다.

### 🎯 출제 경향

1. 요청/제안 문제는 한 지문에 해당하는 세 개의 문제들 중 주로 세 번째 문제로 출제된다.

2. 주로 다음과 같은 질문을 사용한다.

| | | |
|---|---|---|
| 요청 | **What** does the speaker **ask** the listener to do? | 화자는 청자에게 무엇을 하라고 요청하는가? |
| | **What** does the speaker **request**? | 화자는 무엇을 요청하는가? |
| 제안 | **What** does the speaker **recommend**? | 화자는 무엇을 권하는가? |
| 언급 | **What** does the speaker **say about the traffic**? | 화자는 교통에 대해 무엇을 말하는가? |
| | **What** is **mentioned about Mr. Evans**? | Mr. Evans에 대해 무엇이 언급되는가? |

### 🎯 핵심 전략

1. 요청/제안에 관련된 내용은 지문의 후반에 자주 언급되므로, 지문의 후반을 주의 깊게 듣는다.

2. 요청/제안 사항은 지문의 중후반에서 '(Please) 명령문'이나, Why don't you, must, should, ask 등의 형태로 주로 언급됨을 기억한다. 특히, 제안 사항은 recommend/suggest와 같은 동사 다음에도 자주 언급됨을 함께 알아둔다.

3. 언급한 사항은 질문의 핵심어구를 먼저 확인한 후, 핵심어구가 언급된 부분의 주변을 주의 깊게 듣는다.

---

**실전 연습** 질문과 보기를 먼저 읽은 후, 지문을 들으면서 정답을 선택해보자. 🎧 D15_실전1

1. What does the speaker request?
   (A) A copy of a document
   (B) A new printer
   (C) A visit from a repairperson
   (D) A telephone number

Question 1 refers to the following telephone message.

Hello, this is Joanne Perez from Cheers Telecom office. We purchased a color printer from your shop recently, but there seems to be a problem with it. When we printed some pages of a report yesterday, the printed color was different from that of the original document. **Please send a repairperson** to check the printer. The cartridge may need to be replaced with a new one. You can contact me at 555-0626. Thank you.

**해석**

1. 화자는 무엇을 요청하는가?
   (A) 문서 한 부
   (B) 새로운 프린터
   (C) 수리공의 방문
   (D) 전화번호

1은 다음 음성 메시지에 관한 문제입니다.

안녕하세요, 저는 Cheers 통신사 사무실의 Joanne Perez 입니다. 최근에 그쪽 상점에서 컬러 프린터를 구입했는데, 이 것에 문제가 있는 것 같아요. 어제 보고서 몇 장을 출력했는데, 인쇄된 색이 원본 서류의 것과 달랐거든요. 프린터를 확인할 수 있도록 **수리공을 보내주세요**. 카트리지가 새것으로 교체되어야 할 것 같기도 해요. 555-0626으로 저에게 연락하시면 됩니다. 감사합니다.

**해설** 정답 1. (C)

질문의 What, the speaker request를 통해 화자가 요청하는 것을 묻는 문제임을 알 수 있다. 지문의 후반에서 화자가 "Please send a repairperson"이라며 수리공을 보내달라고 하였으므로 (C) A visit from a repairperson이 정답이다.

## 기출포인트 02 이유/방법/정도 문제

이유/방법/정도 문제는 지문에서 언급되는 특정 사실과 관련된 이유/목적을 묻거나, 절차, 문제 해결 방법 또는 빈도, 기간, 수량과 같은 정도를 묻는 문제이다.

### 출제 경향

1. 이유 문제의 보기는 주로 문장이나 To 부정사로 구성된다.

2. 방법 문제의 보기는 주로 'By ~ ing(~함으로써)'로 구성된다.

3. 주로 다음과 같은 질문을 사용한다.

이유 | **Why** is the speaker going to **be late**?   화자는 왜 늦을 것인가?

방법 | **How** can the listener **get more information**?   청자는 어떻게 더 많은 정보를 얻을 수 있는가?

정도 | **How long** has Dr. Majors **worked for the company**?   Dr. Majors는 회사에서 얼마 동안 근무해왔는가?
    | **How many** proposals were **received**?   얼마나 많은 제안서들이 접수되었는가?

### 핵심 전략

1. 이유 문제에 대한 단서는 지문에서 주로 due to(~ 때문에), because (of)(~ 때문에), since(~이므로)의 다음이나 so(따라서)의 앞에서, 또는 목적을 나타내는 to 부정사의 내용에서 파악한다.

2. 추가 정보를 얻는 방법을 묻는 문제에 대한 단서는 지문의 후반에 자주 언급되므로, 지문의 후반을 주의 깊게 듣는다.

---

**실전 연습**   질문과 보기를 먼저 읽은 후, 지문을 들으면서 정답을 선택해보자.   🎧 D15_실진2

1. Why will some offices not have telephone service?

  (A) A network will be upgraded.
  (B) Some equipment was damaged.
  (C) The power will be turned off.
  (D) An installation was done incorrectly.

Question 1 refers to the following announcement.

Attention everyone, this is the building engineer, James Grant, with an important notice. A number of offices will not have telephone service this morning. **Due to the storm last night, some cable lines in the building were damaged.** Our maintenance workers are working to resolve the matter, and we will be giving you an update about the status of the repair work. We apologize for this inconvenience.

해석

1. 몇몇 사무실은 왜 전화 연결이 되지 않을 것인가?

  (A) 네트워크가 업그레이드될 것이다.
  (B) 몇몇 장비가 손상되었다.
  (C) 전력이 차단될 것이다.
  (D) 설치가 잘못되었다.

1은 다음 공지에 관한 문제입니다.

모두 주목해주세요, 저는 건물 엔지니어인 James Grant이며 중요한 공지가 있습니다. 오늘 아침 많은 사무실에서 전화 연결이 안 될 것입니다. 지난밤 폭풍 때문에, 건물의 몇몇 케이블 선들이 손상되었습니다. 저희 보수 관리 직원들이 그 문제를 해결하기 위해 작업하는 중이며, 수리 작업 상황에 대한 최신 정보를 알려드리겠습니다. 불편을 끼쳐 드려 죄송합니다.

해설                                           정답 1. (B)

질문의 Why, not have telephone service를 통해 전화 연결이 되지 않는 이유를 묻는 문제임을 알 수 있다. 화자가 "Due to the storm ~ cable lines ~ were damaged."라며 폭풍 때문에 케이블 선들이 손상되었다고 하였으므로 (B) Some equipment was damaged가 정답이다.

어휘   **damaged**[dǽmidʒd] 손상된   **maintenance**[méintənəns] 보수, 정비   **resolve**[미 rizálv, 영 rizɔ́lv] 해결하다
      **inconvenience**[미 ìnkənvíːnjəns, 영 ìnkənvíːniəns] 불편

# HACKERS **PRACTICE**

🎧 D15_HP

질문과 보기를 먼저 읽은 후 지문을 들으며 정답을 선택하시오. 그 후 지문을 다시 들으며 빈칸을 채워보시오. (음성은 두 번 들려줍니다.)

01 What does the speaker ask Ms. Blaine to do?

(A) Return a call　　　　　　　　　(B) Order a model

Good morning, Ms. Blaine. I just ＿＿＿＿＿＿＿＿＿ a new photocopier. Please ＿＿＿＿＿＿＿
and let me know ＿＿＿＿＿＿＿＿＿＿＿＿＿＿ .

02 What does the speaker suggest local residents do?

(A) Purchase museum tickets　　　　(B) Go online

Earlier this morning, the city council voted to build a new science museum. The museum is expected
＿＿＿＿＿＿＿＿＿＿＿＿＿＿＿＿＿ . Local residents ＿＿＿＿＿＿＿＿＿＿＿＿＿＿＿＿＿＿
＿＿＿＿＿＿＿ to learn more about the project.

[03-04]

03 What does the speaker say about today's special?

(A) It comes with a salad.　　　　　(B) It is only available for lunch.

04 How much is the soup?

(A) $7　　　　　　　　　　　　　　(B) $18

Good evening. My name is Christine, and ＿＿＿＿＿＿＿＿＿＿＿ this evening. ＿＿＿＿＿＿＿＿＿
＿＿＿＿ smoked salmon in a lemon sauce with a side of wild mushrooms and spring onions. It's only
$18 and includes ＿＿＿＿＿＿＿＿＿＿＿＿ . In addition, ＿＿＿＿＿＿＿＿＿＿＿＿＿ is broccoli
cheese at only $7 per serving.

[05-06]

05 What does the speaker suggest that front desk staff do?

(A) Send visitors to the administrative office　　(B) Post notices for hotel guests

06 How can housekeeping staff reach the other floors?

(A) By taking the stairs　　　　　　(B) By using the service elevator

Could I have everyone's attention please? Tomorrow, the ＿＿＿＿＿＿＿＿＿＿＿＿＿＿＿＿＿＿＿
for repairs and maintenance. Administrative and front desk staff should direct guests to either the
stairs or the elevators next to the gym. We also ＿＿＿＿＿＿＿＿ that front desk staff post ＿＿＿＿＿
＿＿＿＿＿＿＿＿＿＿＿＿＿＿＿ . Finally, housekeeping staff is asked to ＿＿＿＿＿＿＿＿＿＿
＿＿＿＿＿＿＿＿＿ to avoid crowding. Sorry for the inconvenience, but ＿＿＿＿＿＿＿＿＿＿＿
＿＿＿＿＿＿ by tomorrow evening.

정답·해석·해설 p. 95

# HACKERS TEST

01  Why is the speaker calling?
(A) To introduce a new service
(B) To inform him of a completed task
(C) To request some information
(D) To verify an office address

02  What does the speaker offer to do?
(A) Fill in a form
(B) Order a product
(C) Send a brochure
(D) Meet with a representative

03  How can the listener get additional information?
(A) By making a phone call
(B) By checking a Web site
(C) By going to a help desk
(D) By sending an e-mail

04  Who most likely are the listeners?
(A) Actors
(B) Writers
(C) Musicians
(D) Singers

05  What is mentioned about Sonia Summers?
(A) She recently graduated from college.
(B) She previously worked overseas.
(C) She has prepared a brief speech.
(D) She has received an award.

06  According to the speaker, what will take place next week?
(A) A live performance
(B) A charity dinner
(C) An employee orientation
(D) A business opening

07  What is being announced?
(A) The increase of a budget
(B) The acceptance of an award
(C) The completion of a project
(D) The expansion of a team

08  According to the speaker, why does the company recycle materials?
(A) To follow government regulations
(B) To promote sales of products
(C) To reduce consumption
(D) To meet customers' needs

09  What are the listeners asked to do?
(A) Contact a supplier
(B) Make a donation
(C) Offer some ideas
(D) Organize a seminar

10  What is the main topic of the talk?
(A) Developing customer surveys
(B) Increasing company sales
(C) Presenting business proposals
(D) Improving phone communication

11  Who most likely are the listeners?
(A) Advertising consultants
(B) Corporate managers
(C) Call center agents
(D) Training instructors

12  Why will the listeners be divided into groups?
(A) To perform an exercise
(B) To have a discussion
(C) To give a presentation
(D) To prepare a speech

PART 4

DAY 15 세부 사항 관련 문제 1

해커스 토익 750+ LC

*GO ON TO THE NEXT PAGE*

13 What is the purpose of the call?

(A) To inquire about a new product

(B) To explain a government program

(C) To reschedule an appointment

(D) To offer details about funding approval

14 Why would the listener visit an office?

(A) To pick up a copy of a research project

(B) To discuss some questions about a proposal

(C) To sign a contract for a job position

(D) To negotiate details of payment

15 What does the speaker request the listener do?

(A) Prepare a budget

(B) Submit some legal documents

(C) Observe a demonstration

(D) Review some research results

16 What is being advertised?

(A) A cell phone

(B) A backpack

(C) A battery

(D) A fabric

17 What does the speaker say about the product?

(A) It is available for purchase online.

(B) It has a charger function.

(C) It comes in a variety of colors.

(D) It is sold with a warranty.

18 Why does the speaker say, "All of the participants were experienced hikers"?

(A) To show that some feedback is reliable

(B) To explain how a material was selected

(C) To stress that further testing is needed

(D) To specify the basis of a change

19 What is being promoted?

(A) A local newspaper

(B) A design magazine

(C) A history book

(D) A technical journal

20 What does the speaker recommend to do?

(A) Make a purchase soon

(B) Visit a local museum

(C) Mail in a form

(D) Subscribe to a service

21 According to the speaker, how much can the listener save on an item?

(A) 5 percent

(B) 10 percent

(C) 15 percent

(D) 20 percent

22 Why does the speaker apologize?

(A) An executive has been delayed.

(B) A machine has malfunctioned.

(C) A report includes errors.

(D) A speech has been canceled.

23 What will the speaker talk about?

(A) Facility improvements

(B) Production goals

(C) Marketing strategies

(D) Financial figures

24 What did the listeners receive?

(A) Revised schedules

(B) Product samples

(C) A gift card

(D) Informational materials

**Schedule**

| Presenter | Time |
|---|---|
| Jack Smith | 10 A.M. |
| Oliver Gaines | 11 A.M. |
| Kelly Martin | 1 P.M. |
| Remy Tyler | 2 P.M. |

**Store Map**

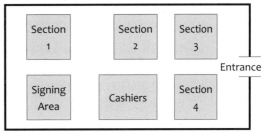

25 Where is the event being held?

(A) At an educational institute

(B) At an accommodation facility

(C) At a corporate headquarters

(D) At a community center

26 Look at the graphic. Who will be conducting role-playing exercises?

(A) Jack Smith

(B) Oliver Gaines

(C) Kelly Martin

(D) Remy Tyler

27 How can listeners get more information?

(A) By calling a number

(B) By checking a bulletin board

(C) By visiting a Web site

(D) By asking a committee member

28 What does the speaker say about the shop?

(A) It is celebrating its grand opening.

(B) It has been recently expanded.

(C) It is selling items at a discount.

(D) It sponsors a book club.

29 Who is Andre Carrington?

(A) A famous author

(B) A store employee

(C) A literary critic

(D) A local publisher

30 Look at the graphic. Where have the fantasy books been moved to?

(A) Section 1

(B) Section 2

(C) Section 3

(D) Section 4

정답·해석·해설 p. 96

## 내용어와 기능어 듣기 연습

토익 리스닝에서는 내용어를 중심으로 해당 문장을 빠르게 듣고 의미를 파악하는 것이 중요하다. 따라서 내용어와 기능어가 들리는 차이를 익히기 위한 연습이 필요하다.

**내용어**: 문장에서 전달하고자 하는 주요한 내용을 포함하기 때문에 강하고 길게 강조되어 들리는 단어이다. 명사, 동사, 형용사, 부사, 의문사가 여기에 속한다.

**기능어**: 의미상으로는 크게 중요치 않고 문법적 기능을 담당하여 약하게 발음되거나 두, 세 단어가 마치 하나의 단어인 것처럼 들린다. 대명사(it, his, her, them), 전치사(of, in, at), 관사(a, the), 접속사(and, but), be 동사, 조동사(would, could, will)가 있다.

다음은 토익에 자주 등장하는 문장들입니다. 내용어를 중심으로 들으며 의미를 파악해보세요.

### 내용어와 기능어 예문

| **Your** | **pictures** | **are** | **hanging** | **on** | **the** | **wall**. |
|---|---|---|---|---|---|---|
| 대명사 (기능어) | 명사 (내용어) | be 동사 (기능어) | 동사 (내용어) | 전치사 (기능어) | 관사 (기능어) | 명사 (내용어) |

| **Who** | **is** | **making** | **the** | **reservations** | **for** | **our** | **trip** | **to** | **London**? |
|---|---|---|---|---|---|---|---|---|---|
| 의문사 (내용어) | be 동사 (기능어) | 동사 (내용어) | 관사 (기능어) | 명사 (내용어) | 전치사 (기능어) | 대명사 (기능어) | 명사 (내용어) | 전치사 (기능어) | 명사 (내용어) |

### Let's practice!

다음은 토익 리스닝에 자주 출제되는 문장입니다. 주의 깊게 듣고 문장 속의 내용어와 기능어가 들리는 차이를 비교하면서 빈칸을 채워보세요. (음성은 두 번 들려줍니다.)

01  The new receptionist _____.

02  _____ this machine off?

03  _____ in Ms. Kyle's office.

04  You must handle _____.

05  _____ there's going to be rain.

06  I can meet you this afternoon, _____ for an hour.

07  _____ a window or an aisle seat?

08  Ms. Shin will give a speech _____.

09  _____ for the opening ceremony.

10  _____ I can do for you?

## 스크립트와 해석

01  The new receptionist is quite nice.
새로운 접수원은 꽤 친절해요.

02  How do I turn this machine off?
이 기계는 어떻게 꺼야 하나요?

03  Leave the report in Ms. Kyle's office.
그 보고서를 Ms. Kyle의 사무실에 두세요.

04  You must handle the equipment carefully.
그 장비는 반드시 주의해서 다루어야 합니다.

05  It looks like there's going to be rain.
비가 올 것 같아 보여요.

06  I can meet you this afternoon, but only for an hour.
오늘 오후에 만날 수 있지만, 한 시간밖에 못 봐요.

07  Would you like a window or an aisle seat?
창가 쪽 자리를 원하세요, 아니면 통로 쪽 자리를 원하세요?

08  Ms. Shin will give a speech at the event.
Ms. Shin은 그 행사에서 연설을 할 거예요.

09  We arrived in time for the opening ceremony.
우리는 개장 행사에 제시간에 도착했어요.

10  Is there anything else I can do for you?
그 밖에 제가 도와 드릴 수 있는 일이 있을까요?

# DAY 16 세부 사항 관련 문제 2

다음에
할 일 문제
(2~3문제)

파트 4
총 30문제

특정 세부
사항 문제
(9~11문제)

최근 출제 경향

· 세부 사항 관련 문제 중 다음에 할 일 문제와 특정 세부 사항 문제를 살펴보자. **다음에 할 일 문제**는 Part 4 전체 30문제 중 2~3문제 정도 출제되며, **특정 세부 사항 문제**는 9~11문제 정도 매회 출제된다.

---

기출포인트
**01** **다음에 할 일 문제**

다음에 할 일 문제는 지문이 끝난 후 화자 또는 청자들이 할 일이나 다음에 일어날 일을 묻는 문제이다.

### 🎯 출제 경향

1. 한 지문에 해당하는 세 개의 문제들 중 주로 세 번째 문제로 출제된다.
2. 주로 다음과 같은 질문을 사용한다.

   | **What will the listeners probably do next?** 청자들은 다음에 무엇을 할 것 같은가?
   | **What will happen next?** 다음에 무슨 일이 일어날 것인가?

### 🎯 핵심 전략

1. 다음에 할 일과 관련된 내용은 지문 후반에서 미래형 조동사 will, should나 right now(지금 당장), right away(지금 바로) 등의 부사구와 함께 자주 언급되므로 지문의 후반을 주의 깊게 듣는다.
2. 요청이나 제안하는 것으로 지문이 끝나는 경우 해당 내용이 정답으로 자주 출제됨을 기억한다.

---

**실전 연습** 질문과 보기를 먼저 읽은 후, 지문을 들으면서 정답을 선택해보자. 🎧 D16_실전1

1. What will the listeners probably do next?
   (A) Perform some exercises
   (B) Sign up for a class
   (C) Review training materials
   (D) Watch a gymnastics routine

Question 1 refers to the following talk.

Welcome everyone to our summer gymnastics course. My name is Victor Gorbachev, and I will be your instructor. I have been a gymnast for over 15 years. During this time, I've learned that to be a successful gymnast, you must have the correct type of training. This summer you will train twice a day for three hours per session. This will include exercises to improve your conditioning, flexibility, and strength. **We will begin today with strength training.** I hope you are all ready to work hard.

해석

1. 청자들은 다음에 무엇을 할 것 같은가?
   (A) 운동을 실시한다.
   (B) 수업에 등록한다.
   (C) 교육 자료를 검토한다.
   (D) 체조 프로그램을 본다.

1은 다음 담화에 관한 문제입니다.

하계 체조 훈련에 오신 것을 환영합니다. 제 이름은 Victor Gorbachev이고, 여러분의 교관입니다. 저는 15년 넘게 체조 선수였습니다. 이 기간 동안, 성공적인 체조 선수가 되기 위해서는 올바른 유형의 훈련을 해야 한다는 것을 깨달았습니다. 이번 여름에 여러분은 수업당 세 시간씩 하루에 두 번 훈련할 것입니다. 이 훈련은 조절 능력, 유연성, 근력을 향상시키는 운동을 포함할 것입니다. 오늘은 근력 훈련부터 시작할 것입니다. 여러분 모두가 열심히 할 준비가 되었기를 바랍니다.

---

해설

질문의 What, do next를 통해 다음에 할 일 문제임을 알 수 있다. 지문의 후반에서 화자가 "We will begin today with strength training." 이라며 오늘은 근력 훈련부터 시작할 것이라고 하였으므로 (A) Perform some exercises가 정답이다.

정답 1. (A)

어휘 **instructor**[미instrʌ́ktər, 영instrʌ́tə] 교관, 강사 **gymnast**[dʒímnæst] 체조 선수

---

## 02 특정 세부 사항 문제

특정 세부 사항 문제는 문제점, 지문의 내용과 관련된 특정 시간이나 장소, 화자나 청자가 아닌 제3자의 직업이나 신분 등 지문에서 언급된 특정 사항과 관련된 세부 내용을 묻는 문제이다.

### 🎯 출제 경향

**1.** 특정 시기/장소/인물 등이 질문에 자주 언급된다.

**2.** 주로 다음과 같은 질문을 사용한다.

| 문제점 | **What problem** does the speaker mention? 화자는 무슨 문제를 언급하는가? |
| | **What** is the **problem**? 문제는 무엇인가? |
| 기타 세부 | **What** will **take place on Monday**? 월요일에 무슨 일이 일어날 것인가? |
| | **When** will **the train for Baltimore leave**? 볼티모어행 열차는 언제 떠날 것인가? |
| | **Where** will **the conference be held**? 회의는 어디에서 열릴 것인가? |
| | **Who** is **Roy Cole**? Roy Cole은 누구인가? |

### 🎯 핵심 전략

**1.** 지문에서 질문의 핵심어구가 언급된 주변을 주의 깊게 듣는다.

**2.** 문제점에 대한 단서는 지문의 내용 중 부정적인 상황이 언급된 부분에서 파악한다.

**3.** 특정 세부 사항 문제에서는 오답 보기들도 지문에서 언급되는 경우가 많으므로, 질문이 묻고 있는 내용과 관련된 내용을 정확히 파악해야 한다.

---

**실전 연습** | 질문과 보기를 먼저 읽은 후, 지문을 들으면서 정답을 선택해보자. 🎧 D16_실전2

1. What will take place on Monday?

(A) A musical performance
(B) An audition
(C) A photo shoot
(D) An employee orientation

Question 1 refers to the following telephone message.

Good afternoon, Samantha. My name is Carol, and I'm from Ladislav Productions. **I'd like to remind you about your audition on Monday morning at our studio. Those trying out for a role are required to prepare two contrasting monologues.** Also, bring five copies of your résumé for the panel interview. Please come early because you need to fill out forms detailing your past acting experience. Just in case you need to cancel your appointment, please contact me as soon as you can. I look forward to seeing you on Monday.

**해석**

1. 월요일에 무슨 일이 일어날 것인가?

(A) 뮤지컬 공연
(B) 오디션
(C) 사진 촬영
(D) 직원 오리엔테이션

1은 다음 음성 메시지에 관한 문제입니다.

안녕하세요, Samantha. 저는 Carol이고, Ladislav 기획사 소속입니다. 월요일 오전에 저희 스튜디오에서 있을 당신의 오디션에 대해 다시 한 번 말씀드리고 싶습니다. 배역 예선을 보시는 분들은 두 개의 대조적인 일인극을 준비해오도록 요구됩니다. 또한, 패널 면접을 위해 이력서 다섯 장을 가져오세요. 당신의 과거 연기 경력을 상세히 열거하는 양식을 작성해야 하니 일찍 와주시기 바랍니다. 약속을 취소해야 하는 경우에는, 가능한 한 빨리 제게 연락해 주시기 바랍니다. 저는 월요일에 여러분을 만나기를 기대합니다.

---

**해설** 　　　　　　　　　　　　　　　　　　　　　　　　　　정답 1. (B)

질문의 What, take place on Monday를 통해 월요일에 일어날 일을 묻는 특정 세부 사항 문제임을 알 수 있다. 지문의 초반에서 화자가 "I'd like to remind you about your audition on Monday morning at our studio."라며 월요일 오전에 스튜디오에서 있을 오디션에 대해 다시 한 번 말하고 싶다고 한 뒤, "Those trying out for a role are required to prepare two contrasting monologues."라며 배역 예선을 보는 사람들은 두 개의 대조적인 일인극을 준비해오도록 요구된다고 하였으므로 (B) An audition이 정답이다.

어휘　**remind**[rimáind] 다시 한 번 말해주다, 상기시키다 　**monologue**[mάːnəlɔ̀ːg] 일인극, 독백 　**fill out** 작성하다

PART 4

DAY 16 세부 사항 관련 문제 2　해커스 토익 750+ LC

# HACKERS **PRACTICE**

🎧 D16_HP

질문과 보기를 먼저 읽은 후 지문을 들으며 정답을 선택하시오. 그 후 지문을 다시 들으며 빈칸을 채워보시오. (음성은 두 번 들려줍니다.)

01  When will employees receive security passes?

(A) On Monday                              (B) On Wednesday

Starting on Monday, the technical department will be _____. As part of the update, all staff will be sent new passwords along with a _____.

02  What will probably happen next?

(A) Professor Jefferson will talk about her research.      (B) Callers will ask Professor Jefferson questions.

On today's show, Professor Marilyn Jefferson will be interviewed _____ in the area of natural energy production. Ms. Jefferson works at Newton University and has _____ _____. Her recent work in developing ideas for renewable energy has caught the attention of scientists around the world. Now, Professor Jefferson, let's begin by having you _____.

[03-04]

03  What problem does the speaker mention?

(A) The weather is unsafe for travel.              (B) The departure has been delayed.

04  What will be served halfway through the flight?

(A) A meal                                  (B) Blankets

Welcome aboard Flight 344 to Dakar. Unfortunately, _____ for about 30 minutes due to technical issues. _____, the flight will last roughly 10 hours. We will _____, as well as snacks both before and after.

[05-06]

05  Who originally built the winery?

(A) Carla Canton                            (B) Jacques Leblanc

06  What will the listeners do next?

(A) Sample some products                     (B) Go to another area

Welcome to the Whitevalley Vineyard and Winery. Before we begin, I'd like to share a bit of information about Whitevalley. _____ by Jacques Leblanc in 1891, and our _____ in the 1960s by Carla Canton, _____. Whitevalley _____ for its wines, and you will all get a chance to _____ at the end of the tour. Now, if you follow me, we will begin by _____.

정답·해석·해설  p. 102

# HACKERS **TEST**

01 What is mentioned about David Wilkins?
   (A) He transferred to a different station.
   (B) He will meet a city official.
   (C) He has accepted another position.
   (D) He is currently on leave.

02 What does the speaker encourage listeners to do?
   (A) Bring an umbrella
   (B) Buy a ticket
   (C) Listen to a report
   (D) Wear a coat

03 What will happen tomorrow?
   (A) An announcement will be made.
   (B) A festival will be held.
   (C) A park will be closed.
   (D) An artist will be interviewed.

04 Where is the introduction being given?
   (A) At a dining event
   (B) At a product launch
   (C) At a training session
   (D) At a client meeting

05 Why is Ms. Johnson being honored?
   (A) She arranged a trade fair.
   (B) She founded the company.
   (C) She developed a nutrition bar.
   (D) She finished a scientific study.

06 What will probably happen next?
   (A) A sample will be passed around.
   (B) A reception will take place.
   (C) A speech will be made.
   (D) A meal will be served.

07 Which industry does the speaker most likely work in?
   (A) Electronics
   (B) Insurance
   (C) Fashion
   (D) Marketing

08 Why does the speaker say, "the size of our staff has doubled"?
   (A) To provide a reason for a change
   (B) To show a team's importance
   (C) To indicate a solution to a problem
   (D) To emphasize a company's success

09 What will the speaker most likely do next?
   (A) Call an office
   (B) Explain a process
   (C) Introduce some staff members
   (D) Distribute some documents

10 What is the topic of the talk?
   (A) Performance evaluations
   (B) Leadership skills
   (C) Customer service
   (D) Marketing strategies

11 According to the speaker, what is an important task of the listeners?
   (A) Motivating employees
   (B) Training staff members
   (C) Increasing product sales
   (D) Hiring skilled workers

12 According to the speaker, what is an effective way to improve employee confidence?
   (A) By altering a policy
   (B) By offering amenities
   (C) By expressing gratitude
   (D) By holding workshops

*GO ON TO THE NEXT PAGE*

PART 4

DAY 16 세부 사항 관련문제 2    해커스 토익 750+ LC

13  What type of building is being designed?

(A) A community center

(B) A retail outlet

(C) A stadium

(D) A theater

14  What concern does the speaker mention about the plan?

(A) It lacks certain seating.

(B) It requires additional workers.

(C) It is too expensive.

(D) It needs more parking.

15  What will the speaker do later this evening?

(A) Set up a meeting

(B) Send a message

(C) Request a building permit

(D) Review a budget proposal

16  What is the purpose of the talk?

(A) To thank some donors

(B) To introduce a keynote speaker

(C) To promote a medical product

(D) To present an award

17  Where does Christopher Fox work?

(A) At a laboratory

(B) At a consulting firm

(C) At a university

(D) At a financial institution

18  What will the listeners most likely do next?

(A) Ask some questions

(B) Eat a meal

(C) Listen to a presentation

(D) Make donations

19  What is mentioned about the event?

(A) It features local artists.

(B) It includes homemade food.

(C) It offers used merchandise.

(D) It sells farm equipment.

20  What are listeners asked to do?

(A) Register for an activity

(B) Review some regulations

(C) Assist some customers

(D) Fill out a form

21  What is Sarah Weber responsible for doing?

(A) Conducting inspections

(B) Installing booths

(C) Distributing devices

(D) Giving demonstrations

22  Who is Denzel Vegas?

(A) A professor

(B) A news reporter

(C) An executive officer

(D) A computer expert

23  According to Denzel Vegas, what can cause stress?

(A) Family issues

(B) Financial concerns

(C) Lack of sleep

(D) Too much work

24  What problem does the speaker mention?

(A) A speaker has been delayed.

(B) A microphone is broken.

(C) A computer is malfunctioning.

(D) A talk has been rescheduled.

| Trade Fair Expenses | |
| --- | --- |
| Booth Rental | $75 |
| Transportation | $450 |
| Promotional Materials | $260 |
| Accommodations | $325 |
| Total | $1,110 |

| Product | Warranty Period |
| --- | --- |
| Line RS | 6 months |
| Tubro 12 | 8 months |
| Gibson XR | 10 months |
| Eternity 3 | 12 months |

25 What is mentioned about a trade fair?

(A) It will start this weekend.

(B) It will be covered by the media.

(C) It will be held overseas.

(D) It will last for five days.

26 Look at the graphic. Which amount was less than expected?

(A) $75

(B) $450

(C) $260

(D) $325

27 What will the listeners most likely do next?

(A) Watch a video

(B) Choose a caterer

(C) Visit a supply store

(D) Plan an event

28 Why is the speaker calling?

(A) To inquire about a parcel

(B) To process an order

(C) To promote a device

(D) To respond to an inquiry

29 What type of product does the speaker mention?

(A) A tablet computer

(B) A vacuum cleaner

(C) A stereo system

(D) A sewing machine

30 Look at the graphic. Which model did the listener buy?

(A) Line RS

(B) Tubro 12

(C) Gibson XR

(D) Eternity 3

정답·해석·해설 p. 103

PART 4

DAY 16 세부 사항 관련 문제 2    해커스 토익 750+ LC

# LISTENING SOLUTION

## 연음 듣기 연습 ① – 탈락되는 소리

토익 리스닝에서는 연음 현상으로 특정 소리가 탈락되어 정확히 듣기 어려운 단어들이 있기 때문에 의미를 파악하는 데 혼동을 줄 수 있다. 대부분 쉬운 단어들의 조합임에도 불구하고 정확하게 들리지 않는 경우가 많으므로, 여러 번 듣고 익숙해지기 위한 연습이 필요하다.

'last summer'는 last와 summer가 연이어 발음되면서 last의 [t] 발음이 탈락하여 [래써머r]라고 들린다. 이처럼 두 개의 단어가 이어질 때, 앞 단어의 끝소리와 뒷 단어의 첫소리가 같거나, [t], [d], [n], [θ], [ð], [s]와 같이 발음할 때 혀의 위치가 비슷한 자음이 이어지는 경우에는 앞 단어의 끝소리가 탈락되어 들리지 않게 된다.

다음은 토익에 자주 등장하는 표현들입니다. 연음 현상에 주의하면서 듣고 따라 해보세요!

| 앞 단어 끝소리 탈락 | 예문 |
|---|---|
| next stop | Our **next stop** will be Hobart Station. |
| front desk | Please register at the **front desk**. |
| hard time | I'm having a **hard time** finding a new apartment. |
| bus schedule | The **bus schedule** is posted on the bulletin board. |
| health center | Dr. Chester works at a **health center** in Liverpool. |

### Let's practice!

다음은 토익 리스닝에 자주 출제되는 문장입니다. 주의 깊게 듣고 빈칸을 채워보세요.
(음성은 두 번 들려줍니다.)

01 _____ on subway line 3 is Maximus.

02 _____ in setting up a business is finding capital.

03 Gina Rowling _____ over the weekend.

04 We saw an incredible concert _____.

05 Professor Wallis was awarded for _____.

06 Mr. Manning said he lost _____ this morning.

07 The museum is down Green Street _____ city library.

08 Caroline wakes up _____ at seven o'clock.

09 The third floor of the building is occupied by _____.

10 I moved the shelf into the corner so we'll have _____.

## 스크립트와 해석

01 **The last station** on subway line 3 is Maximus.
지하철 3호선의 마지막 역은 Maximus입니다.

02 **The first step** in setting up a business is finding capital.
사업을 시작하기 위한 첫 번째 단계는 자본을 마련하는 것입니다.

03 Gina Rowling **had to work** over the weekend.
Gina Rowling은 주말 내내 일해야 했어요.

04 We saw an incredible concert **last night**.
우리는 어젯밤에 정말 훌륭한 콘서트를 봤어요.

05 Professor Wallis was awarded for **her research**.
Wallis 교수는 그녀의 연구로 상을 받았어요.

06 Mr. Manning said he lost **his suitcase** this morning.
Mr. Manning은 오늘 아침에 그의 여행 가방을 잃어버렸다고 말했어요.

07 The museum is down Green Street **toward the** city library.
박물관은 시립 도서관 쪽으로 향하는 Green가에 있어요.

08 Caroline wakes up **most days** at seven o'clock.
Caroline은 거의 매일 7시에 일어난다.

09 The third floor of the building is occupied by **the sales staff**.
회사 3층은 영업 직원들이 차지하고 있다.

10 I moved the shelf into the corner so we'll have **more room**.
제가 선반을 모퉁이로 옮겨서 더 많은 공간이 생길 거예요.

# DAY 17 세부 사항 관련 문제 3

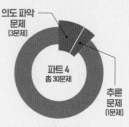

의도 파악
문제
[3문제]

파트 4
총 30문제

추론
문제
[1문제]

최근 출제 경향

· 세부 사항 관련 문제 중 의도 파악 문제와 추론 문제를 살펴보자. **의도 파악 문제**는 Part 4 전체 30문제 중 3문제가 매회 출제되며, **추론 문제**는 1문제 정도 가끔 출제된다.

 기출포인트

## 01 의도 파악 문제

의도 파악 문제는 지문에서 언급된 특정 문장에 담긴 화자의 의도나 뜻을 묻는 문제이다.

### 🎯 출제 경향

1. 구체적인 문맥을 파악해야 하는 인용어구가 질문에 등장한다.

2. 주로 다음과 같은 질문을 사용한다.

> **Why** does the speaker say, "He has a master's degree in accounting"?
> 화자는 왜 "그는 회계학 석사 학위가 있습니다"라고 말하는가?
> **What** does the speaker **imply/mean** when she **says**, "And that's not all"?
> 화자는 "그리고 그것이 전부가 아닙니다"라고 말할 때 무엇을 의도하는가?

### 🎯 핵심 전략

1. 정답의 단서는 질문의 인용어구 주변에서 자주 언급되므로, 해당 문장의 앞뒤를 주의 깊게 듣는다.

2. 강세나 어조도 문맥을 파악하는 데 단서가 될 수 있으므로 주의 깊게 듣는다.

3. 인용어구 일부 단어의 일차적 의미를 이용한 오답 보기에 유의한다.

---

**실전 연습**  질문과 보기를 먼저 읽은 후, 지문을 들으면서 정답을 선택해보자. 🎧 D17_실전1

1. Why does the speaker say, "He has a master's degree in accounting"?

    (A) To address a complaint
    (B) To point out an error
    (C) To provide assurance
    (D) To show surprise

Question 1 refers to the following talk.

Everyone, I'd like you to meet Brandon Watts. He'll be taking the place of our former accounting supervisor. **I know some of you were worried about losing an experienced manager, but Mr. Watts is an excellent replacement. He has a master's degree in accounting** and has worked in management for several large firms. Please note that Mr. Watts will lead our new bookkeeping database project. Please join me in welcoming Mr. Watts.

**해석**

1. 화자는 왜 "그는 회계학 석사 학위가 있습니다"라고 말하는가?

    (A) 불만을 제기하기 위해
    (B) 오류를 지적하기 위해
    (C) 확신을 주기 위해
    (D) 놀라움을 보여주기 위해

1은 다음 담화에 관한 문제입니다.

여러분, Brandon Watts를 만나보시겠습니다. 그는 우리의 이전 회계 관리자를 대신하게 될 것입니다. 여러분들 중 몇몇은 경험이 풍부한 관리자를 잃는 것에 대해 걱정했다는 것을 압니다만, Mr. Watts는 뛰어난 후임자입니다. 그는 회계학 석사 학위가 있고 여러 대기업들의 경영진으로 근무했었습니다. Mr. Watts가 우리의 새로운 회계 장부 데이터베이스 프로젝트를 이끌 것이라는 점에 주목해 주십시오. Mr. Watts를 환영하는 데 저와 함께해 주십시오.

---

**해설**  정답 1. (C)

질문의 Why, say, "He has a master's degree in accounting"을 통해 의도 파악 문제임을 알 수 있다. 화자가 "I know some of you were worried ~, but Mr. Watts is an excellent replacement."라며 여러분들 중 몇몇은 걱정했다는 것을 압니다만, Mr. Watts는 뛰어난 후임자이고 그는 회계학 석사 학위도 있다고 한 말을 통해, 화자가 Mr. Watts에 대한 확신을 주고자 한 것을 알 수 있으므로 (C) To provide assurance가 정답이다.

추론 문제는 지문의 내용을 통해 유추할 수 있는 사실을 묻는 문제이다.

### ◉ 출제 경향

**1.** 주로 다음과 같은 질문을 사용한다.

**What** is **suggested about** the wires?   전선에 대해 무엇이 암시되는가?
**What** does the speaker **suggest about** the vehicle safety inspection?
화자는 차량 안전 점검에 대해 무엇이 암시하는가?
**What** does the speaker **imply about** Debra Parker?   화자는 Debra Parker에 대해 무엇을 암시하는가?

### ◉ 핵심 전략

**1.** 지문에서 질문의 about 뒤에 오는 핵심어구가 언급된 부분을 주의 깊게 듣는다.
**2.** 정답의 단서가 자주 Paraphrasing됨을 기억한다.
**3.** 정답의 단서는 must, may, might, seem, probably 등 추측을 나타내는 표현의 주변에서 자주 언급됨을 기억한다.

---

**실전 연습**   질문과 보기를 먼저 읽은 후, 지문을 들으면서 정답을 선택해보자.   🎧 D17_실전2

**1. What is suggested about the wires?**

   (A) They are not completely safe.
   (B) They need to be ordered.
   (C) They require an extension.
   (D) They are not properly connected.

Question 1 refers to the following telephone message.

Hello. My name is Michael Foster. I'm calling regarding an issue I'm experiencing with your wireless Internet service. A technician from your company came to my house to set up a router last Friday. But unfortunately, I was moving some furniture around today, and now . . . well, **I am having trouble getting online. I think I may have caused some of the wires to come loose**. I understand that your business is now closed for the day. But please call me back at 555-9243 when you can. Thank you.

**해석**

1. 전선에 대해 무엇이 암시되는가?

   (A) 그것들은 완전히 안전하지 않다.
   (B) 그것들은 주문되어야 한다.
   (C) 그것들은 연장선이 필요하다.
   (D) 그것들은 제대로 연결되어 있지 않다.

1은 다음 음성 메시지에 관한 문제입니다.

안녕하세요. 제 이름은 Michael Foster입니다. 제가 귀사의 무선 인터넷 서비스로 겪고 있는 문제에 관하여 전화드립니다. 귀사의 기술자가 지난 금요일에 공유기를 설치하기 위해 저희 집에 왔었습니다. 하지만 유감스럽게도 제가 오늘 몇몇 가구를 옮기다가, 지금… 음, 온라인 연결에 어려움을 겪고 있습니다. 제가 전선 중 몇 개를 헐거워지게 했을 수도 있다고 생각합니다. 오늘 귀사가 문을 닫았다는 것을 압니다. 하지만 가능하실 때 555-9243으로 제게 전화주십시오. 감사합니다.

---

**해설**                                                                                   정답 1. (D)

질문의 What, suggested about을 통해 추론 문제임을 알 수 있다. 화자가 "I am having trouble getting online. ~ I may have caused some of the wires to come loose."라며 온라인 연결에 어려움을 겪고 있는데, 전선 중 몇 개를 헐거워지게 했을 수도 있다고 한 말을 통해, 전선이 제대로 연결되어 있지 않음을 알 수 있으므로 (D) They are not properly connected가 정답이다.

**어휘**   router[rúːtər] 공유기   have trouble ~ing ~에 어려움을 겪다   loose[luːs] 헐거워진   extension[iksténʃən] 연장선

# HACKERS **PRACTICE**

🎧 D17_HP

질문과 보기를 먼저 읽은 후 지문을 들으며 정답을 선택하시오. 그 후 지문을 다시 들으며 빈칸을 채워보시오. (음성은 두 번 들려줍니다.)

01 Why does the speaker say, "Wait a minute"?

    (A) She will confirm the date of an event.    (B) She has provided inaccurate information.

On today's episode of *Business Update*, I will be interviewing Mirax Pharmaceuticals CEO, Colin Philips. The company _____ in Boston on June 13. Wait a minute . . . that should be June 23. Anyway, Mr. Philips will _____ .

02 What does the speaker imply about Debra Parker?

    (A) She will be leaving the company soon.    (B) She has organized similar events before.

Welcome everyone to the _____ . I'd like to _____ to thank Debra Parker for _____ into organizing this event. Sadly, she will only be working with us _____ . So let's _____ to show our appreciation.

## [03-04]

03 What does the speaker imply when he says, "Her first novel received widespread praise from critics"?

    (A) A choice is reasonable.    (B) A book is currently sold out.

04 What does the speaker suggest about Jonathan Davies?

    (A) He published his first novel this year.    (B) He was a judge in a literary contest.

Earlier today, Sarah Feldman _____ of the Walker Prize for Fiction, awarded by the National Arts Council each year. Um, _____ . . . Her first novel received widespread praise from critics. The announcement was expected on May 31, but _____ . This is because respected author Jonathan Davies was out of the country until last week, so _____ .

## [05-06]

05 What does the speaker mean when she says, "that won't work, unfortunately"?

    (A) She will not be working in the afternoon.    (B) She cannot schedule a desired time slot.

06 What does the speaker suggest about the vehicle safety inspection?

    (A) Its fee changes each year.    (B) It is offered at a discount.

Good morning, Mr. Jenkins. This is Lisa Williams from Central Motors returning your call _____ _____ . I know you requested an 11 A.M. vehicle inspection, but that won't work, unfortunately. We only have a 2 P.M. opening. However, you can _____ if that is _____ . Also, the _____ slightly, as it does every year. It is now $240. Please _____ .

정답·해석·해설 p. 109

# HACKERS TEST

01 What does the speaker say about a business trip?
- (A) It will start on Monday.
- (B) It has been postponed.
- (C) It is occurring abroad.
- (D) It is for company executives.

02 How can urgent issues be dealt with?
- (A) By visiting an office
- (B) By calling an assistant
- (C) By dialing an extension
- (D) By e-mailing an administrator

03 What does the speaker suggest about Dale Peters?
- (A) He agreed to assist a coworker.
- (B) He is away from his workspace.
- (C) He was recently hired.
- (D) He submitted a form on time.

04 What is the message mainly about?
- (A) An orientation session
- (B) A client meeting
- (C) A product launch
- (D) A press conference

05 What does the speaker mean when he says, "I forwarded you an e-mail with the details"?
- (A) A project has been canceled.
- (B) A contract should be extended.
- (C) A schedule must be reviewed.
- (D) A proposal was accepted.

06 According to the speaker, what must the listener do this afternoon?
- (A) Give a presentation
- (B) Book a flight
- (C) Turn in an assignment
- (D) Talk to reporters

07 According to the speaker, what did Mr. Balding do?
- (A) Moved to a small town
- (B) Wrote a book
- (C) Worked as a salesperson
- (D) Organized an art exhibit

08 What will be discussed during the first part of the show?
- (A) A publicity tour
- (B) A store opening
- (C) An online service
- (D) A charity project

09 Why does the speaker say, "It's a great way for you to interact with our guests"?
- (A) To suggest that listeners buy a ticket
- (B) To identify the goal of a media company
- (C) To encourage listeners to use an application
- (D) To ask listeners to call a radio station

10 What is mentioned about the special exhibit?
- (A) It will last for a month.
- (B) It will contain interactive screens.
- (C) It is expected to draw large crowds.
- (D) It is going to include videos.

11 What does the speaker imply about the Science Museum?
- (A) It will charge an additional fee.
- (B) It will extend its operating hours.
- (C) It will renovate its exhibit hall.
- (D) It will offer a student discount.

12 What does the speaker suggest doing?
- (A) Arriving at an event early
- (B) Reading about an exhibit online
- (C) Buying passes in advance
- (D) Taking a guided tour

PART 4   DAY 17 세부 사항 관련 문제 3   해커스 토익 750+ LC

**GO ON TO THE NEXT PAGE**

DAY 17 세부 사항 관련 문제 3   **165**

13 According to the speaker, what will happen on May 1?

(A) A center will be upgraded.
(B) A facility will open.
(C) A Web site will be launched.
(D) A sale will end.

14 What is mentioned about the instructors?

(A) They will offer free consultations.
(B) They have several years of experience.
(C) They are former professional athletes.
(D) They charge reasonable fees.

15 Why does the speaker say, "This will be for the first 50 customers"?

(A) The listeners will receive confirmation soon.
(B) A facility will be crowded.
(C) The listeners should act quickly.
(D) A pass can be used only once.

16 Why does the speaker say, "Do you work on Saturday"?

(A) To offer a part-time position
(B) To ask about an appointment time
(C) To specify a conference date
(D) To announce a schedule change

17 What does the speaker ask the listener to do?

(A) Make a payment
(B) Confirm an address
(C) Return a call
(D) Send an e-mail

18 What did the speaker send to the listener?

(A) A letter from a physician
(B) Instructions for a procedure
(C) A bill for a service
(D) Directions to a clinic

19 Where are the listeners?

(A) At a retirement party
(B) At a charity banquet
(C) At a business meeting
(D) At an award ceremony

20 What is suggested about Ms. Mitchell?

(A) She has arranged a music class at an institution.
(B) She has recently signed a contract with a new performer.
(C) She has worked in an industry for a long time.
(D) She has regularly performed with famous musicians.

21 What will happen next month?

(A) A tour will be held.
(B) An album will be released.
(C) A concert will be canceled.
(D) A band will be formed.

22 Who most likely is the speaker?

(A) A radio host
(B) A traffic officer
(C) A construction worker
(D) A car repairperson

23 What will probably happen in two hours?

(A) An emergency vehicle will arrive.
(B) A city bridge will be inspected.
(C) A commuter route will reopen.
(D) A traffic report will be updated.

24 What does the speaker imply when she says, "This bridge has only one lane running in each direction"?

(A) A cause of an accident is clear.
(B) A delay should be expected.
(C) People have complained about traffic.
(D) Repairs must be performed.

25 What will the listeners do first?

(A) Feed some birds
(B) Buy some souvenirs
(C) Watch a presentation
(D) Read a pamphlet

26 Why does the speaker say, "We still haven't repaired the damage from the storm last week"?

(A) To explain why access is denied
(B) To indicate why caution is necessary
(C) To show how a mistake was made
(D) To describe how a task is done

27 What will the listeners do at the center of the park?

(A) Swim in a lake
(B) Visit an information center
(C) Eat some snacks
(D) Observe some animals

28 What did the speaker do on June 2?

(A) Placed an order
(B) Gave a present
(C) Visited a store
(D) Download a program

29 What did the speaker pay extra for?

(A) A computer accessory
(B) Quick shipment
(C) Some additional software
(D) An extended warranty

30 Why does the speaker say, "The device I received has a black keyboard"?

(A) To suggest that a complaint was addressed
(B) To explain a decision to request a refund
(C) To indicate that the wrong item was sent
(D) To specify an available color choice

정답·해석·해설 p. 110

## 연음 듣기 연습 ② - 하나되는 소리

토익 리스닝에서는 연음 현상으로 특정 소리가 연이어 발음되어 전혀 다른 소리처럼 들리는 단어들이 있기 때문에 의미를 파악하는데 혼동을 줄 수 있다. 대부분 쉬운 단어들의 조합임에도 불구하고 정확하게 들리지 않는 경우가 많으므로, 여러 번 듣고 익숙해지기 위한 연습이 필요하다.

'make it easy'는 단어 하나하나가 따로 발음되지 않고 연이어 발음되어 [메이키리지]라는 하나의 소리로 들린다. 이처럼 두 개 이상의 단어가 이어질 때 앞 단어의 끝 자음과 뒤 단어의 첫 모음이 결합하거나 발음이 비슷한 단어들이 뭉쳐지면, 두 개 이상의 단어가 마치 하나의 단어처럼 들리게 된다.

다음은 토익에 자주 등장하는 표현들입니다. 연음 현상에 주의하면서 듣고 따라 해보세요!

| 연음되는 단어들 | 예문 |
|---|---|
| fill it in | You can leave the application on my desk after you **fill it in**. |
| pick it up | The package is at the front desk, so **pick it up** when you can. |
| checked out | Samantha **checked out** three books from the library. |
| give up | Mr. Rowe had to **give up** his apartment because it was too expensive. |
| turn in | Staff must **turn in** their security passes at the end of the day on Friday. |

### Let's practice!

다음은 토익 리스닝에 자주 출제되는 문장입니다. 주의 깊게 듣고 빈칸을 채워보세요.
(음성은 두 번 들려줍니다.)

01 _____ your work stations before leaving the office.

02 Unfortunately, the model we requested _____.

03 Helen hopes _____ her work over the weekend.

04 Leave your printer with Mr. Tate so _____.

05 Our team _____ the marketing proposal.

06 When you finish reading the file, _____ the top drawer.

07 The flight to Boston was delayed _____.

08 _____ let me know when the clients arrive?

09 Rosemary _____, so she will not be in today.

10 _____ to the convention together.

## 스크립트와 해석

**01** Please **clear up** your work stations before leaving the office.
사무실을 떠나기 전에 작업한 자리를 정리해 주세요.

**02** Unfortunately, the model we requested **was sold out**.
안타깝게도, 우리가 요청한 모델은 품절되었어요.

**03** Helen hopes to **catch up on** her work over the weekend.
Helen은 주말 동안 그녀의 업무를 마무리하기를 바라요.

**04** Leave your printer with Mr. Tate so **he can fix it**.
Mr. Tate가 수리할 수 있도록 당신의 프린터를 그에게 맡기고 가세요.

**05** Our team **will work on** the marketing proposal.
우리 팀은 마케팅 제안서 작업을 할 거예요.

**06** When you finish reading the file, **put it in** the top drawer.
서류를 다 읽었으면, 그것을 맨 위 서랍에 넣어 두세요.

**07** The flight to Boston was delayed **by half an hour**.
보스턴으로 가는 비행편이 30분 정도 지연되었습니다.

**08** **Could you** let me know when the clients arrive?
고객들이 도착하면 저에게 알려 주시겠어요?

**09** Rosemary **feels ill**, so she will not be in today.
Rosemary는 몸이 좋지 않아서 오늘 출근하지 않을 거예요.

**10** **We'll all** travel to the convention together.
우리는 모두 함께 회의에 갈 거예요.

# DAY 18 세부 사항 관련 문제 4

시각 자료 문제 (2문제)

파트 4 총 30문제

최근 출제 경향

· 세부 사항 관련 문제 중 **시각 자료 문제**를 살펴보자. **시각 자료 문제**에는 표나 그래프, 약도, 티켓 등의 시각 자료가 출제되며, Part 4 전체 30문제 중 2문제가 매회 출제된다.

기출포인트 01 ## 시각 자료 문제 1 (표 및 그래프)

표 및 그래프 문제는 지문에서 언급된 내용 중 질문과 함께 제시된 표 또는 그래프와 관련된 사항을 묻는 문제이다.

### 🎯 출제 경향

1. 사무기기 가격표, 행사 발표자 목록, 제품 매출 그래프 등의 시각 자료가 주로 출제된다.
2. 주로 다음과 같은 질문을 사용한다.

| Look at the **graphic**. **Where** will the Q&A session **be held**?    시각 자료를 보아라. 질의응답 시간은 어디에서 열릴 것인가?
| Look at the **graphic**. **Which band** will **perform last**?    시각 자료를 보아라. 어떤 밴드가 마지막에 공연할 것인가?

### 🎯 핵심 전략

1. 주어진 표 또는 그래프를 보고 무엇에 관한 내용인지 빠르게 파악한다.
2. 변경 사항, 최고·최저 항목 등의 특이 사항이 언급될 경우 해당 부분의 주변에서 정답의 단서를 파악한다.

---

**실전 연습**   시각 자료, 질문과 보기를 먼저 읽은 후, 지문을 들으면서 정답을 선택해보자.   🎧 D18_실전1

| Animal Type | Chacma baboon | Olive baboon | African Elephant | Asian Elephant |
|---|---|---|---|---|
| Birthplace | Angola | Mali | Kenya | India |

1. Look at the graphic. Which animals will listeners see first?

(A) Chacma baboons  (B) Olive baboons
(C) African elephants  (D) Asian elephants

Question 1 refers to the following announcement and list.

Welcome to Namus Animal Park. The first half of this tour will take us through the African exhibit. We will stop for lunch at noon and then visit the butterfly sanctuary. OK, let's begin by visiting our first exhibit. **The animals there were born in Africa — Mali to be specific** — and have been with us for five years.

**해석**

| 동물 종류 | 차크마 개코원숭이 | 올리브 개코원숭이 | 아프리카 코끼리 | 아시아 코끼리 |
|---|---|---|---|---|
| 출생지 | 앙골라 | 말리 | 케냐 | 인도 |

1. 시각 자료를 보아라. 청자들은 어떤 동물을 가장 먼저 볼 것인가?

(A) 차크마 개코원숭이  (B) 올리브 개코원숭이
(C) 아프리카 코끼리  (D) 아시아 코끼리

1은 다음 공지와 목록에 관한 문제입니다.

Namus 동물원에 오신 것을 환영합니다. 이 투어의 전반부에서는 아프리카 전시관을 둘러볼 것입니다. 저희는 정오에 점심을 먹기 위해 멈춘 뒤 나비 보호구역을 방문할 것입니다. 자, 우리의 첫 번째 전시관을 방문하는 것으로 시작해 봅시다. 그곳의 동물들은 아프리카, 구체적으로는 말리에서 태어났으며 저희와 5년 동안 함께 했습니다.

---

**해설**    정답 1. (B)

질문의 graphic, Which animals, listeners see first를 통해 청자들이 가장 먼저 볼 동물을 묻는 시각 자료 문제임을 알 수 있다. 화자가 "The animals there were born in Africa—Mali to be specific"이라며 그곳의 동물들은 아프리카, 구체적으로는 말리에서 태어났다고 하였으므로 (B) Olive baboons가 정답이다.

**어휘**   exhibit[igzíbit] 전시관; 전시하다   sanctuary[sǽŋktʃueri] 보호구역   birthplace[bə́:rθpleis] 출생지

약도 및 기타 시각 자료 문제는 질문과 함께 제시된 약도나 쿠폰, 티켓, 영수증 등의 기타 시각 자료와 관련된 사항을 묻는 문제이다.

### 🎯 출제 경향

**1.** 상점 및 시설 안내도, 거리 약도, 쿠폰, 교통수단 티켓, 영수증 등의 시각 자료가 주로 출제된다.

**2.** 주로 다음과 같은 질문을 사용한다.

> **Look at the graphic. Which building is the apartment recommended** by the speaker **in?**
> 시각 자료를 보아라. 화자에 의해 추천된 아파트는 어느 건물에 있는가?

> **Look at the graphic. How much of a discount** will **be received?** 시각 자료를 보아라. 얼마의 할인을 받게 될 것인가?

### 🎯 핵심 전략

**1.** 주어진 약도 또는 기타 시각 자료를 보고 무엇에 관한 내용인지 빠르게 파악한다.

**2.** 약도 문제의 정답 단서는 between(~와 -의 사이에), next to(~의 옆에), opposite(~의 맞은편에), in front of(~의 앞에), close to(~의 가까이에)와 같이 위치나 방향을 나타내는 표현에서 자주 언급됨을 기억한다.

**3.** 생소한 형태의 기타 시각 자료의 경우, 어떤 종류의 시각 자료인지를 먼저 파악한다.

---

**실전 연습** 시각 자료, 질문과 보기를 먼저 읽은 후, 지문을 들으면서 정답을 선택해보자. 🎧 D18_실전2

| Central Station | Building A | | Building B | Colman Theater |
|---|---|---|---|---|
| Pine Street | | | | |
| Pearl Hotel | Building C | | Building D | Plaza Dept. Store |

1. Look at the graphic. Which building is the apartment recommended by the speaker in?

(A) Building A　　(B) Building B
(C) Building C　　(D) Building D

Question 1 refers to the following telephone message and map.

Good morning, Ms. Phillips. This is Donald Cumberland from Pine Street Properties. Unfortunately, the apartment in the building next to Central Station is no longer available. However, I have one more option for you to consider. **There's another unit in the building closest to the Colman Theater that would be suitable for you.** The rent is within your budget, and the structure is well-maintained. Please call me back to arrange an appointment to view it.

**해석**

| 중앙역 | A 건물 | | B 건물 | Colman 극장 |
|---|---|---|---|---|
| Pine가 | | | | |
| Pearl 호텔 | C 건물 | | D 건물 | Plaza 백화점 |

1. 시각 자료를 보아라. 화자에 의해 추천된 아파트는 어느 건물에 있는가?

(A) A 건물　　(B) B 건물
(C) C 건물　　(D) D 건물

1은 다음 음성 메시지와 지도에 관한 문제입니다.

안녕하세요, Ms. Phillips. Pine가 부동산의 Donald Cumberland입니다. 유감스럽게도, 중앙역 옆 건물의 아파트는 더 이상 구할 수 없습니다. 그러나, 저는 고객님께서 고려하실 수 있는 선택권을 하나 더 가지고 있습니다. Colman 극장과 가장 가까운 건물에 고객님께 적합할 것 같은 또 다른 가구가 있습니다. 집세가 고객님의 예산 범위 내이고, 건물도 잘 관리되어 있습니다. 그것을 둘러보기 위해 약속을 잡으시려면 제게 다시 전화 주세요.

---

**해설** 정답 1. (B)
질문의 graphic, Which building, the apartment recommended, in을 통해 화자에 의해 추천된 아파트가 있는 건물을 묻는 시각 자료 문제임을 알 수 있다. 화자가 "There's ~ unit in the building closest to the Colman Theater that would be suitable for you."라며 Colman 극장과 가장 가까운 건물에 고객님께 적합할 것 같은 가구가 있다고 하였으므로 (B) Building B가 정답이다.

**어휘** apartment[미 əpáːrtmənt, 영 əpáːtmənt] 아파트, 한 가구　consider[kənsídər] 고려하다, 숙고하다　suitable[súːtəbl] 적합한
within (a) budget 예산 범위 내에서

# HACKERS **PRACTICE**

시각 자료, 질문과 보기를 먼저 읽은 후 지문을 들으며 정답을 선택하시오. 그 후 지문을 다시 들으며 빈칸을 채워보시오.
(음성은 두 번 들려줍니다.)

| Breakfast Special | Price |
|---|---|
| Belgian Waffles | $4.99 |
| Eggs Benedict | $5.49 |

01 Look at the graphic. Which breakfast special was just added?

(A) Belgian Waffles                    (B) Eggs Benedict

If you're looking for a hearty, healthy breakfast, _____ the Greenwood Eatery. We offer _____

_____ prepared with organic ingredients _____ farms in the region.

And our prices are _____. We have just added _____

that costs only $4.99. We hope to see you soon!

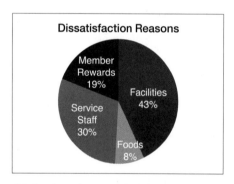

02 Look at the graphic. What will Jenna Farris present about?

(A) Facilities                    (B) Service Staff

Last week, we all met to talk about _____, which was the biggest cause of

_____ at our hotel locations nationwide. Today, we'll go over the second

most common reason why _____ our offerings.

Once we've done so, we'll hear from Jenna Farris, a consultant who's been hired _____

_____. She'll be giving us a short presentation on her recommendations

_____.

[03-04]

| Field Building | National Museum | | City Hall |
|---|---|---|---|
| Bus Depot | High School | | Union Building |

03 Look at the graphic. Which building will be the location of Pillar Insurance's headquarters?

(A) Field Building                    (B) Union Building

04 When will the move be completed?

(A) In one day                    (B) In two days

And now for business news. . . Pillar Insurance announced _____ of its headquarters. The company was _____ the National Museum, but it ended up selecting one _____. The transition to the new site is expected to be completed _____.

[05-06]

| Destination | Departure Time |
|---|---|
| Boston | 11:20 A.M. |
| Washington DC | 11:45 A.M. |

05 What is the cause of the delay?

(A) Bad weather                    (B) Routine maintenance

06 Look at the graphic. Which departure time has to be changed?

(A) 11:20 A.M.                    (B) 11:45 A.M.

Attention all travelers. The recent snowstorm _____ on the train tracks. _____, but this will cause a delay. Passengers bound for Boston _____ at 11:50 A.M. We apologize for any inconvenience this may cause.

정답·해석·해설  p. 117

# HACKERS **TEST**

| Room Type | Nightly Rate |
|---|---|
| Junior suite | $225 |
| Superior suite | $285 |
| Executive suite | $325 |
| Royal suite | $375 |

01 What most likely is the speaker's occupation?

(A) Event planner

(B) Guest services associate

(C) Travel agent

(D) Personal secretary

02 According to the speaker, what happens on weekend evenings?

(A) A performance is given.

(B) A tour is organized.

(C) A spa discount is offered.

(D) A pool is cleaned.

03 Look at the graphic. Which room type is the listener considering?

(A) Junior suite

(B) Superior suite

(C) Executive suite

(D) Royal suite

| | |
|---|---|
| 4th shelf | Pies |
| 3rd shelf | Cookies |
| 2nd shelf | Muffins |
| 1st shelf | Cakes |

04 Look at the graphic. What does the business have a limited supply of?

(A) Pies

(B) Cookies

(C) Muffins

(D) Cakes

05 Why is a sale being held?

(A) To honor a holiday

(B) To celebrate an anniversary

(C) To promote a partnership

(D) To launch a new product

06 What is provided with each purchase?

(A) A publication

(B) A dish

(C) A coupon

(D) A poster

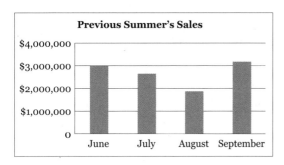

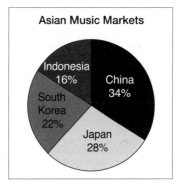

07 Why does the speaker thank the research team?

(A) It developed a manufacturing process.

(B) It created a training program.

(C) It conducted a customer survey.

(D) It improved a product line.

08 According to the speaker, what caused sales to increase?

(A) A sales event

(B) Online feedback

(C) A magazine article

(D) Television advertising

09 Look at the graphic. When will the new mascara be released?

(A) In June

(B) In July

(C) In August

(D) In September

10 Look at the graphic. Which country is TFG currently on tour in?

(A) China

(B) Japan

(C) South Korea

(D) Indonesia

11 What does the speaker say the company will do this week?

(A) Launch some commercials

(B) Hire a new band manager

(C) Sponsor a charity concert

(D) Acquire tickets for employees

12 What will listeners probably do next?

(A) Read a handout

(B) Share some ideas

(C) Listen to a song

(D) Split up into groups

**GO ON TO THE NEXT PAGE**

# HACKERS **TEST**

| Service | Shipping Time |
|---|---|
| Standard | 3 business days |
| Express | 2 business days |
| Priority | Next Day |
| Priority Plus | Same day |

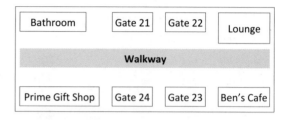

13  Why is the speaker calling?
   (A) To confirm a delivery destination
   (B) To answer questions about shipping
   (C) To cancel a pickup service
   (D) To explain a policy change

14  What should the listener do to receive a weekend pickup?
   (A) Submit a request online
   (B) Call a courier directly
   (C) Pay an additional fee
   (D) Visit a downtown office

15  Look at the graphic. Which service will the listener most likely use?
   (A) Standard
   (B) Express
   (C) Priority
   (D) Priority Plus

16  Who most likely are the listeners?
   (A) Emergency crews
   (B) Maintenance workers
   (C) Airline passengers
   (D) Ticketing agents

17  What problem does the speaker mention?
   (A) A service is unavailable.
   (B) A flight has been delayed.
   (C) A machine has malfunctioned.
   (D) A lounge is inaccessible.

18  Look at the graphic. What will be the gate for Flight 309?
   (A) Gate 21
   (B) Gate 22
   (C) Gate 23
   (D) Gate 24

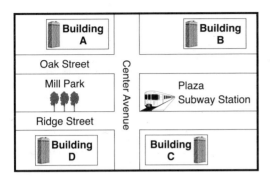

| www.skyelectronics.com/monitors | | | |
|---|---|---|---|
| Model | Wired | Wireless | Size |
| Konon SD7 | O | | 26 inch |
| Pace XL | | O | 26 inch |
| Modo 400S | O | | 28 inch |
| Vision CD | | O | 28 inch |

19  Where does the speaker most likely work?

(A) At a financial services firm

(B) At a marketing company

(C) At a real estate agency

(D) At a law office

20  Look at the graphic. Which building will the business relocate to?

(A) Building A

(B) Building B

(C) Building C

(D) Building D

21  What benefit will be offered to staff members?

(A) Gym memberships

(B) Health insurance

(C) Annual bonuses

(D) Vacation leave

22  Where is the talk most likely taking place?

(A) In an electronics store

(B) In a meeting room

(C) In a break room

(D) In a manufacturing plant

23  What does the speaker say about the graphic design team?

(A) It will test a variety of devices.

(B) It will get a new supervisor.

(C) It will begin an important project.

(D) It will move to another office.

24  Look at the graphic. Which device will the speaker probably order?

(A) Konon SD7

(B) Pace XL

(C) Modo 400S

(D) Vision CD

*GO ON TO THE NEXT PAGE*

## Office Warehouse Coupons

| $10 off a purchase of over $100 | $20 off a purchase of over $200 |
| --- | --- |
| $30 off a purchase of over $300 | $40 off a purchase of over $400 |

## Updated Schedule

| Workshop Session | Start Time | Classroom |
| --- | --- | --- |
| Social Networking | 9:00 A.M. | 202 |
| Interactive Media | 11:00 A.M. | 203 |
| Digital Trends | 1:00 P.M. | 204 |
| Mobile Apps | 3:00 P.M. | 205 |

25 What type of product is the Grundy A329?

(A) A bookshelf
(B) A desk
(C) A bench
(D) A chair

26 Look at the graphic. How much of a discount will be received?

(A) $10
(B) $20
(C) $30
(D) $40

27 What does the speaker suggest?

(A) Looking up some product reviews online
(B) Downloading a coupon from a Web site
(C) Sending an employee to an office
(D) Going to a retail outlet in person

28 What does the speaker ask the listeners to do?

(A) Check a document
(B) Move to another classroom
(C) Write down information
(D) Update a schedule

29 What did the Corporate Training Institute recently do?

(A) It moved to a new location.
(B) It hired additional instructors.
(C) It renovated some classrooms.
(D) It launched a Web site.

30 Look at the graphic. Where will the Q&A session be held?

(A) Room 202
(B) Room 203
(C) Room 204
(D) Room 205

정답·해석·해설 p. 118

무료 토익·토스·오픽·지텔프 자료 제공
**Hackers.co.kr**

## 긴 문장 듣기 연습 ① – 명사절이 포함된 문장

토익 리스닝에서 Part 3의 대화나 Part 4의 지문에는 명사절, 형용사절, 부사절과 같은 절을 포함한 긴 문장이 자주 등장한다. 이러한 절은 문장 내에서 하나의 성분으로 쓰이기 때문에, 이것을 하나의 단위로 묶어서 이해하고 끊어 듣는 연습이 필요하다.

**명사절**: 문장 안에서 주어, 보어, 목적어 역할을 하여 '~하는 것, ~하는지' 등으로 해석되며, 명사절 접속사에는 that, what, when, where, how, why, whether 등이 있다. 문장을 들을 때에는 명사절 접속사가 이끄는 절을 하나의 단위로 끊어 듣는다.

다음은 토익에 자주 등장하는 문장들입니다. 끊어 듣기에 주의하면서 듣고 따라 해보세요!

|  명사절 끊어 듣기 예문 |
| --- |
| **Who was chosen for the position** / was a surprise to everyone. |
| I don't know / **who will take my job** / when I'm transferred to Austria. |
| Bonnie's mistake was / **that she didn't do enough research**. |

### Let's practice!

다음은 토익 리스닝에 자주 출제되는 문장입니다. 주의 깊게 듣고 명사절에 해당하는 빈칸을 채워보세요.
(음성은 두 번 들려줍니다.)

01 _____ hasn't been decided yet.

02 _____ doesn't really matter to me.

03 Mr. Singh mentioned _____.

04 We weren't told _____.

05 Mr. Anders' suggestion is _____.

06 Ms. Topher's hard work was _____.

07 _____ was a mystery to everyone.

08 _____ will be decided this morning.

09 _____ are explained in the information packet.

10 _____ surprised many critics.

## → 스크립트와 해석

01 **When the board will meet** / hasn't been decided yet.
이사회가 언제 모일지는 아직 결정되지 않았어요.

02 **Where we meet** / doesn't really matter to me.
어디에서 만날지는 저에게 중요하지 않아요.

03 Mr. Singh mentioned / **that timeliness will be essential for the success of this project**.
Mr. Singh은 이번 프로젝트의 성공을 위해서 시기 적절함이 가장 중요하다고 언급했어요.

04 We weren't told / **why the deadline was moved forward**.
우리는 마감 기한이 앞당겨진 이유에 대해 듣지 못했어요.

05 Mr. Anders' suggestion is / **that we expand the European branch**.
Mr. Anders의 제안은 우리가 유럽 지점을 확장해야 한다는 것입니다.

06 Ms. Topher's hard work was / **what made the presentation such a success**.
Ms. Topher의 노고가 발표를 성공적으로 만들었어요.

07 **How Ms. Ing managed to organize the event in one day** / was a mystery to everyone.
Ms. Ing이 어떻게 하루 만에 행사를 기획했는지는 모두에게 미스터리였어요.

08 **Whether or not Mr. Bryant should transfer to Munich** / will be decided this morning.
Mr. Bryant가 뮌헨으로 전근을 가는지의 여부가 오늘 오전에 결정될 것입니다.

09 **What your duties will be as a supervisor** / are explained in the information packet.
관리자로서 당신의 업무가 무엇인지는 정보집에 설명되어 있습니다.

10 **That he was a successful musician at such a young age** / surprised many critics.
그가 그렇게 어린 나이에 성공적인 음악가가 되었다는 것은 많은 비평가들을 놀라게 했습니다.

# DAY 19 음성 메시지 및 방송

음성 메시지 및 방송

· 전화에 남겨진 녹음 내용인 음성 메시지와 광고, 교통 방송, 일기 예보, 뉴스 보도 등을 포함하는 방송을 살펴보자. **음성 메시지**는 Part 4 전체 10개의 지문 중 매회 2~3개, **방송**은 1~2개 정도 출제된다.

**파트 4**
**총 10지문**

**음성 메시지**
[2~3지문]

**방송**
[1~2지문]

최근 출제 경향

---

**기출포인트 01** **음성 메시지**

음성 메시지는 전화를 건 사람이 수신자에게 진료 예약 시간, 면접 일정 등의 정보를 제공하기 위해 남긴 메시지나 병원, 기업 등의 기관에서 고객들에게 정보를 알려 주기 위해 녹음해 놓은 메시지이다. 주로 '음성 메시지를 남긴 사람·기관 소개 → 음성 메시지의 목적 → 세부 사항/요청 사항'의 순으로 내용이 전개된다.

### 🎯 출제 경향

1. 음성 녹음의 처음에 주로 telephone message나 recorded message로 지문의 종류가 소개된다.
2. 화자의 신분, 기관의 종류, 음성 메시지의 목적, 청자가 할 일 등을 묻는 문제가 자주 출제된다.
3. 다음과 같은 상황이 자주 출제된다.
   - 병원의 직원이 고객의 예약 시간을 알리거나, 개인이 일정 변경을 요청
   - 상점 직원이 배송 지연 및 재고량 부재 등의 주문 관련 정보를 제공하거나, 주문 내역을 확인
   - 상점, 회사 등에 영업 이외의 시간에 연락한 고객을 위해 영업시간 정보를 제공

---

**실전 연습** 질문과 보기를 먼저 읽은 후, 지문을 들으면서 정답을 선택해보자. 🎧 D19_실전1

| 문제 | 해석 |
|---|---|
| 1. What is the message mainly about?<br>(A) A schedule change<br>(B) A contract modification<br>(C) A medical appointment<br>(D) A production method | 1. 메시지는 주로 무엇에 관한 것인가?<br>(A) 일정 변경<br>(B) 계약서 수정<br>(C) 병원 진료 예약<br>(D) 생산 방법 |
| 2. What did the speaker do this morning?<br>(A) Revised a script　(B) Rented a car<br>(C) Visited a clinic　(D) Placed an order | 2. 화자는 오늘 아침에 무엇을 했는가?<br>(A) 대본을 수정했다.　(B) 자동차를 빌렸다.<br>(C) 병원에 들렀다.　(D) 주문을 했다. |
| 3. What does the speaker plan to bring tomorrow?<br>(A) A ticket　(B) A document<br>(C) A package　(D) A photograph | 3. 화자는 내일 무엇을 가지고 올 계획인가?<br>(A) 표　(B) 문서<br>(C) 소포　(D) 사진 |

Questions 1-3 refer to the following telephone message.

Matt, this is Julia. Sorry, but ¹**I can't go to the studio today as scheduled.** I have a meeting with Mr. Ocean in three hours, but I haven't been feeling well, and ²**I went to a clinic this morning.** ³**I'll try to be there tomorrow** so that we can go through the script and comment on it. ³**I'll also bring the contract we need for the project.** Thanks.

1-3은 다음 음성 메시지에 관한 문제입니다.

Matt, 저 Julia예요. 죄송하지만, ¹저는 오늘 예정된대로 스튜디오에 갈 수 없어요. Mr. Ocean과 세 시간 후에 회의가 있는데, 제가 몸이 좋지 않아서, ²오늘 아침에 병원에 갔어요. 우리가 대본을 검토하고 논평할 수 있도록 ³내일 그곳에 가도록 해볼게요. ³프로젝트에 필요한 계약서도 가져갈게요. 감사해요.

**해설**　　　　　　　　　　　　　　　　　　　　　　　정답 1. (A)　2. (C)　3. (B)

1. [주제] 지문의 초반에 화자가 "I can't go to the studio today as scheduled"라고 하였으므로 (A)가 정답이다.
2. [특정] 화자가 "I went to a clinic this morning"이라고 하였으므로 (C)가 정답이다.
3. [특정] 화자가 "I'll try to be there tomorrow", "I'll ~ bring the contract ~"라고 하였으므로 (B)가 정답이다.

**어휘**　comment on ~을 논평하다　modification [màːdəfikéiʃən] 수정, 변경

## 방송

방송은 광고나 뉴스와 같이 새로운 제품 및 서비스에 대한 정보 또는 새로운 소식을 전달하는 지문이다. 주로 '제품 및 서비스/프로그램 소개 → 주제/특징 → 세부 내용/다음에 할 일'의 순으로 내용이 전개된다.

### 🎯 출제 경향

1. 음성 녹음의 처음에 주로 advertisement, broadcast, report 등으로 지문의 종류가 소개되며, 특별히 일기 예보는 weather report, 교통 방송은 traffic report 등으로 소개되기도 한다.

2. 광고의 경우 제품의 특징이나 서비스, 구입 관련 정보가, 방송이나 뉴스의 경우 보도의 주제나 권고 사항 및 다음 방송에 관련된 세부 사항 등을 묻는 문제가 자주 출제된다.

3. 다음과 같은 상황이 자주 출제된다.
   - 가방, 여행사, 호텔 등의 제품 또는 서비스를 홍보
   - 초대 손님을 소개하고 지역 행사를 안내
   - 지방 정부의 새로운 정책 또는 회사의 인수 합병 등 새로운 소식을 알림
   - 오늘, 내일 및 주말 날씨에 대한 정보를 제공
   - 악천후, 도로 공사 등에 의한 교통 체증 관련 소식을 전달

---

**실전 연습**  질문과 보기를 먼저 읽은 후, 지문을 들으면서 정답을 선택해보자.  🎧 D19_실전2

1. What is the advertisement about?
   (A) A tour agency    (B) A business consultant
   (C) A hotel          (D) A restaurant

2. What is being offered to businesses?
   (A) Special prices         (B) Accommodation discounts
   (C) Free meals             (D) Shuttle services

3. Why is the *Lakeview Times* mentioned in the advertisement?
   (A) It is sponsoring an event.
   (B) It evaluated the company's facilities.
   (C) It is hosting a convention.
   (D) It advertises the company's services.

Questions 1-3 refer to the following advertisement.

[1]**Are you looking for a spacious location to host your next corporate event? Look no further than the newly renovated Algonquin Hotel** in the heart of Chicago. [2]**We offer special rates to businesses** for conventions, formal events, and dining. [3]**Our convention facilities have been rated as the city's best by *LakeView Times***, so whatever event you might be planning, we can accommodate your needs! Please contact one of our friendly representatives by calling 555-8239.

**해석**

1. 광고는 무엇에 관한 것인가?
   (A) 여행사          (B) 비즈니스 자문 위원
   (C) 호텔            (D) 식당

2. 사업체들에게 무엇이 제공되고 있는가?
   (A) 특별 요금        (B) 숙박 할인
   (C) 무료 식사        (D) 셔틀 서비스

3. 광고에서 *Lakeview Times*지가 왜 언급되는가?
   (A) 행사를 후원하고 있다.
   (B) 회사의 시설들을 평가했다.
   (C) 회의를 주최하고 있다.
   (D) 회사의 서비스를 광고한다.

1-3은 다음 광고에 관한 문제입니다.

[1]회사의 다음 행사를 개최하기 위한 넓은 장소를 찾고 계십니까? 다른 곳 말고 시카고 중심부의 새롭게 단장한 Algonquin 호텔을 찾으세요. [2]저희는 사업체들에게 회의 및 공식 행사와 저녁 식사를 특별 할인가에 제공합니다. [3]저희 회의 시설은 *LakeView Times*지에 의해 이 도시에서 최고라고 평가받았으므로, 여러분이 계획하실 어떠한 행사에도 저희는 여러분의 요구를 맞춰드릴 수 있습니다! 저희의 친절한 직원들 중 한 명에게 555-8239로 연락하세요.

---

**해설**                                                                          정답 1. (C)  2. (A)  3. (B)

1. [주제] 지문의 초반에 "Are you looking for a ~ location ~? Look ~ Algonquin Hotel"이라고 하였으므로 (C)가 정답이다.
2. [특정] 화자가 "We offer special rates to businesses"라고 하였으므로 (A)가 정답이다.
3. [이유] 화자가 "Our convention facilities have been rated ~ by *LakeView Times*"라고 하였으므로 (B)가 정답이다.

**어휘**  spacious [spéiʃəs] 넓은  special rates 특별 할인가  rate [reit] 평가하다  accommodate [əkámədèit] 맞추다, 수용하다
         evaluate [ivǽljueit] 평가하다

# HACKERS **PRACTICE**

질문과 보기를 먼저 읽은 후 지문을 들으며 정답을 선택하시오. 그 후 지문을 다시 들으며 빈칸을 채워보시오. (음성은 두 번 들려줍니다.)

**[01-03]**

01 Who most likely is the speaker?

(A) A writer                                      (B) A designer

02 What is the purpose of the message?

(A) To postpone a deadline                        (B) To request assistance

03 What does the speaker say she will do?

(A) Send an article                               (B) Reschedule an appointment

Hi, Danielle. This is Rupa Singh in the features department. I was wondering _____
this afternoon to _____ on urban development for our upcoming issue. _____
_____ tomorrow morning and would like to have everything finished by the end of
today. I will go ahead and _____ now. Just let me know whether or _____
_____. Thanks.

**[04-06]**

04 According to the report, what is the cause of heavy traffic on Fields Avenue?

(A) Road construction                             (B) An unexpected storm

05 What are the listeners advised to do?

(A) Check for updates                             (B) Take other routes

06 What will happen in Hillside Park today?

(A) A music festival                              (B) A sports competition

Good morning. You are listening to WKRG 101 in New York. On Fields Avenue going south, there is
a lot of traffic _____. The east lane has been _____
_____. Motorists _____ Bayview Avenue _____
_____. Also, the Summer Jazz Festival will be held in Hillside Park on Fifth Street today.
People driving in the area _____ throughout the afternoon and evening.
Thank you for listening. We will now have _____.

정답·해석·해설 p. 125

# HACKERS **TEST**

01 Why is the speaker calling?
(A) To explain a project deadline
(B) To request a day off
(C) To get information from a colleague
(D) To share details about a past event

02 What does the speaker need to do?
(A) Exchange some bus passes
(B) Sign up for a company gathering
(C) Select a destination
(D) Make some arrangements

03 What is mentioned about the office phone?
(A) It was recently set up.
(B) It has a new extension.
(C) It will be fixed soon.
(D) It was reconnected.

04 What is being advertised?
(A) A career exposition
(B) A sports festival
(C) An internship program
(D) A business conference

05 What will take place at the event?
(A) Training will be provided.
(B) Interviews will be conducted.
(C) Presentations will be given.
(D) Competitions will be held.

06 What are listeners asked to bring?
(A) Business cards
(B) Copies of documents
(C) Employment certificates
(D) Work samples

07 What type of business does the speaker work for?
(A) A delivery firm
(B) A finance consulting business
(C) A catering service
(D) A manufacturing company

08 What does the speaker ask for?
(A) A factory address
(B) Cost estimates
(C) A company brochure
(D) Signed contracts

09 What does the speaker plan to do?
(A) Send some information
(B) Refund some products
(C) Contact another business
(D) Renew a contract

10 Who most likely are the listeners?
(A) Investors
(B) Patients
(C) Attendees
(D) Employees

11 Why does the speaker say, "He was asked to fill in for another speaker"?
(A) A date is not confirmed.
(B) A trip was not planned.
(C) A program was not popular.
(D) A workshop will be extended.

12 Why can't the receptionist respond to some inquiries?
(A) She cannot schedule tests.
(B) She will travel to Dubai.
(C) She cannot access data.
(D) She does not work for Dr. Williams now.

**GO ON TO THE NEXT PAGE**

13 What is mentioned about Serena Collins?

(A) She recently released an album.

(B) She won an award.

(C) She left her old band.

(D) She opened a studio.

14 What took place at Peristyle Hall?

(A) A launch ceremony

(B) A council meeting

(C) An art exhibition

(D) A musical performance

15 According to the speaker, what will happen next week?

(A) A reporter will interview a musician.

(B) A one-year tour will begin.

(C) A singer will make an announcement.

(D) A city facility will open to the public.

16 What is the message mainly about?

(A) A business proposal

(B) An agreement renewal

(C) An order update

(D) An upcoming promotion

17 What type of company does the speaker most likely work for?

(A) A design company

(B) A printing business

(C) A music studio

(D) A clothing retailer

18 What does the speaker say she is willing to do?

(A) Discuss some work

(B) Reschedule a meeting

(C) Find some information

(D) Postpone a project

19 What is the main topic of the report?

(A) Successful small companies

(B) Alternative fuel sources

(C) Economic forecasts

(D) Manufacturing techniques

20 What type of business is Orientis?

(A) A manufacturing company

(B) A corporate consultancy

(C) An electronics repair service

(D) An energy system installer

21 What is Venus Corr's goal for next year?

(A) Improving employee efficiency

(B) Opening additional branches

(C) Reducing operating costs

(D) Increasing customer satisfaction

22 What is the purpose of the telephone message?

(A) To inquire about an inspection

(B) To give details about a seminar

(C) To promote a new product

(D) To announce a revised agenda

23 According to the speaker, what will be discussed during the event?

(A) Quality control procedures

(B) Product distribution methods

(C) Safety practices in the factory

(D) Staff training techniques

24 What does the speaker ask the listener to do?

(A) Send a product sample

(B) Complete a registration process

(C) Update a promotional brochure

(D) Approve a company policy

| Extension Number | |
|---|---|
| Mike Harris | #4427 |
| Wendy Pearce | #2819 |
| Kevin Grand | #6568 |
| Jennifer Song | #3225 |

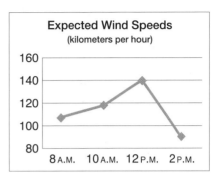

Expected Wind Speeds
(kilometers per hour)

25 What is mentioned about the banking information form?

(A) It contains some errors.

(B) It is essential for a payment process.

(C) It can be accessed online.

(D) It will be reviewed by a consultant.

26 What does the speaker request the listener do?

(A) Submit a document

(B) Confirm a payment date

(C) Attend a department meeting

(D) Write down an address

27 Look at the graphic. What extension number should the listener call on Thursday?

(A) 4427

(B) 2819

(C) 6568

(D) 3225

28 According to the speaker, what did the State Weather Bureau do yesterday?

(A) Announced safety guidelines

(B) Posted an annual report

(C) Released a storm warning

(D) Revised rainfall predictions

29 Look at the graphic. When will the wind change direction?

(A) At 8 A.M.

(B) At 10 A.M.

(C) At 12 P.M.

(D) At 2 P.M.

30 What does the speaker recommend the listeners do?

(A) Remain inside buildings

(B) Wear appropriate clothing

(C) Avoid coastal areas

(D) Gather emergency supplies

정답·해석·해설  p. 126

## 긴 문장 듣기 연습 ② - 형용사절이 포함된 문장

토익 리스닝에서 Part 3의 대화나 Part 4의 지문에는 명사절, 형용사절, 부사절과 같은 절을 포함한 긴 문장이 자주 등장한다. 이러한 절은 문장 내에서 하나의 성분으로 쓰이기 때문에, 이것을 하나의 단위로 묶어서 이해하고 끊어 듣는 연습이 필요하다.

**형용사절**: 명사 뒤에서 명사를 수식하여 '~하는, ~한'이라고 해석되며, 형용사절 접속사에는 that, which, who, whose, whom 등의 관계대명사가 있다. 문장을 들을 때에는 형용사절 접속사가 이끄는 절을 하나의 단위로 끊어 듣는다.

다음은 토익에 자주 등장하는 문장들입니다. 끊어 듣기에 주의하면서 듣고 따라 해보세요!

| 형용사절 끊어 듣기 예문 |
| --- |
| You must speak to the representative / **who is in charge of sales**. |
| The client / **whose case we handled last month** / would like to meet with us. |
| The furniture / **which you ordered yesterday** / is out of stock. |

### Let's practice!

다음은 토익 리스닝에 자주 출제되는 문장입니다. 주의 깊게 듣고 형용사절에 해당하는 빈칸을 채워보세요.
(음성은 두 번 들려줍니다.)

01  I think the applicant _____ is the best person for the job.

02  The problem _____ has already been solved.

03  The accountant _____ has already finished the work.

04  The conference room _____ is reserved.

05  The flight _____ has been canceled.

06  I'm not comfortable with the suggestions _____.

07  The actor _____ was cast in the film production.

08  The author _____ agreed to write an article for the magazine.

09  We made reservations at the hotel _____.

10  The CEO was quite pleased with the budget _____.

## 스크립트와 해석

01 I think the applicant / **who arrived early** / is the best person for the job.
제 생각에는 일찍 도착했던 그 지원자가 업무에 가장 적합한 사람인 것 같아요.

02 The problem / **which we discussed earlier** / has already been solved.
우리가 이전에 논의했던 그 문제는 이미 해결되었어요.

03 The accountant / **to whom we sent our files yesterday** / has already finished the work.
어제 우리가 서류를 보내 준 회계사가 이미 작업을 마쳤어요.

04 The conference room / **where we had a meeting last week** / is reserved.
우리가 지난주에 회의를 했던 회의실이 예약되어 있어요.

05 The flight / **which you booked last week** / has been canceled.
당신이 지난주에 예약했던 비행편이 취소됐어요.

06 I'm not comfortable with the suggestions / **that the director made at the meeting**.
회의에서 부장님이 했던 제안은 내키지가 않아요.

07 The actor / **who you met yesterday afternoon** / was cast in the film production.
당신이 어제 오후에 만난 배우는 영화 제작사에서 배역이 정해졌습니다.

08 The author / **whose book was a best-seller** / agreed to write an article for the magazine.
그 베스트셀러 작가는 잡지에 글을 쓰기로 동의했다.

09 We made reservations at the hotel / **which we stayed at the last time we visited Jakarta**.
우리는 지난번에 자카르타에 방문했을 때 머물렀던 호텔을 예약했다.

10 The CEO was quite pleased with the budget / **that the accountant presented this morning**.
그 최고 경영자는 회계사가 오늘 오전에 제출한 예산안을 꽤 만족스러워했다.

# DAY 20  공지 및 연설

공지 [1~2지문]

파트 4
총 10지문

연설 [4~5지문]

최근 출제 경향

· 공공장소에서 정보를 알리는 공지와 사내 및 외부 행사에서 특정 정보를 전달하는 연설을 살펴보자.
**공지**는 Part 4 전체 10개의 지문 중 1~2개 정도 출제되며, **연설**은 4~5개 정도 출제된다.

---

기출포인트 **01**  ## 공지

공지는 공공장소에서의 규칙 또는 변경 사항, 일정 등의 정보를 알리는 지문이다. 주로 '화자 소개 및 장소 언급 → 주제/목적 → 세부 사항 및 청자가 할 일'의 순으로 내용이 전개된다.

### 🎯 출제 경향

1. 음성 녹음의 처음에 talk, announcement 또는 notice 등으로 지문의 종류가 소개된다.
2. 지문의 주제나 목적, 세부 사항, 청자가 할 일이나 권고 사항 등을 묻는 문제가 자주 출제된다.
3. 다음과 같은 상황이 자주 출제된다.
   - 회사에서 직원들에게 시설 점검 및 수리 일정을 안내하거나, 새 정책 및 행사 등의 소식을 알림
   - 상점에서 고객들에게 할인 기간 및 제품 정보를 제공하거나, 행사 일정 변경을 알림
   - 박물관, 유적지, 동물원 등의 관광지에서 일정 및 주의 사항을 알리거나, 장소에 대해 설명

---

**실전 연습**  질문과 보기를 먼저 읽은 후, 지문을 들으면서 정답을 선택해보자.  🎧 D20_실전1

1. Who most likely are the listeners?
   (A) Store customers
   (B) Audience members
   (C) Departmental managers
   (D) Design instructors

2. Why was the event delayed?
   (A) There were technical difficulties.
   (B) Some guests have not yet arrived.
   (C) There was a locked entrance.
   (D) Some performers are not ready.

3. What does the speaker recommend?
   (A) Trying on a clothing item   (B) Entering a room
   (C) Waiting near an entrance   (D) Forming a line

Questions 1-3 refer to the following announcement.

Attention, everyone. [1]**We would like to apologize for the delay of tonight's fashion show.** [2]**We are having some technical problems at the moment.** We expect to have everything fixed in roughly 15 minutes. Note that you will not be allowed to enter the seating area once the show begins, so [3]**you should stay close to the main doors during this brief delay.**

**해석**

1. 청자들은 누구인 것 같은가?
   (A) 상점 고객들
   (B) 관객들
   (C) 부서장들
   (D) 디자인 강사들

2. 행사는 왜 지연되었는가?
   (A) 기술적인 어려움들이 있었다.
   (B) 몇몇 손님들이 아직 도착하지 않았다.
   (C) 입구가 잠겨있었다.
   (D) 몇몇 공연자들이 준비되지 않았다.

3. 화자는 무엇을 권하는가?
   (A) 의류 제품을 입어보기   (B) 장소에 입장하기
   (C) 입구 근처에서 기다리기   (D) 줄을 서기

1-3은 다음 공지에 관한 문제입니다.

여러분, 주목해 주세요. [1]오늘 밤 패션쇼가 지연된 점에 대해 사과의 말씀을 드립니다. [2]저희는 지금 몇몇 기술적인 문제들을 겪고 있습니다. 대략 15분 후에는 모든 것이 해결될 것으로 예상합니다. 일단 쇼가 시작되면 객석에 입장하는 것이 허용되지 않을 것이기 때문에, [3]이 잠깐의 지연 동안 중앙 출입구 근처에 계셔야 합니다.

---

**해설**
정답 1. (B)   2. (A)   3. (C)

1. [청자] 지문의 초반에 화자가 "We ~ apologize for the delay of tonight's ~ show"라고 하였으므로 (B)가 정답이다.
2. [이유] 화자가 "We are having some technical problems ~"라고 하였으므로 (A)가 정답이다.
3. [제안] 화자가 "you should stay close to the main doors ~"라고 하였으므로 (C)가 정답이다.

연설은 회의, 시상식 등의 행사에서 특정 지식이나 관련 인물에 대한 정보를 전달하는 지문이다. 주로 '인사말/행사 소개 → 주제 → 세부 내용'의 순으로 내용이 전개된다.

### 🎯 출제 경향

1. 음성 녹음의 처음에 주로 talk, speech, excerpt from a meeting 또는 introduction 등으로 지문의 종류가 소개된다.
2. 화자나 청자의 신분, 담화 장소, 화자가 전달하는 내용, 특정인에 대한 세부 사항 등을 묻는 문제가 자주 출제된다.
3. 다음과 같은 상황이 자주 출제된다.
   - 회의, 워크숍, 세미나, 직원 교육 등에서 특정 세부 정보 및 지식을 설명
   - 시상식, 퇴임식 등에서 특정 인물을 소개하거나 감사의 인사 및 소감을 전달

---

**실전 연습** 시각 자료, 질문과 보기를 먼저 읽은 후, 지문을 들으면서 정답을 선택해보자. 🎧 D20_실전2

| Month | Sales Amount |
|---|---|
| January | $305,000 |
| February | $290,000 |
| March | $320,000 |
| April | $340,000 |

1. Who most likely are the listeners?

   (A) Financial advisers  (B) Team leaders
   (C) Company directors  (D) Accounting staff

2. What is the board concerned about?

   (A) The decline in attendance
   (B) The rise in operating costs
   (C) The results of a promotion
   (D) The accuracy of a sales report

3. Look at the graphic. When was the company's anniversary?

   (A) In January  (B) In February
   (C) In March  (D) In April

Questions 1-3 refer to the following talk and list.

[1]**I asked you, the leaders of each team**, to attend this meeting so that we can go over our sales report for the past four months. Overall, [2]**the board expressed some concern that our recent promotion resulted in only a $20,000 boost in sales**. They were also disappointed that [3]**we did not even meet our target sales revenue of $300,000 in the month when we held our company's anniversary sale**. Therefore, we need to find a way to ensure that our next event is successful.

**해석**

| 월 | 매출액 |
|---|---|
| 1월 | 305,000달러 |
| 2월 | 290,000달러 |
| 3월 | 320,000달러 |
| 4월 | 340,000달러 |

1. 청자들은 누구인 것 같은가?

   (A) 금융 자문가들  (B) 팀장들
   (C) 회사 임원들  (D) 회계 직원들

2. 이사회는 무엇에 관해 걱정하는가?

   (A) 참석률의 감소
   (B) 운영비의 증가
   (C) 판촉 활동의 결과
   (D) 판매 보고서의 정확성

3. 시각 자료를 보아라. 회사 창립 기념일은 언제였는가?

   (A) 1월에  (B) 2월에
   (C) 3월에  (D) 4월에

1-3은 다음 담화와 목록에 관한 문제입니다.

지난 4개월간의 판매 보고서를 검토할 수 있도록 이 회의에 참석해달라고 [1]각 팀의 팀장이신 여러분들께 요청드렸습니다. 전반적으로, [2]이사회는 우리의 최근 판촉 활동이 고작 20,000달러의 판매 증가로 끝났다며 우려를 표했습니다. 그들은 또한 [3]우리가 회사 창립 기념일 할인 행사를 열었던 달에 우리의 목표 판매 수익이었던 300,000달러를 충족시키지 못했다는 것에도 실망했습니다. 따라서, 우리는 다음 행사가 성공하도록 보장하기 위한 방법을 찾아야 합니다.

**해설**

정답 1. (B)  2. (C)  3. (B)

1. [청자] 지문의 초반에 "I asked you, the leaders of each team"이라고 하였으므로 (B)가 정답이다.
2. [특정] 화자가 "the board expressed ~ concern that ~ promotion resulted in only a $20,000 boost in sales"라고 하였으므로 (C)가 정답이다.
3. [시각] 화자가 "we did not even meet ~ target sales revenue of $300,000 in the month when we held ~ company's anniversary sale"이라고 하였으므로 (B)가 정답이다.

# HACKERS **PRACTICE**

🎧 D20_HP

질문과 보기를 먼저 읽은 후 지문을 들으며 정답을 선택하시오. 그 후 지문을 다시 들으며 빈칸을 채워보시오. (음성은 두 번 들려줍니다.)

## [01-03]

| Event | Time |
|---|---|
| Documentary viewing | 1:00 P.M. |
| Aquarium visit | 2:00 P.M. |

01  Why is the announcement being made?

(A) To explain closures

(B) To provide reminders

02  Look at the graphic. Which event will not take place?

(A) Documentary viewing

(B) Aquarium visit

03  According to the speaker, what is not allowed on the island?

(A) Cooking food on the beach

(B) Leaving trash on the ground

Attention, everyone. I hope you've all _____. I'd like to remind you of some important details before our tour continues. First, although the event _____ _____ at 1 P.M. has been canceled, please note that the other activity on your schedule will _____ _____. Also, be careful _____ on the ground as doing so is prohibited on the island. _____ for now. See you soon at the dining hall entrance.

## [04-06]

04  Where is the speech being made?

(A) At a fundraising event

(B) At an awards ceremony

05  What does the speaker mean when she says, "I'll be here until 10 P.M."?

(A) A schedule has been changed.

(B) She can provide assistance.

06  What will happen in the second-floor lounge?

(A) Dinner will be served.

(B) A performance will be given.

Good evening, everyone. Welcome to Leighton Hospital's _____. We would like to extend our gratitude to the staff _____ The Royal Arms _____ for being such incredible hosts. This year's event is particularly important as we are planning to build a new research facility. Anyone interested in making a donation should _____. If you're not sure how to do this, I'll be here until 10 P.M. OK . . . dinner will be served in 20 minutes in the second-floor lounge, and I hope all of you _____. Thank you.

정답·해석·해설  p. 132

# HACKERS **TEST**

01 What did Harry Portman receive awards for?

(A) Designing structures
(B) Writing textbooks
(C) Teaching students
(D) Creating artwork

02 What is mentioned about the State Historical Center?

(A) It is located in a city center.
(B) It is popular with students.
(C) It is closed to the public.
(D) It is undergoing renovations.

03 What are the listeners instructed to do?

(A) Provide feedback on a building
(B) Check information in a handout
(C) Share ideas about a project
(D) Ask questions after a presentation

04 Who is the announcement for?

(A) Product suppliers
(B) Customer service agents
(C) Department store shoppers
(D) Retail managers

05 Why is the store extending business hours?

(A) To accommodate customers
(B) To sell old inventory
(C) To follow government regulations
(D) To compete with another store

06 What products will be on sale in December?

(A) Holiday decorations
(B) Office supplies
(C) Furniture
(D) Clothing

07 What does the speaker say is noteworthy about this year's conference?

(A) Its attendance level
(B) Its location
(C) Its presenters
(D) Its fundraising efforts

08 What will the speaker discuss first?

(A) A project's budget
(B) A government program
(C) An organization's goal
(D) An event schedule

09 What will happen after the talk?

(A) A film will be shown.
(B) Some guests will go up on stage.
(C) Some photographs will be taken.
(D) A dinner will be held.

10 Where most likely are the listeners?

(A) In a gift store
(B) In a art gallery
(C) In a glass factory
(D) In a research center

11 What does the speaker ask the listeners to do?

(A) Wear a pass
(B) Read a brochure
(C) Write a review
(D) Test a device

12 What will the listeners do on the second floor?

(A) Observe a process
(B) Fill out a form
(C) Put on some gear
(D) Provide feedback

_GO ON TO THE NEXT PAGE_ ➤

PART 4

DAY 20 공지 및 연설　해커스 토익 750+ LC

13 What is the goal of the initiative?
   (A) To encourage high efficiency
   (B) To improve worker morale
   (C) To promote good nutrition
   (D) To reduce employee stress

14 What is a requirement of the initiative?
   (A) Management approval
   (B) Shift work
   (C) Regular feedback
   (D) Monthly payment

15 What is mentioned about Ms. Grayson?
   (A) She was recently promoted.
   (B) She is a department manager.
   (C) She has decided to retire.
   (D) She will transfer to another branch.

16 Where does the speaker most likely work?
   (A) At a computer firm
   (B) At a university
   (C) At a food factory
   (D) At a laboratory

17 What are listeners asked to do?
   (A) Write reports
   (B) Conduct an experiment
   (C) Review proposals
   (D) Attend a meeting

18 According to the speaker, what are product codes for?
   (A) Assuring quality
   (B) Managing documents
   (C) Analyzing data
   (D) Preparing samples

19 What is the talk mainly about?
   (A) A departing employee
   (B) A branch opening
   (C) A company's expansion
   (D) A new member of the staff

20 What most likely is the speaker's job?
   (A) An entertainer
   (B) A lawyer
   (C) A travel assistant
   (D) A court judge

21 What will happen next?
   (A) An award will be presented.
   (B) A speech will be given.
   (C) A concert will start.
   (D) A show will be concluded.

22 Who most likely is the speaker?
   (A) A media representative
   (B) A farm worker
   (C) A maintenance supervisor
   (D) An event organizer

23 Why does the speaker say, "Our janitors need to focus on the public areas"?
   (A) To make a suggestion
   (B) To explain a policy
   (C) To justify a fee
   (D) To approve a request

24 Why has a ceremony been postponed?
   (A) Technicians will arrive late.
   (B) Furniture will be moved.
   (C) Exhibitors will need assistance.
   (D) Equipment will be installed.

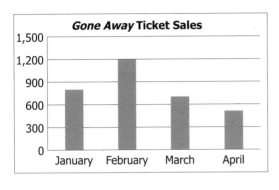

25 What is the purpose of the talk?
(A) To announce a project
(B) To discuss some achievements
(C) To give details about a presentation
(D) To promote a new musical

26 What did the speaker do last month?
(A) Went to an industry event
(B) Met with a company owner
(C) Purchased a ticket to a play
(D) Created a list of performers

27 Look at the graphic. When did Martina Lopez receive the Golden Bell Award?
(A) In January
(B) In February
(C) In March
(D) In April

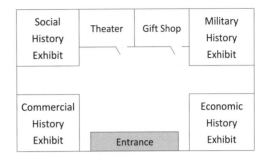

28 Look at the graphic. Which exhibit will the listeners view first?
(A) Social History
(B) Military History
(C) Commercial History
(D) Economic History

29 What does the speaker encourage the listeners to do?
(A) Gather their belongings
(B) Read some handouts
(C) Turn off their phones
(D) Make some inquiries

30 What will the listeners probably do at the end of the tour?
(A) Visit a store
(B) Get on a bus
(C) Watch a movie
(D) Listen to a lecture

정답·해석·해설  p. 133

## 긴 문장 듣기 연습 ③ – 부사절이 포함된 문장

토익 리스닝에서 Part 3의 대화나 Part 4의 지문에는 명사절, 형용사절, 부사절과 같은 절을 포함한 긴 문장이 자주 등장한다. 이러한 절은 문장 내에서 하나의 성분으로 쓰이기 때문에, 이것을 하나의 단위로 묶어서 이해하고 끊어 듣는 연습이 필요하다.

**부사절**: 문장의 맨 처음이나 맨 뒤에서 시간 / 이유 / 목적 / 양보 / 조건의 정보를 제공하며, 부사절 접속사에는 because, although, in order that 등이 있다. 문장을 들을 때에는 부사절 접속사가 이끄는 절을 하나의 단위로 끊어 듣되, 부사절이 문두에 올 때에는 부사절과 주절 사이에 보통 콤마가 있으므로 그 부분의 휴지에서 끊어 듣는다.

다음은 토익에 자주 등장하는 문장들입니다. 끊어 듣기에 주의하면서 듣고 따라 해보세요!

| 부사절 끊어 듣기 예문 |
| --- |
| Passengers can board the bus / **as soon as it arrives**. |
| **Since we've run out of time**, / we'll continue our discussion tomorrow. |
| We will meet in conference room D / **so that I can use the projector**. |
| **Although Rhonda woke up late**, / she still managed to catch the train. |
| **If it rains tomorrow**, / I will have to cancel the picnic. |

### Let's practice!

다음은 토익 리스닝에 자주 출제되는 문장입니다. 주의 깊게 듣고 부사절에 해당하는 빈칸을 채워보세요.
(음성은 두 번 들려줍니다.)

01  We will go ahead with the plans _____.

02  _____, I'd like to speak with the marketing team.

03  We'll begin the research project _____.

04  _____, I want to go through a few guidelines.

05  _____, Ms. Owens was late for her appointment.

06  _____, we will have the seminar on Sunday.

07  _____, we need someone with more experience.

08  Please do not use the service elevator _____.

09  We can drive to the conference together _____.

10  Mr. Rogers delayed his return for a day _____.

## 스크립트와 해석

01 We will go ahead with the plans / **even if we haven't found an investor**.
비록 우리가 투자자를 찾지 못했더라도, 계속 그 계획을 진행해 나갈 거예요.

02 **After we finish the meeting**, / I'd like to speak with the marketing team.
회의가 끝난 후에, 마케팅팀과 이야기하고 싶어요.

03 We'll begin the research project / **when we've received company approval**.
회사 승인을 받으면 우리는 연구 프로젝트를 시작할 거예요.

04 **Before we begin our tour**, / I want to go through a few guidelines.
우리의 관광을 시작하기 전에, 저는 몇 가지 지침을 확인하고 싶어요.

05 **Because the traffic was so heavy**, / Ms. Owens was late for her appointment.
교통 체증이 너무 심해서, Ms. Owens는 약속에 늦었어요.

06 **In order that all staff members can attend**, / we will have the seminar on Sunday.
모든 직원들이 참석할 수 있도록 하기 위해, 우리는 세미나를 일요일에 할 거예요.

07 **Though we were impressed by your résumé**, / we need someone with more experience.
당신의 이력서에 좋은 인상을 받았지만, 우리는 좀 더 경험이 풍부한 사람이 필요해요.

08 Please do not use the service elevator / **unless there is an emergency**.
비상사태가 아니라면 업무용 승강기는 사용하지 말아주세요.

09 We can drive to the conference together / **since we live in the same neighborhood**.
우리는 같은 동네에 살고 있기 때문에, 회의 참석차 함께 차를 타고 갈 수 있어요.

10 Mr. Rogers delayed his return for a day / **so that he had a chance to do some sightseeing**.
Mr. Rogers는 관광을 할 기회를 갖기 위해, 돌아올 날을 하루 연기했다.

무료 토익·토스·오픽·지텔프 자료 제공
Hackers.co.kr

20일 만에 끝내는
해커스 토익 750+ LC

# 시험장에서 반드시 만나는
# 최빈출 어휘

최빈출 어휘에 수록된 모든 단어와 예문이 녹음된 MP3를
해커스인강 사이트(HackersIngang.com)에서 무료로 다운
받으세요. MP3를 들으면서 효과적으로 단어를 암기해 보세요.

 ◀ **MP3 바로듣기**

01 **accomplish** [əká:mpliʃ] 성취하다

The manager asked his team members what they hope to **accomplish** this month.
부장은 그의 팀원들에게 이번 달 무엇을 성취하기를 희망하는지에 관해 물어보았다.

02 **agenda** [ədʒéndə] 안건, 의제

The meeting was quite long, as there were too many things on the **agenda**.
안건에 관해 많은 사항이 있었기 때문에 회의는 꽤 길었다.

03 **annual report** 연간 보고서

The meeting was called to discuss the results of the company's **annual report**.
회사의 연간 보고서 결과에 관해 의논하기 위해 회의가 소집되었다.

04 **audit** [ɔ́:dit] 회계 감사

All corporate financial statements will be reviewed during next month's **audit**.
모든 회사 재무제표는 다음 달 회계 감사 기간 동안에 검토될 것이다.

05 **blueprint** [blú:prìnt] 청사진

The **blueprint** for the new warehouse was quite complicated.
새로운 창고를 위한 청사진은 꽤 복잡했다.

06 **budget** [bʌ́dʒit] 예산

The annual **budget** report was presented to investors last Tuesday.
지난 화요일에 투자자들에게 연간 예산 보고서가 제출되었다.

07 **conference** [ká:nfərəns] 회의

The regional sales **conference** will be held in Memphis this year.
올해 지역 영업 회의는 멤피스에서 열릴 것이다.

08 **convention** [kənvénʃən] 회의

The personnel department will announce who will attend the **convention** in May.
인사부서는 5월 회의에 누가 참석할 것인지 공지할 것이다.

09 **cover** [kʌ́vər] 다루다

There are several topics that we will **cover** at the assembly.
우리가 총회에서 다룰 몇 가지 주제가 있다.

10 **dedicated** [dédikèitid] 헌신적인

Mr. Plowright is a hard-working and **dedicated** member of the research department.
Mr. Plowright는 열심히 일하고 헌신적인 연구부서의 사원이다.

11 **duplicate** [djú:plikət] 사본

Please bring the original contract and a **duplicate** when you meet with the client.
고객과 만날 때 계약서 원본과 사본을 꼭 가져가세요.

12 **earnings** [ə́:rniŋz] 수익

Company **earnings** for the last sales quarter were down slightly.
작년 4분기 영업에 관한 회사 수익은 약간 낮았다.

13 **expand** [ikspǽnd] 확장하다

The development director recommended that the company **expand** its product range.
개발 담당 이사는 회사가 제품군을 확장할 것을 권고했다.

14 **extend** [iksténd] (기한을) 연기하다

Following this morning's discussion, the director decided to **extend** the deadline.
오늘 아침에 있었던 토론이 끝난 후, 관리자는 마감 기한을 연기하기로 결정했다.

15 **finalize** [fáinəlàiz] 결론짓다

The two companies **finalized** the details of the agreement on Monday.
두 회사는 월요일에 협정의 세부항목들을 결론지었다.

16 **make a copy** 복사하다

I need to **make a copy** of the report for the board meeting.
이사 회의를 위한 보고서를 복사해야 합니다.

17 **make a presentation** 발표하다

The head accountant will **make a presentation** on the new tax laws.
수석 회계사는 세법에 관해 발표를 할 것이다.

18 **regulation** [règjuléiʃən] 규정

Ms. Rosenberg explained the company rules and **regulations** to the new employees.
Ms. Rosenberg는 신입 사원들에게 회사 규칙과 규정을 설명하였다.

19 **staff meeting** 직원 회의

A **staff meeting** was called to introduce the new payroll system.
새로운 급료체계를 소개하기 위해 직원 회의가 소집되었다.

20 **take on** 맡다, 착수하다

Mr. Mantle decided to **take on** four additional factory workers.
Mr. Mantle은 추가적으로 4명의 공장 노동자들을 맡기로 결정했다.

## 01 applicant [ǽplikənt] 지원자

The president felt that none of the **applicants** had enough experience for the job.
사장은 지원자 중 누구도 그 일에 대한 충분한 경험이 없다는 것을 느꼈다.

## 02 give an award 상을 주다

Mr. Troy was **given an award** for his successful advertising campaign.
Mr. Troy는 그의 성공적인 광고 캠페인으로 상을 받았다.

## 03 be in charge of ~을 담당하다

Regional directors **are in charge of** training new employees.
지역 이사들은 신입 사원 훈련을 담당하고 있다.

## 04 candidate [kǽndidèit] 후보자

Ms. Yale feels that Andrew is the best **candidate** for the position.
Ms. Yale은 Andrew가 그 자리에 가장 이상적인 후보자라고 느낀다.

## 05 career [kəríər] 직업, 경력

Those interested in a **career** in graphic arts are encouraged to apply for the job.
그래픽 아트 직업에 관심이 있는 분들은 그 일자리에 지원하시기 바랍니다.

## 06 colleague [kά:li:g] 동료

Mr. Macabal was not available, so his **colleague** conducted the interview.
Mr. Macabal은 시간이 없었기 때문에 그의 동료가 면접을 실시했다.

## 07 evaluate [ivǽljuèit] 평가하다

Team leaders **evaluate** their members two times per year.
팀장들은 일 년에 두 번 그들의 팀원을 평가한다.

## 08 experienced [ikspíəriənst] 경험이 많은

The Osaka branch is seeking an **experienced** corporate attorney.
오사카 지점은 경험이 많은 법인 변호사를 구하고 있다.

## 09 fill in 작성하다

Please **fill in** the application forms and submit them to Betty in the human resources office.
신청서 양식을 작성하여 인사과의 Betty에게 제출하세요.

## 10 give a raise 임금을 인상하다

Rachel hoped her boss would **give** her **a raise** after she brought in the new client.
Rachel은 그녀가 새로운 고객들 데리고 온 후 상사가 임금을 인상해 주기를 희망했다.

## 11 go on strike 파업하다

Following the announcement of a salary freeze, employees threatened to **go on strike**.
임금 동결 발표 후에 직원들은 파업을 할 것이라고 위협했다.

## 12 nomination [nὰːmənéiʃən] 추천, 지명

**Nominations** for the management award must be submitted by the end of the week.
경영자상의 추천이 이번 주말까지 제출되어야 한다.

## 13 nominee [nὰːməníː] 수상후보

A list of **nominees** for the Employee of the Year prize was posted on the bulletin board.
올해의 사원상 수상후보들의 명단은 게시판에 게시되어 있었다.

## 14 promote [prəmóut] 승진시키다

The board decided to **promote** Evan Porter to executive vice president.
이사회는 Evan Porter을 부사장으로 승진시키기로 결정했다.

## 15 recruit [rikrúːt] 모집하다

Ms. Odo will visit the job fair to **recruit** several new technicians.
Ms. Odo는 몇 명의 새로운 기술자들을 모집하기 위해 직업 박람회를 방문할 것이다.

## 16 reference [réfərəns] 추천서

The advertisement asked for a cover letter and at least two **references**.
그 광고는 자기 소개서와 적어도 두 부의 추천서를 요구했다.

## 17 reputation [rèpjutéiʃən] 명성

Michelle Landon has an excellent **reputation** as a business consultant.
Michelle Landon은 비즈니스 컨설턴트로서 훌륭한 명성을 가지고 있다.

## 18 resign [rizáin] 사임하다

Mrs. Park decided to **resign** in order to finish her graduate degree.
Mrs. Park는 그녀의 석사 학위 과정을 마치기 위해 사임하기로 결정했다.

## 19 retire [ritáiər] 은퇴하다

Mr. Andropov will **retire** after the end of his contract.
Mr. Andropov는 그의 계약이 끝난 후 은퇴할 것이다.

## 20 temporary [témpərèri] 임시의

The store hired three **temporary** sales assistants during the holiday season.
그 가게는 휴가 시즌 동안 세 명의 임시 영업 보조자들을 고용했다.

최빈출 어휘

해커스 토익 750+ LC

# DAY 03 비즈니스 - 직원 교육

바로듣기 ▶

## 01 be eligible for ~에 대한 자격이 있다

Only full-time staff members **are eligible for** full medical benefits.

정규직 사원들만이 모든 의료 혜택을 받을 자격이 있다.

## 02 break [breik] 휴식 시간

The session will last for six hours, including a one-hour **break** for lunch.

그 회의는 한 시간의 점심시간을 포함해 여섯 시간 동안 계속될 것이다.

## 03 carry out 수행하다

Mr. Garcia usually **carries out** the scheduling of in-office training.

Mr. Garcia는 사내 교육 일정 조정을 수행한다.

## 04 dress code 복장 규정

The company **dress code** requires business attire for all staff who meet with clients.

회사의 복장 규정은 고객들을 만나는 모든 직원들이 정장을 입을 것을 요구한다.

## 05 file [fail] 철하여 정리하다

Please make sure to **file** expense reports within two days following a business trip.

반드시 출장 후 이틀 안에 경비 보고서를 철하여 정리하도록 하세요.

## 06 handbook [hǽndbùk] 안내서

For additional information on vacation policy please see the employee **handbook**.

휴가 방침을 위한 추가 정보는 직원 안내서를 참고해 주세요.

## 07 human resources 인사부

**Human resources** announced that the office would be hiring 10 additional accountants.

인사부는 회사가 회계사 10명을 추가로 채용할 것이라고 발표했다.

## 08 identification card 신분증

When registering for the course, please bring a copy of your **identification card**.

그 과정에 등록할 때 신분증 사본을 가져오세요.

## 09 manual [mǽnjuəl] 안내서, 설명서

**Manuals** were handed out to new employees during their first training session.

신입 사원들에게 그들의 첫 번째 교육 기간 동안 안내서가 나누어졌다.

## 10 material [mətíəriəl] 자료

A lot of important **material** was covered during the electronics conference.

많은 중요한 자료가 전자공학 회의 때 다뤄졌다.

## 11 participant [pɑːrtísəpənt] 참가자

**Participants** are asked to register for the seminar at least a month in advance.

참가자들은 적어도 한 달 전에 미리 세미나 등록을 하도록 요청받는다.

## 12 payroll [péiroul] 급료 지불 명세서

Ms. Lehmann discussed the company's **payroll** system during the first meeting.

Ms. Lehmann은 첫 번째 회의에서 회사의 급료 지불 명세서 체계에 대해 논의했다.

## 13 personnel [pə̀ːrsənél] 인사부

All employment queries must be sent to the company's **personnel** department.

모든 채용 관련 질문은 회사의 인사부서로 전해져야 한다.

## 14 projector [prədʒéktər] 영사기

Mr. Ogilvy asked for a screen and **projector** for the orientation presentation.

Mr. Ogilvy는 오리엔테이션 발표를 위한 스크린과 영사기를 요청했다.

## 15 register [rédʒistər] 등록하다

Those interested in the workshop may **register** for it online.

워크숍에 관심 있는 사람들은 온라인으로 등록 가능합니다.

## 16 sign up for 등록하다

All sales staff is urged to **sign up for** the Internet sales seminar.

모든 영업 사원은 인터넷 판매 세미나에 등록해야 한다.

## 17 status [stéitəs] 상황, 상태

Indicate your employment **status** when filling out your tax forms.

세금 양식을 작성할 때 당신의 고용 상황을 표시하세요.

## 18 timecard [táimkàːrd] 근무 시간 기록표

**Timecards** must be handed in on the final business day of each month.

근무 시간 기록표는 매월 마지막 영업일에 제출되어야 한다.

## 19 training session 교육과정

The **training session** for e-sales staff will begin at ten o'clock.

온라인 판매 직원을 위한 교육과정이 10시에 시작될 것이다.

## 20 workshop [wə́ːrkʃɑːp] 워크숍

Those who attended the production **workshop** thought it was very beneficial.

제작 워크숍에 참가한 사람들은 그것이 매우 유익하다고 생각했다.

**01 asset** [ǽset] 자산

The company's **assets** include several stores, a warehouse, and a small factory.
회사의 자산은 몇몇 상점, 창고, 그리고 작은 공장을 포함한다.

**02 damage** [dǽmidʒ] 손상; 손상시키다

Several items were **damaged** when one of the factory machines malfunctioned.
공장 기계 중 하나가 고장 났을 때 몇몇 제품이 손상되었다.

**03 defective** [diféktiv] 결함이 있는

The company recalled the printer because of a **defective** design.
회사는 결함이 있는 디자인 때문에 프린터를 회수했다.

**04 equipment** [ikwípmənt] 장비

The assembly line will be shut down on Friday for **equipment** maintenance.
조립 라인은 장비 유지 보수를 위해 금요일에 중지될 것이다.

**05 facility** [fəsíləti] 시설

The new **facility** will contain a research laboratory and storage area.
새로운 시설은 연구소와 저장 공간을 포함할 것이다.

**06 generator** [dʒénərèitər] 발전기

All equipment on the assembly line is operated from the same **generator**.
조립 라인의 모든 장비는 같은 발전기로 작동된다.

**07 have in stock** 재고로 보유하다

The warehouse **has** several of the new monitors **in stock**.
창고에 새 모니터 몇 개를 재고로 보유하고 있다.

**08 in bulk** 대량으로

The paper supplier offers discount rates for orders **in bulk**.
종이 공급업체는 대량 주문에 할인을 제공한다.

**09 inventory** [ínvəntɔ̀:ri] 재고 목록, 재고

The warehouse supervisor checked the **inventory** to see if the chairs were in stock.
창고 관리자는 의자의 재고가 있는지 알아보기 위해 재고 목록을 확인하였다.

**10 malfunction** [mælfʌ́ŋkʃən] 오작동

Many customers reported that there was a **malfunction** in the software.
많은 고객들이 소프트웨어에 오작동이 있다고 알려 주었다.

**11 merchandise** [mə́:rtʃəndàiz] 제품, 상품

Inspectors will check all **merchandise** before it leaves the factory.
검사관들은 공장에서 출하되기 전에 모든 제품을 검사할 것이다.

**12 out of order** 고장 난

The copy machine in the inspection department is **out of order** and needs to be repaired.
검사부서의 복사기가 고장 나서 수리돼야 한다.

**13 productivity** [pròudʌktívəti] 생산성

Because of all the new orders, the factory had to increase **productivity**.
모든 새로운 주문 때문에 공장은 생산성을 향상시켜야만 했다.

**14 profitable** [prɑ́:fitəbl] 수익성 있는

Outsourcing production helped the company become more **profitable**.
외주 생산은 회사가 더 수익성을 낼 수 있도록 도와주었다.

**15 raw material** 원자재

The plant manager cancelled an order for **raw materials** from the supplier.
공장장은 그 공급업체에서 한 원자재 주문을 취소했다.

**16 reinforcement** [rì:infɔ́:rsmənt] 보강, 강화

The engineer said the building is quite weak and needs additional **reinforcement**.
엔지니어는 건물이 상당히 약해서 추가 보강이 필요하다고 말했다.

**17 retail sales** 소매 판매량

Most of Emmerson Electronics' income comes from **retail sales**.
Emmerson 전자 회사의 대부분의 수입은 소매 판매량에서 기인한다.

**18 specialize** [spéʃəlaiz] 전문으로 하다

Ingram-tech **specializes** in the manufacture of advanced engineering equipment.
Ingram-tech는 고급 엔지니어링 장비 제조를 전문으로 한다.

**19 surplus** [sə́:rplʌs] 과잉, 나머지

A **surplus** of mobile phones on the market has driven down prices.
시장에서의 휴대전화 과잉이 가격을 하락시켰다.

**20 survey** [sə́:rvei] 조사

The advertising department conducted a **survey** on market trends.
광고부서는 시장 동향에 대한 조사를 실시했다.

최빈출 어휘

해커스 토익 750+ LC

**01 appeal** [əpíːl] 호감을 주다

The film studio hopes its newest movie will **appeal** to younger viewers.
그 영화사는 최근 영화가 젊은 관람객들에게 호감을 줄 것으로 기대한다.

**02 attract** [ətrǽkt] 끌어들이다

The department store created new window displays to **attract** customers.
그 백화점은 고객들을 끌어들이기 위해 새로운 진열창 전시대를 만들었다.

**03 boost sales** 판매를 촉진시키다

To **boost sales**, the supermarket sent out a 20-page book of coupons.
판매를 촉진시키기 위하여, 슈퍼마켓은 20페이지에 달하는 쿠폰책을 보냈다.

**04 capture** [kǽptʃər] 사로잡다, 점유하다

The advertising campaign seemed to **capture** the attention of its target market.
그 광고는 타겟 시장의 관심을 사로잡은 것 같았다.

**05 catalog** [kǽtəlɔːg] 카탈로그, 목록

The company provides a **catalog** on its Web site instead of printed copy.
그 회사는 인쇄본 대신 웹사이트에서 카탈로그를 제공한다.

**06 contender** [kənténdər] 경쟁자, 라이벌

Sirtis Sports Equipment is a strong **contender** for our company in terms of sales.
Sirtis 스포츠 장비는 판매량 면에서 우리 회사의 강력한 경쟁자이다.

**07 coverage** [kʌ́vəridʒ] 보상 범위

Leeland Insurance provides **coverage** for all types of businesses.
Leeland 보험회사는 모든 형태의 사업체를 위한 보상 범위를 제공한다.

**08 dissatisfied** [dissǽtisfaid] 불만족스러운

The survey revealed that many customers were **dissatisfied** with our products.
그 설문 조사는 많은 고객들이 우리 제품에 불만족스러워하고 있음을 드러냈다.

**09 disturb** [distə́ːrb] 불안하게 하다, 방해하다

The low level of sales **disturbed** many of the company's investors.
낮은 수준의 판매가 많은 회사 투자자들을 불안하게 했다.

**10 exhibit** [igzíbit] 전시회

The automotive company opened an **exhibit** of its line of sports cars.
그 자동차 회사는 스포츠카 상품의 전시회를 열었다.

**11 exotic** [igzάːtik] 이색적인

The printed advertisement emphasized the perfume's **exotic** scent.
그 인쇄 광고는 향수의 이색적인 향기를 강조했다.

**12 launch** [lɔːntʃ] 출시; 발매하다

The **launch** of the sports equipment products will be on Friday.
스포츠 장비 제품 출시가 금요일에 있을 것이다.

**13 market research** 시장 조사

**Market research** was conducted before the new beverages were produced.
새로운 음료가 생산되기 전에 시장 조사가 실시되었다.

**14 meet one's expenses** 비용을 맞추다

The company will require additional funds in order to **meet its expenses** next year.
회사는 내년에 비용을 맞추기 위해 추가 자금을 요구할 것이다.

**15 occupy** [άːkjupài] 차지하다

Tessile Fashions will **occupy** three booths at the trade fair.
Tessile 패션은 무역 박람회에서 세 개의 부스를 차지할 것이다.

**16 profit** [prάːfit] 이익

The company was unable to make a **profit** in spite of the marketing campaign.
그 회사는 마케팅 광고에도 불구하고 이익을 낼 수 없었다.

**17 promotion** [prəmóuʃən] 판촉, 홍보

The restaurant is launching a special **promotion** for its new lunch menu.
식당은 새로운 점심 메뉴를 위해 특별 판촉을 시작할 것이다.

**18 sales tax** 판매세

**Sales tax** is not included in the price quotation.
판매세는 가격 견적에 포함되어 있지 않다.

**19 stock** [stɑːk] 주식

Owen Ryan decided to raise capital by selling the **stock** from his company.
Owen Ryan은 회사의 주식을 매각하여 자금을 조달하기로 결정했다.

**20 take advantage of** 이용하다

**Take advantage of** this special offer by visiting our store today.
오늘 저희 상점을 방문하여 이번 특별 제공을 이용하십시오.

# DAY 06 비즈니스 - 거래

D6.mp3
바로듣기▶

**01 acquisition** [æ̀kwəzíʃən] 인수, 획득

The **acquisition** of its main competitor increased Walham's market share by 30 percent.
주요 경쟁사의 인수로 Walham의 시장 점유율이 30퍼센트까지 증가했다.

**02 agreement** [əgríːmənt] 합의, 계약

The two corporations reached an **agreement** concerning the merger.
두 회사는 합병에 관한 합의에 이르렀다.

**03 bidder** [bídər] 입찰자

The ancient Greek sculpture at the auction attracted several **bidders**.
경매에 나온 고대 그리스 조각이 여러 입찰자들의 관심을 끌었다.

**04 billing statement** 대금 청구서

Ms. Reynolds told her new client that he would receive the **billing statement** shortly.
Ms. Reynolds는 그녀의 새로운 고객에게 곧 대금 청구서를 받을 것이라고 말했다.

**05 business deal** 사업 거래

The legal department handles all company **business deals**.
법무부서는 회사의 모든 사업 거래를 처리한다.

**06 close the deal** 계약을 체결하다

Mr. Jung hopes to **close the deal** with the client by the end of today's meeting.
Mr. Jung은 오늘 회의 말미에 고객과 계약을 체결하기를 기대한다.

**07 compromise** [káːmprəmàiz] 타협, 절충안

After nearly a month of negotiations, a **compromise** was finally reached.
거의 한 달간의 협상 후, 마침내 타협에 이르렀다.

**08 deal** [diːl] 거래

The Edgewater Hotel has a promotional **deal** with Sumatra Spas.
Edgewater 호텔은 Sumatra 스파와 판매 촉진 거래를 하고 있다.

**09 exclusive agreement** 독점 계약

Picante Fast Foods signed an **exclusive agreement** with Thirsty-Cola Inc.
Picante 패스트 푸드는 Thirsty 콜라 회사와 독점 계약을 했다.

**10 expire** [ikspáiər] 만기되다

The building lease will **expire** at the end of June.
건물 임대 기간은 6월 말에 만기될 것이다.

**11 fill an order** 주문대로 이행하다

**Orders** will be **filled** within two days after receipt of payment.
주문은 결제 후 이틀 내에 이행될 것입니다.

**12 invoice** [ínvɔis] 송장

Please send all **invoices** to our accounting department.
모든 송장은 회계부서로 보내주세요.

**13 make an offer** 제공하다, 제의하다

Ms. Gleeson **made a** generous **offer** to sponsor the museum exhibit.
Ms. Gleeson은 박물관 전시회를 후원하겠다는 후한 제공을 했다.

**14 negotiation** [nigòuʃiéiʃən] 협상

The **negotiations** with union leaders were long and difficult.
노조 간부들과의 협상은 길고 어려웠다.

**15 place an order** 주문하다

Customers can **place an order** through the company's Web site.
고객들은 회사의 웹사이트에서 주문을 할 수 있다.

**16 ship** [ʃip] 배송하다, 선적하다

The factory agreed to **ship** merchandise directly to retail outlets.
그 공장은 제품을 소매점에 직접 배송하는 것에 동의했다.

**17 supplier** [səpláiər] 공급업체

The **supplier** offers a 10 percent discount for bulk orders.
그 공급업체는 대량 주문에 대해 10퍼센트 할인을 제공한다.

**18 takeover** [téikòuvər] 인수

Rumors of a **takeover** had the owners of the electronics company feeling nervous.
인수에 대한 소문이 전자 회사 소유주들을 불안하게 하였다.

**19 terms** [təːrmz] 조항

The **terms** of the deal state that both parties are responsible for investment capital.
양측 모두가 투자 자본에 책임이 있다고 거래 조항에 명시되어 있다.

**20 win the contract** 계약을 따내다

Eagleton Engineering **won the contract** for the construction of the new terminal.
Eagleton 엔지니어링이 새 터미널 건설 계약을 따냈다.

최빈출 어휘

해커스 토익 750+ LC

최빈출 어휘 **205**

# DAY 07 비즈니스 - 업무

01 **call off** 취소하다

The director **called off** the staff meeting because of his busy schedule.
부장은 바쁜 일정 때문에 직원 회의를 취소했다.

02 **come to an agreement** 합의에 도달하다

Doris **came to an agreement** with her boss about working overtime.
Doris는 초과 근무에 대하여 그녀의 상사와 합의에 도달하였다.

03 **diversify** [divə́:rsəfài] 다각화하다

The clothing company is trying to come up with new ways to **diversify** its collection.
의류 회사는 제품 컬렉션을 다각화하기 위한 새로운 방법을 고안하기 위해 노력하고 있다.

04 **due on** ~에 마감인

Employee evaluations are **due on** the last day of the financial quarter.
직원 평가가 재정 분기 마지막 날에 마감이다.

05 **go over** 검토하다

Ms. Sorensen has to **go over** the budget reports before the meeting.
Ms. Sorensen은 회의 전에 예산 보고서를 검토해야 한다.

06 **handout** [hǽndàut] 유인물

Mr. Lawrence needed 20 copies of the **handout** for the meeting.
Mr. Lawrence는 회의를 위해 20부의 유인물이 필요했다.

07 **inquire** [inkwáiər] 문의하다

Please contact our customer service department to **inquire** about the status of your shipment.
배송 상태를 문의하시려면 고객 서비스부서로 연락하십시오.

08 **meet the deadline** 기한에 맞추다

In order to **meet the deadline**, the accounting staff had to work on Saturday.
기한에 맞추기 위하여 회계직원은 토요일에 일을 해야 했다.

09 **merger** [mə́:rdʒər] 합병

Details of the corporate **merger** have not yet been released to the press.
기업 합병의 세부 사항이 아직 언론에 공개되지 않았다.

10 **office supplies** 사무용품

Ace Stationery provides **office supplies** to businesses in the financial district.
Ace 문구점은 금융가에 있는 사업체들에게 사무용품을 제공한다.

11 **on behalf of** ~를 대신하여

Tom Wilcox will make a speech **on behalf of** the company president.
Tom Wilcox는 회사 사장을 대신하여 연설을 할 것이다.

12 **on schedule** 예정대로

Mr. Cranston asked his team members to try and stay **on schedule**.
Mr. Cranston은 팀원들에게 일정을 지키도록 노력하라고 요청했다.

13 **priority** [praió:rəti] 우선사항

Andreas Sulliman will make the Santiago project his top **priority**.
Andreas Sulliman은 Santiago 프로젝트를 그의 최우선사항으로 둘 것이다.

14 **resume** [rizú:m] 다시 시작하다

Regular operations will **resume** after the holiday on May 1.
정상 영업이 5월 1일 휴일 후에 다시 시작될 것이다.

15 **revenue** [révənjù:] 총수입

Mr. Michael asked his staff to come up with ideas for increasing **revenue**.
Mr. Michael은 그의 직원에게 총수입을 증가시킬 아이디어를 고안하라고 요청하였다.

16 **sales figure** 판매 수치

Initial **sales figures** indicated that the product would be a success.
초기 판매 수치는 제품이 성공적일 것임을 나타냈다.

17 **stationery** [stéiʃənèri] 문구류

Allison was asked to organize the **stationery** in the supply cupboard.
Allison은 문구류를 물품 찬장에 정리할 것을 요청받았다.

18 **submit a report** 보고서를 제출하다

The team will **submit a report** on its research findings.
그 팀은 연구 결과에 대한 보고서를 제출할 것이다.

19 **take inventory** 재고를 조사하다

Sales staff was asked to **take inventory** of stock on Monday afternoon.
판매 직원은 월요일 오후에 재고 조사할 것을 요청받았다.

20 **royalty** [rɔ́iəlti] 저작권 사용료

The author will write another book, provided that he is given a 12 percent **royalty**.
그 작가는 만일 12퍼센트의 저작권 사용료를 받는다면 또 다른 책을 쓸 것이다.

## 01 accounting department 회계부서

All expenses are dealt with by the **accounting department**.
모든 비용은 회계부서에 의해 처리된다.

## 02 affiliate [əfílièit] 계열사

Tyrone Electronics has an **affiliate** in San Diago.
Tyrone 전자 제품사는 샌디에이고에 계열사를 가지고 있다.

## 03 area [éəriə] 분야

All research **areas** are closed to the public.
모든 연구 분야는 대중에게 공개되지 않는다.

## 04 basement [béismənt] 지하

The shop's storage area is in the **basement**.
그 가게의 저장 공간은 지하에 있다.

## 05 board of directors 이사회

Ms. Perez has a seat on the company's **board of directors**.
Ms. Perez는 그 회사의 이사회 구성원이다.

## 06 cafeteria [kæfətíəriə] 구내식당

The company **cafeteria** is next to the main lobby.
그 회사의 구내식당은 중앙 로비 옆에 있다.

## 07 CEO 최고경영인

The **CEO** will hold a press conference to announce the acquisition.
최고경영인은 인수를 발표하기 위해 기자회견을 열 것이다.

## 08 corporation [kɔ̀:rpəréiʃən] 회사

The **corporation** is made up of several different manufacturing branches.
그 회사는 여러 개의 다른 제조사로 구성되어 있다.

## 09 corridor [kɔ́:ridər] 복도

Ms. Mitchum's office is down the **corridor**, on the left side.
Ms. Mitchum의 사무실은 복도를 따라 왼쪽에 있다.

## 10 department [dipá:rtmənt] 부서

Maureen works part-time in the company's legal **department**.
Maureen은 그 회사의 법무부서에서 시간제로 근무한다.

## 11 executive [igzékjutiv] 경영진

The conference room on the ninth floor is reserved for **executives**.
9층의 회의실은 경영진들을 위해 예약되어 있다.

## 12 extension [iksténʃən] 내선 번호

To reach the marketing department, dial **extension** number 11.
마케팅부서에 연락하려면 내선 번호 11번을 눌러 주십시오.

## 13 headquaters [hédkwɔ̀:rtərz] 본사

The corporate **headquarters** are located in New Orleans.
그 회사의 본사는 뉴올리언스에 위치해 있다.

## 14 management [mǽnidʒmənt] 경영진

After the record sales year, **management** decided to pay out a staff bonus.
기록적인 판매를 올린 해가 지나고 경영진은 직원들에게 보너스를 지급하기로 결정했다.

## 15 manager [mǽnidʒər] 부장

The **manager**'s office was recently renovated.
부장실은 최근에 수리되었다.

## 16 personnel department 인사부서

The **personnel department** is responsible for hiring new employees.
인사부서는 신입 사원 고용을 담당한다.

## 17 public relations 홍보(부)

Mr. Hahn has recently been promoted to **public relations** director.
Mr. Hahn은 최근 홍보부 이사로 승진했다.

## 18 representative [rèprizéntətiv] 대표, 직원

A **representative** from the London office will visit the factory tomorrow.
런던 사무실 대표가 내일 공장을 방문할 것이다.

## 19 sales department 판매부서

More than 20 staff members work in the **sales department**.
20명이 넘는 직원들이 판매부서에서 근무한다.

## 20 wing [wiŋ] 별관

The hospital added a new **wing** to its current facility.
그 병원은 현재 시설물에 새로운 별관을 추가했다.

🎧 D9.mp3
바로듣기 ▶

## 01 aircraft [érkræft] 비행기

Passengers will be allowed to board the **aircraft** in 10 minutes.

10분 후에 승객들의 비행기 탑승이 허용될 것이다.

## 02 book [buk] 예약하다

Rail tickets may be **booked** through an agency or online.

열차표는 아마도 대행사나 온라인을 통해 예약될 것이다.

## 03 check in 수속을 하다

Customers should **check in** at least two hours before their scheduled departure time.

손님들은 예정된 출발 시간의 적어도 두 시간 전에 수속을 해야 한다.

## 04 connecting flight 연결 항공편

The **connecting flight** in Beijing was on the same airline.

베이징에 있는 연결 항공편은 같은 항공사이다.

## 05 crew [kru:] 승무원

If you need anything during the flight, please ask a member of our **crew**.

비행 중 필요한 것이 있는 경우, 저희 승무원에게 요청하십시오.

## 06 customs [kʌ́stəmz] 세관

Please show your passport to the inspector at the **customs** desk.

세관대의 검사관에게 당신의 여권을 보여주세요.

## 07 departure [dipá:rtʃər] 이륙, 출발

Times for **departures** are listed on the screens displayed throughout the terminal.

이륙 시간들은 터미널 구석구석에 비치되어 있는 화면에 나열되어 있다.

## 08 direct flight 직행 항공편

The **direct flight** to Paris was expensive, so Sally booked a flight with a stop in London.

파리행 직행 항공편이 비싸서 Sally는 런던을 경유하는 항공편을 예약했다.

## 09 fare [fer] 운임, 요금

Nowadays **fares** for airlines are almost as cheap as those for trains.

요즘 항공 운임은 거의 열차 운임만큼 저렴하다.

## 10 guide [gaid] 안내

A **guide** is recommended for those visiting the Cairo Museum.

카이로 박물관을 방문하는 사람들에게는 안내가 추천된다.

## 11 harbor [há:rbər] 항구

Thousands of tourists visit Sydney's famous **harbor** every day.

무수히 많은 여행객들이 시드니의 유명한 항구를 매일 방문한다.

## 12 itinerary [aitínəreri] 여행 일정표

The travel agent sent an **itinerary** for the tour by e-mail.

여행사는 관광을 위한 여행 일정표를 이메일로 보냈다.

## 13 luggage [lʌ́gidʒ] 수하물

Carry-on **luggage** must not exceed a weight of 10 kilograms.

기내 휴대 수하물은 10킬로그램을 초과해선 안 된다.

## 14 on board 기내에

Use of mobile phones is not permitted **on board** this flight.

비행 동안 기내에서 휴대전화 사용은 금지되어 있다.

## 15 overhead compartment 머리 위 짐칸

All baggage must be stowed in the **overhead compartments**.

모든 수화물은 머리 위 짐칸에 놓아져야 한다.

## 16 pack [pæk] 짐을 싸다

Lionel left work early so he could **pack** his bags before his trip.

Lionel은 여행 전에 짐을 싸기 위해 일찍 퇴근했다.

## 17 reserve [rizə́:rv] 예약하다

The secretary will **reserve** three seats for the nine o'clock train to Warsaw.

비서는 바르샤바행 9시 열차의 좌석 세 개를 예약할 것이다.

## 18 sightseeing [sáitsì:iŋ] 관광

Prague is one of the most enjoyable cities for **sightseeing** in all of Europe.

프라하는 모든 유럽을 통틀어 관광하기에 가장 재미있는 도시 중 하나이다.

## 19 souvenir [sù:vəníər] 기념품

Kathy brought back a lot of **souvenirs** from India.

Kathy는 인도에서 많은 기념품을 가지고 돌아왔다.

## 20 tourist site 관광지

Visitors will need at least one week to visit all the **tourist sites** in Rome.

방문객들은 로마의 모든 관광지를 방문하는데 최소한 일주일이 필요할 것이다.

**01 accommodate** [əkάːmədeit] 수용하다

The banquet hall can **accommodate** up to 400 guests.
연회실은 400명까지 수용할 수 있습니다.

**02 accommodation** [əkὰːmədéiʃən] 숙박시설

The Asian tour package includes airfare and full **accommodation**.
아시아 투어 패키지에는 항공료와 모든 숙박시설이 포함된다.

**03 bill** [bil] 청구서, 계산서

Items taken from the minibar will be added to your **bill**.
미니바에서 가져온 물품은 당신의 청구서에 포함될 것입니다.

**04 charge** [tʃɑːrdʒ] 요금

There is a $40 **charge** for each additional bed requested.
요청하신 추가 침대 각각에 대해선 40달러의 요금이 있습니다.

**05 double** [dʌ́bl] 2인용의

**Double** rooms come with a view of the garden or the beach.
2인실은 정원이나 해변 전망을 가지고 있다.

**06 fancy** [fǽnsi] 화려한

The hotel just opened up a **fancy** French restaurant.
그 호텔은 얼마 전 화려한 프랑스식 식당을 열었다.

**07 for free** 무료로

Airport shuttle service is offered **for free** to all visitors.
공항 셔틀버스 서비스는 모든 방문객들에게 무료로 제공된다.

**08 front desk** 안내 데스크

Please call the **front desk** if you require assistance with your luggage.
당신의 짐을 옮기는데 도움이 필요하다면 안내 데스크로 전화 주세요.

**09 get a refund** 환불받다

Guests **get a refund** for their deposits on the last day of their stays.
손님들은 그들의 머무는 마지막 날 보증금을 환불받는다.

**10 housekeeping staff** 객실 직원

If you require any additional towels or bedding, please contact the **housekeeping staff**.
추가 수건이나 이불이 필요하다면 객실 직원에게 말씀해 주세요.

**11 lobby** [lάːbi] 로비, 홀

A variety of maps and brochures are available for guests in the **lobby**.
고객을 위한 다양한 지도와 안내 책자는 로비에서 이용할 수 있다.

**12 ocean view** 바다가 보이는 전망

The hotel's private cottages all have a beautiful **ocean view**.
그 호텔의 모든 개인 별장은 아름다운 바다가 보이는 전망을 가지고 있다.

**13 offer a discount** 할인을 제공하다

Many resorts **offer a discount** to guests during the low season.
많은 리조트들은 비수기 동안 손님들에게 할인을 제공한다.

**14 payment option** 지불 방법

**Payment options** include all credit cards, cash, or traveler's checks.
지불 방법은 모든 신용카드, 현금, 또는 여행자 수표를 포함한다.

**15 rate** [reit] 요금

The hotel's **rates** during the summer months are a lot more expensive.
여름철 그 호텔의 요금은 훨씬 비싸다.

**16 room service** 룸서비스

If you would like to order **room service**, please dial 5.
룸서비스를 이용하시려면 5번으로 전화 주세요.

**17 single** [síŋgl] 1인용의

**Single** rooms are available for only $180 during the month of May.
5월 한 달 동안 1인실은 단 180달러에 이용이 가능하다.

**18 stay at** ~에 묵다

Jonas recommended we **stay at** the Emerald Waters Hotel.
Jonas는 우리가 Emerald Waters 호텔에 묵을 것을 추천했다.

**19 valet parking** 대리 주차

**Valet parking** is provided for all guests at no additional charge.
대리 주차는 추가 요금 없이 모든 손님들에게 제공된다.

**20 well-equipped** [wèlikwípt] 잘 갖추어진

The new sports center is **well-equipped** with modern exercise equipment.
새 스포츠 센터는 현대식 운동 기구로 잘 갖추어져 있다.

최빈출 어휘

해커스 토익 750+ LC

**01 cashier** [kæʃíər] 현금 출납원

The store will be closing shortly, so please take your purchases to the nearest **cashier**.
상점이 곧 문을 닫을 것이니 구매할 물품을 가까운 현금 출납원에게 가져가십시오.

**02 clothing** [klóuðiŋ] 의류, 옷

This week only, all men's **clothing** is 20 percent off.
이번 주에만 모든 남성 의류가 20퍼센트 할인됩니다.

**03 complimentary** [kà:mpləméntəri] 무료의

The department store provides **complimentary** delivery service for large purchases.
백화점은 대량 구매에 대해 무료 배달 서비스를 제공한다.

**04 discount** [dískaunt] 할인하다

Last season's merchandise will be **discounted** for the clearance sale.
지난 시즌의 제품이 창고 정리 판매 동안 할인될 것이다.

**05 display** [displéi] 진열, 전시

There is a **display** of new products in the shop window.
가게 진열창에 신제품들이 진열되어 있다.

**06 fit** [fit] 꼭 맞다, 적합하다

Mrs. Yamato returned the shoes because they didn't **fit** her.
Mrs. Yamato는 신발이 맞지 않아서 환불하였다.

**07 grocery** [gróusəri] 식품점

The **grocery** store on the corner has a lovely selection of fresh fruit.
모퉁이에 있는 식품점은 매우 신선한 과일을 갖추고 있다.

**08 inspect** [inspékt] 검사하다, 자세히 살피다

All produce is **inspected** before being shipped to the supermarket for sale.
모든 농산물은 판매용으로 슈퍼마켓에 배송되기 전에 검사를 받는다.

**09 item** [áitəm] 물건, 품목

Those with 10 **items** or less may use the express counter.
신속 계산대는 10개 이하의 물건을 가진 분들이 사용할 수 있습니다.

**10 label** [léibəl] 라벨, 꼬리표

The **label** on the blouse stated that it was made of silk.
블라우스의 라벨에 실크로 만들어졌다고 명시되어 있었습니다.

**11 on sale** 할인 중인

Computer accessories are **on sale** until June 27.
컴퓨터 부속품은 6월 27일까지 할인 중입니다.

**12 out of stock** 재고가 없는

The clerk informed Ms. Chester that the carpets were currently **out of stock**.
점원은 Ms. Chester에게 카펫이 현재 재고가 없음을 알려 주었다.

**13 rack** [ræk] 선반, 걸이

Sale items are on the **rack** in the back of the store.
할인 제품은 상점 뒤쪽 선반에 있습니다.

**14 reasonable** [rí:zənəbl] 가격이 적당한

The new supply store has very **reasonable** prices for bulk items.
새 용품점의 대량 제품은 가격이 매우 적당하다.

**15 receipt** [risí:t] 영수증

Exchanges can only be provided if the customer has an original **receipt**.
고객이 영수증 원본을 가지고 있을 경우에만 교환이 가능합니다.

**16 shelf** [ʃelf] 선반

Cleaning supplies can be found on aisle 2 on the top **shelf**.
청소용품은 2번 통로의 제일 높은 선반에서 찾을 수 있습니다.

**17 sold out** 매진된

If an item is **sold out**, we will gladly place an order for you.
제품이 매진되었을 경우에는 기꺼이 주문해 드리겠습니다.

**18 tag** [tæg] 가격표

Mr. Henry asked for a price check, as there was no **tag** on the jacket.
Mr. Henry는 재킷에 가격표가 없어서 가격 확인을 요청했다.

**19 try on** 착용해 보다, 입어 보다

When Boris **tried on** the sunglasses, he wasn't sure they suited him.
Boris는 선글라스를 착용해 보았지만 자신에게 어울린다고 생각하지 않았다.

**20 vendor** [véndər] 행상인

There were at least 50 **vendors** at the street market on Friday.
금요일 거리 시장에는 최소 50명의 행상인이 있었다.

**01 arrange the food** 음식을 차리다

The chef's assistant **arranged the food** on platters.
요리 보조가 큰 접시에 음식을 차렸다.

**02 banquet** [bǽŋkwit] 연회

The company's annual **banquet** was held in La Trattoria restaurant.
회사의 연례 연회가 La Trattoria 식당에서 열렸다.

**03 beverage** [bévəridʒ] 음료수

**Beverages** are listed on the back of the menu.
음료수는 메뉴의 뒤쪽에 나열되어 있습니다.

**04 homemade** [hòumméid] 손수 만든, 집에서 만든

The lunch special includes a bowl of **homemade** mushroom soup.
점심 특선 요리는 손수 만든 버섯 수프를 포함합니다.

**05 buffet** [bəféi] 뷔페

The price of the **buffet** included a choice of coffee, tea, or soft drink.
뷔페 가격은 커피, 차, 그리고 청량 음료 중 하나를 포함했다.

**06 caterer** [kéitərər] 출장 요리사

Ms. Reginald highly recommended hiring the **caterer** for the party.
Ms. Reginald는 파티를 위해 출장 요리사를 고용할 것을 적극 권했다.

**07 check** [tʃek] 계산서

After she had finished her coffee, Ms. Suharto asked for the **check**.
커피를 마신 후에 Ms. Suharto는 계산서를 요청했다.

**08 chef** [ʃef] 요리사

The **chef** at Maison Blanc has worked at the restaurant for six years.
Maison Blanc의 요리사는 그 식당에서 6년 동안 일했다.

**09 dine** [dain] 식사하다

Melanie decided to order in instead of **dining** out.
Melanie는 나가서 식사하는 대신 배달시켜 먹기로 결정했다.

**10 diner** [dáinər] 간이식당, 식사 손님

The **diner** across the street is famous for its breakfast menu.
길 건너 간이식당은 아침 메뉴로 유명하다.

**11 examine a menu** 메뉴를 살펴보다

Mr. Watts is **examining a menu**.
Mr. Watts는 메뉴를 살펴보고 있다.

**12 grab a bite** 간단히 먹다

Leona **grabbed a bite** at the fast food restaurant for her lunch.
Leona는 점심 식사를 패스트푸드 음식점에서 간단히 먹었다.

**13 guest** [gest] 손님

**Guests** may help themselves to the salad bar.
손님들은 샐러드 바에서 마음껏 가져다 먹을 수 있다.

**14 have a meal** 식사하다

Ms. Tanaka invited her friends to **have a meal** at her home.
Ms. Tanaka는 그녀의 집에서 식사를 하도록 친구들을 초대했다.

**15 kettle** [ketl] 주전자

Be careful with the **kettle**, as it is quite hot.
주전자가 상당히 뜨거우니 조심하세요.

**16 patron** [péitrən] 단골 고객

The café's **patrons** say it serves the best coffee in the city.
단골 고객들은 그 카페가 도시에서 가장 훌륭한 커피를 제공한다고 말한다.

**17 plate** [pleit] 접시

Mamma Rosa's is offering a **plate** of spaghetti with cream sauce for only $6.99.
Mamma Rosa's는 크림 소스 스파게티 한 접시를 단 6.99달러에 제공하고 있다.

**18 recipe** [résəpi] 조리법

The **recipe** for Gilda's popular cocktail is a secret.
Gilda의 유명한 칵테일 조리법은 비밀이다.

**19 seasoning** [síːzəniŋ] 조미료

Bombay Kitchen blends a variety of different **seasonings** in its dishes.
Bombay Kitchen은 요리에 다양한 조미료를 섞는다.

**20 tray** [trei] 접시

The waiter brought over a **tray** of pastries.
종업원은 페이스트리 한 접시를 가져왔다.

# DAY 13 여가 생활 - 야외활동

## 01 amusement park 놀이공원

Mr. Donaldson took his children to an **amusement park** on Sunday.

Mr. Donaldson은 일요일에 그의 아이들을 놀이공원에 데리고 갔다.

## 02 applaud [əplɔ́ːd] 박수갈채를 보내다

Everyone in the stadium **applauded** when the player scored a goal.

경기장에 있는 모든 사람들은 그 선수가 득점하였을 때 박수갈채를 보냈다.

## 03 audience [ɔ́ːdiəns] 관객

The **audience** at the outdoor concert was excited about the performance.

야외 음악회의 관객은 그 공연에 흥분했다.

## 04 banquet hall 연회장

Guests arrived in limousines at the entrance to the **banquet hall**.

손님들은 리무진을 타고 연회장 입구에 도착하였다.

## 05 cabin [kǽbin] 오두막

We will be spending the weekend at our **cabin** in the mountains.

우리는 산에 있는 오두막에서 주말을 보낼 것이다.

## 06 camping gear 캠핑 장비

The club members placed their **camping gear** in the back of the van.

클럽 회원들은 그들의 캠핑 장비를 승합차 뒤에 실었다.

## 07 courtyard [kɔ́ːrtjàːrd] 마당, 안뜰

The gardener planted tropical flowers in the **courtyard**.

정원사는 열대 화초를 마당에 심었다.

## 08 crowd [kraud] 군중, 인파

The **crowd** went wild when the singer appeared on stage.

그 가수가 무대에 등장하였을 때 군중들은 흥분하였다.

## 09 dock [dɑk] 부두

Those participating in the boat tour will meet at the **dock** at 9:30.

보트 관광에 참여할 사람들은 부두에서 9시 30분에 모일 것이다.

## 10 fence [fens] 울타리

A **fence** surrounded the animal park.

울타리는 동물원을 둘러싸고 있었다.

## 11 grilled [grild] 석쇠에 구운

At the company picnic, everyone feasted on **grilled** steaks.

회사 야유회에서 모든 사람들은 석쇠에 구운 스테이크를 마음껏 즐겼다.

## 12 landscape [lǽndskeip] 경치

Western Canada is world famous for its scenic views and **landscape**.

캐나다 서부는 아름다운 풍경과 경치로 세계적으로 유명하다.

## 13 lighthouse [láithaus] 등대

The **lighthouse** always attracts tourists during the summer season.

그 등대는 여름 기간 동안 항상 관광객들을 유혹한다.

## 14 recreational activity 오락 활동

Several **recreational activities** are available to guests at the resort.

휴양지 손님들은 몇 가지 오락 활동을 이용할 수 있다.

## 15 riverbank [rívərbæŋk] 강둑

When it is sunny, many people like to fish from the **riverbank**.

날씨가 좋을 때 많은 사람들은 강둑에서 낚시하는 것을 즐긴다.

## 16 spectator [spékteitər] 관람객

The **spectators** were asked to be quiet as the golfer took his shot.

골프 선수가 공을 칠 때 관람객들은 정숙하도록 요청받았다.

## 17 square [skwer] 광장

There is often live entertainment in the **square** on weekends.

그 광장에는 주말이면 종종 라이브 공연이 있다.

## 18 stream [striːm] 개울

The hikers stopped at a small **stream** to take a rest.

등산객들은 휴식을 취하기 위해 작은 개울에서 멈추었다.

## 19 stroll [stroul] 거닐다, 산책하다

Many office workers like to **stroll** through the park during their lunch break.

많은 사무직 종사자들은 그들의 점심시간 동안 공원을 거니는 것을 좋아한다.

## 20 work out 운동하다

Glen **works out** for 30 minutes every morning at his local gym.

Glen은 그의 동네 체육관에서 매일 아침 30분간 운동한다.

**01 atmosphere** [ǽtməsfìər] 대기

Elevated pressure in the **atmosphere** creates stormy conditions.
대기의 높아진 압력은 폭풍우 상태를 만들어 낸다.

**02 chilly** [tʃíli] 쌀쌀한

It's quite **chilly** outside, so you may want to bring a sweater.
밖이 꽤 쌀쌀해서 스웨터를 가져가는 것이 나을 거예요.

**03 cloudy** [kláudi] 구름이 낀

The dark, **cloudy** skies made everyone afraid that it would rain.
어둡고 구름이 낀 하늘은 모두가 비가 올 것을 걱정하게 만들었다.

**04 drop** [drɑːp] (기온이) 떨어지다

The temperature **dropped** overnight to -12 degrees Celsius.
밤사이 기온이 영하 12도까지 떨어졌다.

**05 drought** [draut] 가뭄

The unusual lack of rainfall brought **drought** to the area.
보기 드문 강수량의 부족이 그 지역에 가뭄이 들게 했다.

**06 flood** [flʌd] 홍수

The city issued evacuation orders because of the **flood**.
그 도시가 홍수로 인해 대피 명령을 내렸다.

**07 freezing** [fríːziŋ] 추운

**Freezing** temperatures caused several water pipes in the city to burst.
추운 날씨로 인해 도시에 있는 몇몇 송수관들이 파열되었다.

**08 frost** [frɔːst] 서리

Mr. Wendin had to scrape the **frost** off his car windows before he drove to work.
Mr. Wendin은 출근하기 전에 그의 차 창문의 서리를 긁어내야 했다.

**09 hazy** [héizi] 흐린

The **hazy** conditions made it difficult to see the skyline of the city.
흐린 날씨 조건은 도시의 지평선을 보기 힘들게 하였다.

**10 humid** [hjúːmid] 습한

Singapore has a mostly hot and **humid** climate throughout the year.
싱가포르는 일년 내내 대부분 덥고 습하다.

**11 humidity** [hjuːmídəti] 습도

The high **humidity** made the area ideal for growing tropical plants.
높은 습도는 그 지역을 열대 식물이 자라기에 이상적으로 만들었다.

**12 inclement** [inklémənt] (날씨가) 험한

The flight to Minneapolis was cancelled due to **inclement** weather.
미니애폴리스로 가는 비행편이 험한 날씨로 인해 취소되었다.

**13 precipitation** [prisìpətéiʃən] 강우량

**Precipitation** is forecast for the upcoming weekend.
다가오는 주말의 강우량이 예보되었다.

**14 pressure** [préʃər] 기압

Wind **pressure** during the storm was high.
폭풍이 부는 동안 풍압이 높았다.

**15 scattered** [skǽtərd] 산발적인

Local residents can expect **scattered** showers on Friday.
지역 주민들은 금요일에 산발적인 소나기를 예상할 수 있겠습니다.

**16 soar** [sɔːr] (기온이) 치솟다

The weekend saw temperatures **soar**, with highs reaching 39 degrees Celsius.
주말에는 기온이 치솟아, 최고 39도까지 오르겠습니다.

**17 temperature** [témpərətʃər] 기온

**Temperatures** are expected to drop by Tuesday.
화요일에는 기온이 떨어질 것으로 예상됩니다.

**18 pleasant** [plézənt] 쾌적한, 좋은

The **pleasant** weather last weekend was ideal for a picnic.
지난 주말의 쾌적한 날씨가 소풍에 제격이었다.

**19 slippery** [slípəri] 미끄러운

The icy conditions made the roads very **slippery**.
결빙으로 도로가 매우 미끄러웠다.

**20 weather forecast** 일기예보

Radio 109 broadcasts the **weather forecast** every hour.
라디오 109는 매시간 일기예보를 방송합니다.

최빈출 어휘

해커스 토익 750+ LC

01 **bandage** [bǽndidʒ] 붕대

The nurse put a **bandage** on the patient's scraped knee.
간호사는 환자의 상처난 무릎에 붕대를 감았다.

02 **blood pressure** 혈압

Medical experts claim that high levels of stress can increase **blood pressure**.
의료 전문가들은 높은 스트레스가 혈압을 올릴 수 있다고 말한다.

03 **cancer** [kǽnsər] 암

The research organization is studying natural treatments for **cancer** prevention.
그 연구 기관은 암 예방에 대한 자연 치유법을 연구하고 있다.

04 **cavity** [kǽvəti] 충치

Brushing your teeth regularly is the best way to prevent **cavities**.
이를 규칙적으로 닦는 것은 충치를 예방하는 최선의 방법이다.

05 **emergency room** 응급실

The driver involved in the accident was rushed to the **emergency room**.
사고에 연루된 그 운전자는 응급실로 급히 실려갔다.

06 **examine** [igzǽmin] 진찰하다

After **examining** Mr. Patterson, the doctor requested a blood test.
Mr. Patterson을 진찰한 후, 의사는 혈액 검사를 요청하였다.

07 **hygiene** [háidʒiːn] 위생

Hand **hygiene** is important for staff members working in the hospital.
손의 위생은 병원에서 일하는 직원들에게 중요하다.

08 **immune** [imjúːn] 면역력이 있는

Fortunately, Ms. Antonio had previously taken medication, so she was **immune** to the virus.
다행히도, Ms. Antonio는 이전에 약을 복용하여 그 바이러스에 면역력이 있었다.

09 **in good shape** 상태가 좋은

Following the examination, Dr. Matthews said Mr. Oldham was **in good shape**.
검진 후, Dr. Matthews는 Mr. Oldham의 상태가 좋다고 말했다.

10 **injection** [indʒékʃən] 주사

The clinic is providing free flu **injections** to children and senior citizens.
그 병원은 무료 독감 주사를 어린이와 노약자에게 제공하고 있다.

11 **injury** [índʒəri] 부상

Warren received only a mild **injury** to his foot after falling down the stairs.
계단에서 넘어진 후 Warren은 발에 경미한 부상만을 입었다.

12 **inspection** [inspékʃən] 검사

The maintenance manager frequently conducts **inspections** to make sure the clinic is clean.
유지 관리인은 병원이 청결한지를 확인하기 위해 자주 검사를 시행한다.

13 **nutrition** [njuːtríʃən] 영양(학)

Good **nutrition** and regular exercise are a necessity for a healthy lifestyle.
좋은 영양과 정기적인 운동은 건강한 삶의 필수 요소이다.

14 **optician** [ɑːtíʃən] 안경사

The **optician** suggested that Marvin try wearing contact lenses.
그 안경사는 Marvin에게 콘택트렌즈를 써보라고 제안하였다.

15 **pharmacy** [fɑ́ːrməsi] 약국

The **pharmacy** across from the library is also open on weekends.
도서관 맞은편에 있는 그 약국은 주말에도 영업을 한다.

16 **physician** [fizíʃən] 내과 의사

The **physician** on duty recommended that Tiffany see a specialist.
근무 중인 내과 의사는 Tiffany에게 전문의에게 검진을 받으라고 권유하였다.

17 **prescription** [priskrípʃən] 처방전

The clinic also has a pharmacy where patients can have their **prescriptions** filled.
그 병원에는 환자들이 처방전에 따라 약을 조제받을 수 있는 약국도 있다.

18 **sneeze** [sniːz] 재채기하다

Many allergies cause **sneezing** and skin reactions.
많은 알레르기는 재채기와 피부 반응을 유발한다.

19 **sore** [sɔːr] 아픈, 쓰린

Cough syrup can help soothe a **sore** throat.
감기약은 아픈 목을 완화하는 데 도움이 된다.

20 **surgery** [sə́ːrdʒəri] 수술

Mabel Winters will have to undergo **surgery** to repair her broken neck.
Mabel Winters는 그녀의 부러진 목을 고치기 위해 수술을 받아야 할 것이다.

**01 account number** 계좌 번호

Customers are recommended to keep their **account numbers** confidential.
고객들은 계좌 번호를 비밀로 할 것을 권고받는다.

**02 bookshelf** [búkʃelf] 책장

New additions are displayed on the top of the **bookshelf**.
신간은 책장 제일 위 칸에 진열되어 있습니다.

**03 branch** [bræntʃ] 지점

Miami Mutual has more than 50 **branches** throughout the state.
Miami Mutual은 주 전역에 50개가 넘는 지점을 가지고 있다.

**04 categorize** [kǽtəgəràiz] 분류하다

All books in the library are **categorized** by genre and subject.
도서관에 있는 모든 책들은 장르와 주제별로 분류된다.

**05 checking account** 당좌 예금 구좌

Raymond decided to open a **checking account** at a bank near his apartment.
Raymond는 아파트 근처 은행에서 당좌 예금 구좌를 개설하기로 결정하였다.

**06 check out** 대출하다

Those wishing to **check out** books must have a valid library card.
도서를 대출하고자 하시는 분은 유효한 도서관 카드를 소지해야 합니다.

**07 deposit** [dipá:zit] 예금

Customers may also make **deposits** at the cash machine.
고객들은 현금인출기에서 예금을 할 수도 있다.

**08 bank draft** 어음

The customer said she would send a **bank draft** by the end of the day.
그 고객은 오늘 중으로 어음을 보낼 것이라고 말했다.

**09 financing** [finǽnsiŋ] 융자, 자금 조달

Silverwood Trust offers a variety of **financing** packages for its clients.
Silverwood 신용 기금은 고객들에게 다양한 융자 패키지를 제공한다.

**10 funding** [fʌ́ndiŋ] 자금

Bob Lewis requested a loan for the **funding** of his restaurant's expansion.
Bob Lewis는 식당 확장 자금을 위해 대출을 요청했다.

**11 get a loan** 대출받다

Stephanie Tanner **got a loan** for the purchase of her new car.
Stephanie Tanner는 새 차를 구입하기 위해 대출을 받았다.

**12 insurance** [inʃúərəns] 보험

Mr. Poulet recently purchased life **insurance** through the local bank.
Mr. Poulet은 최근에 지역 은행에서 생명 보험에 가입했다.

**13 interest** [íntərəst] 이자

Mount Royal Bank is currently offering the lowest **interest** rates for mortgages.
Mount Royal 은행은 현재 모기지론에 가장 낮은 이자율을 제공하고 있다.

**14 investor** [invéstər] 투자자

Alexander's **investor** had to sign the financial agreement.
Alexander의 투자자는 재무 계약서에 서명해야만 했다.

**15 return** [ritə́:rn] 반납하다

Please **return** magazines to the racks when you have finished reading them.
잡지를 다 읽었을 경우 선반으로 반납해 주십시오.

**16 teller** [télər] 은행 창구 직원

The **teller** asked Ms. Crawford if she would prefer cash or a check.
은행 창구 직원은 Ms. Crawford에게 현금과 수표 중 어느 것이 좋은지 물었다.

**17 automatic teller machine** 현금 자동 인출기

The **automatic teller machine** was out of service.
현금 자동 인출기가 작동하지 않았다.

**18 transaction** [trænsǽkʃən] 거래

The bank charges $22.50 for every overseas **transaction**.
은행은 모든 해외 거래에 22.50달러를 부과한다.

**19 transfer** [trænsfə́:r] 이체; 송금하다

Payment can be made by credit card or bank **transfer**.
납입금은 신용카드 또는 계좌 이체로 지불될 수 있습니다.

**20 withdraw** [wiðdrɔ́:] 인출하다

ATMs allow customers to **withdraw** funds at any time of day.
현금 자동 인출기는 고객들로 하여금 언제든지 예금을 인출할 수 있도록 한다.

최빈출 어휘

해커스 토익 750+ LC

**01 airmail** [érmeil] 항공 우편

Most international letters are now sent by **airmail**.
대부분의 국제 우편은 이제 항공 우편으로 보내진다.

**02 apparel** [əpǽrəl] 의류, 의복

Goldstein's Fashions sells a variety of women's **apparel**.
Goldstein's Fashions는 다양한 여성 의류를 판매한다.

**03 courier** [kə́:riər] 배달부

The contract was sent to the Berlin office by **courier** and should arrive today.
그 계약서는 배달부 편으로 베를린 지사로 보내졌으니 금일 중으로 도착할 것입니다.

**04 deliver** [dilívər] 배달하다, 배송하다

Bubbles Dry Cleaners will **deliver** items in the downtown area for a five-dollar fee.
Bubble 세탁소는 시내 지역의 상품들을 5달러에 배달할 것이다.

**05 dressing room** 탈의실

The store provides three **dressing rooms** for trying on clothing.
그 상점은 옷을 입어볼 수 있는 세 개의 탈의실을 제공한다.

**06 dry cleaning** 드라이클리닝

The hotel also offers free **dry cleaning** for all guests.
그 호텔은 모든 고객들에게 무료로 드라이클리닝도 제공한다.

**07 express mail** 속달 우편

**Express mail** items are delivered within three to four business days.
속달 우편 품목들은 3일에서 4일의 영업일 안에 배송된다.

**08 garment** [gɑ́:rmənt] 의상

Mr. Monroe asked his secretary to take several **garments** to the cleaners.
Mr. Monroe는 그의 비서에게 몇 벌의 의상을 세탁소에 맡기라고 요청하였다.

**09 press** [pres] (옷 등을) 다리다

Ms. Fenwick had her skirt **pressed** for an evening event.
Ms. Fenwick은 저녁 행사를 위해 그녀의 치마를 다렸다.

**10 ironing** [áiərniŋ] 다림질

The housekeeper not only did the washing, but also the **ironing**.
그 가정부는 설거지뿐만 아니라 다림질도 하였다.

**11 laundry** [lɔ́:ndri] 세탁물

Customers dropping off **laundry** must fill out a form.
세탁물을 맡기실 고객들은 양식을 작성하여야 합니다.

**12 package** [pǽkidʒ] 소포

The postal worker placed a "fragile" sticker on the **package**.
그 우체부는 '취급주의' 스티커를 그 소포에 붙였다.

**13 pick up** 찾아오다

Customers can **pick up** their items within three days.
고객들은 그들의 물건을 3일 안에 찾아올 수 있다.

**14 put on** 입고 있다(동작)

Martin realized his shirt had shrunk after he **put** it **on** this morning.
Martin은 오늘 아침 셔츠를 입어본 후 그것이 줄어들었다는 것을 깨달았다.

**15 registered letter** 등기 우편

Ms. Manuel was unavailable, so her assistant signed for the **registered letter**.
Ms. Manuel이 자리에 없어서, 그녀의 비서가 등기 우편에 서명하였다.

**16 regular mail** 보통 우편

Since the documents weren't urgent, Mr. Nicastro sent them by **regular mail**.
그 서류는 급한 것이 아니었기 때문에 Mr. Nicastro는 그것들을 보통 우편으로 보냈다.

**17 shorts** [ʃɔːrts] 반바지

Hector purchased several pairs of **shorts** for his vacation to Hawaii.
Hector는 하와이로의 휴가를 위해 몇 벌의 반바지를 구입하였다.

**18 suit** [suːt] 정장

Mr. Fullbright's **suit** was just delivered from Sultan Cleaners.
Mr. Fullbright의 정장이 Sultan 세탁소에서 막 배달되었다.

**19 take off** 벗다

Allison **took off** her jacket, as it was warm in the conference room.
회의실이 따뜻했기 때문에 Allison은 그녀의 재킷을 벗었다.

**20 wear** [wer] 입고 있다(상태)

Ms. Sullivan would like to **wear** the red dress to the awards ceremony.
Ms. Sullivan은 그 시상식에 빨간 드레스를 입기를 원했다.

# DAY 18 교통 관련 - 도로

🎧 D18.mp3
바로듣기 ▶

**01 bicycle rack** 자전거 보관대

Mr. Schweitzer left his bicycle on the **bicycle rack** located at the library.

Mr. Schweitzer는 그의 자전거를 도서관에 위치한 자전거 보관대에 두었다.

**02 block** [blɑːk] 블록

Turn right at the next **block** and the station will be on your left.

다음 블록에서 오른쪽으로 돌면 왼쪽 편에 역이 있을 거예요.

**03 bus route** 버스 노선

The **bus route** is posted at each stop.

각 정류장에 버스 노선이 붙어 있어요.

**04 curve** [kəːrv] 구부러지다

The road **curved** along the edge of the lake.

도로는 호숫가를 따라 구부러져 있었어요.

**05 driveway** [dráivwèi] 차도

Ms. Allen parks her car in the **driveway** when it isn't raining.

Ms. Allen은 비가 오지 않을 때 그녀의 차를 차도에 주차한다.

**06 expressway** [ikspréswèi] 고속도로

The new **expressway** will take drivers directly to Brisbane.

운전자들은 새로운 고속도로를 이용해 바로 브리즈번으로 갈 수 있어요.

**07 highway** [háiwèi] 간선도로

Speed limits for **highways** do not generally exceed 120 kilometers per hour.

간선도로에서의 제한 속도는 보통 시속 120킬로미터를 넘지 않는다.

**08 interchange** [íntərtʃèindʒ] 교차로

Drivers heading to Lewistown can take Highway 11 at the **interchange**.

루이스타운으로 가는 운전자들은 교차로에서 11번 간선도로를 이용하세요.

**09 junction** [dʒʌ́ŋkʃən] 교차점

The map showed a highway **junction** at the town of Newberry.

지도에 뉴베리시에 있는 간선도로 교차점이 나타나 있었다.

**10 lane** [lein] 차선, 도로

The outer **lane** of the freeway is reserved for carpools or buses.

고속도로의 바깥 차선은 합승용 차나 버스에 제한되어 있다.

**11 passerby** [pǽsərbái] 행인

The tourists in the bus waved at a **passerby**.

버스 안의 관광객들이 행인에게 손을 흔들었다.

**12 path** [pæθ] 길, 도로

A short **path** leads up the building's main entrance.

지름길은 건물의 정문으로 이어진다.

**13 pedestrian** [pədéstriən] 보행자

Drivers are urged to watch out for **pedestrians** when driving in urban areas.

운전자들은 도시 지역에서 운전할 때 보행자들을 주의하도록 권고됩니다.

**14 road sign** 도로 표지판

The **road sign** indicated that Hanover was 34 kilometers away.

도로 표지판에는 하노버까지 34킬로미터가 남았다고 나와 있었어요.

**15 run through** 지나가다

The police gave Ms. Bang a ticket for **running through** a red light.

경찰은 Ms. Bang에게 정지 신호를 지나간 것에 대해 교통 위반 딱지를 주었다.

**16 sidewalk** [sáidwɔːk] 인도, 보도

The inspector put tickets on vehicles that were parked on the **sidewalk**.

감시관들은 인도에 주차되어 있는 차량에 위반 딱지를 붙였다.

**17 smooth** [smuːð] 원활한

The newly paved road made the ride to work very **smooth**.

새로 포장된 도로는 출근길을 아주 원활하게 만들었다.

**18 trail** [treil] 산길, 오솔길

The hikers decided to try a new **trail** at the national park.

도보 여행자들은 국립 공원에서 새로운 산길을 가보기로 결정했다.

**19 walker** [wɔ́ːkər] 보행자

In the morning there are several **walkers** that go down Fountain Road.

아침에는 Fountain로를 걷는 보행자들이 몇몇 있다.

**20 walkway** [wɔ́ːkwei] 보도

Pedestrians must use the **walkway** at the intersection to cross the street.

보행자들은 도로를 건너기 위해 교차로에서 보도를 이용해야 한다.

**01 access** [ǽkses] 입구

**Access** to the financial district can be reached from exit 49.
금융가 입구는 49번 출구에서 갈 수 있다.

**02 back** [bæk] 뒤의

Please display your parking pass in your vehicle's **back** window.
차량의 뒷유리에 주차권이 보이게 해 주세요.

**03 back up** 후진하다

The truck **backed up** slowly into the parking space.
그 트럭은 주차 공간으로 천천히 후진했다.

**04 be caught in** 잡혀 있다, 묶여 있다

Mr. Cousteau **was caught in** traffic and missed his flight.
Mr. Cousteau는 교통 체증에 잡혀 있어서 그의 비행기를 놓쳤다.

**05 catch** [kætʃ] (탈것에) 타다

You can **catch** the airport shuttle at most hotels.
대부분의 호텔에서 공항 셔틀을 탈 수 있습니다.

**06 commute** [kəmjúːt] 통근

The **commute** from Seattle to Tacoma generally takes about 30 minutes.
시애틀에서 타코마의 통근은 대략 30분이 걸린다.

**07 commuter** [kəmjúːtər] 통근자

**Commuters** were warned of congestion on the traffic report.
통근자들은 교통 보도에서 교통 혼잡에 대한 주의를 받았다.

**08 courtesy bus** 고객 수송용 버스

A **courtesy bus** was waiting to transport passengers to the railway station.
고객 수송용 버스는 철도역으로 가는 승객들을 태우기 위해 기다리고 있었다.

**09 destination** [dèstənéiʃən] 목적지

A sign on the bus said its final **destination** was Madrid.
버스 표지판에 최종 목적지가 마드리드라고 쓰여 있었다.

**10 detour** [díːtuər] 우회로

Because of repairs to Acton Street, a **detour** was set up.
Acton가의 수리 때문에 우회로가 마련되었다.

**11 direct traffic** 교통 정리하다

The policeman **directed traffic** at the main intersection.
경찰은 주 교차로에서 교통 정리를 했다.

**12 express train** 급행 열차

The **express train** travels directly to Berlin from Frankfurt.
그 급행 열차는 프랑크푸르트에서 베를린까지 직행으로 운행한다.

**13 fasten seatbelt** 안전벨트를 매다

It is now law that all passengers must **fasten** their **seatbelts** while in a moving vehicle.
모든 승객들이 움직이는 차량 안에서 안전벨트를 매는 것은 이제 법으로 되었다.

**14 gas station** 주유소

The next **gas station** is on the corner of Ninth street and Rose Avenue.
다음 주유소는 9번가와 Rose가의 모퉁이에 있습니다.

**15 intersection** [ìntərsékʃən] 교차로

The city recently installed new traffic lights at all major **intersections**.
그 도시는 최근에 모든 주요 교차로에 교통 신호등을 설치했다.

**16 pave** [peiv] 길을 포장하다

The Ministry of Transport approved a proposal to **pave** the country road.
교통부는 지방 도로를 포장하자는 제안을 승인하였다.

**17 shortcut** [ʃɔ́ːrtkʌ̀t] 지름길

Ms. Sindaco discovered a **shortcut** that took 15 minutes off her travel time.
Ms. Sindaco는 이동 시간을 15분 줄이는 지름길을 알아냈다.

**18 traffic congestion** 교통 혼잡

Mr. Lang's biggest complaint about living in the city is **traffic congestion**.
도시에 사는 것에 대한 Mr. Lang의 가장 큰 불만은 교통 혼잡이다.

**19 traffic jam** 교통 혼잡

A **traffic jam** was reported on Highway 4, so Sophia took Trout Road instead.
4번 간선도로에서 교통 혼잡이 보도되었기 때문에 Sophia는 Trout가를 대신 이용했다.

**20 wheelbarrow** [wíːlbæ̀rou] 일륜차

Mr. Manzoni bought a **wheelbarrow** to use in his garden.
Mr. Manzoni는 정원에서 쓸 일륜차를 샀다.

**01 automatic transmission** 자동 변속기

Linda learned how to drive a car with **automatic transmission**.

Linda는 자동 변속기를 장착한 차의 운전 방법을 배웠다.

**02 automobile** [ɔ́ːtəməbìːl] 자동차

Claire's Automotive sells tires for all types of **automobiles**.

Claire's Automotive는 모든 종류의 자동차에 맞는 타이어를 판매한다.

**03 back seat** 뒷좌석

Mr. Dodge ordered some new covers for the **back seat** of his van.

Mr. Dodge는 승합차의 뒷좌석을 위한 새로운 커버를 주문했다.

**04 bumper** [bʌ́mpər] 범퍼

Fortunately, Ms. Lim only scratched her car's **bumper** in the accident.

다행히도, Ms. Lim은 사고에서 자동차의 범퍼만 긁혔다.

**05 collision** [kəlíʒən] 충돌

The police were called immediately following the **collision** at the intersection.

교차로에서의 충돌 직후에 경찰이 출동했다.

**06 dent** [dent] 움푹 들어간 곳

There was a **dent** in the driver's door after the cyclist hit Mr. Bloom's vehicle.

자전거가 Mr. Bloom의 차를 들이받은 후 운전석 쪽 문에 움푹 들어간 곳이 생겼다.

**07 estimate** [éstəmət] 견적

Ms. Twining brought her car to the repair shop for an **estimate**.

Ms. Twining은 견적을 위해 그녀의 차를 수리점에 가지고 갔다.

**08 fill** [fil] (연료를) 채우다

Eleanore asked the attendant to **fill** up her car with gas.

Eleanore는 안내원에게 그녀의 차에 휘발유를 가득 채워달라고 요청하였다.

**09 flat tire** 바람 빠진 타이어

Unfortunately, Larry got a **flat tire** on his way to the campground.

안타깝게도, Larry는 야영장에 가는 길에 타이어에 바람이 빠졌다.

**10 fuel efficiency** 연비

Velocity Motor's new sports car has a high rate of **fuel efficiency**.

Velocity 자동차의 새로운 스포츠카는 연비가 높다.

**11 gather speed** 속력을 올리다

The truck **gathered speed** as it entered the expressway.

그 트럭은 고속도로에 진입하자 속력을 올렸다.

**12 headlight** [hédlàit] 전조등

Make sure your **headlights** are on when the sun begins to set.

해가 지기 시작할 때 반드시 전조등을 켜세요.

**13 mechanic** [məkǽnik] 수리공

The **mechanic** said repairs would be finished by four o'clock.

수리공은 4시까지 수리를 끝낼 것이라고 말했다.

**14 parking garage** 차고

The office provides a **parking garage** for its employees.

사무실은 직원들에게 차고를 제공한다.

**15 refuel** [rìːfjúːəl] 연료를 보급하다

The plane touched down in Honolulu to **refuel**.

비행기가 연료를 보급하기 위해 호놀룰루에 착륙했다.

**16 secondhand car** 중고차

Mr. Walsh bought Brenda a **secondhand car** after she passed her driver's exam.

Mr. Walsh는 Brenda가 운전면허 시험을 통과한 후 중고차를 사주었다.

**17 spare** [sper] 예비의

During the winter, Mr. Yang keeps two **spare** tires in his trunk.

겨울 동안 Mr. Yang은 트렁크에 두 개의 예비 타이어를 둔다.

**18 steering wheel** 운전대, 핸들

When driving on icy roads, keep both hands on the **steering wheel**.

얼어 있는 도로를 운전할 때에는 양손을 운전대에 계속 놓아두세요.

**19 tow** [tou] 견인하다

Mrs. Donnely's car had to be **towed** when it broke down on the freeway.

Mrs. Donnely의 차는 고속도로에서 고장 나자 견인되어야만 했다.

**20 van** [væn] 승합차

A **van** takes students from the residential area to the children's center.

승합차 한 대가 주거 지역에서 학생들을 태워 어린이 센터로 데리고 간다.

최빈출 어휘

해커스 토익 750+ LC

**MEMO**

20일 만에 끝내는

# 해커스
David Cho
# 토익
# 750⁺ LC

## 정답 및 해설

**해커스** 어학연구소

# PART 1

## DAY 01 사람 중심 사진

### HACKERS **PRACTICE**

p. 26

| | | | | |
|---|---|---|---|---|
| 01 (A) | 02 (A) | 03 (B) | 04 (A) | 05 (B) |
| 06 (A) | 07 (B) | 08 (A) | 09 (A) | 10 (B) |
| 11 X | 12 O | 13 X | 14 O | 15 X |
| 16 X | 17 O | 18 X | 19 X | 20 X |
| 21 X | 22 O | | | |

**01** 🎧 영국식 발음

(A) The man is writing on some paper.
(B) The man is filing some documents.

(A) 남자는 종이에 쓰고 있다.
(B) 남자는 몇몇 서류들을 정리하고 있다.

**02** 🎧 호주식 발음

(A) The woman is looking at a monitor.
(B) The woman is turning off the monitor.

(A) 여자는 모니터를 보고 있다.
(B) 여자는 모니터를 끄고 있다.

**03** 🎧 캐나다식 발음

(A) There is a desk surrounded by chairs.
(B) There is a desk next to a cabinet.

(A) 의자들에 둘러싸인 책상이 있다.
(B) 캐비닛 옆에 책상이 있다.

**04** 🎧 미국식 발음

(A) A man is changing a tire.
(B) A man is riding a bicycle.

(A) 한 남자가 타이어를 교체하고 있다.
(B) 한 남자가 자전거를 타고 있다.

**05** 🎧 영국식 발음

(A) A driver is adjusting a mirror.
(B) A vehicle is parked in the garage.

(A) 운전자가 거울을 조정하고 있다.
(B) 차가 차고에 주차되어 있다.

**06** 🎧 미국식 발음

(A) The people are eating a meal.
(B) The waiters are clearing the tables.

(A) 사람들은 식사를 하고 있다.
(B) 종업원들은 탁자들을 치우고 있다.

**07** 🎧 호주식 발음

(A) Some people are filing papers.
(B) The women are signing some documents.

(A) 몇몇 사람들은 서류를 정리하고 있다.
(B) 여자들은 몇몇 서류들에 서명하고 있다.

**08** 🎧 캐나다식 발음

(A) The men are taking pictures at the beach.
(B) A man is painting a picture.

(A) 남자들은 바닷가에서 사진을 찍고 있다.
(B) 한 남자는 그림을 그리고 있다.

**09** 🎧 영국식 발음

(A) The passengers are taking a boat ride.
(B) The ship is tied at a dock.

(A) 승객들은 배에 탑승해 있다.
(B) 배가 부두에 묶여 있다.

**10** 🎧 호주식 발음

(A) There are round-shaped clocks on the wall.
(B) A clock has been placed on a desk.

(A) 벽에 둥근 모양의 시계들이 있다.
(B) 시계가 책상 위에 놓여 있다.

**11** 🎧 캐나다식 발음 / 영국식 발음

The woman is grabbing some bags.
여자는 몇몇 봉투들을 쥐고 있다.

**12** 🎧 캐나다식 발음 / 영국식 발음

The woman is sitting at an outdoor table.
여자는 야외 탁자에 앉아 있다.

**13** 🎧 캐나다식 발음 / 영국식 발음

The woman is taking off her sweater.
여자는 스웨터를 벗는 중이다.

**14** 🎧 미국식 발음 / 호주식 발음

The lawn is being watered.
잔디에 물이 뿌려지고 있다.

**15** 🎧 미국식 발음 / 호주식 발음

He is digging in a garden.
그는 정원에서 땅을 파고 있다.

**16** 🎧 미국식 발음 / 호주식 발음

He has rolled up the hose.
그는 호스를 말아 놓았다.

**17** 🎧 캐나다식 발음 / 영국식 발음

Shoppers are walking through a mall.
쇼핑객들이 쇼핑몰을 걸어 다니고 있다.

**18** 🎧 캐나다식 발음 / 영국식 발음

A woman is leaving a store.
한 여자가 상점을 떠나고 있다.

**19** 🎧 캐나다식 발음 / 영국식 발음

Some people are sitting on a bench.
몇몇 사람들이 벤치에 앉아 있다.

**20** 🔊 미국식 발음 / 호주식 발음

They are passing out some documents.
그들은 몇몇 문서들을 나누어 주고 있다.

**21** 🔊 미국식 발음 / 호주식 발음

They are standing around a table.
그들은 탁자 주변에 서 있다.

**22** 🔊 미국식 발음 / 호주식 발음

They are gathered in front of a whiteboard.
그들은 화이트보드 앞에 모여 있다.

## HACKERS **TEST**

| 01 (A) | 02 (C) | 03 (A) | 04 (C) | 05 (B) |
|--------|--------|--------|--------|--------|
| 06 (D) | 07 (B) | 08 (C) | 09 (B) | 10 (B) |
| 11 (D) | 12 (A) | | | |

**01** 🔊 호주식 발음

(A) She's setting the table.
(B) She's arranging some flowers.
(C) She's pouring water into the glasses.
(D) She's folding a table cloth.

--------

arrange flowers 꽃꽂이를 하다

해석 (A) 그녀는 식탁을 차리고 있다.
(B) 그녀는 꽃꽂이를 하고 있다.
(C) 그녀는 유리잔들에 물을 따르고 있다.
(D) 그녀는 식탁보를 접고 있다.

해설 (A) [○] 여자가 식탁을 차리고 있는 모습을 가장 잘 묘사한 정답이다.
(B) [×] arranging some flowers(꽃꽂이를 하고 있다)는 여자의 동작과 무관하므로 오답이다. 사진에 있는 꽃(flowers)을 사용하여 혼동을 주었다.
(C) [×] pouring water(물을 따르고 있다)는 여자의 동작과 무관하므로 오답이다. 사진에 있는 유리잔들(glasses)을 사용하여 혼동을 주었다.
(D) [×] folding a table cloth(식탁보를 접고 있다)는 여자의 동작과 무관하므로 오답이다. 사진에 있는 table cloth(식탁보)를 사용하여 혼동을 주었다.

**02** 🔊 캐나다식 발음

(A) The man is opening the trunk.
(B) The man is driving in the country.
**(C) The man is working on the engine.**
(D) The man is replacing one of the tires.

--------

work on 수리하다, 착수하다  replace[ripléis] 교체하다

해석 (A) 남자는 트렁크를 열고 있다.
(B) 남자는 시골에서 운전하고 있다.
(C) 남자는 엔진을 수리하고 있다.
(D) 남자는 타이어 하나를 교체하고 있다.

해설 (A) [×] opening the trunk(트렁크를 열고 있다)는 남자의 동작과 무관하므로 오답이다. 사진의 차량과 관련 있는 트렁크(trunk)를 사용하여 혼

동을 주었다.
(B) [×] driving(운전하고 있다)은 남자의 동작과 무관하므로 오답이다. 사진의 차량과 관련 있는 driving(운전하고 있다)을 사용하여 혼동을 주었다.
(C) [○] 남자가 엔진을 수리하고 있는 모습을 가장 잘 묘사한 정답이다.
(D) [×] replacing one of the tires(타이어 하나를 교체하고 있다)는 남자의 동작과 무관하므로 오답이다. 사진에 있는 타이어(tires)를 사용하여 혼동을 주었다.

**03** 🔊 영국식 발음

**(A) Some people are walking in a public square.**
(B) Some people are crossing an intersection.
(C) Some people are taking photographs.
(D) Some people are touring a building.

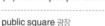

--------

public square 광장
intersection[미 ìntərsékʃən, 영 ìntəsékʃən] 교차로
tour[미 tur, 영 tuə] 관광하다

해석 (A) 몇몇 사람들이 광장에서 걷고 있다.
(B) 몇몇 사람들이 교차로를 건너고 있다.
(C) 몇몇 사람들이 사진을 찍고 있다.
(D) 몇몇 사람들이 건물을 관광하고 있다.

해설 (A) [○] 광장에서 걷고 있는 사람들의 모습을 가장 잘 묘사한 정답이다.
(B) [×] 사진에 교차로가 없으므로 오답이다.
(C) [×] 사진에서 사진을 찍고 있는 사람들을 확인할 수 없으므로 오답이다.
(D) [×] 사진에 건물을 관광하고 있는 사람들이 없으므로 오답이다. 사진에 있는 건물(building)을 사용하여 혼동을 주었다.

**04** 🔊 캐나다식 발음

(A) A woman is putting on a hat.
(B) A woman is parking a vehicle.
**(C) A woman is riding a bicycle.**
(D) A woman is sitting on the sand.

--------

vehicle[víːhikl] 차량

해석 (A) 한 여자가 모자를 쓰고 있는 중이다.
(B) 한 여자가 차량을 주차하고 있다.
(C) 한 여자가 자전거를 타고 있다.
(D) 한 여자가 모래에 앉아 있다.

해설 (A) [×] putting on(쓰고 있는 중이다)은 여자의 동작과 무관하므로 오답이다. 모자를 이미 쓴 상태를 나타내는 wearing과 쓰고 있는 중이라는 동작을 나타내는 putting on을 혼동하지 않도록 주의한다.
(B) [×] parking a vehicle(차량을 주차하고 있다)은 여자의 동작과 무관하므로 오답이다.
(C) [○] 여자가 자전거를 타고 있는 모습을 정확히 묘사한 정답이다.
(D) [×] sitting on the sand(모래에 앉아 있다)는 여자의 동작과 무관하므로 오답이다.

**05** 🔊 호주식 발음

(A) A woman is talking on a phone.
**(B) A woman is writing on a document.**
(C) The desk is covered in papers.
(D) The files are stored in a cabinet.

--------

cover[미 kʌ́vər, 영 kʌ́və] 덮다　store[미 stɔːr, 영 stɔː] 보관하다, 저장하다

해석 (A) 한 여자가 전화로 이야기하고 있다.
　　(B) 한 여자가 서류에 쓰고 있다.
　　(C) 책상이 문서로 덮여 있다.
　　(D) 서류철들이 캐비닛에 보관되어 있다.

해설 (A) [×] talking on a phone(전화로 이야기하고 있다)은 여자의 동작과 무관하므로 오답이다.
　　(B) [○] 여자가 서류에 쓰고 있는 모습을 정확히 묘사한 정답이다.
　　(C) [×] 사진에서 책상은 보이지만 문서로 덮인(covered in papers) 모습은 아니므로 오답이다.
　　(D) [×] 사진에서 서류철들이 캐비닛에 보관되어 있는지 확인할 수 없으므로 오답이다. 사진에 있는 캐비닛(cabinet)을 사용하여 혼동을 주었다.

## 06 🔊 미국식 발음

(A) Some products are being restocked.
(B) An item is being taken from the shelf.
(C) A shopper is paying for some merchandise.
**(D) A customer is holding a basket.**

restock[riːstáːk] 다시 채우다

해석 (A) 몇몇 상품들이 다시 채워지고 있다.
　　(B) 물품이 선반에서 꺼내지고 있다.
　　(C) 쇼핑객이 몇몇 상품의 값을 지불하고 있다.
　　(D) 손님이 바구니를 들고 있다.

해설 (A) [×] 사진에서 상품은 보이지만 다시 채워지고 있는(being restocked) 모습은 아니므로 오답이다.
　　(B) [×] 사진에서 물품은 보이지만 선반에서 꺼내지고 있는(being taken from the shelf) 모습은 아니므로 오답이다. 사진에 있는 선반(shelf)을 사용하여 혼동을 주었다.
　　(C) [×] paying for some merchandise(몇몇 상품의 값을 지불하고 있다)는 쇼핑객의 동작과 무관하므로 오답이다. 사진에 있는 상품(merchandise)을 사용하여 혼동을 주었다.
　　(D) [○] 손님이 바구니를 들고 있는 모습을 정확히 묘사한 정답이다.

## 07 🔊 영국식 발음

(A) The orchestra has left the stage.
**(B) Some of the seats are unoccupied.**
(C) Guests are stepping into the aisle.
(D) Musicians are carrying instruments down the stairs.

unoccupied[미 ʌ̀náːkjupaid, 영 ʌ̀nɔ́kjəpaid] 비어 있는
step[step] 걸음을 옮기다　aisle[ail] 통로
carry[kǽri] 옮기다, 가지고 다니다　instrument[ínstrəmənt] 악기, 기구

해석 (A) 관현악단이 무대를 떠났다.
　　(B) 몇몇 좌석들이 비어 있다.
　　(C) 손님들이 통로로 걸음을 옮기고 있다.
　　(D) 연주자들이 계단 아래로 악기들을 옮기고 있다.

해설 (A) [×] 사진에서 관현악단은 보이지만 무대를 떠난(left the stage) 모습은 아니므로 오답이다.

（B) [○] 몇몇 좌석들이 비어 있는 상태를 정확히 묘사한 정답이다.
　　(C) [×] stepping into the aisle(통로로 걸음을 옮기고 있다)은 손님들의 동작과 무관하므로 오답이다. 사진에 있는 통로(aisle)를 사용하여 혼동을 주었다.
　　(D) [×] carrying instruments down the stairs(계단 아래로 악기들을 옮기고 있다)는 연주자들의 동작과 무관하므로 오답이다. 사진에 있는 계단(stairs)을 사용하여 혼동을 주었다.

## 08 🔊 미국식 발음

(A) The woman is greeting a customer.
(B) The woman is fixing her hair.
**(C) The man is getting a haircut.**
(D) The man is leaving a salon.

greet[griːt] 맞이하다　get a haircut 이발하다

해석 (A) 여자는 손님을 맞이하고 있다.
　　(B) 여자는 그녀의 머리를 손질하고 있다.
　　(C) 남자는 이발하고 있다.
　　(D) 남자는 미용실을 나가고 있다.

해설 (A) [×] greeting a customer(손님을 맞이하고 있다)는 여자의 동작과 무관하므로 오답이다.
　　(B) [×] 여자가 남자의 머리를 손질하고 있는 모습인데 자신의 머리를 손질하고 있다고 잘못 묘사했으므로 오답이다.
　　(C) [○] 남자가 이발하고 있는 모습을 정확히 묘사한 정답이다.
　　(D) [×] leaving a salon(미용실을 나가고 있다)은 남자의 동작과 무관하므로 오답이다. 사진의 장소인 salon(미용실)을 사용하여 혼동을 주었다.

## 09 🔊 호주식 발음

(A) The boat has been tied to a dock.
**(B) Trees are bordering the water.**
(C) The people are waving to each other.
(D) The people are swimming in a lake.

dock[미 daːk, 영 dɔk] 부두　border[미 bɔ́ːrdər, 영 bɔ́ːdə] 접하다
wave[weiv] 손을 흔들다

해석 (A) 보트가 부두에 묶여 있다.
　　(B) 나무들이 물가에 접해 있다.
　　(C) 사람들이 서로에게 손을 흔들고 있다.
　　(D) 사람들이 호수에서 헤엄치고 있다.

해설 (A) [×] 사진에서 보트는 보이지만 부두에 묶여 있는(tied to a dock) 모습은 아니므로 오답이다.
　　(B) [○] 나무들이 물가에 접해 있는 모습을 가장 잘 묘사한 정답이다.
　　(C) [×] waving to each other(서로에게 손을 흔들고 있다)는 사람들의 동작과 무관하므로 오답이다.
　　(D) [×] swimming in a lake(호수에서 헤엄치고 있다)는 사람들의 동작과 무관하므로 오답이다. 사진의 장소인 lake(호수)를 사용하여 혼동을 주었다.

## 10 🔊 캐나다식 발음

(A) Signs are being posted on a pole.
**(B) Workers are wearing safety helmets.**

(C) A road is being repaved by a machine.
(D) A crew member is pointing at a truck.

post [poust] 게시하다  safety helmet 안전모
repave [ripéiv] 재포장하다

해석 (A) 표지판들이 기둥에 게시되고 있다.
(B) 인부들이 안전모를 쓰고 있다.
(C) 도로가 기계에 의해 재포장되고 있다.
(D) 한 인부가 트럭을 가리키고 있다.

해설 (A) [×] 사진에서 표지판들은 보이지만 게시되고 있는(being posted)
모습은 아니므로 오답이다.
(B) [○] 인부들이 안전모를 쓰고 있는 모습을 정확히 묘사한 정답이다.
(C) [×] 사진에서 길은 보이지만 재포장되고 있는(being repaved) 모습은
아니므로 오답이다.
(D) [×] 사진에 트럭을 가리키고 있는(pointing at a truck) 인부가 없으
므로 오답이다. 사진에 있는 인부(crew member)를 사용하여 혼동을
주었다.

**11** 🔊 미국식 발음

(A) Boxes are being positioned
on the floor.
(B) Bottles are being unpacked from
crates.
(C) A man is repairing factory equipment.
**(D) A man is standing at a conveyer belt.**

position [pəzíʃən] 놓다, 배치하다  unpack [ʌnpǽk] 꺼내다
crate [kreit] 나무 상자

해석 (A) 상자들이 바닥에 놓이고 있다.
(B) 병들이 나무 상자들에서 꺼내지고 있다.
(C) 한 남자가 공장 장비를 고치고 있다.
(D) 한 남자가 컨베이어 벨트 옆에 서 있다.

해설 (A) [×] 사진에서 바닥에 놓이고 있는 상자들을 확인할 수 없으므로 오답이다.
(B) [×] 사진에서 나무 상자들에서 꺼내지고 있는 병들을 확인할 수 없으
므로 오답이다.
(C) [×] repairing factory equipment(공장 장비를 고치고 있다)는 남
자의 동작과 무관하므로 오답이다. 사진에 있는 공장 장비(factory
equipment)를 사용하여 혼동을 주었다.
(D) [○] 남자가 컨베이어 벨트 옆에 서 있는 모습을 정확히 묘사한 정답이다.

**12** 🔊 영국식 발음

(A) Some skyscrapers are lined
up in a row.
(B) Some ships are being unloaded
at a pier.
(C) A railing is being installed on a
building.
(D) A metal post is attached to a bench.

skyscraper [미 skáiskreipər, 영 skáiskreipə] 고층 건물
in a row 일렬로, 한 줄로
unload [미 ʌnlóud, 영 ʌnláud] (짐을) 내리다, 풀어 내려놓다
pier [미 piər, 영 piə] 부두, 선창  railing [réiliŋ] 난간, 울타리
post [미 poust, 영 pəust] 기둥, 말뚝  attach [ətǽtʃ] 부착하다, 붙이다

해석 (A) 몇몇 고층 건물들이 일렬로 세워져 있다.
(B) 몇몇 배들이 부두에서 짐이 내려지고 있다.

---

(C) 난간이 건물에 설치되고 있다.
(D) 철제 기둥이 벤치에 부착되어 있다.

해설 (A) [○] 몇몇 고층 건물들이 일렬로 세워져 있는 상태를 가장 잘 묘사한 정답
이다.
(B) [×] 사진에서 배들이 부두에서 짐이 내려지고 있는지 알 수 없으므로 오
답이다.
(C) [×] 사진에 난간은 보이지만 건물에 설치되고 있는(being installed
on a building) 모습은 아니므로 오답이다.
(D) [×] 사진에서 철제 기둥이 벤치에 부착되어 있는지 알 수 없으므로 오답
이다.

## DAY 02 사물 및 풍경 중심 사진

### HACKERS **PRACTICE**
p. 34

| | | | | |
|---|---|---|---|---|
| 01 (B) | 02 (A) | 03 (A) | 04 (A) | 05 (B) |
| 06 (B) | 07 (A) | 08 (A) | 09 (B) | 10 (A) |
| 11 O | 12 X | 13 X | 14 O | 15 X |
| 16 X | 17 O | 18 X | 19 X | 20 X |
| 21 O | 22 X | | | |

**01** 🔊 영국식 발음

(A) A plane is landing on the runway.
**(B) There is a plane flying over the water.**

(A) 비행기가 활주로에 착륙하고 있다.
(B) 물 위를 날고 있는 비행기가 있다.

**02** 🔊 호주식 발음

**(A) A vehicle is driving down the street.**
(B) A car is parked in front of a building.

(A) 차량이 도로를 따라 달리고 있다.
(B) 차량이 건물 앞에 주차되어 있다.

**03** 🔊 미국식 발음

**(A) Some tools have been left at a construction site.**
(B) Some machinery is being used at a construction site.

(A) 몇몇 공구들이 건설 현장에 남겨져 있다.
(B) 몇몇 기계가 건설 현장에서 사용되고 있다.

**04** 🔊 캐나다식 발음

**(A) Some vehicles are crossing over a bridge.**
(B) Some vehicles are parked on the bridge.

(A) 몇몇 차량들이 다리 위를 건너고 있다.
(B) 몇몇 차량들이 다리 위에 주차되어 있다.

**05** 🔊 영국식 발음

(A) Luggage is being loaded onto the train.
**(B) Trains are arriving at a station.**

(A) 짐이 기차에 실리고 있다.
(B) 기차들이 역에 도착하고 있다.

**06** 🔊 호주식 발음

(A) Some trees are being planted.
**(B) There are trees near the house.**

(A) 몇몇 나무들이 심어지고 있다.
(B) 집 근처에 나무들이 있다.

**07** 🎧 캐나다식 발음

**(A) Water is spraying from a fountain.**
(B) The lawn is being watered.

(A) 물이 분수에서 뿌려지고 있다.
(B) 잔디에 물이 뿌려지고 있다.

**08** 🎧 미국식 발음

**(A) The glasses are empty.**
(B) The glasses are being washed.

(A) 유리잔들이 비어 있다.
(B) 유리잔들이 세척되고 있다.

**09** 🎧 캐나다식 발음

(A) The window is being cleaned.
**(B) There are some clocks in the store window.**

(A) 창문이 닦이고 있다.
(B) 상점 진열창에 몇몇 시계들이 있다.

**10** 🎧 호주식 발음

**(A) There are some mountains in the background.**
(B) The mountains are covered in snow.

(A) 배경에 산이 있다.
(B) 산이 눈으로 덮여 있다.

**11** 🎧 캐나다식 발음 / 영국식 발음

There are some computer screens on the desks.
책상 위에 몇몇 컴퓨터 화면들이 있다.

**12** 🎧 캐나다식 발음 / 영국식 발음

Chairs have been piled in a corner.
의자들이 구석에 쌓여 있다.

**13** 🎧 캐나다식 발음 / 영국식 발음

Workers are seated at their desks.
직원들이 그들의 책상에 앉아 있다.

**14** 🎧 미국식 발음 / 호주식 발음

Cushions have been placed on the sofas.
쿠션들이 소파 위에 놓여 있다.

**15** 🎧 미국식 발음 / 호주식 발음

Pillars are located on both sides of a door.
기둥들이 문 양쪽에 위치해 있다.

**16** 🎧 미국식 발음 / 호주식 발음

A carpet is covering the floor.
카펫이 바닥을 덮고 있다.

**17** 🎧 캐나다식 발음 / 영국식 발음

The bridge is reflected in the water.
다리가 물에 비쳐 있다.

**18** 🎧 캐나다식 발음 / 영국식 발음

Some people are crossing a bridge.
몇몇 사람들이 다리를 건너고 있다.

**19** 🎧 캐나다식 발음 / 영국식 발음

Tree branches are being trimmed.
나뭇가지들이 다듬어지고 있다.

**20** 🎧 미국식 발음 / 호주식 발음

A door has been left open.
문이 열려 있다.

**21** 🎧 미국식 발음 / 호주식 발음

A path leads up to some steps.
길이 계단으로 이어진다.

**22** 🎧 미국식 발음 / 호주식 발음

Flowers are being planted in pots.
꽃들이 화분에 심어지고 있다.

## HACKERS TEST
p. 35

| 01 (C) | 02 (B) | 03 (A) | 04 (D) | 05 (B) |
| 06 (A) | 07 (B) | 08 (C) | 09 (D) | 10 (C) |
| 11 (C) | 12 (A) | | | |

**01** 🎧 미국식 발음

(A) There are some supplies in the drawers.
(B) A desk is located in the center of the room.
**(C) There are books on the shelves.**
(D) A stack of magazines is on the floor.

supply[səplái] 비품, 공급품  stack[stæk] 무더기, 더미

해석 (A) 서랍에 몇몇 비품들이 있다.
(B) 책상이 방의 중앙에 위치해 있다.
(C) 책꽂이에 책들이 있다.
(D) 잡지 한 무더기가 바닥에 있다.

해설 (A) [×] 사진에서 서랍은 보이지만 서랍에 비품들이 있는지 알 수 없으므로 오답이다.
(B) [×] 사진에서 방의 중앙에 책상이 없으므로 오답이다.
(C) [○] 책꽂이에 책들이 있는 상태를 정확히 묘사한 정답이다.
(D) [×] 사진에서 바닥에 잡지 한 무더기가 없으므로 오답이다. 사진의 책들 (books)과 관련 있는 잡지(magazines)를 사용하여 혼동을 주었다.

**02** 🎧 캐나다식 발음

(A) A ladder is leaning against a building.
**(B) A structure is situated next to a road.**
(C) A vehicle is driving on the street.
(D) A fence is propped up with poles.

lean against ~에 기대다  structure[strʌ́ktʃər] 건물, 구조
situated[sítʃuèitid] 위치해 있는  fence[fens] 담, 울타리
prop up 받치다, 받쳐서 넘어지지 않게 하다

해석 (A) 사다리가 건물에 기대어져 있다.
(B) 건물이 길 옆에 위치해 있다.

(C) 차량이 도로 위를 달리고 있다.
(D) 담이 막대들로 받쳐져 있다.

해설 (A) [×] 사진에서 사다리를 확인할 수 없으므로 오답이다.
(B) [○] 건물이 길 옆에 위치해 있는 상태를 정확히 묘사한 정답이다.
(C) [×] 사진에 차량이 없으므로 오답이다. 사진에 있는 도로(street)를 사용하여 혼동을 주었다.
(D) [×] 사진에서 담은 보이지만 막대들로 받쳐진(propped up with poles) 모습은 아니므로 오답이다.

**03** 🔊 미국식 발음

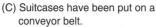

(A) **Paintings are displayed in a row.**
(B) Cushions are stacked next to the sofa.
(C) Light fixtures are being installed.
(D) Curtains are being hung in front of the windows.

in a row 일렬로   stack[stæk] 쌓다   light fixture 조명 기구

해석 (A) 그림들이 일렬로 전시되어 있다.
(B) 쿠션들이 소파 옆에 쌓여 있다.
(C) 조명 기구들이 설치되고 있다.
(D) 커튼들이 창문 앞에 걸리고 있다.

해설 (A) [○] 그림들이 일렬로 전시되어 있는 상태를 정확히 묘사한 정답이다.
(B) [×] 쿠션들이 소파 위에 놓여 있는 상태인데 소파 옆에 쌓여 있다고 잘못 묘사한 오답이다.
(C) [×] 사진에서 조명 기구는 보이지만 설치되고 있는(being installed) 모습은 아니므로 오답이다. 사람이 등장하지 않는 사진에 진행 수동형을 사용해 사람의 동작을 묘사한 오답에 주의한다.
(D) [×] 사진에서 커튼과 창문은 보이지만 커튼이 걸리고 있는(being hung) 모습은 아니므로 오답이다. 사람이 등장하지 않는 사진에 진행 수동형을 사용해 사람의 동작을 묘사한 오답에 주의한다.

**04** 🔊 영국식 발음

(A) Entrances are being blocked by barricades.
(B) Baggage is being loaded onto a cart.
(C) Suitcases have been put on a conveyor belt.
(D) **A sign is suspended from the ceiling.**

entrance[éntrəns] 출입구, 문   block[미 blɑːk, 영 blɔk] 막다, 차단하다
barricade[bǽrikèid] 장애물, 바리케이드   suspend[səspénd] 매달다
ceiling[síːliŋ] 천장

해석 (A) 출입구가 장애물로 막히고 있다.
(B) 수하물이 수레에 실리고 있다.
(C) 여행 가방들이 컨베이어 벨트 위에 놓여 있다.
(D) 표지판이 천장에 매달려 있다.

해설 (A) [×] 사진에서 장애물로 막히고 있는 출입구를 확인할 수 없으므로 오답이다. 사람이 등장하지 않는 사진에 진행 수동형을 사용해 사람의 동작을 묘사한 오답에 주의한다.
(B) [×] 사진에서 수레는 보이지만 수하물이 실리고 있는(being loaded) 모습은 아니므로 오답이다. 사람이 등장하지 않는 사진에 진행 수동형을 사용해 사람의 동작을 묘사한 오답에 주의한다.
(C) [×] 사진에 여행 가방들이 없으므로 오답이다. 사진에 있는 컨베이어 벨트(conveyor belt)를 사용하여 혼동을 주었다.

(D) [○] 표지판이 천장에 매달려 있는 상태를 가장 잘 묘사한 정답이다.

**05** 🔊 캐나다식 발음

(A) The bookcase has been emptied.
(B) **The clock is hanging on the wall.**
(C) The lamp is sitting near the sofa.
(D) The floor is covered with a carpet.

empty[émpti] 비우다   sit[sit] 놓여 있다

해석 (A) 책장이 비워져 있다.
(B) 시계가 벽에 걸려 있다.
(C) 램프가 소파 근처에 놓여 있다.
(D) 바닥이 카펫으로 덮여 있다.

해설 (A) [×] 사진에서 책장은 보이지만 비워져 있는(has been emptied) 모습은 아니므로 오답이다.
(B) [○] 시계가 벽에 걸려 있는 상태를 정확히 묘사한 정답이다.
(C) [×] 사진에서 램프는 보이지만 소파 근처에 놓여 있는(sitting near the sofa) 모습은 아니므로 오답이다.
(D) [×] 사진에 카펫이 없으므로 오답이다.

**06** 🔊 호주식 발음

(A) **Bicycles have been left in a rack.**
(B) Steps lead down to a basement.
(C) Windows are being installed in a building.
(D) Vines are being planted in a garden.

basement[béismənt] 지하실   vine[vain] 덩굴 (식물)

해석 (A) 자전거들이 보관대에 놓여 있다.
(B) 계단이 지하실로 이어진다.
(C) 창문들이 건물에 설치되고 있다.
(D) 덩굴이 정원에 심어지고 있다.

해설 (A) [○] 자전거들이 보관대에 놓여 있는 상태를 정확히 묘사한 정답이다.
(B) [×] 사진에서 계단은 보이지만 지하실로 이어지는(lead down to a basement) 모습은 아니므로 오답이다.
(C) [×] 사진에서 창문은 보이지만 설치되고 있는(being installed) 모습은 아니므로 오답이다. 사람이 등장하지 않는 사진에 진행 수동형을 사용해 사람의 동작을 묘사한 오답에 주의한다.
(D) [×] 사진에서 덩굴은 보이지만 심어지고 있는(being planted) 모습은 아니므로 오답이다. 사람이 등장하지 않는 사진에 진행 수동형을 사용해 사람의 동작을 묘사한 오답에 주의한다.

**07** 🔊 영국식 발음

(A) Glasses are being filled with water.
(B) **Cloths cover each of the tables.**
(C) Chairs are being set against the wall.
(D) Food has been placed on plates.

cloth[미 klɔːθ, 영 klɔθ] 천, 헝겊

해석 (A) 유리잔들이 물로 채워지고 있다.
　　(B) 천들이 각 테이블을 덮고 있다.
　　(C) 의자들이 벽에 기대어 놓여지고 있다.
　　(D) 음식이 접시들 위에 놓여 있다.

해설 (A) [×] 사진에서 유리잔들은 보이지만 물로 채워지고 있는(being filled with water) 모습은 아니므로 오답이다. 사람이 등장하지 않는 사진에 진행 수동형을 사용해 사람의 동작을 묘사한 오답에 주의한다.
　　(B) [○] 천들이 각 테이블을 덮고 있는 상태를 정확히 묘사한 정답이다.
　　(C) [×] 사진에서 의자들은 보이지만 벽에 기대어 놓여지고 있는(being set against the wall) 모습은 아니므로 오답이다. 사람이 등장하지 않는 사진에 진행 수동형을 사용해 사람의 동작을 묘사한 오답에 주의한다.
　　(D) [×] 사진에서 접시 위에 놓여 있는 음식을 확인할 수 없으므로 오답이다. 사진에 있는 접시들(plates)을 사용하여 혼동을 주었다.

**08** 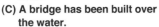 호주식 발음

> (A) Vehicles are crossing over a bridge.
> (B) Lampposts illuminate a parking area.
> **(C) A bridge has been built over the water.**
> (D) Traffic lights are located at an intersection.
>
> lamppost[미 lǽmppoust, 영 lǽmppəust] 가로등
> illuminate[미 ilú:mənèit, 영 ilú:mineit] 비추다
> intersection[미 ìntərsékʃən, 영 ìntəsékʃən] 교차로

해석 (A) 차량들이 다리 위를 건너고 있다.
　　(B) 가로등들이 주차 구역을 비춘다.
　　(C) 다리가 물 위에 세워져 있다.
　　(D) 신호등들이 교차로에 위치해 있다.

해설 (A) [×] 사진에서 차량들을 확인할 수 없으므로 오답이다. 사진의 장소인 다리(bridge)를 사용하여 혼동을 주었다.
　　(B) [×] 사진에서 가로등들은 보이지만 주차 구역을 비추는(illuminate a parking area) 모습은 아니므로 오답이다.
　　(C) [○] 다리가 물 위에 세워져 있는 상태를 정확히 묘사한 정답이다.
　　(D) [×] 사진에서 신호등과 교차로를 확인할 수 없으므로 오답이다.

**09**  캐나다식 발음

> (A) Containers have been filled with eating utensils.
> (B) Products are being assembled.
> (C) Cords are being plugged into machines.
> **(D) Equipment has been set up.**
>
> container[kəntéinər] 상자, 용기　utensil[ju:ténsəl] 식기, 도구
> assemble[əsémbl] 조립하다, 모으다　plug[plʌɡ] 꽂다, 막다
> set up 설치하다

해석 (A) 상자들이 식기들로 가득 차 있다.
　　(B) 상품들이 조립되고 있다.
　　(C) 코드들이 기계에 꽂히고 있다.
　　(D) 장비가 설치되어 있다.

해설 (A) [×] 사진에서 상자들은 보이지만 식기들로 가득 차 있는(filled with eating utensils) 모습은 아니므로 오답이다.
　　(B) [×] 사진에서 조립되고 있는 상품들을 확인할 수 없으므로 오답이다. 사진의 장비와 관련 있는 being assembled(조립되고 있다)를 사용하여 혼동을 주었다.

　　(C) [×] 사진에서 코드들은 보이지만 꽂히고 있는(being plugged) 모습은 아니므로 오답이다. 사람이 등장하지 않는 사진에 진행 수동형을 사용해 사람의 동작을 묘사한 오답에 주의한다.
　　(D) [○] 장비가 설치되어 있는 상태를 가장 잘 묘사한 정답이다.

**10**  영국식 발음

> (A) A building is being painted.
> (B) A sidewalk runs along a street.
> **(C) Cranes stand in a construction site.**
> (D) Dirt is being removed from a work area.
>
> sidewalk[sáidwɔ:k] 인도, 보도　run[rʌn] 이어지다
> crane[krein] 기중기

해석 (A) 건물이 페인트칠 되고 있다.
　　(B) 인도가 도로를 따라 이어져 있다.
　　(C) 기중기들이 공사 현장에 서 있다.
　　(D) 흙이 작업 구역에서 치워지고 있다.

해설 (A) [×] 사진에서 건물은 보이지만 페인트칠 되고 있는(being painted) 모습은 아니므로 오답이다. 사람이 등장하지 않는 사진에 진행 수동형을 사용해 사람의 동작을 묘사한 오답에 주의한다.
　　(B) [×] 사진에 도로를 따라 이어진 인도가 없으므로 오답이다.
　　(C) [○] 기중기들이 공사 현장에 서 있는 상태를 정확히 묘사한 정답이다.
　　(D) [×] 사진에서 흙은 보이지만 치워지고 있는(being removed) 모습은 아니므로 오답이다. 사람이 등장하지 않는 사진에 진행 수동형을 사용해 사람의 동작을 묘사한 오답에 주의한다.

**11**  미국식 발음

> (A) A shopkeeper is assisting some customers.
> (B) Fruit is being piled up in baskets.
> **(C) Some fruit is being displayed at a market.**
> (D) Some produce has been put into bags.
>
> assist[əsíst] 돕다　pile[pail] 쌓다　produce[prάdjuːs] 농산물, 생산물

해석 (A) 가게 주인이 손님들을 돕고 있다.
　　(B) 과일이 바구니 안에 쌓이고 있다.
　　(C) 과일이 시장에 진열되어 있다.
　　(D) 농산물이 봉투에 담겨 있다.

해설 (A) [×] 사람이 없는 사진에 사람을 나타내는 shopkeeper(가게 주인)와 customers(손님들)를 사용했으므로 오답이다.
　　(B) [×] 사진에서 과일과 바구니는 보이지만 과일이 쌓이고 있는(being piled up) 모습은 아니므로 오답이다. 사람이 등장하지 않는 사진에 진행 수동형을 사용해 사람의 동작을 묘사한 오답에 주의한다.
　　(C) [○] 과일이 시장에 진열되어 있는 상태를 정확히 묘사한 정답이다.
　　(D) [×] 사진에서 봉투에 담겨 있는 농산물을 확인할 수 없으므로 오답이다.

**12**  호주식 발음

> **(A) A ramp extends from the back of a truck.**
> (B) The side of the street is lined with trees.
> (C) A truck is being parked in a lot.
> (D) Boxes are being loaded onto a vehicle.

ramp[ræmp] 경사로  extend[iksténd] 뻗다, 돌출하다
line[lain] 늘어서다  lot[미 lɑːt, 영 lɔt] 부지

해석 (A) 경사로가 트럭 뒤편에서 뻗어 있다.
　　(B) 길가에 나무들이 늘어서 있다.
　　(C) 트럭이 부지에 주차되고 있다.
　　(D) 상자들이 차량에 실리고 있다.

해설 (A) [○] 경사로가 트럭 뒤편에서 뻗어 있는 상태를 정확히 묘사한 정답이다.
　　(B) [×] 사진에서 나무들이 보이지만 길가에 늘어서 있는지는 확인할 수 없
　　　　으므로 오답이다. 사진의 장소인 길(street)을 사용하여 혼동을 주었다.
　　(C) [×] 사진에서 트럭은 보이지만 주차되고 있는(being parked) 모습은
　　　　아니므로 오답이다. 사람이 등장하지 않는 사진에 진행 수동형을 사용해
　　　　사람의 동작을 묘사한 오답에 주의한다.
　　(D) [×] 사진에서 상자들은 보이지만 실리고 있는(being loaded) 모습은
　　　　아니므로 오답이다. 사람이 등장하지 않는 사진에 진행 수동형을 사용해
　　　　사람의 동작을 묘사한 오답에 주의한다.

PART 1

해커스 토익 750+ LC

# PART 2

## DAY 03 의문사 의문문 1

### HACKERS **PRACTICE**

p. 45

| 01 (A) | 02 (A) | 03 (B) | 04 (B) | 05 (A) |
|--------|--------|--------|--------|--------|
| 06 (B) | 07 O | 08 X | 09 O | 10 X |
| 11 O | 12 O | 13 X | 14 O | 15 X |
| 16 O | 17 O | 18 X | 19 O | 20 X |
| 21 O | | | | |

**01** 🔊 미국식 발음 → 호주식 발음 / 캐나다식 발음 → 영국식 발음

Who will be the head designer for the next collection?
**(A) Cynthia Boone, I think.**
(B) The designs need some changes.

다음 신작 발표회의 수석 디자이너는 누가 될까요?
(A) Cynthia Boone일 것 같아요.
(B) 디자인에 변화가 좀 필요해요.

**02** 🔊 호주식 발음 → 영국식 발음 / 캐나다식 발음 → 미국식 발음

When will Brian finish the proposals?
**(A) By the end of the week.**
(B) I'll see you later.

Brian이 언제 제안서를 완성할까요?
(A) 이번 주말까지요.
(B) 나중에 봐요.

**03** 🔊 미국식 발음 → 캐나다식 발음 / 영국식 발음 → 호주식 발음

Who approved this proposal?
(A) At 10 P.M. on Tuesday.
**(B) I believe the director did.**

누가 이 제안서를 승인했나요?
(A) 화요일 오후 10시에요.
(B) 부장님이 한 것 같아요.

**04** 🔊 캐나다식 발음 → 호주식 발음 / 영국식 발음 → 미국식 발음

Where did you leave my briefcase?
(A) I leave tomorrow.
**(B) I put it on the coffee table.**

제 서류가방을 어디에 두었나요?
(A) 저는 내일 떠나요.
(B) 소형 탁자 위에 두었어요.

**05** 🔊 영국식 발음 → 캐나다식 발음 / 미국식 발음 → 호주식 발음

When are the research evaluations due?
**(A) On May 31.**
(B) For two months.

연구 평가는 언제까지인가요?
(A) 5월 31일이요.
(B) 두 달 동안이요.

**06** 🔊 미국식 발음 → 캐나다식 발음 / 영국식 발음 → 호주식 발음

Where is the nearest bank?

(A) To exchange some money.
**(B) There's one on the corner.**

가장 가까운 은행이 어디인가요?
(A) 돈을 좀 환전하기 위해서요.
(B) 모퉁이에 한 곳이 있어요.

**07** 🔊 영국식 발음 → 캐나다식 발음 / 미국식 발음 → 호주식 발음

Q: Who did you call this morning?
A: My office manager.

Q: 당신은 오늘 아침에 누구에게 전화했나요?
A: 제 사무장님이요.

**08** 🔊 캐나다식 발음 → 호주식 발음 / 미국식 발음 → 영국식 발음

Q: Where do I sign up for the swimming courses?
A: He's a good swimmer.

Q: 수영 강좌들을 어디서 등록하나요?
A: 그는 좋은 수영선수예요.

**09** 🔊 영국식 발음 → 캐나다식 발음 / 호주식 발음 → 미국식 발음

Q: When is the train scheduled to depart?
A: It should be leaving in 10 minutes.

Q: 기차는 언제 출발할 예정인가요?
A: 10분 후에 떠날 거예요.

**10** 🔊 영국식 발음 → 호주식 발음 / 미국식 발음 → 캐나다식 발음

Q: Where can I find an application?
A: I never found him.

Q: 지원서를 어디서 찾을 수 있나요?
A: 저는 그를 찾지 못했어요.

**11** 🔊 캐나다식 발음 → 영국식 발음 / 호주식 발음 → 미국식 발음

Q: When did you start working at the post office?
A: Nearly two years ago.

Q: 언제부터 우체국에서 일하기 시작했나요?
A: 거의 2년 전이요.

**12** 🔊 캐나다식 발음 → 미국식 발음 / 호주식 발음 → 영국식 발음

Q: Where should I put these surveys?
A: On the table next to my desk.

Q: 이 설문 조사지들을 어디에 두어야 하나요?
A: 제 책상 옆 탁자 위에요.

**13** 🔊 미국식 발음 → 캐나다식 발음 / 영국식 발음 → 호주식 발음

Q: Who will send out the invitations?
A: It'll be sent at 3 o'clock.

Q: 누가 초대장들을 보낼 건가요?
A: 그것은 3시에 보내질 거예요.

**14** 🔊 호주식 발음 → 미국식 발음 / 캐나다식 발음 → 영국식 발음

Q: Where is the library located?
A: On Stine Street.

Q: 도서관이 어디에 위치해 있나요?
A: Stine가에 있어요.

**15** 🔊 호주식 발음 → 영국식 발음 / 캐나다식 발음 → 미국식 발음

Q: When will we meet the new director?
A: The directions are in the manual.

Q: 우리는 언제 새로운 이사를 만날 건가요?
A: 사용법은 설명서에 있습니다.

**16** 🔊 영국식 발음 → 캐나다식 발음 / 호주식 발음 → 미국식 발음

Q: Where is the doctor's office?
A: Two doors from the administration office.

Q: 진료실이 어디인가요?
A: 행정실에서 두 사무실 지나서 있어요.

**17** 🔊 미국식 발음 → 호주식 발음 / 영국식 발음 → 캐나다식 발음

Q: Who's the woman in the lobby?
A: That's Ms. Colbert.

Q: 로비에 있는 여자는 누구인가요?
A: Ms. Colbert예요.

**18** 🔊 미국식 발음 → 호주식 발음 / 캐나다식 발음 → 영국식 발음

Q: When does the equipment demonstration start?
A: At the central train station.

Q: 장비 시연회가 언제 시작하나요?
A: 중앙 기차역에서요.

**19** 🔊 호주식 발음 → 미국식 발음 / 영국식 발음 → 캐나다식 발음

Q: Where will the conference be held?
A: Let me check the brochure.

Q: 회의는 어디서 열리나요?
A: 소책자를 확인해 볼게요.

**20** 🔊 미국식 발음 → 호주식 발음 / 영국식 발음 → 캐나다식 발음

Q: Who has the key for the conference room?
A: There's not enough room.

Q: 누가 회의실 열쇠를 가지고 있나요?
A: 공간이 충분하지 않아요.

**21** 🔊 미국식 발음 → 캐나다식 발음 / 호주식 발음 → 영국식 발음

Q: When will the electricity bill arrive?
A: At the end of this month.

Q: 전기 요금 청구서가 언제 도착할까요?
A: 이번 달 말에요.

## HACKERS TEST

p. 46

| 01 (A) | 02 (B) | 03 (B) | 04 (C) | 05 (B) |
|--------|--------|--------|--------|--------|
| 06 (B) | 07 (C) | 08 (C) | 09 (A) | 10 (C) |
| 11 (A) | 12 (C) | 13 (B) | 14 (A) | 15 (B) |
| 16 (C) | 17 (C) | 18 (B) | 19 (B) | 20 (A) |
| 21 (A) | 22 (B) | 23 (B) | 24 (C) | 25 (B) |

**01** 🔊 미국식 발음 → 캐나다식 발음

Where is the nearest copy center?
**(A) Just a block from here.**

(B) Yes, I already copied it.
(C) It opens at seven.

---
copy center 복사 가게

해석 가장 가까운 복사 가게가 어디에 있나요?
(A) 여기서 한 블록 떨어진 곳이요.
(B) 네, 제가 그것을 이미 복사했어요.
(C) 그곳은 7시에 문을 열어요.

해설 **Where 의문문**
(A) [○] 여기서 한 블록 떨어진 곳이라며 가장 가까운 복사 가게의 위치를 언급했으므로 정답이다.
(B) [×] Where 의문문에는 Yes/No 응답이 불가능하므로 오답이다. 질문의 copy(복사)를 '복사하다'라는 의미의 copied로 반복 사용하여 혼동을 주었다.
(C) [×] 질문의 copy center(복사 가게)를 나타낼 수 있는 It을 사용하여 혼동을 준 오답이다.

**02** 🔊 영국식 발음 → 호주식 발음

When will this flight depart?
(A) She's arriving soon.
**(B) At 5:30 P.M.**
(C) Yes, that'd be nice.

---
flight[flait] 항공편, 비행  depart[미 dipáːrt, 영 dipáːt] 출발하다

해석 이 항공편은 언제 출발할 건가요?
(A) 그녀는 곧 도착할 거예요.
(B) 오후 5시 30분에요.
(C) 네, 그게 좋겠어요.

해설 **When 의문문**
(A) [×] 질문의 depart(출발하다)와 반대 의미인 arriving(도착하다)을 사용하여 혼동을 준 오답이다.
(B) [○] 5:30 P.M.(오후 5시 30분)이라는 특정 시점을 언급했으므로 정답이다.
(C) [×] When 의문문에는 Yes/No 응답이 불가능하므로 오답이다. 질문의 this(이, 이것의)와 관련 있는 that을 사용하여 혼동을 주었다.

**03** 🔊 호주식 발음 → 미국식 발음

Where will the company dinner be held?
(A) We met up in the afternoon.
**(B) At that new place on the corner.**
(C) The food was delicious.

---
hold[미 hould, 영 həuld] 열리다, 개최하다  meet up 만나다

해석 회사 회식이 어디에서 열릴 건가요?
(A) 우리는 오후에 만났어요.
(B) 모퉁이에 있는 새로 생긴 곳에서요.
(C) 음식이 맛있었어요.

해설 **Where 의문문**
(A) [×] 회사 회식이 어디에서 열릴 건지를 물었는데, 우리가 오후에 만났다며 관련이 없는 내용으로 응답했으므로 오답이다.
(B) [○] 모퉁이에 있는 새로 생긴 곳이라며 회사 회식이 열릴 장소를 언급했으므로 정답이다.
(C) [×] company dinner(회사 회식)와 관련 있는 food(음식)를 사용하여 혼동을 준 오답이다.

**04** 🎧 미국식 발음 → 캐나다식 발음

When did you pick up the dry cleaning?
(A) Yes, he forgot to get some.
(B) I'll drop it off on Monday.
**(C) Actually, I had it delivered.**

pick up 찾아오다   drop off 갖다 주다   deliver[dilívər] 배달하다, 배송하다

해석 언제 드라이클리닝을 찾아오셨나요?
(A) 네, 그는 몇 개를 가져오는 걸 잊어버렸어요.
(B) 월요일에 갖다 줄게요.
(C) 사실, 저는 그걸 배달시켰어요.

해설 When 의문문
(A) [×] When 의문문에는 Yes/No 응답이 불가능하므로 오답이다. pick up(찾아오다)과 같은 의미인 get(가져오다)을 사용하여 혼동을 주었다.
(B) [×] pick up(찾아오다)과 반대 의미인 drop off(갖다 주다)를 사용하여 혼동을 준 오답이다.
(C) [○] 배달시켰다는 말로 드라이클리닝을 자신이 직접 찾아오지 않았음을 간접적으로 전달했으므로 정답이다.

**05** 🎧 영국식 발음 → 캐나다식 발음

Where do you think we should have the dinner party?
(A) I'm still full from lunch.
**(B) A bistro next to our office.**
(C) I'll pay for the meal.

full[ful] 배부른   bistro[미 bí:strou, 영 bí:strəu] 작은 식당
meal[mi:l] 식사

해석 우리가 저녁 식사 파티를 어디에서 해야 한다고 생각하세요?
(A) 저는 점심 먹은 것이 아직 배불러요.
(B) 사무실 옆의 작은 식당이요.
(C) 제가 식사비를 지불할게요.

해설 Where 의문문
(A) [×] dinner(저녁 식사)와 관련 있는 lunch(점심)를 사용하여 혼동을 준 오답이다.
(B) [○] 사무실 옆의 작은 식당이라며 저녁 식사 파티를 할 장소를 언급했으므로 정답이다.
(C) [×] dinner(저녁 식사)와 관련 있는 meal(식사)을 사용하여 혼동을 준 오답이다.

**06** 🎧 미국식 발음 → 호주식 발음

When is our client supposed to arrive?
(A) In the waiting room.
**(B) She should be here already.**
(C) From Spain.

be supposed to ~하기로 되어 있다   arrive[əráiv] 도착하다

해석 우리 고객은 언제 도착하기로 되어 있나요?
(A) 대기실이에요.
(B) 그녀는 이미 여기 와있어야 해요.
(C) 스페인에서요.

해설 When 의문문
(A) [×] 고객이 도착하기로 되어 있는 시점을 물었는데, 장소로 응답했으므로 오답이다.
(B) [○] 이미 여기 와있어야 한다는 말로 고객이 아직 오지 않았음을 간접적

으로 전달했으므로 정답이다.
(C) [×] 고객이 도착하기로 되어 있는 시점을 물었는데, 장소로 응답했으므로 오답이다.

**07** 🎧 영국식 발음 → 캐나다식 발음

Who can give me directions?
(A) A direct request.
(B) The signposts will be ready later.
**(C) Ask someone at the information counter.**

direction[dirékʃən, dairékʃən] 안내, 지시   signpost[sáinpoust] 표지판

해석 누가 저에게 안내를 해줄 수 있나요?
(A) 직접적인 요청이에요.
(B) 표지판들이 나중에 준비될 거예요.
(C) 안내 창구에 있는 사람에게 물어보세요.

해설 Who 의문문
(A) [×] directions – direct의 유사 발음 어휘를 사용하여 혼동을 준 오답이다.
(B) [×] 질문의 directions(안내)에서 연상할 수 있는 교통 안내와 관련된 signposts(표지판)를 사용하여 혼동을 준 오답이다.
(C) [○] 안내 창구에 있는 사람에게 물어보라는 말로 누가 안내를 해줄 수 있을지 모른다는 것을 간접적으로 전달했으므로 정답이다.

**08** 🎧 미국식 발음 → 영국식 발음

When do we need to finish our news articles?
(A) It's for the local newspaper.
(B) I usually take the subway.
**(C) They have to be done by tomorrow.**

finish[fíniʃ] 끝내다   local[미 lóukəl, 영 lə́ukəl] 지역의

해석 우리는 뉴스 기사 작성을 언제까지 끝내야 하나요?
(A) 그것은 지역 신문을 위한 거예요.
(B) 저는 주로 지하철을 타요.
(C) 그것들은 내일까지 다 끝나야 해요.

해설 When 의문문
(A) [×] news – newspaper의 유사 발음 어휘를 사용하여 혼동을 준 오답이다.
(B) [×] 뉴스 기사 작성을 언제까지 끝내야 하는지를 물었는데, 주로 지하철을 탄다며 관련이 없는 내용으로 응답했으므로 오답이다.
(C) [○] tomorrow(내일)라는 특정 시점을 언급했으므로 정답이다.

**09** 🎧 캐나다식 발음 → 미국식 발음

Who parked in the handicapped space?
**(A) That's John's car.**
(B) Park behind the building.
(C) Five dollars per hour.

handicapped space 장애인 전용 주차 공간

해석 누가 장애인 전용 주차 공간에 주차했나요?
(A) 저것은 John의 차량이에요.
(B) 건물 뒤편에 주차하세요.
(C) 시간당 5달러예요.

해설 Who 의문문
(A) [○] John의 차량이라며 장애인 전용 주차 공간에 주차한 인물을 언급

했으므로 정답이다.

(B) [×] 질문의 parked를 Park로 반복 사용하여 혼동을 준 오답이다.

(C) [×] 누가 장애인 전용 주차 공간에 주차했는지를 물었는데, 시간당 5달러라며 관련이 없는 내용으로 응답했으므로 오답이다.

**10** 🔊 영국식 발음 → 캐나다식 발음

> When is the best time to visit the museum?
> (A) I'm wearing a vest.
> (B) They'd prefer a guided tour.
> **(C) You should avoid Saturdays.**
> ---
> vest[vest] 조끼   prefer[미 prifə́:r, 영 prifə́:] 선호하다, 애호하다
> avoid[əvɔ́id] 피하다, 막다

해석 박물관을 방문하기에 가장 좋은 때가 언제인가요?

(A) 저는 조끼를 입고 있어요.

(B) 그들은 가이드가 있는 관람을 선호할 거예요.

(C) 당신은 토요일을 피해야 해요.

해설 **When 의문문**

(A) [×] visit – vest의 유사 발음 어휘를 사용하여 혼동을 준 오답이다.

(B) [×] museum(박물관)과 관련 있는 guided tour(가이드가 있는 관람)를 사용하여 혼동을 준 오답이다.

(C) [○] 토요일은 피하라는 말로 토요일을 제외한 날에 방문하는 것이 좋음을 간접적으로 전달했으므로 정답이다.

**11** 🔊 캐나다식 발음 → 영국식 발음

> Who's going to pick up the client at the train station?
> **(A) I asked Julie to take care of it.**
> (B) No thanks, I already have a ride.
> (C) He's going out of town.
> ---
> pick up 마중 나가다, 차에 태우다   client[kláiənt] 고객
> ride[raid] 차(탈것) 준비, 탈 것

해석 누가 기차역으로 고객을 마중 나갈 건가요?

(A) 제가 Julie에게 맡아달라고 부탁했어요.

(B) 괜찮아요, 저는 이미 타고 갈 차를 준비해 두었어요.

(C) 그는 시내에 없을 거예요.

해설 **Who 의문문**

(A) [○] 자신이 Julie에게 맡아달라고 부탁했다며 기차역으로 고객을 마중 나갈 인물을 언급했으므로 정답이다.

(B) [×] pick up(마중 나가다)과 관련 있는 ride(차 준비)를 사용하여 혼동을 준 오답이다.

(C) [×] 질문의 client(고객)를 나타낼 수 있는 He를 사용하여 혼동을 준 오답이다.

**12** 🔊 미국식 발음 → 호주식 발음

> Where is the conference hall?
> (A) I think it's after lunch.
> (B) It'll be about the economy.
> **(C) In the west wing of the building.**
> ---
> conference hall 회의장   wing[wiŋ] 부속 건물

해석 회의장이 어디인가요?

(A) 점심 후인 것 같아요.

(B) 그것은 경제에 관한 것일 거예요.

(C) 건물의 서쪽 부속 건물 안이요.

(A) [×] 회의장의 위치를 물었는데, 시점으로 응답했으므로 오답이다.

(B) [×] conference(회의)에서 연상할 수 있는 회의 주제와 관련된 economy(경제)를 사용하여 혼동을 준 오답이다.

(C) [○] 건물의 서쪽 부속 건물 안이라며 회의장의 위치를 언급했으므로 정답이다.

**13** 🔊 캐나다식 발음 → 영국식 발음

> When would you like to come in for your appointment?
> (A) I'll make a point to do that.
> **(B) Let me check my schedule.**
> (C) I'd like that very much.
> ---
> appointment[əpɔ́intmənt] 예약, 약속   make a point to 반드시 ~ 하다

해석 예약을 위해 언제쯤 오시겠어요?

(A) 그것을 반드시 할게요.

(B) 제 일정을 확인해 볼게요.

(C) 그거 정말 좋겠네요.

해설 **When 의문문**

(A) [×] appointment – point의 유사 발음 어휘를 사용하여 혼동을 준 오답이다.

(B) [○] 자신의 일정을 확인해보겠다는 말로 예약을 위해 언제쯤 올지 모른다는 간접적인 응답을 했으므로 정답이다.

(C) [×] 질문의 would like를 반복 사용하여 혼동을 준 오답이다.

**14** 🔊 영국식 발음 → 호주식 발음

> Who's the new manager of the finance department?
> **(A) Ms. Wright got the position.**
> (B) Yes, he'll start his new job tomorrow.
> (C) The annual budget increased by five percent.
> ---
> finance department 재무부서   position[pəzíʃən] 직책
> annual[ǽnjuəl] 연간의

해석 재무부서의 새로운 부장은 누구인가요?

(A) Ms. Wright가 그 직책을 맡았어요.

(B) 네, 그는 내일 새로운 일을 시작할 거예요.

(C) 연간 예산이 5퍼센트 증가했어요.

해설 **Who 의문문**

(A) [○] Ms. Wright가 그 직책을 맡았다며 재무부서의 새로운 부장인 인물을 언급했으므로 정답이다.

(B) [×] Who 의문문에는 Yes/No 응답이 불가능하므로 오답이다. 질문의 new를 반복 사용하여 혼동을 주었다.

(C) [×] finance department(재무부서)와 관련 있는 annual budget (연간 예산)을 사용하여 혼동을 준 오답이다.

**15** 🔊 영국식 발음 → 캐나다식 발음

> Where should I celebrate my 18th birthday?
> (A) At nine in the evening.
> **(B) What about a hotel in the city?**
> (C) The cake will be here in a while.
> ---
> celebrate[séləbreit] 축하하다   in a while 곧

해석 저의 18번째 생일을 어디서 축하해야 할까요?

(A) 저녁 9시에요.

(B) 시내 호텔은 어때요?
(C) 케이크가 곧 나올 거예요.

해설 **Where 의문문**
(A) [×] 생일을 축하할 장소를 물었는데, 시간으로 응답했으므로 오답이다.
(B) [○] 시내 호텔은 어떤지를 되물어 생일을 축하할 장소에 대한 의견을 주었으므로 정답이다.
(C) [×] celebrate(축하하다), birthday(생일)와 관련 있는 cake(케이크)를 사용하여 혼동을 준 오답이다.

**16** 🔊 호주식 발음 → 미국식 발음

When is the new branch office going to start its operations?
(A) I can operate this machine well.
(B) Please turn it off before you leave.
**(C) I think it'll be ready in six months.**

--------------------------------------------------------
branch office 지사   operation[미 ɑ̀ːpəréiʃən, 영 ɔ̀pəréiʃən] 영업, 운영
turn off 끄다

해석 새로운 지사는 언제 영업을 시작할 건가요?
(A) 저는 이 기계를 잘 작동시킬 수 있어요.
(B) 가기 전에 그것을 꺼주세요.
(C) 6개월 후면 준비가 될 것 같아요.

해설 **When 의문문**
(A) [×] operations – operate의 유사 발음 어휘를 사용하여 혼동을 준 오답이다.
(B) [×] 질문의 is going to(~할 것이다)에서의 going을 '가다'라는 의미로 보았을 때 같은 의미인 leave(가다)를 사용하여 혼동을 준 오답이다.
(C) [○] in six months(6개월 후)라는 특정 시점을 언급했으므로 정답이다.

**17** 🔊 캐나다식 발음 → 영국식 발음

Where do you suggest I go to buy some old books?
(A) The booking may take a while.
(B) They all cost under $10.
**(C) Try the bookstore on Second Avenue.**

--------------------------------------------------------
booking[búkiŋ] 예매, 예약

해석 제가 오래된 책들을 사러 어디로 가는 것을 추천하시겠어요?
(A) 예매는 시간이 좀 걸릴 거예요.
(B) 그것들은 모두 10달러 미만이에요.
(C) 2번가에 있는 서점에 한 번 가보세요.

해설 **Where 의문문**
(A) [×] 질문의 books(책)에서의 book을 '예매'라는 의미의 booking으로 사용하여 혼동을 준 오답이다.
(B) [×] buy(사다)에서 연상할 수 있는 금액과 관련된 $10(10달러)를 사용하여 혼동을 준 오답이다.
(C) [○] 2번가에 있는 서점에 가보라며 오래된 책들을 살 장소를 언급했으므로 정답이다.

**18** 🔊 미국식 발음 → 호주식 발음

Who's going to be attending the research analysis seminar?
(A) In the research department.
**(B) Just Ms. Cranston and me.**
(C) The summary is on the last page.

--------------------------------------------------------

attend[əténd] 참석하다   research[미 risə́ːrtʃ, 영 risə́ːtʃ] 연구
analysis[ənǽləsis] 분석

해석 누가 연구 분석 세미나에 참석할 건가요?
(A) 연구부서에서요.
(B) Ms. Cranston과 저만요.
(C) 요약은 마지막 페이지에 있어요.

해설 **Who 의문문**
(A) [×] 질문의 research를 반복 사용하여 혼동을 준 오답이다.
(B) [○] Ms. Cranston과 자신만이라며 연구 분석 세미나에 참석할 인물을 언급했으므로 정답이다.
(C) [×] analysis(분석)에서 연상할 수 있는 보고서와 관련된 summary(요약)를 사용하여 혼동을 준 오답이다.

**19** 🔊 호주식 발음 → 영국식 발음

Who else has a copy of the report?
(A) It was copied yesterday.
**(B) Everyone in the accounting department.**
(C) Yes, she does.

--------------------------------------------------------
else[els] 그 밖에   copy[미 kɑ́ːpi, 영 kɔ́pi] 사본; 복사하다

해석 그 밖에 누가 그 보고서의 사본을 가지고 있나요?
(A) 그것은 어제 복사됐어요.
(B) 회계부서의 모든 사람이요.
(C) 네, 그녀가 해요.

해설 **Who 의문문**
(A) [×] 질문의 copy(사본)를 '복사하다'라는 의미의 copied로 반복 사용하여 혼동을 준 오답이다.
(B) [○] 회계부서의 모든 사람이라며 보고서 사본을 가진 인물을 언급했으므로 정답이다.
(C) [×] Who 의문문에는 Yes/No 응답이 불가능하므로 오답이다.

**20** 🔊 미국식 발음 → 호주식 발음

Where can I order a business suit?
**(A) You might want to look online.**
(B) The shipment was just canceled.
(C) No, the job didn't suit her.

--------------------------------------------------------
business suit 정장   shipment[ʃípmənt] 배송
suit[suːt] ~에게 맞다, 어울리다

해석 정장은 어디서 주문할 수 있나요?
(A) 온라인에서 찾아보는 게 좋을 것 같아요.
(B) 배송이 방금 취소됐어요.
(C) 아니요, 그 일은 그녀에게 맞지 않았어요.

해설 **Where 의문문**
(A) [○] 온라인에서 찾아보는 게 좋을 것 같다는 말로 정장을 주문할 수 있는 곳을 모른다는 간접적인 응답을 했으므로 정답이다.
(B) [×] order(주문하다)와 관련 있는 shipment(배송)를 사용하여 혼동을 준 오답이다.
(C) [×] Where 의문문에는 Yes/No 응답이 불가능하므로 오답이다. 질문의 suit(정장)를 '~에게 맞다, 어울리다'라는 의미로 반복 사용하여 혼동을 주었다.

**21** 🔊 호주식 발음 → 미국식 발음

> When are we going to lunch with the clients?
> **(A) You're coming as well?**
> (B) No thanks. I'm full.
> (C) No, he's done enough already.
>
> ----------------------------------------
> client[kláiənt] 고객   enough[inʌ́f] 충분히

해석 우리는 언제 고객들과 점심을 먹을 건가요?
(A) 당신도 오시나요?
(B) 괜찮아요. 배가 불러요.
(C) 아니요, 그는 이미 충분히 했어요.

해설 **When 의문문**
(A) [○] 당신, 즉 상대방도 참석하는지를 되물어 고객들과 점심을 먹는 것에 대한 추가 정보를 요청했으므로 정답이다.
(B) [×] lunch(점심)와 관련 있는 full(배가 부른)을 사용하여 혼동을 준 오답이다.
(C) [×] When 의문문에는 Yes/No 응답이 불가능하므로 오답이다.

**22** 🔊 캐나다식 발음 → 미국식 발음

> Who could be Mr. Walter's assistant?
> (A) He is persistent.
> **(B) I know a perfect candidate.**
> (C) How can I assist you?
>
> ----------------------------------------
> assistant[əsístənt] 조수   persistent[pərsístənt] 끈기가 있는, 집요한
> candidate[kǽndideit] 후보

해석 Mr. Walter의 조수는 누가 될 수 있을까요?
(A) 그는 끈기가 있어요.
(B) 저는 완벽한 후보를 알고 있어요.
(C) 제가 어떻게 도와드릴까요?

해설 **Who 의문문**
(A) [×] Mr. Walter를 나타낼 수 있는 He를 사용하여 혼동을 준 오답이다.
(B) [○] 완벽한 후보를 알고 있다는 말로 Mr. Walter의 조수가 될만한 사람이 있음을 간접적으로 전달했으므로 정답이다.
(C) [×] assistant – assist의 유사 발음 어휘를 사용하여 혼동을 준 오답이다.

**23** 🔊 호주식 발음 → 미국식 발음

> When was the product released?
> (A) At some supermarkets.
> **(B) Yesterday afternoon.**
> (C) Yes, it was inexpensive.
>
> ----------------------------------------
> release[rilíːs] 출시하다   inexpensive[ìnikspénsiv] 비싸지 않은

해석 그 제품은 언제 출시되었나요?
(A) 몇몇 슈퍼마켓에서요.
(B) 어제 오후에요.
(C) 네, 그것은 비싸지 않았어요.

해설 **When 의문문**
(A) [×] 제품이 출시된 시점을 물었는데, 장소로 응답했으므로 오답이다.
(B) [○] Yesterday afternoon(어제 오후)이라는 특정 시점을 언급했으므로 정답이다.
(C) [×] When 의문문에는 Yes/No 응답이 불가능하므로 오답이다. 질문

의 product(제품)를 나타낼 수 있는 it을 사용하여 혼동을 주었다.

**24** 🔊 미국식 발음 → 캐나다식 발음

> Who's organizing the itinerary for Mr. McCarthy's trip to Portugal?
> (A) In the middle of July.
> (B) It'll be at the Carnation Plaza.
> **(C) I've finished it already.**
>
> ----------------------------------------
> organize[ɔ́ːrgənaiz] 준비하다, 정리하다
> itinerary[aitínərèri] 여행 일정, 일정표

해석 누가 Mr. McCarthy의 포르투갈 여행 일정을 준비할 건가요?
(A) 7월 중순이에요.
(B) 그것은 Carnation Plaza에 있을 거예요.
(C) 제가 이미 끝냈어요.

해설 **Who 의문문**
(A) [×] Mr. McCarthy의 포르투갈 여행 일정을 준비할 인물을 물었는데, 시점으로 응답했으므로 오답이다.
(B) [×] 질문의 itinerary(여행 일정)를 나타낼 수 있는 It을 사용하여 혼동을 준 오답이다.
(C) [○] 자신이 이미 끝냈다는 말로, Mr. McCarthy의 포르투갈 여행 일정을 준비한 인물을 언급했으므로 정답이다.

**25** 🔊 영국식 발음 → 호주식 발음

> Where did the secretary leave Mr. Olsen's passport?
> (A) No, she didn't.
> **(B) In the filing cabinet.**
> (C) I'll meet him in the airport.
>
> ----------------------------------------
> secretary[미 sékrətèri, 영 sékrətəri] 비서

해석 비서가 Mr. Olsen의 여권을 어디에 두었나요?
(A) 아니요, 그녀는 하지 않았어요.
(B) 서류 캐비닛 안에요.
(C) 저는 그를 공항에서 만날 거예요.

해설 **Where 의문문**
(A) [×] Where 의문문에는 Yes/No 응답이 불가능하므로 오답이다. 질문의 secretary(비서)를 나타낼 수 있는 she를 사용하여 혼동을 주었다.
(B) [○] 서류 캐비닛 안이라며 비서가 Mr. Olsen의 여권을 둔 장소를 언급했으므로 정답이다.
(C) [×] passport – airport의 유사 발음 어휘를 사용하여 혼동을 준 오답이다.

## DAY 04 의문사 의문문 2

### HACKERS **PRACTICE**                                    p. 53

| 01 (B) | 02 (A) | 03 (B) | 04 (B) | 05 (A) |
|--------|--------|--------|--------|--------|
| 06 (A) | 07 O   | 08 O   | 09 X   | 10 O   |
| 11 X   | 12 O   | 13 O   | 14 X   | 15 O   |
| 16 O   | 17 X   | 18 X   | 19 O   | 20 X   |
| 21 O   |        |        |        |        |

**01** 🔊 미국식 발음 → 호주식 발음 / 영국식 발음 → 캐나다식 발음

What time does your flight leave?
(A) From the international terminal.
**(B) At about six.**

당신의 비행기는 몇 시에 떠나나요?
(A) 국제 터미널에서요.
(B) 6시쯤에요.

**02** 🔊 호주식 발음 → 영국식 발음 / 캐나다식 발음 → 미국식 발음

How long does the process usually take?
**(A) About two weeks.**
(B) We will proceed with the meeting.

그 과정은 보통 얼마나 걸리나요?
(A) 약 2주 정도요.
(B) 우리는 회의를 계속할 거예요.

**03** 🔊 캐나다식 발음 → 영국식 발음 / 미국식 발음 → 호주식 발음

Why is Mr. Martin moving to a new apartment?
(A) It is quite expensive.
**(B) He wants to live closer to the office.**

Mr. Martin은 왜 새로운 아파트로 이사를 가나요?
(A) 그것은 꽤 비싸요.
(B) 그는 사무실 가까이에서 살고 싶어 해요.

**04** 🔊 캐나다식 발음 → 영국식 발음 / 호주식 발음 → 미국식 발음

What's the subject of the visiting professor's talk?
(A) We will meet in the gymnasium.
**(B) Environmental awareness, I believe.**

초빙 교수의 강연 주제가 무엇인가요?
(A) 우리는 체육관에서 만날 거예요.
(B) 제가 알기로는 환경에 대한 인식이에요.

**05** 🔊 캐나다식 발음 → 호주식 발음 / 영국식 발음 → 미국식 발음

How will you get to the seminar on Thursday?
**(A) I'm taking my car.**
(B) Actually, it starts at 10.

목요일에 있을 세미나에 어떻게 갈 건가요?
(A) 제 차를 가져갈 거예요.
(B) 사실, 그것은 10시에 시작해요.

**06** 🔊 캐나다식 발음 → 영국식 발음 / 호주식 발음 → 미국식 발음

Why was the workshop canceled?
**(A) Not enough people signed up.**
(B) It will be very informative.

워크숍은 왜 취소되었나요?
(A) 충분한 사람들이 등록하지 않았어요.
(B) 그것은 매우 유익할 거예요.

**07** 🔊 호주식 발음 → 영국식 발음 / 미국식 발음 → 캐나다식 발음

Q: What's the cost for a double room?
A: $80 per night.

Q: 2인실은 가격이 얼마예요?
A: 일박에 80달러예요.

**08** 🔊 호주식 발음 → 미국식 발음 / 캐나다식 발음 → 영국식 발음

Q: How soon can the chairs be delivered?

A: Before lunchtime, I believe.

Q: 의자들은 얼마나 빨리 배달될 수 있나요?
A: 점심시간 전에 될 것 같아요.

**09** 🔊 미국식 발음 → 호주식 발음 / 캐나다식 발음 → 영국식 발음

Q: What's the agenda for today's meeting?
A: Tomorrow at nine o'clock.

Q: 오늘 회의의 안건은 무엇인가요?
A: 내일 9시에요.

**10** 🔊 호주식 발음 → 미국식 발음 / 캐나다식 발음 → 영국식 발음

Q: Which color do you prefer?
A: The one on the right.

Q: 당신은 어떤 색을 선호하나요?
A: 오른쪽에 있는 거요.

**11** 🔊 영국식 발음 → 미국식 발음 / 캐나다식 발음 → 호주식 발음

Q: How can I order more paper for the printer?
A: Three boxes, please.

Q: 프린터 용지를 어떻게 더 주문할 수 있나요?
A: 세 상자 주세요.

**12** 🔊 호주식 발음 → 영국식 발음 / 캐나다식 발음 → 미국식 발음

Q: Why didn't you buy a cake for Ms. Rose?
A: Nobody asked me to.

Q: 당신은 왜 Ms. Rose를 위한 케이크를 사지 않았나요?
A: 아무도 제게 부탁하지 않았어요.

**13** 🔊 영국식 발음 → 캐나다식 발음 / 미국식 발음 → 호주식 발음

Q: What did you think of the concert?
A: It wasn't as good as the last one.

Q: 콘서트에 대해 어떻게 생각하셨나요?
A: 지난번만큼 좋지는 않았어요.

**14** 🔊 영국식 발음 → 캐나다식 발음 / 미국식 발음 → 호주식 발음

Q: Why is Mr. Graham here so early?
A: Yes, it is getting late.

Q: Mr. Graham은 왜 그렇게 일찍 여기에 왔나요?
A: 네, 그것은 늦어지고 있어요.

**15** 🔊 캐나다식 발음 → 영국식 발음 / 호주식 발음 → 미국식 발음

Q: How do I turn off the projector?
A: Press that switch.

Q: 프로젝터를 어떻게 끄나요?
A: 저 스위치를 누르세요.

**16** 🔊 영국식 발음 → 캐나다식 발음 / 미국식 발음 → 호주식 발음

Q: Why did Mr. Munoz call this morning?
A: To inquire about his recent purchase.

Q: Mr. Munoz는 오늘 아침에 왜 전화했나요?
A: 그의 최근 구매에 대해 문의하기 위해서요.

**17** 🔊 미국식 발음 → 캐나다식 발음 / 호주식 발음 → 영국식 발음

Q: How many applications did we receive for the editorial position?
A: In the reception area.

Q: 편집자 자리를 위해 얼마나 많은 지원서들을 받았나요?
A: 응접실에서요.

**18** 🔊 캐나다식 발음 → 영국식 발음 / 호주식 발음 → 미국식 발음

Q: Why hasn't Ms. Lloyd signed the contract yet?
A: Before you contact them.

Q: Ms. Lloyd는 왜 아직 계약서에 서명하지 않았나요?
A: 당신이 그들에게 연락하기 전에요.

**19** 🔊 캐나다식 발음 → 미국식 발음 / 호주식 발음 → 영국식 발음

Q: How large is the budget?
A: You should ask the manager.

Q: 예산이 얼마나 많은가요?
A: 부장님께 물어보셔야 해요.

**20** 🔊 미국식 발음 → 캐나다식 발음 / 영국식 발음 → 호주식 발음

Q: What's the memo about?
A: From Mr. Farnsworth.

Q: 메모는 무엇에 관한 것인가요?
A: Mr. Farnsworth로부터요.

**21** 🔊 미국식 발음 → 호주식 발음 / 영국식 발음 → 캐나다식 발음

Q: Why was the product launch delayed?
A: The CEO wanted some new features.

Q: 상품 출시가 왜 연기되었나요?
A: 최고 경영자가 몇 가지 새로운 기능들을 원했어요.

## HACKERS **TEST**                                    p.54

| | | | | |
|---|---|---|---|---|
| 01 (A) | 02 (A) | 03 (B) | 04 (A) | 05 (A) |
| 06 (B) | 07 (C) | 08 (B) | 09 (A) | 10 (C) |
| 11 (A) | 12 (B) | 13 (B) | 14 (C) | 15 (B) |
| 16 (C) | 17 (A) | 18 (B) | 19 (A) | 20 (B) |
| 21 (C) | 22 (A) | 23 (B) | 24 (A) | 25 (B) |

**01** 🔊 미국식 발음 → 호주식 발음

What time does the train leave?
**(A) At three o'clock.**
(B) Yes, it will.
(C) At Platform 4.

--------

leave[liːv] 출발하다, 떠나다

해석 기차는 몇 시에 출발하나요?
(A) 3시에요.
(B) 네, 그럴 거예요.
(C) 4번 승강장에서요.

해설 **What 의문문**
(A) [○] three o'clock(3시)이라는 특정 시간을 언급했으므로 정답이다.
(B) [×] What 의문문에는 Yes/No 응답이 불가능하므로 오답이다. 질문의 train(기차)을 나타낼 수 있는 it을 사용하여 혼동을 주었다.
(C) [×] 기차가 출발하는 시간을 물었는데, 장소로 응답했으므로 오답이다. train(기차)에서 연상할 수 있는 기차역과 관련 있는 Platform(승강장)을 사용하여 혼동을 주었다.

**02** 🔊 영국식 발음 → 캐나다식 발음

How much will the repairs cost?
**(A) One hundred fifty dollars.**
(B) No, it isn't.
(C) Cash or credit card.

--------

repair[미 ripér, 영 ripéə] 수리   credit card 신용카드

해석 수리에 비용이 얼마나 들까요?
(A) 150달러요.
(B) 아니요, 그렇지 않아요.
(C) 현금 또는 신용카드요.

해설 **How 의문문**
(A) [○] 150달러라며 수리 비용을 언급했으므로 정답이다.
(B) [×] How 의문문에는 Yes/No 응답이 불가능하므로 오답이다.
(C) [×] cost(비용이 들다)에서 연상할 수 있는 결제와 관련 있는 Cash(현금)와 credit card(신용카드)를 사용하여 혼동을 준 오답이다.

**03** 🔊 미국식 발음 → 호주식 발음

Why do you need a jacket?
(A) It looks great on you.
**(B) Because I'm feeling cold.**
(C) Did you look in your car?

--------

jacket[dʒǽkit] 재킷, 상의

해석 왜 재킷이 필요하세요?
(A) 당신에게 잘 어울리네요.
(B) 춥게 느껴져서요.
(C) 당신의 차량 내부를 찾아보셨어요?

해설 **Why 의문문**
(A) [×] jacket(재킷)에서 연상할 수 있는 looks great(잘 어울리다)을 사용하여 혼동을 준 오답이다.
(B) [○] 춥게 느껴진다는 말로 재킷이 필요한 이유를 언급했으므로 정답이다.
(C) [×] 재킷이 필요한 이유를 물었는데, 차량 내부를 찾아보았는지를 물으며 관련이 없는 내용으로 응답했으므로 오답이다. 질문의 do you를 Did you로 반복 사용하여 혼동을 주었다.

**04** 🔊 영국식 발음 → 캐나다식 발음

What is the technician working on right now?
**(A) Let me go and see.**
(B) He is very helpful.
(C) Yes, he was.

--------

technician[tekníʃən] 기술자   helpful[hélpfəl] 도움이 되는, 기꺼이 돕는

해석 기술자는 지금 무엇을 작업하고 있나요?
(A) 제가 가서 알아볼게요.
(B) 그는 매우 도움이 돼요.
(C) 네, 그가 그랬어요.

해설 **What 의문문**
(A) [○] 가서 알아보겠다는 말로 기술자가 지금 무엇을 작업하고 있는지 모른다는 간접적인 응답을 했으므로 정답이다.
(B) [×] 질문의 technician(기술자)을 나타낼 수 있는 He를 사용하여 혼동을 준 오답이다.
(C) [×] What 의문문에는 Yes/No 응답이 불가능하므로 오답이다. 질문

의 technician(기술자)을 나타낼 수 있는 he를 사용하여 혼동을 주었다.

**05** 🔊 미국식 발음 → 영국식 발음

> How many nights are you planning to stay?
> **(A) Just one.**
> (B) We arrive next week.
> (C) A non-smoking room.
> ----------------------------------------
> stay[stei] 머무르다, 숙박하다
> non-smoking[미 nà:nsmóukiŋ, 영 nɔ̀nsməukiŋ] 금연의

해석 며칠 밤을 머무를 계획인가요?
  (A) 하룻밤만요.
  (B) 우리는 다음 주에 도착해요.
  (C) 금연실이요.

해설 **How 의문문**
  (A) [o] 하룻밤만이라며 머무를 기간을 언급했으므로 정답이다.
  (B) [×] 며칠 밤을 머무를 계획인지를 물었는데, 다음 주에 도착한다며 관련이 없는 내용으로 응답했으므로 오답이다.
  (C) [×] stay(머무르다)에서 연상할 수 있는 숙박 시설과 관련 있는 room(-실)을 사용하여 혼동을 준 오답이다.

**06** 🔊 캐나다식 발음 → 영국식 발음

> Why is your office going to be closed tomorrow?
> (A) At the corner of Park Avenue.
> **(B) We're going on a company trip.**
> (C) Until eight tonight.
> ----------------------------------------
> company trip 직원 단체 여행

해석 당신의 사무실은 왜 내일 문을 닫을 건가요?
  (A) Park가의 모퉁이에서요.
  (B) 우리는 직원 단체 여행을 갈 거예요.
  (C) 오늘 밤 8시까지요.

해설 **Why 의문문**
  (A) [×] 사무실이 내일 문을 닫는 이유를 물었는데, 위치로 응답했으므로 오답이다.
  (B) [o] 직원 단체 여행을 갈 것이라는 말로 사무실이 내일 문을 닫는 이유를 언급했으므로 정답이다.
  (C) [×] tomorrow(내일)에서 연상할 수 있는 날짜와 관련된 tonight(오늘 밤)을 사용하여 혼동을 준 오답이다.

**07** 🔊 호주식 발음 → 미국식 발음

> How did your interview go?
> (A) Yesterday morning.
> (B) I'll write some questions.
> **(C) It was OK.**
> ----------------------------------------
> interview[미 íntərvjùː, 영 íntəvjuː] 면접

해석 면접은 어땠어요?
  (A) 어제 아침이요.
  (B) 제가 몇 가지 질문을 적을게요.
  (C) 괜찮았어요.

해설 **How 의문문**
  (A) [×] 면접이 어땠는지를 물었는데, 시점으로 응답했으므로 오답이다.
  (B) [×] interview(면접)와 관련 있는 questions(질문)를 사용하여 혼동

---

을 준 오답이다.
  (C) [o] 괜찮았다며 면접이 어땠는지를 언급했으므로 정답이다.

**08** 🔊 캐나다식 발음 → 영국식 발음

> Why are you wiping off the table?
> (A) I won't be able to.
> **(B) Someone spilled some coffee.**
> (C) That's the cleaning crew.
> ----------------------------------------
> wipe off 닦다  spill[spil] 엎지르다  cleaning crew 청소부

해석 탁자를 왜 닦고 계시나요?
  (A) 저는 할 수 없을 거예요.
  (B) 누군가가 커피를 엎질렀어요.
  (C) 저 사람은 청소부예요.

해설 **Why 의문문**
  (A) [×] table – able의 유사 발음 어휘를 사용하여 혼동을 준 오답이다.
  (B) [o] 누군가가 커피를 엎질렀다며 탁자를 닦고 있는 이유를 언급했으므로 정답이다.
  (C) [×] wiping off(닦다)와 관련 있는 cleaning(청소)을 사용하여 혼동을 준 오답이다.

**09** 🔊 호주식 발음 → 미국식 발음

> How long will it take you to arrange the files?
> **(A) I'll be finished by this evening.**
> (B) Yes, it is quite expensive.
> (C) Only four dollars.
> ----------------------------------------
> arrange[əréindʒ] 정리하다  finish[fíniʃ] 끝내다

해석 서류를 정리하는 데 얼마나 걸릴 것 같나요?
  (A) 오늘 저녁까지 끝낼 거예요.
  (B) 네, 그것은 꽤 비싸요.
  (C) 4달러밖에 안 해요.

해설 **How 의문문**
  (A) [o] 오늘 저녁까지 끝낼 거라며 서류 정리가 끝날 시점을 언급했으므로 정답이다.
  (B) [×] How 의문문에는 Yes/No 응답이 불가능하므로 오답이다.
  (C) [×] 서류를 정리하는 데 걸리는 기간을 물었는데, 금액으로 응답했으므로 오답이다.

**10** 🔊 영국식 발음 → 캐나다식 발음

> How is your new apartment?
> (A) Yes, it was news to me.
> (B) It is a part of the plan.
> **(C) It's really wonderful.**
> ----------------------------------------
> wonderful[미 wʌ́ndərfəl, 영 wʌ́ndəfəl] 멋진

해석 당신의 새로운 아파트는 어때요?
  (A) 네, 그건 저에게 새로운 소식이었어요.
  (B) 그것은 그 계획의 일부예요.
  (C) 정말 멋져요.

해설 **How 의문문**
  (A) [×] How 의문문에는 Yes/No 응답이 불가능하므로 오답이다. 질문의 new(새로운)를 '새로운 소식'이라는 의미의 news로 사용하여 혼동을 주었다.

(B) [×] apartment – part의 유사 발음 어휘를 사용하여 혼동을 준 오답이다.
(C) [○] 정말 멋지다며 새로운 아파트가 어떤지를 언급했으므로 정답이다.

**11** 🔊 미국식 발음 → 영국식 발음

> Why did Yujin change departments?
> **(A) She never told me.**
> (B) It's on Pine Street.
> (C) Should we exchange them?
>
> ----
> exchange[ikstʃéindʒ] 교환하다

해석 Yujin은 왜 부서를 바꿨나요?
(A) 그녀는 제게 말해주지 않았어요.
(B) 그건 Pine가에 있어요.
(C) 우리가 그것들을 교환해야 할까요?

해설 **Why 의문문**
(A) [○] 그녀는 말해주지 않았다는 말로 Yujin이 왜 부서를 바꿨는지 모른다는 간접적인 응답을 했으므로 정답이다.
(B) [×] Yujin이 부서를 바꾼 이유를 물었는데, 위치로 응답했으므로 오답이다.
(C) [×] change – exchange의 유사 발음 어휘를 사용하여 혼동을 준 오답이다.

**12** 🔊 미국식 발음 → 캐나다식 발음

> Why hasn't the photocopier been repaired?
> (A) Yes, she took the photographs.
> **(B) The service center was closed yesterday.**
> (C) Here's a copy of the document.
>
> ----
> repair[ripér] 수리하다  closed[klouzd] 휴업인
> document[dá:kjumənt] 문서

해석 복사기가 왜 수리되지 않았나요?
(A) 네, 그녀가 사진들을 찍었어요.
(B) 서비스 센터가 어제 휴업이었어요.
(C) 여기 문서 한 부가 있어요.

해설 **Why 의문문**
(A) [×] Why 의문문에는 Yes/No 응답이 불가능하므로 오답이다. photocopier – photographs의 유사 발음 어휘를 사용하여 혼동을 주었다.
(B) [○] 서비스 센터가 어제 휴업이었다며 복사기가 수리되지 않은 이유를 언급했으므로 정답이다.
(C) [×] photocopier – copy의 유사 발음 어휘를 사용하여 혼동을 준 오답이다.

**13** 🔊 호주식 발음 → 영국식 발음

> What should we take to the company picnic?
> (A) No, it starts at 4:30.
> **(B) Perhaps a snack to share.**
> (C) At the park in Harbor City.
>
> ----
> company picnic 회사 야유회
> perhaps[미 pərhǽps, 영 pəhǽps] 아마, 혹시

해석 회사 야유회에 무엇을 가져가야 하나요?
(A) 아니요, 그것은 4시 30분에 시작해요.
(B) 아마 나눠 먹을 간식이요.
(C) Harbor시에 있는 공원에서요.

해설 **What 의문문**
(A) [×] What 의문문에는 Yes/No 응답이 불가능하므로 오답이다. company picnic(회사 야유회)을 나타낼 수 있는 it을 사용하여 혼동을 주었다.
(B) [○] 나눠 먹을 간식이라며 회사 야유회에 가져가야 하는 것을 언급했으므로 정답이다.
(C) [×] company picnic(회사 야유회)에서 연상할 수 있는 야유회 장소인 park(공원)를 사용하여 혼동을 준 오답이다.

**14** 🔊 캐나다식 발음 → 미국식 발음

> How does management plan to promote the new product?
> (A) They sell food products.
> (B) Correct, insurance plans.
> **(C) There'll be a launch next month.**
>
> ----
> management[mǽnidʒmənt] 경영진  promote[prəmóut] 홍보하다
> insurance plan 의료 보험 제도  launch[lɔːntʃ] (상품) 출시 행사

해석 경영진은 새로운 상품을 어떻게 홍보할 계획인가요?
(A) 그들은 식료품을 팔아요.
(B) 맞아요, 의료 보험 제도예요.
(C) 다음 달에 상품 출시 행사가 있을 거예요.

해설 **How 의문문**
(A) [×] 질문의 product를 products로 반복 사용하여 혼동을 준 오답이다.
(B) [×] 질문의 plan(계획하다)을 '제도'라는 의미로 사용하여 혼동을 준 오답이다.
(C) [○] 다음 달에 상품 출시 행사가 있을 거라며 경영진이 새로운 상품을 홍보하려고 계획한 방법을 언급했으므로 정답이다.

**15** 🔊 호주식 발음 → 캐나다식 발음

> What will this year's convention be about?
> (A) This has been a good year for us.
> **(B) We're still planning it.**
> (C) The presentation is almost done.
>
> ----
> presentation[미 prì:zəntéiʃən, 영 prèzəntéiʃən] 발표

해석 올해 총회는 무엇에 관한 것이 될까요?
(A) 우리에게는 괜찮은 한 해였어요.
(B) 우리는 아직 계획 중이에요.
(C) 발표가 거의 끝났어요.

해설 **What 의문문**
(A) [×] 질문의 year를 반복 사용하여 혼동을 준 오답이다.
(B) [○] 아직 계획 중이라는 말로 올해 총회가 무엇에 관한 것이 될지 모른다는 간접적인 응답을 했으므로 정답이다.
(C) [×] convention(총회)에서 연상할 수 있는 행사와 관련된 presentation(발표)을 사용하여 혼동을 준 오답이다.

**16** 🔊 호주식 발음 → 미국식 발음

> Why has our gas bill been so high these past few months?
> (A) No, just a little will do.
> (B) I can get some for you if you want.
> **(C) The rates have been increased.**                    ⊙

gas bill 가스비  rate[reit] 요금  increase[inkríːs] 오르다

해석 지난 몇 달 동안 가스비가 왜 이렇게 많이 나왔나요?
(A) 아니요, 아주 조금이면 될 거예요.
(B) 원하신다면 제가 당신에게 좀 가져다 드릴 수 있어요.
(C) 요금이 올랐어요.

해설 **Why 의문문**
(A) [×] Why 의문문에는 Yes/No 응답이 불가능하므로 오답이다. high ((양·정도가 보통보다) 많은)에서 연상할 수 있는 정도와 관련된 little(조금)을 사용하여 혼동을 주었다.
(B) [×] 지난 몇 달 동안 가스비가 왜 이렇게 많이 나왔는지를 물었는데, 원한다면 상대방에게 좀 가져다 주겠다며 관련이 없는 내용으로 응답했으므로 오답이다.
(C) [○] 요금이 올랐다며 지난 몇 달 동안 가스비가 많이 나온 이유를 언급했으므로 정답이다.

**17** 🔊 미국식 발음 → 호주식 발음

How can I find the hotel's address?
**(A) Just look it up on the Web site.**
(B) Somewhere down that road.
(C) Two rooms, please.

address[ǽdres] 주소  look up 찾아보다

해석 그 호텔의 주소를 어떻게 찾을 수 있나요?
(A) 그냥 웹사이트에서 찾아보세요.
(B) 저 길 따라 어딘가요.
(C) 방 두 개 주세요.

해설 **How 의문문**
(A) [○] 그냥 웹사이트에서 찾아보라며 호텔의 주소를 찾는 방법을 언급했으므로 정답이다.
(B) [×] 호텔의 주소를 찾는 방법을 물었는데, 위치로 응답했으므로 오답이다. address(주소)에서 연상할 수 있는 길 이름과 관련된 road(길)를 사용하여 혼동을 주었다.
(C) [×] hotel(호텔)과 관련 있는 rooms(방)를 사용하여 혼동을 준 오답이다.

**18** 🔊 영국식 발음 → 캐나다식 발음

How many people are coming to the budget meeting?
(A) In the conference room upstairs.
**(B) A memo was sent to all managers.**
(C) It starts at 2:30 P.M.

budget[bʌ́dʒit] 예산  conference room 회의실

해석 예산 회의에는 몇 명이 올 건가요?
(A) 위층에 있는 회의실에요.
(B) 모든 부장들에게 회람이 보내졌어요.
(C) 오후 2시 30분에 시작해요.

해설 **How 의문문**
(A) [×] meeting(회의)과 관련 있는 conference room(회의실)을 사용하여 혼동을 준 오답이다.
(B) [○] 모든 부장들에게 회람이 보내졌다는 말로 예산 회의에 참석하는 사람의 수는 부장들의 수만큼임을 간접적으로 전달했으므로 정답이다.
(C) [×] 질문의 budget meeting(예산 회의)을 나타낼 수 있는 It을 사용하여 혼동을 준 오답이다.

**19** 🔊 캐나다식 발음 → 호주식 발음

What's your favorite type of music?
**(A) Why do you want to know?**
(B) Sure, I can play music.
(C) No, it's a new band.

favorite[féivərit] 가장 좋아하는

해석 당신이 가장 좋아하는 음악의 종류는 무엇인가요?
(A) 왜 알고 싶으신가요?
(B) 물론이죠, 저는 곡을 연주할 수 있어요.
(C) 아니요, 새로운 밴드예요.

해설 **What 의문문**
(A) [○] 왜 알고 싶은지를 되물어 질문하는 이유에 대한 추가 정보를 요청했으므로 정답이다.
(B) [×] 질문의 music(음악)을 '곡'이라는 의미로 반복 사용하여 혼동을 준 오답이다.
(C) [×] What 의문문에는 Yes/No 응답이 불가능하므로 오답이다. music(음악)과 관련 있는 band(밴드)를 사용하여 혼동을 주었다.

**20** 🔊 미국식 발음 → 호주식 발음

How would you like to make the payment?
(A) Yes, it's very useful.
**(B) By credit card, please.**
(C) We can go into the woods.

make payment 결제하다, 지불하다  useful[júːsfəl] 유용한

해석 어떻게 결제하시겠어요?
(A) 네, 그것은 아주 유용해요.
(B) 신용카드로 해주세요.
(C) 우리는 숲에 들어가도 돼요.

해설 **How 의문문**
(A) [×] How 의문문에는 Yes/No 응답이 불가능하므로 오답이다. payment(결제)를 나타낼 수 있는 it을 사용하여 혼동을 주었다.
(B) [○] 신용카드로 해달라며 결제 방법을 언급했으므로 정답이다.
(C) [×] would – woods의 유사 발음 어휘를 사용하여 혼동을 준 오답이다.

**21** 🔊 호주식 발음 → 영국식 발음

Why haven't those folders I ordered arrived yet?
(A) If you're ready, I can take your order.
(B) Sure, that's not a problem.
**(C) They were delivered to the wrong address.**

take order 주문을 받다

해석 제가 주문한 서류철들이 왜 아직 도착하지 않았나요?
(A) 준비되셨으면, 주문 받을게요.
(B) 물론이죠, 문제없어요.
(C) 그것들이 잘못된 주소로 배달되었어요.

해설 **Why 의문문**
(A) [×] 질문의 ordered(주문하다)를 '주문'이라는 의미의 order로 반복 사용하여 혼동을 준 오답이다.
(B) [×] 주문한 서류철들이 왜 아직 도착하지 않았는지를 물었는데, 문제없다며 관련이 없는 내용으로 응답했으므로 오답이다.
(C) [○] 그것들, 즉 서류철들이 잘못된 주소로 배달되었다며 주문한 서류철

들이 아직 도착하지 않은 이유를 언급했으므로 정답이다.

**22** 🔊 캐나다식 발음 → 영국식 발음

> What did you pay for your plane ticket?
> **(A) I can't remember.**
> (B) That's very kind of you.
> (C) I'll pick it up for you.
>
> ----
> pick up 가져다주다, 찾아 주다

해석 비행기 표에 얼마를 지불하셨나요?
(A) 기억이 안 나요.
(B) 정말 친절하시군요.
(C) 제가 가져다드릴게요.

해설 **What 의문문**
(A) [ㅇ] 기억이 안 난다는 말로 비행기 표에 얼마를 지불했는지 모른다는 간접적인 응답을 했으므로 정답이다.
(B) [×] 비행기 표에 얼마를 지불했는지를 물었는데, 정말 친절하다며 관련이 없는 내용으로 응답했으므로 오답이다.
(C) [×] 질문의 plane ticket(비행기 표)을 나타낼 수 있는 it을 사용하여 혼동을 준 오답이다.

**23** 🔊 호주식 발음 → 미국식 발음

> Why did Mr. Morris sign in so early today?
> (A) About five hours ago.
> **(B) He had to prepare for a meeting.**
> (C) As fast as possible.
>
> ----
> sign in 출근하다, (서명하여) 출근을 기록하다
> prepare[미 pripér, 영 pripéə] 준비하다

해석 Mr. Morris는 오늘 왜 그렇게 일찍 출근했나요?
(A) 5시간쯤 전에요.
(B) 그는 회의를 준비해야 했어요.
(C) 가능한 한 빨리요.

해설 **Why 의문문**
(A) [×] Mr. Morris가 오늘 왜 그렇게 일찍 출근했는지를 물었는데, 5시간쯤 전이라며 관련이 없는 내용으로 응답했으므로 오답이다.
(B) [ㅇ] 회의를 준비해야 했다며 Mr. Morris가 오늘 일찍 출근한 이유를 언급했으므로 정답이다.
(C) [×] early(일찍)와 유사한 의미인 fast(빨리)를 사용하여 혼동을 준 오답이다.

**24** 🔊 캐나다식 발음 → 미국식 발음

> What floor is the company gym on?
> **(A) Isn't it on the 10th floor?**
> (B) No, I think it's turned on.
> (C) His plane will depart tonight.
>
> ----
> turn on 켜다  depart[dipá:rt] 출발하다

해석 회사 체육관은 몇 층에 있나요?
(A) 10층에 있지 않나요?
(B) 아니요, 제 생각엔 켜져 있는 것 같아요.
(C) 그의 비행기는 오늘 밤에 출발할 거예요.

해설 **What 의문문**
(A) [ㅇ] 10층에 있지 않은지를 되물어 회사 체육관이 있는 층수를 간접적으로 전달했으므로 정답이다.

(B) [×] What 의문문에는 Yes/No 응답이 불가능하므로 오답이다. 질문의 on을 반복 사용하여 혼동을 주었다.
(C) [×] 회사 체육관이 몇 층에 있는지를 물었는데, 그의 비행기가 오늘 밤에 출발할 거라며 관련이 없는 내용으로 응답했으므로 오답이다.

**25** 🔊 영국식 발음 → 호주식 발음

> Which marketing strategy will they use for our new product?
> (A) I will go to the market today.
> **(B) We'll know after the meeting.**
> (C) The product will be released soon.
>
> ----
> marketing[미 má:rkitiŋ, 영 má:kitiŋ] 마케팅  strategy[strǽtədʒi] 전략

해석 그들은 우리 신제품을 위해 어떤 마케팅 전략을 사용할까요?
(A) 저는 오늘 시장에 갈 거예요.
(B) 우리는 회의 후에 알게 될 거예요.
(C) 그 제품은 곧 출시될 거예요.

해설 **Which 의문문**
(A) [×] marketing – market의 유사 발음 어휘를 사용하여 혼동을 준 오답이다.
(B) [ㅇ] 회의 후에 알게 될 거라는 말로 우리 신제품을 위해 어떤 마케팅 전략을 사용할 건지 모른다는 간접적인 응답을 했으므로 정답이다.
(C) [×] 질문의 product를 반복 사용하여 혼동을 준 오답이다.

## DAY 05 일반 의문문 1

### HACKERS **PRACTICE**

p. 61

| | | | | |
|---|---|---|---|---|
| 01 (A) | 02 (B) | 03 (B) | 04 (B) | 05 (A) |
| 06 (B) | 07 X | 08 O | 09 X | 10 X |
| 11 O | 12 X | 13 O | 14 O | 15 X |
| 16 O | 17 O | 18 X | 19 X | 20 O |
| 21 O | | | | |

**01** 🔊 호주식 발음 → 미국식 발음 / 캐나다식 발음 → 영국식 발음

Have you started editing my article yet?
**(A) Yes, I'm working on it now.**
(B) The fifth edition.

제 기사 편집하는 것을 시작하셨나요?
(A) 네, 지금 작업하고 있어요.
(B) 5판이요.

**02** 🔊 미국식 발음 → 캐나다식 발음 / 호주식 발음 → 영국식 발음

Aren't you coming to Cynthia's farewell party on Friday?
(A) It's coming along very well.
**(B) I told her I would.**

금요일에 Cynthia의 송별회에 오시지 않나요?
(A) 그것은 매우 잘 되어 가고 있어요.
(B) 그녀에게 가겠다고 말했어요.

어휘 farewell party 송별회  come along (원하는 대로) 되어 가다, 나아지다

**03** 🔊 미국식 발음 → 캐나다식 발음 / 호주식 발음 → 영국식 발음

Is the new product being launched this month?
(A) It will be held at the trade center.
**(B) The schedule is not posted yet.**

새로운 상품이 이번 달에 출시되나요?
(A) 무역 센터에서 열릴 거예요.
(B) 일정이 아직 게시되지 않았어요.

**04** 🎧 영국식 발음 → 캐나다식 발음 / 미국식 발음 → 호주식 발음

Did you hear about the food fair tomorrow?
(A) That's not fair.
**(B) Yes, are you going?**

내일 있을 식품 박람회에 대해 들었나요?
(A) 그건 공평하지 않아요.
(B) 네, 당신은 가시나요?

**05** 🎧 호주식 발음 → 캐나다식 발음 / 미국식 발음 → 영국식 발음

Does Mr. Cristos prefer coffee or tea?
**(A) He likes both.**
(B) I ordered green tea.

Mr. Cristos는 커피를 더 좋아하나요, 아니면 차를 더 좋아하나요?
(A) 그는 둘 다 좋아해요.
(B) 저는 녹차를 주문했어요.

**06** 🎧 캐나다식 발음 → 미국식 발음 / 호주식 발음 → 영국식 발음

Do you know when the deadline is for the project?
(A) I haven't seen the projector.
**(B) Not until the beginning of next year.**

당신은 그 프로젝트의 마감 기한이 언제인지 알고 있나요?
(A) 저는 그 영사기를 못 봤어요.
(B) 내년 초나 되어서일 거예요.

**07** 🎧 캐나다식 발음 → 영국식 발음 / 호주식 발음 → 미국식 발음

Q: Don't you think this room is too small?
A: I put it in his room.

Q: 이 방이 너무 작다고 생각하지 않나요?
A: 저는 그것을 그의 방에 두었어요.

**08** 🎧 영국식 발음 → 미국식 발음 / 캐나다식 발음 → 호주식 발음

Q: Do you need a hand setting up the boardroom?
A: Yes, that would be nice.

Q: 이사회실을 준비하는 데 도움이 필요하나요?
A: 네, 그렇게 해주시면 좋겠어요.

**09** 🎧 미국식 발음 → 호주식 발음 / 영국식 발음 → 캐나다식 발음

Q: Could you speak to Mr. Phan today, or should I get someone else to do it?
A: He's the guest speaker.

Q: Mr. Phan에게 오늘 이야기해 주시겠어요, 아니면 다른 사람을 시킬까요?
A: 그는 초청 연사예요.

**10** 🎧 캐나다식 발음 → 영국식 발음 / 호주식 발음 → 미국식 발음

Q: Weren't we supposed to leave by three?
A: I left it at the front desk.

Q: 우리가 3시에는 출발하기로 되어 있지 않았나요?
A: 저는 그것을 안내 데스크에 두었어요.

**11** 🎧 호주식 발음 → 영국식 발음 / 캐나다식 발음 → 미국식 발음

Q: Doesn't she plan to deal with the broken air conditioner?
A: Yes, she's sending a repairperson to fix it.

Q: 그녀가 고장 난 에어컨을 처리하려고 계획하고 있지 않나요?
A: 네, 그녀는 그것을 고칠 수리공을 보낼 거예요.

**12** 🎧 미국식 발음 → 호주식 발음 / 영국식 발음 → 캐나다식 발음

Q: Have you stayed at this hotel before?
A: A single room, please.

Q: 예전에 이 호텔에서 묵어본 적 있나요?
A: 1인실로 주세요.

**13** 🎧 영국식 발음 → 캐나다식 발음 / 미국식 발음 → 호주식 발음

Q: Would you like to go by train or fly to Amsterdam?
A: Let's take a plane.

Q: 암스테르담에 기차로 가시겠어요, 아니면 비행기로 가시겠어요?
A: 비행기로 가죠.

**14** 🎧 미국식 발음 → 캐나다식 발음 / 호주식 발음 → 영국식 발음

Q: Was he home when you called?
A: No. He was out.

Q: 당신이 전화했을 때 그는 집이었나요?
A: 아니요. 그는 외출 중이었어요.

**15** 🎧 호주식 발음 → 영국식 발음 / 캐나다식 발음 → 미국식 발음

Q: Didn't Mr. Johnson tell you about the production meeting this morning?
A: Several products were on display.

Q: Mr. Johnson이 오늘 아침에 생산 회의에 대해 말해주지 않았나요?
A: 몇 개의 제품들이 전시되어 있었어요.

**16** 🎧 호주식 발음 → 미국식 발음 / 캐나다식 발음 → 영국식 발음

Q: Do you know where I can buy some stamps?
A: There's a post office on Rose Street.

Q: 어디서 우표를 살 수 있는지 아세요?
A: Rose가에 우체국이 있어요.

**17** 🎧 미국식 발음 → 캐나다식 발음 / 호주식 발음 → 영국식 발음

Q: Isn't Shawn going to meet our clients at the airport?
A: I think he's leaving at 10 o'clock.

Q: Shawn이 공항에서 우리 고객들을 만날 것이 아닌가요?
A: 그는 10시에 출발할 것 같아요.

**18** 🎧 호주식 발음 → 영국식 발음 / 캐나다식 발음 → 미국식 발음

Q: Did you contact the supplier, or do I need to do it?
A: Yes, I need some, too.

Q: 공급업체에 연락했나요, 아니면 제가 해야 하나요?
A: 네, 저도 좀 필요해요.

**19** 🎧 미국식 발음 → 호주식 발음 / 영국식 발음 → 캐나다식 발음

Q: Are you supposed to print off brochures for the front desk?
A: Near the front of the bus.

Q: 안내 데스크를 위해 책자들을 출력하셔야 하나요?
A: 버스 앞쪽 근처요.

**20** 🎧 캐나다식 발음 → 영국식 발음 / 호주식 발음 → 미국식 발음

Q: Is the bridge open, or is it still under construction?
A: I don't know.

Q: 다리가 개통했나요, 아니면 아직 공사 중인가요?
A: 모르겠어요.

21 [3배] 호주식 발음 → 영국식 발음 / 미국식 발음 → 캐나다식 발음

Q: Hasn't Mr. Freemont gotten back from his business trip?
A: I think he's already in the office.

Q: Mr. Freemont는 출장에서 돌아오지 않았나요?
A: 그는 이미 사무실에 있는 것 같아요.

## HACKERS TEST
p.62

| 01 (A) | 02 (A) | 03 (C) | 04 (B) | 05 (C) |
|--------|--------|--------|--------|--------|
| 06 (B) | 07 (C) | 08 (C) | 09 (A) | 10 (B) |
| 11 (C) | 12 (C) | 13 (B) | 14 (B) | 15 (A) |
| 16 (C) | 17 (B) | 18 (B) | 19 (C) | 20 (A) |
| 21 (B) | 22 (B) | 23 (A) | 24 (C) | 25 (B) |

01 [3배] 캐나다식 발음 → 영국식 발음

Shouldn't we print extra copies of your proposal?
(A) Yes, you're probably right.
(B) More cream for my coffee, please.
(C) It's next to the printer.

print[print] 인쇄하다 extra[ékstrə] 여분의
proposal[미 prəpóuzəl, 영 prəpáuzəl] 제안서

해석 당신 제안서의 여분의 사본을 인쇄해야 하지 않을까요?
(A) 네, 당신 말이 맞는 것 같아요.
(B) 제 커피에 크림을 좀 더 넣어주세요.
(C) 그것은 프린터 옆에 있어요.

해설 **부정 의문문**
(A) [o] Yes로 제안서의 여분의 사본을 인쇄해야 함을 전달한 후, 상대방의 말이 맞는 것 같다는 부연 설명을 했으므로 정답이다.
(B) [×] copies – coffee의 유사 발음 어휘를 사용하여 혼동을 준 오답이다.
(C) [×] print – printer의 유사 발음 어휘를 사용하여 혼동을 준 오답이다.

02 [3배] 호주식 발음 → 미국식 발음

Can I inquire about your special offer?
(A) Sure. Would you like a brochure?
(B) Do you require a permit?
(C) In the newspaper.

inquire[미 inkwáiər, 영 inkwáiə] 묻다 special offer 특가 판매
brochure[미 brouʃúər, 영 bráuʃə] 안내 책자, 광고 전단
require[미 rikwáiər, 영 rikwáiə] 필요로 하다, 요구하다
permit[미 pə́:rmit, 영 pə́mit] 허가(증)

해석 특가 판매에 대해 물어봐도 될까요?
(A) 물론이죠. 안내 책자를 보시겠어요?
(B) 허가증을 필요로 하나요?
(C) 신문에요.

해설 **조동사 의문문**
(A) [o] Sure(물론이죠)라는 말로 특가 판매에 대해 물어봐도 된다는 것을 전달한 후, 안내 책자를 볼 것인지 되물었으므로 정답이다.
(B) [×] inquire – require의 유사 발음 어휘를 사용하여 혼동을 준 오답이다.

(C) [×] 특가 판매에 대해 물어봐도 되는지를 물었는데, 신문에 있다며 관련이 없는 내용으로 응답했으므로 오답이다.

03 [3배] 캐나다식 발음 → 영국식 발음

Is Mr. Gleeson traveling to Las Vegas by air or train?
(A) Yes, a training session.
(B) I think it leaves at nine.
(C) Actually, he's driving.

by air 비행기로 training[tréiniŋ] 교육, 훈련 session[séʃən] 시간, 기간

해석 Mr. Gleeson은 라스베이거스까지 비행기로 가나요, 아니면 기차로 가나요?
(A) 네, 교육 시간이요.
(B) 그것은 9시에 출발하는 것 같아요.
(C) 사실, 그는 운전해서 갈 거예요.

해설 **선택 의문문**
(A) [×] train – training의 유사 발음 어휘를 사용하여 혼동을 준 오답이다.
(B) [×] traveling(이동하다)에서 연상할 수 있는 이동과 관련된 leaves(출발하다)를 사용하여 혼동을 준 오답이다.
(C) [o] 사실 Mr. Gleeson은 운전을 해서 갈 것이라는 말로, 비행기와 기차 둘 다 선택하지 않은 정답이다.

04 [3배] 호주식 발음 → 미국식 발음

Isn't Ms. Tan going to the architectural conference?
(A) At the convention center.
(B) Yes, she is speaking at the event.
(C) She designed the building.

architectural[미 à:rkitéktʃərəl, 영 à:kitéktʃərəl] 건축의
convention[kənvénʃən] 컨벤션, 회의

해석 Ms. Tan은 건축 회의에 가시지 않나요?
(A) 컨벤션 센터에서요.
(B) 네, 그녀는 그 행사에서 연설을 할 거예요.
(C) 그녀는 그 건물을 설계했어요.

해설 **부정 의문문**
(A) [×] conference(회의)와 관련 있는 convention center(컨벤션 센터)를 사용하여 혼동을 준 오답이다.
(B) [o] Yes로 Ms. Tan이 건축 회의에 가는 것을 전달한 후, 그녀가 그 행사에서 연설을 한다는 부연 설명을 했으므로 정답이다.
(C) [×] architectural(건축의)과 관련된 designed the building(건물을 설계했다)을 사용하여 혼동을 준 오답이다.

05 [3배] 영국식 발음 → 캐나다식 발음

Will we hire new graphic artists for the magazine?
(A) It's released every month.
(B) Sales were higher than expected.
(C) It hasn't been decided yet.

hire[미 haiər, 영 haiə] 고용하다 release[rilí:s] 발행하다
sales[séilz] 매출

해석 우리는 잡지를 위한 새로운 그래픽 디자이너를 고용할 건가요?
(A) 그것은 매달 발행돼요.
(B) 매출이 예상했던 것보다 더 높았어요.
(C) 아직 결정되지 않았어요.

PART 2
해커스 토익 750+ LC

해설 **조동사 의문문**
(A) [×] magazine(잡지)과 관련 있는 released(발행되다)를 사용하여 혼동을 준 오답이다.
(B) [×] hire – higher의 유사 발음 어휘를 사용하여 혼동을 준 오답이다.
(C) [○] 아직 결정되지 않았다는 말로 잡지를 위한 새로운 디자이너를 고용할 건지 모른다는 간접적인 응답을 했으므로 정답이다.

**06** 캐나다식 발음 → 호주식 발음

Would it be better to schedule your appointment for 9 A.M. or 2 P.M.?
(A) She canceled her appointment.
**(B) I'm free in the afternoon.**
(C) No, it won't take that long.

cancel[kǽnsəl] 취소하다　take long (시간이) 오래 걸리다

해석 예약을 오전 9시로 잡는 게 더 나으신가요, 오후 2시가 더 나으신가요?
(A) 그녀는 예약을 취소했어요.
(B) 저는 오후에 시간이 있어요.
(C) 아니요, 그렇게 오래 걸리지 않을 거예요.

해설 **선택 의문문**
(A) [×] 질문의 appointment를 반복 사용하여 혼동을 준 오답이다.
(B) [○] 오후에 시간이 있다는 말로 오후 2시에 예약을 잡는 것이 더 낫다는 것을 간접적으로 선택했으므로 정답이다.
(C) [×] 예약을 오전 9시로 잡는 게 더 나을지, 오후 2시가 더 나을지를 물었는데, 그렇게 오래 걸리지 않을 거라며 관련이 없는 내용으로 응답했으므로 오답이다.

**07** 미국식 발음 → 호주식 발음

Is it true that Marie works in an advertising agency?
(A) There are too many ads on TV.
(B) The posters are very colorful.
**(C) That's right. She makes brochures.**

agency[éidʒənsi] 대행사, 대리점　ad[æd] 광고
colorful[미 kʌ́lərfəl, 영 kʌ́ləfəl] 다채로운

해석 Marie가 광고 대행사에서 일하는 것이 사실인가요?
(A) TV에 광고가 너무 많아요.
(B) 전단 광고가 굉장히 다채롭네요.
(C) 맞아요. 그녀는 안내 책자를 만들어요.

해설 **Be 동사 의문문**
(A) [×] advertising(광고)과 같은 의미인 ads(광고)를 사용하여 혼동을 준 오답이다.
(B) [×] advertising(광고)과 관련 있는 posters(전단 광고)를 사용하여 혼동을 준 오답이다.
(C) [○] That's right(맞아요)이라는 말로 Marie가 광고 대행사에 일하는 것이 사실임을 전달한 후, 그녀가 안내 책자를 만든다는 부연 설명을 했으므로 정답이다.

**08** 영국식 발음 → 캐나다식 발음

Do you know which places are included in the European package tour?
(A) On a group tour.
(B) It will be held today.
**(C) Why didn't you ask the travel agent?**

tour[미 tur, 영 tuə] 여행, 관광　travel agent 여행사 직원

해석 유럽 패키지 여행에 어떤 장소들이 포함되어 있는지 알고 있나요?
(A) 단체 관광 중이에요.
(B) 오늘 열릴 거예요.
(C) 왜 여행사 직원에게 물어보지 않았나요?

해설 **조동사 의문문**
(A) [×] 질문의 tour를 반복 사용하여 혼동을 준 오답이다.
(B) [×] 질문의 European package tour(유럽 패키지 여행)를 나타낼 수 있는 It을 사용하여 혼동을 준 오답이다.
(C) [○] 왜 여행사 직원에게 물어보지 않았는지를 되물어 유럽 패키지 여행에 어떤 장소들이 포함되어 있는지를 모른다는 간접적인 응답을 했으므로 정답이다.

**09** 호주식 발음 → 미국식 발음

Are you going to ask Nadori to help with product development?
**(A) Yes, I'd like to.**
(B) Those products are on sale.
(C) His request was approved.

product[미 prɑ́:dʌkt, 영 prɔ́dʌkt] 상품
development[divéləpmənt] 개발　on sale 판매 중인
request[rikwést] 요청　approve[əprúːv] 승인하다

해석 당신은 Nadori에게 상품 개발을 도와달라고 요청할 건가요?
(A) 네, 그러고 싶어요.
(B) 그 상품들은 판매 중이에요.
(C) 그의 요청이 승인되었어요.

해설 **Be 동사 의문문**
(A) [○] Yes로 Nadori에게 상품 개발을 도와달라고 요청할 것임을 전달한 후, 그렇게 하고 싶다는 부연 설명을 했으므로 정답이다.
(B) [×] 질문의 product를 products로 반복 사용하여 혼동을 준 오답이다.
(C) [×] ask(요청하다)와 관련 있는 request(요청)를 사용하여 혼동을 준 오답이다.

**10** 캐나다식 발음 → 영국식 발음

Weren't you at the orientation for the management trainees earlier?
(A) The instructor has met them.
**(B) I had to meet some clients and couldn't make it.**
(C) Yes, the secretary filed them.

trainee[treiní:] 교육생　instructor[미 instrʌ́ktər, 영 instrʌ́ktə] 강사
file[fail] (문서 등을) 정리하다, 철하다

해석 아까 경영자 교육생들을 위한 오리엔테이션에 계시지 않았나요?
(A) 그 강사가 그들을 만났어요.
(B) 몇몇 고객들과 만나야 해서 가지 못했어요.
(C) 네, 비서가 그것들을 정리했어요.

해설 **부정 의문문**
(A) [×] trainees(교육생)와 관련 있는 instructor(강사)를 사용하여 혼동을 준 오답이다.
(B) [○] 고객들과 만나야 해서 가지 못했다는 말로 경영자 교육생들을 위한 오리엔테이션에 있지 않았음을 전달했으므로 정답이다.
(C) [×] 질문의 trainees(교육생)를 나타낼 수 있는 them을 사용하여 혼동을 준 오답이다. Yes만 듣고 정답으로 고르지 않도록 주의한다.

답이다.

(B) [○] 내일 갖다 줘도 되는지를 되물어 에세이 제출에 대해 기한 연장이 필요하다는 것을 간접적으로 선택했으므로 정답이다.

(C) [×] 질문의 extension(기한 연장)을 '내선'이라는 의미로 사용하여 혼동을 준 오답이다.

---

**11** 호주식 발음 → 미국식 발음

> Do you know when the trade fair will be held?
> (A) Next to the convention center.
> (B) It comes in several colors.
> **(C) Sometime next month.**
> ---
> trade[treid] 무역

해석 무역 박람회가 언제 열리는지 아세요?
　(A) 컨벤션 센터 옆이요.
　(B) 그것은 여러 가지 색으로 나와요.
　(C) 다음 달 중에요.

해설 **조동사 의문문**
　(A) [×] trade fair(무역 박람회)에서 연상할 수 있는 박람회 장소와 관련된 convention center(컨벤션 센터)를 사용하여 혼동을 준 오답이다.
　(B) [×] trade fair(무역 박람회)를 나타낼 수 있는 It을 사용하여 혼동을 준 오답이다.
　(C) [○] 다음 달 중이라며 무역 박람회가 다음 달에 열릴 것임을 전달했으므로 정답이다.

---

**12** 캐나다식 발음 → 영국식 발음

> Should we reserve 10 books or 15?
> (A) OK, I'll read them.
> (B) On the upper shelf.
> **(C) Ten might not be enough.**
> ---
> reserve[미 rizə́ːrv, 영 rizə́ːv] 예약하다

해석 책을 10권을 예약해야 할까요, 15권을 예약해야 할까요?
　(A) 네, 제가 그것들을 읽을 거예요.
　(B) 위쪽 선반 위에요.
　(C) 10권은 충분하지 않을 것 같아요.

해설 **선택 의문문**
　(A) [×] books(책)와 관련 있는 read(읽다)를 사용하여 혼동을 준 오답이다.
　(B) [×] books(책)에서 연상할 수 있는 책의 보관 장소와 관련된 shelf(선반)를 사용하여 혼동을 준 오답이다.
　(C) [○] 10권은 충분하지 않을 것 같다는 말로 15권을 예약하는 것을 간접적으로 선택했으므로 정답이다.

---

**13** 호주식 발음 → 미국식 발음

> Do you think you can hand in your essay today, or do you need an extension?
> (A) Yes, the line extends both ways.
> **(B) Can I drop it off tomorrow?**
> (C) Dial extension number eight.
> ---
> hand in 제출하다　extension[iksténʃən] (기한) 연장, 내선
> extend[iksténd] 뻗다, 달하다　drop off 갖다 주다

해석 당신은 에세이를 오늘 제출할 수 있을 것 같나요, 아니면 기한 연장이 필요한가요?
　(A) 네, 그 선은 양쪽 방향으로 뻗어 있어요.
　(B) 제가 내일 갖다 드려도 될까요?
　(C) 내선 번호 8번으로 전화하세요.

해설 **선택 의문문**
　(A) [×] extension – extends의 유사 발음 어휘를 사용하여 혼동을 준 오

---

**14** 캐나다식 발음 → 미국식 발음

> Don't you want this blouse in a different color?
> (A) The blue shoes look nice.
> **(B) No, I'm fine with white.**
> (C) Yes. You should call her.
> ---
> different[dífərənt] 다른

해석 이 블라우스를 다른 색상으로 원하지 않나요?
　(A) 파란색 신발이 멋져 보여요.
　(B) 아니요, 저는 흰색이 좋아요.
　(C) 네. 당신은 그녀에게 전화해야 해요.

해설 **부정 의문문**
　(A) [×] color(색상)와 관련 있는 blue(파란색)를 사용하여 혼동을 준 오답이다.
　(B) [○] No로 블라우스를 다른 색상으로 원하지 않음을 전달한 후, 흰색이 좋다는 부연 설명을 했으므로 정답이다.
　(C) [×] 블라우스를 다른 색상으로 원하지 않는지를 물었는데, 당신은 그녀에게 전화를 해야 한다며 관련이 없는 내용으로 응답하였으므로 오답이다. Yes만 듣고 정답으로 고르지 않도록 주의한다.

---

**15** 영국식 발음 → 캐나다식 발음

> Isn't the contact person's name supposed to be in this document?
> **(A) It's usually at the top.**
> (B) It's more than a hundred pages.
> (C) Just turn right on the second corner.
> ---
> contact person 연락 가능한 사람　top[미 tɑːp, 영 tɔp] 맨 위, 꼭대기

해석 연락 가능한 사람의 이름이 이 서류에 있어야 하는 것 아닌가요?
　(A) 그건 보통 맨 위에 있어요.
　(B) 그건 100페이지가 넘어요.
　(C) 두 번째 모퉁이에서 오른쪽으로 도세요.

해설 **부정 의문문**
　(A) [○] 보통 맨 위에 있다는 말로 연락 가능한 사람의 이름이 서류에 있어야 함을 간접적으로 전달했으므로 정답이다.
　(B) [×] document(서류)와 관련 있는 pages(페이지)를 사용하여 혼동을 준 오답이다.
　(C) [×] 연락 가능한 사람의 이름이 서류에 있어야 하는 것 아닌지를 물었는데, 두 번째 모퉁이에서 오른쪽으로 돌라며 관련이 없는 내용으로 응답했으므로 오답이다.

---

**16** 미국식 발음 → 호주식 발음

> Haven't you decided where to hold the conference?
> (A) In May, I think.
> (B) I really enjoyed it.
> **(C) Yes. I think we'll do it in San Diego.**
> ---
> hold[미 hould, 영 həuld] 개최하다

해석 회의를 어디서 개최할지 결정하지 않았나요?
(A) 제 생각엔 5월에요.
(B) 저는 그것을 매우 즐겼어요.
(C) 네. 샌디에이고에서 할 것 같아요.

해설 **부정 의문문**
(A) [×] conference(회의)에서 연상할 수 있는 회의가 열리는 시점과 관련된 May(5월)를 사용하여 혼동을 준 오답이다.
(B) [×] 질문의 conference(회의)를 나타낼 수 있는 it을 사용하여 혼동을 준 오답이다.
(C) [○] Yes로 어디서 회의를 개최할지 결정했음을 전달한 후, 샌디에이고에서 할 것 같다고 부연 설명을 했으므로 정답이다.

**17** [3] 미국식 발음 → 영국식 발음

> Can you give me the report now, or are you still working on it?
> (A) Yes, I report directly to him.
> **(B) I'm afraid I need more time.**
> (C) She's on the waiting list.
>
> - - - - - - - - - - - - - - - - - - - - - - - - - -
> report [미 ripɔ́:rt, 영 ripɔ́:t] 보고서; 보고하다   waiting list 대기자 명단

해석 당신은 그 보고서를 지금 제게 줄 수 있나요, 아니면 아직 작성 중인가요?
(A) 네, 저는 그에게 곧장 보고해요.
(B) 아무래도 시간이 좀 더 필요할 것 같아요.
(C) 그녀는 대기자 명단에 있어요.

해설 **선택 의문문**
(A) [×] 질문의 report(보고서)를 '보고하다'라는 의미로 사용하여 혼동을 준 오답이다. 두 개의 의문이 연결된 선택 의문문에는 Yes/No 응답이 가능하므로, Yes만 듣고 정답으로 고르지 않도록 주의한다.
(B) [○] 아무래도 시간이 좀 더 필요할 것 같다는 말로 아직 보고서를 작성 중임을 간접적으로 선택했으므로 정답이다.
(C) [×] 그 보고서를 지금 줄 수 있는지, 아니면 아직 작성 중인지를 물었는데, 그녀가 대기자 명단에 있다며 관련이 없는 내용으로 응답했으므로 오답이다.

**18** [3] 호주식 발음 → 미국식 발음

> Has anyone here ever operated a generator?
> (A) I know how to fix computers.
> **(B) I believe Roger has.**
> (C) Our company operates internationally.
>
> - - - - - - - - - - - - - - - - - - - - - - - - - -
> operate [미  á:pəreit, 영 ɔ́pəreit] 조작하다, 운영하다
> generator [미 dʒénəreitər, 영 dʒénəreitə] 발전기

해석 여러분들 중 발전기를 조작시켜본 사람이 있나요?
(A) 저는 컴퓨터를 어떻게 고치는지 알아요.
(B) Roger가 해본 적 있을 거예요.
(C) 우리 회사는 국제적으로 운영해요.

해설 **조동사 의문문**
(A) [×] operated(조작하다)에서 연상할 수 있는 기계와 관련된 fix(고치다)를 사용하여 혼동을 준 오답이다.
(B) [○] Roger가 해본 적 있을 거라는 말로 발전기를 조작시켜본 사람이 있음을 전달했으므로 정답이다.
(C) [×] 질문의 operated(조작하다)를 '운영하다'라는 의미의 operates로 사용하여 혼동을 준 오답이다.

**19** [3] 캐나다식 발음 → 영국식 발음

> Aren't these the reports Mr. Lloyd was looking for?
> (A) No, I didn't check the lost and found.
> (B) In the filing cabinet.
> **(C) I'm not sure, actually.**
>
> - - - - - - - - - - - - - - - - - - - - - - - - - -
> lost and found 분실물 보관소

해석 이것들이 Mr. Lloyd가 찾고 있던 보고서가 아닌가요?
(A) 아니요, 저는 분실물 보관소를 확인하지 않았어요.
(B) 서류 캐비닛 안에요.
(C) 사실, 잘 모르겠어요.

해설 **부정 의문문**
(A) [×] looking for(찾다)와 관련 있는 lost and found(분실물 보관소)를 사용하여 혼동을 준 오답이다. No만 듣고 정답으로 고르지 않도록 주의한다.
(B) [×] reports(보고서)에서 연상할 수 있는 보고서 보관 장소인 filing cabinet(서류 캐비닛)을 사용하여 혼동을 준 오답이다.
(C) [○] 사실, 잘 모르겠다는 말로 이것들이 Mr. Lloyd가 찾고 있던 보고서인지 모른다는 간접적인 응답을 했으므로 정답이다.

**20** [3] 미국식 발음 → 캐나다식 발음

> Don't you need to bring an identification card with you?
> **(A) Yes, thanks for the reminder.**
> (B) He forgot it at the office.
> (C) I need a copy of that form.
>
> - - - - - - - - - - - - - - - - - - - - - - - - - -
> identification card 신분증   reminder [rimáindər] 상기시키는 것

해석 신분증을 가져오셔야 하지 않나요?
(A) 네, 상기시켜 주셔서 감사해요.
(B) 그는 사무실에 그것을 잊어버리고 두고 왔어요.
(C) 저는 그 양식이 한 부 필요해요.

해설 **부정 의문문**
(A) [○] Yes로 신분증을 가져와야 함을 전달한 후, 상기시켜줘서 감사하다고 부연 설명을 했으므로 정답이다.
(B) [×] bring(가져오다)의 반대 의미인 forgot(잊고 두고 오다)을 사용하여 혼동을 준 오답이다.
(C) [×] 질문의 need(~해야 한다)를 '필요하다'라는 의미로 사용하여 혼동을 준 오답이다.

**21** [3] 영국식 발음 → 호주식 발음

> Were you able to finish your article on time?
> (A) The announcement was very timely.
> **(B) I could have used an extension.**
> (C) She'll finish her studies abroad.
>
> - - - - - - - - - - - - - - - - - - - - - - - - - -
> timely [táimli] 시기적절한   could use ~하면 좋을 것이다

해석 당신은 제시간에 기사를 끝낼 수 있었나요?
(A) 공고가 매우 시기적절했어요.
(B) 기한 연장이 되었더라면 좋았을 거예요.
(C) 그녀는 해외에서 학업을 마칠 거예요.

해설 **Be 동사 의문문**
(A) [×] on time(제시간에)과 관련 있는 timely(시기적절한)를 사용하여 혼동을 준 오답이다.
(B) [○] 기한 연장이 되었더라면 좋았을 거라는 말로 제시간에 기사를 끝내

기 어려움을 간접적으로 전달했으므로 정답이다.
(C) [×] 질문의 finish를 반복 사용하여 혼동을 준 오답이다.

**22** 캐나다식 발음 → 영국식 발음

> Could we discuss the building design now, or are you still busy?
> (A) Just sign your name on the line.
> **(B) It's all right, I have time.**
> (C) The building opens at 8 o'clock.
>
> ----
> discuss[diskʌ́s] 논의하다   sign one's name 서명하다

해석 건물 디자인에 대해 지금 논의할 수 있나요, 아니면 아직 바쁜가요?
(A) 선 위에 서명만 하시면 됩니다.
(B) 괜찮아요, 시간 있어요.
(C) 그 건물은 8시에 열어요.

해설 **선택 의문문**
(A) [×] design – sign의 유사 발음 어휘를 사용하여 혼동을 준 오답이다.
(B) [○] It's all right(괜찮아요)으로 건물 디자인에 대해 지금 논의하는 것을 선택했으므로 정답이다.
(C) [×] 질문의 building을 반복 사용하여 혼동을 준 오답이다.

**23** 미국식 발음 → 호주식 발음

> Should I get tickets for the soccer game?
> **(A) Of course, great idea.**
> (B) Next to the ticket booth.
> (C) I play sports on the weekends.
>
> ----
> ticket booth 매표소

해석 축구 경기 표를 사야 할까요?
(A) 그럼요, 좋은 생각이에요.
(B) 매표소 옆이요.
(C) 저는 주말에 운동을 해요.

해설 **조동사 의문문**
(A) [○] Of course(그럼요)라는 말로 축구 경기 표를 사야 한다는 것을 전달한 후, 좋은 생각이라는 부연 설명을 했으므로 정답이다.
(B) [×] tickets를 ticket으로 반복 사용하여 혼동을 준 오답이다.
(C) [×] soccer game(축구 경기)과 관련 있는 sports(운동)를 사용하여 혼동을 준 오답이다.

**24** 캐나다식 발음 → 영국식 발음

> Should I contact Ms. Jefferson by phone or e-mail?
> (A) By this afternoon.
> (B) Yes, I'll contact him.
> **(C) I'll let you know.**
>
> ----
> contact[미 kɑ́ːntækt, 영 kɔ́ntækt] 연락하다

해석 Ms. Jefferson에게 전화로 연락해야 할까요, 이메일로 해야 할까요?
(A) 오늘 오후까지요.
(B) 네, 제가 그에게 연락할게요.
(C) 제가 알려드릴게요.

해설 **선택 의문문**
(A) [×] 질문의 by를 반복 사용하여 혼동을 준 오답이다.
(B) [×] 질문의 contact를 반복 사용하여 혼동을 준 오답이다.
(C) [○] 자신이 알려주겠다는 말로 Ms. Jefferson에게 전화로 연락해야

할지, 이메일로 연락해야 할지 모른다는 간접적인 응답을 했으므로 정답이다.

**25** 미국식 발음 → 호주식 발음

> Are you available today, or should I reschedule the meeting?
> (A) Yes, it's available at the shop.
> **(B) I'm free after lunch.**
> (C) He wasn't at the meeting.
>
> ----
> available[əvéiləbl] 시간이 있는, 구할 수 있는
> reschedule[미 riːskédʒuːl, 영 riːʃédjuːl] 일정을 변경하다

해석 오늘 시간이 있으신가요, 아니면 제가 회의 일정을 변경해야 할까요?
(A) 네, 그건 상점에서 구할 수 있어요.
(B) 저는 점심 이후에 시간이 있어요.
(C) 그는 그 회의에 있지 않았어요.

해설 **선택 의문문**
(A) [×] 질문의 available(시간이 있는)을 '구할 수 있는'이라는 의미로 사용하여 혼동을 준 오답이다.
(B) [○] 점심 이후에 시간이 있다는 말로 오늘 시간이 있다는 것을 간접적으로 선택했으므로 정답이다.
(C) [×] 질문의 meeting을 반복 사용하여 혼동을 준 오답이다.

## DAY 06 일반 의문문 2

### HACKERS **PRACTICE**                    p. 69

| | | | | |
|---|---|---|---|---|
| 01 (B) | 02 (A) | 03 (A) | 04 (A) | 05 (B) |
| 06 (B) | 07 X | 08 O | 09 X | 10 O |
| 11 O | 12 X | 13 O | 14 X | 15 O |
| 16 O | 17 X | 18 O | 19 X | 20 O |
| 21 O | | | | |

**01** 호주식 발음 → 미국식 발음 / 캐나다식 발음 → 영국식 발음

You're attending all the seminars this week, aren't you?
(A) At the convention center in Madrid.
**(B) Yes, I'm planning to.**

당신은 이번 주에 있는 모든 세미나에 참석하시죠, 그렇지 않나요?
(A) 마드리드에 있는 컨벤션 센터에서요.
(B) 네, 그럴 계획이에요.

**02** 미국식 발음 → 영국식 발음 / 호주식 발음 → 캐나다식 발음

Yumi was hired as a manager.
**(A) Oh, I hadn't heard.**
(B) We need more members.

Yumi는 관리자로 채용됐어요.
(A) 아, 저는 못 들었어요.
(B) 우린 더 많은 회원들이 필요해요.

**03** 호주식 발음 → 미국식 발음 / 캐나다식 발음 → 영국식 발음

Could you recommend a good place to stay in Bangkok?
**(A) The Royal Ruby Hotel is nice.**
(B) I'd suggest the Japanese restaurant.

방콕에서 머물기 좋은 장소를 추천해 주시겠어요?
(A) Royal Ruby 호텔이 좋아요.
(B) 일식 식당을 추천해요.

**04** 🔊 호주식 발음 → 캐나다식 발음 / 미국식 발음 → 영국식 발음

Ms. Lords <u>gave a wonderful speech</u> this morning, <u>didn't she</u>?
**(A) Yes, it was very inspiring.**
(B) She's speaking at a conference.

Ms. Lords는 오늘 아침에 멋진 연설을 했어요, 그렇지 않았나요?
(A) 네, 그것은 정말 감동적이었어요.
(B) 그녀는 회의에서 연설을 할 거예요.

**05** 🔊 미국식 발음 → 캐나다식 발음 / 호주식 발음 → 영국식 발음

<u>Why don't you leave</u> work early and get some rest?
(A) I'll see her later tonight.
**(B) No, I have too many things to do.**

일찍 퇴근해서 좀 쉬는 게 어때요?
(A) 오늘 밤 늦게 그녀를 만날 거예요.
(B) 아니요, 저는 할 일이 너무 많아요.

**06** 🔊 미국식 발음 → 호주식 발음 / 캐나다식 발음 → 영국식 발음

Our <u>telephone plan</u> includes long distance calls.
(A) I hadn't planned to.
**(B) How much is it per month?**

우리 전화 요금제는 장거리 전화를 포함해요.
(A) 저는 그럴 계획이 없었어요.
(B) 한 달에 얼마인가요?

**07** 🔊 호주식 발음 → 영국식 발음 / 미국식 발음 → 캐나다식 발음

Q: They'll exchange this phone for another, won't they?
A: We exchanged numbers.

Q: 그들이 이 전화기를 다른 것으로 교환해줄 거예요, 그렇지 않나요?
A: 우리는 전화번호를 교환했어요.

**08** 🔊 영국식 발음 → 캐나다식 발음 / 미국식 발음 → 호주식 발음

Q: Can anybody pick up the calendars from the print shop?
A: Sure, if you let me know where the store is.

Q: 누가 인쇄소에서 달력들을 좀 찾아다 줄 수 있나요?
A: 물론이죠, 그 상점이 어딘지만 알려주시면요.

**09** 🔊 미국식 발음 → 호주식 발음 / 영국식 발음 → 캐나다식 발음

Q: Would you like me to buy you a sandwich?
A: I already bought them one.

Q: 당신에게 제가 샌드위치 하나를 사드릴까요?
A: 제가 그들에게 이미 그것을 사줬어요.

**10** 🔊 캐나다식 발음 → 미국식 발음 / 호주식 발음 → 영국식 발음

Q: You didn't go to the awards ceremony last night, did you?
A: Yes, I did.

Q: 어젯밤 시상식에 안 가셨죠, 가셨나요?
A: 네, 갔어요.

**11** 🔊 영국식 발음 → 호주식 발음 / 미국식 발음 → 캐나다식 발음

Q: It looks like they're having a sale today.

A: Good. Maybe I'll buy something.

Q: 그들이 오늘 할인을 하는 것 같아요.
A: 좋네요. 어쩌면 무언가를 사야겠어요.

**12** 🔊 영국식 발음 → 미국식 발음 / 캐나다식 발음 → 호주식 발음

Q: The concert should be finished by 10, shouldn't it?
A: No, only eleven people came.

Q: 콘서트는 10시에 끝날 거예요, 안 그런가요?
A: 아니요, 11명만 왔어요.

**13** 🔊 캐나다식 발음 → 미국식 발음 / 호주식 발음 → 영국식 발음

Q: You did a great job decorating the lobby.
A: Does it look professional enough?

Q: 로비를 장식하는 일을 정말 잘하셨네요.
A: 충분히 전문적으로 보이나요?

**14** 🔊 미국식 발음 → 호주식 발음 / 캐나다식 발음 → 영국식 발음

Q: Could you tell me your mailing address?
A: No, I sent him an e-mail.

Q: 당신의 우편 주소를 제게 알려주실 수 있나요?
A: 아니요, 저는 그에게 이메일을 보냈어요.

**15** 🔊 호주식 발음 → 영국식 발음 / 캐나다식 발음 → 미국식 발음

Q: We should discuss our marketing strategy tomorrow.
A: OK, we can meet at 3 o'clock.

Q: 우리는 내일 마케팅 전략을 논의해야 해요.
A: 그래요, 3시에 만나면 돼요.

**16** 🔊 캐나다식 발음 → 미국식 발음 / 호주식 발음 → 영국식 발음

Q: We ordered a new conference table on Friday, didn't we?
A: Actually, it was on Wednesday.

Q: 우리는 금요일에 새로운 회의용 탁자를 주문했어요, 그러지 않았나요?
A: 사실, 그건 수요일이었어요.

**17** 🔊 캐나다식 발음 → 영국식 발음 / 호주식 발음 → 미국식 발음

Q: Would you mind checking our mail while we're away?
A: They went that way.

Q: 저희가 떠나 있는 동안 저희 우편물을 확인해 주시겠어요?
A: 그들은 저쪽으로 갔어요.

**18** 🔊 호주식 발음 → 미국식 발음 / 캐나다식 발음 → 영국식 발음

Q: I don't know how this projector works.
A: Let me show you.

Q: 저는 이 영사기가 어떻게 작동하는지 모르겠어요.
A: 제가 보여드릴게요.

**19** 🔊 미국식 발음 → 호주식 발음 / 캐나다식 발음 → 영국식 발음

Q: Caroline's first day at the office is tomorrow, isn't it?
A: She did a great job.

Q: Caroline의 첫 출근은 내일이죠, 그렇지 않나요?
A: 그녀는 잘했어요.

**20** 🔊 캐나다식 발음 → 미국식 발음 / 호주식 발음 → 영국식 발음

Q: The store across town has the same item for half the price.

A: Yes, but it's an hour's drive away.

Q: 마을 건너편의 가게는 반값에 똑같은 물건을 팔아요.

A: 네, 그런데 거기는 차로 1시간 거리예요.

**21** [3해] 캐나다식 발음 → 미국식 발음 / 호주식 발음 → 영국식 발음

Q: Would you like to look at this shirt instead?
A: I'm interested in something more colorful.

Q: 대신 이 셔츠를 보시겠습니까?
A: 저는 더 알록달록한 것에 관심이 있어요.

## HACKERS **TEST**                                    p. 70

| | | | | |
|---|---|---|---|---|
| 01 (B) | 02 (C) | 03 (B) | 04 (C) | 05 (C) |
| 06 (B) | 07 (A) | 08 (A) | 09 (C) | 10 (B) |
| 11 (B) | 12 (C) | 13 (A) | 14 (B) | 15 (A) |
| 16 (A) | 17 (B) | 18 (C) | 19 (A) | 20 (A) |
| 21 (C) | 22 (C) | 23 (B) | 24 (B) | 25 (A) |

**01** [3해] 영국식 발음 → 캐나다식 발음

I'm excited to finally see the new museum exhibit.
(A) On the news this morning.
**(B) It's supposed to be amazing.**
(C) A natural history museum.

exhibit [igzíbit] 전시  amazing [əméiziŋ] 멋진, 근사한
natural history 자연사

해석 새로운 박물관 전시를 마침내 보게 되어서 흥분돼요.
(A) 오늘 아침 뉴스에서요.
(B) 그것은 멋질 거예요.
(C) 자연사 박물관이에요.

해설 **평서문**
(A) [×] 질문의 new(새로운)를 '뉴스'라는 의미의 news로 사용하여 혼동을 준 오답이다.
(B) [○] 그것, 즉 새로운 박물관 전시가 멋질 거라는 말로 의견을 추가했으므로 정답이다.
(C) [×] 질문의 museum을 반복 사용하여 혼동을 준 오답이다.

**02** [3해] 호주식 발음 → 캐나다식 발음

I'd like to book a flight to California tomorrow.
(A) The book is out of print.
(B) Only three days.
**(C) For how many people?**

book [buk] 예약하다  out of print 절판된

해석 내일 캘리포니아행 항공편을 예약하고 싶어요.
(A) 그 책은 절판되었어요.
(B) 사흘만요.
(C) 몇 분인가요?

해설 **평서문**
(A) [×] 질문의 book(예약하다)을 '책'이라는 의미로 사용하여 혼동을 준 오답이다.
(B) [×] tomorrow(내일)에서 연상할 수 있는 날짜와 관련된 days(날, 하루)를 사용하여 혼동을 준 오답이다.
(C) [○] 몇 사람인지를 되물어 항공편 예약에 대한 추가 정보를 요청했으므로 정답이다.

**03** [3해] 호주식 발음 → 미국식 발음

The new books are scheduled to be released next week, aren't they?
(A) He's written many books.
**(B) The printing might be delayed.**
(C) About information technology.

schedule [미 skédʒuːl, 영 ʃédʒuːl] 예정하다  release [rilíːs] 발매하다
printing [príntiŋ] 인쇄

해석 새 책들이 다음 주에 발매될 예정이죠, 그렇지 않나요?
(A) 그는 많은 책들을 집필했어요.
(B) 인쇄가 지연될 수도 있어요.
(C) 정보 기술에 대해서요.

해설 **부가 의문문**
(A) [×] 질문의 books를 반복 사용하여 혼동을 준 오답이다.
(B) [○] 인쇄가 지연될 수도 있다는 말로 새 책들이 다음 주에 발매되지 않을 수도 있음을 간접적으로 전달했으므로 정답이다.
(C) [×] books(책들)에서 연상할 수 있는 책의 주제와 관련된 information technology(정보 기술)를 사용하여 혼동을 준 오답이다.

**04** [3해] 미국식 발음 → 영국식 발음

Would you like me to order you some lunch?
(A) Mitchell attended the product launch.
(B) Yes, I shipped that order.
**(C) I've already eaten.**

product launch 상품 출시 행사  ship [ʃip] 보내다, 운송하다

해석 점심을 주문해 드릴까요?
(A) Mitchell은 상품 출시 행사에 참석했어요.
(B) 네, 저는 그 주문품을 보냈어요.
(C) 저는 이미 먹었어요.

해설 **제공 의문문**
(A) [×] lunch – launch의 유사 발음 어휘를 사용하여 혼동을 준 오답이다.
(B) [×] 질문의 order(주문하다)를 '주문품'이라는 의미로 사용하여 혼동을 준 오답이다. Yes만 듣고 정답으로 고르지 않도록 주의한다.
(C) [○] 이미 먹었다는 말로 점심을 주문해주겠다는 제안을 간접적으로 거절한 정답이다.

**05** [3해] 미국식 발음 → 캐나다식 발음

The charity event is on Wednesday at 10, right?
(A) I only need eight, thanks.
(B) No, the reservation is for 12 guests.
**(C) It's actually on Tuesday.**

charity event 자선 행사  reservation [rèzərvéiʃən] 예약

해석 그 자선 행사는 수요일 10시죠, 그렇죠?
(A) 저는 8개만 필요해요, 고마워요.
(B) 아니요, 예약은 손님 12명으로 되어 있어요.
(C) 그것은 사실 화요일이에요.

해설 **부가 의문문**
(A) [×] 10에서 연상할 수 있는 숫자와 관련된 eight(8)을 사용하여 혼동을 준 오답이다.
(B) [×] charity event(자선 행사)에서 연상할 수 있는 guests(손님)를 사

용하여 혼동을 준 오답이다. No만 듣고 정답으로 고르지 않도록 주의한다.

(C) [O] 그것, 즉 자선 행사는 사실 화요일이라는 말로 자선 행사가 수요일 10시가 아님을 전달했으므로 정답이다.

## 06 [3회] 캐나다식 발음 → 영국식 발음

Can you give me a copy of the seminar program on Monday?
(A) Yes, I met you there.
**(B) Would Tuesday be okay?**
(C) That program contains a computer virus.

program [미 próugræm, 영 práugræm] 일정표, 계획표

해석 월요일에 세미나 일정표 한 부를 저에게 줄 수 있나요?
(A) 네, 저는 거기서 당신을 만났어요.
(B) 화요일도 괜찮으세요?
(C) 그 프로그램은 컴퓨터 바이러스를 포함하고 있어요.

해설 **요청 의문문**
(A) [×] 질문의 seminar(세미나)를 나타낼 수 있는 there를 사용하여 혼동을 준 오답이다. Yes만 듣고 정답으로 고르지 않도록 주의한다.
(B) [O] 화요일도 괜찮은지를 되물어 세미나 일정표 전달 기한에 대한 추가 정보를 요청했으므로 정답이다.
(C) [×] 질문의 program을 반복 사용하여 혼동을 준 오답이다.

## 07 [3회] 호주식 발음 → 미국식 발음

Let's go see the new movie at Newton Cinema.
**(A) That's a good idea.**
(B) Please move that box.
(C) At my old job.

move [mu:v] 옮기다  old [미 ould, 영 əuld] 예전의, 오래된

해석 Newton 극장에 새로 나온 영화를 보러 가요.
(A) 좋은 생각이에요.
(B) 저 상자를 옮겨주세요.
(C) 제 예전 직장에서요.

해설 **평서문**
(A) [O] 좋은 생각이라는 말로 제안을 수락했으므로 정답이다.
(B) [×] movie – move의 유사 발음 어휘를 사용하여 혼동을 준 오답이다.
(C) [×] new(새로운)와 반대 의미인 old(예전의)를 사용하여 혼동을 준 오답이다.

## 08 [3회] 호주식 발음 → 영국식 발음

Would you like a ticket for the concert on Saturday?
**(A) I am busy that night.**
(B) Yes, he goes there frequently.
(C) They played here last month.

frequently [frí:kwəntli] 자주

해석 토요일 콘서트의 표를 드릴까요?
(A) 저는 그날 밤에 바빠요.
(B) 네, 그는 그곳에 자주 가요.
(C) 그들은 지난달에 여기서 연주했어요.

해설 **제공 의문문**
(A) [O] 그날 밤에 바쁘다는 말로 토요일 콘서트의 표를 주겠다는 제공을 간

접적으로 거절한 정답이다.
(B) [×] 질문의 concert(콘서트)를 나타낼 수 있는 there를 사용하여 혼동을 준 오답이다. Yes만 듣고 정답으로 고르지 않도록 주의한다.
(C) [×] concert(콘서트)에서 연상할 수 있는 played(연주하다)를 사용하여 혼동을 준 오답이다.

## 09 [3회] 미국식 발음 → 캐나다식 발음

I thought you attended the medical convention.
(A) He's in charge of collections.
(B) She prescribed some medicine.
**(C) No, I had an emergency that day.**

in charge of ~을 담당하다, 맡다  collection [kəlékʃən] 수집품
prescribe [priskráib] 처방하다
emergency [imə́:rdʒənsi] 응급 상황, 비상 사태

해석 저는 당신이 의학 학회에 참석한 줄 알았어요.
(A) 그는 수집품을 담당하고 있어요.
(B) 그녀는 몇몇 의약품을 처방했어요.
(C) 아니요, 저는 그날 응급 상황이 있었어요.

해설 **평서문**
(A) [×] convention – collections의 유사 발음 어휘를 사용하여 혼동을 준 오답이다.
(B) [×] medical – medicine의 유사 발음 어휘를 사용하여 혼동을 준 오답이다.
(C) [O] No로 의학 학회에 참석하지 않았음을 전달한 후, 그날 응급 상황이 있었다는 부연 설명을 했으므로 정답이다.

## 10 [3회] 캐나다식 발음 → 호주식 발음

The committee submitted its latest expense report, didn't it?
(A) Thanks, but we just ate.
**(B) They handed it in this morning.**
(C) Yes, the accountant started last Monday.

submit [səbmít] 제출하다  latest [léitist] (가장) 최근의, 최신의
accountant [əkáuntənt] 회계사

해석 위원회는 가장 최근의 지출 보고서를 제출했어요, 그렇지 않았나요?
(A) 고마워요, 그런데 저희는 방금 먹었어요.
(B) 그들은 오늘 아침에 그것을 제출했어요.
(C) 네, 회계사가 지난 월요일에 시작했어요.

해설 **부가 의문문**
(A) [×] latest(최근의)와 유사한 의미인 just(방금)를 사용하여 혼동을 준 오답이다.
(B) [O] 그들, 즉 위원회가 오늘 아침에 보고서를 제출했다는 말로 가장 최근의 지출 보고서를 제출했음을 전달했으므로 정답이다.
(C) [×] latest – last의 유사 발음 어휘를 사용하여 혼동을 준 오답이다. Yes만 듣고 정답으로 고르지 않도록 주의한다.

## 11 [3회] 호주식 발음 → 미국식 발음

Do you want some more cake?
(A) Yes, I want to meet him.
**(B) No, thank you. I'm full.**
(C) Someone will do it.

full [ful] 배부른

해석 케이크를 좀 더 드실래요?
(A) 네, 저는 그를 만나고 싶어요.
(B) 괜찮아요. 저는 배불러요.
(C) 누군가 그것을 할 거예요.

해설 **제공 의문문**
(A) [×] 질문의 want를 반복 사용하여 혼동을 준 오답이다. Yes만 듣고 정답으로 고르지 않도록 주의한다.
(B) [○] No라는 말로 제공을 거절한 후, 배부르다는 부연 설명을 했으므로 정답이다.
(C) [×] some – Someone의 유사 발음 어휘를 사용하여 혼동을 준 오답이다.

12 ③[❙] 영국식 발음 → 캐나다식 발음

The employee orientation will take place on Thursday, won't it?
(A) It requires good communication skills.
(B) Yes, the staff as well.
**(C) That's what the secretary said.**

skill[skil] 기술, 기량  secretary[미 sékrətèri, 영 sékrətəri] 비서

해석 직원 오리엔테이션이 목요일에 있을 예정이에요, 그렇지 않나요?
(A) 그것은 좋은 커뮤니케이션 기술을 요구해요.
(B) 네, 직원들도 마찬가지예요.
(C) 비서가 그렇게 말했어요.

해설 **부가 의문문**
(A) [×] 질문의 employee orientation(직원 오리엔테이션)을 나타낼 수 있는 It을 사용하여 혼동을 준 오답이다.
(B) [×] employee(직원)와 같은 의미인 staff(직원)를 사용하여 혼동을 준 오답이다. Yes만 듣고 정답으로 고르지 않도록 주의한다.
(C) [○] 비서가 그렇게 말했다는 말로 직원 오리엔테이션이 목요일에 있을 예정임을 간접적으로 전달했으므로 정답이다.

13 ③[❙] 호주식 발음 → 미국식 발음

This building was renovated last year, wasn't it?
**(A) I'm not really sure.**
(B) It's an innovative design.
(C) I saw the floor plan.

renovate[rénəvèit] 수리하다  innovative[ínəvèitiv] 혁신적인
floor plan 평면도

해석 이 건물은 작년에 수리되었어요, 그렇지 않나요?
(A) 저는 잘 모르겠어요.
(B) 그것은 혁신적인 디자인이에요.
(C) 저는 평면도를 봤어요.

해설 **부가 의문문**
(A) [○] 잘 모르겠다는 말로 건물이 작년에 수리되었는지 모른다는 간접적인 응답을 했으므로 정답이다.
(B) [×] renovated – innovative의 유사 발음 어휘를 사용하여 혼동을 준 오답이다.
(C) [×] building(건물)에서 연상할 수 있는 건물 구조와 관련된 floor plan(평면도)을 사용하여 혼동을 준 오답이다.

14 ③[❙] 영국식 발음 → 캐나다식 발음

You should pick up the business suits you ordered on Friday.

(A) These are suitable for work.
**(B) OK, I'll drop by your store then.**
(C) Everything is in order.

business suit 정장  suitable[미 súːtəbl, 영 sjúːtəbl] 적당한, 적절한
drop by 들르다  in order 정돈된

해석 금요일에 주문하신 정장을 가지러 오셔야 해요.
(A) 이것들은 직장에서 입기 적당해요.
(B) 네, 그때 가게에 들를게요.
(C) 모든 것이 정돈되어 있어요.

해설 **평서문**
(A) [×] 질문의 business suits(정장)를 나타낼 수 있는 These와, suits – suitable의 유사 발음 어휘를 사용하여 혼동을 준 오답이다.
(B) [○] OK로 요청을 수락한 후, 가게에 들르겠다는 부연 설명을 했으므로 정답이다.
(C) [×] 질문의 ordered(주문하다)를 '정돈'이라는 의미의 order로 사용하여 혼동을 준 오답이다.

15 ③[❙] 미국식 발음 → 영국식 발음

This bag comes in three sizes.
**(A) Can I see the smallest one?**
(B) It's full of clothes.
(C) She arrived early for work.

full of ~으로 가득 찬

해석 이 가방은 세 가지 크기로 나와요.
(A) 가장 작은 것을 볼 수 있을까요?
(B) 그것은 옷들로 가득 찼어요.
(C) 그녀는 직장에 일찍 도착했어요.

해설 **평서문**
(A) [○] 가장 작은 것을 볼 수 있을지를 되물어 가방에 대한 요청을 했으므로 정답이다.
(B) [×] 질문의 bag(가방)을 나타낼 수 있는 It을 사용하여 혼동을 준 오답이다.
(C) [×] 질문의 comes in(~으로 나오다)의 come을 '오다'라는 의미로 보았을 때 유사한 의미인 arrived(도착하다)를 사용하여 혼동을 준 오답이다.

16 ③[❙] 미국식 발음 → 캐나다식 발음

You like to read fantasy books, don't you?
**(A) Yes, whenever I have time.**
(B) I think it's a good book store.
(C) No, she's in a meeting.

whenever[hwenévər] ~할 때마다, ~할 때는 언제든지

해석 당신은 판타지책 읽는 것을 좋아하시죠, 그렇지 않나요?
(A) 네, 제가 시간이 있을 때마다요.
(B) 그곳은 좋은 서점이라고 생각해요.
(C) 아니요, 그녀는 회의 중이에요.

해설 **부가 의문문**
(A) [○] Yes로 판타지책 읽는 것을 좋아한다는 것을 전달한 후, 시간이 있을 때마다라며 부연 설명을 했으므로 정답이다.
(B) [×] books(책)와 관련 있는 book store(서점)를 사용하여 혼동을 준 오답이다.
(C) [×] 판타지책 읽는 것을 좋아하는지를 물었는데, 그녀가 회의 중이라며

관련이 없는 내용으로 응답했으므로 오답이다. No만 듣고 정답으로 고르지 않도록 주의한다.

**17** 호주식 발음 → 미국식 발음

Tom did a great job setting up the showroom.
(A) I have a show tonight.
**(B) I completely agree.**
(C) There's no more room.

showroom[미 ʃóuru:m, 영 ʃóuru:m] 전시실
completely[kəmplí:tli] 전적으로, 완전히  room[ru:m] 공간

해석 Tom이 전시실을 설치하는 일을 정말 훌륭하게 해냈어요.
(A) 저는 오늘 밤에 공연이 있어요.
(B) 저도 전적으로 동의해요.
(C) 더 이상 공간이 없어요.

해설 **평서문**
(A) [×] showroom – show의 유사 발음 어휘를 사용하여 혼동을 준 오답이다.
(B) [○] 전적으로 동의한다는 말로 의견을 제시했으므로 정답이다.
(C) [×] showroom – room의 유사 발음 어휘를 사용하여 혼동을 준 오답이다.

**18** 호주식 발음 → 캐나다식 발음

Can you take a look at this invoice for a moment?
(A) I can't access my voice mail.
(B) It looks rather tall.
**(C) As soon as I wrap up this call.**

invoice[ínvɔis] 송장  access[ǽkses] 이용하다, 접근하다
wrap up 마무리 짓다

해석 이 송장을 잠깐 봐 주실 수 있나요?
(A) 제 음성 메시지를 이용할 수 없어요.
(B) 다소 높아 보이네요.
(C) 이 전화만 마무리 짓고 나서요.

해설 **요청 의문문**
(A) [×] invoice – voice의 유사 발음 어휘를 사용하여 혼동을 준 오답이다.
(B) [×] 질문의 look(보기, 봄)을 '~해 보이다'라는 의미의 looks로 사용하여 혼동을 준 오답이다.
(C) [○] 먼저 전화만 마무리 짓겠다는 말로 요청을 간접적으로 수락한 정답이다.

**19** 호주식 발음 → 영국식 발음

I won't be able to meet you on Monday because of a business trip.
**(A) We can reschedule our appointment.**
(B) Vancouver is an expensive place to live.
(C) What time was your flight?

business trip 출장
reschedule[미 ri:skédʒu:l, 영 ri:ʃédju:l] 일정을 변경하다

해석 저는 출장 때문에 월요일에 당신을 만나지 못할 거예요.
(A) 우리는 약속을 변경할 수 있어요.
(B) 밴쿠버는 살기에 비싼 곳이에요.
(C) 당신의 항공편이 몇 시였나요?

해설 **평서문**
(A) [○] 약속을 변경할 수 있다는 말로, 출장 때문에 월요일의 약속을 취소해야 하는 문제점에 대한 해결책을 제시했으므로 정답이다.
(B) [×] business trip(출장)에서 연상할 수 있는 출장 장소와 관련된 Vancouver(밴쿠버)를 사용하여 혼동을 준 오답이다.
(C) [×] business trip(출장)에서 연상할 수 있는 교통수단과 관련된 flight(항공편)를 사용하여 혼동을 준 오답이다.

**20** 캐나다식 발음 → 미국식 발음

Why don't you take the ferry?
**(A) It doesn't start running for another hour.**
(B) On the river.
(C) At a fair price.

ferry[féri] 배  run[rʌn] 운행하다, 운영하다  fair[fer] 적당한, 공정한

해석 배를 타는 게 어때요?
(A) 한 시간이 더 지나야 운행을 시작해요.
(B) 강에서요.
(C) 적당한 가격으로요.

해설 **제안 의문문**
(A) [○] 한 시간이 더 지나야 운행을 시작한다는 말로 배를 타자는 제안을 간접적으로 거절한 정답이다.
(B) [×] ferry(배)에서 연상할 수 있는 배를 타는 장소와 관련된 river(강)를 사용하여 혼동을 준 오답이다.
(C) [×] ferry – fair의 유사 발음 어휘를 사용하여 혼동을 준 오답이다.

**21** 호주식 발음 → 영국식 발음

If you need a copy of the report, please take one from my desk.
(A) I'll take coffee, please.
(B) Yes, she's clearing it.
**(C) Thanks, I'll do that.**

clear[미 kliər, 영 kliə] 치우다

해석 보고서 사본이 필요하시다면, 제 책상에서 한 부를 가져가세요.
(A) 저는 커피로 주세요.
(B) 네, 그녀는 그것을 치우고 있어요.
(C) 고마워요, 그렇게 할게요.

해설 **평서문**
(A) [×] 질문의 take를 반복 사용하고, copy – coffee의 유사 발음 어휘를 사용하여 혼동을 준 오답이다.
(B) [×] 질문의 a copy of the report(보고서 사본)나 desk(책상)를 나타낼 수 있는 it을 사용하여 혼동을 준 오답이다.
(C) [○] 그렇게 하겠다는 말로 보고서 사본이 필요하면 책상에서 한 부를 가져가겠다는 것을 전달했으므로 정답이다.

**22** 캐나다식 발음 → 영국식 발음

Could you prepare the program for tomorrow's banquet?
(A) The master of ceremonies.
(B) No, it's very hard to repair.
**(C) OK. I'll work on it right away.**

banquet[bǽŋkwit] 연회  master of ceremonies 사회자, 진행자

해석 내일 연회의 프로그램을 준비해 주시겠어요?
(A) 사회자요.
(B) 아니요, 그것은 수리하기 매우 어려워요.
(C) 좋아요. 지금 바로 작업할게요.

해설 **요청 의문문**
(A) [×] banquet(연회)과 관련 있는 master of ceremonies(사회자)를 사용하여 혼동을 준 오답이다.
(B) [×] prepare – repair의 유사 발음 어휘를 사용하여 혼동을 준 오답이다. No만 듣고 정답으로 고르지 않도록 주의한다.
(C) [○] OK라는 말로 요청을 수락한 후, 지금 바로 작업하겠다는 부연 설명을 했으므로 정답이다.

해석 시립 도서관에 빨리 잠깐 들르는 게 어떨까요?
(A) 아니요, 다른 날에 가요.
(B) 제가 이미 그것을 놓고 왔어요.
(C) 그것을 사서는 안 돼요.

해설 **제안 의문문**
(A) [○] No로 제안을 거절한 후, 다른 날에 가자는 제안을 했으므로 정답이다.
(B) [×] 질문의 drop by(잠깐 들르다)에서의 drop을 '놓고 오다'라는 의미의 drop off로 사용하여 혼동을 준 오답이다.
(C) [×] by – buy의 유사 발음 어휘를 사용하여 혼동을 준 오답이다.

**23** [음] 미국식 발음 → 호주식 발음

> The printer manual is not easy to understand, is it?
> (A) Try looking under the stand.
> **(B) No, it's difficult.**
> (C) The office needs some new printers.
> -------------------------------------------------
> manual[mǽnjuəl] 사용 설명서

해석 프린터 사용 설명서는 이해하기 쉽지 않아요, 그렇죠?
(A) 스탠드 아래를 찾아보세요.
(B) 아니요, 어려워요.
(C) 사무실에 새로운 프린터들이 몇 대 필요해요.

해설 **부가 의문문**
(A) [×] understand – under the stand의 유사 발음 어휘를 사용하여 혼동을 준 오답이다.
(B) [○] No로 프린터 사용 설명서가 이해하기 쉽지 않음을 전달한 후, 어렵다는 의견을 추가했으므로 정답이다.
(C) [×] 질문의 printer를 printers로 반복 사용하여 혼동을 준 오답이다.

**24** [음] 영국식 발음 → 캐나다식 발음

> Do you want to come with us to the concert?
> (A) He's coming from the airport.
> **(B) Let me check if I'm free.**
> (C) I really enjoyed it.
> -------------------------------------------------
> free[fri:] 다른 약속이 없는, 한가한

해석 저희와 함께 콘서트에 가실래요?
(A) 그는 공항에서 오고 있어요.
(B) 제가 다른 약속이 없는지 확인해볼게요.
(C) 그것은 정말 재미있었어요.

해설 **제안 의문문**
(A) [×] 질문의 come을 coming으로 반복 사용하여 혼동을 준 오답이다.
(B) [○] 자신이 다른 약속이 없는지 확인해보겠다는 말로 함께 콘서트에 갈 수 있을지 모른다는 간접적인 응답을 했으므로 정답이다.
(C) [×] 질문의 concert(콘서트)를 나타낼 수 있는 it을 사용하여 혼동을 준 오답이다.

**25** [음] 미국식 발음 → 영국식 발음

> Why don't we drop by the city library quickly?
> **(A) No, let's go another day.**
> (B) I already dropped it off.
> (C) You shouldn't buy it.
> -------------------------------------------------
> drop by 잠깐 들르다   drop off 놓고 오다

# PART 3

## HACKERS **PRACTICE**                                    p. 78

| 01 (B) | 02 (A) | 03 (A) | 04 (B) | 05 (A) |
|--------|--------|--------|--------|--------|
| 06 (B) | | | | |

**01** 🔊 호주식 발음 → 영국식 발음 / 캐나다식 발음 → 미국식 발음

Question 1 refers to the following conversation.

---
M: Hello. What time does the movie *Stuck in Place* begin? I was hoping to catch a film after I eat dinner.

W: Falls Cinema has two show times this evening for that film. The first begins at 6 P.M., and the second one starts at 8 P.M.

---
film [film] 영화

---

해석

1은 다음 대화에 관한 문제입니다.

M: 안녕하세요. 영화 *Stuck in Place*는 몇 시에 시작하나요? 저녁 식사를 한 후에 그 영화를 볼 수 있으면 해서요.

W: Falls 영화관은 오늘 저녁에 그 영화를 두 번 상영합니다. 첫 상영은 오후 6시에 시작하고, 두 번째 상영은 오후 8시에 시작합니다.

**01** 목적 문제

전화의 목적은 무엇인가?
(A) 음식 주문을 하기 위해
(B) 영화 일정에 대해 문의하기 위해

**02** 🔊 미국식 발음 → 캐나다식 발음 / 영국식 발음 → 호주식 발음

Question 2 refers to the following conversation.

---
W: Hello. Are you ready to order, or do you need a few more minutes?

M: Actually, what is your daily special?

W: Today it's pasta in a mushroom sauce.

---
daily special 오늘의 특별 요리

---

해석

2는 다음 대화에 관한 문제입니다.

W: 안녕하세요. 주문하실 준비가 되셨나요, 아니면 몇 분 더 필요하신가요?

M: 실은, 오늘의 특별 요리가 무엇인가요?

W: 오늘은 버섯 소스 파스타입니다.

**02** 장소 문제

화자들은 어디에 있는 것 같은가?
(A) 식당에
(B) 슈퍼마켓에

**[03-04]** 🔊 영국식 발음 → 캐나다식 발음 / 미국식 발음 → 호주식 발음

Questions 3-4 refer to the following conversation.

---
W: I saw the computer technician in your office this morning. Are you having computer problems?

M: Yes, several programs are not operating properly. The technician had to reinstall them.

W: Well, hopefully everything is OK now.

---
technician [tekníʃən] 기술자
operate [미 ɑ́ːpərèit, 영 ɔ́pəreit] 작동되다, 가동되다
reinstall [rìːinstɔ́ːl] 재설치하다

---

해석

3-4는 다음 대화에 관한 문제입니다.

W: 당신 사무실에서 오늘 아침에 컴퓨터 기술자를 보았어요. 컴퓨터에 문제가 있나요?

M: 네, 몇몇 프로그램들이 제대로 작동되지 않고 있어요. 기술자가 그것들을 재설치해야 했어요.

W: 음, 지금은 다 괜찮기를 바라요.

**03** 화자 문제

화자들은 누구인 것 같은가?
(A) 직장 동료들
(B) 컴퓨터 기술자들

**04** 주제 문제

대화는 주로 무엇에 관한 것인가?
(A) 컴퓨터 구매
(B) 소프트웨어 문제

**[05-06]** 🔊 미국식 발음 → 영국식 발음 → 캐나다식 발음 / 영국식 발음 → 미국식 발음 → 호주식 발음

Questions 5-6 refer to the following conversation with three speakers.

---
W1: Good morning. My friend and I are researching local history. What section should we go to?

W2: For books, you should go to the third-floor stacks. Journals are located by the circulation desk.

M:  OK. We need detailed information, so we'll browse both. Thank you.

---
local [미 lóukəl, 영 lə́ukəl] 지역의, 현지의   stack [stæk] 서고; 쌓다
circulation desk 대출 데스크   browse [brauz] 둘러보다

---

해석

5-6은 다음 세 명의 대화에 관한 문제입니다.

W1: 안녕하세요. 제 친구와 저는 지역 역사를 조사하고 있어요. 저희는 무슨 구역으로 가야 하나요?

W2: 책들의 경우에는, 3층 서고로 가셔야 해요. 잡지들은 대출 데스크 옆에 위치해 있어요.

M:  알겠어요. 저희는 상세한 정보가 필요해서, 둘 다 둘러볼게요. 감사합니다.

## 05 주제 문제

해석 대화는 주로 무엇에 관한 것인가?
(A) 조사 자료 찾기
(B) 연체된 도서 반납하기

overdue [òuvərdjúː] 연체된

## 06 장소 문제

해석 대화는 어디에서 일어나고 있는 것 같은가?
(A) 쇼핑몰에서
(B) 도서관에서

## HACKERS TEST

p.79

| | | | | |
|---|---|---|---|---|
| 01 (D) | 02 (D) | 03 (B) | 04 (B) | 05 (A) |
| 06 (C) | 07 (C) | 08 (A) | 09 (C) | 10 (A) |
| 11 (C) | 12 (D) | 13 (C) | 14 (B) | 15 (D) |
| 16 (D) | 17 (A) | 18 (B) | 19 (D) | 20 (A) |
| 21 (A) | 22 (D) | 23 (D) | 24 (B) | 25 (D) |
| 26 (A) | 27 (C) | 28 (D) | 29 (C) | 30 (C) |

**[01-03]** 🔊 캐나다식 발음 → 영국식 발음

Questions 1-3 refer to the following conversation.

> M: ⁰¹**Building administration office, this is Ivan.** What can I do for you?
> W: Hello. I just moved into Unit 28 on the 14th floor, and ⁰²**I was wondering how I could apply for a parking space for my car**.
> M: I can help with that. You need to fill out an application form, which you can get from me or from another staff member. Unfortunately, ⁰³**the office is closed for maintenance today, so you won't be able to pick up the form until Monday.**

administration [ædmìnəstréiʃən] 관리
unit [júːnit] (공동 주택 내의) 호, 가구  apply [əplái] 신청하다, 적용되다
fill out 작성하다, 기입하다  maintenance [méintənəns] 보수 관리, 정비

해석
1-3은 다음 대화에 관한 문제입니다.

M: ⁰¹건물 관리실의 Ivan입니다. 무엇을 도와드릴까요?
W: 안녕하세요. 저는 바로 얼마 전에 14층의 28호로 이사 왔는데요, ⁰²제 차를 위한 주차 공간을 어떻게 신청할 수 있는지 궁금해서요.
M: 제가 도와드릴게요. 신청서를 작성하셔야 하는데, 이것은 저나 다른 직원으로부터 받을 수 있습니다. 유감스럽게도, ⁰³오늘 사무실이 보수 관리 때문에 문을 닫아서, 당신은 월요일이나 되어서야 그 양식을 가져가실 수 있을 거예요.

## 01 화자 문제

해석 남자는 누구인 것 같은가?
(A) 가구주
(B) 운전 강사
(C) 판매 대리인
(D) 건물 직원

해설 대화에서 신분 및 직업과 관련된 표현을 놓치지 않고 듣는다. 대화 초반부에서 남자가 "Building administration office, this is Ivan(건물 관리실의 Ivan입니다)"이라고 한 것을 통해, 남자가 건물 관리실의 직원임을 알 수 있다. 따라서 (D)가 정답이다.

어휘 owner [óunər] 주인, 소유자  instructor [instrʌ́ktər] 강사
agent [éidʒənt] 대리인

## 02 특정 세부 사항 문제

해석 여자는 무엇을 원하는가?
(A) 수수료 납입에 대한 확인
(B) 차량 구매에 대한 조언
(C) 아파트 서비스에 대한 소책자
(D) 주차 공간 획득에 대한 정보

해설 질문의 핵심어구(want)와 관련된 내용을 주의 깊게 듣는다. 대화 중반부에서 여자가 "I was wondering how I could apply for a parking space for my car(제 차를 위한 주차 공간을 어떻게 신청할 수 있는지 궁금해서요)"라고 한 것을 통해, 여자가 주차 공간을 신청하는 방법에 대한 정보를 원하고 있음을 알 수 있다. 따라서 (D)가 정답이다.

어휘 brochure [brouʃúər] 소책자, 팸플릿  obtain [əbtéin] 획득하다

## 03 이유 문제

해석 여자는 왜 오늘 양식을 가져올 수 없는가?
(A) 남자가 도시를 떠나 있다.
(B) 보수 관리가 진행되고 있다.
(C) 면접이 실시되고 있다.
(D) 남자가 바쁘다.

해설 질문의 핵심어구(unable to pick up the form today)와 관련된 내용을 주의 깊게 듣는다. 대화 후반부에서 남자가 "the office is closed for maintenance today, so you won't be able to pick up the form until Monday(오늘 사무실이 보수 관리 때문에 문을 닫아서, 당신은 월요일이나 되어서야 그 양식을 가져가실 수 있을 거예요)"라고 하였다. 따라서 (B)가 정답이다.

어휘 conduct [kəndʌ́kt] 실시하다

**[04-06]** 🔊 미국식 발음 → 호주식 발음

Questions 4-6 refer to the following conversation.

> W: Mr. Jennings, ⁰⁴**I'm really impressed with what you've done with the interior of the hotel lobby. You incorporated all of my requests regarding colors.**
> M: Thank you, Ms. Griffin. I'm so pleased that you're satisfied with my work.
> W: ⁰⁵**I do have one concern, though. The furniture will cost about $2,000 more than I expected.** Is there any way we can address this issue?
> M: Hmm . . . ⁰⁶**We should try Dale Furnishings, then. That brand has very similar items to the ones I selected for about 20 percent less.** Just note that their fabric tends to be a bit less durable.

incorporate [미 inkɔ́ːrpərèit, 영 inkɔ́ːpərèit] 구현하다, 포함하다
satisfied [sǽtisfàid] 만족하는, 받아들이는  address [ədrés] 해결하다, 처리하다
durable [미 dúrəbl, 영 dʒúərəbl] 내구성이 있는, 오래 가는

해석
4-6은 다음 대화에 관한 문제입니다.

W: Mr. Jennings, ⁰⁴당신이 호텔 로비 내부에 작업하신 것에 정말 감명받았어요. 색상에 대한 제 모든 요청 사항들을 구현해주셨네요.
M: 고마워요, Ms. Griffin. 당신이 제 작업에 만족하셔서 정말 기쁘네요.
W: ⁰⁵그런데 걱정되는 게 한 가지 있어요. 가구가 제가 예상했던 것보다 2,000달러 정도 비용이 더 들 거예요. 우리가 이 문제를 해결할 수 있는 방법이 있을까요?
M: 흠… ⁰⁶그럼 Dale Furnishings사로 시도해봐야겠네요. 그 브랜드에 제가 선택한 것들과 매우 비슷한 제품들이 20퍼센트 정도 낮은 가격에 있어요. 그들의

천이 내구성이 약간 떨어지는 경향이 있다는 것만 유념해 주세요.

## 04 화자 문제

해석 남자는 누구인 것 같은가?

(A) 건물 관리인
(B) 실내 장식가
(C) 가구 디자이너
(D) 배달원

해설 대화에서 신분 및 직업과 관련된 표현을 놓치지 않고 듣는다. 대화 초반부에서 여자가 "I'm really impressed with what you've done with the interior of the hotel lobby. You incorporated all of my requests regarding colors(당신이 호텔 로비 내부에 작업하신 것에 정말 감명받았어요. 색상에 대한 제 모든 요청 사항들을 구현해주셨네요)"라고 한 것을 통해, 남자가 호텔 내부를 장식하는 실내 장식가임을 알 수 있다. 따라서 (B)가 정답이다.

어휘 property[prάːpərti] 건물, 부동산  delivery person 배달원

## 05 문제점 문제

해석 여자는 왜 걱정하는가?

(A) 가격이 높다.
(B) 구역이 붐빈다.
(C) 소포가 늦어진다.
(D) 주소가 정확하지 않다.

해설 여자의 말에서 부정적인 표현이 언급된 다음을 주의 깊게 듣는다. 대화 중반부에서 "I do have one concern, though. The furniture will cost about $2,000 more than I expected(그런데 걱정되는 게 한 가지 있어요. 가구가 제가 예상했던 것보다 2,000달러 정도 비용이 더 들 거예요)"라고 하였다. 따라서 (A)가 정답이다.

패러프레이징
cost ~ more than ~ expected 예상했던 것보다 비용이 더 들다
→ A price is high 가격이 높다

어휘 incorrect[ìnkərékt] 정확하지 않은, 틀린

## 06 제안 문제

해석 남자는 무엇을 제안하는가?

(A) 온라인 주문하기
(B) 건축가와 상담하기
(C) 다른 브랜드를 시도하기
(D) 할인을 요청하기

해설 남자의 말에서 제안과 관련된 표현이 언급된 다음을 주의 깊게 듣는다. 대화 후반부에서 "We should try Dale Furnishings, then. That brand has very similar items ~ for about 20 percent less(그럼 Dale Furnishings사로 시도해봐야겠네요. 그 브랜드에 매우 비슷한 제품들이 20퍼센트 정도 낮은 가격에 있어요)"라고 하였다. 따라서 (C)가 정답이다.

어휘 architect[άːrkətekt] 건축가

[07-09] ③㎞ 영국식 발음 → 캐나다식 발음

Questions 7-9 refer to the following conversation.

W: ⁰⁷**You've reached Cypress Sporting Goods.** This is Christina. ⁰⁷**What can I do for you today?**
M: Hi, my name is Luke Hamilton, and ⁰⁸**I would like to check the remaining balance on my gift card**. I was planning to use it to do some shopping for tennis equipment there today.
W: I'd be happy to do that, Mr. Hamilton. In order for me to pull up your account, ⁰⁹**I need your card's security code**. It's the four-digit number located on the ○

---

lower left-hand corner on the back of your card.

remaining[riméiniŋ] 남아 있는  balance[bǽləns] 잔액
pull up 접근하다  account[əkáunt] 계좌, 설명  digit[dídʒit] 자릿수
lower[미 lóuər, 영 lóuə] 아래쪽의  left-hand[lèfthǽnd] 왼편의

해석
7-9는 다음 대화에 관한 문제입니다.

W: ⁰⁷Cypress 스포츠용품점입니다. 저는 Christina입니다. ⁰⁷오늘 무엇을 도와드릴까요?
M: 안녕하세요, 저는 Luke Hamilton이고, ⁰⁸제 기프트 카드에 남아 있는 잔액을 확인하고 싶어요. 오늘 그곳에서 테니스 장비를 사기 위해 그것을 사용하려고 계획 중이었거든요.
W: 기꺼이 확인해 드리겠습니다, Mr. Hamilton. 제가 귀하의 계좌에 접근하기 위해서는 ⁰⁹카드의 보안 코드가 필요합니다. 그것은 카드 뒷면의 아래쪽 왼편 구석에 있는 네 자릿수 숫자입니다.

## 07 화자 문제

해석 여자는 어디에서 일하는 것 같은가?

(A) 선적 창고에서
(B) 버스 터미널에서
(C) 스포츠용품 상점에서
(D) 헬스장에서

해설 대화에서 신분 및 직업과 관련된 표현을 놓치지 않고 듣는다. 대화 초반부에서 여자가 "You've reached Cypress Sporting Goods(Cypress 스포츠용품점입니다)"라고 한 뒤, "What can I do for you today?(오늘 무엇을 도와드릴까요?)"라고 하였다. 이를 통해, 여자가 일하는 장소가 스포츠용품 상점임을 알 수 있다. 따라서 (C)가 정답이다.

패러프레이징
Sporting Goods 스포츠용품 → sports equipment 스포츠용품

어휘 shipping[ʃípiŋ] 선적, 운송  warehouse[wérhaus] 창고

## 08 주제 문제

해석 남자는 무엇에 관해 전화하고 있는가?

(A) 카드 잔액
(B) 계정 비밀번호
(C) 배송 일자
(D) 납부 절차

해설 대화의 주제를 묻는 문제이므로, 대화의 초반을 주의 깊게 들은 후 전체 맥락을 파악한다. 남자가 "I would like to check the remaining balance on my gift card(제 기프트 카드에 남아 있는 잔액을 확인하고 싶어요)"라고 한 후, 카드 잔액에 관한 내용으로 지문이 이어지고 있다. 따라서 (A)가 정답이다.

## 09 요청 문제

해석 여자는 무슨 정보를 요청하는가?

(A) 상점 이름
(B) 구매 금액
(C) 보안 코드
(D) 집 주소

해설 여자의 말에서 요청과 관련된 표현이 언급된 다음을 주의 깊게 듣는다. 대화 후반부에서 "I need your card's security code(카드의 보안 코드가 필요합니다)"라고 하였다. 따라서 (C)가 정답이다.

어휘 amount[əmáunt] 금액, 총액

Questions 10-12 refer to the following conversation.

> W: Hello. ¹⁰**I'm thinking of buying this smartwatch, but I have a question first.**
> M: Sure. I'm happy to help.
> W: Well, ¹¹**my friend said that it can keep track of a user's progress towards specific fitness goals**. But the problem is that I can't seem to find that feature.
> M: Here, let me show you. You just need to select this menu option and enter your fitness goals.
> W: Great. I really appreciate your help. This watch is a bit more complicated than I thought.
> M: ¹²**There is a video posted on our Web site that includes a detailed explanation of all of the watch's settings. Why don't you check it out before you make a decision?**
> W: Thanks. I'll do that.

keep track of 기록하다  progress [미 prá:gres, 영 práugres] 진행, 진척
fitness [fítnəs] 운동  enter [미 éntər, 영 éntə] 입력하다, 들어가다
complicated [미 kámpləkeitid, 영 kɔ́mplikeitid] 복잡한, 어려운
setting [sétiŋ] 설정, 환경

해석
10-12는 다음 대화에 관한 문제입니다.

W: 안녕하세요. ¹⁰제가 이 스마트시계를 사려고 생각 중인데, 먼저 문의드릴 것이 있어요.
M: 물론이죠. 기꺼이 도와드리겠습니다.
W: 음, ¹¹제 친구가 이게 사용자의 특정한 운동 목표에 대한 진행 사항을 기록할 수 있다고 말했어요. 그런데 문제는 제가 그 기능을 찾을 수 없는 것 같아요.
M: 자, 제가 보여드릴게요. 이 메뉴 옵션을 선택하고 손님의 운동 목표를 입력하기만 하면 됩니다.
W: 좋네요. 도와주셔서 정말 감사합니다. 이 시계는 제가 생각했던 것보다 약간 더 복잡하네요.
M: ¹²시계의 모든 설정에 대한 자세한 설명을 포함하는 영상이 저희 웹사이트에 게시되어 있습니다. 손님께서 결정하시기 전에 그것을 확인해보시는 건 어떨까요?
W: 고맙습니다. 그렇게 할게요.

### 10 목적 문제
해석 여자의 방문 목적은 무엇인가?
(A) 물건을 구매하기 위해
(B) 일자리에 지원하기 위해
(C) 수리를 요청하기 위해
(D) 멤버십을 해지하기 위해

해설 방문의 목적을 묻는 문제이므로, 대화의 초반을 반드시 듣는다. 대화 초반부에서 여자가 "I'm thinking of buying this smartwatch, but I have a question first(제가 이 스마트시계를 사려고 생각 중인데, 먼저 문의드릴 것이 있어요)"라고 하였다. 따라서 (A)가 정답이다.

### 11 특정 세부 사항 문제
해석 여자는 그녀의 친구로부터 무엇에 대해 알게 되었는가?
(A) 판촉 행사 기간
(B) 사은품
(C) 제품 기능
(D) 반품 규정

해설 질문의 핵심어구(learn about from ~ friend)와 관련된 내용을 주의 깊게 듣는다. 대화 중반부에서 여자가 "my friend said that it can keep

track of a user's progress towards specific fitness goals(제 친구가 이게 사용자의 특정한 운동 목표에 대한 진행 사항을 기록할 수 있다고 말했어요)"라고 하였다. 따라서 (C)가 정답이다.

어휘  promotion [prəmóuʃən] 판촉 (활동), 홍보  free gift 사은품

### 12 제안 문제
해석 남자는 여자가 무엇을 하도록 권하는가?
(A) 카탈로그를 읽어본다.
(B) 환불을 요청한다.
(C) 행사에 참석한다.
(D) 영상을 시청한다.

해설 남자의 말에서 제안과 관련된 표현이 언급된 다음을 주의 깊게 듣는다. 대화 후반부에서 "There is a video ~ that includes a detailed explanation of all of the watch's settings. Why don't you check it out ~?(시계의 모든 설정에 대한 자세한 설명을 포함하는 영상이 있습니다. 그것을 확인해보시는 건 어떨까요?)"이라고 하였다. 따라서 (D)가 정답이다.

패러프레이징
check it[video] out 영상을 확인하다 → Watch a video 영상을 시청하다

Questions 13-15 refer to the following conversation.

> M: Maria, how is the contract for the merger between Finn Clothing and Broad Apparel coming along? ¹³**A representative from Finn Clothing called our legal firm to inquire about it.**
> W: I'm having some trouble with the agreement.
> M: Really? What's the problem?
> W: A new state law regarding mergers was just passed. ¹⁴**I don't fully understand it, so I can't finalize the contract.**
> M: I see. Well, ¹⁵**why don't you let me see the documentation you have on the law?** Maybe I can help you interpret it.

contract [미 kántrækt, 영 kɔ́ntrækt] 계약(서)
merger [미 má:rdʒər, 영 má:dʒə] 합병
representative [rèprizéntətiv] 직원, 대표  legal [lí:gəl] 법률의
inquire [inkwáiər] 문의하다, 물어보다  agreement [əgrí:mənt] 계약서, 협약
finalize [fáinəlaiz] 마무리 짓다
documentation [미 dà:kjumentéiʃən, 영 dɔ̀kjəmentéiʃən] 서류
interpret [미 intə́:rprit, 영 intə́:prit] 이해하다, 설명하다

해석
13-15는 다음 대화에 관한 문제입니다.

M: Maria, Finn Clothing사와 Broad Apparel사 간의 합병에 대한 계약은 어떻게 되어가고 있나요? ¹³Finn Clothing사 직원이 그것에 대해 문의하기 위해 우리 법률 회사에 전화했었어요.
W: 저는 계약서에 관해서 약간의 곤란을 겪고 있어요.
M: 정말요? 문제가 뭔가요?
W: 합병에 관한 주의 새로운 법이 이제 막 통과되었어요. ¹⁴저는 그것을 완전히 이해하지는 못해서, 계약서를 마무리 지을 수 없어요.
M: 그렇군요. 음, ¹⁵당신이 가지고 있는 그 법에 관한 서류를 제게 보여 주는 게 어때요? 어쩌면 제가 당신이 그것을 이해하도록 도울 수도 있잖아요.

### 13 장소 문제
해석 대화는 어디에서 일어나는 것 같은가?
(A) 정부 청사에서

(B) 디자인 작업실에서
(C) 법률 사무소에서
(D) 부동산 중개소에서

해설 장소와 관련된 표현을 놓치지 않고 듣는다. 대화 초반부에서 남자가 "A representative from Finn Clothing called our legal firm to inquire about it(Finn Clothing사 직원이 그것에 대해 문의하기 위해 우리 법률 회사에 전화했어요)"이라고 한 것을 통해, 대화가 법률 사무소에서 일어나고 있음을 알 수 있다. 따라서 (C)가 정답이다.

패러프레이징
legal firm 법률 회사 → law office 법률 사무소

어휘 real estate 부동산

## 14 언급 문제

해석 여자는 계약서에 대해 무엇을 말하는가?
(A) 서명되었다.
(B) 미완성이다.
(C) 발송되었다.
(D) 최근에 수정되었다.

해설 여자의 말에서 질문의 핵심어구(contract)가 언급된 주변을 주의 깊게 듣는다. 대화 중반부에서 "I don't fully understand it, so I can't finalize the contract(저는 그것을 완전히 이해하지는 못해서, 계약서를 마무리 지을 수 없어요)"라고 한 것을 통해, 계약서가 미완성임을 알 수 있다. 따라서 (B)가 정답이다.

패러프레이징
can't finalize 마무리 지을 수 없다 → is incomplete 미완성이다

어휘 mail out 발송하다   revise[riváiz] 수정하다

## 15 제안 문제

해석 남자는 무엇을 제안하는가?
(A) 계약에 동의하기
(B) 서류를 복사하기
(C) 몇몇 직원들에게 연락하기
(D) 몇몇 자료를 제공하기

해설 남자의 말에서 제안과 관련된 표현이 언급된 다음을 주의 깊게 듣는다. 대화 후반부에서 "why don't you let me see the documentation you have on the law?(당신이 가지고 있는 그 법에 관한 서류를 제게 보여 주는 게 어때요?)"라고 하였다. 따라서 (D)가 정답이다.

패러프레이징
documentation 서류 → materials 자료

어휘 deal[di:l] 계약

[16-18] 🔊 호주식 발음 → 미국식 발음

Questions 16-18 refer to the following conversation.

---
M: Hello, my name is Rick Chang and ¹⁶I would like to know if you have any rooms available on Friday.
W: Let's see. Yes, we do. How long would you like to stay, Mr. Chang?
M: From Friday night to Monday morning. ¹⁷Could we get a room on the side facing the ocean?
W: Sorry, but all the seaside rooms are booked for Friday. However, ¹⁸I can move you to one on the seventh floor if you don't mind moving on the second day.

---
face[feis] ~을 향하다   seaside[síːsaid] 해변의   book[buk] 예약하다

해석
16-18은 다음 대화에 관한 문제입니다.

M: 안녕하세요, 제 이름은 Rick Chang이고 ¹⁶금요일에 빈 객실이 있는지 알고 싶어요.
W: 한번 볼게요. 네, 있네요. 얼마 동안 머무르실 건가요, Mr. Chang?
M: 금요일 밤부터 월요일 아침까지요. ¹⁷바다를 향하는 쪽의 객실로 받을 수 있을까요?
W: 죄송하지만, 해변 쪽 객실들은 금요일에 모두 예약이 되어 있어요. 하지만, ¹⁸이튿날 이동하시는 게 괜찮으시다면 7층에 있는 객실로 옮겨 드릴 수 있어요.

## 16 주제 문제

해석 대화는 주로 무엇에 관한 것인가?
(A) 표를 구매하기
(B) 가격에 대해 문의하기
(C) 불만을 제기하기
(D) 예약을 하기

해설 대화의 주제를 묻는 문제이므로, 대화의 초반을 주의 깊게 들은 후 전체 맥락을 파악한다. 남자가 "I would like to know if you have any rooms available on Friday(금요일에 빈 객실이 있는지 알고 싶어요)"라고 한 후, 객실 예약에 대한 내용으로 대화가 이어지고 있다. 따라서 (D)가 정답이다.

어휘 file[fail] 제기하다   reservation[rèzərvéiʃən] 예약

## 17 요청 문제

해석 남자는 무엇을 요청하는가?
(A) 바다 전망이 있는 객실
(B) 늦은 체크아웃 시간
(C) 채식주의자용 식사
(D) 할인된 가격

해설 남자의 말에서 요청과 관련된 표현이 언급된 다음을 주의 깊게 듣는다. 대화 중반부에서 "Could we get a room on the side facing the ocean?(바다를 향하는 쪽의 객실로 받을 수 있을까요?)"이라고 하였다. 따라서 (A)가 정답이다.

패러프레이징
room on the side facing the ocean 바다를 향하는 쪽의 객실 → room with a sea view 바다 전망이 있는 객실

어휘 view[vju:] 전망, 경치   vegetarian[vèdʒətériən] 채식주의자의, 채식의
rate[reit] 가격

## 18 제안 문제

해석 여자는 무엇을 제의하는가?
(A) 무료 식사
(B) 객실 이동
(C) 2층의 스위트룸
(D) 업그레이드용 쿠폰

해설 여자의 말에서 제안과 관련된 표현이 언급된 다음을 주의 깊게 듣는다. 대화 후반부에서 "I can move you to one on the seventh floor if you don't mind moving on the second day(이튿날 이동하시는 게 괜찮으시다면 7층에 있는 객실로 옮겨 드릴 수 있어요)"라고 하였다. 따라서 (B)가 정답이다.

패러프레이징
moving 이동하기 → transfer 이동

어휘 complimentary[kàmpləméntəri] 무료의, 칭찬하는
transfer[trænsfɚr] 이동   suite[swi:t] 스위트룸

[19-21] 🔊 호주식 발음 → 미국식 발음

Questions 19-21 refer to the following conversation.

---
M: Pardon me, Dr. Lee. ¹⁹/²⁰One of your patients, Jenna Polson, contacted our clinic with an inquiry.

---

W: What does she need?

M: ¹⁹**Apparently, she's having trouble understanding her test results.** ²⁰²¹**You should call her back to explain everything.**

W: I have to prepare for surgery this afternoon. ²¹**Could you ask someone else to do this? Jake is Ms. Polson's nurse.**

M: I'll do that right away.

---

clinic[klínik] 병원, 치료소   inquiry[inkwáiəri, ínkwəri] 문의
apparently[əpǽrəntli, əpɛ́rəntli] 듣자 하니, 보아하니
result[rizʌ́lt] 결과, 결실   surgery[미 sə́ːrdʒəri, 영 sə́ːdʒəri] 수술, 외과

해석
19-21은 다음 대화에 관한 문제입니다.

M: 실례합니다, Dr. Lee. ¹⁹²⁰당신의 환자들 중 한 명인 Jenna Polson이 문의 사항으로 우리 병원에 연락하셨어요.

W: 그녀는 무엇을 필요로 하나요?

M: ¹⁹듣자 하니, 그녀가 검사 결과를 이해하는 데에 어려움을 겪고 있다고 하네요. ²⁰²¹그녀에게 다시 전화해서 모든 것을 설명해 주셔야겠어요.

W: 저는 오늘 오후에 있는 수술을 위해 준비해야 해요. ²¹다른 누군가에게 이것을 하도록 요청해주시겠어요? Jake는 Ms. Polson의 간호사예요.

M: 지금 바로 그렇게 할게요.

### 19 주제 문제
해석 화자들은 주로 무엇에 대해 이야기하고 있는가?
(A) 예약하기
(B) 증명서 발급하기
(C) 일정 변경하기
(D) 문의에 응답하기

해설 대화의 주제를 묻는 문제이므로, 대화의 초반을 주의 깊게 들은 후 전체 맥락을 파악한다. 남자가 "One of your patients ~ contacted our clinic ~(당신의 환자들 중 한 명이 우리 병원에 연락하셨어요)"이라고 한 후, 대화 중반부에서 남자가 "Apparently, she's having trouble understanding her test results(듣자 하니, 그녀가 검사 결과를 이해하는 데에 어려움을 겪고 있다고 하네요)"라고 하였다. 따라서 (D)가 정답이다.

어휘 certificate[sərtífikeit] 증명서

### 20 특정 세부 사항 문제
해석 남자는 여자에게 무엇을 해야 한다고 말하는가?
(A) 환자에게 연락한다.
(B) 검사를 실시한다.
(C) 양식을 작성한다.
(D) 메시지를 읽는다.

해설 남자의 말에서 질문의 핵심어구(should do)와 관련된 내용을 주의 깊게 듣는다. 대화 초반부에서 "One of your patients ~ contacted our clinic with an inquiry(당신의 환자들 중 한 명이 문의 사항으로 우리 병원에 연락하셨어요)"라고 한 후, 대화 중반부에서 "You should call her back ~(그녀에게 다시 전화하셔야겠어요)"이라고 하였다. 따라서 (A)가 정답이다.

패러프레이징
call 전화하다 → Contact 연락하다

어휘 form[fɔːrm] 양식

### 21 의도 파악 문제
해석 여자는 왜 "Jake는 Ms. Polson의 간호사예요"라고 말하는가?
(A) 그는 업무를 수행할 수 있다.
(B) 그는 행사에 참석하지 않을 것이다.
(C) 그는 수술을 도울 것이다.

---

(D) 그는 질문에 답할 수 없다.

해설 질문의 인용어구(Jake is Ms. Polson's nurse)가 언급된 주변을 주의 깊게 듣는다. 대화 중반부에서 남자가 "You should call her [Ms. Polson] back to explain everything(그녀[Ms. Polson]에게 다시 전화해서 모든 것을 설명해주셔야겠어요)"이라고 하자, 여자가 "Could you ask someone else to do this?(다른 누군가에게 이것을 하도록 요청해주시겠어요?)"라며 Jake가 Ms. Polson의 간호사라고 한 것을 통해, 여자가 Ms. Polson의 간호사인 Jake가 본인 대신 Ms. Polson에게 설명해주는 업무를 수행할 수 있다고 말하려는 의도임을 알 수 있다. 따라서 (A)가 정답이다.

어휘 assist[əsíst] 돕다, 도움이 되다   operation[미 àːpəréiʃən] 수술, 영업

**[22-24]** 🎧 미국식 발음 → 캐나다식 발음 → 호주식 발음

Questions 22-24 refer to the following conversation with three speakers.

---

W: ²²**We still have a lot of work to do on the Compton Project. We aren't going to be done with it by Friday.**

M1: You're right. ²²**The deadline will have to be pushed back.**

M2: Even if the deadline is extended by a few days, I doubt we'll finish on time. ²³**We've got to analyze and write a report on over 300 customer surveys.**

M1: Yeah, that's going to take a while.

M2: Well, what should we do, then?

W: In my opinion, we need another person on our team.

M1: I agree. We've been overloaded with assignments throughout this project.

W: OK. ²⁴**I'll ask our supervisor if someone else from our department can give us a hand.**

---

deadline[dédlàin] 마감 기한   push back 미루다
doubt[daut] 확신하지 못하다, 의심하다   analyze[ǽnəlàiz] 분석하다
overload[미 òuvərlóud, 영 òuvəláud] 너무 많이 부과하다
assignment[əsáinmənt] 업무, 과제
supervisor[미 súːpərvàizər, 영 súːpəvàizə] 관리자, 상사
give a hand 도와주다

해석
22-24는 다음 세 명의 대화에 관한 문제입니다.

W: ²²우리는 Compton 프로젝트와 관련해서 해야 할 일이 아직 많이 있어요. 금요일까지 그걸 끝낼 수 없을 거예요.

M1: 당신 말이 맞아요. ²²마감 기한이 미뤄져야 할 거예요.

M2: 만약 마감 기한이 며칠 연장되더라도, 우리가 제대로 끝낼지 확신하지 못하겠어요. ²³우리는 300개가 넘는 고객 설문 조사에 대해 분석하고 보고서를 작성해야 해요.

M1: 맞아요, 그건 시간이 좀 걸릴 거예요.

M2: 음, 그러면 우리는 어떻게 해야 할까요?

W: 제 생각에는, 우리 팀에 한 사람이 더 필요해요.

M1: 저도 동의해요. 우리는 이 프로젝트 내내 업무가 너무 많이 부과되었어요.

W: 알겠어요. ²⁴우리 부서의 다른 누군가가 우리를 도와줄 수 있는지 제가 관리자에게 물어볼게요.

### 22 주제 문제
해석 대화는 주로 무엇에 관한 것인가?
(A) 프로젝트 지연
(B) 보고서 오류
(C) 만족하지 못한 고객
(D) 기업 평가

해설 대화의 주제를 묻는 문제이므로, 대화의 초반을 주의 깊게 들은 후 전체 맥락을 파악한다. 여자가 "We still have a lot of work to do on the Compton Project. We aren't going to be done with it by Friday(우리는 Compton 프로젝트와 관련해서 해야 할 일이 아직 많이 있어요. 금요일까지 그걸 끝낼 수 없을 거예요)"라고 하자, 남자 1이 "The deadline will have to be pushed back(마감 기한이 미뤄져야 할 거예요)"이라고 한 후, 프로젝트 지연에 대한 내용으로 대화가 이어지고 있다. 따라서 (A)가 정답이다.

패러프레이징
be pushed back 미뤄지다 → delay 지연

어휘 evaluation[ivæ̀ljuéiʃən] 평가

### 23 특정 세부 사항 문제

해석 남자들은 무엇을 해야 하는가?
(A) 회의를 준비한다.
(B) 팀 회의를 취소한다.
(C) 직원 안내 책자를 수정한다.
(D) 몇몇 설문지들을 검토한다.

해설 질문의 핵심어구(must ~ do)와 관련된 내용을 주의 깊게 듣는다. 대화 중반부에서 남자 2가 "We've got to analyze ~ on over 300 customer surveys(우리는 300개가 넘는 고객 설문 조사에 대해 분석해야 해요)"라고 하였다. 따라서 (D)가 정답이다.

패러프레이징
analyze ~ surveys 설문 조사를 분석하다 → Review ~ questionnaires 설문지들을 검토하다

어휘 revise[riváiz] 수정하다 questionnaire[kwèstʃənér] 설문지

### 24 특정 세부 사항 문제

해석 여자는 다음에 무엇을 할 것 같은가?
(A) 워크숍을 준비한다.
(B) 관리자와 이야기한다.
(C) 업무를 배정한다.
(D) 고객과 만난다.

해설 질문의 핵심어구(do next)와 관련된 내용을 주의 깊게 듣는다. 대화 후반부에서 여자가 "I'll ask our supervisor if someone else ~ can give us a hand(다른 누군가가 우리를 도와줄 수 있는지 제가 관리자에게 물어볼게요)"라고 하였다. 따라서 (B)가 정답이다.

패러프레이징
supervisor 관리자 → manager 관리자

어휘 assign[əsáin] 배정하다, 맡기다

[25-27] 🎧 호주식 발음 → 영국식 발음

Questions 25-27 refer to the following conversation and graph.

M: 25**Have you seen this user graph about our bank's mobile application?**
W: Not yet. Can I look at it with you on your computer?
M: Sure. It shows that 26**there was a sharp increase in new users only one month after we updated our GoBanking application**.
W: You're right. It seems our customers appreciated the new version's added features.
M: Yes. We received a lot of positive feedback about our new payment feature. I have a report with data about customer comments too.
W: Really? 27**We should share that document with our team at the staff meeting this afternoon.** They'd be interested to see it. ⊙

---

sharp[미 ʃɑːrp, 영 ʃɑːp] 급격한 update[ʌ̀pdéit] 개선하다, 업데이트하다
appreciate[əpríːʃieit] 높이 평가하다
positive[미 pɑ́zətiv, 영 pɔ́zətiv] 긍정적인 feedback[fíːdbæk] 의견

해석
25-27은 다음 대화와 그래프에 관한 문제입니다.

M: 25우리 은행의 모바일 애플리케이션에 관한 이 사용자 그래프를 보셨나요?
W: 아직이요. 당신의 컴퓨터로 그것을 같이 봐도 될까요?
M: 물론이죠. 그것은 26우리의 GoBanking 애플리케이션을 개선한 지 한 달 만에 신규 사용자의 급격한 증가가 있었다는 것을 나타내네요.
W: 당신 말이 맞아요. 우리의 고객들이 새로운 버전에 추가된 기능들을 높이 평가한 것 같아요.
M: 네. 우리의 새로운 지불 기능에 대해 많은 긍정적인 의견을 받았어요. 저는 고객 의견에 대한 자료가 있는 보고서도 가지고 있어요.
W: 정말요? 27우리는 오늘 오후에 직원 회의에서 우리 팀과 그 문서를 공유해야겠어요. 그들은 그것을 보면 흥미를 느낄 거예요.

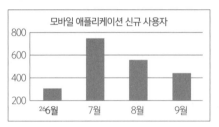

모바일 애플리케이션 신규 사용자

### 25 화자 문제

해석 화자들은 어떤 업계에서 일하는 것 같은가?
(A) 소프트웨어
(B) 전자기기
(C) 출판
(D) 금융

해설 대화에서 신분 및 직업과 관련된 표현을 놓치지 않고 듣는다. 대화 초반부에서 남자가 "Have you seen this user graph about our bank's mobile application?(우리 은행의 모바일 애플리케이션에 관한 이 사용자 그래프를 보셨나요?)"이라고 한 것을 통해, 화자들이 금융 업계에서 일하고 있음을 알 수 있다. 따라서 (D)가 정답이다.

패러프레이징
bank 은행 → Finance 금융

### 26 시각 자료 문제

해석 시각 자료를 보아라. 애플리케이션은 언제 개선되었는가?
(A) 6월에
(B) 7월에
(C) 8월에
(D) 9월에

해설 질문의 핵심어구(application upgraded)와 관련된 내용을 주의 깊게 듣는다. 대화 중반부에서 남자가 "there was a sharp increase in new users only one month after we updated our GoBanking application(우리의 GoBanking 애플리케이션을 개선한 지 한 달 만에 신규 사용자의 급격한 증가가 있었어요)"이라고 하였으므로, 애플리케이션이 신규 사용자의 급격한 증가가 있었던 7월의 한 달 전인 6월에 개선되었음을 시각 자료에서 확인할 수 있다. 따라서 (A)가 정답이다.

패러프레이징
was ~ upgraded 개선되었다 → updated 개선했다

### 27 제안 문제

해석 여자는 무엇을 제안하는가?
(A) 추가 자료 수집하기
(B) 직원 회의 일정 변경하기

(C) 동료들과 보고서 공유하기
(D) 애플리케이션 오류 고치기

해설 여자의 말에서 제안과 관련된 표현이 언급된 다음을 주의 깊게 듣는다. 대화 후반부에서 "We should share that document with our team at the staff meeting this afternoon(우리는 오늘 오후에 직원 회의에서 우리 팀과 그 문서를 공유해야겠어요)"이라고 하였다. 따라서 (C)가 정답이다.

패러프레이징
share ~ document with ~ team 팀과 문서를 공유하다 → Sharing a report with colleagues 동료들과 보고서 공유하기

어휘 additional[ədíʃənl] 추가의  reschedule[rì:skédʒu:l] 일정을 변경하다
colleague[kάːliːg] 동료

**[28-30]** 🎧 미국식 발음 → 캐나다식 발음

Questions 28-30 refer to the following conversation and list.

---

W: Good morning, Mitchell. ²⁸**Have you decided whom you want to recruit for our lead researcher position?**

M: I'm still considering a few people. There are multiple qualified applicants. Here, this list shows everyone's work history.

W: Hmm . . . ²⁹/³⁰**I think you should choose an applicant who has at least five years of experience.**

M: In that case, I don't have much of a choice. ³⁰**Ms. Bloom lacks a master's degree, which is a requirement for the job. So, that leaves me with only one option. I'll e-mail that applicant a job offer tomorrow.**

---

recruit[rikrúːt] 채용하다  consider[kənsídər] 고려하다
multiple[mʌ́ltəpl] 다수의  qualified[kwάːlifaid] 능력이 있는, 자격이 있는
work history 이력  lack[læk] ~이 없다; 부족  master's degree 석사 학위
requirement[rikwáiərmənt] 필요 조건

해석
28-30은 다음 대화와 목록에 관한 문제입니다.

W: 안녕하세요, Mitchell. ²⁸수석 연구원 직위에 누구를 채용하고 싶은지 정하셨나요?

M: 아직 몇몇 사람들을 고려 중이에요. 능력 있는 다수의 지원자들이 있어서요. 여기요, 이 목록에 모두의 이력이 나와 있어요.

W: 흠… ²⁹/³⁰저는 당신이 최소한 5년의 경력이 있는 지원자를 선택해야 한다고 생각해요.

M: 그런 경우에는, 저에게 많은 선택권이 없어요. ³⁰Ms. Bloom은 석사 학위가 없는데, 이것은 그 직위를 위한 필요 조건이에요. 그러면, 저에게 오직 하나의 선택권만 남아요. 제가 내일 그 지원자에게 일자리 제의를 이메일로 보낼게요.

| 지원자 | 관련 경력 |
|---|---|
| Dan Blather | 4년 |
| Cynthia Bloom | 9년 |
| ³⁰Jie Xing | 6년 |
| Marla Garcia | 3년 |

**28** 주제 문제
해설 화자들은 주로 무엇에 대해 이야기하고 있는가?
(A) 연구 프로젝트
(B) 교육
(C) 새로운 직원 모집자
(D) 채용 결정

해설 대화의 주제를 묻는 문제이므로, 대화의 초반을 주의 깊게 들은 후 전체

---

맥락을 파악한다. 여자가 "Have you decided whom you want to recruit for our lead researcher position?(수석 연구원 직위에 누구를 채용하고 싶은지 정하셨나요?)"이라고 한 후, 채용 결정에 대한 내용으로 대화가 이어지고 있다. 따라서 (D)가 정답이다.

어휘 recruiter[rikrúːtər] 직원 모집자

**29** 제안 문제
해설 여자는 무엇을 권하는가?
(A) 업무를 위해 팀 구성하기
(B) 2차 집단 면접 열기
(C) 특정 정도의 경력 요구하기
(D) 부서장으로부터 의견 받기

해설 여자의 말에서 제안과 관련된 표현이 언급된 다음을 주의 깊게 듣는다. 대화 중반부에서 "I think you should choose an applicant who has at least five years of experience(저는 당신이 최소한 5년의 경력이 있는 지원자를 선택해야 한다고 생각해요)"라고 하였다. 따라서 (C)가 정답이다.

어휘 assemble[əsémbl] 구성하다, 모으다

**30** 시각 자료 문제
해설 시각 자료를 보아라. 남자는 내일 누구에게 이메일을 보낼 것인가?
(A) Dan Blather
(B) Cynthia Bloom
(C) Jie Xing
(D) Marla Garcia

해설 질문의 핵심어구(e-mail ~ tomorrow)가 언급된 주변을 주의 깊게 듣는다. 대화 중반부에서 여자가 "I think you should choose an applicant who has at least five years of experience(저는 당신이 최소한 5년의 경력이 있는 지원자를 선택해야 한다고 생각해요)"라고 하자, 남자가 "Ms. Bloom lacks a master's degree, which is a requirement for the job. So, that leaves me with only one option(Ms. Bloom은 석사 학위가 없는데, 이것은 그 직위를 위한 필요 조건이에요. 그러면, 저에게 오직 하나의 선택권만 남아요)"이라고 한 후, "I'll e-mail that applicant a job offer tomorrow(제가 내일 그 지원자에게 일자리 제의를 이메일로 보낼게요)"라고 하였으므로, 남자가 5년 이상의 경력을 가진 Cynthia Bloom과 Jie Xing 중 석사 학위가 있는 Jie Xing에게 내일 이메일을 보낼 것임을 시각 자료에서 확인할 수 있다. 따라서 (C)가 정답이다.

---

## DAY 08 세부 사항 관련 문제 1

### HACKERS **PRACTICE**                                    p. 86

| 01 (B) | 02 (A) | 03 (B) | 04 (A) | 05 (A) |
|---|---|---|---|---|
| 06 (B) | | | | |

**01** 🎧 영국식 발음 → 호주식 발음 / 미국식 발음 → 캐나다식 발음

Question 1 refers to the following conversation.

---

W: Mike, could you call Ms. Trudeau and reschedule my meeting with her? I have a dental appointment this morning.

M: No problem, Ms. Blake. What time would you like to see her?

W: Tomorrow after ten is fine.

---

appointment[əpɔ́intmənt] 예약

1은 다음 대화에 관한 문제입니다.

W: Mike, Ms. Trudeau에게 전화를 걸어 그녀와의 제 회의 일정을 변경해 주시겠어요? 제가 오늘 오전에 치과 예약이 있어요.

M: 문제없어요, Ms. Blake. 그녀를 언제 만났으면 하시나요?

W: 내일 10시 이후가 좋아요.

### 01 요청 문제

여자는 남자에게 무엇을 하라고 요청하는가?

(A) 고객을 만난다.

(B) Ms. Trudeau에게 연락한다.

### 02 [2] 캐나다식 발음 → 미국식 발음 → 호주식 발음 / 호주식 발음 → 영국식 발음 → 캐나다식 발음

Question 2 refers to the following conversation with three speakers.

> M1: Francie, I heard that you're leading our company's effort to open three factories in China.
>
> W: Yes, but I'm already having trouble locating appropriate sites. Since we don't have funds to build new structures, I need to find existing ones that can be renovated.
>
> M2: You should talk to Sam. He dealt with similar difficulties in Taiwan last year.
>
> locate[미 lóukeit, 영 ləukéit] (어떤 장소에) 정하다
> appropriate[미 əpróupriət, 영 əpróupriət] 적절한  fund[fʌnd] 자금, 돈
> existing[igzístiŋ] 기존의, 현재 있는  renovate[rénəveit] 개조하다

2는 다음 세 명의 대화에 관한 문제입니다.

M1: Francie, 중국에 세 곳의 공장을 열기 위한 우리 회사의 활동을 당신이 이끈다고 들었어요.

W: 네, 하지만 저는 적절한 장소를 정하는 데 이미 문제를 겪고 있어요. 우리는 새로운 건물들을 지을 자금이 없기 때문에, 저는 개조될 수 있는 기존의 건물들을 찾아야 해요.

M2: Sam에게 이야기해 보세요. 그는 작년에 대만에서 비슷한 어려움을 해결했어요.

### 02 문제점 문제

여자의 문제는 무엇인가?

(A) 그녀는 적합한 부지들을 찾지 못했다.

(B) 그녀는 예산에 대한 승인을 받지 못했다.

approval[əprú:vəl] 승인

### [03-04] [2] 호주식 발음 → 영국식 발음 / 캐나다식 발음 → 미국식 발음

Questions 3-4 refer to the following conversation.

> M: Marina, have you filed your tax forms yet?
> W: Yes, I sent them off this morning. Why?
> M: I keep forgetting to turn them in. Could you grab the forms for me at the front desk on your way back from lunch?
>
> file[fail] 제출하다  send off 보내다

3-4는 다음 대화에 관한 문제입니다.

M: Marina, 세금 양식들을 벌써 제출하셨나요?

W: 네, 오늘 아침에 보냈어요. 왜 그러시죠?

M: 저는 그것들을 제출하는 걸 계속 잊어버려요. 점심 먹고 돌아오는 길에 안내 데스크에서 양식들을 저 대신 가져와 주실 수 있으신가요?

### 03 문제점 문제

남자의 문제는 무엇인가?

(A) 그는 보고서를 완성하지 않았다.

(B) 그는 몇몇 양식들을 제출하지 않았다.

### 04 요청 문제

남자는 여자에게 무엇을 하라고 요청하는가?

(A) 몇몇 서류들을 가져온다.

(B) 과제를 교정한다.

proofread[prú:fri:d] 교정하다

### [05-06] [2] 미국식 발음 → 캐나다식 발음 / 영국식 발음 → 호주식 발음

Questions 5-6 refer to the following conversation.

> W: More than 30 investors will be coming to the meeting tomorrow, but we don't have enough seats in the conference room.
> M: You're right. Maybe we should borrow some chairs from the legal department.
> W: Good idea. I'll go down there and ask now.
>
> seat[si:t] 좌석, 자리  legal department 법무부서

5-6은 다음 대화에 관한 문제입니다.

W: 내일 회의에 30명이 넘는 투자자들이 올 텐데, 회의실에는 좌석이 충분하지 않아요.

M: 맞아요. 어쩌면 법무부서에서 의자를 몇 개 빌려와야겠어요.

W: 좋은 생각이에요. 제가 지금 그곳에 가서 요청할게요.

### 05 문제점 문제

여자는 무엇을 걱정하는가?

(A) 좌석이 충분하지 않다.

(B) 투자자들이 회의에 참석할 수 없다.

### 06 제안 문제

남자는 무엇을 제안하는가?

(A) 교통편 마련하기

(B) 가구 빌리기

## HACKERS TEST                                        p. 87

| 01 (A) | 02 (B) | 03 (A) | 04 (A) | 05 (C) |
|--------|--------|--------|--------|--------|
| 06 (B) | 07 (B) | 08 (D) | 09 (C) | 10 (A) |
| 11 (A) | 12 (B) | 13 (D) | 14 (C) | 15 (C) |
| 16 (A) | 17 (D) | 18 (D) | 19 (B) | 20 (B) |
| 21 (C) | 22 (B) | 23 (D) | 24 (C) | 25 (C) |
| 26 (B) | 27 (C) | 28 (A) | 29 (C) | 30 (D) |

### [01-03] [2] 영국식 발음 → 호주식 발음

Questions 1-3 refer to the following conversation.

> W: Henry, ⁰¹do you know when the training for the new graphic artists will start next week? I'm supposed to prepare a presentation on our current research ◯

projects for it. I need to adjust my schedule to make time for the assignment.

M: I think it will take place on Monday morning, but I'm not sure exactly when. ⁰²**Why don't you ask the coordinator about it?**

W: I'll do that. Actually, ⁰³**could you give me his extension number?** I can't remember what it is.

---

be supposed to ~하기로 되어 있다
current [미 kə́rənt, 영 kʌ́rənt] 현재 진행 중인 assignment [əsáinmənt] 업무
coordinator [미 kouɔ́ːrdənèitər, 영 kouɔ́ːdineitə] 책임자, 진행자
extension number 내선 번호, 구내 번호

### 해석
1-3은 다음 대화에 관한 문제입니다.

W: Henry, ⁰¹신입 그래픽 디자이너들을 위한 교육이 다음 주에 언제 시작하는지 알고 계세요? 제가 그것을 위해 우리의 현재 진행 중인 연구 프로젝트에 대한 발표를 준비하기로 되어 있거든요. 그 업무를 할 시간을 내려면 제 일정을 조정해야 해요.

M: 저는 월요일 아침에 열릴 것으로 알고 있는데, 정확히 언제인지는 잘 모르겠어요. ⁰²그것에 대해서 책임자에게 물어보는 게 어때요?

W: 그럴게요. 그런데, ⁰³그의 내선 번호를 알려줄 수 있나요? 몇 번인지 기억이 안 나네요.

### 01 특정 세부 사항 문제
해석 화자들에 따르면, 누가 다음 주 교육에 참여할 것인가?
(A) 신입 사원들
(B) 인사부서
(C) 프로젝트 대표들
(D) 연구팀

해설 질문의 핵심어구(training next week)가 언급된 주변을 주의 깊게 듣는다. 대화 초반부에서 여자가 "do you know when the training for the new graphic artists will start next week?(신입 그래픽 디자이너들을 위한 교육이 다음 주에 언제 시작하는지 알고 계요?)"이라고 하였다. 따라서 (A)가 정답이다.

어휘 personnel [pə̀ːrsənél] 인사의

### 02 제안 문제
해석 남자는 무엇을 제안하는가?
(A) 교육 자료 완성하기
(B) 책임자와 이야기하기
(C) 발표하기
(D) 서류 검토하기

해설 남자의 말에서 제안과 관련된 표현이 언급된 다음을 주의 깊게 듣는다. 대화 중반부에서 "Why don't you ask the coordinator about it?(그것에 대해서 책임자에게 물어보는 게 어때요?)"이라고 하였다. 따라서 (B)가 정답이다.

어휘 complete [kəmplíːt] 완성하다 material [mətíəriəl] 자료, 재료

### 03 요청 문제
해석 여자는 남자에게 무엇을 하라고 요청하는가?
(A) 그녀에게 전화번호를 알려 준다.
(B) 곧 있을 세미나에 참석한다.
(C) 보고서를 제출한다.
(D) 회의에 그녀와 동행한다.

해설 여자의 말에서 요청과 관련된 표현이 언급된 다음을 주의 깊게 듣는다. 대화 후반부에서 "could you give me his extension number?(그의 내선 번호를 알려줄 수 있나요?)"라고 하였다. 따라서 (A)가 정답이다.

---

어휘 submit [səbmít] 제출하다 accompany [əkʌ́mpəni] 동행하다

**[04-06]** 🎧 캐나다식 발음 → 영국식 발음

Questions 4-6 refer to the following conversation.

---

M: ⁰⁴**We just received this statue from a sculptor, and it's going to be displayed in the east wing of our gallery.** However, I can't carry it on my own.

W: Sure, I'll help. Uh, ⁰⁵**this piece is very beautiful. Who made it?**

M: Ken Waters, a renowned art professor at Burkett College. ⁰⁶**There are several Web sites that feature photographs of his works. You should find them and take a look.**

W: I'll definitely do that. Thanks for the suggestion.

---

statue [stǽtʃuː] 조각상 sculptor [미 skʌ́lptər, 영 skʌ́lptə] 조각가
wing [wiŋ] 부속 건물, (본관 한쪽으로 돌출되게 지은) 동
renowned [rináund] 저명한, 명성 있는

### 해석
4-6은 다음 대화에 관한 문제입니다.

M: ⁰⁴우리는 방금 조각가로부터 이 조각상을 받았고, 이건 우리 미술관 동쪽 부속 건물에 전시될 거예요. 그런데, 제가 혼자서 이걸 옮길 수가 없어요.

W: 물론이죠, 제가 도와드릴게요. 어, ⁰⁵이 작품은 매우 아름답네요. 누가 제작했나요?

M: Burkett 대학의 저명한 예술 교수인 Ken Waters요. ⁰⁶그의 작품 사진들을 특별히 포함하는 여러 웹사이트들이 있어요. 당신은 그것들을 찾아서 한번 보셔야 해요.

W: 꼭 그럴게요. 권해주셔서 감사해요.

### 04 화자 문제
해석 화자들은 어디에서 일하는 것 같은가?
(A) 미술관에서
(B) 시민 문화 회관에서
(C) 경매 전문 회사에서
(D) 대학교에서

해설 장소와 관련된 표현을 놓치지 않고 듣는다. 대화 초반부에서 남자가 "We just received this statue ~, and it's going to be displayed in the east wing of our gallery(우리는 방금 이 조각상을 받았고, 이건 우리 미술관 동쪽 부속 건물에 전시될 거예요)"라고 한 것을 통해, 화자들이 미술관에서 일한다는 것을 알 수 있다. 따라서 (A)가 정답이다.

어휘 community center 시민 문화 회관, 지역 문화 회관
auction house 경매 전문 회사

### 05 특정 세부 사항 문제
해석 여자는 무엇에 관해 문의하는가?
(A) 서비스 비용
(B) 시설의 위치
(C) 물품의 창작자
(D) 행사 날짜

해설 질문의 핵심어구(woman inquire about)와 관련된 내용을 주의 깊게 듣는다. 대화 중반부에서 여자가 "this piece is very beautiful. Who made it?(이 작품은 매우 아름답네요. 누가 제작했나요?)"이라고 하였다. 따라서 (C)가 정답이다.

패러프레이징
piece 작품 → item 물품

## 06 제안 문제

해석 남자는 무엇을 권하는가?

    (A) 강사에게 연락하기
    (B) 온라인에 찾아보기
    (C) 정보를 제공하기
    (D) 관람에 합류하기

해설 남자의 말에서 제안과 관련된 표현이 언급된 다음을 주의 깊게 듣는다. 대화 후반부에서 "There are several Web sites ~. You should find them and take a look(여러 웹사이트들이 있어요. 당신은 그것들을 찾아서 한번 보셔야 해요)이라고 하였다. 따라서 (B)가 정답이다.

**패러프레이징**
find 찾다 → Searching 찾아보기

## [07-09] 🔊 미국식 발음 → 캐나다식 발음

Questions 7-9 refer to the following conversation.

> W: ⁰⁷**Our manager said that our department must create a new marketing strategy to increase sales.**
> M: I heard. I think it'd be a good idea for us to update our Web site so customers can make transactions online.
> W: I think so too. ⁰⁸**I can study some of our competitors' Web sites to see how they're designed.** Then, we can compile a list of features from their sites that we might want to use.
> M: Hmm . . . That will take a lot of time. ⁰⁹**I'd prefer to conduct a short customer survey instead.**
>
> department[dipáːrtmənt] 부서  strategy[strǽtədʒi] 전략
> transaction[trænsǽkʃən] 거래  compile[kəmpáil] 수집하다, 모으다
> conduct[kəndʌ́kt] 하다, 실시하다

해석
7-9는 다음 대화에 관한 문제입니다.

W: ⁰⁷우리 부서가 판매를 증진시키기 위한 새로운 마케팅 전략을 만들어 내야 한다고 부장님이 말씀하셨어요.

M: 저도 들었어요. 저는 고객들이 온라인으로 거래를 할 수 있도록 우리 웹사이트를 개선하는 것이 좋을 것 같아요.

W: 저도 그렇게 생각해요. ⁰⁸저는 우리의 몇몇 경쟁사들의 웹사이트들이 어떻게 설계되었는지 확인하기 위해 조사해볼 수 있어요. 그러면, 그들의 사이트들로부터 우리가 활용하고 싶을지도 모르는 기능들의 목록을 수집할 수 있어요.

M: 흠… 그건 시간이 많이 걸릴 거예요. ⁰⁹대신에 저는 간단한 고객 설문 조사를 하는 게 좋을 것 같아요.

## 07 주제 문제

해석 화자들은 주로 무엇에 관해 이야기하고 있는가?

    (A) 새로운 웹사이트 개설하기
    (B) 전략 제시하기
    (C) 설문지 결과 검토하기
    (D) 추가 영업 사원 고용하기

해설 대화의 주제를 묻는 문제이므로, 대화의 초반을 주의 깊게 들은 후 전체 맥락을 파악한다. 여자가 "Our manager said that our department must create a new marketing strategy to increase sales(우리 부서가 판매를 증진시키기 위한 새로운 마케팅 전략을 만들어 내야 한다고 부장님이 말씀하셨어요)"라고 한 후, 새로운 마케팅 전략을 제시하는 내용으로 대화가 이어지고 있다. 따라서 (B)가 정답이다.

어휘 **launch**[lɔːntʃ] 개설하다, 출시하다  **come up with** ~을 제시하다, 떠올리다
    **questionnaire**[kwèstʃənér] 설문지

## 08 제안 문제

해석 여자는 무엇을 해주겠다고 제안하는가?

    (A) 제출물을 수정한다.
    (B) 설치를 한다.
    (C) 상품 목록을 구한다.
    (D) 웹사이트들을 살펴본다.

해설 여자의 말에서 제안과 관련된 표현이 언급된 다음을 주의 깊게 듣는다. 대화 중반부에서 "I can study some of our competitors' Web sites to see how they're designed(저는 우리의 몇몇 경쟁사들의 웹사이트들이 어떻게 설계되었는지 확인하기 위해 조사해볼 수 있어요)"라고 하였다. 따라서 (D)가 정답이다.

**패러프레이징**
see 확인하다 → Look at ~을 살펴보다

어휘 **modify**[mάdəfài] 수정하다  **submission**[səbmíʃən] 제출물

## 09 특정 세부 사항 문제

해석 남자는 무엇을 하고 싶어 하는가?

    (A) 서비스에 대한 광고를 제작한다.
    (B) 일부 제품에 대해 무료 배송을 제공한다.
    (C) 고객들로부터 의견을 수집한다.
    (D) 직원 평가를 실시한다.

해설 질문의 핵심어구(man want to do)와 관련된 내용을 주의 깊게 듣는다. 대화 후반부에서 남자가 "I'd prefer to conduct a short customer survey instead(대신에 저는 간단한 고객 설문 조사를 하는 게 좋을 것 같아요)"라고 하였다. 따라서 (C)가 정답이다.

어휘 **evaluation**[ivæljuéiʃən] 평가, 사정

## [10-12] 🔊 호주식 발음 → 미국식 발음

Questions 10-12 refer to the following conversation.

> M: Hey, Petra. It's Jasper calling. ¹⁰**The first showing of the play _Along the River_ is this Saturday. Why don't we go together?**
> W: What time does it begin?
> M: At 8 P.M. Tickets are $15 per person.
> W: Hmm . . . That may be a problem. ¹¹**Some colleagues are taking me out to eat at 5 o'clock in honor of my recent promotion.** We're going to Christo's Restaurant.
> M: You should have enough time to eat before the play starts. Plus, ¹²**the restaurant is close to the theater.**
> W: Oh, really? In that case, I'll come!
>
> in honor of ~을 축하하여, 기념하여

해석
10-12는 다음 대화에 관한 문제입니다.

M: 안녕하세요, Petra. Jasper예요. ¹⁰연극 _Along the River_의 초연이 이번 토요일이에요. 우리 같이 가지 않을래요?

W: 몇 시에 시작하나요?

M: 오후 8시예요. 표는 1인당 15달러예요.

W: 흠… 그게 문제가 될 수도 있겠네요. ¹¹저의 최근의 승진을 축하해주려고 몇몇 동료들이 5시에 저를 식사에 데려갈 거예요. 우리는 Christo's 식당에 갈 거예요.

M: 연극이 시작하기 전에 식사할 시간이 충분히 있을 거예요. 게다가, ¹²그 식당은 극장 가까이에 있어요.

W: 아, 정말요? 그렇다면, 저도 갈게요!

**10 목적 문제**

해석 남자는 왜 전화하고 있는가?
(A) 여자에게 공연을 권하기 위해
(B) 여자에게 지시를 하기 위해
(C) 여자에게 발표에 대해 문의하기 위해
(D) 여자에게 프로젝트에 대해 알려주기 위해

해설 전화의 목적을 묻는 문제이므로, 대화의 초반을 반드시 듣는다. 남자가 "The first showing of the play ~ is this Saturday. Why don't we go together?(연극의 초연이 이번 토요일이에요. 우리 같이 가지 않을래요?)"라고 하였다. 따라서 (A)가 정답이다.
패러프레이징
play 연극 → performance 공연

어휘 direction[dirékʃən, dairékʃən] 지시, 안내

**11 이유 문제**

해석 여자는 왜 동료들과 만날 계획인가?
(A) 승진을 축하하기 위해
(B) 신입 직원을 환영하기 위해
(C) 곧 있을 업무를 논의하기 위해
(D) 회의를 준비하기 위해

해설 질문의 핵심어구(get together with colleagues)와 관련된 내용을 주의 깊게 듣는다. 대화 중반부에서 여자가 "Some colleagues are taking me out to eat at 5 o'clock in honor of my recent promotion (저의 최근의 승진을 축하해주려고 몇몇 동료들이 5시에 저를 식사에 데려갈 거예요)"이라고 하였다. 따라서 (A)가 정답이다.
패러프레이징
in honor of ~ promotion 승진을 축하하여 → To celebrate a promotion 승진을 축하하기 위해

어휘 get together with ~와 만나다   assignment[əsáinmənt] 업무, 배정

**12 언급 문제**

해석 식당에 대해 언급된 것은?
(A) 5시가 되어서야 문을 연다.
(B) 극장 가까이에 위치해 있다.
(C) 요구 사항을 받아들일 수 있다.
(D) 특별 행사를 열고 있다.

해설 질문의 핵심어구(restaurant)가 언급된 주변을 주의 깊게 듣는다. 대화 후반부에서 남자가 "the restaurant is close to the theater(그 식당은 극장 가까이에 있어요)"라고 하였다. 따라서 (B)가 정답이다.
패러프레이징
close 가까이에 → near 가까이에

어휘 accommodate[əká:mədeit] 받아들이다, 맞추다

**[13-15]** 캐나다식 발음 → 영국식 발음

Questions 13-15 refer to the following conversation.

---

M: Leah, ¹³**did you book our flight to Madrid for this Sunday?** I need to know when we have to be at the airport.
W: Yes, I did. The flight departs at 6 P.M. ¹⁴**I reserved tickets with Miles Airways because Air Newlander has no flights on Saturday or Sunday.** Also, I was only able to get economy class tickets.
M: That's fine. ¹⁵**I've never flown with Miles Airways, but I've heard that their in-flight services are excellent.**

book[buk] 예약하다   economy class 일반석   in-flight[ínflàit] 기내의

---

해석
13-15는 다음 대화에 관한 문제입니다.

M: Leah, ¹³이번 일요일에 마드리드로 가는 우리의 항공편을 예약했나요? 저는 우리가 언제 공항에 있어야 하는지 알아야 해요.
W: 네, 했어요. 항공편은 오후 6시에 출발해요. ¹⁴Air Newlander사는 토요일이나 일요일에는 항공편이 없어서 Miles 항공사에서 표를 예매했어요. 또한, 저는 일반석 표만 구할 수 있었어요.
M: 괜찮아요. ¹⁵저는 Miles 항공사를 타본 적이 없지만, 기내 서비스가 훌륭하다고 들었어요.

**13 특정 세부 사항 문제**

해석 남자는 여자에게 무엇에 대해 문의하는가?
(A) 여행 일정의 변경 사항
(B) 공항까지의 교통편
(C) 마드리드에서의 호텔 숙박 시설
(D) 비행기표 예약

해설 질문의 핵심어구(man ask ~ about)와 관련된 내용을 주의 깊게 듣는다. 대화 초반부에서 남자가 "did you book our flight to Madrid for this Sunday?(이번 일요일에 마드리드로 가는 우리의 항공편을 예약했나요?)"라고 하였다. 따라서 (D)가 정답이다.
패러프레이징
book 예약하다 → reservations 예약

어휘 itinerary[aitínərèri] 여행 일정, 여행 일정표
transportation[trænspɔːrtéiʃən] 교통(편)
accommodation[əkà:mədéiʃən] 숙박 시설, 숙박

**14 이유 문제**

해석 여자는 왜 Miles 항공사에 예약을 했는가?
(A) 그녀는 회사의 규정을 따라야 한다.
(B) 그곳은 덜 비싼 요금을 제공한다.
(C) 그곳은 주말 출발편이 있다.
(D) 그녀는 멤버십 포인트를 모으기를 원한다.

해설 질문의 핵심어구(make a booking with Miles Airways)와 관련된 내용을 주의 깊게 듣는다. 대화 중반부에서 여자가 "I reserved tickets with Miles Airways because Air Newlander has no flights on Saturday or Sunday(Air Newlander사는 토요일이나 일요일에는 비행편이 없어서 Miles 항공사에서 표를 예매했어요)"라고 하였으므로, Miles 항공사에는 주말에 출발하는 항공편이 있다는 것을 알 수 있다. 따라서 (C)가 정답이다.
패러프레이징
Saturday or Sunday 토요일이나 일요일 → weekend 주말

어휘 corporate[kɔ́ːrpərət] 회사의, 법인의

**15 언급 문제**

해석 남자는 Miles 항공사에 대해 무엇을 말하는가?
(A) 항공편이 항상 지연된다.
(B) 항공 요금이 합리적으로 책정되어 있다.
(C) 훌륭한 서비스를 제공한다.
(D) 다양한 목적지로 운항한다.

해설 남자의 말에서 질문의 핵심어구(Miles Airways)가 언급된 주변을 주의 깊게 듣는다. 대화 후반부에서 "I've never flown with Miles Airways, but I've heard that their in-flight services are excellent(저는 Miles 항공사를 타본 적이 없지만, 기내 서비스가 훌륭하다고 들었어요)"라고 하였다. 따라서 (C)가 정답이다.
패러프레이징
excellent 훌륭한 → great 훌륭한

어휘 delay[diléi] 지연시키다   airfare[érfer] 항공 요금
reasonably[ríːzənəbli] 합리적으로, 적절하게
destination[dèstənéiʃən] 목적지

Questions 16-18 refer to the following conversation.

---

W: Good morning, John. ¹⁶**Did you see the report about our recent factory inspection?**

M: Yeah. ¹⁶**It looks like we received high marks for all required safety measures.**

W: We did. The man looking at our equipment, ¹⁷**Kevin Ayer, even mentioned that our facility was much cleaner than he expected.**

M: That's great! And I think our new computer software will help us manage the plant better as well.

W: Oh, right. Actually, ¹⁸**can you show me how to operate the software?**

M: Well . . . ¹⁸**I'm attending a workshop next week. It is for staff members who will be using the program for the first time.** You can still sign up if you are interested.

---

inspection[inspékʃən] 시찰, 점검  required[미 rikwáiərd, 영 rikwáiəd] 필수의
safety measure 안전 조치  plant[미 plænt, 영 plɑːnt] 공장
operate[미 ɑ́pəreit, 영 ɔ́pəreit] (기계를) 조작하다

**해석**

16-18은 다음 대화에 관한 문제입니다.

W: 안녕하세요, John. ¹⁶우리의 최근 공장 시찰에 대한 보고서를 보셨나요?

M: 네. ¹⁶우리는 모든 필수 안전 조치들에 대해서 높은 점수를 받은 것 같아요.

W: 그랬어요. 우리의 장비를 살펴보던 사람인 ¹⁷Kevin Ayer는 우리 시설이 그가 예상했던 것보다 훨씬 청결했다고 말하기도 했어요.

M: 잘됐네요! 그리고 새로운 컴퓨터 소프트웨어도 우리가 공장을 더 잘 관리하도록 도울 거라고 생각해요.

W: 아, 맞아요. 실은, ¹⁸그 소프트웨어를 어떻게 조작하는지 제게 보여주실 수 있나요?

M: 음… ¹⁸저는 다음 주에 워크숍에 참석할 거예요. 그것은 처음으로 그 프로그램을 사용하게 될 직원들을 위한 것이에요. 관심 있으시면 당신도 아직 등록하실 수 있어요.

### 16 주제 문제

해석 대화의 주요 주제는 무엇인가?

(A) 안전 점검
(B) 정책 변경
(C) 장비 고장
(D) 소프트웨어 업그레이드

해설 대화의 주요 주제를 묻는 문제이므로, 대화의 초반을 주의 깊게 들은 후 전체 맥락을 파악한다. 여자가 "Did you see the report about our recent factory inspection?(우리의 최근 공장 시찰에 대한 보고서를 보셨나요?)"이라고 하자, 남자가 "It looks like we received high marks for all required safety measures(우리는 모든 필수 안전 조치들에 대해서 높은 점수를 받은 것 같아요)"라고 한 후, 안전 점검에 대한 내용으로 대화가 이어지고 있다. 따라서 (A)가 정답이다.

어휘 malfunction[mælfʌ́ŋkʃən] 고장, 오작동

### 17 언급 문제

해석 여자는 Kevin Ayer에 대해 무엇을 말하는가?

(A) 그는 보고서에 오류를 만들었다.
(B) 그는 생산팀에서 일한다.
(C) 그는 공장 기계를 수리한다.
(D) 그는 청결함에 대해 언급했다.

해설 여자의 말에서 질문의 핵심어구(Kevin Ayer)가 언급된 주변을 주의 깊

---

게 듣는다. 대화 중반부에서 "Kevin Ayer, even mentioned that our facility was much cleaner than he expected(Kevin Ayer는 우리 시설이 그가 예상했던 것보다 훨씬 청결했다고 말하기도 했어요)"라고 하였다. 따라서 (D)가 정답이다.

어휘 cleanliness[klénlinis] 청결함

### 18 의도 파악 문제

해석 남자는 "저는 다음 주에 워크숍에 참석할 거예요"라고 말할 때 무엇을 의도하는가?

(A) 그는 관리자와 이야기를 할 것이다.
(B) 그는 공장을 방문할 수 없다.
(C) 그는 애플리케이션을 설치할 것이다.
(D) 그는 프로그램을 사용할 수 없다.

해설 질문의 인용어구(I'm attending a workshop next week)가 언급된 주변을 주의 깊게 듣는다. 대화 후반부에서 여자가 "can you show me how to operate the software?(그 소프트웨어를 어떻게 조작하는지 제게 보여주실 수 있나요?)"라고 하자, 남자가 자신은 다음 주에 워크숍에 참석할 것이라며 "It[workshop] is for staff members who will be using the program for the first time(그것[워크숍]은 처음으로 그 프로그램을 사용하게 될 직원들을 위한 것이에요)"이라고 하였으므로, 남자가 프로그램을 써본 적이 없어서 아직 사용할 수 없음을 말하려는 의도임을 알 수 있다. 따라서 (D)가 정답이다.

Questions 19-21 refer to the following conversation with three speakers.

---

M1: Excuse me. ¹⁹**The two of us are looking for a furniture and bedding store in this shopping mall.**

M2: There isn't one. The closest furniture shop is across the street.

W: I see. We'll go there, then. Also, I'd like to validate our parking ticket. ²⁰**We just parked here a few minutes ago, so we don't want to be charged for such a short time.**

M2: That won't be a problem. It's free of charge if you park for less than 30 minutes.

W: Great. And ²¹**would you mind telling us the easiest way to get to the West Lot from here?**

M2: Just take the food court elevator to basement floor two.

M1: Perfect. Thanks for your help.

---

bedding[bédiŋ] 침구류  validate[vǽlədèit] 확인하다
charge[미 tʃɑːrdʒ, 영 tʃɑːdʒ] 요금을 청구하다; 요금  basement floor 지하층

**해석**

19-21은 다음 세 명의 대화에 관한 문제입니다.

M1: 실례합니다. ¹⁹저희 둘은 이 쇼핑몰에서 가구 및 침구류 상점을 찾고 있어요.

M2: 이곳에는 없어요. 가장 가까운 가구점은 길 건너편에 있어요.

W: 그렇군요. 그러면 그곳으로 갈게요. 또한, 저희 주차권을 확인하고 싶은데요. ²⁰저희는 몇 분 전에 여기에 막 주차해서, 이렇게 짧은 시간에 요금을 청구 받고 싶지 않거든요.

M2: 그것은 문제가 되지 않을 거예요. 30분 미만으로 주차하시면 무료예요.

W: 좋네요. 그리고 ²¹저희에게 여기에서 서쪽 주차장으로 가는 가장 쉬운 길을 알려주실 수 있나요?

M2: 푸드 코트 엘리베이터를 타고 지하 2층으로 가세요.

M1: 아주 좋네요. 도와주셔서 감사해요.

## 19 장소 문제

해석 대화는 어디에서 일어나고 있는 것 같은가?
(A) 가구 전시실에서
(B) 쇼핑센터에서
(C) 의류 상점에서
(D) 실내 장식 회사에서

해설 장소와 관련된 표현을 놓치지 않고 듣는다. 대화 초반부에서 남자 1이 "The two of us are looking for a furniture and bedding store in this shopping mall(저희 둘은 이 쇼핑몰에서 가구 및 침구류 상점을 찾고 있어요)"이라고 한 것을 통해, 대화가 쇼핑센터에서 일어나고 있음을 알 수 있다. 따라서 (B)가 정답이다.

패러프레이징
shopping mall 쇼핑몰 → shopping center 쇼핑센터

어휘 showroom [ʃóuruːm] 전시실

## 20 이유 문제

해석 여자는 왜 요금을 피하고 싶어 하는가?
(A) 그녀는 변경 사항을 알지 못했다.
(B) 그녀는 오래 주차하지 않았다.
(C) 그녀는 상점 회원 카드를 깜빡 잊었다.
(D) 그녀는 서비스가 불만족스러웠다.

해설 질문의 핵심어구(want to avoid a charge)와 관련된 내용을 주의 깊게 듣는다. 대화 중반부에서 여자가 "We just parked here a few minutes ago, so we don't want to be charged for such a short time(저희는 몇 분 전에 여기에 막 주차해서, 이렇게 짧은 시간에 요금을 청구 받고 싶지 않거든요)"이라고 하였다. 따라서 (B)가 정답이다.

패러프레이징
parked ~ a few minutes ago 몇 분 전에 주차했다 → has not parked for long 오래 주차하지 않았다

어휘 dissatisfied [dissǽtisfaid] 불만족스러운

## 21 요청 문제

해석 여자는 무엇을 요청하는가?
(A) 물건에 대한 할인
(B) 행사에 대한 세부 사항
(C) 시설로 가는 길 안내
(D) 상점 이름

해설 여자의 말에서 요청과 관련된 표현이 언급된 다음을 주의 깊게 듣는다. 대화 후반부에서 "would you mind telling us the easiest way to get to the West Lot from here?(저희에게 여기에서 서쪽 주차장으로 가는 가장 쉬운 길을 알려주실 수 있나요?)"라고 하였다. 따라서 (C)가 정답이다.

패러프레이징
West Lot 서쪽 주차장 → facility 시설

어휘 direction [dirékʃən, dairékʃən] 길 안내, 지시

[22-24] 3ᵂ 미국식 발음 → 호주식 발음

Questions 22-24 refer to the following conversation.

W: ²²**I am really looking forward to the long weekend. I am going with some friends of mine to a resort just outside of Miami on Thursday. We plan to stay until Sunday afternoon.**

M: Really? Have you checked the weather forecast recently? There is a severe tropical storm that is expected to reach that area on Friday evening. ²³I **think you may have to reschedule your weekend getaway.**

W: Oh, no! That's really disappointing. I guess I should ○

---

contact the resort to cancel our booking. ²⁴**I am a little worried we won't be able to get our deposit back though.**

----

look forward to ~을 고대하다 weather forecast 일기 예보
severe [미 səvíər, 영 sivíə] 맹렬한, 엄한 tropical storm 열대 폭풍우
getaway [gétəwei] 휴가, 도주 disappointing [dìsəpɔ́intiŋ] 실망스러운
deposit [미 dipάːzit, 영 dipɔ́zit] 예약금

해석
22-24는 다음 대화에 관한 문제입니다.

W: ²²저는 긴 주말을 정말로 고대하고 있어요. 목요일에 저의 몇몇 친구들과 마이애미 바로 외곽에 있는 리조트에 갈 거예요. 우리는 일요일 오후까지 머무를 계획이에요.

M: 정말요? 최근에 일기 예보를 확인해 보셨어요? 금요일 저녁에 그 지역에 도달할 것으로 예상되는 맹렬한 열대 폭풍우가 있어요. ²³당신의 주말 휴가 일정을 다시 잡아야 할 것 같아요.

W: 아, 저런! 정말 실망스럽네요. 예약을 취소하기 위해 리조트에 연락해야겠어요. ²⁴그런데 저는 저희의 예약금을 돌려받을 수 없을까 봐 조금 걱정이에요.

## 22 특정 세부 사항 문제

해석 여자는 이번 주말에 무엇을 할 것이라고 말하는가?
(A) 회의에 참석한다.
(B) 몇몇 친구들과 시간을 보낸다.
(C) 다른 도시에 있는 친척들을 방문한다.
(D) 수업에 참여한다.

해설 질문의 핵심어구(weekend)가 언급된 주변을 주의 깊게 듣는다. 대화 초반부에서 여자가 "I am really looking forward to the long weekend. I am going with some friends of mine to a resort ~. We plan to stay until Sunday afternoon(저는 긴 주말을 정말로 고대하고 있어요. 저의 몇몇 친구들과 리조트에 갈 거예요. 우리는 일요일 오후까지 머무를 계획이에요)"이라고 하였다. 따라서 (B)가 정답이다.

어휘 relative [rélətiv] 친척

## 23 특정 세부 사항 문제

해석 남자는 여자가 무엇을 해야 한다고 말하는가?
(A) 신용카드로 예약금을 지불한다.
(B) 웹사이트에 접속한다.
(C) 전화로 리조트에 연락한다.
(D) 계획된 여행의 일정을 다시 잡는다.

해설 질문의 핵심어구(woman should do)와 관련된 내용을 주의 깊게 듣는다. 대화 중반부에서 남자가 "I think you may have to reschedule your weekend getaway(당신의 주말 휴가 일정을 다시 잡아야 할 것 같아요)"라고 하였다. 따라서 (D)가 정답이다.

어휘 access [ǽkses] 접속하다, 이용하다

## 24 문제점 문제

해석 여자는 왜 걱정하는가?
(A) 그녀는 교통편을 찾아야 한다.
(B) 그녀는 야근을 해야 한다.
(C) 그녀는 환불받지 못할 수도 있다.
(D) 그녀는 예약을 할 수 없었다.

해설 여자의 말에서 부정적인 표현이 언급된 다음을 주의 깊게 듣는다. 대화 후반부에서 "I am a little worried we won't be able to get our deposit back though(그런데 저는 저희의 예약금을 돌려받을 수 없을까 봐 조금 걱정이에요)"라고 하였다. 따라서 (C)가 정답이다.

패러프레이징
get ~ deposit back 예약금을 돌려받다 → receive a refund 환불받다

어휘 transportation[trænspərtéiʃən] 교통(편)   refund[ríːfʌnd] 환불

**[25-27]** ③ 영국식 발음 → 캐나다식 발음

Questions 25-27 refer to the following conversation and table.

---

W: Hello. Welcome to Summer Realty. How can I assist you?

M: I'm looking for an apartment on Hanover Street. ²⁵I **already live near there but want to move to a more modern complex.**

W: There's a new development at 450 Hanover Street. ²⁶I **can arrange a showing for you, if you'd like.**

M: ²⁷**Are there any two-bedroom apartments that cost $1,800 or less to rent?**

W: You're in luck. ²⁷**A unit that sounds perfect for you just became available.**

M: That's sounds great. ²⁷**I'm free to tour it tomorrow afternoon.**

---

realty[미 ríːəlti, 영 ríːlti] 부동산   modern[미 mɑ́ːdərn, 영 mɔ́dən] 현대식의
complex[미 kɑ́ːmpleks, 영 kɔ́mpleks] 복합 건물
development[divéləpmənt] 주택 단지   arrange[əréindʒ] 주선하다, 준비하다
unit[júːnit] (공동 주택 내의) 한 가구   tour[미 tur, 영 tuə] 보러 가다, 순회하다

해석
25-27은 다음 대화와 표에 관한 문제입니다.

W: 안녕하세요. Summer 부동산에 오신 것을 환영합니다. 어떻게 도와드릴까요?

M: 저는 Hanover가에 있는 아파트를 구하고 있어요. ²⁵이미 그곳 근처에 살고 있지만 더 현대식 복합 건물로 이사하고 싶어요.

W: Hanover가 450번지에 새로운 주택 단지가 있어요. ²⁶원하신다면, 제가 고객님을 위해 안내를 주선해 드릴 수 있어요.

M: ²⁷1,800달러 이하로 빌릴 만한 침실 2개짜리 아파트가 있나요?

W: 운이 좋으시네요. ²⁷고객님께 꼭 알맞을 것 같은 가구가 얼마 전에 임대할 수 있게 되었어요.

M: 좋아요. ²⁷저는 내일 오후에 그것을 보러 갈 시간이 있어요.

| 가구 | 침실 수 | 임대료 |
|---|---|---|
| 201A | 1 | 1,700달러 |
| 304C | 1 | 1,750달러 |
| ²⁷406A | 2 | 1,775달러 |
| 502B | 2 | 1,825달러 |

**25** 이유 문제

해석 남자는 왜 이사할 생각이 있는가?
(A) 그는 직장에 더 가까이 거주해야 한다.
(B) 그는 더 작은 아파트를 원한다.
(C) 그는 현대식 건물에 있기를 원한다.
(D) 그는 지금의 집세를 낼 형편이 안 된다.

해설 질문의 핵심어구(interested in moving)와 관련된 내용을 주의 깊게 듣는다. 대화 초반부에서 남자가 "I already live near there but want to move to a more modern complex(이미 그곳 근처에 살고 있지만 더 현대식 복합 건물로 이사하고 싶어요)"라고 하였다. 따라서 (C)가 정답이다.

어휘 afford[əfɔ́ːrd] 형편이 되다

**26** 제안 문제

해석 여자는 무엇을 해주겠다고 제안하는가?
(A) 가격을 낮춘다.
(B) 약속을 잡는다.

(C) 계약서를 인쇄한다.
(D) 세입자를 구한다.

해설 여자의 말에서 제안과 관련된 표현이 언급된 다음을 주의 깊게 듣는다. 대화 중반부에서 "I can arrange a showing for you, if you'd like(원하신다면, 제가 고객님을 위해 안내를 주선해 드릴 수 있어요)"라고 하였다. 따라서 (B)가 정답이다.

패러프레이징
arrange a showing 안내를 주선하다 → Set up an appointment 약속을 잡다

어휘 tenant[ténənt] 세입자

**27** 시각 자료 문제

해석 시각 자료를 보아라. 남자는 어느 가구를 보러 갈 것 같은가?
(A) 201A
(B) 304C
(C) 406A
(D) 502B

해설 질문의 핵심어구(unit ~ tour)가 언급된 주변을 주의 깊게 듣는다. 대화 후반부에서 남자가 "Are there any two-bedroom apartments that cost $1,800 or less to rent?(1,800달러 이하로 빌릴 만한 침실 2개짜리 아파트가 있나요?)"라고 한 후, 여자가 "A unit that sounds perfect for you just became available(고객님께 꼭 알맞을 것 같은 가구가 얼마 전에 임대할 수 있게 되었어요)"이라고 하자, 남자가 "I'm free to tour it tomorrow afternoon(저는 내일 오후에 그것을 보러 갈 시간이 있어요)"이라고 하였다. 따라서 남자가 침실이 2개이고 집세가 1,775달러인 406A를 보러 갈 것임을 시각 자료에서 확인할 수 있다. 따라서 (C)가 정답이다.

**[28-30]** ③ 미국식 발음 → 캐나다식 발음

Questions 28-30 refer to the following conversation and sign.

---

W: Hi. ²⁸**I bought this jacket from your store. However, one of the buttons has already fallen off.**

M: Let me see the item . . . Oh, yes. That's definitely a problem.

W: I'm wondering if I can get a refund.

M: ²⁹**When did you buy the garment?** If it was less than a month ago, that'll be fine.

W: I bought it just last week. Here's the receipt. Also, ³⁰**I was told that you would be getting a shipment of Carmona products soon. Has it arrived yet? I need to get a new pair of shoes.**

M: Yes. We just stocked them.

W: Great. I'd like to take a look once we're finished here.

---

definitely[défənitli] 확실히, 분명히   garment[gɑ́ːrmənt] 옷, 의복
stock[stɑːk] 들여놓다, 재고품으로 쌓아두다   aisle[ail] 통로, 복도

해석
28-30은 다음 대화와 표지판에 관한 문제입니다.

W: 안녕하세요. ²⁸저는 당신의 상점에서 이 재킷을 샀어요. 그런데, 단추들 중 하나가 벌써 떨어져 버렸어요.

M: 제품을 좀 볼게요… 아, 그러네요. 확실히 문제가 있네요.

W: 제가 환불을 받을 수 있을지 궁금해요.

M: ²⁹그 옷을 언제 구매하셨어요? 만약 그것이 한 달 이내였다면, 괜찮을 거예요.

W: 저는 바로 지난주에 그것을 구매했어요. 여기에 영수증이 있어요. 또한, ³⁰저는 여기 상점에서 Carmona사 제품들의 배송을 곧 받을 것이라고 들었어요. 그것이 이미 도착했나요? 저는 새 신발 한 컬레를 사야 해요.

M: 네. 저희는 그것들을 막 들여놓았어요.

W: 좋네요. 우리가 여기서 마무리가 되면 둘러보고 싶어요.

| 통로 1 | 통로 2 | 통로 3 | ³⁰통로 4 |
|---|---|---|---|
| 재킷 | 셔츠 | 바지 | 신발 |

## 28 문제점 문제

**해석** 여자는 어떤 문제를 언급하는가?
(A) 제품이 손상되었다.
(B) 할인이 적용되지 않았다.
(C) 옷이 너무 작다.
(D) 배송품이 도착하지 않았다.

**해설** 여자의 말에서 부정적인 표현이 언급된 다음을 주의 깊게 듣는다. 대화 초반부에서 "I bought this jacket from your store. However, one of the buttons has already fallen off(저는 당신의 상점에서 이 재킷을 샀어요. 그런데, 단추들 중 하나가 벌써 떨어져 버렸어요)"라고 하였다. 따라서 (A)가 정답이다.

**패러프레이징**
one of the buttons has ~ fallen off 단추들 중 하나가 떨어져 버렸다 → is damaged 손상되었다

**어휘** apply[əplái] 적용하다, 신청하다

## 29 특정 세부 사항 문제

**해석** 남자는 무엇에 대해 문의하는가?
(A) 지불 방법
(B) 배송 요금
(C) 구매 날짜
(D) 집 주소

**해설** 질문의 핵심어구(man inquire about)와 관련된 내용을 주의 깊게 듣는다. 대화 중반부에서 남자가 "When did you buy the garment?(그 옷을 언제 구매하셨어요?)"라고 하였다. 따라서 (C)가 정답이다.

**패러프레이징**
buy 구매하다 → purchase 구매

**어휘** method[méθəd] 방법, 절차

## 30 시각 자료 문제

**해석** 시각 자료를 보아라. Carmona사 제품들은 어느 통로에 위치해 있는가?
(A) 통로 1
(B) 통로 2
(C) 통로 3
(D) 통로 4

**해설** 질문의 핵심어구(Carmona products)가 언급된 주변을 주의 깊게 듣는다. 대화 후반부에서 여자가 "I was told that you would be getting a shipment of Carmona products soon. Has it arrived yet? I need to get a new pair of shoes(저는 여기 상점에서 Carmona사 제품들의 배송을 곧 받을 것이라고 들었어요. 그것이 이미 도착했나요? 저는 새 신발 한 켤레를 사야 해요)"라고 하였으므로, Carmona사의 제품들은 신발이므로 통로 4에 있음을 시각 자료에서 확인할 수 있다. 따라서 (D)가 정답이다.

**어휘** locate[lóukeit] 위치하다

## HACKERS **PRACTICE** p. 94

| 01 (B) | 02 (A) | 03 (A) | 04 (B) | 05 (B) |
|---|---|---|---|---|
| 06 (A) | | | | |

**01** 🔊 캐나다식 발음 → 미국식 발음 → 영국식 발음 /
호주식 발음 → 영국식 발음 → 미국식 발음

Question 1 refers to the following conversation with three speakers.

> M: I think there's something wrong with my work laptop. Do either of you know where Samantha is? She usually fixes my computer problems.
> W1: Samantha isn't around. She's currently in Jacksonville—at a convention. I don't think she'll be back until tomorrow.
> W2: I'm familiar with basic computer repairs, so I can try to help you out.
>
> convention[kənvénʃən] 총회, 회의

**해석**
1은 다음 세 명의 대화에 관한 문제입니다.

M: 제 업무용 노트북 컴퓨터에 무언가 문제가 있는 것 같아요. 두 사람 중에 Samantha가 어디에 있는지 아는 사람이 있나요? 그녀가 보통 제 컴퓨터 문제를 고쳐 주거든요.
W1: Samantha는 근처에 없어요. 그녀는 현재 Jacksonville에서 하는 총회에 있어요. 내일이 되어서야 돌아올 것 같아요.
W2: 제가 기본적인 컴퓨터 수리에 대해 아니까, 당신을 돕기 위해 노력해 볼게요.

### 01 이유 문제
Samantha는 왜 만날 수 없는가?
(A) 그녀는 컴퓨터를 설치하고 있다.
(B) 그녀는 사무실에 없다.

**02** 🔊 미국식 발음 → 호주식 발음 / 영국식 발음 → 캐나다식 발음

Question 2 refers to the following conversation.

> W: Claude, we'll be giving a presentation this morning, right?
> M: Yes. It was supposed to be at eleven, but another team already booked the conference room for that time. So, we'll be meeting at ten instead.
> W: OK, I will see you then.
>
> be supposed to ~하기로 되어 있다

**해석**
2는 다음 대화에 관한 문제입니다.

W: Claude, 우리는 오늘 오전에 발표를 할 거예요, 그렇죠?
M: 네. 11시에 하기로 되어 있었는데, 다른 팀이 그 시간에 이미 회의실을 예약해 놓았어요. 그래서, 대신 10시에 모일 거예요.
W: 알겠어요, 그때 봐요.

### 02 특정 세부 사항 문제
화자들은 오늘 오전에 무엇을 할 것인가?
(A) 발표를 한다.

(B) 회의를 취소한다.

[03-04] 🔊 미국식 발음 → 호주식 발음 / 영국식 발음 → 캐나다식 발음

Questions 3-4 refer to the following conversation.

> W: I believe training begins at 8 o'clock. I was thinking that maybe we should order some coffee and breakfast.
>
> M: That's a good idea. Not everyone will have had a chance to eat breakfast if we start that early. Could you order enough food and coffee for 20 people as soon as possible?

해석
3-4는 다음 대화에 관한 문제입니다.

W: 저는 교육이 8시에 시작하는 것으로 알고 있는데요. 혹시 우리가 커피와 아침 식사를 주문해야 할지 생각하고 있었어요.

M: 좋은 생각이에요. 그렇게 일찍 시작하면 모든 사람들이 아침 식사를 하지는 못했을 거예요. 가능한 한 빨리 20인분의 충분한 음식과 커피를 주문해 줄 수 있나요?

**03 특정 세부 사항 문제**
교육생에게 무엇이 제공될 것인가?
(A) 아침 식사
(B) 안내 책자

trainee[treiníː] 교육생

**04 특정 세부 사항 문제**
여자는 다음에 무엇을 할 것 같은가?
(A) 일정을 변경한다.
(B) 주문을 한다.

[05-06] 🔊 영국식 발음 → 호주식 발음 / 미국식 발음 → 캐나다식 발음

Questions 5-6 refer to the following conversation.

> W: I'm here to deliver this office cabinet. Is Ms. Harris in?
>
> M: She's out for lunch right now. She'll be away for another 30 minutes. I'm her secretary and can sign for it.
>
> W: Great. Just write your name on this line.

secretary[미 sékrətèri, 영 sékrətəri] 비서

해석
5-6은 다음 대화에 관한 문제입니다.

W: 이 사무실 수납장을 배달하러 여기에 왔는데요. Ms. Harris가 안에 계신가요?

M: 그녀는 지금 점심 식사로 외출 중입니다. 30분 후에 돌아오실 거예요. 제가 그녀의 비서라서 그것에 서명해 드릴 수 있어요.

W: 잘됐네요. 이 선 위에 당신의 이름을 적어주세요.

**05 특정 세부 사항 문제**
여자는 무엇을 배달하고 있는가?
(A) 몇몇 사무용품들
(B) 가구 한 점

**06 정도 문제**
Ms. Harris는 얼마 동안 자리에 없을 것인가?
(A) 30분 동안
(B) 45분 동안

## HACKERS TEST
p. 95

| 01 (A) | 02 (C) | 03 (B) | 04 (C) | 05 (A) |
| 06 (C) | 07 (C) | 08 (B) | 09 (B) | 10 (D) |
| 11 (A) | 12 (C) | 13 (D) | 14 (A) | 15 (C) |
| 16 (D) | 17 (C) | 18 (D) | 19 (B) | 20 (C) |
| 21 (D) | 22 (C) | 23 (B) | 24 (C) | 25 (B) |
| 26 (D) | 27 (B) | 28 (B) | 29 (D) | 30 (A) |

[01-03] 🔊 영국식 발음 → 호주식 발음

Questions 1-3 refer to the following conversation.

> W: Paul, ⁰¹**are you available on Monday to check on the construction of our new building at the Marina Complex?**
>
> M: Hmm . . . Let me check. ⁰²**I have to participate in a training session at 10 A.M. on Monday.** Then I'm having lunch with a former colleague at noon. ⁰¹**Can we go to the site at about 2 P.M.?**
>
> W: That's fine. ⁰³**I have to read through a report the project engineer is sending me that day**, but I'll be finished before then.
>
> M: OK, so that's Monday at 2. I'll see you then.

available[əvéiləbl] 시간이 있는   construction[kənstrákʃən] 공사, 건설
former[미 fɔ́ːrmər, 영 fɔ́ːmə] 이전의   colleague[미 káːliːg, 영 kɔ́liːg] 직장 동료

해석
1-3은 다음 대화에 관한 문제입니다.

W: Paul, ⁰¹월요일에 Marina 단지에 있는 우리 신축 건물의 공사를 점검할 시간이 있나요?

M: 흠… 확인해 볼게요. ⁰²저는 월요일 오전 10시에 교육 과정에 참석해야 해요. 그런 다음 정오에 이전 직장 동료와 점심을 먹을 거예요. ⁰¹우리가 그 현장에 오후 2시쯤 가도 될까요?

W: 괜찮아요. ⁰³저는 그날 프로젝트 기술자가 보낼 보고서를 봐야 하지만, 그 전에 끝날 거예요.

M: 좋아요, 그럼 월요일 2시로 해요. 그때 만나요.

**01 이유 문제**
해석 화자들은 왜 만나고 싶어 하는가?
(A) 공사 현장을 방문하기 위해
(B) 부서 세미나를 계획하기 위해
(C) 마케팅 전략을 마무리 짓기 위해
(D) 공장 수리를 논의하기 위해

해설 질문의 핵심어구(want to meet)와 관련된 내용을 주의 깊게 듣는다. 대화 초반부에서 여자가 "are you available on Monday to check on the construction of our new building at the Marina Complex?(월요일에 Marina 단지에 있는 우리 신축 건물의 공사를 점검할 시간이 있나요?)"라고 하자, 남자가 "Can we go to the site at about 2 P.M.?(우리가 그 현장에 오후 2시쯤 가도 될까요?)"이라고 하였다. 이를 통해, 화자들이 공사 현장을 방문하기 위해 만나고 싶어 하는 것임을 알 수 있다. 따라서 (A)가 정답이다.

패러프레이징
go to the site 현장에 가다 → visit a ~ site 현장을 방문하다

어휘 department[dipáːrtmənt] 부서   finalize[fáinəlàiz] 마무리 짓다
strategy[strǽtədʒi] 전략   renovation[rènəvéiʃən] 수리, 보수

**02 특정 세부 사항 문제**
해석 남자는 월요일 오전 10시에 무엇을 할 것 같은가?
(A) 식사를 한다.

(B) 지원자의 면접을 본다.

(C) 워크숍에 참석한다.

(D) 단지를 구경한다.

해설 질문의 핵심어구(at 10 A.M. on Monday)가 언급된 주변을 주의 깊게 듣는다. 대화 중반부에서 남자가 "I have to participate in a training session at 10 A.M. on Monday(저는 월요일 오전 10시에 교육 과정에 참석해야 해요)"라고 하였다. 따라서 (C)가 정답이다.

패러프레이징

training session 교육 과정 → workshop 워크숍

어휘 applicant[ǽplikənt] 지원자, 신청자

## 03 특정 세부 사항 문제

해석 누가 여자에게 보고서를 보낼 것 같은가?

(A) 건물 관리자

(B) 기술자

(C) 판매 직원

(D) 회계사

해설 질문의 핵심어구(send ~ a report)와 관련된 내용을 주의 깊게 듣는다. 대화 후반부에서 여자가 "I have to read through a report the project engineer is sending me that day(저는 그날 프로젝트 기술자가 보낼 보고서를 봐야 해요)"라고 하였다. 따라서 (B)가 정답이다.

어휘 representative[rèprizéntətiv] 직원, 담당자
accountant[əkáuntənt] 회계사, 회계원

[04-06] 【3ₐ】 캐나다식 발음 → 미국식 발음

Questions 4-6 refer to the following conversation.

M: ⁰⁴I'm trying to print a travel reimbursement form that I need to submit this afternoon. ⁰⁵Do you know where the paper for the printer is kept?

W: ⁰⁵I just got the last two packs from the storeroom. Here you go.

M: Thanks. I guess we should buy some more, then.

W: I was going to do that. We use Wilson Stationery, right?

M: Yes. ⁰⁶They have a new smartphone app that makes it really easy to place an order.

W: Great. ⁰⁶I'll download it now and then purchase what we need.

reimbursement[ri:imbə́ːrsmənt] 환급, 배상, 변제
submit[səbmít] 제출하다, 항복하다

해석

4-6은 다음 대화에 관한 문제입니다.

M: ⁰⁴제가 오늘 오후에 제출해야 하는 출장 비용 환급 양식을 인쇄하려고 해요. ⁰⁵프린터 용지가 어디에 보관되어 있는지 아시나요?

W: ⁰⁵제가 방금 창고에서 마지막 두 팩을 가져왔어요. 여기 있어요.

M: 고마워요. 그럼 우리가 좀 더 사야겠네요.

W: 제가 그러려고 했어요. 우리는 Wilson Stationery를 이용하죠, 그렇죠?

M: 네. ⁰⁶그들은 주문하는 것을 매우 쉽게 해주는 새로운 스마트폰 애플리케이션이 있어요.

W: 좋네요. ⁰⁶제가 지금 그것을 다운로드해서 우리가 필요한 것을 구매할게요.

## 04 특정 세부 사항 문제

해석 남자는 오늘 오후에 무엇을 해야 하는가?

(A) 프로그램을 다운로드한다.

(B) 보고서를 수정한다.

(C) 양식을 제출한다.

(D) 대금을 지불한다.

해설 질문의 핵심어구(this afternoon)가 언급된 주변을 주의 깊게 듣는다. 대화 초반부에서 남자가 "I'm trying to print a travel reimbursement form that I need to submit this afternoon(제가 오늘 오후에 제출해야 하는 출장 비용 환급 양식을 인쇄하려고 해요)"이라고 하였다. 따라서 (C)가 정답이다.

## 05 특정 세부 사항 문제

해석 여자는 남자에게 무엇을 주는가?

(A) 몇몇 프린터 용지

(B) 판매 영수증

(C) 창고 열쇠

(D) 몇몇 잉크 카트리지

해설 질문의 핵심어구(give)와 관련된 내용을 주의 깊게 듣는다. 대화 초반부에서 남자가 "Do you know where the paper for the printer is kept?(프린터 용지가 어디에 보관되어 있는지 아시나요?)"라고 하자, 여자가 "I just got the last two packs from the storeroom. Here you go(제가 방금 창고에서 마지막 두 팩을 가져왔어요. 여기 있어요)"라고 하였다. 따라서 (A)가 정답이다.

## 06 방법 문제

해석 여자는 어떻게 주문할 것인가?

(A) 판매원에게 이메일을 보냄으로써

(B) 가게에 감으로써

(C) 모바일 애플리케이션을 이용함으로써

(D) 공급업체에 전화함으로써

해설 질문의 핵심어구(place an order)가 언급된 주변을 주의 깊게 듣는다. 대화 후반부에서 남자가 "They have a new smartphone app that makes it really easy to place an order(그들은 주문하는 것을 매우 쉽게 해주는 새로운 스마트폰 애플리케이션이 있어요)"라고 하자, 여자가 "I'll download it now and then purchase what we need(제가 지금 그것을 다운로드해서 우리가 필요한 것을 구매할게요)"라고 하였다. 따라서 (C)가 정답이다.

어휘 supplier[səpláiər] 공급업체, 공급자

[07-09] 【3ₐ】 호주식 발음 → 영국식 발음

Questions 7-9 refer to the following conversation.

M: Good afternoon. ⁰⁷I'm here for my 1:30 appointment with Dr. Cruz.

W: ⁰⁷I'm sorry to tell you that Dr. Cruz hasn't arrived yet. He just called. He's been stuck in traffic for the past half hour due to some road construction. Are you here for the teeth cleaning?

M: No. ⁰⁸I'm actually here to get my teeth checked.

W: Oh, OK. ⁰⁹Then please wait in the room over there until Dr. Cruz arrives. He should be here in 15 minutes.

M: ⁰⁹Thanks. I'll do that.

appointment[əpɔ́intmənt] 예약, 약속
stuck in traffic 교통 정체에 갇힌, 교통이 정체된
construction[kənstrʌ́kʃən] 공사

해석

7-9는 다음 대화에 관한 문제입니다.

M: 안녕하세요. ⁰⁷저는 Dr. Cruz와의 1시 30분 예약 때문에 왔는데요.

W: ⁰⁷Dr. Cruz가 아직 도착하지 않았음을 알려드리게 되어 유감입니다. 그가 방금 전화를 했어요. 그는 어떤 도로 공사 때문에 지난 30분 동안 교통 정체에 갇혀 있대요. 치아 세정 때문에 오셨나요?

M: 아니요. ⁰⁸사실은 치아 검진을 받으러 왔어요.

W: 아, 그렇군요. <sup>09</sup>그럼 Dr. Cruz가 도착할 때까지 저쪽 방에서 기다려 주세요. 그는 15분 후에 올 거예요.

M: <sup>09</sup>감사합니다. 그렇게 할게요.

## 07 화자 문제

해석 여자는 누구인 것 같은가?
(A) 계산원
(B) 운전 기사
(C) 접수원
(D) 치과 의사

해설 대화에서 신분 및 직업과 관련된 표현을 놓치지 않고 듣는다. 대화 초반부에서 남자가 "I'm here for my 1:30 appointment with Dr. Cruz(저는 Dr. Cruz와의 1시 30분 예약 때문에 왔는데요)"라고 하자, 여자가 "I'm sorry to tell you that Dr. Cruz hasn't arrived yet(Dr. Cruz가 아직 도착하지 않았음을 알려드리게 되어 유감입니다)"이라고 한 후, 예약과 관련하여 안내를 하고 있으므로, 여자가 접수원임을 알 수 있다. 따라서 (C)가 정답이다.

## 08 특정 세부 사항 문제

해석 남자는 무엇을 하고 싶어 하는가?
(A) 예약을 변경한다.
(B) 검진을 받는다.
(C) 세정을 요청한다.
(D) 병원비를 지불한다.

해설 질문의 핵심어구(man want to do)와 관련된 내용을 주의 깊게 듣는다. 대화 중반부에서 남자가 "I'm actually here to get my teeth checked(사실은 치아 검진을 받으러 왔어요)"라고 하였다. 따라서 (B)가 정답이다.

패러프레이징
get ~ teeth checked 치아 검진을 받다 → Get a checkup 검진을 받다

## 09 정도 문제

해석 남자는 얼마나 오래 기다릴 것 같은가?
(A) 5분 동안
(B) 15분 동안
(C) 30분 동안
(D) 1시간 동안

해설 질문의 핵심어구(wait)가 언급된 주변을 주의 깊게 듣는다. 대화 후반부에서 여자가 "Then please wait ~ until Dr. Cruz arrives. He should be here in 15 minutes(그럼 Dr. Cruz가 도착할 때까지 기다려 주세요. 그는 15분 후에 올 거예요)"라고 하자, 남자가 "Thanks. I'll do that(감사합니다. 그렇게 할게요)"이라고 하였다. 따라서 (B)가 정답이다.

[10-12] 🎧 미국식 발음 → 호주식 발음

Questions 10-12 refer to the following conversation.

---

W: Seth, it's Rita calling. Last week, you said I could borrow your van for the day. <sup>10</sup>**I'm wondering when it would be convenient for me to stop by your house to get it.**

M: That's right. I totally forgot. You're moving some belongings into your new apartment today, right?

W: Yeah. <sup>11</sup>**A few of my cousins will be arriving in an hour to help me**, so it'd be nice if I could get the vehicle before then. Is that going to work for you?

M: Yes, definitely. You can come by in 30 minutes. <sup>12</sup>**I'm going to the supermarket now**, but I'll be home shortly.

---

stop by ~에 잠시 들르다 forget[미 fərgét, 영 fəgét] 잊어버리다, 잊다
belonging[미 bilɔ́:ŋiŋ, bilá:ŋiŋ, 영 bilɔ́ŋiŋ] 소유물, 소지품

해석
10-12는 다음 대화에 관한 문제입니다.

W: Seth, Rita예요. 지난주에 당신이 제가 하루 동안 당신의 승합차를 빌릴 수 있다고 말했었잖아요. <sup>10</sup>제가 당신의 집에 그것을 가지러 언제 잠시 들르는 것이 편할지 궁금해서요.

M: 맞아요. 완전히 잊어버렸었네요. 당신은 오늘 새 아파트로 몇몇 물건들을 옮기는군요, 그렇죠?

W: 네. <sup>11</sup>제 사촌 몇 명이 저를 도와주러 한 시간 후에 도착할 거라서, 제가 그 전에 차를 가져갈 수 있으면 좋을 것 같아요. 그렇게 하는 게 당신에게 괜찮을까요?

M: 네, 물론이죠. 30분 후에 들르면 돼요. <sup>12</sup>저는 지금 슈퍼마켓에 갈 건데, 곧 집에 올 거예요.

## 10 목적 문제

해석 전화 통화를 한 이유는 무엇인가?
(A) 임대 차량이 반납되어야 한다.
(B) 개인 대출이 상환되어야 한다.
(C) 여행 계획이 변경되어야 한다.
(D) 물건을 찾으러 갈 시간이 정해져야 한다.

해설 전화의 목적을 묻는 문제이므로, 대화의 초반을 반드시 듣는다. 여자가 "I'm wondering when it would be convenient for me to stop by your house to get it[van](제가 당신의 집에 그것[승합차]을 가지러 언제 잠시 들르는 것이 편할지 궁금해서요)"이라고 하였다. 따라서 (D)가 정답이다.

어휘 personal loan 개인 대출 arrange[əréindʒ] 정하다, 처리하다

## 11 특정 세부 사항 문제

해석 여자는 한 시간 후에 누가 올 것을 기다리는가?
(A) 몇몇 친척들
(B) 몇몇 친구들
(C) 집주인
(D) 배달원

해설 질문의 핵심어구(in an hour)가 언급된 주변을 주의 깊게 듣는다. 대화 중반부에서 여자가 "A few of my cousins will be arriving in an hour to help me(제 사촌 몇 명이 저를 도와주러 한 시간 후에 도착할 거예요)"라고 하였다. 따라서 (A)가 정답이다.

패러프레이징
A few of ~ cousins 사촌 몇 명 → Some relatives 몇몇 친척들

어휘 expect[ikspékt] (오기로 한 사람을) 기다리다 relative[rélətiv] 친척; 상대적인
landlord[lǽndlɔ̀rd] 집주인, 건물 소유주

## 12 특정 세부 사항 문제

해석 남자는 다음에 무엇을 할 것 같은가?
(A) 승합차를 수리한다.
(B) 전화를 한다.
(C) 상점을 방문한다.
(D) 식사를 준비한다.

해설 질문의 핵심어구(do next)와 관련된 내용을 주의 깊게 듣는다. 대화 후반부에서 남자가 "I'm going to the supermarket now(저는 지금 슈퍼마켓에 갈 거예요)"라고 하였다. 따라서 (C)가 정답이다.

패러프레이징
supermarket 슈퍼마켓 → store 상점

어휘 prepare[pripér] 준비하다, 대비하다

[13-15] 🎧 캐나다식 발음 → 영국식 발음

Questions 13-15 refer to the following conversation.

---

M: <sup>13</sup>**Do you know of any other shops that make event invitations?** I need to have several options for the stockholders' luncheon next month. ○

---

W: ¹⁴**I thought our usual invitation designer, Corporate Prints, was going to handle that. What happened?**

M: Well, ¹⁴**it turns out they can't accept our order due to the short notice.** So, we need to hire another designer.

W: Oh, I see. Well, ¹⁵**I have a friend who's an event consultant. I'll call her right away and ask if she can recommend some shops.** I'll let you know as soon as I've spoken to her.

---

invitation [invitéiʃən] 초청장, 초청
stockholder [미 stá:khòuldər, 영 stɔ́khəuldə] 주주   luncheon [lʌ́ntʃən] 오찬
handle [hǽndl] 처리하다, 다루다   turn out (~의 결과로) 되다
short notice 촉박한 통보   consultant [kənsʌ́ltənt] 상담가, 자문 위원
recommend [rèkəménd] 추천하다, 권하다

해석
13-15는 다음 대화에 관한 문제입니다.

M: ¹³당신은 행사 초청장을 만드는 다른 가게들을 알고 있나요? 저는 다음 달 주주 오찬을 위해 몇 가지 선택권들이 있어야 해요.

W: ¹⁴저는 평소 우리의 초청장 디자이너인 Corporate Prints가 그것을 처리할 거라고 생각했어요. 무슨 일이 있었나요?

M: 그게, ¹⁴촉박한 통보로 인해 그들이 저희 주문을 받을 수 없게 되었어요. 그래서, 우리는 다른 디자이너를 고용해야 해요.

W: 아, 그렇군요. 음, ¹⁵제게 행사 상담가인 친구가 있어요. 제가 그녀에게 바로 전화해서 몇몇 가게들을 추천해 줄 수 있는지 물어볼게요. 제가 그녀와 이야기하는 대로 당신에게 알려줄게요.

### 13 주제 문제
해석 대화는 주로 무엇에 관한 것인가?
(A) 가게 이전
(B) 주식 보고서
(C) 채용 공고
(D) 행사 초청장

해설 대화의 주제를 묻는 문제이므로, 대화의 초반을 주의 깊게 들은 후 전체 맥락을 파악한다. 남자가 "Do you know of any other shops that make event invitations?(당신은 행사 초청장을 만드는 다른 가게를 알고 있나요?)"라고 한 후, 행사 초청장을 주문하는 것에 대한 내용으로 대화가 이어지고 있다. 따라서 (D)가 정답이다.

어휘 relocation [rì:loukéiʃən] 이전   stock [stɑ:k] 주식

### 14 이유 문제
해석 남자는 왜 Corporate Prints를 이용할 수 없는가?
(A) 주문이 너무 늦게 되었다.
(B) 가게가 최근에 폐업했다.
(C) 가게에 경력 있는 디자이너들이 부족하다.
(D) 주문이 너무 적었다.

해설 질문의 핵심어구(Corporate Prints)가 언급된 내용을 주의 깊게 듣는다. 대화 중반부에서 여자가 "I thought ~ Corporate Prints, was going to handle that. What happened?(저는 Corporate Prints가 그것을 처리할 거라고 생각했어요. 무슨 일이 있었나요?)"라고 하자, 남자가 "it turns out they can't accept our order due to the short notice(촉박한 통보로 인해 그들이 저희 주문을 받을 수 없게 되었어요)"라고 하였다. 따라서 (A)가 정답이다.

어휘 recently [rí:sntli] 최근에   close down 폐업하다
experienced [ikspíəriənst] 경력(경험)이 있는

### 15 방법 문제
해석 여자는 어떻게 남자를 도울 수 있는가?
(A) 근처 몇몇 가게들에 연락함으로써
(B) 주식 시장에 관해 보고함으로써
(C) 행사 상담가와 이야기함으로써
(D) 사업 인명부를 검토함으로써

해설 질문의 핵심어구(assist)와 관련된 내용을 주의 깊게 듣는다. 대화 후반부에서 여자가 "I have a friend who's an event consultant. I'll call her right away and ask if she can recommend some shops(제게 행사 상담가인 친구가 있어요. 제가 그녀에게 바로 전화해서 몇몇 가게들을 추천해 줄 수 있는지 물어볼게요)"라고 하였다. 따라서 (C)가 정답이다.

패러프레이징
call ~ and ask 전화해서 물어보다 → talk 이야기하다

어휘 assist [əsíst] 돕다   nearby [nìərbái] 근처의
directory [diréktəri, dairéktəri] 인명부

**[16-18]** 🔊 호주식 발음 → 미국식 발음

Questions 16-18 refer to the following conversation.

M: Marilyn, we need to hire about 50 more factory workers. ¹⁶**Can you put together a job advertisement?**

W: ¹⁶**Sure.** Is it for the Newman Town factory?

M: No. It's actually for the factory we opened two months ago. We're planning to increase our production by 25 percent.

W: That's a lot. Has demand for our digital cameras gone up that much?

M: Not really. But ¹⁷**last week, we signed a contract with a Japanese retailer** to stock our products beginning in June.

W: That's exciting. ¹⁸**This is the first time we'll be exporting our goods.**

---

put together 준비하다, 만들다   production [prədʌ́kʃən] 생산
demand [미 dimǽnd, 영 dimáːnd] 수요
retailer [미 rí:teilər, 영 rí:teilə] 소매업자
stock [미 stɑ:k, 영 stɔk] (상품을) 사들이다, 들여놓다
export [미 ikspɔ́:rt, 영 ikspɔ́:t] 수출하다

해석
16-18은 다음 대화에 관한 문제입니다.

M: Marilyn, 우리는 50명 정도의 공장 직원들을 더 고용해야 해요. ¹⁶당신이 구인 광고를 준비해 줄 수 있나요?

W: ¹⁶물론이죠. Newman Town 공장을 위한 건가요?

M: 아니요. 그것은 사실 우리가 두 달 전에 연 공장을 위한 거예요. 우리는 생산을 25퍼센트 늘릴 계획이에요.

W: 엄청나네요. 우리 디지털카메라의 수요가 그렇게 많이 늘어났나요?

M: 그렇진 않아요. 하지만 우리의 제품을 6월부터 사들일 ¹⁷일본 소매업자와 지난주에 계약을 맺었어요.

W: 신나네요. ¹⁸우리 상품을 수출하는 것은 이번이 처음이잖아요.

### 16 특정 세부 사항 문제
해석 여자는 무엇을 준비할 것인가?
(A) 입사 지원자 목록
(B) 신청서
(C) 작업 공간 임대 계약서
(D) 구인 공고

해설 질문의 핵심어구(prepare)와 관련된 내용을 주의 깊게 듣는다. 대화 초반부에서 남자가 "Can you put together a job advertisement?(당신이

구인 광고를 준비해 줄 수 있나요?)"라고 하자, 여자가 "Sure(물론이죠)"라고
하였다. 따라서 (D)가 정답이다.

패러프레이징
prepare 준비하다 → put together 준비하다
job advertisement 구인 광고 → job posting 구인 공고

어휘 lease[liːs] 임대 계약서

## 17 특정 세부 사항 문제

해석 지난주에 무슨 일이 일어났는가?
(A) 기기가 검토되었다.
(B) 공장이 문을 열었다.
(C) 계약이 마무리되었다.
(D) 광고가 승인되었다.

해설 질문의 핵심어구(last week)가 언급된 주변을 주의 깊게 듣는다. 대화 중반
부에서 남자가 "last week, we signed a contract with a Japanese
retailer(일본 소매업자와 지난주에 계약을 맺었어요)"라고 하였다. 따라서 (C)
가 정답이다.

패러프레이징
signed a contract 계약을 맺었다 → An agreement was finalized
계약이 마무리되었다

어휘 agreement[əgríːmənt] 계약   finalize[fáinəlaiz] 마무리하다
approve[əprúːv] 승인하다, 찬성하다

## 18 언급 문제

해석 여자는 회사의 제품에 대해 무엇을 말하는가?
(A) 내년부터 일본에서 만들어질 것이다.
(B) 공무원에 의해 검사를 받았다.
(C) 더 매력적이도록 다시 디자인되었다.
(D) 처음으로 해외에서 판매될 것이다.

해설 여자의 말에서 질문의 핵심어구(company's products)와 관련된 내용
을 주의 깊게 듣는다. 대화 후반부에서 "This is the first time we'll be
exporting our goods(우리 상품을 수출하는 것은 이번이 처음이잖아요)"라
고 하였다. 따라서 (D)가 정답이다.

패러프레이징
products 제품 → goods 상품
be exporting 수출하다 → be sold overseas 해외에서 판매되다

어휘 overseas[òuvərsíːz] 해외에서

**[19-21]** 🔊 영국식 발음 → 캐나다식 발음

Questions 19-21 refer to the following conversation.

W: Are you interested in seeing a jazz concert tonight,
Joseph? ¹⁹I bought tickets to *The Dazzling Dames*,
**but I have to stay late at work.** I'm trying to find
someone to buy my tickets because I don't want to
lose the money I spent on them.
M: ²⁰I'm leaving for the conference in Stockholm this
**evening**, so I won't be able to go. It's too bad, because
I really love *The Dazzling Dames*.
W: Do you know of anyone else who might be interested?
M: ²¹Why don't you call Ron in marketing? I know he's
a jazz fan.

spend[spend] (돈을) 쓰다

해석
19-21은 다음 대화에 관한 문제입니다.

W: 오늘 밤 재즈 콘서트를 보러 가는 것에 관심이 있나요, Joseph? ¹⁹제가 *The
Dazzling Dames* 표를 샀는데, 야근을 해야 해요. 그것들에 쓴 돈을 잃고 싶

지 않아서 제 표를 살 사람을 찾고 있어요.
M: ²⁰저는 오늘 저녁에 스톡홀름에서의 회의를 위해 떠날 거라서 갈 수 없겠는데
요. 제가 *The Dazzling Dames*를 정말 좋아해서 너무 아쉽네요.
W: 혹시 관심이 있을 만한 누군가를 알고 있나요?
M: ²¹마케팅 부서의 Ron에게 전화해 보는 게 어때요? 그가 재즈 팬인 걸로 알
고 있거든요.

## 19 문제점 문제

해석 여자의 문제는 무엇인가?
(A) 그녀는 콘서트장의 위치를 찾을 수 없다.
(B) 그녀는 표 몇 장을 사용할 수 없다.
(C) 그녀는 이용 가능한 항공편을 찾을 수 없었다.
(D) 그녀는 하루 휴무를 신청하는 것을 잊어버렸다.

해설 여자의 말에서 부정적인 표현이 언급된 다음을 주의 깊게 듣는다. 대화 초반
부에서 "I bought tickets to *The Dazzling Dames*, but I have to
stay late at work(제가 *The Dazzling Dames* 표를 샀는데, 야근을 해야
해요)"라고 한 것을 통해, 여자가 표를 사용할 수 없다는 것을 알 수 있다. 따
라서 (B)가 정답이다.

어휘 request a day off 하루 휴무를 신청하다

## 20 특정 세부 사항 문제

해석 남자는 오늘 저녁에 무엇을 할 계획인가?
(A) 공연에 참석한다.
(B) 고객과 만난다.
(C) 출장을 간다.
(D) 환불을 요청한다.

해설 질문의 핵심어구(this evening)가 언급된 주변을 주의 깊게 듣는다. 대화
중반부에서 남자가 "I'm leaving for the conference in Stockholm
this evening(저는 오늘 저녁에 스톡홀름에서의 회의를 위해 떠날 거예요)"이
라고 하였다. 따라서 (C)가 정답이다.

패러프레이징
'm(am) leaving for the conference 회의를 위해 떠나다 → Go on a
business trip 출장을 가다

## 21 제안 문제

해석 남자는 무엇을 제안하는가?
(A) 표 몇 장을 구매하기
(B) 행사의 일정을 다시 잡기
(C) 공항으로 출발하기
(D) 동료와 이야기하기

해설 남자의 말에서 제안과 관련된 표현이 언급된 다음을 주의 깊게 듣는다. 대화
후반부에서 "Why don't you call Ron in marketing?(마케팅부서의
Ron에게 전화해 보는 게 어때요?)"이라고 하였다. 따라서 (D)가 정답이다.

패러프레이징
call 전화하다 → Speaking 이야기하기

어휘 purchase[pə́ːrtʃəs] 구매하다

**[22-24]** 🔊 캐나다식 발음 → 미국식 발음 → 영국식 발음

Questions 22-24 refer to the following conversation with three
speakers.

M:   ²²I took the new subway line this morning, and it's
**fantastic!**
W1: Don't the trains on that line have more seats than
other ones?
W2: I read in the local newspaper that each subway car
has 15 more seats than the older ones.
M:   ²³I'm quite happy with the new line. Finding a   ⟳

seat on the way to work is much easier now.
W2: That's good to hear. ²⁴**I usually avoid public transit because it's so crowded, but maybe I should try it.**
W1: Yeah. It doesn't sound like that's an issue anymore.
M: ²⁴**Plus, I save a lot of money. Commuting by car can be kind of expensive.**

---

subway line 지하철 노선  avoid[əvɔ́id] 피하다, 막다
public transit 대중교통  commute[kəmjúːt] 통근하다, 왕복하다

해석
22-24는 다음 세 명의 대화에 관한 문제입니다.

M: ²²오늘 아침에 새로운 지하철 노선을 탔는데, 그것은 환상적이에요!
W1: 다른 지하철보다 그 노선의 지하철에 더 많은 좌석이 있지 않나요?
W2: 각 지하철 칸에 예전 지하철보다 15개 더 많은 좌석이 있다고 지역 신문에서 읽었어요.
M: ²³저는 새로운 노선에 꽤 만족스러워요. 이제는 출근길에 자리를 찾기가 훨씬 쉬워요.
W2: 좋은 소식이네요. ²⁴저는 대중교통이 너무 혼잡해서 보통 그것을 피하지만, 어쩌면 시도해봐야겠네요.
W1: 네. 그건 더 이상 문제가 아닌 것 같아요.
M: ²⁴게다가, 저는 많은 돈을 절약해요. 차로 통근하는 것은 돈이 좀 많이 들 수 있어요.

## 22 주제 문제
해석 화자들은 무엇에 관해 이야기하고 있는가?
(A) 기차 출발 시간
(B) 지역 신문 기사
(C) 최근에 개통된 지하철 노선
(D) 교외 거주자들의 통근 시간

해설 대화의 주제를 묻는 문제이므로, 대화의 초반을 주의 깊게 들은 후 전체 맥락을 파악한다. 남자가 "I took the new subway line this morning, and it's fantastic!(오늘 아침에 새로운 지하철 노선을 탔는데, 그것은 환상적이에요!)"이라고 한 후, 최근에 개통된 지하철 노선에 대한 내용으로 대화가 이어지고 있다. 따라서 (C)가 정답이다.

패러프레이징
new 새로운 → recently opened 최근에 개통된

어휘 suburban[səbə́ːrbən] 교외의

## 23 이유 문제
해석 남자는 왜 만족스러워하는가?
(A) 그는 직장까지 더 가까운 길을 이용할 수 있다.
(B) 그는 통근하는 동안 앉을 수 있다.
(C) 그는 동료들과 자동차를 합승할 수 있다.
(D) 그는 일찍 퇴근하게 된다.

해설 질문의 핵심어구(pleased)와 관련된 내용을 주의 깊게 듣는다. 대화 중반부에서 남자가 "I'm quite happy with the new line. Finding a seat on the way to work is much easier now(저는 새로운 노선에 꽤 만족스러워요. 이제는 출근길에 자리를 찾기가 훨씬 쉬워요)"라고 하였다. 따라서 (B)가 정답이다.

패러프레이징
on the way to work 출근길에 → during ~ commute 통근하는 동안

어휘 route[ruːt] 길  carpool[káːrpuːl] 자동차를 합승하다

## 24 의도 파악 문제
해석 남자는 왜 "저는 많은 돈을 절약해요"라고 말하는가?
(A) 한 달 정기권을 구매하는 것에 대한 이유를 제공하기 위해

---

(B) 그가 직장과 더 가까이 이사한 이유를 설명하기 위해
(C) 대중교통의 장점을 언급하기 위해
(D) 지하철 요금이 인하되었음을 말하기 위해

해설 질문의 인용어구(I save a lot of money)가 언급된 주변을 주의 깊게 듣는다. 대화 후반부에서 여자 2가 "I usually avoid public transit ~, but maybe I should try it(저는 보통 대중교통을 피하지만, 어쩌면 시도 해봐야겠네요)"이라고 하자, 남자가 게다가 자신은 많은 돈을 절약한다며 "Commuting by car can be kind of expensive(차로 통근하는 것은 돈이 좀 많이 들 수 있어요)"라고 하였으므로, 남자가 대중교통이 저렴하다는 장점을 언급하려는 의도임을 알 수 있다. 따라서 (C)가 정답이다.

패러프레이징
public transit 대중교통 → public transportation 대중교통

어휘 point out 언급하다, 지적하다  fare[fer] 요금, 통행료

PART 3

해커스 토익 750+ LC

[25-27] 🎧 미국식 발음 → 호주식 발음

Questions 25-27 refer to the following conversation and table.

---

W: Hello, Mr. Leakes. I'm evaluating some of our employees, and ²⁵**I'd like your opinion of the new front desk worker at this hotel.**
M: ²⁵**George is doing well so far.** ²⁶**He's especially good at customer service and communicating with his coworkers.**
W: I'm glad to hear it. However, do you feel as though there are any aspects of the job that he could improve upon?
M: Well . . . um . . . ²⁶**he sometimes incorrectly directs guest phone calls. Oh, and his punctuality could be improved, too.**
W: OK, got it. ²⁷**Would you mind looking over the evaluation before I give it to George?** I want to make sure that your feedback is accurately reflected.
M: I'd be glad to do that.

---

evaluate[ivǽljueit] 평가하다  as though ~인 것처럼
aspect[ǽspekt] 측면, 면  punctuality[pʌ̀ŋktʃuǽləti] 시간 엄수
reflect[riflékt] 반영하다

해석
25-27은 다음 대화와 표에 관한 문제입니다.

W: 안녕하세요, Mr. Leakes. 저는 우리의 몇몇 직원들을 평가하는 중인데, ²⁵이 호텔의 신입 안내 데스크 직원에 대한 당신의 의견을 원해요.
M: ²⁵George는 지금까지 잘하고 있어요. ²⁶그는 특히 고객 서비스와 그의 동료들과 소통하는 것을 잘해요.
W: 그 말을 들으니 기쁘네요. 하지만, 그가 개선할 만한 어떤 업무적 측면이 있는 것처럼 느껴지시나요?
M: 저… 음… ²⁶그는 가끔 고객 전화를 잘못 돌려요. 아, 그리고 그의 시간 엄수도 개선될 수 있겠네요.
W: 네, 알겠어요. ²⁷제가 George에게 평가서를 주기 전에 당신이 그것을 살펴봐 주시겠어요? 당신의 의견이 정확하게 반영되었는지 확실히 하고 싶어요.
M: 기꺼이 그렇게 할게요.

| 직무들 | 만족스러운 | 불만족스러운 |
|---|---|---|
| 고객 서비스 | V | |
| 동료들과 소통하기 | V | |
| 전화 돌리기 | | V |
| ²⁶시간 엄수 | V | |

## 25 특정 세부 사항 문제

해석 George는 누구인 것 같은가?

    (A) 시설 소유주

    (B) 호텔 직원

    (C) 영업 사원

    (D) 서비스 기술자

해설 질문 대상(George)의 신분 및 직업과 관련된 표현을 놓치지 않고 듣는다. 대화 초반부에서 여자가 "I'd like your opinion of the new front desk worker at this hotel(이 호텔의 신입 안내 데스크 직원에 대한 당신의 의견을 원해요)"이라고 하자, 남자가 "George is doing well so far(George는 지금까지 잘하고 있어요)"라고 하였다. 따라서 (B)가 정답이다.

어휘 sales associate 영업 사원

## 26 시각 자료 문제

해석 시각 자료를 보아라. 어떤 직무가 틀리게 표시되었는가?

    (A) 고객 서비스

    (B) 동료들과 소통하기

    (C) 전화 돌리기

    (D) 시간 엄수

해설 질문의 핵심어구(job skill)와 관련된 내용을 주의 깊게 듣는다. 대화 초반부에서 남자가 "He's especially good at customer service and communicating with his coworkers(그는 특히 고객 서비스와 그의 동료들과 소통하는 것을 잘해요)"라고 한 후, "he sometimes incorrectly directs guest phone calls ~ and his punctuality could be improved, too(그는 가끔 고객 전화를 잘못 돌리고 그의 시간 엄수도 개선될 수 있겠네요)"라고 하였으므로, 개선될 수 있는 시간 엄수가 만족스럽다고 틀리게 표시되었음을 시각 자료에서 확인할 수 있다. 따라서 (D)가 정답이다.

어휘 incorrectly[ìnkəréktli] 틀리게, 부정확하게

## 27 요청 문제

해석 여자는 남자에게 무엇을 하라고 요청하는가?

    (A) 계좌를 개설한다.

    (B) 서류를 검토한다.

    (C) 몇몇 교육을 진행한다.

    (D) 양식을 작성한다.

해설 여자의 말에서 요청과 관련된 표현이 언급된 다음을 주의 깊게 듣는다. 대화 후반부에서 "Would you mind looking over the evaluation before I give it to George?(제가 George에게 평가서를 주기 전에 당신이 그것을 살펴봐 주시겠어요?)"라고 하였다. 따라서 (B)가 정답이다.

> 패러프레이징
> looking over the evaluation 평가서 살펴보기 → Review a document 서류를 검토하다

어휘 account[əkáunt] 계좌, 계정

[28-30] 🎧 캐나다식 발음 → 영국식 발음

Questions 28-30 refer to the following conversation and cast list.

> M: <sup>28</sup>I'm so sorry that I'm late. I came to the theater right after work, but the congestion on Highway 13 is really bad right now.
>
> W: Oh, that's OK. We still have about 10 minutes before it begins . . . I'm really excited for the performance. <sup>29</sup>I read that the actress playing the role of the spy recently received an award from the National Theater Association.
>
> M: Really? I had no idea.

> W: Well, <sup>30</sup>let's head into the theater to find our seats. I want to settle in before the performance starts.

> congestion[kəndʒéstʃən] 정체, 혼잡  highway[háiwèi] 간선도로, 고속도로
> performance[미 pərfɔ́rməns, 영 pəfɔ́məns] 공연, 연기
> play[plei] 배역을 맡아 하다, 놀다  settle in 자리 잡다, 쉬다

해석
28-30은 다음 대화와 출연자 명단에 관한 문제입니다.

M: <sup>28</sup>늦어서 정말 미안해요. 저는 일이 끝나고 바로 극장으로 왔지만, 13번 간선도로의 정체가 지금 너무 심해요.

W: 아, 괜찮아요. 우리는 시작하기 전까지 아직 10분 정도가 남아있어요··· 저는 공연이 정말 기대돼요. <sup>29</sup>정보원 배역을 맡은 여자 배우가 최근에 전국 연극 협회로부터 상을 받았다는 걸 읽었어요.

M: 정말요? 저는 몰랐어요.

W: 어쨌든, <sup>30</sup>극장 안으로 들어가서 우리 자리를 찾아봐요. 저는 공연이 시작하기 전에 자리 잡고 싶어요.

Midnight in Beijing
출연자 명단

| 배역 | 배우 |
| --- | --- |
| 장군 ........................ | Han Lee |
| 간호사 ................ | Mei Chin |
| 형사 ........................ | Bo Lou |
| 정보원 ............. | <sup>29</sup>Fen Vang |

## 28 이유 문제

해석 남자는 왜 늦었는가?

    (A) 그는 잔업을 해야 했다.

    (B) 그는 교통 정체에 갇혀 있었다.

    (C) 그는 약속에 대해 잊어버렸다.

    (D) 그는 심부름을 해야 했다.

해설 질문의 핵심어구(late)가 언급된 주변을 주의 깊게 듣는다. 대화 초반부에서 남자가 "I'm so sorry that I'm late. ~ the congestion on Highway 13 is really bad right now(늦어서 정말 미안해요. 13번 간선도로의 정체가 지금 너무 심해요)"라고 하였다. 따라서 (B)가 정답이다.

> 패러프레이징
> congestion 정체 → got stuck in traffic 교통 정체에 갇혀 있었다

어휘 work overtime 잔업 하다, 시간 외로 일하다
appointment[əpɔ́intmənt] 약속, 임명  errand[érənd] 심부름, 일

## 29 시각 자료 문제

해석 시각 자료를 보아라. 누가 최근에 상을 받았는가?

    (A) Han Lee

    (B) Mei Chin

    (C) Bo Lou

    (D) Fen Vang

해설 질문의 핵심어구(won an award)와 관련된 내용을 주의 깊게 듣는다. 대화 중반부에서 여자가 "I read that the actress playing the role of the spy recently received an award from the National Theater Association(정보원 배역을 맡은 여자 배우가 최근에 전국 연극 협회로부터 상을 받았다는 걸 읽었어요)"이라고 하였으므로, 상을 받은 배우는 정보원 역할의 Fen Vang임을 시각 자료에서 확인할 수 있다. 따라서 (D)가 정답이다.

> 패러프레이징
> won an award 상을 받았다 → received an award 상을 받았다

**30 특정 세부 사항 문제**

해석 화자들은 다음에 무엇을 할 것 같은가?
(A) 그들의 자리를 찾는다.
(B) 그들의 코트를 맡긴다.
(C) 표 몇 장을 받는다.
(D) 진행표를 살펴본다.

해설 질문의 핵심어구(do next)와 관련된 내용을 주의 깊게 듣는다. 여자가 "let's head into the theater to find our seats(극장 안으로 들어가서 우리 자리를 찾아봐요)"라고 하였다. 따라서 (A)가 정답이다.

어휘 check[tʃek] (물표를 받고) 맡기다, 확인하다
program[próugræm] (연극·음악회 등의) 진행표

---

## HACKERS **PRACTICE**                    p. 102

| 01 (B) | 02 (B) | 03 (A) | 04 (B) | 05 (A) |
| 06 (A) | | | | |

**01** 🎧 호주식 발음 → 영국식 발음 / 캐나다식 발음 → 미국식 발음

Question 1 refers to the following conversation.

> M: We should hire an advertising agency for our new line of fashion backpacks.
> W: But we always use GroCorp for all of our company's marketing campaigns.
> M: That's true, but their last few projects haven't appealed to many customers.

해석
1은 다음 대화에 관한 문제입니다.

M: 우리의 새로운 패션 배낭 제품을 위해 광고 대행사를 고용해야 해요.
W: 하지만 우리는 회사의 모든 마케팅 활동에 항상 GroCorp사를 이용하잖아요.
M: 그건 맞아요, 하지만 그들의 지난 몇몇 프로젝트들은 많은 고객들의 흥미를 끌지 못했어요.

**01 추론 문제**
남자는 GroCorp사에 대해 무엇을 암시하는가?
(A) 새로운 마케팅 회사이다.
(B) 그곳의 작업이 불만족스러웠다.

unsatisfactory[ʌnsætisfǽktəri] 불만족스러운

**02** 🎧 호주식 발음 → 미국식 발음 / 캐나다식 발음 → 영국식 발음

Question 2 refers to the following conversation.

> M: Do you know what time the buses stop running tonight? I might be out late at a company dinner this evening.
> W: I have an app on my phone. Hold on . . .
> M: I appreciate your help.

해석
2는 다음 대화에 관한 문제입니다.

M: 버스가 오늘 밤 몇 시에 운행을 마치는지 아세요? 오늘 저녁 회식에 늦게까지 있을 수도 있거든요.
W: 제 휴대 전화에 애플리케이션이 있어요. 잠깐만요…
M: 도와주셔서 감사해요.

**05 추론 문제**
남자는 호텔에 대해 무엇을 암시하는가?

---

**02 의도 파악 문제**
여자는 "제 휴대 전화에 애플리케이션이 있어요"라고 말할 때 무엇을 의도하는가?
(A) 그녀는 위치를 확인할 수 있다.
(B) 그녀는 질문에 답할 수 있다.

confirm[kənfə́ːrm] 확인하다, 승인하다

**[03-04]** 🎧 영국식 발음 → 호주식 발음 / 미국식 발음 → 캐나다식 발음

Questions 3-4 refer to the following conversation.

> W: Mr. Stuart has been interviewing a lot of applicants. I heard the company is planning a big project.
> M: That means we're in for a busy year. Do you have any idea what it is?
> W: I hope an announcement will be made soon.
> ----
> in for ~을 맞게 될, 겪게 될

해석
3-4는 다음 대화에 관한 문제입니다.
W: Mr. Stuart가 많은 지원자들의 면접을 봤어요. 저는 회사가 큰 프로젝트를 계획하고 있다고 들었어요.
M: 그건 우리가 바쁜 한 해를 맞게 된다는 의미겠네요. 그게 무엇인지 아는 게 있으신가요?
W: 곧 공지가 되면 좋겠네요.

**03 추론 문제**
회사에 대해 무엇이 암시되는가?
(A) 직원을 늘리고 있다.
(B) 지난해에 수익을 증가시켰다.

expand[ikspǽnd] 늘리다, 확대하다  profit[práːfit] 수익, 이익

**04 의도 파악 문제**
여자는 "곧 공지가 되면 좋겠네요"라고 말할 때 무엇을 의도하는가?
(A) 그녀는 일정 문제를 처리하지 못했다.
(B) 그녀는 프로젝트의 세부 사항을 알지 못한다.

deal with 처리하다, 다루다

**[05-06]** 🎧 미국식 발음 → 호주식 발음 / 영국식 발음 → 캐나다식 발음

Questions 5-6 refer to the following conversation.

> W: Good morning. I booked a standard suite, but I'd like to upgrade to a deluxe.
> M: That's not a problem at this time of year. I'll have your room key ready shortly. Do you need help carrying your bags?
> W: I only have two, but I cannot carry them by myself.
> ----
> book[buk] 예약하다

해석
5-6은 다음 대화에 관한 문제입니다.
W: 안녕하세요. 저는 스탠더드 스위트룸을 예약했지만, 디럭스룸으로 업그레이드하고 싶어요.
M: 이맘때에는 문제없습니다. 객실 열쇠를 곧 준비해 드릴게요. 가방을 옮기는 데 도움이 필요하세요?
W: 두 개밖에 없지만, 저 혼자서는 옮길 수가 없어요.

(A) 현재 투숙객들이 조금밖에 없다.

(B) 계절 할인을 제공한다.

**seasonal**[síːzənl] 계절의, 주기적인

## 06 의도 파악 문제

여자는 왜 "저 혼자서는 옮길 수가 없어요"라고 말하는가?

(A) 제안을 수락하기 위해

(B) 문제를 나타내기 위해

## HACKERS **TEST**

p. 103

| | | | | |
|---|---|---|---|---|
| 01 (C) | 02 (D) | 03 (D) | 04 (C) | 05 (C) |
| 06 (D) | 07 (A) | 08 (D) | 09 (B) | 10 (D) |
| 11 (C) | 12 (B) | 13 (B) | 14 (A) | 15 (A) |
| 16 (B) | 17 (D) | 18 (B) | 19 (B) | 20 (A) |
| 21 (B) | 22 (B) | 23 (A) | 24 (D) | 25 (C) |
| 26 (B) | 27 (D) | 28 (B) | 29 (B) | 30 (A) |

**[01-03]** 🎧 영국식 발음 → 캐나다식 발음

Questions 1-3 refer to the following conversation.

> W: Excuse me. ⁰¹**I want to try the dark chocolate cake**, but ⁰²**I'm worried it has nuts in it. I'm allergic to them.**
>
> M: Unfortunately, ⁰¹**we've run out of that cake for this evening.** However, if you'd still like to have something with chocolate, then ⁰²**I highly recommend our cocoa pudding. It's completely free of nuts.**
>
> W: I'd love that. It sounds delicious. Also, ⁰³**do you offer any specialty coffee drinks?**
>
> M: We certainly do. They're all listed on the last page of our menu.

**allergic**[미 əlɔ́ːrdʒik, 영 əlɔ́dʒik] 알레르기가 있는
**run out of** ~이 다 떨어지다  **free of** ~이 없는  **specialty**[spéʃəlti] 특제(품)

해석

1-3은 다음 대화에 관한 문제입니다.

W: 실례합니다. ⁰¹다크초콜릿 케이크를 먹어보고 싶은데, ⁰²안에 견과류가 들어가 있는지 걱정돼서요. 저는 그것들에 알레르기가 있거든요.

M: 유감스럽게도, ⁰¹오늘 저녁에는 그 케이크가 다 떨어졌습니다. 하지만, 손님께서 그래도 초콜릿이 들어간 것을 드시고 싶으시다면, ⁰²저희의 코코아 푸딩을 적극 추천해 드립니다. 그것은 견과류가 전혀 들어있지 않습니다.

W: 그게 좋겠네요. 맛있을 것 같아요. 또한, ⁰³특제 커피 음료도 제공하시나요?

M: 물론이죠. 그것들은 저희 메뉴판 마지막 페이지에 모두 나와 있습니다.

## 01 문제점 문제

해석  문제는 무엇인가?

(A) 직원이 바쁘다.

(B) 저녁 파티가 취소되었다.

(C) 선택한 음식을 구매할 수 없다.

(D) 요리가 잘못 준비되었다.

해설  대화에서 부정적인 표현이 언급된 다음을 주의 깊게 듣는다. 대화 초반부에서 여자가 "I want to try the dark chocolate cake(다크초콜릿 케이크를 먹어보고 싶어요)"라고 하자, 남자가 "we've run out of that cake for this evening(오늘 저녁에는 그 케이크가 다 떨어졌습니다)"이라고 하였다. 따라서 (C)가 정답이다.

패러프레이징

run out of 다 떨어지다 → is unavailable 구매할 수 없다

## 02 의도 파악 문제

해석  남자는 왜 "그것은 견과류가 전혀 들어있지 않습니다"라고 말하는가?

(A) 주문을 확인하기 위해

(B) 놀라움을 나타내기 위해

(C) 선호하는 것을 정하기 위해

(D) 손님을 안심시키기 위해

해설  질문의 인용어구(It's completely free of nuts)가 언급된 주변을 주의 깊게 듣는다. 대화 초반부에서 여자가 "I'm worried it has nuts in it. I'm allergic to them(안에 견과류가 들어가 있는지 걱정돼서요. 저는 그것들에 알레르기가 있거든요)"이라고 하자, 남자가 "I highly recommend our cocoa pudding(저희의 코코아 푸딩을 적극 추천해 드립니다)"이라고 하면서 그것은 견과류가 전혀 들어있지 않다고 한 것을 통해, 남자가 손님을 안심시키려는 의도임을 알 수 있다. 따라서 (D)가 정답이다.

어휘  **reassure**[rìəʃúr] 안심시키다, 기운 차리게 하다

## 03 특정 세부 사항 문제

해석  여자는 남자에게 무엇에 대해 문의하는가?

(A) 메뉴 변경

(B) 오늘의 특별 요리

(C) 요리사 추천 요리

(D) 특제 음료

해설  질문의 핵심어구(woman ask ~ about)와 관련된 내용을 주의 깊게 듣는다. 대화 후반부에서 여자가 "do you offer any specialty coffee drinks?(특제 커피 음료도 제공하시나요?)"라고 하였다. 따라서 (D)가 정답이다.

패러프레이징

drinks 음료 → beverages 음료

어휘  **daily special** 오늘의 특별 요리

**[04-06]** 🎧 호주식 발음 → 영국식 발음

Questions 4-6 refer to the following conversation.

> M: ⁰⁴**We've only got a few hours before our restaurant's grand opening**, and there's still a lot to do. ⁰⁵**Did Karen buy the dishes we need?** I asked her to buy some round plates.
>
> W: Well . . . ⁰⁵**She just put some square ones on the table.**
>
> M: Really? ⁰⁶**We need to match the plates we already have.**
>
> W: ⁰⁶**I can let her know**, since you're busy setting up the decorations. Don't worry. We can deal with this problem quickly.

**grand opening** 개업식  **match**[mætʃ] 맞추다, 조화시키다
**set up** 설치하다, 세우다  **decoration**[dèkəréiʃən] 장식, 장식품

해석

4-6은 다음 대화에 관한 문제입니다.

M: ⁰⁴우리의 식당 개업식까지 단 몇 시간밖에 남지 않았는데, 아직 할 일이 많이 있어요. ⁰⁵Karen은 우리가 필요로 하는 접시들을 샀나요? 제가 그녀에게 원형 접시 몇 개를 사달라고 요청했거든요.

W: 음… ⁰⁵그녀는 방금 사각으로 된 것 몇 개를 탁자 위에 두었어요.

M: 정말요? ⁰⁶우리가 이미 가지고 있는 접시들과 맞춰야 해요.

W: 당신은 장식을 설치하느라 바쁘니, ⁰⁶제가 그녀에게 알릴게요. 걱정하지 마세요. 우리는 이 문제를 신속하게 해결할 수 있어요.

## 04 장소 문제

해석  대화는 어디에서 일어나고 있는 것 같은가?

(A) 가구점에서
(B) 은행에서
(C) 식당에서
(D) 회사 창고에서

해설 장소와 관련된 표현을 놓치지 않고 듣는다. 대화 초반부에서 남자가 "We've only got a few hours before our restaurant's grand opening(우리의 식당 개업식까지 단 몇 시간밖에 남지 않았어요)"이라고 한 것을 통해, 화자들이 식당에 있음을 알 수 있다. 따라서 (C)가 정답이다.

## 05 의도 파악 문제

해설 여자는 "그녀는 방금 사각으로 된 것 몇 개를 탁자 위에 두었어요"라고 말할 때 무엇을 의도하는가?
(A) 결정은 관리자의 승인을 받았다.
(B) 주문품이 잘못된 장소로 보내졌다.
(C) 잘못된 구매가 이루어졌다.
(D) 고객의 불만이 접수되었다.

해설 질문의 인용어구(She just put some square ones on the table)가 언급된 주변을 주의 깊게 듣는다. 대화 초반부에서 남자가 "Did Karen buy the dishes we need? I asked her to buy some round plates(Karen은 우리가 필요로 하는 접시들을 샀나요? 제가 그녀에게 원형 접시 몇 개를 사달라고 요청했거든요)"라고 하자, 그녀, 즉 Karen이 방금 사각으로 된 것 몇 개를 탁자 위에 두었다고 한 것을 통해, 여자가 식당에서 필요한 원형 접시가 아닌 사각 접시로 잘못 구매되었다고 말하려는 의도임을 알 수 있다. 따라서 (C)가 정답이다.

패러프레이징
buy 사다 → purchase 구매

어휘 approve [əprúːv] 승인하다, 찬성하다   location [loukéiʃən] 장소, 주소
incorrect [ìnkərékt] 잘못된, 부정확한   complaint [kəmpléint] 불만, 불평

## 06 제안 문제

해설 여자는 무엇을 해주겠다고 제안하는가?
(A) 장식품 몇 개를 단다.
(B) 소매 판매점으로 돌아간다.
(C) 몇 가지 재료들을 준비한다.
(D) 동료에게 알린다.

해설 대화에서 제안과 관련된 표현이 언급된 다음을 주의 깊게 듣는다. 대화 후반부에서 남자가 "We need to match the plates we already have(우리가 이미 가지고 있는 접시들과 맞춰야 해요)"라고 하자, 여자가 "I can let her[Karen] know(제가 그녀[Karen]에게 알릴게요)"라고 하였다. 따라서 (D)가 정답이다.

패러프레이징
let ~ know ~에게 알리다 → Notify 알리다

어휘 retail outlet 소매 판매점   ingredient [ingríːdiənt] 재료, 구성 요소

[07-09] 🔊 호주식 발음 → 미국식 발음

Questions 7-9 refer to the following conversation.

M: Jenna, has everything been prepared for my business trip to Lima? **07I'm getting a bit nervous about the lecture on product distribution I'll be doing there.**

W: Everything is ready. I have your itinerary right here. **08I've arranged for the taxi to the airport to pick you up at the bus stop in front of our office at 7 A.M.**

M: All right. Did you make sure to book me a business class seat on the flight?

W: I did. **09You're a gold member of Hart Airlines**, so you were eligible for a discounted seat upgrade.

distribution [dìstribjúːʃən] 유통, 분배 ○

itinerary [미 aitínərèri, 영 aitínərəri] 여행 일정   pick up (차에) 태우다
eligible [élidʒəbl] 자격이 있는

해설
7-9는 다음 대화에 관한 문제입니다.

M: Jenna, 리마로의 제 출장을 위한 모든 것이 준비되었나요? 07제가 그곳에서 할 제품 유통에 관한 강연에 대해 조금 긴장되기 시작하네요.

W: 모든 것이 준비되었어요. 당신의 여행 일정을 제가 바로 여기 가지고 있어요. 08공항으로 가는 택시가 우리 사무실 앞에 있는 버스 정류장에서 오전 7시에 당신을 태우도록 준비했어요.

M: 알겠어요. 비행기는 확실히 비즈니스석으로 예약했나요?

W: 그렇게 했어요. 09당신은 Hart 항공사의 골드 회원이어서, 할인된 좌석 업그레이드를 받을 자격이 있었어요.

## 07 특정 세부 사항 문제

해설 남자는 리마에서 무엇을 할 것인가?
(A) 연설을 한다.
(B) 주주들과 모임을 갖는다.
(C) 유통 시설을 시찰한다.
(D) 신제품을 홍보한다.

해설 질문의 핵심어구(Lima)와 관련된 내용을 주의 깊게 듣는다. 대화 초반부에서 남자가 "I'm getting a bit nervous about the lecture ~ I'll be doing there[Lima](제가 그곳[리마]에서 할 강연에 대해 조금 긴장되기 시작하네요)"라고 하였다. 따라서 (A)가 정답이다.

패러프레이징
lecture 강연 → speech 연설

어휘 convene [kənvíːn] 모임을 갖다   shareholder [ʃérhòuldər] 주주
inspect [inspékt] 시찰하다, 점검하다

## 08 방법 문제

해설 남자는 공항에 어떻게 갈 것인가?
(A) 그의 차를 운전함으로써
(B) 버스를 탐으로써
(C) 지하철을 이용함으로써
(D) 택시를 탐으로써

해설 질문의 핵심어구(to the airport)가 언급된 주변을 주의 깊게 듣는다. 대화 중반부에서 여자가 "I've arranged for the taxi to the airport to pick you up ~ at 7 A.M.(공항으로 가는 택시가 오전 7시에 당신을 태우도록 준비했어요)"이라고 하였다. 따라서 (D)가 정답이다.

## 09 추론 문제

해설 여자는 Hart 항공사에 대해 무엇을 암시하는가?
(A) 무료 식사를 제공한다.
(B) 회원 프로그램이 있다.
(C) 연간 할인을 제공한다.
(D) 저예산 여행자들을 끌어들이는 것을 목표로 한다.

해설 질문의 핵심어구(Hart Airlines)가 언급된 주변을 주의 깊게 듣는다. 대화 후반부에서 여자가 "You're a gold member of Hart Airlines(당신은 Hart 항공사의 골드 회원이에요)"라고 한 것을 통해, Hart 항공사에 회원 프로그램이 있음을 알 수 있다. 따라서 (B)가 정답이다.

어휘 complimentary [kàmpləméntəri] 무료의   annual [ǽnjuəl] 연간의, 해마다의
aim [eim] 목표로 하다, 노리다   budget traveler 저예산 여행자

[10-12] 🔊 캐나다식 발음 → 미국식 발음

Questions 10-12 refer to the following conversation.

M: Good afternoon. Mark Kudlow of Streamline Public Relations speaking. ○

W: Mr. Kudlow, ¹⁰**I don't know if you remember me**. My name is Sangha Lee.

M: ¹⁰**You attended the trade show in Dallas last month, right?** What can I do for you?

W: Well, the company I work for, ¹¹**Beyond Apparel, wants to develop a better reputation among consumers**. I was hoping you could help us with that.

M: Definitely. But it'd be best to talk in person. ¹²**Would you be able to stop by my office next Thursday at 1 P.M.?**

W: That will be fine. I'll see you then.

---

trade show 무역 박람회, 산업 박람회  reputation[rèpjutéiʃən] 평판, 명성
consumer[kənsúːmər] 소비자  in person 직접, 몸소  stop by ~에 들르다

해석
10-12는 다음 대화에 관한 문제입니다.

M: 안녕하세요. Streamline Public Relations사의 Mark Kudlow입니다.

W: Mr. Kudlow, ¹⁰저를 기억하실지 모르겠네요. 제 이름은 Sangha Lee입니다.

M: ¹⁰당신은 지난달 댈러스에서 열린 무역 박람회에 참가했어요, 맞죠? 무엇을 도와드릴까요?

W: 음, 제가 일하는 회사인 ¹¹Beyond Apparel사는 소비자들 사이에서 더 좋은 평판을 만들기를 원합니다. 저는 그와 관련하여 당신이 우리를 도와줄 수 있기를 바라고 있어요.

M: 물론이죠. 그런데 직접 만나서 이야기하는 것이 가장 좋겠어요. ¹²다음 주 목요일 오후 1시에 제 사무실에 들르실 수 있나요?

W: 좋아요. 그때 뵙겠습니다.

**10 의도 파악 문제**
해석 남자는 왜 "당신은 지난달 댈러스에서 열린 무역 박람회에 참가했어요, 맞죠"라고 말하는가?
(A) 그가 여자의 의견을 존중한다는 것을 보여주기 위해
(B) 여자가 행사에 참여하도록 권하기 위해
(C) 여자에게 장소의 위치를 알려주기 위해
(D) 그가 여자를 안다는 것을 나타내기 위해

해설 질문의 인용어구(You attended the trade show in Dallas last month, right)가 언급된 주변을 주의 깊게 듣는다. 대화 초반부에서 여자가 "I don't know if you remember me(저를 기억하실지 모르겠네요)"라고 하자, 남자가 여자에게 지난달 댈러스에서 열린 무역 박람회에 참가했는지 물은 것을 통해, 무역 박람회에서 보았기 때문에 남자가 여자를 안다는 것을 나타내려는 의도임을 알 수 있다. 따라서 (D)가 정답이다.

어휘 value[vǽljuː] 존중하다, 가치 있게 생각하다
participate[pɑːrtísəpèit] 참여하다, 참석하다  venue[vénjuː] 장소, 발생지

**11 언급 문제**
해석 Beyond Apparel사에 대해 언급된 것은?
(A) 이제 막 다른 의류 라인을 출시하려고 한다.
(B) 곧 있을 박람회를 후원할 것이다.
(C) 기업 이미지를 개선하고 싶어 한다.
(D) 또 하나의 매장을 열 계획이다.

해설 질문의 핵심어구(Beyond Apparel)가 언급된 주변을 주의 깊게 듣는다. 대화 중반부에서 여자가 "Beyond Apparel, wants to develop a better reputation among consumers(Beyond Apparel사는 소비자들 사이에서 더 좋은 평판을 만들기를 원합니다)"라고 하였다. 따라서 (C)가 정답이다.

패러프레이징
develop a better reputation among consumers 소비자들 사이에서 더 좋은 평판을 만들다 → improve ~ public image 기업 이미지를 개선하다

어휘 release[rilíːs] 출시하다, 공개하다  sponsor[spάːnsər] 후원하다
public image 기업 이미지

**12 요청 문제**
해석 남자는 여자에게 무엇을 하라고 요청하는가?
(A) 이메일을 보낸다.
(B) 그의 사무실을 방문한다.
(C) 견적을 받는다.
(D) 그의 동료와 만난다.

해설 남자의 말에서 요청과 관련된 표현이 언급된 다음을 주의 깊게 듣는다. 대화 후반부에서 "Would you be able to stop by my office ~?(제 사무실에 들르실 수 있나요?)"라고 하였다. 따라서 (B)가 정답이다.

패러프레이징
stop by 들르다 → Visit 방문하다

어휘 colleague[kάːliːg] (직장) 동료

**[13-15]** 영국식 발음 → 캐나다식 발음
Questions 13-15 refer to the following conversation.

---

W: Phil, ¹³**have you been told about the complaint we received last week?** I think it was regarding our wireless speakers.

M: It has been taken care of. ¹⁴**The customer mentioned damage to a component.** I sent out a new unit and have received no further correspondence.

W: OK. ¹⁴**But this has happened before. We shouldn't have any more issues like this.**

M: ¹⁵**I'll get in touch with the supervisor at our factory and ask him to send me a report on this issue.**

---

complaint[kəmpléint] 불만 사항, 항의
wireless[미 wáiərlis, 영 wáiələs] 무선의
component[미 kəmpóunənt, 영 kəmpóunənt] 부품  unit[júːnit] (작은) 장치
correspondence[미 kɔ̀ːrəspάːndəns, 영 kɔ̀rəspɔ́ndəns] 연락

해석
13-15는 다음 대화에 관한 문제입니다.

W: Phil, ¹³우리가 지난주에 받았던 불만 사항에 대해 들으셨어요? 제 생각엔 우리의 무선 스피커에 관해서였던 것 같아요.

M: 그건 처리되었어요. ¹⁴그 고객이 부품 손상을 언급했어요. 제가 새 장치를 보냈고 추가 연락은 받지 못했어요.

W: 알겠어요. ¹⁴그런데 예전에도 이런 일이 있었어요. 우리는 이와 같은 문제들이 더 있어서는 안 돼요.

M: ¹⁵제가 우리 공장에 있는 관리자에게 연락해서 이 문제에 대한 보고서를 제게 보내달라고 요청할게요.

**13 주제 문제**
해석 화자들은 주로 무엇에 관해 이야기하고 있는가?
(A) 공장 점검
(B) 고객 항의
(C) 마케팅 전략
(D) 기기 업그레이드

해설 대화의 주제를 묻는 문제이므로, 대화의 초반을 주의 깊게 들은 후 전체 맥락을 파악한다. 여자가 "have you been told about the complaint we received last week?(우리가 지난주에 받았던 불만 사항에 대해 들으셨어요?)"이라고 한 후, 고객의 불만 사항이 처리되었는지에 대한 내용으로 대화가 이어지고 있다. 따라서 (B)가 정답이다.

**14 의도 파악 문제**
해석 여자는 "우리는 이와 같은 문제들이 더 있어서는 안 돼요"라고 말할 때 무엇

을 의도하는가?

(A) 제품 품질이 보장되어야 한다.
(B) 정확한 정보가 제공되어야 한다.
(C) 배송 비용이 인하되어야 한다.
(D) 부가 기능들이 추가되어야 한다.

해설 질문의 인용어구(We shouldn't have any more issues like this)가 언급된 주변을 주의 깊게 듣는다. 대화 중반부에서 남자가 "The customer mentioned damage to a component(그 고객이 부품 손상을 언급했어요)"라고 하자, 여자가 "But this has happened before(그런데 예전에도 이런 일이 있었어요)"라며 우리는 이와 같은 문제들이 더 있어서는 안 된다고 한 것을 통해, 제품 품질이 보장되어야 한다고 말하려는 의도임을 알 수 있다. 따라서 (A)가 정답이다.

어휘 quality[kwάːləti] 품질, 특성  accurate[ǽkjurət] 정확한, 정밀한

## 15 특정 세부 사항 문제

해설 남자는 무엇을 받을 것 같은가?

(A) 보고서
(B) 지불금
(C) 견본품
(D) 송장

해설 질문의 핵심어구(receive)와 관련된 내용을 주의 깊게 듣는다. 대화 후반부에서 남자가 "I'll get in touch with the supervisor ~ and ask him to send me a report on this issue(제가 관리자에게 연락해서 이 문제에 대한 보고서를 제게 보내달라고 요청할게요)"라고 하였다. 따라서 (A)가 정답이다.

### [16-18] 🔊 호주식 발음 → 영국식 발음

Questions 16-18 refer to the following conversation.

M: Good morning, Cassie. [16]**We need to decide what to focus on for our presentation at the shareholders meeting.**

W: Do you have any suggestions?

M: Why don't we discuss our newest line of kitchen appliances?

W: That's a good idea. It'd be good to know how profitable it's been.

M: OK. [17]**Do you have anything else to do now? We don't have a lot of time before the meeting.**

W: I'm free today.

M: [17/18]**Can you get me the details about our firm's sales volume from last quarter?** I'll begin by analyzing that.

---

focus on 중점을 두다  profitable[미 prάːfitəbl, 영 prɔ́fitəbl] 수익성이 좋은  sales volume 매출액  quarter[미 kwɔ́ːrtər, 영 kwɔ́ːtə] 분기

해석
16-18은 다음 대화에 관한 문제입니다.

M: 안녕하세요, Cassie. [16]우리는 주주총회에서 할 발표에서 어떤 것에 중점을 둘지 정해야 해요.

W: 제안 사항이 있으세요?

M: 우리의 가장 최신 주방용품 제품을 논의하는 게 어때요?

W: 좋은 생각이에요. 그것이 그동안 얼마나 수익성이 좋았는지 알면 좋을 것 같네요.

M: 알겠어요. [17]당신은 지금 다른 할 일이 있나요? 우리는 총회 전까지 시간이 많지 않아요.

W: 저는 오늘 한가해요.

M: [17/18]우리 회사의 지난 분기 매출액에 대한 세부 사항을 제게 줄 수 있나요? 제가 그걸 분석하는 것으로 시작할게요.

## 16 주제 문제

해석 화자들은 주로 무엇에 관해 이야기하고 있는가?

(A) 직원 평가
(B) 총회 주제
(C) 결함이 있는 상품
(D) 의견 요약

해설 대화의 주제를 묻는 문제이므로, 대화의 초반을 주의 깊게 들은 후 전체 맥락을 파악한다. 남자가 "We need to decide what to focus on for our presentation at the shareholders meeting(우리는 주주총회에서 할 발표에서 어떤 것에 중점을 둘지 정해야 해요)"이라고 한 후, 주주총회의 발표 주제에 대한 내용으로 대화가 이어지고 있다. 따라서 (B)가 정답이다.

패러프레이징
what to focus on 어떤 것에 중점을 둘지→ topic 주제

어휘 faulty[fɔ́ːlti] 결함이 있는

## 17 의도 파악 문제

해석 남자는 왜 "당신은 지금 다른 할 일이 있나요"라고 말하는가?

(A) 총회 일정이 조정될 수 있다.
(B) 변경이 필요할 수 있다.
(C) 판매가 완료되어야 한다.
(D) 프로젝트가 시작되어야 한다.

해설 질문의 인용어구(Do you have anything else to do now)가 언급된 주변을 주의 깊게 듣는다. 대화 중반부에 남자가 여자에게 지금 다른 할 일이 있는지 물으며 "We don't have a lot of time before the meeting(우리는 총회 전까지 시간이 많지 않아요)"이라고 한 후, "Can you get me the details about our firm's sales volume from last quarter?(우리 회사의 지난 분기 매출액에 대한 세부 사항을 제게 줄 수 있나요?)라고 하였다. 이를 통해, 총회 자료를 준비하는 것으로 프로젝트가 시작되어야 한다는 것을 말하려는 의도임을 알 수 있다. 따라서 (D)가 정답이다.

## 18 요청 문제

해석 남자는 무엇을 요청하는가?

(A) 기기 설명서
(B) 몇몇 영업 자료
(C) 몇몇 설문 조사 응답
(D) 영수증

해설 남자의 말에서 요청과 관련된 표현이 언급된 다음을 주의 깊게 듣는다. 대화 후반부에서 "Can you get me the details about our firm's sales volume from last quarter?(우리 회사의 지난 분기 매출액에 대한 세부 사항을 제게 줄 수 있나요?)"라고 하였다. 따라서 (B)가 정답이다.

패러프레이징
details about ~ sales volume 매출액에 대한 세부 사항 → Some business data 몇몇 영업 자료

어휘 sales receipt 영수증

### [19-21] 🔊 미국식 발음 → 캐나다식 발음

Questions 19-21 refer to the following conversation.

W: Hey, Matt. Did you create the booklets for the technical training sessions I've been attending?

M: You mean the ones about the new accounting software? [19]**Mary Frasier, the head of the IT team**, put those together. Why?

W: Well, [20]**I don't find them to be very useful. There aren't enough illustrations** to clearly show how different software features are used. [21]**I asked our instructor if we could get new booklets, but he said that wouldn't be possible.**

M: ²¹**The workshop ends in one day.** Hmm . . . ²¹**I'll give your feedback to Mary so that her team can make better materials for future workshops.**

W: Thanks. I really appreciate that.

---

booklet[búklit] 소책자　training session 교육　accounting[əkáuntiŋ] 회계
illustration[iləstréiʃən] 삽화　feature[fíːtʃər] 기능　material[mətíəriəl] 자료

**해석**

19-21은 다음 대화에 관한 문제입니다.

W: 안녕하세요, Matt. 당신이 제가 참석해 오고 있는 기술 교육용 소책자들을 만들었나요?

M: 새로운 회계 소프트웨어에 대한 것들을 말씀하시는 거예요? ¹⁹IT 팀장인 Mary Frasier가 그것들을 만들었어요. 왜 그러세요?

W: 글쎄요, ²⁰저는 그것들이 그리 유용하다고 생각하지 않아요. 여러 가지 소프트웨어 기능들이 어떻게 쓰이는지를 명확하게 보여주는 ²⁰충분한 삽화가 없어요. ²¹저는 우리가 새로운 소책자를 받을 수 있을지 강사에게 물어봤지만, 그는 그것이 가능하지 않을 거라고 하더군요.

M: ²¹워크숍이 하루 뒤면 끝나요. 흠… ²¹제가 당신의 의견을 Mary에게 전달해서 그녀의 팀이 향후의 워크숍을 위해 더 나은 자료를 만들 수 있도록 할게요.

W: 감사합니다. 그렇게 해주시면 정말 감사하겠어요.

### 19 특정 세부 사항 문제

**해석** Mary Frasier는 누구인가?
(A) 임원
(B) 회계사
(C) 팀장
(D) 삽화가

**해설** 질문 대상(Mary Frasier)의 신분 및 직업과 관련된 표현을 놓치지 않고 듣는다. 대화 초반부에서 남자가 "Mary Frasier, the head of the IT team(IT 팀장인 Mary Frasier)"이라고 하였다. 따라서 (C)가 정답이다.

패러프레이징
head of the ~ team 팀장 → team leader 팀장

### 20 이유 문제

**해석** 여자에 따르면, 소책자들은 왜 유용하지 않은가?
(A) 그림이 부족하다.
(B) 복잡하다.
(C) 구식이다.
(D) 빠진 페이지들이 있다.

**해설** 질문의 핵심어구(booklets not useful)와 관련된 내용을 주의 깊게 듣는다. 대화 중반부에서 여자가 "I don't find them[booklets] to be very useful. There aren't enough illustrations(저는 그것들[소책자들]이 그리 유용하다고 생각하지 않아요. 충분한 삽화가 없어요)"라고 하였다. 따라서 (A)가 정답이다.

패러프레이징
aren't enough illustrations 충분한 삽화가 없다 → are lacking images 그림이 부족하다

### 21 의도 파악 문제

**해석** 남자는 왜 "워크숍이 하루 뒤면 끝나요"라고 말하는가?
(A) 행사 일정을 확인하기 위해
(B) 요청이 거절된 이유를 설명하기 위해
(C) 프로젝트가 언제 시작할 것인지를 명시하기 위해
(D) 추가 교육의 필요성을 강조하기 위해

**해설** 질문의 인용어구(The workshop ends in one day)가 언급된 주변을 주의 깊게 듣는다. 대화 후반부에서 여자가 "I asked our instructor if we could get new booklets, but he said that wouldn't be possible(저는 우리가 새로운 소책자를 받을 수 있을지 강사에게 물어봤지만,

---

그는 그것이 가능하지 않을 거라고 하더군요)"이라고 하자, 남자가 워크숍이 하루 뒤면 끝난다고 하면서 "I'll give your feedback to Mary so that her team can make better materials for future workshops(제가 당신의 의견을 Mary에게 전달해서 그녀의 팀이 향후의 워크숍을 위해 더 나은 자료를 만들 수 있도록 할게요)"라고 한 것을 통해, 새로운 소책자를 달라는 여자의 요청이 거절된 이유를 설명하려는 의도임을 알 수 있다. 따라서 (B)가 정답이다.

어휘 deny[dinái] 거절하다, 부인하다

**[22-24]** 🔊 영국식 발음 → 캐나다식 발음

Questions 22-24 refer to the following conversation.

---

W: We should review plans for the commercial shoot. ²²**I heard storyboard creation is still behind schedule.**

M: It'll be finished by Thursday. Let's look at it then. What about hiring a new cameraperson?

W: ²³**The applicant we interviewed last week accepted our job offer.**

M: So, in total, we'll have a crew of 10 people for the shoot.

W: Right. But who'll do equipment preparations?

M: ²⁴**What about asking Dave Harrison to set up the microphones and speakers? He's done a great job on similar projects.**

W: OK. I'll call him when we're done here.

---

commercial[미 kəmə́ːrʃəl, 영 kəmə́ːʃəl] 광고　shoot[ʃuːt] 촬영
storyboard[미 stɔ́ːribɔ̀rd, 영 stɔ́ːribɔ̀ːd] 스토리보드(영상의 줄거리를 보여
주는 일련의 그림)　creation[kriéiʃən] 제작
behind schedule 예정보다 늦은　preparation[prèpəréiʃən] 준비

**해석**

22-24는 다음 대화에 관한 문제입니다.

W: 우리는 광고 촬영을 위한 계획을 재검토해야 해요. ²²스토리보드 제작이 아직도 예정보다 늦어지고 있다고 들었어요.

M: 그것은 목요일까지 끝날 거예요. 그건 그때 검토해 봐요. 새로운 카메라맨을 고용하는 건 어떻게 됐어요?

W: ²³우리가 지난주에 면접을 본 지원자가 우리의 일자리 제안을 받아들였어요.

M: 그러면, 통틀어서 우리는 그 촬영을 위해 10명의 팀원들이 있겠네요.

W: 맞아요. 하지만 장비 준비는 누가 할 건가요?

M: ²⁴Dave Harrison에게 마이크와 스피커를 설치해달라고 요청하는 건 어떤가요? 그는 유사한 프로젝트들을 매우 잘 해왔어요.

W: 알겠어요. 이 논의가 끝나면 제가 그에게 연락해 볼게요.

### 22 문제점 문제

**해석** 여자는 어떤 문제를 언급하는가?
(A) 세미나가 취소되었다.
(B) 업무가 지연되었다.
(C) 직원이 그만두었다.
(D) 카메라가 고장 났다.

**해설** 여자의 말에서 부정적인 표현이 언급된 다음을 주의 깊게 듣는다. 대화 초반부에서 "I heard storyboard creation is still behind schedule(스토리보드 제작이 아직도 예정보다 늦어지고 있다고 들었어요)"이라고 하였다. 따라서 (B)가 정답이다.

패러프레이징
is ~ behind schedule 예정보다 늦어지고 있다 → is delayed 지연되다

### 23 특정 세부 사항 문제

**해석** 지난주에 무슨 일이 일어났는가?
(A) 면접이 실시되었다.
(B) 장비가 구입되었다.

(C) 광고가 방송되었다.
(D) 교통편이 마련되었다.

해설 질문의 핵심어구(last week)가 언급된 주변을 주의 깊게 듣는다. 대화 중반부에서 여자가 "The applicant we interviewed last week accepted our job offer(우리가 지난주에 면접을 본 지원자가 우리의 일자리 제안을 받아들였어요)"라고 하였다. 따라서 (A)가 정답이다.

어휘 conduct[kəndʌ́kt] 실시하다   air[er] 방송하다

## 24 추론 문제

해석 남자는 Dave Harrison에 대해 무엇을 암시하는가?
(A) 그는 규모가 더 큰 팀을 요청했다.
(B) 그는 승진을 했다.
(C) 그는 광고에서 주연을 맡을 것이다.
(D) 그는 오디오 장비에 익숙하다.

해설 질문의 핵심어구(Dave Harrison)가 언급된 주변을 주의 깊게 듣는다. 대화 후반부에서 남자가 "What about asking Dave Harrison to set up the microphones and speakers? He's done a great job on similar projects(Dave Harrison에게 마이크와 스피커를 설치해달라고 요청하는 건 어떤가요? 그는 유사한 프로젝트들을 매우 잘 해왔어요)"라고 한 것을 통해, Dave Harrison이 마이크, 스피커와 같은 오디오 장비에 익숙하다는 것을 알 수 있다. 따라서 (D)가 정답이다.

패러프레이징
microphones and speakers 마이크와 스피커 → audio equipment 오디오 장비

어휘 star[star] 주연을 맡다; 주연

**[25-27]** 🎧 캐나다식 발음 → 미국식 발음 → 호주식 발음

Questions 25-27 refer to the following conversation with three speakers.

> M1: Wow! 25**There are a lot of attendees here at our museum gala tonight.**
> W: Yeah. 25**We'll likely meet several of our newest sponsors.**
> M2: I agree. Did you see that Howard Porter from city hall is here?
> W: Yes. He's in charge of funding for arts projects all over the city, right?
> M2: That's correct. 26**I think we should go introduce ourselves to him.**
> W: Oh . . . 26**I need to check the projector system.** 27**Our director will be giving her speech soon.**
> M1: OK. We'll wait here for you.
>
> ---
> attendee[ətendíː] 참석자   gala[géilə] 경축 행사
> funding[fʌ́ndiŋ] 재정 지원, 자금 제공

해석
25-27은 다음 세 명의 대화에 관한 문제입니다.

M1: 와! 오늘 밤 우리 미술관 경축 행사에 많은 참석자들이 있네요.
W: 네. 25우리는 우리의 새로운 후원자들 중 몇 명을 만날 것 같아요.
M2: 저도 동의해요. 시청에서 온 Howard Porter가 여기 있는 걸 보셨나요?
W: 네. 그는 도시 곳곳의 예술 프로젝트를 위한 재정 지원을 담당하고 있죠, 그렇죠?
M2: 맞아요. 26우리가 가서 그에게 우리를 소개해야 할 것 같아요.
W: 아... 26저는 프로젝터 장치를 점검해야 해요. 27우리 관리자가 곧 연설을 할 거예요.
M1: 알겠어요. 우리는 여기서 당신을 기다릴게요.

## 25 언급 문제

해석 여자는 미술관 경축 행사에 관해 무엇을 말하는가?
(A) 매년 열린다.
(B) 유명 인사 연설자를 특별히 포함한다.
(C) 후원자들이 참석한다.
(D) 시에 의해 준비되었다.

해설 여자의 말에서 질문의 핵심어구(museum gala)가 언급된 주변을 주의 깊게 듣는다. 대화 초반부에서 남자 1이 "There are a lot of attendees here at our museum gala tonight(오늘 밤 우리 미술관 경축 행사에 많은 참석자들이 있네요)"이라고 하자, 여자가 "We'll likely meet several of our newest sponsors(우리는 우리의 새로운 후원자들 중 몇 명을 만날 것 같아요)"라고 하였다. 이를 통해, 미술관 경축 행사에 후원자들이 참석할 것임을 알 수 있다. 따라서 (C)가 정답이다.

패러프레이징
sponsors 후원자들 → supporters 후원자들

어휘 feature[fíːtʃər] 특별히 포함하다, 출연시키다   celebrity[səlébrəti] 유명 인사

## 26 의도 파악 문제

해석 여자는 "저는 프로젝터 장치를 점검해야 해요"라고 말할 때 무엇을 의도하는가?
(A) 그녀는 기부자를 소개할 것이다.
(B) 그녀는 지금 내빈을 만날 수 없다.
(C) 그녀는 혼자서 문제를 처리하기를 원한다.
(D) 그녀는 기기가 주문되지 않았을까봐 걱정한다.

해설 질문의 인용어구(I need to check the projector system)가 언급된 주변을 주의 깊게 듣는다. 대화 중반부에서 남자 2가 "I think we should go introduce ourselves to him[Howard Porter](우리가 가서 그[Howard Porter]에게 우리를 소개해야 할 것 같아요)"이라고 하자, 여자가 자신은 프로젝터 장치를 점검해야 한다고 한 것을 통해, 여자가 지금 Howard Porter, 즉 내빈을 만날 수 없다고 말하려는 의도임을 알 수 있다. 따라서 (B)가 정답이다.

어휘 contributor[kəntríbjutər] 기부자, 기여자   deal with ~을 처리하다, 다루다

## 27 특정 세부 사항 문제

해석 관리자는 무엇을 할 것인가?
(A) 시설 변경 사항을 발표한다.
(B) 개회사를 수정한다.
(C) 프로젝트 예산을 검토한다.
(D) 참석자들에게 연설한다.

해설 질문의 핵심어구(director)가 언급된 주변을 주의 깊게 듣는다. 여자가 "Our director will be giving her speech soon(우리 관리자가 곧 연설을 할 거예요)"이라고 하였다. 따라서 (D)가 정답이다.

패러프레이징
be giving ~ speech 연설하다 → Address 연설하다

어휘 opening speech 개회사

**[28-30]** 🎧 호주식 발음 → 영국식 발음

Questions 28-30 refer to the following conversation.

> M: 28**We should come up with ways to promote our travel guidebooks.**
> W: 28**I agree.** 29**Those books are not as popular as they used to be, and this has put our publishing company in a difficult financial situation.** I suggest we bundle them as sets at discounted prices.
> M: That's a good idea.
> W: Once we have set the prices, please update our Web site to include information about this promotion.

해커스 토익 750+ LC

M: OK. Also, maybe we should also advertise the books in magazines or on television.

W: Hmm . . . ³⁰**I'll arrange an appointment with the marketing firm we hired last time to discuss this.**

---

come up with ~을 생각해내다  bundle[bʌndl] 상품을 묶어서 할인해서 팔다
update[ʌ̀pdéit] 업데이트하다, 갱신하다

**해석**

28-30은 다음 대화에 관한 문제입니다.

M: ²⁸우리는 우리의 여행안내서를 홍보하기 위한 방법을 생각해내야 해요.

W: ²⁸저도 동의해요. ²⁹그 책들은 이전만큼 인기가 있지 않은데, 이것이 우리 출판사가 힘든 재정 상황에 처하게 했어요. 저는 그것들을 할인된 가격에 세트로 묶어서 판매하는 것을 제안해요.

M: 좋은 생각이네요.

W: 우리가 가격을 정하는 대로, 이 판촉 행사에 대한 정보를 포함하도록 우리 웹사이트를 업데이트 해주세요.

M: 알겠어요. 또한, 아마 우리는 잡지나 텔레비전에도 책들을 광고해야 할 것 같아요.

W: 흠… ³⁰제가 이것에 대해 논의하기 위해 지난번에 우리가 고용했던 마케팅 회사와 약속을 잡을게요.

**28 특정 세부 사항 문제**

해석 여자는 무엇에 대해 남자에게 동의하는가?
(A) 해외 여행에 관한 문제
(B) 제품 홍보의 필요성
(C) 서비스 출시를 위한 계획
(D) 비용을 절감하려는 결정

해설 질문의 핵심어구(agree with ~ man)와 관련된 내용을 주의 깊게 듣는다. 대화 초반부에서 남자가 "We should come up with ways to promote our travel guidebooks(우리는 우리의 여행안내서를 홍보하기 위한 방법을 생각해내야 해요)"라고 하자, 여자가 "I agree(저도 동의해요)"라고 하였다. 따라서 (B)가 정답이다.

패러프레이징
travel guidebooks 여행안내서 → products 제품

**29 추론 문제**

해석 출판사에 대해 무엇이 암시되는가?
(A) 다수의 행사들을 주최한다.
(B) 매출에 하락이 있었다.
(C) 여러 지점들을 운영한다.
(D) 웹사이트를 업데이트했다.

해설 질문의 핵심어구(publishing company)와 관련된 내용을 주의 깊게 듣는다. 대화 초반부에서 여자가 "Those books are not ~ popular ~ and this has put our publishing company in a difficult financial situation(그 책들은 인기가 있지 않은데, 이것이 우리 출판사가 힘든 재정 상황에 처하게 했어요)"이라고 하였다. 따라서 (B)가 정답이다.

**30 특정 세부 사항 문제**

해석 여자는 다음에 무엇을 할 것 같은가?
(A) 약속을 잡는다.
(B) 소포를 보낸다.
(C) 책자를 인쇄한다.
(D) 설문조사를 완료한다.

해설 질문의 핵심어구(do next)와 관련된 내용을 주의 깊게 듣는다. 대화 후반부에서 여자가 "I'll arrange an appointment with the marketing firm ~ to discuss this(제가 이것에 대해 논의하기 위해 마케팅 회사와 약속을 잡을게요)"이라고 하였다. 따라서 (A)가 정답이다.

---

패러프레이징
arrange an appointment 약속을 잡다 → Make an appointment 약속을 잡다

어휘 package[pǽkidʒ] 소포, 일괄

---

# DAY 11 세부 사항 관련 문제 4

## HACKERS PRACTICE
p.110

| 01 (B) | 02 (A) | 03 (A) | 04 (A) | 05 (B) |
|--------|--------|--------|--------|--------|
| 06 (A) | | | | |

**01** 🎧 미국식 발음 → 캐나다식 발음 / 영국식 발음 → 호주식 발음

Question 1 refers to the following conversation and list.

W: Hey, Ron. <u>Do you want to go to</u> the Greg Williams concert with me?

M: Sure. But how much are the tickets? <u>I'm on a tight budget.</u>

W: Hmm . . . then we'd better get seats <u>that are less than $100 each.</u>

---

be on a tight budget 돈이 빠듯하다

**해석**

1은 다음 대화와 목록에 관한 문제입니다.

W: 안녕하세요, Ron. 저와 함께 Greg Williams 콘서트에 갈래요?

M: 물론이죠. 그런데 표가 얼마인가요? 저는 돈이 빠듯해요.

W: 흠… 그러면 우리는 하나에 100달러 미만인 좌석을 구매하는 게 좋겠어요.

| 구역 | 표 한 장당 가격 |
|------|----------------|
| 입석 | 115달러 |
| 좌석 | 95달러 |

**01 시각 자료 문제**

시각 자료를 보아라. 화자들은 어느 구역의 표를 살 것인가?
(A) 입석
(B) 좌석

**02** 🎧 호주식 발음 → 영국식 발음 / 캐나다식 발음 → 미국식 발음

Question 2 refers to the following conversation and graph.

M: Who do you think should receive the Excellent Employee Award?

W: Sheila should get it. <u>Her performance was great all year.</u>

M: She was promoted to supervisor, and <u>managers aren't eligible.</u> Let's pick the person with <u>the next-highest fourth quarter sales.</u>

---

performance[미 pərfɔ́rməns, 영 pəfɔ́rməns] 실적, 성과
eligible[élidʒəbl] 자격이 있는  quarter[미 kwɔ́rtər, 영 kwɔ́tə] 분기

**해석**

2는 다음 대화와 그래프에 관한 문제입니다.

M: 당신은 누가 우수 직원 상을 받아야 한다고 생각하세요?

W: Sheila가 받아야 해요. 그녀의 실적은 1년 내내 좋았어요.

M: 그녀는 관리자로 승진되었고, 관리자들은 자격이 안 돼요. 4분기 매출이 그 다음으로 높은 사람을 뽑읍시다.

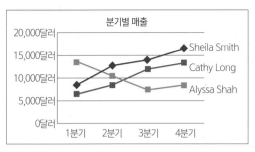

분기별 매출

### 02 시각 자료 문제
시각 자료를 보아라. 누가 우수 직원 상을 받을 것인가?
(A) Cathy Long
(B) Alyssa Shah

[03-04] 🎧 미국식 발음 → 호주식 발음 / 영국식 발음 → 캐나다식 발음

Questions 3-4 refer to the following conversation and floor plan.

W: Are you ready for our meeting? Mr. Lewis will be demonstrating our company's latest software application.
M: I am. We're convening in Meeting Room A, right?
W: No. We'll be in the room on the opposite side of the hall. Uh . . . the one by the elevators.

--------------------------------------------------

demonstrate [démənstrèit] (사용법 등을) 설명하다, 시연하다
convene [kənví:n] 모이다

해석
3-4는 다음 대화와 평면도에 관한 문제입니다.

W: 회의를 할 준비가 되었나요? Mr. Lewis가 우리 회사의 최신 소프트웨어 애플리케이션의 사용법을 설명해줄 거예요.
M: 준비되었어요. 우리는 A 회의실에서 모이는 거죠, 그렇죠?
W: 아니에요. 우리는 복도 맞은편에 있는 방에서 할 거예요. 어… 엘리베이터 옆에 있는 곳이요.

| A 회의실 | B 회의실 |
|---|---|
| Mr. Ayer의 사무실 | 엘리베이터 |
| C 회의실 | |

### 03 특정 세부 사항 문제
화자들은 무엇을 할 계획인가?
(A) 시연을 본다.
(B) 지원자의 면접을 본다.

### 04 시각 자료 문제
시각 자료를 보아라. 회의는 어느 방에서 열릴 것인가?
(A) B 회의실
(B) C 회의실

[05-06] 🎧 영국식 발음 → 캐나다식 발음 / 미국식 발음 → 호주식 발음

Questions 5-6 refer to the following conversation and form.

W: Hello. I checked my billing statement for May on your Web site today, and my credit card was incorrectly charged. My card number is 3732-2294-8608.
M: Which charge are you referring to?
W: The one from the first day of the month.

--------------------------------------------------

billing statement 대금 청구서
charge [미 tʃɑːrdʒ, 영 tʃɑːdʒ] 청구하다; 청구 금액

해석
5-6은 다음 대화와 양식에 관한 문제입니다.

W: 안녕하세요. 제가 오늘 귀사의 웹사이트에서 저의 5월분 대금 청구서를 확인했는데요, 제 신용카드가 금액이 잘못 청구되었어요. 제 카드 번호는 3732-2294-8608이에요.
M: 어떤 청구 금액을 말씀하시는 건가요?
W: 그달 1일에 청구된 금액이요.

Gold Star 금융 대금 청구서
카드 소지자: Elena Rodriguez

| 거래 일자 | 설명 | 금액 |
|---|---|---|
| 5월 1일 | Henri 서점 | 45.88달러 |
| 5월 3일 | Parrot 카페 | 12.35달러 |

### 05 특정 세부 사항 문제
여자는 오늘 무엇을 했는가?
(A) 지불을 했다.
(B) 웹사이트를 방문했다.

### 06 시각 자료 문제
시각 자료를 보아라. 여자는 어떤 금액이 잘못됐다고 말하는가?
(A) 45.88달러
(B) 12.35달러

## HACKERS TEST
p. 112

| 01 (A) | 02 (D) | 03 (C) | 04 (B) | 05 (C) |
| 06 (B) | 07 (A) | 08 (D) | 09 (B) | 10 (B) |
| 11 (D) | 12 (A) | 13 (D) | 14 (B) | 15 (B) |
| 16 (C) | 17 (D) | 18 (B) | 19 (B) | 20 (D) |
| 21 (C) | 22 (A) | 23 (C) | 24 (B) | 25 (B) |
| 26 (A) | 27 (C) | 28 (D) | 29 (C) | 30 (C) |

[01-03] 🎧 미국식 발음 → 캐나다식 발음

Questions 1-3 refer to the following conversation and list.

W: Can we move the accounting meeting to some other time? I won't be around this afternoon.
M: Sure. What do you need to do instead?
W: Ms. Jenkins asked me to run an errand for her. So, I have to go to the office supply store.
M: Oh, 01you should get items for our team while you're there.
W: What do you want me to buy?

M: 02/03**Check our inventory and make sure we have at least five of each item in stock.** Thanks a lot!

W: 02**OK.** 03**I'll make sure to purchase any items that are running low.**

---

instead[instéd] 대신  run an errand 심부름을 하다
inventory[ínvəntɔ̀ːri] 재고품 (목록)  in stock 재고가 있는
purchase[pə́ːrtʃəs] 구입하다; 구입  run low 모자라다, 고갈되다

해석
1-3은 다음 대화와 목록에 관한 문제입니다.

W: 회계 회의를 다른 시간으로 옮겨도 될까요? 저는 오늘 오후에 이곳에 없을 거예요.

M: 물론이죠. 당신은 대신 무엇을 해야 하나요?

W: Ms. Jenkins가 그녀를 위해 심부름을 해달라고 요청했어요. 그래서, 저는 사무용품점에 가야 해요.

M: 아, 01그곳에 간 김에 우리 팀을 위해 물품들을 사다 주세요.

W: 제가 무엇을 사길 원하세요?

M: 02/03우리의 재고품 목록을 확인해서 각 물품이 적어도 다섯 개의 재고가 있도록 해주세요. 정말 고마워요!

W: 02네. 03제가 모자란 물품들을 반드시 구입할게요.

| 품목 | 재고량 |
|---|---|
| 공책 | 7 |
| 봉투 | 10 |
| 03바인더 | 3 |
| 펜 | 12 |

### 01 요청 문제

해석 남자는 여자에게 무엇을 하라고 요청하는가?
(A) 동료들을 위해 상품을 구입한다.
(B) 직원들에게 사무용품을 나눠준다.
(C) 고장 난 장비를 교체한다.
(D) 재고품 목록을 적는다.

해설 남자의 말에서 요청과 관련된 표현이 언급된 다음을 주의 깊게 듣는다. 대화 중반부에서 "you should get items for our team while you're there[office supply store](그곳[사무용품점]에 간 김에 우리 팀을 위해 물품들을 사다 주세요)"라고 하였다. 따라서 (A)가 정답이다.

패러프레이징
get items for ~ team 팀을 위해 물품들을 사다 → Purchase goods for colleagues 동료들을 위해 상품을 구입하다

어휘 distribute[distríbjuːt] 나눠주다  replace[ripléis] 교체하다
write down 적다, 기재하다

### 02 특정 세부 사항 문제

해석 여자는 다음에 무엇을 할 것 같은가?
(A) 환불을 요청한다.
(B) 보고서를 완성한다.
(C) 동료와 만난다.
(D) 재고품 목록을 점검한다.

해설 질문의 핵심어구(do next)와 관련된 내용을 주의 깊게 듣는다. 대화 후반부에서 남자가 "Check our inventory and make sure we have at least five of each item in stock(우리의 재고품 목록을 확인해서 각 물품이 적어도 다섯 개의 재고가 있도록 해주세요)"라고 하자, 여자가 "OK(네)"라고 한 것을 통해, 여자가 다음에 재고품 목록을 점검할 것임을 알 수 있다. 따라서 (D)가 정답이다.

패러프레이징
Check ~ inventory 재고품 목록을 확인하다 → Inspect some inventory 재고품 목록을 점검하다

어휘 reimbursement[riːimbə́ːrsmənt] 환불, 배상  associate[əsóuʃièit] 동료

### 03 시각 자료 문제

해석 시각 자료를 보아라. 여자는 어떤 물품을 살 것 같은가?
(A) 공책
(B) 봉투
(C) 바인더
(D) 펜

해설 질문의 핵심어구(item ~ buy)와 관련된 내용을 주의 깊게 듣는다. 대화 후반부에서 남자가 "Check our inventory and make sure we have at least five of each item in stock(우리의 재고품 목록을 확인해서 각 물품이 적어도 다섯 개의 재고가 있도록 해주세요)"이라고 하자, 여자가 "I'll make sure to purchase any items that are running low(제가 모자란 물품들을 반드시 구입할게요)"라고 하였으므로, 여자가 재고량이 세 개인 바인더를 살 것임을 시각 자료에서 확인할 수 있다. 따라서 (C)가 정답이다.

패러프레이징
buy 사다 → purchase 구입하다

[04-06] 호주식 발음 → 미국식 발음

Questions 4-6 refer to the following conversation and graph.

M: Amanda, 04**I just wanted to let you know the sales director will be late because his flight arrived behind schedule.**

W: Well, that will give us more time to get ready for our meeting with him. Do you have the printouts prepared?

M: Yes. 05**I just finished the sales report** and made several copies. Could you please check the figures in the chart?

W: Sure. 06**I think the director wants to focus on the month with the lowest sales, so I'll confirm the number for that one first.**

---

printout[미 príntàut, 영 príntaut] 출력물  figure[미 fígjər, 영 fígə] 수치, 숫자
confirm[미 kənfə́ːrm, 영 kənfə́ːm] 확인하다

해석
4-6은 다음 대화와 그래프에 관한 문제입니다.

M: Amanda, 04영업부장님이 비행기가 예정보다 늦게 도착해서 늦으실 것임을 알려드리려고요.

W: 음, 그것은 저희가 그분과의 회의를 준비할 시간을 더 주겠네요. 출력물들은 준비됐나요?

M: 네. 05저는 매출 보고서를 방금 끝냈고 몇 부를 인쇄했어요. 당신이 차트의 수치를 확인해 주실 수 있나요?

W: 물론이죠. 06부장님은 매출이 가장 낮은 달에 중점을 두고 싶어 하시는 것 같으니, 제가 그 달의 숫자를 먼저 확인할게요.

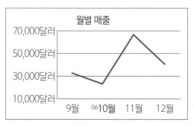

### 04 이유 문제

해석 영업부장은 왜 지체되는가?
(A) 그는 교통체증에 갇혔다.
(B) 비행기가 늦게 도착했다.
(C) 회의가 연장되었다.

(D) 그는 길을 잃었다.

해설 질문의 핵심어구(sales director delayed)와 관련된 내용을 주의 깊게 듣는다. 대화 초반부에서 남자가 "I just wanted to let you know the sales director will be late because his flight arrived behind schedule(영업부장님이 비행기가 예정보다 늦게 도착해서 늦으실 것임을 알려드리려고요)"이라고 하였다. 따라서 (B)가 정답이다.

패러프레이징
behind schedule 예정보다 늦게 → late 늦게

### 05 언급 문제

해석 남자는 매출 보고서에 대해 무엇을 말하는가?
(A) 임원들에게 제출되었다.
(B) 이메일로 공유되었다.
(C) 최근에 완료되었다.
(D) 관리자에 의해 작성되었다.

해설 남자의 말에서 질문의 핵심어구(sales report)가 언급된 주변을 주의 깊게 듣는다. 대화 중반부에서 "I just finished the sales report(저는 매출 보고서를 방금 끝냈어요)"라고 하였다. 따라서 (C)가 정답이다.

패러프레이징
just finished 방금 끝냈다 → was recently completed 최근에 완료되었다

어휘 distribute[distríbjuːt] 공유하다, 배포하다

### 06 시각 자료 문제

해석 시각 자료를 보아라. 여자는 어느 달의 매출을 확인할 것인가?
(A) 9월
(B) 10월
(C) 11월
(D) 12월

해설 질문의 핵심어구(confirm)가 언급된 주변을 주의 깊게 듣는다. 대화 후반부에서 여자가 "I think the director wants to focus on the month with the lowest sales, so I'll confirm the number for that one first(부장님은 매출이 가장 낮은 달에 중점을 두고 싶어 하시는 것 같으니, 제가 그 달의 숫자를 먼저 확인할게요)"라고 하였으므로, 여자는 매출이 가장 낮은 10월의 매출을 확인할 것임을 시각 자료에서 확인할 수 있다. 따라서 (B)가 정답이다.

### [07-09] 3 영국식 발음 → 호주식 발음

Questions 7-9 refer to the following conversation and floor plan.

---

W: Thanks for inviting me to watch Deborah Adams perform this Saturday. I'm really looking forward to it.
M: No problem. Oh, ⁰⁷I got orchestra seats so we can sit close to the stage.
W: Great. By the way, ⁰⁸how did you find out about the concert?
M: ⁰⁸Dave in accounting mentioned it to me. He's a big fan of her music. Anyway, do you want to meet at the venue? The performance starts at 8.
W: ⁰⁹I can pick you up in my car, if you'd like.
M: Sounds good.

---

look forward to ~을 기대하다, ~을 기다리다   orchestra seat 오케스트라석
venue[vénjuː] 장소

해석
7-9는 다음 대화와 평면도에 관한 문제입니다.

W: 이번 주 토요일에 Deborah Adams가 공연하는 것을 보러 가자고 권해주셔서

감사합니다. 저는 그것을 정말 기대하고 있어요.
M: 천만에요. 아, ⁰⁷우리가 무대 가까이 앉을 수 있도록 제가 오케스트라석을 구했어요.
W: 좋아요. 그런데 ⁰⁸당신은 그 콘서트에 대해 어떻게 알았나요?
M: ⁰⁸회계부서의 Dave가 제게 말해줬어요. 그는 그녀의 음악의 열혈 팬이에요. 그건 그렇고, 그 장소에서 만날까요? 공연은 8시에 시작해요.
W: ⁰⁹당신이 괜찮다면, 제 차로 당신을 태우러 갈게요.
M: 좋아요.

| 무대 | |
|---|---|
| ⁰⁷1구역 오케스트라석 | |
| 2구역 특별석 | |
| 3구역 발코니석 | 4구역 박스석 |

### 07 시각 자료 문제

해석 시각 자료를 보아라. 남자는 어느 구역의 표를 구했는가?
(A) 1구역
(B) 2구역
(C) 3구역
(D) 4구역

해설 질문의 핵심어구(section ~ get tickets for)와 관련된 내용을 주의 깊게 듣는다. 대화 초반부에서 남자가 "I got orchestra seats so we can sit close to the stage(우리가 무대 가까이 앉을 수 있도록 제가 오케스트라석을 구했어요)"라고 하였으므로, 남자가 오케스트라석인 1구역의 표를 구했음을 시각 자료에서 확인할 수 있다. 따라서 (A)가 정답이다.

### 08 방법 문제

해석 남자는 콘서트에 대해 어떻게 알게 되었는가?
(A) 방송을 들음으로써
(B) 웹사이트에 방문함으로써
(C) 전단을 읽음으로써
(D) 동료와 이야기함으로써

해설 질문의 핵심어구(learn about the concert)와 관련된 내용을 주의 깊게 듣는다. 대화 중반부에서 여자가 "how did you find out about the concert?(당신은 그 콘서트에 대해 어떻게 알았나요?)"라고 하자, 남자가 "Dave in accounting mentioned it to me(회계부서의 Dave가 제게 말해줬어요)"라고 하였다. 따라서 (D)가 정답이다.

패러프레이징
learn 알다 → find out 알다

어휘 flyer[fláiər] 전단, 광고

### 09 제안 문제

해석 여자는 무엇을 해주겠다고 제안하는가?
(A) 예약을 확인한다.
(B) 이동 수단을 제공한다.
(C) 정보를 찾아본다.
(D) 식사 비용을 지불한다.

해설 여자의 말에서 제안과 관련된 표현이 언급된 다음을 주의 깊게 듣는다. 대화 후반부에서 "I can pick you up in my car, if you'd like(당신이 괜찮다면, 제 차로 당신을 태우러 갈게요)"라고 하였다. 따라서 (B)가 정답이다.

어휘 transportation[trænspərtéiʃən] 이동 수단, 교통   look up (정보를) 찾아보다

Questions 10-12 refer to the following conversation and pie chart.

M: Jenna, are you giving a presentation to the board of directors next week?

W: Yes. <sup>10</sup>**I plan to discuss the results of the employee complaints survey. I'm going to focus on the second most common complaint.**

M: Interesting. Why aren't you going to talk about the issue that the largest number of staff members complained about?

W: <sup>11</sup>**That was addressed by a policy change last week.**

M: I see . . . Do you still have a lot to prepare for the presentation?

W: I'm almost done, actually. <sup>12</sup>**Carol, who is in charge of the company's Salford office, provided me with a lot of useful information and helped me come up with some specific suggestions on how to deal with this problem.**

---

board of directors 이사회  complaint[kəmpléint] 불만, 불평
address[ədrés] 해결하다  policy[미 pάːləsi, 영 pɔ́ləsi] 정책, 방침
suggestion[미 səɡdʒéstʃən, 영 sədʒéstʃən] 제안, 제의
deal with ~을 해결하다, ~을 처리하다

해석
10-12는 다음 대화와 원그래프에 관한 문제입니다.

M: Jenna, 당신은 다음 주에 이사회에 발표하나요?

W: 네. <sup>10</sup>저는 직원 불만 사항 조사의 결과에 대해 논의할 계획이에요. 저는 두 번째로 가장 흔한 불만 사항에 중점을 둘 거예요.

M: 흥미롭네요. 왜 가장 많은 수의 직원들이 불편한 사안에 대해서 이야기하지 않는 거예요?

W: <sup>11</sup>그건 지난주에 정책 변경으로 인해 해결되었거든요.

M: 그렇군요… 발표를 위해 아직 준비할 것이 많은가요?

W: 사실 거의 다 끝났어요. <sup>12</sup>회사의 Salford 사무소를 담당하는 Carol이 제게 많은 유용한 정보를 제공해주셨고 이 문제를 해결할 방법에 대해 몇 가지의 구체적인 제안을 떠올리도록 저를 도와주셨어요.

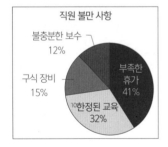

직원 불만 사항

불충분한 보수 12%
구식 장비 15%
부족한 휴가 41%
<sup>10</sup>한정된 교육 32%

**10  시각 자료 문제**

해석 시각 자료를 보아라. 무엇이 여자의 발표의 중점이 될 것인가?
  (A) 부족한 휴가
  (B) 한정된 교육
  (C) 구식 장비
  (D) 불충분한 보수

해설 질문의 핵심어구(focus of ~ presentation)와 관련된 내용을 주의 깊게 듣는다. 대화 초반부에서 여자가 "I plan to discuss the results of the employee complaints survey. I'm going to focus on the second most common complaint(저는 직원 불만 사항 조사의 결과에 대해 논의할 계획이에요. 저는 두 번째로 가장 흔한 불만 사항에 중점을 둘 거예

요.)"라고 하였으므로, 여자는 두 번째로 가장 흔한 불만 사항인 한정된 교육에 발표의 중점을 둘 것임을 시각 자료에서 확인할 수 있다. 따라서 (B)가 정답이다.

어휘 insufficient[ìnsəfíʃənt] 부족한, 불충분한  outdated[àutdéitid] 구식의, 진부한
inadequate[inǽdikwət] 불충분한, 부족한

**11  특정 세부 사항 문제**

해석 회사는 지난주에 무엇을 했는가?
  (A) 워크숍을 열었다.
  (B) 사무실을 이전했다.
  (C) 서비스를 출시했다.
  (D) 정책을 개정했다.

해설 질문의 핵심어구(last week)가 언급된 주변을 주의 깊게 듣는다. 대화 중반부에서 여자가 "That was addressed by a policy change last week(그건 지난주에 정책 변경으로 인해 해결되었거든요)"이라고 한 것을 통해, 회사가 지난주에 정책을 개정했음을 알 수 있다. 따라서 (D)가 정답이다.

패러프레이징
policy change 정책 변경 → Updated a policy 정책을 개정했다

어휘 relocate[rìːlóukeit] 이전하다, 이동하다  launch[lɔːntʃ] 출시하다, 개시하다
update[əpdéit] 개정하다, 갱신하다

**12  특정 세부 사항 문제**

해석 여자는 누구로부터 도움을 받았는가?
  (A) 지점장
  (B) 회사 회장
  (C) 임원
  (D) 부서장

해설 질문의 핵심어구(receive assistance)와 관련된 내용을 주의 깊게 듣는다. 대화 후반부에서 여자가 "Carol, who is in charge of the company's Salford office ~ helped me come up with ~ suggestions on how to deal with this problem(회사의 Salford 사무소를 담당하는 Carol이 이 문제를 해결할 방법에 대해 제안을 떠올리도록 저를 도와주셨어요)"이라고 하였다. 따라서 (A)가 정답이다.

어휘 branch manager 지점장, 지사장

Questions 13-15 refer to the following conversation and list.

W: <sup>13</sup>**I just finished editing Sandra's article for tomorrow's edition of our newspaper.** I had to make a lot of changes.

M: That's unfortunate.

W: <sup>14</sup>**Could you give her some additional training?** I'm sure she could use some tips from an experienced writer.

M: Sure. I'd be happy to help. By the way, <sup>15</sup>**did you get a chance to go through my article?**

W: <sup>15</sup>**I already e-mailed you my feedback.** There are a few changes that will be required, but nothing serious. <sup>15</sup>**I'll need the final version by the Friday deadline.**

---

article[미 άːrtikl, 영 άːtikl] 기사  edition[idíʃən] (신문·간행물의) 호, 판
unfortunate[미 ʌnfɔ́ːrtʃənət, 영 ʌnfɔ́ːtʃənət] 유감인, 불행한
could use 필요하다, ~을 얻을 수 있으면 좋겠다  tip[tip] 조언, 팁
writer[ráitər] 기자, 작가  deadline[dédlàin] 마감 기한

해석
13-15는 다음 대화와 목록에 관한 문제입니다.

W: <sup>13</sup>우리 신문의 내일 호에 실을 Sandra의 기사를 수정하는 것을 방금 막 끝냈

어요. 제가 수정을 많이 해야 했어요.

M: 유감스럽네요.

W: ¹⁴당신이 그녀에게 추가 교육을 좀 해주실 수 있으신가요? 그녀는 경력 있는 기자의 조언을 분명히 필요로 할 거예요.

M: 물론이죠. 기꺼이 도와드릴게요. 그건 그렇고, ¹⁵당신은 제 기사를 검토할 기회가 있으셨어요?

W: ¹⁵이미 제가 이메일로 의견을 보냈어요. 수정되어야 할 사항이 몇 가지 있지만, 심각한 것은 없어요. ¹⁵저는 금요일 마감 기한까지 최종 버전이 필요할 거예요.

| 주제 | 마감 기한 |
|---|---|
| 도시 행사 | 목요일 |
| ¹⁵고속도로 보수공사 | 금요일 |
| 학교 예산 | 토요일 |
| 사업체 폐업 | 일요일 |

## 13 화자 문제

해석 여자는 누구인 것 같은가?
(A) 그래픽 디자이너
(B) 사진작가
(C) 삽화가
(D) 편집자

해설 대화에서 신분 및 직업과 관련된 표현을 놓치지 않고 듣는다. 대화 초반부에서 여자가 "I just finished editing Sandra's article for tomorrow's edition of our newspaper(우리 신문의 내일 호에 실을 Sandra의 기사를 수정하는 것을 방금 막 끝냈어요)"라고 한 것을 통해, 여자가 기사를 수정하는 편집자임을 알 수 있다. 따라서 (D)가 정답이다.

어휘 illustrator[íləstreitər] 삽화가, 설명자

## 14 요청 문제

해석 여자는 남자에게 무엇을 하라고 말하는가?
(A) 안건을 업데이트한다.
(B) 업무 공간을 정리한다.
(C) 직원을 교육한다.
(D) 서류를 인쇄한다.

해설 여자의 말에서 요청과 관련된 표현이 언급된 다음을 주의 깊게 듣는다. 대화 중반부에서 "Could you give her some additional training?(당신이 그녀에게 추가 교육을 좀 해주실 수 있으신가요?)"이라고 하였다. 따라서 (C)가 정답이다.

패러프레이징
give ~ training 교육을 해주다 → Train 교육하다

어휘 organize[ɔ́ːrgənaiz] 정리하다, 준비하다

## 15 시각 자료 문제

해석 시각 자료를 보아라. 남자는 어떤 주제를 작업하고 있는가?
(A) 도시 행사
(B) 고속도로 보수공사
(C) 학교 예산
(D) 사업체 폐쇄

해설 질문의 핵심어구(topic ~ working on)와 관련된 내용을 주의 깊게 듣는다. 대화 후반부에서 남자가 "did you get a chance to go through my article?(당신은 제 기사를 검토할 기회가 있으셨어요?)"이라고 하자, 여자가 "I already e-mailed you my feedback(이미 제가 이메일로 의견을 보냈어요)"이라며 "I'll need the final version by the Friday deadline(저는 금요일 마감 기한까지 최종 버전이 필요할 거예요)"이라고 하였다. 이를 통해, 금요일 마감 기한까지 최종 버전을 제출해야 하는 남자는 고속도로 보수공사에 대한 주제를 작업을 하고 있음을 시각 자료에서 확인할 수 있다. 따라서 (B)가 정답이다.

어휘 highway[háiwèi] 고속도로  closure[klóuʒer] 폐쇄, 폐업

**[16-18]** 캐나다식 발음 → 영국식 발음

Questions 16-18 refer to the following conversation and map.

---

M: Hello. I'd like to book a ticket on the next train to Milwaukee. ¹⁶**A client of my law firm arranged a meeting at the last minute**, so I need to leave on short notice.

W: There is one this morning at . . . um . . . at 11 A.M.

M: ¹⁷**What time does it get to its destination?**

W: It'll arrive at the station just after 3 P.M.

M: OK. I'll book a seat for that train. I'd like one in the first class section, please.

W: We have two aisle and two window seats remaining.

M: ¹⁸**I'd prefer a window seat, if possible. Also, I'd like whichever of the two is closest to the front of the compartment, please.** Thanks.

---

at the last minute 막판에, 임박해서  on short notice 급히, 갑자기
destination[dèstənéiʃən] 목적지  compartment[kəmpáːrtmənt] 객실, 칸

해석
16-18은 다음 대화와 지도에 관한 문제입니다.

M: 안녕하세요. 밀워키로 가는 다음 기차표를 예매하고 싶어서요. ¹⁶제 법률 사무소 고객이 막판에 회의를 잡아서 저는 급히 떠나야 해요.

W: 오늘 오전에 하나 있네요… 음… 오전 11시에요.

M: ¹⁷그것은 몇 시에 목적지에 도착하나요?

W: 오후 3시 직후에 역에 도착할 거예요.

M: 알겠어요. 그 기차의 좌석을 예약할게요. 일등석 구역의 좌석으로 주세요.

W: 복도 쪽 좌석 두 개와 창가 쪽 좌석 두 개가 남아있어요.

M: ¹⁸저는 가능하다면 창가 쪽 좌석을 선호해요. 또한, 둘 중 어느 것이든 객실 앞쪽에 가장 가까운 것으로 주세요. 감사합니다.

## 16 화자 문제

해석 남자는 어디에서 일하는 것 같은가?
(A) 소매 판매점에서
(B) 공학 기술 회사에서
(C) 법률 사무소에서
(D) 여행사에서

해설 대화에서 신분 및 직업과 관련된 표현을 놓치지 않고 듣는다. 대화 초반부에서 남자가 "A client of my law firm arranged a meeting at the last minute(제 법률 사무소 고객이 막판에 회의를 잡았어요)"이라고 한 것을 통해, 남자가 법률 사무소에서 일하고 있음을 알 수 있다. 따라서 (C)가 정답이다.

패러프레이징
law firm 법률 사무소 → law office 법률 사무소

어휘 engineering[ènʤiníəriŋ] 공학 기술, 공학  travel agency 여행사

## 17 특정 세부 사항 문제

해석 남자는 무엇에 대해 문의하는가?

(A) 기차 시설
(B) 역 주소
(C) 표 가격
(D) 도착 시간

해설 질문의 핵심어구(man ask about)와 관련된 내용을 주의 깊게 듣는다. 대화 중반부에서 남자가 "What time does it get to its destination?(그것은 몇 시에 목적지에 도착하나요?)"이라고 하였다. 따라서 (D)가 정답이다.

**패러프레이징**
get to its destination 목적지에 도착하다 → arrival 도착

## 18 시각 자료 문제

해석 시각 자료를 보아라. 남자는 어떤 좌석을 선택할 것인가?

(A) 1B
(B) 1D
(C) 2C
(D) 3A

해설 질문의 핵심어구(seat ~ choose)와 관련된 내용을 주의 깊게 듣는다. 대화 후반부에서 남자가 "I'd prefer a window seat ~. Also, I'd like whichever ~ is closest to the front of the compartment, please(저는 창가 쪽 좌석을 선호해요. 또한, 어느 것이든 객실 앞쪽에 가장 가까운 것으로 주세요)"라고 하였으므로, 남자가 창가 쪽 좌석이면서 객실 앞쪽에 가장 가까운 1D 좌석을 선택할 것임을 시각 자료에서 확인할 수 있다. 따라서 (B)가 정답이다.

### [19-21]  호주식 발음 → 미국식 발음

Questions 19-21 refer to the following conversation and coupon.

M: I hope you enjoyed your meal.
W: The pasta was great. I don't eat meat, so ¹⁹/²⁰**it's wonderful to have a vegetarian restaurant close enough to the office that I can stop in for lunch**. Um, ²⁰**I have this coupon I would like to use**.
M: Hmm . . . ²⁰**It looks like your meal does not qualify for the discount. Please double-check the information at the very bottom of the coupon.**
W: My apologies. You're right. One more thing . . . ²¹**A coworker mentioned that a jewelry shop recently opened nearby. Do you happen to know where it is?**
M: You must be talking about Feldman's. It's right next door.

vegetarian[vèdʒətéəriən] 채식의, 채식주의자의
stop in ~를 위해 들르다, 머물다
qualify[미 kwάləfài, 영 kwɔ́lifài] 기준에 부합하다  next door 옆집의, 옆집에서

해석
19-21은 다음 대화와 쿠폰에 관한 문제입니다.

M: 손님이 식사를 맛있게 하셨기를 바랍니다.
W: 파스타가 훌륭했어요. 저는 육류를 먹지 않아서, ¹⁹/²⁰점심 식사를 위해 들를 수 있는 사무실과 충분히 가까운 채식 식당이 있어서 좋아요. 음, ²⁰제가 사용하고자 하는 이 쿠폰이 있는데요.
M: 흠… ²⁰손님의 식사는 할인 기준에 부합하지 않는 것 같습니다. 쿠폰 제일 하단에 있는 정보를 다시 확인해 주세요.
W: 죄송해요. 당신이 맞네요. 한 가지 더… ²¹동료가 최근에 귀금속 상점이 근처에 열었다고 말했는데요. 혹시 그게 어디에 있는지 아시나요?
M: Feldman's를 말씀하시는 것 같네요. 바로 옆집이에요.

---

### Maya's Kitchen
### 쿠폰

유효 기간: 5월 8일
사용 가능한 지점: Norfolk가
할인율: 15% (20달러가 넘는 구매에 대해)

²⁰저녁 식사에만 유효함 (오후 6시 이후)

---

## 19 언급 문제

해석 여자는 식당에 대해 무엇을 언급하는가?

(A) 식사 공간을 확장했다.
(B) 채식 요리를 제공한다.
(C) 주말에 일찍 문을 연다.
(D) 그녀의 동료들에게 인기가 있다.

해설 여자의 말에서 질문의 핵심어구(restaurant)가 언급된 내용을 주의 깊게 듣는다. 대화 초반부에서 "it's wonderful to have a vegetarian restaurant close enough to the office ~(사무실과 충분히 가까운 채식 식당이 있어서 좋아요)"라고 한 것을 통해, 식당이 채식 요리를 제공함을 알 수 있다. 따라서 (B)가 정답이다.

어휘 expand[ikspǽnd] 확장하다, 확대하다

## 20 시각 자료 문제

해석 시각 자료를 보아라. 여자는 왜 쿠폰을 사용할 수 없는가?

(A) 이미 만료되었다.
(B) 이 지점에서는 유효하지 않다.
(C) 최소 구매 요건이 있다.
(D) 점심에는 받지 않는다.

해설 질문의 핵심어구(can't ~ use the coupon)와 관련된 내용을 주의 깊게 듣는다. 대화 초반부에서 여자가 "it's wonderful to have a vegetarian restaurant ~ for lunch(점심 식사를 위한 채식 식당이 있어서 좋아요)"라고 하면서 "I have this coupon I would like to use(제가 사용하고자 하는 이 쿠폰이 있는데요)"라고 하자, 남자가 "It looks like your meal does not qualify for the discount. Please double-check the information at the very bottom of the coupon(손님의 식사는 할인 기준에 부합하지 않는 것 같습니다. 쿠폰 제일 하단에 있는 정보를 다시 확인해 주세요)"이라고 하였다. 이를 통해, 쿠폰은 저녁 식사에만 유효하므로 점심에는 받지 않아 여자가 쿠폰을 사용할 수 없음을 시각 자료에서 확인할 수 있다. 따라서 (D)가 정답이다.

어휘 valid[vǽlid] 유효한, 타당한  minimum[mínəməm] 최소한의, 최저의

## 21 특정 세부 사항 문제

해석 여자는 남자에게 무엇에 대해 문의하는가?

(A) 주차 요금
(B) 배달 서비스
(C) 상점 위치
(D) 공개 행사

해설 질문의 핵심어구(woman ask ~ about)와 관련된 내용을 주의 깊게 듣는다. 대화 후반부에서 여자가 "A coworker mentioned that a jewelry shop recently opened nearby. Do you happen to know where it is?(동료가 최근에 귀금속 상점이 근처에 열었다고 말했는데요. 혹시 그게 어디에 있는지 아시나요?)"라고 하였다. 따라서 (C)가 정답이다.

**패러프레이징**
shop 상점 → store 상점

어휘 public[pʌ́blik] 공개의, 공공의

**[22-24]** 🔊 캐나다식 발음 → 영국식 발음

Questions 22-24 refer to the following conversation and flyer.

> M: Have you seen this flyer about the special promotion going on at Norman's Department Store?
> W: Oh! They're giving away free gifts when you spend $300 or more. That's great, since ²²**I intend to buy a new TV there anyway.**
> M: Do you want to go there this afternoon, then?
> W: Hmm . . . ²³**I'm actually more interested in the item they're giving away in the third week of June.** Let's go next Wednesday, instead.
> M: OK. ²⁴**Why don't we meet at the bistro across the street and get something to eat, then go shopping?**
> W: Sounds good.

promotion[prəmóuʃən] 판촉 행사, 홍보  department store 백화점
bistro[bístrou] 작은 식당

해석
22-24는 다음 대화와 전단에 관한 문제입니다.

M: Norman's 백화점에서 진행하고 있는 특별 판촉 행사에 대한 이 전단을 보셨나요?
W: 아! 300달러 이상을 쓰면 사은품을 나눠주고 있네요. ²²저는 어차피 거기서 새 텔레비전을 사려고 생각했기 때문에 잘됐어요.
M: 그러면 오늘 오후에 그곳에 가실래요?
W: 흠… ²³저는 사실 그들이 6월 세 번째 주에 나눠주는 물품에 더 관심이 있어요. 대신에 다음 주 수요일에 가요.
M: 알겠어요. ²⁴길 건너에 있는 작은 식당에서 만나 뭘 좀 먹고나서 쇼핑을 하러 가는 게 어때요?
W: 좋아요.

*6월 증정품*

첫 번째 주 – 베개
두 번째 주 – 헤드폰
세 번째 주 – ²³믹서기
네 번째 주 – 여행 가방

**22 특정 세부 사항 문제**

해석 여자는 무엇을 할 계획인가?
(A) 기기를 구매한다.
(B) 옷을 입어본다.
(C) 가방을 반품한다.
(D) 회원권을 신청한다.

해설 질문의 핵심어구(plan to do)와 관련된 내용을 주의 깊게 듣는다. 대화 초반부에서 여자가 "I intend to buy a new TV there anyway(저는 어차피 거기서 새 텔레비전을 사려고 생각했어요)"라고 하였다. 따라서 (A)가 정답이다.

패러프레이징
buy 사다 → Purchase 구매하다

어휘 garment[gáːrmənt] 옷, 의류

**23 시각 자료 문제**

해설 시각 자료를 보아라. 여자는 어떤 증정품을 받기를 원하는가?
(A) 베개
(B) 헤드폰
(C) 믹서기

---

(D) 여행 가방

해설 질문의 핵심어구(gift ~ want to get)와 관련된 내용을 주의 깊게 듣는다. 대화 중반부에서 여자가 "I'm actually more interested in the item they're giving away in the third week of June(저는 사실 그들이 6월 세 번째 주에 나눠주는 물품에 더 관심이 있어요)"이라고 하였으므로, 여자는 6월 세 번째 주의 증정품인 믹서기를 받기를 원한다는 것을 시각 자료에서 확인할 수 있다. 따라서 (C)가 정답이다.

패러프레이징
want 원하다 → interested in 관심이 있는

**24 제안 문제**

해설 남자는 무엇을 제안하는가?
(A) 예약하기
(B) 식당 방문하기
(C) 일정 확인하기
(D) 쿠폰 내려받기

해설 남자의 말에서 제안과 관련된 표현이 언급된 다음을 주의 깊게 듣는다. 대화 후반부에서 "Why don't we meet at the bistro across the street and get something to eat ~ ?(길 건너에 있는 작은 식당에서 만나 뭘 좀 먹는 게 어때요?)"이라고 하였다. 따라서 (B)가 정답이다.

패러프레이징
bistro 작은 식당 → restaurant 식당

**[25-27]** 🔊 캐나다식 발음 → 미국식 발음

Questions 25-27 refer to the following conversation and seating chart.

> M: Patricia, ²⁵**I was just reviewing the seating chart for our advertising firm's workshop**, and I noticed a problem.
> W: Really? What's that?
> M: One of our directors, Nathan Muller, is currently assigned to a seat in the middle of the auditorium. However, he uses a wheelchair. ²⁶**Can you move him to the section right beside the aisle?**
> W: Oh, I wasn't aware of that. ²⁶/²⁷**I'll make the change right after I call the caterer.**
> M: Great. Thanks for taking care of that.

assign[əsáin] 배치하다, 배정하다  auditorium[ɔ̀ːditɔ́ːriəm] 객석, 강당
caterer[kéitərər] 출장 연회업체, 음식 공급업체

해석
25-27은 다음 대화와 좌석 배치도에 관한 문제입니다.

M: Patricia, ²⁵제가 방금 우리 광고 회사의 워크숍을 위한 좌석 배치도를 검토하고 있었는데, 문제를 발견했어요.
W: 정말이요? 그게 뭔데요?
M: 우리 임원들 중 한 명인 Nathan Muller가 현재 객석 중앙의 좌석에 배치되어 있어요. 하지만 그는 휠체어를 사용해요. ²⁶그를 통로 바로 옆 구역으로 옮겨주시겠어요?
W: 아, 제가 그걸 몰랐네요. ²⁶/²⁷출장 연회업체에 전화하고 나서 바로 수정할게요.
M: 좋아요. 처리해주셔서 감사해요.

| 무대 | | | | |
|---|---|---|---|---|
| 통로 | ²⁶구역 1 | 구역 2 | 구역 3 | 구역 4 |

입구

PART 3

해커스 토익 750+ LC

## 25 화자 문제

해석 화자들은 어디에서 일하는 것 같은가?
    (A) 출판사
    (B) 마케팅 회사
    (C) 부동산 중개소
    (D) 병원

해설 대화에서 신분 및 직업과 관련된 표현을 놓치지 않고 듣는다. 대화 초반부에서 남자가 "I was just reviewing the seating chart for our advertising firm's workshop(제가 방금 우리 광고 회사의 워크숍을 위한 좌석 배치도를 검토하고 있었어요)"이라고 한 것을 통해, 화자들이 마케팅 회사에서 일하고 있음을 알 수 있다. 따라서 (B)가 정답이다.

패러프레이징
advertising firm 광고 회사 → marketing company 마케팅 회사

어휘 publishing firm 출판사   real estate 부동산, 부동산 중개업

## 26 시각 자료 문제

해석 시각 자료를 보아라. Nathan Muller는 어느 구역에 앉게 될 것인가?
    (A) 구역 1
    (B) 구역 2
    (C) 구역 3
    (D) 구역 4

해설 질문의 핵심어구(Nathan Muller be seated in)와 관련된 내용을 주의 깊게 듣는다. 대화 후반부에서 남자가 "Can you move him[Nathan Muller] to the section right beside the aisle?(그[Nathan Muller]를 통로 바로 옆 구역으로 옮겨주시겠어요?)"이라고 하자, 여자가 "I'll make the change ~(수정할게요)"라고 하였으므로, Nathan Muller가 통로 바로 옆인 구역 1에 앉을 것임을 시각 자료에서 확인할 수 있다. 따라서 (A)가 정답이다.

## 27 특정 세부 사항 문제

해석 여자는 다음에 무엇을 할 것 같은가?
    (A) 탁자를 옮긴다.
    (B) 이메일을 보낸다.
    (C) 업체에 연락한다.
    (D) 연설을 한다.

해설 질문의 핵심어구(do next)와 관련된 내용을 주의 깊게 듣는다. 여자가 "I'll make the change right after I call the caterer(출장 연회업체에 전화하고 나서 바로 수정할게요)"라고 하였다. 따라서 (C)가 정답이다.

패러프레이징
call the caterer 출장 연회업체에 전화하다 → Contact a business 업체에 연락하다

**[28-30]** 🎧 영국식 발음 → 호주식 발음

Questions 28-30 refer to the following conversation and table.

W: Josh, can you come take a look at this online booking for an event hall at the Bermuda Hotel?
M: Sure. ²⁸**Is this for the new company president's welcome party? It's supposed to be held at the beginning of March, right?**
W: Yes. We need to choose the best day for the event.
M: Well, I heard that our finance director will be unavailable from Wednesday, the 5th, since ²⁹**he'll be on an overseas business trip**.
W: Ah, right. ²⁹**I forgot he's convening with our foreign partners then.** In that case, ³⁰**we'd better go for either Monday or Tuesday**.
M: ³⁰**I think the evening time slot will be better.**

---

The executives mentioned they'd prefer a dinner celebration.
W: ³⁰**OK. I'll book for that time, then.**

---

convene[kənvíːn] 모임을 갖다   partner[미 páːrtnər, 영 páːtnə] 동업자, 동반자
time slot 시간대   executive[igzékjutiv] 임원

해석
28-30은 다음 대화와 표에 관한 문제입니다.

W: Josh, Bermuda 호텔의 행사장에 관한 이 온라인 예약을 와서 봐줄 수 있나요?
M: 물론이죠. ²⁸이것은 새로운 회장님의 환영 파티를 위한 것인가요? 3월 초에 하기로 되어 있죠, 그렇죠?
W: 네. 우리는 행사에 가장 알맞은 날을 정해야 해요.
M: 음, 저는 ²⁹재무부장님이 해외 출장을 가실 거라서 수요일인 5일부터 시간이 안 되신다고 들었어요.
W: 아, 맞아요. ²⁹그분이 그때 해외 동업자들과 모임을 가지신다는 것을 잊었네요. 그렇다면, ³⁰우리는 월요일이나 화요일로 택해야겠어요.
M: ³⁰저는 저녁 시간대가 나을 것 같아요. 임원들이 저녁 축하 행사를 선호한다고 말했거든요.
W: ³⁰알겠어요. 그러면 그 시간으로 예약할게요.

| 3월 첫째 주: 이용 가능한 행사장 | | | | | |
|---|---|---|---|---|---|
| | 월 | 화 | 수 | 목 | 금 |
| 오전 10시 ~ 오후 12시 | A 행사장 | | | | B 행사장 |
| 오후 6시 ~ 오후 8시 | | | ³⁰C 행사장 | D 행사장 | |

## 28 특정 세부 사항 문제

해석 남자에 따르면, 3월에 무슨 일이 일어날 것인가?
    (A) 무역 박람회
    (B) 기금 모금 만찬
    (C) 기자회견
    (D) 회사 파티

해설 질문의 핵심어구(in March)가 언급된 주변을 주의 깊게 듣는다. 대화 초반부에서 남자가 "Is this for the new company president's welcome party? It's supposed to be held at the beginning of March, right?(이것은 새로운 회장님의 환영 파티를 위한 것인가요? 3월 초에 하기로 되어 있죠, 그렇죠?)"이라고 하였으므로, 3월에 회사 파티가 있을 것임을 알 수 있다. 따라서 (D)가 정답이다.

어휘 trade[treid] 무역, 상업

## 29 이유 문제

해석 재무부장은 왜 해외로 가는가?
    (A) 휴가를 사용하기 위해
    (B) 시설을 둘러보기 위해
    (C) 동업자들과 만나기 위해
    (D) 경비에 대해 발표하기 위해

해설 질문의 핵심어구(finance director traveling abroad)와 관련된 내용을 주의 깊게 듣는다. 대화 중반부에서 남자가 "he[finance director]'ll be on an overseas business trip(그[재무부장님]가 해외 출장을 가실 거예요)"이라고 하자, 여자가 "I forgot he's convening with our foreign partners then(그분이 그때 해외 동업자들과 모임을 가지신다는 것을 잊었네요)"이라고 하였다. 따라서 (C)가 정답이다.

패러프레이징
abroad 해외로 → overseas 해외
's(is) convening 모임을 가지다 → meet 만나다

어휘 expense[ikspéns] 경비, 비용

## 30 시각 자료 문제

해석 시각 자료를 보아라. 여자는 어떤 행사장을 예약할 것인가?
(A) A 행사장
(B) B 행사장
(C) C 행사장
(D) D 행사장

해설 질문의 핵심어구(hall ~ reserve)와 관련된 내용을 주의 깊게 듣는다. 대화 후반부에서 여자가 "we'd better go for either Monday or Tuesday (우리는 월요일이나 화요일로 택해야겠어요)"라고 한 후, 남자가 "I think the evening time slot will be better(저는 저녁 시간대가 나을 것 같아요)"라고 하자 여자가 "OK. I'll book for that time, then(알겠어요. 그러면 그 시간으로 예약할게요)"이라고 하였다. 이를 통해, 여자가 화요일 저녁 시간대에 이용 가능한 C 행사장을 예약할 것임을 시각 자료에서 확인할 수 있다. 따라서 (C)가 정답이다.

패러프레이징
reserve 예약하다 → book 예약하다

## DAY 12 회사 생활

### HACKERS **PRACTICE**                    p.122

| 01 (B) | 02 (A) | 03 (B) | 04 (B) | 05 (A) |
|--------|--------|--------|--------|--------|
| 06 (A) |        |        |        |        |

[01-03] 🎧 미국식 발음 → 호주식 발음 → 캐나다식 발음 /
영국식 발음 → 캐나다식 발음 → 호주식 발음

Questions 1-3 refer to the following conversation with three speakers.

W: Have you two heard about next week's training session on using the new laboratory microscopes?
M1: No, I haven't.
M2: Me neither. Was a memo sent out to staff?
W: Yeah, about an hour ago.
M2: That explains it. We just got out of a two-hour-long meeting.
M1: Say, Jenna, does the memo indicate how to register for the session?
W: Yes. Just tell our manager, and he'll mark your name on the attendance list.
M1: OK. We'll do that right after our lunch break.

---

laboratory[미 lǽbərətɔ̀ːri, 영 ləbɔ́rətəri] 실험실, 연구실
microscope[미 máikrəskòup, 영 máikrəskəup] 현미경
explain[ikspléin] 이유가 되다, 설명하다
register[미 rédʒistər, 영 rédʒistə] 등록하다
attendance[əténdəns] 참석자, 참석

해석
1-3은 다음 세 명의 대화에 관한 문제입니다.

W: 두 분은 새로운 실험실 현미경 사용에 관한 다음 주 교육에 대해 들으셨어요?
M1: 아니요, 들은 적 없어요.
M2: 저도 없어요. 직원들에게 회람이 발송되었나요?

W: 네, 대략 한 시간쯤 전이에요.
M2: 그래서 그런 거네요. 저희는 두 시간 동안 이어진 회의에서 방금 나왔어요.
M1: 저, Jenna, 교육에 등록하는 방법을 회람에서 알려주나요?
W: 네. 우리 부장님께 말씀드리기만 하면, 당신의 이름을 참석자 명단에 표시해주실 거예요.
M1: 알겠어요. 점심시간 직후에 그렇게 할게요.

## 01 특정 세부 사항 문제

교육의 주제는 무엇에 관한 것이 될 것인가?
(A) 실험실 안전
(B) 장비 조작

## 02 방법 문제

여자에 따르면, 남자들은 어떻게 행사에 등록해야 하는가?
(A) 상사에게 이야기함으로써
(B) 양식을 작성함으로써

## 03 특정 세부 사항 문제

남자들은 다음에 무엇을 할 것 같은가?
(A) 회람을 읽는다.
(B) 식사를 한다.

[04-06] 🎧 미국식 발음 → 캐나다식 발음 / 영국식 발음 → 호주식 발음

Questions 4-6 refer to the following conversation.

W: Seeing as our competitor's tablet computers have been selling well, our company should try even harder to promote our products.
M: I know, but we're on a very tight advertising budget until next quarter.
W: Even so, there are definitely some advertising methods that would work with our budget.
M: Like what?
W: Well, I suggest we hand out flyers about our tablets at local universities.
M: Yeah, I suppose we could do that. However, we'll need approval from Mr. Dewey first. You should share your idea with him soon.
W: OK, I'll tell him about it later, since he's going to the marketing team party this afternoon.

---

competitor[미 kəmpétətər, 영 kəmpétitə] 경쟁사, 경쟁자
flyer[미 fláiər, 영 fláiə] 전단, 광고지   approval[əprúːvəl] 승인, 허가

해석
4-6은 다음 대화에 관한 문제입니다.

W: 경쟁사의 태블릿 컴퓨터들이 잘 팔리는 것으로 보아, 우리 회사도 제품을 홍보하기 위해 훨씬 더 노력해야 해요.
M: 알아요, 하지만 우리는 다음 분기까지 광고 예산이 거의 없어요.
W: 그렇기는 하지만, 우리 예산 내에서 도움이 될 광고 방법들이 분명히 몇 가지 있어요.
M: 예를 들면요?
W: 글쎄요, 저는 우리 태블릿 컴퓨터들에 대한 전단을 지역 대학교들에서 배포하는 것을 제안해요.
M: 네, 그렇게 할 수 있을 것 같네요. 하지만, 먼저 Mr. Dewey로부터 승인을 받아야 할 거예요. 당신은 빨리 당신의 아이디어를 그와 공유해야겠어요.
W: 알겠어요, 그는 오늘 오후에 마케팅팀 파티에 갈 테니, 나중에 그것에 대해서 그에게 말할게요.

PART 3

해커스 토익 750+ LC

DAY 12 회사 생활   **73**

## 04 특정 세부 사항 문제

여자에 따르면, 회사는 무엇을 해야 하는가?
(A) 운영비를 삭감한다.
(B) 마케팅 활동을 확대한다.

effort[éfərt] 활동, 노력

## 05 제안 문제

여자는 무엇을 권하는가?
(A) 광고 전단 나눠주기
(B) 지역 사업체 방문하기

leaflet[líːflit] 광고 전단

## 06 언급 문제

Mr. Dewey에 대해 무엇이 언급되는가?
(A) 그는 팀 모임에 참석할 것이다.
(B) 그는 이전 행사를 준비했다.

## HACKERS TEST

p.123

| | | | | |
|---|---|---|---|---|
| 01 (D) | 02 (A) | 03 (D) | 04 (A) | 05 (C) |
| 06 (A) | 07 (B) | 08 (D) | 09 (D) | 10 (A) |
| 11 (B) | 12 (D) | 13 (C) | 14 (C) | 15 (A) |
| 16 (B) | 17 (B) | 18 (C) | 19 (C) | 20 (B) |
| 21 (D) | 22 (B) | 23 (D) | 24 (A) | 25 (B) |
| 26 (C) | 27 (D) | 28 (D) | 29 (A) | 30 (B) |

[01-03] 🔊 미국식 발음 → 영국식 발음

Questions 1-3 refer to the following conversation.

W1: ⁰¹**A notice was just e-mailed to all staff members.** It states that our institute's new research division director, Samuel Garcia, will be here at the laboratory tomorrow. ⁰²**He will talk about the research work we'll be doing over the coming months.**
W2: Really? ⁰³**Do you happen to know where he worked before?**
W1: ⁰³**I heard he was a chemistry professor at a university in France.** He apparently held that position for quite a number of years.

institute[ínstətjùːt] 연구소, 기관   chemistry[kéməstri] 화학
apparently[əpǽrəntli] 듣자 하니   hold a position 직책을 맡다

해석

1-3은 다음 대화에 관한 문제입니다.

W1:⁰¹공지가 방금 전 직원들에게 이메일로 발송되었어요. 우리 연구소의 새로운 연구 부서 책임자인 Samuel Garcia가 내일 이곳 연구실에 올 것이라고 명시되어 있어요. ⁰²그는 앞으로 몇 달 동안 우리가 할 연구 작업에 대해 이야기할 거래요.
W2:정말인가요? ⁰³혹시 그가 이전에 어디에서 일했는지 아시나요?
W1:⁰³저는 그가 프랑스 소재 대학교의 화학 교수였다고 들었어요. 듣자 하니 그는 그 직책을 꽤 여러 해 동안 맡고 있었던 것 같아요.

## 01 특정 세부 사항 문제

해석 최근에 직원들에게 무엇이 보내졌는가?
(A) 안내서
(B) 양식
(C) 설문 조사서
(D) 공지

해설 질문의 핵심어구(recently sent to employees)와 관련된 내용을 주의 깊게 듣는다. 대화 초반부에서 여자 1이 "A notice was just e-mailed to all staff members(공지가 방금 전 직원들에게 이메일로 발송되었어요)"라고 하였다. 따라서 (D)가 정답이다.

패러프레이징
recently 최근에 → just 방금
employees 직원들 → staff members 직원들

어휘 manual[mǽnjuəl] 안내서, 설명서

## 02 특정 세부 사항 문제

해석 Mr. Garcia는 무엇에 대해 이야기할 것인가?
(A) 앞으로의 프로젝트들
(B) 최근에 고용된 신입 사원들
(C) 개정된 규정들
(D) 새로운 시설들

해설 질문의 핵심어구(Mr. Garcia talk about)와 관련된 내용을 주의 깊게 듣는다. 대화 초반부에서 여자 1이 "He[Samuel Garcia] will talk about the research work we'll be doing over the coming months(그[Samuel Garcia]는 앞으로 몇 달 동안 우리가 할 연구 작업에 대해 이야기할 거래요)"라고 하였다. 따라서 (A)가 정답이다.

어휘 hire[haiər] 신입 사원, 고용인

## 03 특정 세부 사항 문제

해석 Mr. Garcia의 이전 직장은 어떤 곳이었는가?
(A) 회계 사무소
(B) 제조 공장
(C) 의료 센터
(D) 교육 기관

해설 질문의 핵심어구(Mr. Garcia's previous workplace)와 관련된 내용을 주의 깊게 듣는다. 대화 중반부에서 여자 2가 "Do you happen to know where he[Samuel Garcia] worked before?(혹시 그[Samuel Garcia]가 이전에 어디에서 일했는지 아시나요?)"라고 하자, 여자 1이 "I heard he was a chemistry professor at a university in France(저는 그가 프랑스 소재 대학교의 화학 교수였다고 들었어요)"라고 하였다. 따라서 (D)가 정답이다.

패러프레이징
university 대학교 → educational institution 교육 기관

어휘 health center 의료 센터, 진료소

[04-06] 🔊 영국식 발음 → 캐나다식 발음

Questions 4-6 refer to the following conversation.

W: Hello, Amos. ⁰⁴**I was just wondering if you've finished preparing next month's budget yet.**
M: ⁰⁴**I'm actually working on it right now.** There are a few figures I need to check, but I should be done in a couple of hours. ⁰⁵**Do you want me to call you when everything's ready?**
W: Yes, I'd appreciate that. I need to know how much money the company can budget toward our advertising campaign. ⁰⁶**I'll be in my office, waiting for your call.**

wonder[미 wʌ́ndər, 영 wʌ́ndə] 궁금해하다
budget[bʌ́dʒit] 예산; 예산에 편성하다   a couple of 두어 개의
advertising campaign 광고 캠페인

해석

4-6은 다음 대화에 관한 문제입니다.

W: 안녕하세요, Amos. ⁰⁴저는 당신이 다음 달의 예산 준비를 이미 마쳤는지 궁

금해하던 참이었어요.

M: ⁰⁴사실 저는 지금 그것을 하고 있어요. 제가 확인해야 할 수치들이 몇 개 있지만, 두어 시간 후면 끝날 거예요. ⁰⁵모든 게 준비되면 제가 전화를 드릴까요?

W: 네, 그래 주시면 고맙겠어요. 저는 회사가 우리의 광고 캠페인에 얼마를 편성할 수 있는지 알아야 하거든요. ⁰⁶제 사무실에서 당신의 전화를 기다리고 있을게요.

### 04 특정 세부 사항 문제

해석 남자는 무엇을 준비하고 있는가?

(A) 회사 예산
(B) 개인 수표
(C) 입출금 내역서
(D) 회의 안건

해설 질문의 핵심어구(preparing)가 언급된 주변을 주의 깊게 듣는다. 대화 초반부에서 여자가 "I was just wondering if you've finished preparing next month's budget yet(저는 당신이 다음 달의 예산 준비를 이미 마쳤는지 궁금해하던 참이었어요)"이라고 하자, 남자가 "I'm actually working on it right now(사실 저는 지금 그것을 하고 있어요)"라고 하였다. 따라서 (A)가 정답이다.

어휘 personal[pə́ːrsnl] 개인의  check[tʃek] 수표
bank statement 입출금 내역서  agenda[ədʒéndə] 안건

### 05 제안 문제

해석 남자는 무엇을 해주겠다고 제안하는가?

(A) 문서를 이메일로 보낸다.
(B) 거래를 허가한다.
(C) 나중에 여자에게 전화를 한다.
(D) 발표를 한다.

해설 남자의 말에서 제안과 관련된 표현이 언급된 다음을 주의 깊게 듣는다. 대화 중반부에서 "Do you want me to call you when everything's ready?(모든 게 준비되면 제가 전화를 드릴까요?)"라고 하였다. 따라서 (C)가 정답이다.

어휘 authorize[ɔ́ːθəràiz] 허가하다  transaction[trænsækʃən] 거래

### 06 특정 세부 사항 문제

해석 여자는 어디에서 기다릴 것인가?

(A) 그녀의 사무실에서
(B) 광고 회사에서
(C) 회의실에서
(D) 콜센터에서

해설 질문의 핵심어구(waiting)가 언급된 주변을 주의 깊게 듣는다. 대화 후반부에서 여자가 "I'll be in my office, waiting for your call(제 사무실에서 당신의 전화를 기다리고 있을게요)"이라고 하였다. 따라서 (A)가 정답이다.

[07-09] 🎧 캐나다식 발음 → 미국식 발음

Questions 7-9 refer to the following conversation.

---
M: Good afternoon. ⁰⁷**I'd like to speak with Ms. Haus, please.**

W: I'm sorry, but Ms. Haus is not here at the moment. Is there anything I can do for you?

M: ⁰⁷**I want to discuss the design of a new building we are constructing.** Can you tell me when she will be available?

W: I'm not sure about that. ⁰⁸**She's in a meeting with the other board members right now.** ⁰⁹**Perhaps you can return in a few hours.**

M: OK. I'll come back at around 2 P.M.  ◐

---

discuss[diskʌ́s] 상의하다  design[dizáin] 설계, 디자인
board member 임원, 이사  perhaps[pərhǽps] 아마, 어쩌면

해석
7-9는 다음 대화에 관한 문제입니다.

M: 안녕하세요. ⁰⁷저는 Ms. Haus와 이야기하고 싶습니다.

W: 죄송하지만, Ms. Haus는 지금 자리에 없습니다. 제가 도와드릴 일이 있나요?

M: ⁰⁷저는 우리가 건설 중인 신축 건물의 설계에 대해 상의하고 싶어요. 그녀가 언제 시간이 되실지 제게 알려주실 수 있으세요?

W: 저도 그것에 대해서 확실히 모르겠어요. ⁰⁸그녀는 지금 다른 임원들과 회의 중이에요. ⁰⁹아마 몇 시간 후에 다시 오시면 될 것 같아요.

M: 네, 오후 2시쯤에 다시 올게요.

### 07 이유 문제

해석 남자는 왜 Ms. Haus와 만나고 싶어 하는가?

(A) 직원 예비 교육에 대해 이야기하기 위해
(B) 건물 설계를 상의하기 위해
(C) 건설 계약서에 서명하기 위해
(D) 경영상의 결정을 하기 위해

해설 질문의 핵심어구(meet with Ms. Haus)와 관련된 내용을 주의 깊게 듣는다. 대화 초반부에서 남자가 "I'd like to speak with Ms. Haus, please(저는 Ms. Haus와 이야기하고 싶습니다)"라고 한 뒤, "I want to discuss the design of a new building we are constructing(저는 우리가 건설 중인 신축 건물의 설계에 대해 상의하고 싶어요)"이라고 하였다. 따라서 (B)가 정답이다.

어휘 contract[kɑ́ːntrækt] 계약(서)  managerial[mænidʒíəriəl] 경영상의

### 08 특정 세부 사항 문제

해석 Ms. Haus는 누구인 것 같은가?

(A) 개인 비서
(B) 자재 공급업자
(C) 실내 장식가
(D) 회사 임원

해설 질문 대상(Ms. Haus)의 신분 및 직업과 관련된 표현을 놓치지 않고 듣는다. 대화 후반부에서 여자가 "She[Ms. Haus]'s in a meeting with the other board members right now(그녀[Ms. Haus]는 지금 다른 임원들과 회의 중이에요)"라고 한 것을 통해, Ms. Haus가 회사 임원 중 한 명임을 알 수 있다. 따라서 (D)가 정답이다.

어휘 assistant[əsístənt] 비서, 조수  director[diréktər] 임원, 부장

### 09 제안 문제

해석 여자는 무엇을 권하는가?

(A) 메모를 남기기
(B) 몇몇 물품을 주문하기
(C) 계획을 수정하기
(D) 나중에 다시 오기

해설 여자의 말에서 제안과 관련된 표현이 언급된 다음을 주의 깊게 듣는다. 대화 후반부에서 "Perhaps you can return in a few hours(아마 몇 시간 후에 다시 오시면 될 것 같아요)"라고 하였다. 따라서 (D)가 정답이다.

패러프레이징
return in a few hours 몇 시간 후에 다시 오다 → Coming back later on 나중에 다시 오기

어휘 supply[səplái] 물품  revise[riváiz] 수정하다

Questions 10-12 refer to the following conversation.

---

M: Jackie, ¹⁰**I was looking over my itinerary for next week's business trip to Chicago, and . . . uhm . . . I'd like to adjust it**.

W: What in particular do you want changed?

M: I'd like to extend my stay to five nights.

W: OK. So, you want to come back on March 29?

M: Exactly. ¹¹**One of the prospective clients who I'm meeting with in Chicago** needs to postpone our appointment by a day.

W: All right. It's good that you let me know now because ¹²**your flight tickets will be reserved today.**

---

itinerary[미 aitínərèri, 영 aitínərəri] 여행 일정표
adjust[ədʒʌ́st] 조정하다  in particular 특별히
extend[iksténd] 연장하다  prospective[prəspéktiv] 잠재의, 장래의
postpone[미 poustpóun, 영 pəustpóun] 연기하다

해석
10-12는 다음 대화에 관한 문제입니다.

M: Jackie, ¹⁰저는 시카고로 가는 다음 주 출장에 대한 제 여행 일정표를 살펴보고 있었는데… 음… 그것을 조정하고 싶어요.

W: 무엇이 특별히 바뀌었으면 하시나요?

M: 저의 체류 기간을 5박으로 연장하고 싶어요.

W: 알겠어요. 그러면 3월 29일에 돌아오길 원하시는 거죠?

M: 맞아요. ¹¹제가 시카고에서 만나기로 한 잠재 고객들 중 한 명이 약속을 하루 연기해야만 해서요.

W: 알겠습니다. ¹²당신의 비행기 표가 오늘 예약될 것이어서 지금 알려주신 게 다행이네요.

## 10 주제 문제

해석 화자들은 주로 무엇에 관해 이야기하고 있는가?
(A) 일정 변경
(B) 프로젝트 일정표
(C) 휴가용 숙소
(D) 저녁 식사

해설 대화의 주제를 묻는 문제이므로, 대화의 초반을 주의 깊게 들은 후 전체 맥락을 파악한다. 남자가 "I was looking over my itinerary ~ and ~ I'd like to adjust it(저는 제 여행 일정표를 살펴보고 있었는데 그것을 조정하고 싶어요)"이라고 한 후, 일정 변경에 대한 내용으로 대화가 이어지고 있다. 따라서 (A)가 정답이다.

패러프레이징
adjust 조정하다 → Changes 변경

어휘 timeline[táimlàin] 일정표, (정밀하게 예정된) 시각표

## 11 이유 문제

해석 남자는 왜 시카고에 가는가?
(A) 회사 시설들을 시찰하기 위해
(B) 가능성 있는 새로운 고객들을 만나기 위해
(C) 몇몇 기기를 구매하기 위해
(D) 교육 세미나를 진행하기 위해

해설 질문의 핵심어구(going to Chicago)와 관련된 내용을 주의 깊게 듣는다. 대화 후반부에서 남자가 "One of the prospective clients who I'm meeting with in Chicago(제가 시카고에서 만나기로 한 잠재 고객들 중 한 명)"라고 한 것을 통해, 남자가 가능성 있는 새로운 고객들을 만나기 위해 시카고에 출장을 간다는 것을 알 수 있다. 따라서 (B)가 정답이다.

---

패러프레이징
prospective 잠재의 → possible 가능성 있는

어휘 inspect[inspékt] 시찰하다, 점검하다

## 12 언급 문제

해석 여자는 비행기 표에 대해 무엇을 언급하는가?
(A) 그것들은 환불이 되지 않는다.
(B) 그것들은 매우 비쌀 것이다.
(C) 그것들은 회사에 의해 지불되었다.
(D) 그것들은 오늘 예약될 것이다.

해설 여자의 말에서 질문의 핵심어구(flight tickets)가 언급된 주변을 주의 깊게 듣는다. 대화 후반부에서 "your flight tickets will be reserved today(당신의 비행기 표가 오늘 예약될 거예요)"라고 하였다. 따라서 (D)가 정답이다.

패러프레이징
be reserved 예약되다 → be booked 예약되다

어휘 costly[kɔ́ːstli] 비싼

Questions 13-15 refer to the following conversation.

---

W: Peter, I just checked the supply room, and ¹³**we're almost out of cardboard boxes. I'm worried that there aren't enough for the product samples we need to send to our clients tomorrow.**

M: Oh, ¹⁴**check the storage room in the basement. I put 20 there last week.**

W: We used those ones yesterday. I still need about 40 more.

M: There's a store down the street that sells shipping supplies, but their prices are a little high. ¹⁵**Why don't I order some online?** They will be delivered tomorrow morning, and you can ship the products in the afternoon.

---

supply room 비품 보관실  be out of ~이 떨어지다, ~을 다 써서 없다
cardboard[kɑ́ːrdbɔ̀rd] 판지  storage room 창고
basement[béismənt] 지하실  shipping[ʃípiŋ] 배송, 운송

---

해석
13-15는 다음 대화에 관한 문제입니다.

W: Peter, 제가 방금 비품 보관실을 확인했는데요, ¹³우리는 판지 상자가 거의 다 떨어졌어요. 우리가 내일 고객들에게 보내야 할 상품 견본들을 위해서 충분하지 않을까 봐 걱정돼요.

M: 아, ¹⁴지하실에 있는 창고를 확인해보세요. 제가 지난주에 그곳에 20개를 두었어요.

W: 우리는 어제 그것들을 사용했어요. 저는 여전히 40개 정도가 더 필요해요.

M: 길 아래에 배송 용품을 파는 가게가 있는데, 거기는 가격이 조금 비싸요. ¹⁵제가 온라인으로 몇 개를 주문하면 어때요? 그것들은 내일 아침에 배송될 거고, 그러면 당신은 오후에는 상품들을 보낼 수 있어요.

## 13 문제점 문제

해석 여자는 무슨 문제를 언급하는가?
(A) 몇몇 상품들에 결함이 있다.
(B) 몇몇 고객들이 견본들을 요청하고 있다.
(C) 몇몇 비품들이 모자란다.
(D) 몇몇 상자들이 규격에 맞지 않는 크기이다.

해설 여자의 말에서 부정적인 표현이 언급된 다음을 주의 깊게 듣는다. 대화 초반부에서 "we're almost out of cardboard boxes. I'm worried that there aren't enough for the product samples ~ to send ~

tomorrow(우리는 판지 상자가 거의 다 떨어졌어요. 내일 보내야 할 상품 견본들을 위해서 충분하지 않을까 봐 걱정돼요)"라고 하였다. 따라서 (C)가 정답이다.

패러프레이징
're(are) almost out of cardboard boxes 판지 상자가 거의 다 떨어지다 → Some supplies are running low 몇몇 비품들이 모자라다

어휘 defective[diféktiv] 결함이 있는  run low 모자라다, 떨어져 가다
incorrect[ìnkərékt] 맞지 않는, 부정확한

**14** 특정 세부 사항 문제
해석 남자는 지난주에 무엇을 했는가?
    (A) 고객의 불만을 해결했다.
    (B) 소매업체들의 가격을 비교했다.
    (C) 물품들을 창고에 두었다.
    (D) 배송 시간을 확인했다.

해설 질문의 핵심어구(last week)가 언급된 주변을 주의 깊게 듣는다. 대화 중반부에서 남자가 "check the storage room ~. I put 20[cardboard boxes] there last week(창고를 확인해보세요. 제가 지난주에 그곳에 20개[판지 상자]를 두었어요)"이라고 하였다. 따라서 (C)가 정답이다.

패러프레이징
put 두었다 → Placed 두었다

어휘 resolve[rizálv] 해결하다, 결심하다  compare[kəmpéər] 비교하다, 비유하다

**15** 제안 문제
해석 남자는 무엇을 해주겠다고 제안하는가?
    (A) 온라인 주문을 한다.
    (B) 근처 상점을 방문한다.
    (C) 수송품을 보낸다.
    (D) 물품을 포장한다.

해설 남자의 말에서 제안과 관련된 표현이 언급된 다음을 주의 깊게 듣는다. 대화 후반부에서 "Why don't I order some online?(제가 온라인으로 몇 개를 주문하면 어때요?)"이라고 하였다. 따라서 (A)가 정답이다.

패러프레이징
order ~ online 온라인으로 주문하다 → Make an online order 온라인 주문을 하다

어휘 nearby[nìərbái] 근처의, 가까운

**[16-18]** 🎧 호주식 발음 → 미국식 발음

Questions 16-18 refer to the following conversation.

M: Good morning. This is Dennis Park from the Elton Company. ¹⁶**I'm calling to check on the five fax machines we sent out for repairs a week ago.**
W: Hello, Mr. Park ¹⁷**Two of the devices are still in the service center, but all of them should be ready later today.**
M: Oh, OK. So what time can I come by to pick them up?
W: ¹⁸**I'll have to talk to the technician in charge at the service center to find out.** I'll call you before noon to let you know.

device[diváis] 기기  come by ~에 들르다  pick up ~을 찾아오다
technician[tekníʃən] 기술자  in charge 담당의  find out 알아보다, 발견하다

해석
16-18은 다음 대화에 관한 문제입니다.

M: 안녕하세요. 저는 Elton사의 Dennis Park라고 합니다. ¹⁶저희가 일주일 전에 수리를 위해 보낸 다섯 대의 팩스기에 대해 확인하려고 전화했습니다.
W: 안녕하세요, Mr. Park ¹⁷기기 두 대는 아직도 서비스 센터에 있지만, 오늘 오

후에는 전부 준비될 겁니다.
M: 아, 알겠어요. 그럼 그것들을 찾아오기 위해 제가 몇 시에 들르면 될까요?
W: ¹⁸알아보기 위해 제가 서비스 센터의 담당 기술자와 이야기해봐야 할 것입니다. 정오 전에 고객님께 전화해서 알려드리겠습니다.

**16** 특정 세부 사항 문제
해석 화자들은 무슨 물품들에 관해 이야기하고 있는가?
    (A) 소프트웨어 프로그램
    (B) 전자기기
    (C) 출력된 자료
    (D) 회사 차량

해설 질문의 핵심어구(items ~ talking about)와 관련된 내용을 주의 깊게 듣는다. 대화 초반부에서 남자가 "I'm calling to check on the five fax machines we sent out for repairs a week ago(저희가 일주일 전에 수리를 위해 보낸 다섯 대의 팩스기에 대해 확인하려고 전화했습니다)"라고 하였다. 따라서 (B)가 정답이다.

패러프레이징
fax machines 팩스기 → Electronic devices 전자기기

어휘 material[mətíəriəl] 자료

**17** 특정 세부 사항 문제
해석 오늘 무슨 일이 일어날 것 같은가?
    (A) 물품들이 배달될 것이다.
    (B) 수리가 완료될 것이다.
    (C) 지불 금액이 환불될 것이다.
    (D) 시연이 제공될 것이다.

해설 질문의 핵심어구(today)가 언급된 주변을 주의 깊게 듣는다. 대화 중반부에서 여자가 "Two of the devices are still in the service center, but all of them should be ready later today(기기 두 대는 아직도 서비스 센터에 있지만, 오늘 오후에는 전부 준비될 겁니다)"라고 하였다. 따라서 (B)가 정답이다.

어휘 demonstration[dèmənstréiʃən] 시연, 설명

**18** 특정 세부 사항 문제
해석 여자는 다음에 무엇을 할 것 같은가?
    (A) 몇몇 기기들을 조립한다.
    (B) 고객과 만난다.
    (C) 기술자와 이야기한다.
    (D) 몇몇 제품들을 교환한다.

해설 질문의 핵심어구(do next)와 관련된 내용을 주의 깊게 듣는다. 대화 후반부에서 여자가 "I'll have to talk to the technician ~(제가 기술자와 이야기해봐야 할 것입니다)"이라고 하였다. 따라서 (C)가 정답이다.

패러프레이징
talk to ~와 이야기하다 → Speak with ~와 이야기하다

어휘 assemble[əsémbl] 조립하다

**[19-21]** 🎧 호주식 발음 → 영국식 발음 → 캐나다식 발음

Questions 19-21 refer to the following conversation with three speakers.

M1: What do you both think about the marketing research report?
W: I was surprised that ¹⁹**it shows our sales figures were low in the northeast region**.
M2: Yeah. We just launched a new TV advertisement in that area, but it didn't do well. I think consumers there respond better to social media promotions.
M1: Really? We should come up with new ideas for our ⟩

해커스 토익 750+ LC

social media page, then.

W: Good idea. ²⁰**Jim, could you show the page on your laptop?**

M2: Sure. ²¹**Why don't we ask Mike from the Web design team to take a look, too?**

W: I thought of that, but, well . . . ²¹**he's currently on leave**.

---

region[ríːdʒən] 지역  launch[lɔːntʃ] 시작하다, 출시하다
respond[미 rispάːnd, 영 rispɔ́nd] 반응하다, 대응하다
come up with ~을 생각해내다  idea[미 aidíːə, 영 aidíə] 아이디어, 생각
on leave 휴가 중, 휴가로

---

해석
19-21은 다음 세 명의 대화에 관한 문제입니다.

M1: 두 분 모두 그 마케팅 조사 보고서에 대해 어떻게 생각하세요?
W: 저는 ¹⁹그것이 우리의 매출액이 북동쪽 지역에서 낮았다는 걸 보여줘서 놀랐어요.
M2: 네. 우리는 그 지역에서 이제 막 새로운 TV 광고를 시작했지만, 잘되지 않았어요. 그쪽 소비자들은 소셜 미디어 홍보에 더 잘 반응하는 것 같아요.
M1: 정말인가요? 그렇다면 우리는 소셜 미디어 페이지를 위한 새로운 아이디어를 생각해내야겠네요.
W: 좋은 생각이에요. ²⁰Jim, 그 페이지를 당신의 노트북 컴퓨터에서 보여주실래요?
M2: 물론이죠. ²¹웹디자인 팀의 Mike에게도 한번 봐달라고 하는 게 어때요?
W: 저도 그 생각을 했지만, 음… ²¹그는 지금 휴가 중이에요.

### 19 언급 문제
해석 여자는 보고서에 대해 무엇을 말하는가?
(A) 그것은 자문 위원에 의해 작성되었다.
(B) 그것은 여러 회사 부서들을 다룬다.
(C) 그것은 한 지역에 관한 낮은 매출을 보여준다.
(D) 그것은 최근에 수정되었다.

해설 여자의 말에서 질문의 핵심어구(report)가 언급된 주변을 주의 깊게 듣는다. 대화 초반부에서 "it[marketing research report] shows our sales figures were low in the northeast region(그것[마케팅 조사 보고서]이 우리의 매출액이 북동쪽 지역에서 낮았다는 걸 보여줘요)"이라고 하였다. 따라서 (C)가 정답이다.

어휘 consultant[kənsΛ́ltənt] 자문 위원, 상담가
modify[mάdəfài] 수정하다, 변경하다

### 20 요청 문제
해석 여자는 Jim에게 무엇을 하라고 요청하는가?
(A) 텔레비전 광고를 본다.
(B) 웹페이지를 보여준다.
(C) 주소록을 업데이트한다.
(D) 예산 증액을 요청한다.

해설 여자의 말에서 요청과 관련된 표현이 언급된 다음을 주의 깊게 듣는다. 대화 후반부에서 "Jim, could you show the page[social media page] on your laptop?(Jim, 그 페이지[소셜 미디어 페이지]를 당신의 노트북 컴퓨터에서 보여주실래요?)"이라고 하였다. 따라서 (B)가 정답이다.

패러프레이징
show 보여주다 → Display 보여주다

어휘 directory[diréktəri] 주소록, 명단  budget[bΛ́dʒit] 예산, 경비

### 21 의도 파악 문제
해석 여자는 "그는 지금 휴가 중이에요"라고 말할 때 무엇을 의도하는가?
(A) 그녀는 대안을 갖고 있지 않다.
(B) 그녀는 결정을 설명할 것이다.

---

(C) 그녀는 비난을 받았다.
(D) 그녀는 제안을 받아들일 수 없다.

해설 질문의 인용어구(he's currently on leave)가 언급된 주변을 주의 깊게 듣는다. 대화 후반부에서 남자가 "Why don't we ask Mike ~ to take a look, too?(Mike에게도 한번 봐달라고 하는 게 어때요?)"라고 하자, 여자가 그는 지금 휴가 중이라고 한 것을 통해, 여자가 제안을 받아들일 수 없다는 것을 말하려는 의도임을 알 수 있다. 따라서 (D)가 정답이다.

어휘 alternative[ɔːltə́ːrnətiv] 대안, 대체  criticism[krítəsìzm] 비난, 비평

---

**[22-24]** 🔊 호주식 발음 → 미국식 발음

Questions 22-24 refer to the following conversation.

---

M: I'm considering asking our manager, Ms. Dupree for a raise. It's been two years since my last one.

W: That seems fair. ²²**She often compliments the work you do as her assistant.**

M: I'm just worried she'll say no.

W: But ²³**it's worth approaching her about it. Why don't you talk to her** when she gets back from ²⁴**the public relations conference that's taking place tomorrow**?

M: All right. I'll see if she has some time to talk to me in the afternoon.

---

raise[reiz] (월급) 인상
compliment[미 kάmpləmənt, 영 kɔ́mpləmənt] 칭찬하다
approach[əpróutʃ] 말을 꺼내다

---

해석
22-24는 다음 대화에 관한 문제입니다.

M: 저는 우리 관리자인 Ms. Dupree에게 월급 인상을 요청하는 것을 고려 중이에요. 지난 인상 이후로 2년이 지났어요.
W: 정당한 것 같아요. ²²그녀는 그녀의 비서로서 당신이 하는 일을 자주 칭찬하시잖아요.
M: 저는 단지 그녀가 안 된다고 하실까 봐 걱정돼요.
W: 하지만 ²³그녀에게 그것에 대해 말을 꺼내볼 만한 가치는 있어요. ²⁴내일 열릴 홍보 콘퍼런스에서 돌아오시면 ²³그녀에게 이야기해보는 건 어때요?
M: 알겠어요. 그녀가 오후에 저와 이야기할 시간이 있으실지 확인할게요.

### 22 화자 문제
해석 남자의 직업은 무엇인 것 같은가?
(A) 행사 기획자
(B) 개인 비서
(C) 회의 기획자
(D) 인사부장

해설 대화에서 신분 및 직업과 관련된 표현을 놓치지 않고 듣는다. 대화 초반부에서 여자가 "She often compliments the work you do as her assistant(그녀는 그녀의 비서로서 당신이 하는 일을 자주 칭찬하시잖아요)"라고 한 것을 통해, 남자가 개인 비서임을 알 수 있다. 따라서 (B)가 정답이다.

어휘 personal assistant 개인 비서

### 23 제안 문제
해석 여자는 무엇을 하라고 제안하는가?
(A) 일자리에 지원하기
(B) 업무 공간을 바꾸기
(C) 복리후생 제도를 받아들이기
(D) 상사에게 이야기하기

해설 여자의 말에서 제안과 관련된 표현이 언급된 다음을 주의 깊게 듣는다. 대화 후반부에서 "it's worth approaching her[manager] about it. Why don't you talk to her(그녀[관리자]에게 그것에 대해 말을 꺼내볼 만한 가치

---

는 있어요. 그녀에게 이야기해보는 건 어때요"라고 하였다. 따라서 (D)가 정답이
다.

어휘 workspace[wə́ːrkspeis] 업무 공간  benefits package 복리후생 제도
superior[səpíəriər] 상사

**24  특정 세부 사항 문제**

해석 여자에 따르면, 내일 무슨 일이 일어날 것인가?
(A) 업계 행사가 열릴 것이다.
(B) 소셜 미디어 캠페인이 시작될 것이다.
(C) 승진이 통지될 것이다.
(D) 연설이 있을 것이다.

해설 여자의 말에서 질문의 핵심어구(tomorrow)가 언급된 부분을 주의 깊게
듣는다. 대화 후반부에서 "the public relations conference that's
taking place tomorrow(내일 열릴 홍보 콘퍼런스)"라고 하였다. 따라서
(A)가 정답이다.

패러프레이징
public relations conference 홍보 콘퍼런스 → industry event 업계
행사
's(is) taking place 열릴 것이다 → will be held 열릴 것이다

어휘 announce[ənáuns] 통지하다, 발표하다

**[25-27]** 🔊 미국식 발음 → 캐나다식 발음

Questions 25-27 refer to the following conversation and list.

---

W: Hi, Brad. ²⁵**Are you organizing our official team**
   **dinner for tomorrow night?**
M: Yes. I've made a reservation at the Japanese
   restaurant down the street.
W: Oh, ²⁶**I'm sorry. But could you add one more person**
   **to our party?** The new intern is coming too.
M: Sure. Inviting the intern is a great idea. She'll get to
   become better acquainted with our team.
W: One last thing. You booked a private room, right?
M: I did. And ²⁷**the one I reserved holds more than**
   **seven people**, so it'll still work.
W: Great. Thanks for handling that.

- - - - - - - - - - - - - - - - - - - - - - - - - - - - - - - - -

**organize**[ɔ́ːrɡənàiz] 준비하다  **reservation**[rèzərvéiʃən] 예약
**become acquainted with** ~와 알게 되다  **private**[práivət] 개인의
**hold**[hould] 수용하다, 들어가다  **handle**[hǽndl] 처리하다, 다루다

---

해석
25-27은 다음 대화와 목록에 관한 문제입니다.

W: 안녕하세요, Brad. ²⁵내일 저녁에 있을 공식 팀 회식을 준비하고 있나요?
M: 네. 길 아래에 있는 일본 식당에 예약을 했어요.
W: 아, ²⁶죄송해요. 그런데 우리 일행에 한 명을 더 추가해줄 수 있나요? 새로운
   인턴도 올 거라서요.
M: 물론이죠. 그 인턴을 초대하는 것은 좋은 생각이에요. 그녀가 우리 팀과 더 잘
   알게 되겠네요.
W: 마지막으로 하나만요. 당신은 개인실을 예약했죠, 그렇죠?
M: 그렇게 했어요. 그리고 ²⁷제가 예약한 방은 일곱 명 넘게 수용해서 여전히 괜
   찮을 거예요.
W: 잘됐네요. 그것을 처리해줘서 감사해요.

| 장소 | 최대 수용 인원 |
|------|------|
| Green실 | 2명 |
| Red실 | 4명 |
| Blue실 | 6명 |
| ²⁷Purple실 | 8명 |

**25  주제 문제**

해석 화자들은 주로 무엇에 관해 논의하고 있는가?
(A) 장소 변경
(B) 직장 모임
(C) 식당 수리
(D) 저녁 메뉴

해설 대화의 주제를 묻는 문제이므로, 대화의 초반을 주의 깊게 들은 후 전체 맥락
을 파악한다. 여자가 "Are you organizing our official team dinner
for tomorrow night?(내일 저녁에 있을 공식 팀 회식을 준비하고 있나요?)"
이라고 한 후, 직장 모임에 대한 내용으로 대화가 이어지고 있다. 따라서 (B)
가 정답이다.

패러프레이징
official team dinner 공식 팀 회식 → work gathering 직장 모임

어휘 venue[vénjuː] 장소  gathering[ɡǽðəriŋ] 모임

**26  문제점 문제**

해석 여자는 어떤 문제를 언급하는가?
(A) 회의가 취소되었다.
(B) 신용카드가 거절되었다.
(C) 무리가 늘어났다.
(D) 판촉 활동이 끝났다.

해설 여자의 말에서 부정적인 표현이 언급된 다음을 주의 깊게 듣는다. 대화 중반
부에서 "I'm sorry. But could you add one more person to our
party?(죄송해요. 그런데 우리 일행에 한 명을 더 추가해줄 수 있나요?)"라고 한
것을 통해, 무리가 늘어났음을 알 수 있다. 따라서 (C)가 정답이다.

패러프레이징
add one more person to ~ party 일행에 한 명을 더 추가하다 →
A group has increased 무리가 늘어났다

어휘 deny[dinái] 거절하다  group[ɡruːp] 무리, 집단

**27  시각 자료 문제**

해석 시각 자료를 보아라. 남자는 어떤 방을 예약했을 것 같은가?
(A) Green실
(B) Red실
(C) Blue실
(D) Purple실

해설 질문의 핵심어구(room ~ book)와 관련된 내용을 주의 깊게 듣는다. 대
화 후반부에서 남자가 "the one I reserved holds more than seven
people(제가 예약한 방은 일곱 명 넘게 수용해요)"이라고 하였으므로, 남자가
일곱 명이 넘는 여덟 명까지 수용할 수 있는 Purple실을 예약했음을 시각
자료에서 확인할 수 있다. 따라서 (D)가 정답이다.

**[28-30]** 🔊 영국식 발음 → 호주식 발음

Questions 28-30 refer to the following conversation and graph.

---

W: Hey, Jerome. ²⁸**I'm shocked by how many people**
   **are at the mall today.**
M: Yeah, it's busy due to the upcoming holidays.
W: Some shoppers have asked for help finding parking
   spots, but ³⁰**I'm not sure where to direct them.**
M: ²⁹**I spoke with one of our coworkers a few minutes**
   **ago**, and he said that ³⁰**Lot D has multiple open**
   **spots.**
W: Well, that parking area is on the opposite side of the
   mall. People might not want to drive that far.
M: If that's the case, ³⁰**send shoppers to the lot near the**
   **Lincoln Street entrance. Aside from the other one I**
   **mentioned, it has the most open spots.**   ⊙

- - - - - - - - - - - - - - - - - - - - - - - - - - - - - - - - -

upcoming[ʌ́pkʌ̀miŋ] 다가오는, 곧 있을  parking spot 주차 공간
direct[dirékt] 안내하다  opposite[ápəzit] 반대의  aside from ~ 외에는

해석
28-30은 다음 대화와 그래프에 관한 문제입니다.
W: 안녕하세요, Jerome. ²⁸오늘 쇼핑몰에 얼마나 많은 사람들이 있는지에 놀랐어요.
M: 네, 다가오는 휴일로 인해 바쁘네요.
W: 몇몇 쇼핑객들이 주차 공간을 찾는 데 도움을 요청했지만, ³⁰그들을 어디로 안내해야 할지 잘 모르겠어요.
M: ²⁹제가 동료들 중 한 명과 몇 분 전에 이야기했는데, 그는 ³⁰D 주차장에 많은 빈자리가 있다고 했어요.
W: 음, 그 주차 구역은 쇼핑몰 반대편에 있어요. 사람들은 그렇게 멀리 운전해서 가고 싶어 하지 않을 것 같아요.
M: 만약 그런 경우라면, ³⁰쇼핑객들을 링컨가 입구 근처에 있는 주차장으로 보내세요. 제가 언급한 다른 곳 외에는, 그곳에 가장 많은 빈자리가 있어요.

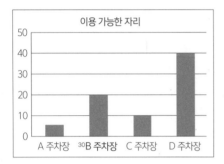

이용 가능한 자리

**28 특정 세부 사항 문제**
해석 여자는 무엇에 대해 놀라는가?
(A) 새로운 매장의 크기
(B) 주차 서비스의 비용
(C) 판촉 할인의 종류
(D) 쇼핑몰의 방문객 수

해설 질문의 핵심어구(surprised about)와 관련된 내용을 주의 깊게 듣는다. 대화 초반부에 여자가 "I'm shocked by how many people are at the mall today(오늘 쇼핑몰에 얼마나 많은 사람들이 있는지에 놀랐어요)"라고 하였다. 따라서 (D)가 정답이다.
패러프레이징
surprised 놀란 → shocked 놀란

어휘 promotional[prəmóuʃənl] 판촉의, 홍보의

**29 특정 세부 사항 문제**
해석 남자는 최근에 무엇을 했는가?
(A) 동료와 이야기했다.
(B) 주차 위반 딱지를 나눠줬다.
(C) 표지판을 설치했다.
(D) 몇몇 고객들을 도와주었다.

해설 질문의 핵심어구(recently do)와 관련된 내용을 주의 깊게 듣는다. 대화 중반부에 남자가 "I spoke with one of our coworkers a few minutes ago(제가 동료들 중 한 명과 몇 분 전에 이야기했어요)"라고 하였다. 따라서 (A)가 정답이다.
패러프레이징
one of our coworkers 동료들 중 한 명 → colleague 동료

어휘 colleague[káːliːg] 동료  parking ticket 주차 위반 딱지  set up 설치하다

**30 시각 자료 문제**
해석 시각 자료를 보아라. 여자는 쇼핑객들을 어디로 안내할 것 같은가?

(A) A 주차장
(B) B 주차장
(C) C 주차장
(D) D 주차장

해설 질문의 핵심어구(direct shoppers)와 관련된 내용을 주의 깊게 듣는다. 대화 중반부에서 여자가 "I'm not sure where to direct them[Some shoppers](그들[몇몇 쇼핑객들]을 어디로 안내해야 할지 잘 모르겠어요)"이라고 하자, 남자가 "Lot D has multiple open spots(D 주차장에 많은 빈자리가 있어요)"라고 한 후, "send shoppers to the lot near the Lincoln Street entrance. Aside from the other one I mentioned, it has the most open spots(쇼핑객들을 링컨가 입구 근처에 있는 주차장으로 보내세요. 제가 언급한 다른 곳 외에는, 그곳에 가장 많은 빈자리가 있어요)"라고 하였으므로, 여자는 쇼핑객들을 D 주차장을 제외하고 가장 많은 빈자리가 있는 B 주차장으로 안내할 것임을 시각 자료에서 확인할 수 있다. 따라서 (B)가 정답이다.

---

## DAY 13 일상 생활

### HACKERS PRACTICE
p.130

| 01 (B) | 02 (A) | 03 (A) | 04 (A) | 05 (A) |
| 06 (B) | | | | |

**[01-03]** 영국식 발음 → 캐나다식 발음 / 미국식 발음 → 호주식 발음

Questions 1-3 refer to the following conversation.

W: Excuse me. I'd like to open a personal checking account at your bank.
M: Certainly. Could you please fill out these forms?
W: Here you go. And I read online that an initial deposit of $50 is required.
M: You don't need to worry about that. Our Web site needs to be updated.

checking account 예금 계좌  initial[iníʃəl] 첫 번째의, 처음의
deposit[미 dipázit, 영 dipɔ́zit] 예금

해석
1-3은 다음 대화에 관한 문제입니다.
W: 실례합니다. 저는 귀사의 은행에서 개인 예금 계좌를 개설하고 싶어요.
M: 물론이죠. 이 양식들을 작성해주시겠어요?
W: 여기 있습니다. 그리고 저는 50달러의 첫 예금이 요구된다고 온라인에서 읽었어요.
M: 그것에 대해서는 걱정하지 않으셔도 됩니다. 저희 웹사이트는 업데이트되어야 해요.

**01 장소 문제**
화자들은 어디에 있는 것 같은가?
(A) 우체국에
(B) 금융 기관에

**02 요청 문제**
남자는 여자에게 무엇을 하라고 요청하는가?
(A) 몇몇 서류를 작성한다.
(B) 신분증을 스캔한다.

paperwork[péipərwəːrk] 서류, 서류 작업

## 03 의도 파악 문제

남자는 왜 "저희 웹사이트는 업데이트되어야 해요"라고 말하는가?

(A) 정책이 변경되었음을 나타내기 위해

(B) 금액이 인상되었음을 말해주기 위해

## [04-06] 🔊 호주식 발음 → 영국식 발음 / 캐나다식 발음 → 미국식 발음

Questions 4-6 refer to the following conversation and list.

---

M: Hello. I'd like to book a room for one night on March 11.

W: I'm sorry. We're fully booked that evening. There's a convention taking place that weekend.

M: I see. Are there any other places to stay nearby that you could recommend?

W: Yes. I recommend a three-star hotel that is four blocks away. Would you like me to get their phone number?

M: I'd appreciate that.

W: OK. One moment please.

---

convention [kənvénʃən] 총회, 컨벤션
recommend [rèkəménd] 추천하다, 권하다

---

해석

4-6은 다음 대화와 목록에 관한 문제입니다.

M: 안녕하세요. 저는 3월 11일에 하룻밤 동안 객실을 예약하고 싶어요.

W: 죄송합니다. 저희는 그날 저녁에 예약이 꽉 찼습니다. 그 주말에 총회가 열려요.

M: 그렇군요. 근처에 당신이 추천해주실 수 있는 다른 숙박할 곳이 있나요?

W: 네. 네 블록 떨어져 있는 3성급 호텔을 권해드립니다. 제가 그곳의 전화번호를 알아봐 드릴까요?

M: 그렇게 해주시면 감사하겠어요.

W: 알겠습니다. 잠시만 기다려주세요.

| 호텔 이름 | 등급 |
|---|---|
| Fairwell 호텔 | ★★★ |
| Locksburg 호텔 | ★★★★ |

## 04 언급 문제

여자는 총회에 대해 무엇을 말하는가?

(A) 주말 동안 열릴 것이다.

(B) 저녁 식사가 있을 것이다.

## 05 시각 자료 문제

시각 자료를 보아라. 여자는 어떤 호텔을 권하는가?

(A) Fairwell 호텔

(B) Locksburg 호텔

inn [in] (작은) 호텔

## 06 특정 세부 사항 문제

여자는 다음에 무엇을 할 것 같은가?

(A) 예약 정보를 확인한다.

(B) 연락처를 구한다.

## HACKERS TEST

p. 131

| | | | | |
|---|---|---|---|---|
| 01 (B) | 02 (C) | 03 (A) | 04 (B) | 05 (B) |
| 06 (A) | 07 (C) | 08 (A) | 09 (A) | 10 (A) |
| 11 (D) | 12 (D) | 13 (D) | 14 (D) | 15 (A) |
| 16 (D) | 17 (A) | 18 (C) | 19 (A) | 20 (C) |
| 21 (D) | 22 (D) | 23 (C) | 24 (C) | 25 (C) |
| 26 (C) | 27 (D) | 28 (C) | 29 (B) | 30 (C) |

## [01-03] 🔊 호주식 발음 → 영국식 발음

Questions 1-3 refer to the following conversation.

---

M: This is Daniel Chandler from Core Real Estate calling for Maria Owens. 01**I have some details for you regarding the house on Bayer Street you offered to buy.**

W: Oh, great. 02**Did Mr. Lewis accept the amount I proposed?**

M: 02**Yes, he did.** 03**I recommend that you stop by the agency tomorrow** so that I can review the contract with you.

W: All right. I'll call you back once I check my schedule.

---

propose [미 prəpóuz, 영 prəpáuz] 제시하다, 제안하다
agency [éidʒənsi] 중개소, 대리점

---

해석

1-3은 다음 대화에 관한 문제입니다.

M: Maria Owens께 전화드리는 Core 부동산의 Daniel Chandler입니다. 01고객님께서 구매하시겠다고 제안하신 Bayer가의 집에 관한 몇 가지 세부 사항이 있어요.

W: 아, 잘됐네요. 02Mr. Lewis가 제가 제시했던 금액을 수락했나요?

M: 02네, 그랬어요. 제가 고객님과 계약서를 검토할 수 있도록 03내일 중개소에 들러주실 것을 권해드려요.

W: 알겠습니다. 제가 일정을 확인해보고 다시 전화드릴게요.

## 01 주제 문제

해석 화자들은 주로 무엇에 대해 이야기하고 있는가?

(A) 건물 점검

(B) 부동산 매입

(C) 소매점

(D) 수리 계획

해설 대화의 주제를 묻는 문제이므로, 대화의 초반을 주의 깊게 들은 후 전체 맥락을 파악한다. 남자가 "I have some details for you regarding the house on Bayer Street you offered to buy(고객님께서 구매하시겠다고 제안하신 Bayer가의 집에 관한 몇 가지 세부 사항이 있어요)"라고 한 후, 부동산 매입에 대한 내용으로 대화가 이어지고 있다. 따라서 (B)가 정답이다.

패러프레이징
house 집 → property 부동산

어휘 inspection [inspékʃən] 점검  property [prápərti] 부동산, 건물
retail space 소매점

## 02 특정 세부 사항 문제

해석 Mr. Lewis는 무엇을 했는가?

(A) 계약서에 서명했다.

(B) 부동산 사무실을 방문했다.

(C) 제안에 동의했다.

(D) 목록을 확인했다.

해설 질문의 핵심어구(Mr. Lewis)가 언급된 주변을 주의 깊게 듣는다. 대화 중반부에서 여자가 "Did Mr. Lewis accept the amount I proposed?(Mr. Lewis가 제가 제시했던 금액을 수락했나요?)"라고 하자, 남자가 "Yes, he did(네, 그랬어요)"라고 하였다. 따라서 (C)가 정답이다.

패러프레이징
accept the amount ~ proposed 제시했던 금액을 수락하다 → Agreed to a proposal 제안에 동의했다

## 03 제안 문제

해석 남자는 여자에게 무엇을 하라고 제안하는가?

(A) 사무실을 방문한다.
(B) 광고를 게시한다.
(C) 고객에게 이메일을 보낸다.
(D) 대금을 지불한다.

해설 남자의 말에서 제안과 관련된 표현이 언급된 다음을 주의 깊게 듣는다. 대화 후반부에서 "I recommend that you stop by the agency tomorrow(내일 중개소에 들러주실 것을 권해드려요)"라고 하였다. 따라서 (A)가 정답이다.

패러프레이징
suggest 제안하다 → recommend 권하다
stop by the agency 중개소에 들르다 → Visit an office 사무실을 방문하다

[04-06] 🎧 미국식 발음 → 호주식 발음

Questions 4-6 refer to the following conversation.

W: I'm sorry, sir, but it looks like your suitcase is too large to fit into that overhead bin. ⁰⁴It should be placed in the train's luggage compartment.
M: Will it have to stay there during the entire trip?
W: Yes. You can retrieve it when we reach our destination in a few hours.
M: Hmm . . . All right. But ⁰⁵I need to get my laptop from the front pocket first. That way I can review some work documents during the trip.
W: That's fine. Is there anything else you need?
M: ⁰⁶Are there blankets available for passengers? I'm a bit chilly.
W: Yes, there are. ⁰⁶I'll get one for you in a few minutes.

overhead bin 머리 위 짐칸  luggage[lʌ́gidʒ] 짐, 수하물
compartment [미 kəmpáːrtmənt, 영 kəmpáːtmənt] 칸, 객실
retrieve [ritríːv] 되찾다, 회수하다  destination [dèstənéiʃən] 목직지, 도직지
chilly [tʃíli] 추운, 쌀쌀한

해석
4-6은 다음 대화에 관한 문제입니다.

W: 손님, 죄송하지만 손님의 여행 가방이 머리 위 짐칸에 들어가기에 너무 커 보입니다. ⁰⁴그것은 열차의 짐칸에 놓아야 합니다.
M: 그것은 여행 내내 그곳에 두어야 할까요?
W: 네. 몇 시간 후 저희가 목적지에 도착할 때 되찾으실 수 있습니다.
M: 음… 알겠습니다. 하지만 ⁰⁵먼저 앞주머니에서 제 노트북을 꺼내야 해요. 그래야 이동하는 동안 제가 업무 문서를 검토할 수 있거든요.
W: 그건 괜찮아요. 다른 필요하신 것들이 있으신가요?
M: ⁰⁶승객들이 이용 가능한 담요가 있을까요? 제가 조금 추워서요.
W: 네, 있습니다. ⁰⁶제가 몇 분 내로 그것을 가져다드리겠습니다.

#### 04 장소 문제
해설 화자들은 어디에 있는가?
(A) 택시 승차장에
(B) 기차에
(C) 비행기에
(D) 지하철역에

해설 장소와 관련된 표현을 놓치지 않고 듣는다. 대화 초반부에서 여자가 "It[suitcase] should be placed in the train's luggage compartment(그것[여행 가방]은 열차의 짐칸에 놓아야 합니다)"라고 한 것을 통해, 화자들이 기차에 있음을 알 수 있다. 따라서 (B)가 정답이다.

어휘 taxi stand 택시 승차장

#### 05 특정 세부 사항 문제
해설 남자는 무엇을 할 것이라고 말하는가?
(A) 그의 자리 배정을 변경한다.
(B) 가방에서 기기를 꺼낸다.
(C) 안내원에게 그의 표를 보여준다.
(D) 분실품을 되찾는다.

해설 질문의 핵심어구(man ~ will do)와 관련된 내용을 주의 깊게 듣는다. 대화 중반부에서 남자가 "I need to get my laptop from the front pocket first(먼저 앞주머니에서 제 노트북을 꺼내야 해요)"라고 하였다. 따라서 (B)가 정답이다.

패러프레이징
laptop 노트북 → device 기기

어휘 attendant[əténdənt] 안내원, 종업원

#### 06 특정 세부 사항 문제
해설 여자는 다음에 무엇을 할 것 같은가?
(A) 담요를 가져온다.
(B) 몇몇 할인권들을 출력한다.
(C) 계정에 접근한다.
(D) 몇몇 기기를 사용한다.

해설 질문의 핵심어구(woman ~ do next)와 관련된 내용을 주의 깊게 듣는다. 대화 후반부에서 남자가 "Are there blankets available for passengers?(승객들이 이용 가능한 담요가 있을까요?)"라고 하자, 여자가 "I'll get one for you in a few minutes(제가 몇 분 내로 그것을 가져다드리겠습니다)"라고 하였다. 따라서 (A)가 정답이다.

어휘 voucher[váutʃər] 할인권, 상품권

[07-09] 🎧 캐나다식 발음 → 영국식 발음

Questions 7-9 refer to the following conversation.

M: ⁰⁷Thank you for calling Morrison Airport's guest services desk. This is Kenneth speaking. How can I help you?
W: I booked a flight for Friday, but I'm concerned the snowstorm will cause delays. Do you have any information about that?
M: ⁰⁸The forecast shows that it will end quickly and there will be clear skies tomorrow. So, as of now, there are no cancellations on your departure date.
W: That's a relief. I was worried I would have to postpone my trip.
M: ⁰⁹Don't forget to check our Web site for updates closer to when you leave.
W: Thanks. I'll do that.

snowstorm [미 snóustɔːrm, 영 snóustɔːm] 눈보라
forecast [미 fɔːrkæst, 영 fɔːkɑːst] (날씨) 예보
cancellation [kæ̀nsəléiʃən] 취소(된 것)

해석
7-9는 다음 대화에 관한 문제입니다.

M: ⁰⁷Morrison 공항의 고객 서비스 데스크에 전화 주셔서 감사드립니다. 저는 Kenneth입니다. 어떻게 도와드릴까요?
W: 저는 금요일 비행편을 예약했는데, 눈보라가 지연을 발생시킬 것이 걱정돼서요. 그것에 대한 정보를 갖고 계신가요?
M: ⁰⁸날씨 예보는 그것이 곧 그칠 것이고 내일은 하늘이 맑을 것이라고 보여줍니다. 그래서 현재로서는, 고객님의 출발일에는 취소된 것이 없습니다.
W: 다행이네요. 저는 제 여행을 미뤄야 할지 걱정했거든요.
M: 떠나실 때에 가까운 ⁰⁹최신 정보를 위해 저희 웹사이트를 확인하는 것을 잊

지 마세요.

W: 감사합니다. 그렇게 할게요.

## 07 화자 문제

해석 남자는 누구인 것 같은가?
(A) 여행 가이드
(B) 시 공무원
(C) 공항 직원
(D) 여행사 직원

해설 대화에서 신분 및 직업과 관련된 표현을 놓치지 않고 듣는다. 대화 초반부에서 남자가 "Thank you for calling Morrison Airport's guest services desk. This is Kenneth speaking. How can I help you?(Morrison 공항의 고객 서비스 데스크에 전화 주셔서 감사드립니다. 저는 Kenneth입니다. 어떻게 도와드릴까요?)"라고 한 것을 통해, 남자가 Morrison 공항의 직원임을 알 수 있다. 따라서 (C)가 정답이다.

## 08 특정 세부 사항 문제

해석 남자에 따르면, 내일 무슨 일이 일어날 것인가?
(A) 기상 상태가 나아질 것이다.
(B) 출발 시간이 확정될 것이다.
(C) 승객 수가 늘어날 것이다.
(D) 취소가 공지될 것이다.

해설 질문의 핵심어구(tomorrow)가 언급된 주변을 주의 깊게 듣는다. 대화 중반부에서 남자가 "The forecast shows that it[snowstorm] will end quickly and there will be clear skies tomorrow(날씨 예보는 그것 [눈보라]이 곧 그칠 것이고 내일은 하늘이 맑을 것이라고 보여줍니다)"라고 하였다. 따라서 (A)가 정답이다.

어휘 weather condition 기상 상태

## 09 특정 세부 사항 문제

해석 남자는 여자가 무엇을 하도록 상기시키는가?
(A) 웹사이트를 확인한다.
(B) 애플리케이션을 내려받는다.
(C) 여행 일정표를 업데이트한다.
(D) 예약 날짜를 변경한다.

해설 질문의 핵심어구(remind ~ to do)와 관련된 내용을 주의 깊게 듣는다. 대화 후반부에서 남자가 "Don't forget to check our Web site for updates(최신 정보를 위해 저희 웹사이트를 확인하는 것을 잊지 마세요)"라고 하였다. 따라서 (A)가 정답이다.

어휘 itinerary[aitínərèri] 여행 일정표

### [10-12] 🔊 영국식 발음 → 캐나다식 발음

Questions 10-12 refer to the following conversation.

W: Good morning. ¹⁰**I'd like to buy a new car. I was hoping to take a couple of test drives this afternoon.**
M: I would be happy to help you. ¹¹**We just got the latest model of the two-seater Devi Sports Coupe. Why don't you take that one for a drive?**
W: Well, ¹¹**my husband and I have a child. We're interested in a vehicle with lots of safety features.**
M: I understand. Well, ¹²**have you considered a van?** It would be perfect for you. ¹²**Let me show you some of the models we have.**

test drive 시승  feature[fí:tʃər] 기능, 특징
consider[미 kənsídər, 영 kənsídə] 고려하다, 숙고하다

해석
10-12는 다음 대화에 관한 문제입니다.
W: 안녕하세요. ¹⁰저는 새 차를 구입하고 싶은데요. 오늘 오후에 두어 번 시승해 보고 싶었어요.
M: 도와드리게 되어 기쁩니다. ¹¹저희는 2인승 Devi Sports Coupe의 최신 모델을 막 들여놓았습니다. 그것을 시승해보시는 건 어떤가요?
W: 음, ¹¹남편과 저는 아이가 있어요. 저희는 많은 안전 기능을 갖춘 차량에 관심이 있어요.
M: 알겠습니다. 그럼, ¹²밴을 고려해 보셨나요? 손님께 완벽할 겁니다. ¹²저희가 보유하고 있는 모델들을 몇 대 보여 드릴게요.

## 10 장소 문제

해석 대화는 어디에서 일어나는 것 같은가?
(A) 자동차 대리점에서
(B) 주차장에서
(C) 수리점에서
(D) 대여점에서

해설 장소와 관련된 표현을 놓치지 않고 듣는다. 대화 초반부에서 여자가 "I'd like to buy a new car. I was hoping to take a couple of test drives this afternoon(저는 새 차를 구입하고 싶은데요. 오늘 오후에 두어 번 시승해 보고 싶었어요)"이라고 한 것을 통해, 대화가 자동차 대리점에서 일어나고 있음을 알 수 있다. 따라서 (A)가 정답이다.

어휘 dealership[dí:lərʃip] 대리점  rental agency 대여점

## 11 의도 파악 문제

해석 여자는 왜 "남편과 저는 아이가 있어요"라고 말하는가?
(A) 대안을 제시하기 위해
(B) 선택 사항을 고르기 위해
(C) 결정을 확인하기 위해
(D) 제안을 거절하기 위해

해설 질문의 인용어구(my husband and I have a child)가 언급된 주변을 주의 깊게 듣는다. 대화 중반부에서 남자가 "We just got the latest model of the two-seater Devi Sports Coupe. Why don't you take that one for a drive?(저희는 2인승 Devi Sports Coupe의 최신 모델을 막 들여놓았습니다. 그것을 시승해보시는 건 어떤가요?)"라고 하자, 여자가 남편과 자신은 아이가 있다며 "We're interested in a vehicle with lots of safety features(저희는 많은 안전 기능을 갖춘 차량에 관심이 있어요)"라고 하였다. 이를 통해 여자가 2인승 Devi Sports Coupe의 최신 모델을 시승해보라는 제안을 거절하려는 의도임을 알 수 있다. 따라서 (D)가 정답이다.

어휘 alternative[ɔ:ltə́rnətiv] 대안, 양자택일  reject[ridʒékt] 거절하다, 거부하다

## 12 특정 세부 사항 문제

해석 화자들은 다음에 무엇을 할 것 같은가?
(A) 안전 장비를 착용한다.
(B) 기술자에게 이야기한다.
(C) 결제를 처리한다.
(D) 몇몇 차량들을 살펴본다.

해설 질문의 핵심어구(do next)와 관련된 내용을 주의 깊게 듣는다. 대화 후반부에서 남자가 "have you considered a van?(밴을 고려해 보셨나요?)"이라고 하면서 "Let me show you some of the models we have(저희가 보유하고 있는 모델들을 몇 대 보여 드릴게요)"라고 하였다. 따라서 (D)가 정답이다.

어휘 safety gear 안전 장비  process[práses] 처리하다
payment[péimənt] 결제, 지불

Questions 13-15 refer to the following conversation with three speakers.

M1: Wow! ¹³**I didn't realize Sharon Norman was displaying her sculptures at The Wilford Metropolitan Museum this month.**
W: Really? Her art is supposed to be amazing. ¹⁴**I read an interview with her in *Modern Art Magazine***, and I was quite impressed.
M2: Why don't we go to the museum on Saturday to see her pieces?
W: Um, I have a dentist appointment that day.
M1: Then, do you want to view the exhibit next Friday afternoon?
M2: That works for me.
W: I'm free that day as well. And ¹⁵**I'll buy the passes for everyone**.

---

sculpture[미 skʌ́lptʃər, 영 skʌ́lptʃə] 조각품
be supposed to ~라고 한다, ~하기로 되어 있다  piece[piːs] 작품
pass[미 pæs, 영 paːs] 입장권

해석
13-15는 다음 세 명의 대화에 관한 문제입니다.

M1: 와! ¹³저는 이번 달에 Sharon Norman이 그녀의 조각품을 Wilford Metropolitan 박물관에 전시하고 있었다는 것을 몰랐어요.
W: 정말인가요? 그녀의 예술 작품이 굉장하다고 하던데요. ¹⁴저는 *Modern Art 지*에서 그녀와 인터뷰한 것을 읽었는데, 정말 인상 깊었어요.
M2: 그녀의 작품들을 보러 토요일에 박물관에 가는 게 어때요?
W: 음, 저는 그날 치과 예약이 있어요.
M1: 그러면, 다음 주 금요일 오후에 전시를 보러 갈래요?
M2: 저는 그날이 좋아요.
W: 저도 그날에 시간이 돼요. 그럼 ¹⁵제가 모두를 위해 입장권을 살게요.

### 13 주제 문제
해석 화자들은 주로 무엇에 대해 이야기하고 있는가?
(A) 뮤지컬 공연
(B) 미술 수업
(C) 문화 축제
(D) 박물관 전시

해설 대화의 주제를 묻는 문제이므로, 대화의 초반을 주의 깊게 들은 후 전체 맥락을 파악한다. 남자 1이 "I didn't realize Sharon Norman was displaying her sculptures at The Wilford Metropolitan Museum this month(저는 이번 달에 Sharon Norman이 그녀의 조각품을 Wilford Metropolitan 박물관에 전시하고 있었다는 것을 몰랐어요)"라고 한 후, 박물관 전시에 대한 내용으로 대화가 이어지고 있다. 따라서 (D)가 정답이다.

패러프레이징
displaying 전시하는 → exhibit 전시

### 14 언급 문제
해석 Sharon Norman에 대해 무엇이 언급되는가?
(A) 그녀는 기부를 했다.
(B) 그녀는 강의를 했다.
(C) 그녀는 회사를 설립했다.
(D) 그녀는 인터뷰를 했다.

해설 질문의 핵심어구(Sharon Norman)와 관련된 내용을 주의 깊게 듣는다. 대화 중반부에서 여자가 "I read an interview with her[Sharon

Norman] in *Modern Art Magazine*(저는 *Modern Art지*에서 그녀[Sharon Norman]와 인터뷰한 것을 읽었어요)"라고 하였다. 따라서 (D)가 정답이다.

어휘 donation[dounéiʃən] 기부, 기증  found[faund] 설립하다

### 15 제안 문제
해석 여자는 무엇을 하겠다고 제안하는가?
(A) 표 몇 장을 구매한다.
(B) 일정을 확인한다.
(C) 견학 일정을 세운다.
(D) 안내 사항들을 이메일로 보낸다.

해설 여자의 말에서 제안과 관련된 표현이 언급된 다음을 주의 깊게 듣는다. 대화 후반부에서 "I'll buy the passes for everyone(제가 모두를 위해 입장권을 살게요)"이라고 하였다. 따라서 (A)가 정답이다.

패러프레이징
buy the passes 입장권을 사다 → Purchase some tickets 표 몇 장을 구매하다

어휘 arrange[əréindʒ] 일정을 세우다, 마련하다

Questions 16-18 refer to the following conversation.

M: ¹⁶**This sofa is our best-selling item.** It folds out into a bed for two as well. ¹⁶**The retail price is $999, but it's on sale this week for only $799.**
W: Wow, that's exactly what I was looking for. I'm just wondering though, would there be any assembly required?
M: Well, all our products come with instructions for assembly. It's a straightforward process that only takes about half an hour.
W: Hmm . . . I'm not really good at that sort of thing. ¹⁷**Could I arrange to have someone to do it for me?**
M: Sure. ¹⁷**We can have a customer service agent help you by visiting your house for $20.**
W: Alright then, I'll take one in beige. ¹⁸**Could you deliver it right away?**

---

fold out 펴지다, 열리다  retail price 소매 가격
wonder[미 wʌ́ndər, 영 wʌ́ndə] 궁금하다  assembly[əsémbli] 조립, 집회
require[미 rikwáiər, 영 rikwáiə] 필요하다
instruction[instrʌ́kʃən] 설명서
straightforward[미 strèitfɔ́ːrwərd, 영 strèitfɔ́ːwəd] 간단한, 솔직한
process[미 prάːses, 영 próuses] 작업, 절차

해석
16-18은 다음 대화에 관한 문제입니다.

M: ¹⁶이 소파는 저희 매장에서 가장 많이 팔리는 품목이에요. 이것은 2인용 침대로도 펴져요. ¹⁶소매 가격은 999달러이지만, 이번 주에는 단 799달러에 할인 중입니다.
W: 와, 그게 바로 제가 찾던 거예요. 그렇지만 저는 궁금한데, 조립이 필요한가요?
M: 음, 저희의 모든 제품들은 조립 설명서가 딸려 있어요. 그것은 30분 정도밖에 안 걸리는 간단한 작업입니다.
W: 음… 저는 그런 종류의 것에 정말 능숙하지 못해요. ¹⁷저를 위해 누군가가 그것을 하게끔 할 수 있나요?
M: 물론이죠. ¹⁷20달러에 고객 서비스 직원이 고객님 댁에 방문해서 도와드리도록 할 수 있어요.
W: 그렇다면 좋아요, 베이지 색상으로 살게요. ¹⁸그것을 즉시 배달해줄 수 있나요?

## 16 장소 문제

해석 화자들은 어디에 있는 것 같은가?
    (A) 보관 시설에
    (B) 고객 서비스 센터에
    (C) 제조 공장에
    (D) 소매 판매점에

해설 장소와 관련된 표현을 놓치지 않고 듣는다. 대화 초반부에서 남자가 "This sofa is our best-selling item(이 소파는 저희 매장에서 가장 많이 팔리는 품목이에요)"이라고 한 후, "The retail price is $999, but it's on sale this week for only $799(소매 가격은 999달러이지만, 이번 주에는 단 799달러에 할인 중입니다)"라고 한 것을 통해, 화자들이 소파를 판매하는 소매 판매점에 있음을 알 수 있다. 따라서 (D)가 정답이다.

어휘 storage[stɔ́ːridʒ] 보관, 저장

## 17 특정 세부 사항 문제

해석 추가 비용으로 무엇이 이용 가능한가?
    (A) 조립에 대한 도움
    (B) 손상에 대한 보험
    (C) 소프트웨어 설치
    (D) 기기 업그레이드

해설 질문의 핵심어구(available for an additional fee)와 관련된 내용을 주의 깊게 듣는다. 대화 후반부에서 여자가 "Could I arrange to have someone to do it[assembly] for me?(저를 위해 누군가가 그것[조립]을 하게끔 할 수 있나요?)"라고 하자, 남자가 "We can have a customer service agent help you by visiting your house for $20(20달러에 고객 서비스 직원이 고객님 댁에 방문해서 도와드리도록 할 수 있어요)"라고 하였다. 따라서 (A)가 정답이다.

패러프레이징
help 도와주다 → Assistance 도움

어휘 insurance[inʃúərəns] 보험, 보험금 installation[instəléiʃən] 설치, 설비

## 18 요청 문제

해석 여자는 남자에게 무엇을 하라고 요청하는가?
    (A) 안내 책자를 제공한다.
    (B) 실내 장식가와 만난다.
    (C) 물품을 배달한다.
    (D) 판매 회사에 전화한다.

해설 여자의 말에서 요청과 관련된 표현이 언급된 다음을 주의 깊게 듣는다. 대화 후반부에서 "Could you deliver it[sofa] right away?(그것[소파]을 즉시 배달해줄 수 있나요?)"라고 하였다. 따라서 (C)가 정답이다.

어휘 manual[mǽnjuəl] 안내 책자 vendor[véndər] 판매 회사, 노점상

[19-21] 🔊 미국식 발음 → 호주식 발음

Questions 19-21 refer to the following conversation.

---

W: Good morning. My name is Malory Bartle. ¹⁹**I'm late for my appointment with Dr. Dawson.**
M: Unfortunately, Dr. Dawson is meeting with another patient. He did so after waiting for you for over 15 minutes.
W: Is it possible to meet with him a little bit later?
M: I'll have to ask him. ²⁰**Why don't you take a seat in the lobby?** I'll inform you of his availability shortly.
W: Sure. ²¹**How long will I have to wait for the doctor to be available?**
M: He just brought a patient into the examination room. ²¹**He'll be finished in half an hour.**  ◎

---

availability[əvèiləbíləti] 가능 여부, 가능성 shortly[미 ʃɔ́ːrtli, 영 ʃɔ́ːtli] 곧
available[əvéiləbl] 시간이 나는, 만날 수 있는 patient[péiʃənt] 환자
examination room 진찰실

해석
19-21은 다음 대화에 관한 문제입니다.

W: 안녕하세요. 제 이름은 Malory Bartle이에요. ¹⁹저는 Dr. Dawson과의 예약에 늦었어요.
M: 유감스럽게도 Dr. Dawson은 다른 환자분을 만나고 계세요. 그는 당신을 15분 넘게 기다리신 뒤 그렇게 하셨어요.
W: 그를 이따 만나는 것이 가능할까요?
M: 제가 선생님께 여쭤봐야 할 거예요. ²⁰로비에 앉아계시는 게 어때요? 제가 선생님의 가능 여부를 곧 알려드릴게요.
W: 좋아요. ²¹의사 선생님께서 시간이 나시려면 제가 얼마나 기다려야 할까요?
M: 그는 방금 환자를 진찰실로 데려가셨어요. ²¹30분 후에 끝나실 거예요.

## 19 문제점 문제

해석 여자의 문제는 무엇인가?
    (A) 그녀는 제시간에 도착하지 않았다.
    (B) 그녀는 예약 잡는 것을 잊었다.
    (C) 그녀는 다른 건물로 잘못 갔다.
    (D) 그녀는 처방전을 받을 수 없다.

해설 여자의 말에서 부정적인 표현이 언급된 다음을 주의 깊게 듣는다. 대화 초반부에서 "I'm late for my appointment with Dr. Dawson(저는 Dr. Dawson과의 예약에 늦었어요)"이라고 하였다. 따라서 (A)가 정답이다.

패러프레이징
late 늦은 → not arrive on time 제시간에 도착하지 않다

어휘 on time 제시간에, 정각에 prescription[priskrípʃən] 처방전

## 20 제안 문제

해석 남자는 여자에게 무엇을 하라고 제안하는가?
    (A) 의사에게 연락한다.
    (B) 양식을 작성한다.
    (C) 로비에서 기다린다.
    (D) 나중에 다시 온다.

해설 남자의 말에서 제안과 관련된 표현이 언급된 다음을 주의 깊게 듣는다. 대화 중반부에서 "Why don't you take a seat in the lobby?(로비에 앉아계시는 게 어때요?)"라고 하였다. 따라서 (C)가 정답이다.

어휘 physician[fiziʃən] 의사

## 21 언급 문제

해석 Dr. Dawson에 대해 무엇이 언급되는가?
    (A) 그는 회의를 기다리고 있다.
    (B) 그는 시설을 떠나야 한다.
    (C) 그는 기계를 검사해야 한다.
    (D) 그는 30분 후에 시간이 날 것이다.

해설 질문의 핵심어구(Dr. Dawson)와 관련된 내용을 주의 깊게 듣는다. 대화 후반부에서 여자가 "How long will I have to wait for the doctor[Dr. Dawson] to be available?(의사 선생님[Dr. Dawson]께서 시간이 나시려면 제가 얼마나 기다려야 할까요?)"이라고 하자, 남자가 "He'll be finished in half an hour(30분 후에 끝나실 거예요)"라고 하였다. 따라서 (D)가 정답이다.

어휘 look forward to ~을 기다리다

Questions 22-24 refer to the following conversation.

---

M: Hi, Kathy. ²²I saw a new play at the Hardwood Theater last night.

W: ²³The Vultures' Daughters? How was it? I heard that the critics gave it great reviews. They praised the story for the unexpected plot twist at the end.

M: Yes, and it also has a great cast. I went with a few of my friends and we really enjoyed it. I think there are still tickets for tomorrow. Why don't you go watch it?

W: Oh, ²⁴I don't think I can make it because I'll be attending a college reunion that night. It sounds really interesting though. Maybe I will see if I can get tickets for Saturday or Sunday.

---

critic[krítik] 평론가  review[rivjú:] 평가, 평론  plot[plɑ:t] 줄거리, 구성
twist[twist] 전개  cast[미 kæst, 영 kɑ:st] 출연진  reunion[ri:júːniən] 동창회

해석
22-24는 다음 대화에 관한 문제입니다.

M: 안녕하세요, Kathy. ²²저는 어젯밤에 Hardwood 극장에서 새로운 연극을 봤어요.

W: ²³The Vultures' Daughters요? 어땠어요? 평론가들이 그것에 좋은 평가를 주었다고 들었어요. 그들은 마지막의 예상치 못한 줄거리 전개에 대해 이야기를 칭찬했어요.

M: 네, 그리고 출연진도 훌륭해요. 저는 제 친구들 몇 명과 갔는데 저희는 그것을 정말 즐겁게 봤어요. 아직 내일 표가 있는 것 같아요. 당신도 보러 가는 게 어때요?

W: 아, ²⁴저는 그날 밤에 대학 동창회에 참석할 거라서 못 갈 것 같아요. 하지만 정말 재미있을 것 같긴 하네요. 혹시 토요일이나 일요일 표를 구할 수 있는지 확인해봐야겠어요.

**22 특정 세부 사항 문제**

해석 남자는 어제 저녁에 무엇을 했는가?
(A) 그는 콘서트장을 견학했다.
(B) 그는 책을 구매했다.
(C) 그는 표 몇 장을 예매했다.
(D) 그는 극장에 갔다.

해설 질문의 핵심어구(yesterday evening)와 관련된 내용을 주의 깊게 듣는다. 대화 초반부에서 남자가 "I saw a new play at the Hardwood Theater last night(저는 어젯밤에 Hardwood 극장에서 새로운 연극을 봤어요)"이라고 하였다. 따라서 (D)가 정답이다.

패러프레이징
yesterday evening 어제 저녁 → last night 어젯밤
saw a ~ play at the ~ Theater 극장에서 연극을 봤다 → went to a theater 극장에 갔다

**23 특정 세부 사항 문제**

해석 여자에 따르면, 평론가들은 The Vultures' Daughters에 대해 무엇을 좋아하는가?
(A) 잘 쓰여졌다.
(B) 매우 극적이다.
(C) 뜻밖의 결말이 있다.
(D) 훌륭한 감독이 있다.

해설 질문의 핵심어구(The Vultures' Daughters)가 언급된 주변을 주의 깊게 듣는다. 대화 중반부에서 여자가 "The Vultures' Daughters? How was it? I heard that the critics gave it great reviews. They praised the story for the unexpected plot twist at the end(The Vultures' Daughters요? 어땠어요? 평론가들이 그것에 좋은 평가를 주었다고

---

들었어요. 그들은 마지막의 예상치 못한 줄거리 전개에 대해 이야기를 칭찬했어요)"라고 하였다. 따라서 (C)가 정답이다.

어휘 dramatic[drəmǽtik] 극적인  surprise ending 뜻밖의 결말

**24 이유 문제**

해석 여자는 왜 내일 바쁜가?
(A) 그녀는 초과 근무를 해야 한다.
(B) 그녀는 대학 강의를 할 것이다.
(C) 그녀는 다른 행사에 참석할 것이다.
(D) 그녀는 병문안을 갈 것이다.

해설 질문의 핵심어구(not free tomorrow)와 관련된 내용을 주의 깊게 듣는다. 대화 후반부에서 여자가 "I don't think I can make it because I'll be attending a college reunion that[tomorrow] night(저는 그날[내일] 밤에 대학 동창회에 참석할 거라서 못 갈 것 같아요)"이라고 하였다. 따라서 (C)가 정답이다.

패러프레이징
not free 바쁜 → don't ~ make it 못 가다

어휘 work overtime 초과 근무를 하다  lecture[léktʃər] 강의

Questions 25-27 refer to the following conversation and floor plan.

---

W: You've reached the Westwood Language Academy. How can I help you today?

M: Hi. ²⁵Do you offer one-on-one tutoring sessions? I'd like to improve my Spanish language skills, but I don't want to join a class.

W: Of course. Each one-hour session costs $45. However, ²⁶you can receive a 15 percent discount if you pay for five sessions at once.

M: Great. My office is nearby, so I'll stop by after work this evening to sign up.

W: Oh, I should point out that we recently relocated. ²⁷We're in the same building but on the second floor . . . uh, right across from the stairs.

M: Thanks for letting me know.

---

tutoring[tjú:təriŋ] 개인 교습  improve[imprú:v] 향상시키다, 개선하다
point out 알려주다, 지적하다  relocate[rì:lóukeit] 이전하다, 재배치하다

해석
25-27은 다음 대화와 평면도에 관한 문제입니다.

W: Westwood 어학원입니다. 오늘 어떻게 도와드릴까요?

M: 안녕하세요. ²⁵그곳에서 1대 1 개인 교습을 제공하나요? 제 스페인어 실력을 향상시키고 싶은데, 수업에 들어가고 싶지는 않아서요.

W: 물론입니다. 한 시간짜리 교습은 회당 45달러입니다. 하지만, ²⁶5회를 한 번에 납부하시면 15퍼센트 할인을 받으실 수 있습니다.

M: 좋네요. 제 사무실이 근처라 등록하러 오늘 저녁 퇴근 후에 들를게요.

W: 아, 저희가 최근에 이전했다는 것을 알려드려야겠네요. ²⁷저희는 같은 건물에 있지만 2층에 있습니다… 어, 계단 바로 맞은편입니다.

M: 알려주셔서 감사합니다.

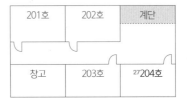

## 25 특정 세부 사항 문제

해석 남자는 무엇에 대해 문의하는가?
(A) 수업 시간표
(B) 강사 이름
(C) 서비스 이용 가능 여부
(D) 건물 위치

해설 질문의 핵심어구(man ask)와 관련된 내용을 주의 깊게 듣는다. 대화 초반부에서 남자가 "Do you offer one-on-one tutoring sessions?(그곳에서 1대 1 개인 교습을 제공하나요?)"라고 하였다. 따라서 (C)가 정답이다.

**패러프레이징**
one-on-one tutoring sessions 1대 1 개인 교습 → service 서비스

어휘 availability[əvèiləbíləti] 이용 가능성

## 26 방법 문제

해석 남자는 어떻게 할인을 받을 수 있는가?
(A) 저녁 수업에 등록함으로써
(B) 회원권을 갱신함으로써
(C) 여러 회를 납부함으로써
(D) 웹사이트에서 등록함으로써

해설 질문의 핵심어구(receive a discount)가 언급된 주변을 주의 깊게 듣는다. 대화 중반부에서 여자가 "you can receive a 15 percent discount if you pay for five sessions at once(5회를 한 번에 납부하시면 15퍼센트 할인을 받으실 수 있습니다)"라고 하였다. 따라서 (C)가 정답이다.

어휘 enroll in ~에 등록하다  renew[rinjú:] 갱신하다, 연장하다

## 27 시각 자료 문제

해석 시각 자료를 보아라. Westwood 어학원은 어떤 방에 위치해 있는가?
(A) 201호
(B) 202호
(C) 203호
(D) 204호

해설 질문의 핵심어구(Westwood Language Academy located in)와 관련된 내용을 주의 깊게 듣는다. 대화 후반부에서 여자가 "We[Westwood Language Academy]'re ~ on the second floor ~ right across from the stairs(저희는 2층에 계단 바로 맞은편에 있습니다)"라고 하였으므로, Westwood 어학원이 계단 바로 맞은편인 204호에 위치해 있음을 시각 자료에서 확인할 수 있다. 따라서 (D)가 정답이다.

**[28-30]** 3*)) 영국식 발음 → 호주식 발음

Questions 28-30 refer to the following conversation and table.

---

W: Hello. I'm calling because I want to learn more about your travel packages. I'm planning to travel to France in May.

M: OK. ²⁸**Do you have a certain region you were interested in visiting?**

W: Not particularly. I'm open to different places.

M: ²⁹**Our travel agency has seasonal deals for several regions right now.**

W: That's wonderful. Um . . . ³⁰**I'd prefer to spend no more than $2,100**, if possible.

M: I have the perfect package for you, then.

---

travel package 여행 상품  region[rí:dʒən] 지역
open to ~을 기꺼이 고려하는  seasonal[sí:zənl] 계절의

해석
28-30은 다음 대화와 표에 관한 문제입니다.

W: 안녕하세요. 제가 귀사의 여행 상품에 대해 더 알고 싶어서 전화 드려요. 저는

---

5월에 프랑스로 여행하는 것을 계획 중이거든요.

M: 알겠습니다. ²⁸방문하고 싶었던 특정 지역이 있으신가요?

W: 특별히 없어요. 저는 다양한 장소들을 기꺼이 고려하고 있어요.

M: ²⁹저희 여행사는 지금 여러 지역들에 대한 계절 특별 상품들이 있어요.

W: 좋네요. 음… 가능하다면 ³⁰저는 2,100달러 넘게 쓰지 않으면 좋겠어요.

M: 그렇다면, 고객님을 위한 완벽한 상품이 있어요.

| 행선지 | 출발 날짜 | 여행 가격 |
|---|---|---|
| 파리 | 5월 10일 | 2,200달러 |
| 보르도 | 5월 16일 | 2,300달러 |
| ³⁰리옹 | 5월 20일 | 2,050달러 |
| 니스 | 5월 22일 | 2,500달러 |

## 28 특정 세부 사항 문제

해석 남자는 여자에게 무엇에 대해 문의하는가?
(A) 단체 요금
(B) 예상되는 여행 날짜
(C) 관심이 있는 지역
(D) 선호하는 지불 방식

해설 질문의 핵심어구(man ask the woman)와 관련된 내용을 주의 깊게 듣는다. 대화 초반부에서 남자가 "Do you have a certain region you were interested in visiting?(방문하고 싶었던 특정 지역이 있으신가요?)"이라고 하였다. 따라서 (C)가 정답이다.

**패러프레이징**
a ~ region ~ interested in visiting 방문하고 싶었던 지역 → Place of interest 관심이 있는 지역

어휘 anticipate[æntísəpèit] 예상하다, 기대하다

## 29 언급 문제

해석 남자는 여행사에 대해 무엇을 말하는가?
(A) 회사 행사를 전문으로 한다.
(B) 현재 특별 상품을 제공한다.
(C) 최근에 행선지를 추가했다.
(D) 해외에 새로운 지점을 열었다.

해설 남자의 말에서 질문의 핵심어구(travel agency)가 언급된 주변을 주의 깊게 듣는다. 대화 중반부에서 "Our travel agency has seasonal deals ~ right now(저희 여행사는 지금 계절 특별 상품들이 있어요)"라고 하였다. 따라서 (B)가 정답이다.

**패러프레이징**
seasonal deals 계절 특별 상품 → special offers 특별 상품

어휘 specialize in ~을 전문으로 하다

## 30 시각 자료 문제

해석 시각 자료를 보아라. 여자는 어떤 행선지를 선택할 것 같은가?
(A) 파리
(B) 보르도
(C) 리옹
(D) 니스

해설 질문의 핵심어구(destination ~ choose)와 관련된 내용을 주의 깊게 듣는다. 대화 후반부에서 여자가 "I'd prefer to spend no more than $2,100(저는 2,100달러 넘게 쓰지 않으면 좋겠어요)"라고 하였으므로, 여자가 여행 가격이 2,100달러보다 적은 2,050달러의 행선지인 리옹을 선택할 것임을 시각 자료에서 확인할 수 있다. 따라서 (C)가 정답이다.

# PART 4

## HACKERS **PRACTICE**                                    p.140

| 01 (A) | 02 (A) | 03 (B) | 04 (A) | 05 (A) |
|--------|--------|--------|--------|--------|
| 06 (B) |        |        |        |        |

---

**01** 🔊 호주식 발음 / 미국식 발음

Question 1 refers to the following talk.

> I just wanted to give you all an update on our plans <u>for</u> <u>the company's anniversary celebration</u>. We were thinking <u>about hosting the event</u> either at the Bolivar Hotel or the San Pedro Convention Center. However, many people have suggested that <u>the hotel would be the better choice</u> as it is closer to the office.
>
> ----
>
> **anniversary** [미 ǽnəvə́ːrsəri, 영 ǽnivə́ːsəri] 기념일
> **celebration** [sèləbréiʃən] 축하연

**해석**

1은 다음 담화에 관한 문제입니다.

여러분 모두에게 회사의 기념일 축하연 계획에 대한 최신 정보를 알려드리고자 합니다. 우리는 Bolivar 호텔 또는 San Pedro 컨벤션 센터 중 한 곳에서 행사를 주최하는 것을 고려하고 있었습니다. 그런데, 많은 사람들이 호텔이 사무실에서 더 가깝기 때문에 더 좋은 선택일 것이라고 제안했습니다.

**01 목적 문제**

담화의 목적은 무엇인가?

(A) 행사 계획을 논의하기 위해
(B) 새로운 호텔을 설명하기 위해

---

**02** 🔊 캐나다식 발음 / 영국식 발음

Question 2 refers to the following announcement.

> Attention all <u>Bookend customers</u>! <u>A reading by renowned</u> <u>author</u> Milly Baines will begin in 15 minutes in our fiction department. Ms. Baines will share an excerpt from her newest work *Siberian Summer* and will answer your questions. Following this, you may <u>purchase copies of her</u> <u>novel</u> and Ms. Baines will be available to <u>sign your books</u>.
>
> ----
>
> **reading** [ríːdiŋ] 낭독회   **renowned** [rináund] 유명한, 명성 있는
> **excerpt** [미 éksəːrpt, 영 éksəːpt] 발췌문, 인용구

**해석**

2는 다음 공지에 관한 문제입니다.

모든 Bookend 고객 여러분께 알려드립니다! 유명한 작가인 Milly Baines의 낭독회가 15분 후에 소설 매장에서 시작합니다. Ms. Baines는 그녀의 최신작인 *Siberian Summer*에서의 발췌문을 공유하고 여러분의 질문에 답할 것 입니다. 이후 여러분께서는 그녀의 소설을 구입하실 수 있으며, Ms. Baines가 여러분의 도서에 사인해드리는 시간이 있을 것입니다.

**02 장소 문제**

공지는 어디에서 이루어지고 있는 것 같은가?

(A) 서점에서
(B) 출판사에서

---

**[03-04]** 🔊 호주식 발음 / 미국식 발음

Questions 3-4 refer to the following telephone message.

> This is Alexis calling from Dolly's Hair Salon. You are <u>scheduled for an appointment next</u> Tuesday at 2 o'clock with Mr. Rousseau. Unfortunately, he will be <u>out of town</u> at a stylists' convention so he will be unable to do your hair. However, if you'd like, <u>I am free at that time</u>. Please call back and let us know if you would like to <u>keep your</u> <u>appointment or postpone</u> it until Mr. Rousseau returns from his trip.
>
> ----
>
> **convention** [kənvénʃən] 회의, 집회

**해석**

3-4는 다음 음성 메시지에 관한 문제입니다.

Dolly's 미용실에서 전화드리는 Alexis입니다. 당신은 다음 주 화요일 2시에 Mr. Rousseau와 예약이 되어 있으십니다. 안타깝게도, 그가 스타일리스트 회의로 시외에 있을 거라 고객님의 머리를 해드릴 수 없을 것입니다. 하지만 고객님께서 괜찮으시다면, 제가 그때 시간이 됩니다. 회신해 주셔서 고객님께서 예약을 그대로 유지하고자 하시는지, 아니면 Mr. Rousseau가 출장에서 돌아올 때까지 미루기를 원하시는지 저희에게 알려주시기 바랍니다.

**03 청자 문제**

청자는 누구인 것 같은가?

(A) 패션 디자이너
(B) 고객

**04 목적 문제**

음성 메시지의 목적은 무엇인가?

(A) 일정 문제에 대해 알려주기 위해
(B) 회의 참석을 확인하기 위해

---

**[05-06]** 🔊 캐나다식 발음 / 영국식 발음

Questions 5-6 refer to the following traffic report.

> You're listening to <u>WBDM radio's evening traffic report</u>. Commuters will be happy to know that the <u>new bus</u> <u>lanes</u> on highways 9 and 24 opened this morning. Both highways are currently flowing quite smoothly. However, there is <u>heavy congestion on Highway 12</u> with a lot of traffic completely stopped at the Renton Boulevard exit. <u>Construction on the bus lane</u> on Highway 12 is causing delays.
>
> ----
>
> **traffic** [trǽfik] 교통, 차량   **commuter** [미 kəmjúːtər, 영 kəmjúːtə] 통근자
> **bus lane** 버스 전용 차로   **congestion** [kəndʒéstʃən] 정체, 혼잡
> **boulevard** [미 búləvàːrd, 영 búːləvàːd] 대로

**해석**

5-6은 다음 교통 보도에 관한 문제입니다.

여러분은 WBDM 라디오의 저녁 교통 보도를 듣고 계십니다. 통근자들은 오늘 오전 9번과 24번 고속도로에 새로운 버스 전용 차로가 개통되었다는 것을 알면 기

---

빠할 것입니다. 두 고속도로 모두 현재 꽤 원활하게 소통되고 있습니다. 하지만, Renton 대로 출구에서는 많은 차량들이 완전히 멈춰 있는 상태로 12번 고속도로에 심한 정체가 있습니다. 12번 고속도로의 버스 전용 차로 공사가 지연을 발생시키고 있습니다.

## 05 주제 문제

화자는 주로 무엇에 관해 이야기하고 있는가?

(A) 교통 상황
(B) 대중 교통

## 06 화자 문제

화자는 누구인 것 같은가?

(A) 시 대표자
(B) 라디오 뉴스 리포터

## HACKERS **TEST**
p. 141

| | | | | |
|---|---|---|---|---|
| 01 (B) | 02 (D) | 03 (C) | 04 (C) | 05 (D) |
| 06 (D) | 07 (A) | 08 (B) | 09 (C) | 10 (B) |
| 11 (D) | 12 (A) | 13 (B) | 14 (A) | 15 (C) |
| 16 (C) | 17 (A) | 18 (B) | 19 (C) | 20 (B) |
| 21 (A) | 22 (A) | 23 (B) | 24 (C) | 25 (A) |
| 26 (C) | 27 (C) | 28 (A) | 29 (B) | 30 (D) |

[01-03] 🎧 캐나다식 발음

Questions 1-3 refer to the following speech.

> Good evening, and welcome to the National Film Directors Society's Awards Night. <sup>01</sup>**We are gathered here at Elizabeth Hotel's grand ballroom** to recognize England's best film directors. <sup>02</sup>**This evening, it is my honor to present the Calvin Award to** <sup>02/03</sup>**Mr. Bryan Davidson, director of the award-winning film** *Voyage to Elephant Island*. <sup>03</sup>**Mr. Davidson is the youngest director ever to receive the prestigious Calvin award.** Let us all put our hands together and give a warm welcome to Mr. Davidson.
>
> ---
> recognize[rékəgnàiz] 표창하다, 인정하다
> prestigious[prestídʒəs] 권위 있는, 훌륭한
> put one's hands together 박수를 치다

해석
1-3은 다음 연설에 관한 문제입니다.

안녕하세요, 전국 영화 감독 협회 시상식의 밤에 오신 것을 환영합니다. 영국의 가장 훌륭한 영화 감독들을 표창하기 위해 <sup>01</sup>우리는 이곳 Elizabeth 호텔의 대연회장에 모였습니다. <sup>02</sup>오늘 저녁, <sup>02/03</sup>*Voyage to Elephant Island*라는 수상작의 감독인 Mr. Bryan Davidson께 Calvin 상을 수여하게 되어 영광입니다. <sup>03</sup>Mr. Davidson은 지금까지 권위 있는 Calvin 상을 수상한 최연소 감독입니다. 우리 모두 함께 박수를 치며 Mr. Davidson을 따뜻하게 맞이해 줍시다.

## 01 장소 문제

해석 행사는 어디에서 열리고 있는가?

(A) 식당에서
(B) 호텔에서
(C) 미술관에서
(D) 전시장에서

해설 장소와 관련된 표현을 놓치지 않고 듣는다. 지문 초반부에서 "We are gathered here at Elizabeth Hotel's grand ballroom(우리는 이곳 Elizabeth 호텔의 대연회장에 모였습니다)"이라고 한 것을 통해, 행사가 호텔에서 열리고 있음을 알 수 있다. 따라서 (B)가 정답이다.

어휘 exhibition[èksəbíʃən] 전시

## 02 목적 문제

해석 연설의 목적은 무엇인가?

(A) 곧 공개될 영화를 알리기 위해
(B) 신제품을 홍보하기 위해
(C) 직원들에게 감사하기 위해
(D) 수상자를 소개하기 위해

해설 연설의 목적을 묻는 문제이므로, 지문의 초중반을 반드시 듣는다. "This evening, it is my honor to present the Calvin Award to Mr. Bryan Davidson ~(오늘 저녁, Mr. Bryan Davidson께 Calvin 상을 수여하게 되어 영광입니다)"이라고 하였다. 따라서 (D)가 정답이다.

어휘 upcoming[ʌ́pkʌ̀miŋ] 곧 공개될  award recipient 수상자

## 03 특정 세부 사항 문제

해석 Mr. Davidson은 누구인가?

(A) 화가
(B) 음악가
(C) 감독
(D) 작가

해설 질문의 핵심어구(Mr. Davidson)가 언급된 주변을 주의 깊게 듣는다. 지문 중반부에서 "Mr. Bryan Davidson, director of the award-winning film *Voyage to Elephant Island*(*Voyage to Elephant Island*라는 수상작의 감독인 Mr. Bryan Davidson)"라고 했고, "Mr. Davidson is the youngest director ~(Mr. Davidson은 최연소 감독입니다)"라고 하였다. 따라서 (C)가 정답이다.

[04-06] 🎧 영국식 발음

Questions 4-6 refer to the following announcement.

> This is an announcement for all Johnson Department Store shoppers. <sup>04</sup>**A store employee has found a red phone on the top of a display case in the sportswear section.** If you believe it might be yours, <sup>05</sup>**please head to our customer service counter, which is situated near the main entrance.** <sup>06</sup>**To claim the item, you will need to provide a staff member with your phone number.** The employee will then call the number to ensure that the phone is yours. Thank you.
>
> ---
> display case 진열 선반  sportswear[미 spɔ́ːrtswer, 영 spɔ́ːtsweə] 운동복
> claim[kleim] 반환을 요청하다, 청구하다

해석
4-6은 다음 공지에 관한 문제입니다.

모든 Johnson 백화점 쇼핑객들을 위한 공지입니다. <sup>04</sup>한 매장 직원이 운동복 구역의 진열 선반 위에서 빨간색 휴대전화를 습득했습니다. 이것이 자신의 것 같다고 생각하신다면, <sup>05</sup>고객 서비스 카운터로 가주시기 바라며, 이곳은 정문 근처에 위치해 있습니다. <sup>06</sup>이 물품의 반환을 요청하시려면, 직원에게 고객님의 전화번호를 제시하셔야 할 것입니다. 그러면 직원이 휴대전화가 고객님의 것임을 확인하기 위해 그 번호로 전화를 걸 것입니다. 감사합니다.

## 04 주제 문제

해석 공지는 주로 무엇에 관한 것인가?

(A) 홍보 행사
(B) 상품 종류
(C) 분실물
(D) 점포 폐점

해설 공지의 주제를 묻는 문제이므로, 지문의 초반을 주의 깊게 들은 후 전체 맥락

을 파악한다. "A store employee has found a red phone on the top of a display case in the sportswear section(한 매장 직원이 운동복 구역의 진열 선반 위에서 빨간색 휴대전화를 습득했습니다)"이라고 한 후, 분실물에 대한 내용으로 지문이 이어지고 있다. 따라서 (C)가 정답이다.

패러프레이징
phone 휴대전화 → item 물건

어휘 promotional [prəmóuʃənl] 홍보의  closure [klóuʒər] 폐점, 폐쇄

## 05 특정 세부 사항 문제

해석 화자에 따르면, 무엇이 출입문 근처에 위치해 있는가?
(A) 진열 선반
(B) 계산대
(C) 게시판
(D) 서비스 창구

해설 질문의 핵심어구(located near an entrance)와 관련된 내용을 주의 깊게 듣는다. 지문 중반부에서 "please head to our customer service counter, which is situated near the main entrance(고객 서비스 카운터로 가주시기 바라며, 이곳은 정문 근처에 위치해 있습니다)"라고 하였다. 따라서 (D)가 정답이다.

패러프레이징
is located 위치해 있다 → is situated 위치해 있다
customer service counter 고객 서비스 카운터 → service desk 서비스 창구

어휘 checkout [tʃékaut] 계산대  bulletin board 게시판  desk [desk] 창구, 접수처

## 06 특정 세부 사항 문제

해석 화자에 따르면, 무엇이 제시되어야 하는가?
(A) 할인 쿠폰
(B) 신분증
(C) 구매 영수증
(D) 연락처

해설 질문의 핵심어구(must be provided)와 관련된 내용을 주의 깊게 듣는다. 지문 후반부에서 "To claim the item, you will need to provide a staff member with your phone number(이 물품의 반환을 요청하시려면, 직원에게 고객님의 전화번호를 제시하셔야 할 것입니다)"라고 하였다. 따라서 (D)가 정답이다.

패러프레이징
must be provided 제시되어야 한다 → need to provide 제시해야 한다
phone number 전화번호 → contact information 연락처

어휘 identification [aidèntifəkéiʃən] 신분증, 신분 증명(서)  receipt [risí:t] 영수증

## [07-09] 🎧 호주식 발음

Questions 7-9 refer to the following talk.

[07]I've asked you all here this morning to let you know that the board of directors has decided to evaluate our safety policies. We want to ensure that the workplace environment is as safe as possible. [08]As production managers, you all have a deep understanding of the risk assessment methods at our factories. That's why [09]I would like you to submit a report by Friday identifying potential problems and detailing any suggestions you may have. Based on your feedback, we will come up with ways to improve the safety of our operating procedures.

board of directors 이사회  evaluate [iváljueit] 평가하다
ensure [미 inʃúər, 영 inʃɔ́:] 확실하게 하다, 보장하다
assessment [əsésmənt] 평가, 판단  identify [aidéntifai] 찾아내다, 확인하다 ⊙

come up with 생각해내다, (해답을) 찾아내다

해석
7-9는 다음 담화에 관한 문제입니다.

[07]저는 이사회가 우리의 안전 정책들을 평가하기로 결정했다는 것을 알려드리고자 오늘 아침에 여러분 모두가 이곳에 모이기를 요청드렸습니다. 우리는 작업장 환경이 가능한 한 안전하다는 것을 확실히 하길 원합니다. [08]생산 관리자들로서, 여러분들 모두는 우리 공장에서의 위험 평가 방법에 대해 잘 알고 있습니다. 그것이 바로 [09]제가 여러분들이 잠재적 문제들을 찾아내서 어떠한 제안 사항이든지 상세히 설명하는 보고서를 금요일까지 제출하기를 바라는 이유입니다. 여러분들의 의견에 근거하여, 우리 운영 절차의 안정성을 향상시킬 방법들을 생각해낼 것입니다.

## 07 주제 문제

해석 담화는 주로 무엇에 대한 것인가?
(A) 정책 평가
(B) 확장 계획
(C) 마케팅 전략
(D) 판매 기록

해설 담화의 주제를 묻는 문제이므로, 지문의 초반을 주의 깊게 들은 후 전체 맥락을 파악한다. "I've asked you all here ~ to let you know that the board of directors has decided to evaluate our safety policies(저는 이사회가 우리의 안전 정책들을 평가하기로 결정했다는 것을 알려드리고자 여러분 모두가 이곳에 모이기를 요청드렸습니다)"라고 한 후, 안전 정책 평가에 대한 내용으로 지문이 이어지고 있다. 따라서 (A)가 정답이다.

어휘 strategy [strǽtədʒi] 전략, 계획

## 08 청자 문제

해석 청자들은 누구인 것 같은가?
(A) 정비 직원들
(B) 생산 관리자들
(C) 회사 간부들
(D) 조사 분석가들

해설 지문에서 신분 및 직업과 관련된 표현을 놓치지 않고 듣는다. 지문 중반부에서 "As production managers, you all have a deep understanding of the risk assessment methods at our factories(생산 관리자들로서, 여러분들 모두는 우리 공장에서의 위험 평가 방법에 대해 잘 알고 있습니다)"라고 한 것을 통해, 청자들이 생산 관리자들임을 알 수 있다. 따라서 (B)가 정답이다.

패러프레이징
managers 관리자들 → supervisors 관리자들

어휘 analyst [ǽnəlist] 분석가

## 09 요청 문제

해석 청자들은 무엇을 하도록 요청받는가?
(A) 실험을 실시한다.
(B) 재정 분석 보고서를 작성한다.
(C) 서류를 제출한다.
(D) 재고 조사를 준비한다.

해설 지문 중후반에서 요청과 관련된 표현이 포함된 문장을 주의 깊게 듣는다. "I would like you to submit a report ~(저는 여러분들이 보고서를 제출하기를 바랍니다)"라고 하였다. 따라서 (C)가 정답이다.

패러프레이징
report 보고서 → document 서류

어휘 inventory [ínvəntɔ̀:ri] 재고 조사, 재고 목록

Questions 10-12 refer to the following talk.

> ¹⁰**It's my pleasure to welcome you all to the Main Street Film Festival.** As a part of the event, 15 films will be shown over the next two days. There will also be talks by a number of well-known people in the industry. ¹¹**Ross Jenson will be giving a speech about documentary film-making tonight. He has produced many of these works and has won numerous awards for them.** ¹²**If you're interested in attending, be sure to buy your tickets soon.** Seating will be limited.

film festival 영화제  industry[índəstri] 업계, 산업
numerous[nú:mərəs] 많은, 다수의  limited[límitid] 한정된, 제한적인

해석
10-12는 다음 담화에 관한 문제입니다.

¹⁰Main Street 영화제에 여러분 모두를 환영하게 되어 기쁩니다. 행사의 일부분으로, 15편의 영화가 오는 이틀 동안 상영될 것입니다. 업계의 많은 유명 인사들의 강연들도 있을 것입니다. ¹¹오늘 밤에 Ross Jenson이 다큐멘터리 영화 제작에 대한 강연을 할 것입니다. 그는 이러한 작품을 많이 제작해왔고 그것들로 많은 상을 받아왔습니다. ¹²만약 참석하는 것에 관심이 있으시다면, 반드시 빨리 표를 구매하시길 바랍니다. 좌석수는 한정될 것입니다.

**10 장소 문제**

해설 청자들은 어디에 있는가?
(A) 시상식에
(B) 영화제에
(C) 회사 연회에
(D) 대학 강의에

해설 장소와 관련된 표현을 놓치지 않고 듣는다. 지문 초반부에서 "It's my pleasure to welcome you all to the Main Street Film Festival(Main Street 영화제에 여러분 모두를 환영하게 되어 기쁩니다)"이라고 한 것을 통해, 청자들이 영화제에 있음을 알 수 있다. 따라서 (B)가 정답이다.

패러프레이징
Film Festival 영화제 → movie festival 영화제

어휘 banquet[bǽŋkwit] 연회, 만찬

**11 특정 세부 사항 문제**

해설 Mr. Jenson의 전문 분야는 무엇인가?
(A) 행사 기획하기
(B) 직원들 교육하기
(C) 공연하기
(D) 영화 제작하기

해설 질문의 핵심어구(Mr. Jenson's specialty)와 관련된 내용을 주의 깊게 듣는다. 지문 중반부에서 "Ross Jenson will be giving a speech about documentary film-making tonight. He has produced many of these works and has won numerous awards for them(오늘 밤에 Ross Jenson이 다큐멘터리 영화 제작에 대한 강연을 할 것입니다. 그는 이러한 작품을 많이 제작해왔고 그것들로 많은 상을 받아왔습니다)"이라고 하였다. 따라서 (D)가 정답이다.

어휘 performance[pərfɔ́:rməns] 공연, 연주

**12 제안 문제**

해설 화자는 무엇을 제안하는가?
(A) 입장권 구매하기
(B) 비디오 클립 보기

(C) 계정 만들기
(D) 손님들과 교류하기

해설 지문 중후반에서 제안과 관련된 표현이 포함된 문장을 주의 깊게 듣는다. "If you're interested in attending, be sure to buy your tickets soon(만약 참석하는 것에 관심이 있으시다면, 반드시 빨리 표를 구매하시길 바랍니다)"이라고 하였다. 따라서 (A)가 정답이다.

패러프레이징
buy ~ tickets 표를 구매하다 → Getting some passes 입장권 구매하기

어휘 pass[pæs] 입장권, 통행증  account[əkáunt] 계정, 설명
interact[íntərækt] 교류하다, 작용하다

Questions 13-15 refer to the following telephone message.

> Good afternoon, Ms. Lead. ¹³**This is Seymour Payne calling from Microlab Supply Shop.** We received your request yesterday morning for a price estimate on some laboratory equipment and chemicals. Before we can send you the price list, ¹⁴**we need further specifications about your particular needs.** I will be in the office until 5 P.M. today, so ¹⁵**please give me a call** as soon as possible so that we can discuss your needs. My store number is 555-1208. If I am not available, please leave a message with my coworker, Phyllis Hoffman. Thank you.

estimate[미 éstəmət, 영 éstimət] 견적  price list 가격표, 정가표
specification[미 spèsəfikéiʃən, 영 spèsifikéiʃən] 설명, 명세

해석
13-15는 다음 음성 메시지에 관한 문제입니다.

안녕하세요, Ms. Lead. ¹³Microlab 비품점의 Seymour Payne입니다. 어제 오전에 귀하의 몇몇 실험 도구와 화학 약품들에 대한 비용 견적 요청을 받았습니다. 저희가 가격표를 보내드릴 수 있기 전에, ¹⁴귀하의 특정 요구 사항들에 대한 추가 설명이 필요합니다. 저는 오늘 오후 5시까지 사무실에 있을 예정이니, 귀하의 요구 사항들을 논의할 수 있도록 가능한 한 빨리 ¹⁵제게 전화해 주십시오. 저희 상점의 전화번호는 555-1208입니다. 제가 없을 경우에는 제 동료인 Phyllis Hoffman에게 메시지를 남겨 주십시오. 감사합니다.

**13 화자 문제**

해설 화자는 누구인 것 같은가?
(A) 사무실 회계사
(B) 상점 직원
(C) 수리공
(D) 실험실 연구원

해설 지문에서 신분 및 직업과 관련된 표현을 놓치지 않고 듣는다. 지문 초반부에서 "This is Seymour Payne calling from Microlab Supply Shop(Microlab 비품점의 Seymour Payne입니다)"이라고 한 것을 통해, 화자인 Mr. Payne이 상점 직원임을 알 수 있다. 따라서 (B)가 정답이다.

패러프레이징
Supply Shop 비품점 → store 상점

어휘 accountant[əkáuntənt] 회계사

**14 목적 문제**

해설 메시지의 목적은 무엇인가?
(A) 몇몇 정보를 요청하기 위해
(B) 회의 일정을 잡기 위해
(C) 불만사항을 응대하기 위해
(D) 몇 가지 지시들을 내리기 위해

해설 메시지의 목적을 묻는 문제이지만, 특별히 이 문제는 지문의 중반에 목적 관련 내용이 언급되었음에 주의한다. "we need further specifications about your particular needs(귀하의 특정 요구 사항들에 대한 추가 설명이 필요합니다)"라고 하였다. 따라서 (A)가 정답이다.

패러프레이징
specifications 설명 → information 정보

어휘 instruction[instrʌ́kʃən] 지시

## 15 요청 문제

해석 화자는 청자에게 무엇을 하라고 요청하는가?
(A) 제품 몇 개를 산다.
(B) 기기를 점검한다.
(C) 전화를 한다.
(D) Phyllis Hoffman과 만난다.

해설 지문 중후반에서 요청과 관련된 표현이 포함된 문장을 주의 깊게 듣는다. "please give me a call(제게 전화해 주십시오)"이라고 하였다. 따라서 (C)가 정답이다.

패러프레이징
give ~ a call 전화하다 → Make a phone call 전화를 하다

[16-18] 🔊 영국식 발음

Questions 16-18 refer to the following news report.

---

Good morning. ¹⁶**You're listening to the JMA local news report.** City officials will attend a ceremony today for the beginning of a railway construction project. The $60 million project is expected to be completed in two years. The new line will serve commuters going to the northern and southern parts of the city. ¹⁷**According to the mayor, the travel time from the suburbs to the city center will decrease by nearly 30 minutes.** ¹⁸**Construction work will begin next week.** Those wanting further information on what roadways will be affected should visit www.dublinrail.com.

---

official[əfíʃəl] 공무원  railway[réilwei] 철도
serve[미 səːrv, 영 səːv] 서비스를 제공하다
commuter[미 kəmjúːtər, 영 kəmjúːtə] 통근자
mayor[미 méiər, 영 meə] 시장  suburb[미 sʌ́bəːrd, 영 sʌ́bəːb] 교외

---

해석
16-18은 다음 뉴스 보도에 관한 문제입니다.

안녕하세요. ¹⁶여러분들은 JMA 지역 뉴스 보도를 듣고 계십니다. 시 공무원들이 오늘 철도 건설 사업 개시를 위한 행사에 참석할 것입니다. 이 6천만 달러의 사업은 2년 후에 완공될 예정입니다. 새로운 노선은 도시 북쪽과 남쪽을 오가는 통근자들에게 서비스를 제공할 것입니다. ¹⁷시장에 따르면, 교외 지역에서 도시 중심부까지의 이동 시간을 거의 30분 가량 줄일 것입니다. ¹⁸공사 작업은 다음 주에 시작될 것입니다. 어떤 도로가 영향을 받을지에 관한 추가 정보를 원하시는 분들은 www.dublinrail.com을 방문하십시오.

## 16 화자 문제

해석 화자는 누구인 것 같은가?
(A) 건설업자
(B) 시 공무원
(C) 라디오 아나운서
(D) 여행사 직원

해설 지문에서 신분 및 직업과 관련된 표현을 놓치지 않고 듣는다. 지문 초반부에서 "You're listening to the JMA local news report(여러분들은 JMA 지역 뉴스 보도를 듣고 계십니다)"라고 한 것을 통해, 화자가 라디오 뉴스 보도를 하는 아나운서임을 알 수 있다. 따라서 (C)가 정답이다.

## 17 특정 세부 사항 문제

해석 시장에 따르면, 새로운 철도 노선의 이점은 무엇이 될 것인가?
(A) 이동 시간을 줄일 것이다.
(B) 부동산 가치를 높일 것이다.
(C) 더 많은 방문객들을 끌어모을 것이다.
(D) 교통 비용을 낮출 것이다.

해설 질문의 핵심어구(benefit of the new rail line)와 관련된 내용을 주의 깊게 듣는다. 지문 중반부에서 "According to the mayor, the travel time from the suburbs to the city center will decrease by nearly 30 minutes(시장에 따르면, 교외 지역에서 도시 중심부까지의 이동 시간을 거의 30분 가량 줄일 것입니다)"라고 하였다. 따라서 (A)가 정답이다.

패러프레이징
decrease 줄이다 → reduce 줄이다

어휘 property[prápərti] 부동산, 자산  attract[ətrǽkt] 끌어모으다

## 18 의도 파악 문제

해석 화자는 "공사 작업은 다음 주에 시작될 것입니다"라고 말할 때 무엇을 의도하는가?
(A) 철도 승차권이 환불될 것이다.
(B) 교통 문제가 예상된다.
(C) 사업이 연기되었다.
(D) 행사가 취소되었다.

해설 질문의 인용어구(Construction work will begin next week)가 언급된 주변을 주의 깊게 듣는다. 지문 후반부에서 공사 작업은 다음 주에 시작될 것이라고 한 후, "Those wanting further information on what roadways will be affected should visit www.dublinrail.com(어떤 도로가 영향을 받을지에 관한 추가 정보를 원하시는 분들은 www.dublinrail.com을 방문하십시오)"이라고 하였으므로, 화자가 교통 문제가 예상된다는 것을 말하려는 의도임을 알 수 있다. 따라서 (B)가 정답이다.

어휘 likely[láikli] ~할 것으로 예상되는

[19-21] 🔊 캐나다식 발음

Questions 19-21 refer to the following talk.

---

Hello, everyone. ¹⁹**Our guest speaker today is David Bailey.** He has traveled here from Seattle to meet with us today. ²⁰**Mr. Bailey is a business consultant** who has written a number of books on successful career development. He was recently presented the Business Writers Award for his book entitled *Making Success a Habit.* In this book he discusses setting specific goals for your career and staying focused on achieving what you want. ²¹**All participants in today's seminar will receive a complimentary copy of this publication. You can pick it up in the lobby following his presentation.** Thank you.

---

consultant[kənsʌ́ltənt] 자문 위원, 컨설턴트
entitle[intáitl] ~라고 제목을 붙이다  specific[spisífik] 구체적인, 특정한
complimentary copy 증정본  publication[pʌ̀blikéiʃən] 출판물

---

해석
19-21은 다음 담화에 관한 문제입니다.

안녕하세요, 여러분. ¹⁹오늘의 초청 연사는 David Bailey입니다. 그는 오늘 우리를 만나기 위해 시애틀에서 여기까지 오셨습니다. ²⁰Mr. Bailey는 성공적인 경력 개발에 관한 많은 책을 저술하신 비즈니스 자문 위원입니다. 그는 최근에 *Making Success a Habit*이라는 제목이 붙은 그의 저서로 비즈니스 작가상을 수상하였습니다. 이 저서에서 그는 여러분의 경력을 위한 구체적인 목표를 설정하는 것과 여러분이 원하는 바를 성취하는 것에 지속적으로 집중하는 것에 대해 논합니다.

²¹오늘 세미나의 모든 참가자들은 이 출판물의 증정본을 받으실 것입니다. 여러분은 그의 발표가 끝난 후에 이것을 로비에서 가져가실 수 있습니다. 감사합니다.

## 19 주제 문제

해석 담화는 주로 무엇에 관한 것인가?
(A) 사내 회의
(B) 제품 출시
(C) 초청 연사
(D) 워크숍

해설 담화의 주제를 묻는 문제이므로, 지문의 초반을 주의 깊게 들은 후 전체 맥락을 파악한다. "Our guest speaker today is David Bailey(오늘의 초청 연사는 David Bailey입니다)"라고 한 후, 초청 연사에 대한 소개로 지문이 이어지고 있다. 따라서 (C)가 정답이다.

어휘 launch[lɔːntʃ] 출시

## 20 특정 세부 사항 문제

해석 Mr. Bailey는 누구인가?
(A) 교수
(B) 자문 위원
(C) 프로그래머
(D) 기자

해설 질문의 핵심어구(Mr. Bailey)가 언급된 주변을 주의 깊게 듣는다. 지문 초반부에서 "Mr. Bailey is a business consultant(Mr. Bailey는 비즈니스 자문 위원입니다)"라고 하였다. 따라서 (B)가 정답이다.

## 21 다음에 할 일 문제

해석 발표 후에 무슨 일이 일어날 것 같은가?
(A) 책들이 배부될 것이다.
(B) 질문들에 답변될 것이다.
(C) 상이 수여될 것이다.
(D) 간식이 제공될 것이다.

해설 지문의 마지막 부분을 주의 깊게 듣는다. "All participants in today's seminar will receive a complimentary copy of this publication. You can pick it up in the lobby following his presentation(오늘 세미나의 모든 참가자들은 이 출판물의 증정본을 받으실 것입니다. 여러분은 그의 발표가 끝난 후에 이것을 로비에서 가져가실 수 있습니다)"이라고 하였다. 따라서 (A)가 정답이다.

패러프레이징
will receive 받을 것이다 → will be distributed 배부될 것이다

어휘 distribute[distríbjuːt] 배부하다 serve[sɜːrv] 제공하다

[22-24] 🎧 미국식 발음

Questions 22-24 refer to the following broadcast.

²²**And now for the Radio KNM 107 traffic report.** Those driving into the city should start their commutes earlier than usual this morning. Over 10 centimeters of snow fell last night, creating hazardous road conditions. Workers are currently trying to clear the snow, but city officials say ²³**this work will likely take until noon to finish.** As a result, the Belleview Avenue and other major streets are going to be very congested during rush hour. ²⁴**There will now be a short commercial break.** Stay tuned.

commute[kəmjúːt] 통근하다, 대체하다 hazardous[hǽzərdəs] 위험한
congested[kəndʒéstid] 정체된, 밀집한 commercial[kəmɚ́rʃəl] 광고

해석
22-24는 다음 방송에 관한 문제입니다.

²²이제 라디오 KNM 107 교통 보도입니다. 시내로 차를 운전하는 분들께서는 오늘 아침에 평소보다 더 일찍 통근을 시작하셔야 합니다. 지난밤 10센티미터가 넘는 눈이 내렸으며, 이는 위험한 도로 상황을 야기했습니다. 작업자들이 현재 눈을 치우기 위해 노력하고 있지만, 시 공무원들은 ²³이 작업이 끝나려면 아마 정오까지 걸릴 것이라고 전합니다. 결과적으로, Belleview로와 다른 주요 도로들이 출퇴근 혼잡 시간대 동안 매우 정체될 예정입니다. ²⁴이제 광고를 위해 잠시 쉬어가겠습니다. 주파수를 고정해 주십시오.

## 22 주제 문제

해석 방송은 주로 무엇에 관한 것인가?
(A) 교통 상황
(B) 정부 정책
(C) 겨울 축제
(D) 도시 기금 모금

해설 방송의 주제를 묻는 문제이므로, 지문의 초반을 주의 깊게 들은 후 전체 맥락을 파악한다. "And now for the Radio KNM 107 traffic report(이제 라디오 KNM 107 교통 보도입니다)"라고 한 후, 교통 상황에 대한 내용으로 방송이 이어지고 있다. 따라서 (A)가 정답이다.

어휘 fundraiser[fʌ́ndrèizər] 기금 모금

## 23 특정 세부 사항 문제

해석 오후 12시에 무슨 일이 일어날 것 같은가?
(A) 고속도로가 다시 개방될 것이다.
(B) 작업이 완료될 것이다.
(C) 공지가 이뤄질 것이다.
(D) 눈보라가 끝날 것이다.

해설 질문의 핵심어구(12 P.M.)와 관련된 내용을 주의 깊게 듣는다. 지문 중반부에서 "this work will likely take until noon to finish(이 작업이 끝나려면 아마 정오까지 걸릴 것입니다)"라고 하였다. 따라서 (B)가 정답이다.

패러프레이징
12 P.M. 오후 12시 → noon 정오
work 작업 → task 작업

어휘 snowstorm[snóustɔ̀ːrm] 눈보라

## 24 특정 세부 사항 문제

해석 청자들은 다음에 무엇을 들을 것 같은가?
(A) 인터뷰
(B) 일기 예보
(C) 광고
(D) 기자 회견

해설 질문의 핵심어구(hear next)와 관련된 내용을 주의 깊게 듣는다. 지문 후반부에서 "There will now be a short commercial break(이제 광고를 위해 잠시 쉬어가겠습니다)"라고 하였다. 따라서 (C)가 정답이다.

패러프레이징
commercial 광고 → advertisement 광고

어휘 weather forecast 일기 예보 press conference 기자 회견

[25-27] 🎧 영국식 발음

Questions 25-27 refer to the following telephone message and directory.

Mr. Mattson, ²⁵**it's Beth Williams, the receptionist at Weston Law Office.** I received your recent message. Mr. Kent would be happy to meet with you next week to discuss the lease agreement for the tenants of your building. However, ²⁶**next Monday won't work because Mr. Kent is conducting a workshop for our new interns.** He is free on Tuesday at 9 A.M. if you're ⊙

available then. Oh, I should also mention that our underground parking facility is being painted that day. So, 27**you will have to use the parking area on the corner of 1st Street and Forest Avenue**. Please contact our office if you have any questions. Thank you.

---

receptionist[risépʃənist] 접수 담당자   lease agreement 임대 계약
tenant[ténənt] 세입자, 임차인

해석
25-27은 다음 음성 메시지와 건물 안내판에 관한 문제입니다.

Mr. Mattson, 25Weston 법률 사무소의 접수 담당자인 Beth Williams입니다. 저는 당신의 최근 메시지를 받았습니다. Mr. Kent는 귀하 건물의 세입자들을 위한 임대 계약에 대해 논의하기 위해 다음 주에 기꺼이 당신을 만날 것입니다. 하지만, 26다음 주 월요일은 Mr. Kent가 저희의 신입 인턴들을 위한 워크숍을 진행할 것이므로 가능하지 않을 것입니다. 당신이 화요일 오전 9시에 괜찮으시다면 그는 그때 시간이 됩니다. 아, 저희 지하 주차 시설이 그날 도색될 것이라는 점도 말씀드려야 할 것 같습니다. 따라서, 271번가와 Forest가의 모퉁이에 있는 주차 구역을 이용하셔야 할 것입니다. 문의가 있으시면 저희 사무실로 연락해 주십시오. 감사합니다.

| 주차 구역 1 | Seaward 빌딩 | 주차 구역 2 |
|---|---|---|
| 1번가      Center가 |  | 2번가 |
| 27주차 구역 3 | Star 타워 | 주차 구역 4 |
| Forest가 |  |  |

### 25 화자 문제
해석 화자는 누구인 것 같은가?
(A) 접수 담당자
(B) 회사 인턴
(C) 부동산 중개인
(D) 판매 대리인

해설 지문에서 신분 및 직업과 관련된 표현을 놓치지 않고 듣는다. 지문 초반부에서 "it's Beth Williams, the receptionist at Weston Law Office(Weston 법률 사무소의 접수 담당자인 Beth Williams입니다)"라고 하였다. 따라서 (A)가 정답이다.

어휘 real estate 부동산, 부동산 중개업   sales representative 판매 대리인, 외판원

### 26 특정 세부 사항 문제
해석 Mr. Kent는 다음 주 월요일에 무엇을 할 것 같은가?
(A) 고객과의 회의에 참석한다.
(B) 법률 계약서에 서명한다.
(C) 교육 과정을 진행한다.
(D) 건물 견학에 합류한다.

해설 질문의 핵심어구(next Monday)가 언급된 주변을 주의 깊게 듣는다. 지문 중반부에서 "next Monday won't work because Mr. Kent is conducting a workshop for our new interns(다음 주 월요일은 Mr. Kent가 저희의 신입 인턴들을 위한 워크숍을 진행할 것이므로 가능하지 않을 것입니다)"라고 하였다. 따라서 (C)가 정답이다.

패러프레이징
workshop 워크숍 → training session 교육 과정

어휘 legal[líːgəl] 법률과 관련된, 합법적인

### 27 시각 자료 문제
해석 시각 자료를 보아라. 청자는 어떤 주차 구역을 이용할 것 같은가?

---

(A) 주차 구역 1
(B) 주차 구역 2
(C) 주차 구역 3
(D) 주차 구역 4

해설 질문의 핵심어구(parking area)가 언급된 주변을 주의 깊게 듣는다. 지문 후반부에서 "you will have to use the parking area on the corner of 1st Street and Forest Avenue(1번가와 Forest가의 모퉁이에 있는 주차 구역을 이용하셔야 할 것입니다)"라고 하였으므로, 청자가 1번가와 Forest가의 모퉁이에 있는 주차 구역 3을 이용할 것임을 시각 자료에서 확인할 수 있다. 따라서 (C)가 정답이다.

**[28-30]** 🎧 캐나다식 발음

Questions 28-30 refer to the following telephone message and list.

Ms. Mullen, this is Steven Rollins calling from West Coast Camping. 28**Thank you for becoming a Frequent Shopper Card member.** 29**We want to let you know that we are proud to again be a sponsor for this year's fall sports festival in Drumville. Activities will include rowing, running, climbing, and skateboarding competitions.** You can register to be a competitor in the festival at any of our branches. Also, this month only, we have special deals on camping gear. 30**Our most popular type of product is available at a 15 percent discount.** For further information, call us at 555-2235 or visit www.wcoastcamping.com.

---

frequent[fríːkwənt] 단골의   rowing[róuiŋ] 노 젓기
competition[kàmpətíʃən] 경기   special deal 특가 상품
gear[giər] 장비, 도구

해석
28-30은 다음 음성 메시지와 목록에 관한 문제입니다.

Ms. Mullen, 저는 West Coast Camping사의 Steven Rollins입니다. 28단골 고객 카드 회원이 되어주셔서 감사드립니다. 29저희가 자랑스럽게도 Drumville에서 열리는 올해 가을 스포츠 축제의 후원사가 또 다시 되었다는 것을 고객님께 알려드리고 싶습니다. 활동은 노 젓기, 달리기, 등반, 그리고 스케이트보드 경기를 포함할 것입니다. 고객님께서는 저희 지점 어느 곳에서나 축제의 참가자로 등록하실 수 있습니다. 또한, 이번 달에만 저희는 캠핑 장비를 특가 상품으로 제공하고 있습니다. 30저희의 가장 인기 있는 종류의 제품을 15퍼센트 할인된 가격으로 구매하실 수 있습니다. 더 자세한 정보를 원하시면, 555-2235로 저희에게 전화하시거나 www.wcoastcamping.com을 방문해 주십시오.

 West Coast Camping사

| 제품 종류 | 할인율 |
|---|---|
| 침낭 | 5% |
| 텐트 | 7% |
| 배낭 | 10% |
| 30등산화 | 15% |

### 28 청자 문제
해석 메시지는 누구를 위한 것인가?
(A) 카드 회원
(B) 전문 운동선수
(C) 지점장
(D) 행사 기획자

해설 지문에서 신분 및 직업과 관련된 표현을 놓치지 않고 듣는다. 지문 초반

부에서 "Thank you for becoming a Frequent Shopper Card member(단골 고객 카드 회원이 되어주셔서 감사드립니다)"라고 한 것을 통해, 청자가 카드 회원임을 알 수 있다. 따라서 (A)가 정답이다.

어휘 athlete[쇄θliːt] 운동선수

### 29 목적 문제

해석 화자는 왜 전화를 하고 있는가?
(A) 주문에 대한 지불을 요청하기 위해
(B) 고객에게 행사에 대해 알려주기 위해
(C) 야영장에 가는 길을 제공하기 위해
(D) 새로운 스포츠 클럽을 홍보하기 위해

해설 전화의 목적을 묻는 문제이므로, 지문의 초반을 반드시 듣는다. "We want to let you know that we are proud to again be a sponsor for this year's fall sports festival in Drumville(저희가 자랑스럽게도 Drumville에서 열리는 올해 가을 스포츠 축제의 후원사가 또 다시 되었다는 것을 고객님께 알려드리고 싶습니다)"이라고 한 후, "Activities will include rowing ~(활동은 노 젓기를 포함할 것입니다)"이라고 하였다. 따라서 (B)가 정답이다.

패러프레이징
let ~ know 알려주다 → inform 알려주다
sports festival 스포츠 축제 → event 행사

어휘 campsite[kǽmpsait] 야영장, 캠프장

### 30 시각 자료 문제

해석 시각 자료를 보라. 가장 인기 있는 종류의 제품은 무엇인가?
(A) 침낭
(B) 텐트
(C) 배낭
(D) 등산화

해설 질문의 핵심어구(most popular type of product)가 언급된 주변을 주의 깊게 듣는다. 지문 후반부에서 "Our most popular type of product is available at a 15 percent discount(저희의 가장 인기 있는 종류의 제품을 15퍼센트 할인된 가격으로 구매하실 수 있습니다)"라고 하였으므로, 15퍼센트 할인되는 등산화가 가장 인기 있는 종류의 제품임을 시각 자료에서 확인할 수 있다. 따라서 (D)가 정답이다.

---

## DAY 15 세부 사항 관련 문제 1

### HACKERS PRACTICE
p. 148

| 01 (A) | 02 (B) | 03 (A) | 04 (A) | 05 (B) |
| 06 (B) | | | | |

**01** 영국식 발음 / 캐나다식 발음

Question 1 refers to the following telephone message.

> Good morning, Ms. Blaine. I just got your order for a new photocopier. Please give me a call and let me know what model you would like.

해석
1은 다음 음성 메시지에 관한 문제입니다.

안녕하세요, Ms. Blaine. 새 복사기에 대한 귀하의 주문서를 방금 받았습니다. 제게 전화주셔서 어떤 모델을 원하시는지 알려주시기 바랍니다.

### 01 요청 문제

화자는 Ms. Blaine에게 무엇을 하라고 요청하는가?

---

(A) 다시 전화를 한다.
(B) 모델을 주문한다.

**02** 미국식 발음 / 호주식 발음

Question 2 refers to the following news report.

> Earlier this morning, the city council voted to build a new science museum. The museum is expected to cost tax payers nearly $3 million. Local residents should go to the city's Web site to learn more about the project.

city council 시 의회   vote[미 vout, 영 vəut] 투표하다

해석
2는 다음 뉴스 보도에 관한 문제입니다.

오늘 아침 일찍, 시 의회는 새로운 과학 박물관을 짓는 것에 투표했습니다. 박물관은 납세자들에게 약 300만 달러의 비용을 치르게 할 것으로 예상됩니다. 지역 주민들은 프로젝트에 대해 더 많이 알기 위해서는 시의 웹사이트를 방문하시면 됩니다.

### 02 제안 문제

화자는 지역 주민들에게 무엇을 하라고 제안하는가?
(A) 박물관 표를 구매한다.
(B) 온라인에 접속한다.

**[03-04]** 미국식 발음 / 영국식 발음

Questions 3-4 refer to the following talk.

> Good evening. My name is Christine, and I'll be serving you this evening. Today's special is smoked salmon in a lemon sauce with a side of wild mushrooms and spring onions. It's only $18 and includes a fresh garden salad. In addition, our soup of the day is broccoli cheese at only $7 per serving.

해석
3-4는 다음 담화에 관한 문제입니다.

안녕하세요. 제 이름은 Christine이고, 제가 오늘 저녁에 손님을 모실 것입니다. 오늘의 특별 요리는 야생 버섯과 파를 곁들인 레몬 소스 훈제 연어입니다. 단 18달러이고, 신선한 채소 샐러드를 포함합니다. 덧붙여, 오늘의 수프는 1인분에 단 7달러인 브로콜리 치즈 수프입니다.

### 03 언급 문제

화자는 오늘의 특별 요리에 대해 무엇을 말하는가?
(A) 샐러드와 함께 나온다.
(B) 점심 식사에만 이용 가능하다.

### 04 정도 문제

수프는 얼마인가?
(A) 7달러
(B) 18달러

**[05-06]** 호주식 발음 / 캐나다식 발음

Questions 5-6 refer to the following announcement.

> Could I have everyone's attention please? Tomorrow, the hotel's main elevators will be closed for repairs and maintenance. Administrative and front desk staff should direct guests to either the stairs or the elevators next to the gym. We also recommend that front desk staff post some signs apologizing to our guests. Finally, housekeeping staff is asked to use only the service elevator to avoid ⟳

crowding. Sorry for the inconvenience, but the elevators should be running again by tomorrow evening.

administrative [미 ædmínəstrèitiv, 영 ədmínistrètiv] 관리의
post [미 poust, 영 pəust] 게시하다

해석
5-6은 다음 공지에 관한 문제입니다.

모두 주목해 주시겠습니까? 내일, 호텔의 주요 엘리베이터들이 수리와 유지 보수를 위해 폐쇄될 것입니다. 관리 직원과 안내 데스크 직원들은 손님들을 계단이나 체육관 옆의 엘리베이터로 안내해주셔야 합니다. 또한 안내 데스크 직원들은 손님들에게 양해를 구하는 표지판을 게시해주시기를 권합니다. 마지막으로, 객실 관리 직원들은 혼잡을 피하기 위해 서비스 엘리베이터만 이용하시길 부탁드립니다. 불편을 드려 죄송하며, 엘리베이터들은 내일 저녁쯤에는 다시 운행될 것입니다.

**05 제안 문제**
화자는 안내 데스크 직원들에게 무엇을 하라고 제안하는가?
(A) 방문객들을 관리실로 보낸다.
(B) 호텔 고객들을 위해 안내판을 게시한다.

notice [nóutis] 안내판, 공고

**06 방법 문제**
객실 관리 직원들은 어떻게 다른 층에 갈 수 있는가?
(A) 계단을 이용함으로써
(B) 서비스 엘리베이터를 이용함으로써

## HACKERS TEST

| | | | | |
|---|---|---|---|---|
| 01 (B) | 02 (C) | 03 (D) | 04 (C) | 05 (B) |
| 06 (A) | 07 (B) | 08 (C) | 09 (C) | 10 (D) |
| 11 (C) | 12 (B) | 13 (D) | 14 (B) | 15 (A) |
| 16 (B) | 17 (B) | 18 (A) | 19 (B) | 20 (A) |
| 21 (D) | 22 (A) | 23 (A) | 24 (D) | 25 (B) |
| 26 (C) | 27 (D) | 28 (C) | 29 (A) | 30 (A) |

**[01-03]** 호주식 발음

Questions 1-3 refer to the following telephone message.

Hello, Mr. Valdez. This is Phillip Jackson calling from Watson Laboratory Services in Denver. 01**I called to inform you that the report on the product you submitted last week has been completed.** You may pick it up personally at our laboratory or ask a representative from your company to pick it up for you. 02**If you're interested, I can also send you a copy of our new brochure,** which includes our recently added services. 03**If you have any questions or need any further information, please send an e-mail to jacksonphil@labservice.com.** Thank you.

submit [səbmít] 맡기다, 제출하다
laboratory [미 lǽbərətɔ̀ri, 영 ləbɔ́rətəri] 실험실, 연구소
representative [rèprizéntətiv] 직원   brochure [미 brouʃúər, 영 bráuʃə] 책자

해석
1-3은 다음 음성 메시지에 관한 문제입니다.

안녕하세요, Mr. Valdez. 덴버에 있는 Watson Laboratory Services의 Phillip Jackson입니다. 01**귀하가 지난주에 맡기셨던 제품의 보고서가 완료되었음을 알려드리려고 전화드렸습니다.** 귀하가 그것을 저희 실험실에서 직접 찾아가시거나

귀사 직원에게 대신 찾아가도록 하셔도 됩니다. 02**귀하께서 관심이 있으시다면 제가 저희의 새 책자 한 부도 보내드릴 수 있는데, 그것에는 최근에 추가된 저희 서비스가 포함되어 있습니다.** 03**질문이 있으시거나 다른 추가 정보가 필요하시면 jacksonphil@labservice.com으로 이메일을 보내주십시오.** 감사합니다.

**01 목적 문제**
해석 화자는 왜 전화를 하고 있는가?
(A) 새로운 서비스를 소개하기 위해
(B) 그에게 완료된 업무를 알리기 위해
(C) 몇몇 정보를 요청하기 위해
(D) 사무실 주소를 확인하기 위해

해설 전화의 목적을 묻는 문제이므로, 지문의 초반을 반드시 듣는다. "I called to inform you that the report ~ has been completed(보고서가 완료되었음을 알려드리려고 전화드렸습니다)"라고 하였다. 따라서 (B)가 정답이다.

어휘 verify [vérəfài] 확인하다, 조회하다

**02 제안 문제**
해석 화자는 무엇을 해주겠다고 제안하는가?
(A) 양식을 작성한다.
(B) 제품을 주문한다.
(C) 책자를 보낸다.
(D) 직원과 만난다.

해설 지문 중후반에서 제안과 관련된 표현이 포함된 문장을 주의 깊게 듣는다. "If you're interested, I can also send you a copy of our new brochure(귀하께서 관심이 있으시다면 제가 저희의 새 책자 한 부도 보내드릴 수 있습니다)"라고 하였다. 따라서 (C)가 정답이다.

어휘 fill in 작성하다

**03 방법 문제**
해석 청자는 어떻게 추가 정보를 얻을 수 있는가?
(A) 전화를 함으로써
(B) 웹사이트를 확인함으로써
(C) 업무 지원 센터에 감으로써
(D) 이메일을 보냄으로써

해설 질문의 핵심어구(get additional information)와 관련된 내용을 주의 깊게 듣는다. 지문 후반부에서 "If you ~ need any further information, please send an e-mail ~(다른 추가 정보가 필요하시면 이메일을 보내 주십시오)"이라고 하였다. 따라서 (D)가 정답이다.

패러프레이징
additional 추가의 → further 추가의

**[04-06]** 미국식 발음

Questions 4-6 refer to the following introduction.

04**Everyone, I'd like to introduce you to Sonia Summers, the newest member of our orchestra.** For those of you who haven't heard of Ms. Summers before, she is a talented violinist. In addition to teaching at numerous universities, 05**Ms. Summers played in Germany with the Berlin Orchestra for over two years before returning to Seattle this spring.** Ms. Summers should have no issues fitting in with you all. Therefore, 06**she will play with us in the concert next week.**

member [mémbər] 단원, 회원   talented [tǽləntid] 재능있는, 재주가 있는
fit in with ~와 어울리다, ~와 맞다

해석
4-6은 다음 소개에 관한 문제입니다.

96 무료 MP3 · 받아쓰기&쉐도잉 프로그램 제공   HackersIngang.com

<sup>04</sup>여러분, 저는 여러분께 우리 오케스트라의 신규 단원인 Sonia Summers를 소개하고자 합니다. 이전에 Ms. Summers에 대해 들어보지 못한 분들을 위해 말씀드리자면, 그녀는 재능있는 바이올린 연주자입니다. 수많은 대학교에서 강의한 것뿐만 아니라, <sup>05</sup>Ms. Summers는 올해 봄에 시애틀로 돌아오기 전에 2년 넘게 독일에서 베를린 오케스트라와 함께 연주했습니다. Ms. Summers는 여러분 모두와 어울리는 데에 문제가 없을 것입니다. 따라서, <sup>06</sup>그녀는 다음 주 콘서트에서 우리와 함께 연주할 예정입니다.

## 04 청자 문제

해석 청자들은 누구인 것 같은가?
(A) 배우들
(B) 작가들
(C) 연주자들
(D) 가수들

해설 지문에서 신분 및 직업과 관련된 표현을 놓치지 않고 듣는다. 지문 초반부에서 "Everyone, I'd like to introduce you to ~ the newest member of our orchestra(여러분, 저는 여러분께 우리 오케스트라의 신규 단원을 소개하고자 합니다)"라고 한 것을 통해, 청자들이 오케스트라의 연주자들임을 알 수 있다. 따라서 (C)가 정답이다.

## 05 언급 문제

해석 Sonia Summers에 대해 언급된 것은?
(A) 그녀는 최근에 대학을 졸업했다.
(B) 그녀는 이전에 해외에서 일했다.
(C) 그녀는 짧은 연설을 준비했다.
(D) 그녀는 상을 받았다.

해설 질문의 핵심어구(Sonia Summers)가 언급된 주변을 주의 깊게 듣는다. 지문 중반부에서 "Ms. Summers played in Germany with the Berlin Orchestra ~ before returning to Seattle this spring (Ms. Summers는 올해 봄에 시애틀로 돌아오기 전에 독일에서 베를린 오케스트라와 함께 연주했습니다)"이라고 하였다. 따라서 (B)가 정답이다.

어휘 previously[príːviəsli] 이전에, 미리  overseas[òuʋərsíːz] 해외에서
brief[briːf] 짧은, 간단한

## 06 특정 세부 사항 문제

해석 화자에 따르면, 다음 주에 무슨 일이 일어날 것인가?
(A) 라이브 공연
(B) 자선 만찬
(C) 직원 예비 교육
(D) 사업체 개업

해설 질문의 핵심어구(next week)가 언급된 주변을 주의 깊게 듣는다. 지문 후반부에서 "she will play with us in the concert next week(그녀는 다음 주 콘서트에서 우리와 함께 연주할 예정입니다)"이라고 하였다. 따라서 (A)가 정답이다.

패러프레이징
concert 콘서트 → live performance 라이브 공연

어휘 charity[tʃǽrəti] 자선, 자선 단체
orientation[ɔ̀ːriəntéiʃən] 예비 교육, 오리엔테이션

## [07-09] 〔캐〕 캐나다식 발음

Questions 7-9 refer to the following announcement.

Good morning. <sup>07</sup>I'd like to announce that our company has received a government award for being one of the most environment-friendly companies in the country. <sup>08</sup>At AD&P, we recycle materials to minimize the resources that we consume. Now, <sup>09</sup>what I'd like you to do is to come up with some ideas to help

**promote recycling in this office.** Recycling materials is not only good for the environment but improves public opinion of our company.

environment-friendly[inʋàiərənməntfréndli] 환경친화적인
minimize[mínəmàiz] 최소화하다  resource[ríːsɔːrs] 자원
come up with ~을 제시하다, 생각해내다
promote[prəmóut] 활성화시키다, 촉진하다  public opinion 여론

해석
7-9는 다음 공지에 관한 문제입니다.

안녕하세요. <sup>07</sup>저는 우리 회사가 전국에서 가장 환경친화적인 회사 중 한 군데로 정부로부터 상을 받았음을 알려드리고자 합니다. <sup>08</sup>AD&P에서, 우리는 우리가 소비하는 자원을 최소화하기 위해 물자를 재활용하고 있습니다. 이제, <sup>09</sup>제가 여러분들께서 해주시기를 바라는 것은 이 사무실에서 재활용을 활성화시키는 데 도움이 될 몇 가지 아이디어를 제시해주시는 것입니다. 물자를 재활용하는 것은 환경에 좋을 뿐만 아니라 우리 회사에 대한 여론을 개선합니다.

## 07 주제 문제

해석 무엇이 공지되고 있는가?
(A) 예산 증가
(B) 수상
(C) 프로젝트 완료
(D) 팀 확장

해설 지문의 주제를 묻는 문제이므로, 지문의 초반을 반드시 듣는다. "I'd like to announce that our company has received a government award for being one of the most environment-friendly companies in the country(저는 우리 회사가 전국에서 가장 환경친화적인 회사 중 한 군데로 정부로부터 상을 받았음을 알려드리고자 합니다)"라고 하였다. 따라서 (B)가 정답이다.

어휘 budget[bʌ́dʒit] 예산, 비용

## 08 이유 문제

해석 화자에 따르면, 회사는 왜 물자를 재활용하는가?
(A) 정부 규정을 따르기 위해
(B) 제품 판매를 촉진하기 위해
(C) 소비를 줄이기 위해
(D) 고객들의 요구를 충족시키기 위해

해설 질문의 핵심어구(company recycle materials)와 관련된 내용을 주의 깊게 듣는다. 지문 중반부에서 "At AD&P, we recycle materials to minimize the resources that we consume(AD&P에서, 우리는 우리가 소비하는 자원을 최소화하기 위해 물자를 재활용하고 있습니다)"이라고 하였다. 따라서 (C)가 정답이다.

패러프레이징
minimize the resources that ~ consume 소비하는 자원을 최소화하다 → reduce consumption 소비를 줄이다

어휘 consumption[kənsʌ́mpʃən] 소비

## 09 요청 문제

해석 청자들은 무엇을 하도록 요청받는가?
(A) 공급업체에 연락한다.
(B) 기부를 한다.
(C) 몇 가지 아이디어를 제안한다.
(D) 세미나를 준비한다.

해설 지문 중후반에서 요청과 관련된 표현이 포함된 문장을 주의 깊게 듣는다. "what I'd like you to do is to come up with some ideas ~(제가 여러분들께서 해주시기를 바라는 것은 몇 가지 아이디어를 제시해주시는 것입니다)"라고 하였다. 따라서 (C)가 정답이다.

어휘 donation[dounéiʃən] 기부, 기증

**[10-12]** 🎧 영국식 발음

Questions 10-12 refer to the following talk.

> Good morning. 10/11**Today, I'd like to discuss how we can improve our communications with the customers who contact this call center.** There are a few simple and effective means to do this. 11**Before answering the phone, take a deep breath to relax. When you talk with a customer, you should repeat his or her question** to show that you understand it. OK . . . I'll now hand out a case study involving a customer service interaction. 12**I'll then divide you into small groups to talk about it.**
>
> improve[imprúːv] 개선하다
> communication[미 kəmjùːnəkéiʃən, 영 kəmjùːnikéiʃən] (의사) 소통
> case study 사례 연구  interaction[intərǽkʃən] 상호 작용, 교류

해석
10-12는 다음 담화에 관한 문제입니다.

안녕하세요. 10/11오늘, 저는 우리가 이곳 콜센터로 연락하는 고객들과의 소통을 어떻게 개선할 수 있을지에 대해 논의하고자 합니다. 이를 하기 위한 간단하고 효과적인 방법이 몇 가지 있습니다. 11전화를 받기 전에 크게 심호흡을 해서 긴장을 푸십시오. 여러분이 고객과 이야기를 할 때는 고객의 문의 사항을 다시 한번 말해서 여러분이 그것을 이해하고 있다는 것을 보여주어야 합니다. 자… 고객 서비스 상호 작용과 관련된 사례 연구를 지금 나눠드릴게요. 12그러고 나서 이것에 대해 이야기 해보기 위해 제가 여러분들을 소그룹으로 나누어드리겠습니다.

**10 주제 문제**
해석 담화의 주된 주제는 무엇인가?
  (A) 고객 설문 조사 개발하기
  (B) 회사 매출 증대시키기
  (C) 사업 제안서 발표하기
  (D) 전화 소통 개선하기

해설 지문의 주제를 묻는 문제이므로, 지문의 초반을 주의 깊게 들은 후 전체 맥락을 파악한다. "Today, I'd like to discuss how we can improve our communications with the customers who contact this call center(오늘, 저는 우리가 이곳 콜센터로 연락하는 고객들과의 소통을 어떻게 개선할 수 있을지에 대해 논의하고자 합니다)"라고 한 후, 전화 소통 개선 방법에 대한 내용으로 지문이 이어지고 있다. 따라서 (D)가 정답이다.

어휘 increase[inkríːs] 증대시키다

**11 청자 문제**
해석 청자들은 누구인 것 같은가?
  (A) 광고 컨설턴트들
  (B) 기업의 관리자들
  (C) 콜센터 직원들
  (D) 교육 강사들

해설 지문에서 신분 및 직업과 관련된 표현을 놓치지 않고 듣는다. 지문 초반부에서 "Today, I'd like to discuss how we can improve our communications with the customers who contact this call center(오늘, 저는 우리가 이곳 콜센터로 연락하는 고객들과의 소통을 어떻게 개선할 수 있을지에 대해 논의하고자 합니다)"라고 한 후, "Before answering the phone, take a deep breath ~. When you talk with a customer, you should repeat his or her question(전화를 받기 전에 크게 심호흡을 하십시오. 여러분이 고객과 이야기를 할 때는 고객의 문의 사항을

다시 한번 말해야 합니다)"이라고 한 것을 통해, 청자들이 고객의 전화를 받는 콜센터 직원들임을 알 수 있다. 따라서 (C)가 정답이다.

어휘 corporate[kɔ́ːrpərət] 기업의  agent[éidʒənt] 직원
instructor[instrʌ́ktər] 강사

**12 이유 문제**
해석 청자들은 왜 그룹으로 나누어질 것인가?
  (A) 연습을 하기 위해
  (B) 논의를 하기 위해
  (C) 발표를 하기 위해
  (D) 연설을 준비하기 위해

해설 질문의 핵심어구(divided into groups)가 언급된 주변을 주의 깊게 듣는다. 지문 후반부에서 "I'll ~ divide you into small groups to talk about it[case study](이것[사례 연구]에 대해 이야기해보기 위해 제가 여러분들을 소그룹으로 나누어드리겠습니다)"이라고 하였다. 따라서 (B)가 정답이다.

**[13-15]** 🎧 캐나다식 발음

Questions 13-15 refer to the following telephone message.

> Hello. This is Josh David calling from the National Science Institute. Dr. Maine, 13**I'm calling regarding the funding request you sent to our office.** We reviewed your research proposal about the effects of certain plants on air quality and we're very interested in your study. 13**We are pleased to tell you that the chairman has approved the funding for your research.** 14**We would like you to come to our office so that we can talk about some questions we have regarding your proposal.** Also, 15**please prepare a detailed list of your expected project expenses** so that we can forward it to the accounting office. You can call me at 555-1006. Thank you.
>
> regarding[rigáːrdiŋ] ~에 관해  funding[fʌ́ndiŋ] 자금 지원, 융자
> approve[əprúːv] 승인하다  expense[ikspéns] 비용

해석
13-15는 다음 음성 메시지에 관한 문제입니다.

안녕하세요. 국립 과학 협회에서 전화드리는 Josh David입니다. Dr. Maine, 13귀하가 저희 사무실로 보낸 자금 지원 신청서에 관해 전화드립니다. 저희는 특정 식물들이 대기 질에 미치는 영향에 관한 귀하의 연구 제안서를 검토했으며, 귀하의 연구에 매우 관심이 있습니다. 13회장님께서 귀하의 연구에 대한 자금 지원을 승인하셨음을 알리게 되어 기쁩니다. 14귀하의 제안서에 관해 저희가 가지고 있는 몇 가지 의문점에 대해 이야기를 나눌 수 있도록 귀하가 저희 사무실에 와주셨으면 합니다. 또한, 저희가 회계 사무실에 보낼 수 있도록 15귀하가 예상하는 프로젝트 비용에 관한 자세한 목록을 준비해 주십시오. 555-1006으로 제게 전화 주시면 됩니다. 감사합니다.

**13 목적 문제**
해석 전화의 목적은 무엇인가?
  (A) 신제품에 대해 문의하기 위해
  (B) 정부 프로그램을 설명하기 위해
  (C) 일정을 변경하기 위해
  (D) 자금 지원 승인에 관한 세부 사항을 제공하기 위해

해설 전화의 목적을 묻는 문제이므로, 지문의 초반을 반드시 듣는다. "I'm calling regarding the funding request you sent to our office (귀하가 저희 사무실로 보낸 자금 지원 신청서에 관해 전화드립니다)"라고 한 후,

"We are pleased to tell you that the chairman has approved the funding for your research(회장님께서 귀하의 연구에 대한 자금 지원을 승인하셨음을 알리게 되어 기쁩니다)"라며 자금 지원 승인에 관한 세부 사항으로 지문이 이어지고 있다. 따라서 (D)가 정답이다.

패러프레이징
has approved the funding 자금 지원을 승인했다 → funding approval 자금 지원 승인

어휘 inquire[inkwáiər] 문의하다

### 14 이유 문제

해석 청자는 왜 사무실을 방문할 것 같은가?
(A) 연구 과제의 사본을 가져가기 위해
(B) 제안서에 관한 몇 가지 의문점들을 논의하기 위해
(C) 채용 계약서에 서명하기 위해
(D) 지불에 관한 세부 사항을 협의하기 위해

해설 질문의 핵심어구(visit an office)와 관련된 내용을 주의 깊게 듣는다. 지문 후반부에서 "We would like you to come to our office so that we can talk about some questions we have regarding your proposal(귀하의 제안서에 관해 저희가 가지고 있는 몇 가지 의문점에 대해 이야기를 나눌 수 있도록 귀하가 저희 사무실에 와주셨으면 합니다)"이라고 하였다. 따라서 (B)가 정답이다.

패러프레이징
visit 방문하다 → come to 오다
talk ~ regarding ~ proposal 제안서에 관해 이야기하다 → discuss ~ about a proposal 제안서에 관해 논의하다

어휘 negotiate[nigóuʃièit] 협의하다, 협상하다

### 15 요청 문제

해석 화자는 청자에게 무엇을 하라고 요청하는가?
(A) 예산안을 준비한다.
(B) 몇몇 법률 관련 문서를 제출한다.
(C) 시연을 본다.
(D) 몇몇 연구 결과를 검토한다.

해설 지문 중반에 요청과 관련된 표현이 포함된 문장을 주의 깊게 듣는다. "please prepare a detailed list of your expected project expenses(귀하가 예상하는 프로젝트 비용에 관한 자세한 목록을 준비해 주십시오)"라고 하였다. 따라서 (A)가 정답이다.

패러프레이징
list of ~ expenses 비용에 관한 목록 → budget 예산안

어휘 budget[bʌ́dʒit] 예산안, 예산 demonstration[dèmənstréiʃn] 시연, 시범 설명

[16-18] ③ 호주식 발음

Questions 16-18 refer to the following advertisement.

---

<sup>16</sup>**Are you looking for the ideal bag for a weekend hike? Try our new Hero Backpack.** It is designed with three lightweight solar panels that generate up to four watts of power. <sup>17</sup>**With the solar panels, just four to six hours of direct sunlight can charge a typical cell phone and other portable consumer electronics.** In addition, <sup>18</sup>**a recent survey of over 500 customers showed that the bag was comfortable to carry** because it is made of flexible fabric. <sup>18</sup>**All of the participants were experienced hikers.** For further information, please contact one of our service representatives at 555-4376.

---

lightweight[láitweit] 가벼운 solar panel 태양 전지판
generate[dʒénəreit] 발생시키다 direct sunlight 직사광선
charge[미 tʃɑːrdʒ, 영 tʃɑːdʒ] 충전하다 consumer electronics 가전제품

carry[kǽri] 들고 다니다, 지니다 flexible[flˈeksəbl] 신축성 있는, 유연한
fabric[fǽbrik] 원단, 천

해석
16-18은 다음 광고에 관한 문제입니다.

<sup>16</sup>주말 도보 여행에 알맞은 가방을 찾고 계신가요? 저희의 새로운 Hero 배낭을 사용해 보세요. 이것은 최대 4와트의 전력을 발생시키는 세 개의 가벼운 태양 전지판들로 설계되었습니다. <sup>17</sup>이 태양 전지판들로, 단지 네 시간에서 여섯 시간의 직사광선은 일반적인 휴대전화와 다른 휴대용 가전제품들을 충전할 수 있습니다. 게다가, <sup>18</sup>최근의 500명 이상의 고객 설문 조사는 이 배낭이 신축성 있는 원단으로 만들어져서 들고 다니기 편했다는 것을 보여주었습니다. <sup>18</sup>모든 참가자들은 경험이 풍부한 도보 여행자들이었습니다. 더 자세한 정보를 원하시면, 555-4376으로 저희 서비스 직원들 중 한 명에게 연락해 주시기 바랍니다.

### 16 주제 문제

해석 무엇이 광고되고 있는가?
(A) 휴대전화
(B) 배낭
(C) 배터리
(D) 원단

해설 광고의 주제를 묻는 문제이므로, 지문의 초반을 주의 깊게 들은 후 전체 맥락을 파악한다. "Are you looking for the ideal bag for a weekend hike? Try our new Hero Backpack(주말 도보 여행에 알맞은 가방을 찾고 계신가요? 저희의 새로운 Hero 배낭을 사용해 보세요)"이라고 한 후, 배낭의 장점에 대한 내용으로 지문이 이어지고 있다. 따라서 (B)가 정답이다.

### 17 언급 문제

해석 화자는 제품에 대해 무엇을 말하는가?
(A) 온라인으로 구매가 가능하다.
(B) 충전기 기능이 있다.
(C) 다양한 색상으로 나온다.
(D) 보증서와 함께 판매된다.

해설 질문의 핵심어구(product)와 관련된 내용을 주의 깊게 듣는다. 지문 중반부에서 "With the solar panels, ~ direct sunlight can charge a typical cell phone and ~ consumer electronics(이 태양 전지판들로, 직사광선은 일반적인 휴대전화와 가전제품들을 충전할 수 있습니다)"라고 하였다. 따라서 (B)가 정답이다.

패러프레이징
can charge 충전할 수 있다 → has a charger function 충전기 기능이 있다

어휘 warranty[wɔ́ːrənti] 보증서

### 18 의도 파악 문제

해석 화자는 왜 "모든 참가자들은 경험이 풍부한 도보 여행자들이었습니다"라고 말하는가?
(A) 몇몇 의견이 믿을 만하다는 것을 보여주기 위해
(B) 어떻게 소재가 선정되었는지 설명하기 위해
(C) 추가 시험이 필요함을 강조하기 위해
(D) 변경의 근거를 명시하기 위해

해설 질문의 인용어구(All of the participants were experienced hikers)가 언급된 주변을 주의 깊게 듣는다. 지문 중후반부에서 "a recent survey of over 500 customers showed that the bag was comfortable to carry(최근의 500명 이상의 고객 설문 조사는 이 배낭이 들고 다니기 편했다는 것을 보여주었습니다)"라고 한 후, 모든 참가자들은 경험이 풍부한 도보 여행자들이었다고 한 것을 통해, 화자가 고객 설문 조사에서 나온 의견이 믿을 만하다는 것을 보여주려는 의도임을 알 수 있다. 따라서 (A)가 정답이다.

어휘 stress[stres] 강조하다, 압력을 가하다 specify[spésəfài] 명시하다, 기입하다

Questions 19-21 refer to the following telephone message.

Hello, Mr. Asher. My name is Darcy Brown, and I work at Iconic Book Club. ¹⁹**We'd like to invite you to our shop on Friday, May 30, as we launch the collector's edition of** *Make Me Laugh*, **a pictorial history of the comic book industry. If you buy a copy, you will be entitled to receive two complimentary tickets to the famous Charleston Museum of Comic Book Arts.** But ²⁰**I recommend you make a purchase quickly** because the offer is only good while supplies last. Also, ²¹**as one of our long-term members, we're pleased to give you a 20 percent discount on this book**. Thank you.

launch [lɔ:ntʃ] 출간하다   entitled to ~할 자격이 있는
complimentary [kàmpləméntəri] 무료의

**해석**

19-21은 다음 음성 메시지에 관한 문제입니다.

안녕하세요, Mr. Asher. 제 이름은 Darcy Brown이고, 저는 Iconic 독서 클럽에서 일하고 있습니다. ¹⁹저희가 5월 30일 금요일에 만화책 산업에 관한 그림 역사책인 *Make Me Laugh*의 소장판을 출간할 때 고객님을 저희 매장에 초대하고 싶습니다. 한 권을 구입하시면, 유명한 Charleston 만화책 미술관의 무료 입장권 두 장을 받을 수 있는 자격이 주어질 것입니다. 하지만 이 기회는 재고가 남아있는 동안에만 유효하니 ²⁰귀하께서 빨리 구매하시기를 권해드립니다. 또한, ²¹저희의 장기 회원님들 중 한 분이시므로, 저희는 이 책에 대해 20퍼센트 할인을 기꺼이 제공해 드리겠습니다. 감사합니다.

**19 특정 세부 사항 문제**

해석 무엇이 홍보되고 있는가?
(A) 지역 신문
(B) 디자인 잡지
(C) 역사책
(D) 전문지

해설 질문의 핵심어구(promoted)와 관련된 내용을 주의 깊게 듣는다. 지문 초반부에서 "We'd like to invite you to our shop ~ as we launch the collector's edition of ~ a pictorial history of the comic book industry(저희가 만화책 산업에 관한 그림 역사책의 소장판을 출간할 때 고객님을 저희 매장에 초대하고 싶습니다)"라고 한 후, "If you buy a copy, you will be entitled to receive two complimentary tickets to the ~ Museum ~(한 권을 구입하시면, 미술관의 무료 입장권 두 장을 받을 수 있는 자격이 주어질 것입니다)"이라고 하였다. 따라서 (C)가 정답이다.

어휘 technical journal 전문지

**20 제안 문제**

해석 화자는 무엇을 하라고 권하는가?
(A) 빨리 구매를 한다.
(B) 지역 박물관을 방문한다.
(C) 양식을 우편으로 보낸다.
(D) 서비스를 구독한다.

해설 지문 중후반에서 제안과 관련된 표현이 포함된 문장을 주의 깊게 듣는다. "I recommend you make a purchase quickly(귀하께서 빨리 구매하시기를 권해드립니다)"라고 하였다. 따라서 (A)가 정답이다.

패러프레이징
quickly 빨리 → soon 빨리

**21 정도 문제**

해석 화자에 따르면, 청자는 제품에 얼마를 절약할 수 있는가?

(A) 5퍼센트
(B) 10퍼센트
(C) 15퍼센트
(D) 20퍼센트

해설 질문의 핵심어구(save on an item)와 관련된 내용을 주의 깊게 듣는다. 지문 후반부에서 "as one of our long-term members, we're pleased to give you a 20 percent discount on this book(저희의 장기 회원님들 중 한 분이시므로, 저희는 이 책에 대해 20퍼센트 할인을 기꺼이 제공해 드리겠습니다)"이라고 하였다. 따라서 (D)가 정답이다.

Questions 22-24 refer to the following announcement.

Thank you all for coming. My name is Janice Brandt, and I am the public relations director here at Waldorf Manufacturing. ²²**I'm sorry that the president of our company, Dale Evans, is not available to greet you.** He will get here about an hour later than planned due to some urgent matters that he has to attend to. Until he arrives, ²³**I'd like to talk about the improvements we have made to our assembly plants.** We have installed new machines that will greatly increase output. ²⁴**I also highly recommend that you read through the information packets you have been provided.**

public relations 홍보   president [prézədənt] 사장, 대통령   due to ~로 인해
assembly [əsémbli] 조립, 모임   output [áutput] 생산량, 산출
information packet 자료집

**해석**

22-24는 다음 공지에 관한 문제입니다.

모두 와주셔서 감사드립니다. 제 이름은 Janice Brandt이고, 이곳 Waldorf 제조회사의 홍보부장입니다. ²²저희 회사의 사장님이신 Dale Evans께서 여러분을 맞이하지 못하는 점 사과드립니다. 그가 참석해야 하는 몇몇 급한 사안으로 인해 예정보다 한 시간 정도 뒤에 이곳에 오시게 될 것입니다. 그가 도착하실 때까지, ²³저희 조립 공장에 해온 개선에 대해 제가 말씀드리고자 합니다. 저희는 생산량을 크게 증가시킬 새로운 기계들을 설치했습니다. ²⁴저는 또한 여러분께서 제공받으신 자료집을 읽어보시기를 적극적으로 권해드립니다.

**22 이유 문제**

해석 화자는 왜 사과하는가?
(A) 경영진이 늦었다.
(B) 기계가 제대로 작동하지 않았다.
(C) 보고서가 오류를 포함하고 있다.
(D) 연설이 취소되었다.

해설 질문의 핵심어구(apologize)와 관련된 내용을 주의 깊게 듣는다. 지문 중반부에서 "I'm sorry that the president of our company, Dale Evans, is not available to greet you(저희 회사의 사장님이신 Dale Evans께서 여러분을 맞이하지 못하는 점 사과드립니다)"라고 하였다. 따라서 (A)가 정답이다.

어휘 malfunction [mælfʌ́ŋkʃən] 제대로 작동하지 않다

**23 특정 세부 사항 문제**

해석 화자는 무엇에 대해 이야기할 것인가?
(A) 시설 개선
(B) 생산 목표
(C) 마케팅 전략
(D) 재정 관련 수치

해설 질문의 핵심어구(talk about)가 언급된 주변을 주의 깊게 듣는다. 지문 중반

부에서 "I'd like to talk about the improvements we have made to our assembly plants(저희 조립 공장에 해온 개선에 대해 제가 말씀드리고자 합니다)"라고 하였다. 따라서 **(A)**가 정답이다.

패러프레이징
assembly plants 조립 공장 → Facility 시설

## 24 특정 세부 사항 문제

해석 청자들은 무엇을 받았는가?
(A) 수정된 일정표
(B) 제품 견본
(C) 상품권
(D) 정보를 제공하는 자료

해설 질문의 핵심어구(receive)와 관련된 내용을 주의 깊게 듣는다. 지문 후반부에서 "I ~ recommend that you read through the information packets you have been provided(저는 여러분께서 제공받으신 자료집을 읽어 보시기를 권해드립니다)"라고 하였다. 따라서 **(D)**가 정답이다.

패러프레이징
information packets 자료집 → Informational materials 정보를 제공하는 자료

**[25-27]** 🎧 영국식 발음

Questions 25-27 refer to the following talk and schedule.

²⁵**Welcome to the fourth annual Youth Achievement Convention here at the Palace Hotel in London.** As you all know, our goal is helping young people succeed socially and academically. We hope all of you learn a lot today. Please note that ²⁶**the presenter scheduled to speak at 1 P.M. has organized some role-playing exercises**. Everyone who attends this session will be expected to participate. ²⁷**If you need more details about the convention, please speak with any member of the organizing committee.**

---

annual[ǽnjuəl] 연례의  achievement[ətʃíːvmənt] 성취, 성과
role-playing 역할 연기  committee[kəmíti] 위원회

해석
25-27은 다음 담화와 일정표에 관한 문제입니다.

²⁵이곳 런던의 Palace 호텔에서 열리는 제4회 연례 청소년 성취 총회에 오신 것을 환영합니다. 여러분 모두 아시다시피, 우리의 목표는 청소년들이 사회적으로 그리고 학업적으로 성공하도록 돕는 것입니다. 저희는 여러분 모두가 오늘 많이 배우시길 바랍니다. ²⁶오후 1시에 연설하기로 예정된 발표자가 역할 연기 실습을 준비한 점을 주목해 주시기 바랍니다. 이 시간에 참석하는 모든 사람이 참여하도록 요구될 것입니다. ²⁷총회에 대해 세부 사항이 더 필요하시면, 조직 위원회의 어느 위원에게든 말씀해 주십시오.

일정표

| 발표자 | 시간 |
| --- | --- |
| Jack Smith | 오전 10시 |
| Oliver Gaines | 오전 11시 |
| ²⁶Kelly Martin | 오후 1시 |
| Remy Tyler | 오후 2시 |

## 25 장소 문제

해석 행사는 어디에서 열리고 있는가?

(A) 교육 기관에서
(B) 숙박 시설에서
(C) 회사 본사에서
(D) 지역 문화 회관에서

해설 장소와 관련된 표현을 놓치지 않고 듣는다. 지문 초반부에서 "Welcome to the ~ Convention here at the Palace Hotel ~(이곳 Palace 호텔에서 열리는 총회에 오신 것을 환영합니다)"이라고 한 것을 통해, 행사가 숙박 시설에서 열리고 있음을 알 수 있다. 따라서 **(B)**가 정답이다.

패러프레이징
Hotel 호텔 → accommodation facility 숙박 시설

## 26 시각 자료 문제

해석 시각 자료를 보아라. 누가 역할 연기 실습을 이끌 것인가?
(A) Jack Smith
(B) Oliver Gaines
(C) Kelly Martin
(D) Remy Tyler

해설 질문의 핵심어구(role-playing exercises)가 언급된 주변을 주의 깊게 듣는다. 지문 중반부에서 "the presenter scheduled to speak at 1 P.M. has organized some role-playing exercises(오후 1시에 연설하기로 예정된 발표자가 역할 연기 실습을 준비했습니다)"라고 하였으므로, 오후 1시 발표자인 Kelly Martin이 역할 연기 실습을 이끌 것임을 시각 자료에서 확인할 수 있다. 따라서 **(C)**가 정답이다.

어휘 conduct[kəndʌ́kt] 이끌다

## 27 방법 문제

해석 청자들은 어떻게 더 많은 정보를 얻을 수 있는가?
(A) 전화 번호로 전화를 함으로써
(B) 게시판을 확인함으로써
(C) 웹사이트를 방문함으로써
(D) 위원회 위원에게 문의함으로써

해설 질문의 핵심어구(get more information)와 관련된 내용을 주의 깊게 듣는다. 지문 후반부에서 "If you need more details ~, please speak with any member of the organizing committee(세부 사항이 더 필요하시면, 조직 위원회의 어느 위원에게든 말씀해 주십시오)"라고 하였다. 따라서 **(D)**가 정답이다.

패러프레이징
information 정보 → details 세부 사항

**[28-30]** 🎧 미국식 발음

Questions 28-30 refer to the following announcement and map.

Attention, Lamplight Bookshop customers. You are invited to celebrate the store's 20th anniversary on Saturday, June 11. ²⁸**We will be offering significant discounts on all fiction and nonfiction books**, including those in our foreign book section. Our wide selection of classic and modern DVD titles will be on sale as well. We have also invited ²⁹**well-known author Andre Carrington** to sign copies of his latest fantasy novel. If you wish to purchase this book, please note that we have reorganized our store. ³⁰**Fantasy books have been moved to the back of the shop, right next to the area where the book signing will take place.** Please consult the map near the main entrance for more information. We hope to see you on Saturday!

---

significant[signífikənt] 상당한  selection[silékʃən] 엄선된 것, 선택 가능한 것
reorganize[riːɔ́ːrgənaiz] 재배치하다  consult[kənsʌ́lt] 참고하다

해석
28-30은 다음 공지와 지도에 관한 문제입니다.

Lamplight 서점 고객 여러분, 주목해 주십시오. 여러분은 6월 11일 토요일의 서점 20주년 기념일을 축하하기 위해 초대되었습니다. 28저희는 외국 도서 구역의 서적들을 포함하여 모든 소설과 비소설 책들에 상당한 할인을 제공할 것입니다. 저희의 다양하게 엄선된 고전과 현대 DVD물도 할인될 것입니다. 저희는 또한 29유명한 작가인 Andre Carrington을 그의 최신 판타지 소설책에 사인하도록 초대하였습니다. 만약 이 책을 구매하기 원하신다면, 저희가 매장을 재배치했다는 점에 유의해 주십시오. 30판타지 서적은 매장의 뒤쪽, 책 사인회가 열릴 구역 바로 옆으로 옮겨졌습니다. 더 많은 정보를 위해서는 정문 근처에 있는 약도를 참고해 주십시오. 토요일에 만나뵙기를 바랍니다!

매장 약도

| 301 구역 | 2 구역 | 3 구역 |
|---|---|---|
| 사인회 구역 | 계산대 | 4 구역 |

입구

## 28 언급 문제
해석 화자는 매장에 대해 무엇을 말하는가?
(A) 개점을 기념하고 있다.
(B) 최근에 확장되었다.
(C) 물품들을 할인된 가격에 판매하고 있다.
(D) 독서 클럽을 후원한다.

해설 질문의 핵심어구(shop)와 관련된 내용을 주의 깊게 듣는다. 지문 초반부에서 "We[Lamplight Bookshop] will be offering significant discounts on ~ books(저희[Lamplight 서점]는 책들에 상당한 할인을 제공할 것입니다)"라고 하였다. 따라서 (C)가 정답이다.

## 29 특정 세부 사항 문제
해석 Andre Carrington은 누구인가?
(A) 유명한 저자
(B) 매장 직원
(C) 문학 평론가
(D) 지역 출판업자

해설 질문의 핵심어구(Andre Carrington)가 언급된 주변을 주의 깊게 듣는다. 지문 중반부에서 "well-known author Andre Carrington(유명한 작가인 Andre Carrington)"이라고 하였다. 따라서 (A)가 정답이다.

패러프레이징
well-known 유명한 → famous 유명한

어휘 literary critic 문학 평론가

## 30 시각 자료 문제
해석 시각 자료를 보아라. 판타지 서적은 어디로 옮겨졌는가?
(A) 1 구역
(B) 2 구역
(C) 3 구역
(D) 4 구역

해설 질문의 핵심어구(fantasy books ~ moved)가 언급된 주변을 주의 깊게 듣는다. 지문 후반부에서 "Fantasy books have been moved to the back of the shop, right next to the area where the book signing will take place(판타지 서적은 매장의 뒤쪽, 책 사인회가 열릴 구역 바로 옆으로 옮겨졌습니다)"라고 하였으므로, 판타지 서적이 매장의 뒤쪽이면서 사인회 구역 바로 옆인 1구역으로 옮겨졌음을 시각 자료에서 확인할 수 있다. 따라서 (A)가 정답이다.

---

## HACKERS **PRACTICE**  p. 156

| 01 (B) | 02 (A) | 03 (B) | 04 (A) | 05 (B) |
|---|---|---|---|---|
| 06 (B) | | | | |

**01** 호주식 발음 / 미국식 발음

Question 1 refers to the following announcement.

Starting on Monday, the technical department will be updating our security system. As part of the update, all staff will be sent new passwords along with a new security pass next Wednesday.

security[sikjúərəti] 보안, 안전  pass[미 pæs, 영 pɑːs] 출입증, 통행증

해석
1은 다음 공지에 관한 문제입니다.

월요일부터, 기술부서가 보안 시스템을 업데이트할 것입니다. 업데이트의 일환으로, 모든 직원은 다음 주 수요일에 새로운 보안 출입증과 함께 새로운 비밀번호를 받게 될 것입니다.

## 01 특정 세부 사항 문제
직원들은 언제 보안 출입증을 받을 것인가?
(A) 월요일에
(B) 수요일에

**02** 캐나다식 발음 / 영국식 발음

Question 2 refers to the following broadcast.

On today's show, Professor Marilyn Jefferson will be interviewed about her research in the area of natural energy production. Ms. Jefferson works at Newton University and has published numerous articles on the subject. Her recent work in developing ideas for renewable energy has caught the attention of scientists around the world. Now, Professor Jefferson, let's begin by having you explain your most recent studies.

publish[pʌ́bliʃ] 발표하다  article[미 ɑ́ːrtikl, 영 ɑ́ːtikl] 논문
catch the attention of ~의 주목을 끌다

해석
2는 다음 방송에 관한 문제입니다.

오늘 쇼에서는, 천연 에너지 생산 분야에서의 연구에 대하여 Marilyn Jefferson 교수를 인터뷰하겠습니다. Ms. Jefferson은 Newton 대학교에 재직 중이며 이 주제에 대하여 많은 논문을 발표하였습니다. 재생 가능 에너지를 위한 아이디어 개발에 관한 그녀의 최근 연구는 전 세계 과학자들의 주목을 끌었습니다. 자, Jefferson 교수님, 교수님의 가장 최근 연구를 설명해주시는 것으로 시작하겠습니다.

## 02 다음에 할 일 문제
다음에 무슨 일이 일어날 것 같은가?
(A) Jefferson 교수가 그녀의 연구에 대해 이야기할 것이다.
(B) 전화를 건 사람들이 Jefferson 교수에게 질문을 할 것이다.

Questions 3-4 refer to the following announcement.

Welcome aboard Flight 344 to Dakar. Unfortunately, our takeoff has been delayed for about 30 minutes due to technical issues. Once we get airborne, the flight will last roughly 10 hours. We will provide lunch halfway through the flight, as well as snacks both before and after.

takeoff [téikɔ̀ːf] 이륙  airborne [미 érbɔːrn, 영 éəbɔːn] 이륙한
roughly [rʌ́fli] 대략

해석
3-4는 다음 공지에 관한 문제입니다.

다카르행 344편 항공기에 탑승하신 여러분을 환영합니다. 안타깝게도, 기술적인 문제로 인해 이륙이 30분 정도 지연되었습니다. 일단 이륙하게 되면, 비행은 대략 10시간 정도 지속될 것입니다. 비행 중간에 점심은 물론 전후 둘 다 간식도 제공할 것입니다.

### 03 특정 세부 사항 문제
화자는 무슨 문제를 언급하는가?
(A) 날씨가 여행하기에 안전하지 않다.
(B) 출발이 지연되었다.

### 04 특정 세부 사항 문제
비행 중간에 무엇이 제공될 것인가?
(A) 식사
(B) 담요

Questions 5-6 refer to the following talk.

Welcome to the Whitevalley Vineyard and Winery. Before we begin, I'd like to share a bit of information about Whitevalley. The winery was built by Jacques Leblanc in 1891, and our laboratory facilities were added in the 1960s by Carla Canton, the current owner. Whitevalley has received numerous awards for its wines, and you will all get a chance to taste the wines in our garden at the end of the tour. Now, if you follow me, we will begin by visiting our bottling area.

vineyard [미 vínjərd, 영 vínjɑːd] 포도원  winery [wáinəri] 포도주 양조장
bottle [미 bàːtl, 영 bɔ̀tl] 병에 담다

해석
5-6은 다음 담화에 관한 문제입니다.

Whitevalley 포도원과 포도주 양조장에 오신 것을 환영합니다. 시작하기 전에, Whitevalley에 대한 약간의 정보를 공유하고자 합니다. 이 포도주 양조장은 1891년에 Jacques Leblanc에 의해 지어졌으며, 1960년대에 현재 소유주인 Carla Canton에 의해 저희의 실험 시설들이 추가되었습니다. Whitevalley는 와인으로 많은 상을 받아왔으며, 여러분 모두는 관광의 마지막에 저희의 정원에서 와인을 시음할 기회를 갖게 되실 것입니다. 이제 저를 따라오시면, 와인을 병에 담는 구역을 방문하는 것으로 시작하겠습니다.

### 05 특정 세부 사항 문제
누가 처음에 포도주 양조장을 지었는가?
(A) Carla Canton
(B) Jacques Leblanc

### 06 다음에 할 일 문제
청자들은 다음에 무엇을 할 것인가?
(A) 몇몇 제품들을 시음한다.
(B) 다른 구역으로 간다.

## HACKERS TEST
p. 157

| | | | | |
|---|---|---|---|---|
| 01 (D) | 02 (A) | 03 (B) | 04 (A) | 05 (C) |
| 06 (C) | 07 (D) | 08 (A) | 09 (D) | 10 (B) |
| 11 (A) | 12 (C) | 13 (C) | 14 (A) | 15 (B) |
| 16 (A) | 17 (C) | 18 (B) | 19 (C) | 20 (B) |
| 21 (A) | 22 (A) | 23 (D) | 24 (C) | 25 (D) |
| 26 (C) | 27 (A) | 28 (D) | 29 (D) | 30 (C) |

Questions 1-3 refer to the following broadcast.

This is Kate Johnson here with your morning update. 01I'm filling in for our regular weather reporter, David Wilkins, who is on vacation this week. There will be clouds and precipitation today, so 02make sure you have an umbrella if you go out. 03Tomorrow should be sunny and warm . . . perfect weather for the city's annual art expo. This event will be held in Burnside Park from 9 A.M. to 6 P.M. and will feature many prominent local artists.

precipitation [미 prisìpətéiʃən, 영 prisìpitéiʃən] 강수, 강수량
prominent [미 prάːmənənt, 영 prɔ́minənt] 유명한, 중요한

해석
1-3은 다음 방송에 관한 문제입니다.

오전 최신 정보를 전해드리는 Kate Johnson입니다. 01저는 이번 주에 휴가 중인 고정 날씨 리포터 David Wilkins를 대신하고 있습니다. 오늘은 구름과 강수가 있을 예정이니, 02외출 시에는 반드시 우산을 챙기셔야 합니다. 03내일은 화창하고 따뜻할 것이라… 도시의 연례 예술 박람회에 완벽한 날씨일 것입니다. 이 행사는 오전 9시부터 오후 6시까지 Burnside 공원에서 열릴 것이며, 많은 유명한 지역 예술가들이 특별히 참여할 것입니다.

### 01 언급 문제
해석 David Wilkins에 대해 무엇이 언급되는가?
(A) 그는 다른 방송국으로 전근 갔다.
(B) 그는 시 공무원을 만날 것이다.
(C) 그는 다른 직책을 수락했다.
(D) 그는 현재 휴가 중이다.

해설 질문의 핵심어구(David Wilkins)가 언급된 주변을 주의 깊게 듣는다. 지문 초반부에서 "I'm filling in for ~ David Wilkins, who is on vacation this week(저는 이번 주에 휴가 중인 David Wilkins를 대신하고 있습니다)" 이라고 하였다. 따라서 (D)가 정답이다.

패러프레이징
on vacation 휴가 중인 → on leave 휴가 중인

어휘 transfer [trænsfə́ːr] 전근 가다, 옮기다  city official 시 공무원

### 02 제안 문제
해석 화자는 청자들에게 무엇을 하라고 권하는가?
(A) 우산을 가져간다.
(B) 표를 구매한다.
(C) 보도를 듣는다.
(D) 코트를 입는다.

해설 지문 중후반에서 제안과 관련된 표현이 포함된 문장을 주의 깊게 듣는다. "make sure you have an umbrella if you go out(외출 시에는 반드시 우산을 챙기셔야 합니다)"이라고 하였다. 따라서 (A)가 정답이다.

## 03 특정 세부 사항 문제

해석 내일 무슨 일이 일어날 것인가?
(A) 공지가 이뤄질 것이다.
(B) 축제가 열릴 것이다.
(C) 공원이 닫을 것이다.
(D) 예술가가 인터뷰를 할 것이다.

해설 질문의 핵심어구(tomorrow)가 언급된 주변을 주의 깊게 듣는다. 지문 중후반부에서 "Tomorrow should be sunny and warm ~ perfect weather for the city's annual art expo(내일은 화창하고 따뜻할 것이라 도시의 연례 예술 박람회에 완벽한 날씨일 것입니다)"라고 하였다. 따라서 (B)가 정답이다.

패러프레이징
expo 박람회 → festival 축제

## [04-06] [음성] 호주식 발음

Questions 4-6 refer to the following introduction.

04Welcome to our annual employee appreciation dinner here in Chicago. 05We would especially like to acknowledge the hard work of our health and diet researcher, Ms. Emma Johnson. She was primarily responsible for the development of our company's new healthy snack bar. This product has become a top seller in the Boston and New York markets. And apart from being an outstanding employee, Ms. Johnson is also a very friendly colleague, as most of you know. 06Now I would like to present Ms. Johnson, who will speak today about what motivates her research.

acknowledge [미 æknάːlidʒ, 영 əknɔ́lidʒ] 감사하다, 인정하다
primarily [미 praimérəli, 영 práimərəli] 주요하게, 본래
apart from ~일 뿐만 아니라   outstanding [àutstǽndiŋ] 우수한, 눈에 띄는
present [prizént] 소개하다

해석
4-6은 다음 소개에 관한 문제입니다.

04여기 시카고에서 열리는 연례 직원 감사 만찬에 오신 것을 환영합니다. 05우리는 특히 건강 및 식이요법 연구원인 Ms. Emma Johnson의 노고에 감사드리고 싶습니다. 그녀는 우리 회사의 새로운 건강 스낵 바 개발을 주요하게 담당했습니다. 이 제품은 보스턴과 뉴욕 시장에서 가장 잘 팔리는 제품이 되었습니다. 그리고 우수한 직원일 뿐만 아니라, Ms. Johnson은 여러분 대부분이 아시다시피 매우 친절한 동료이기도 합니다. 06이제 Ms. Johnson을 소개하고자 하며, 그녀는 오늘 무엇이 자신의 연구에 동기가 되었는지에 대해 이야기해 주실 것입니다.

## 04 장소 문제

해석 소개는 어디에서 이루어지고 있는가?
(A) 만찬 행사에서
(B) 제품 출시 행사에서
(C) 교육 과정에서
(D) 고객 회의에서

해설 장소와 관련된 표현을 놓치지 않고 듣는다. 대화 초반부에서 "Welcome to our annual employee appreciation dinner here in Chicago(여기 시카고에서 열리는 연례 직원 감사 만찬에 오신 것을 환영합니다)"라고 한 것을 통해, 소개가 만찬 행사에서 이루어지고 있음을 알 수 있다. 따라서 (A)가 정답이다.

## 05 이유 문제

해석 Ms. Johnson은 왜 영예를 받고 있는가?
(A) 그녀는 무역 박람회를 준비했다.
(B) 그녀는 그 회사를 설립했다.
(C) 그녀는 영양 바를 개발했다.
(D) 그녀는 과학 연구를 끝마쳤다.

해설 질문의 핵심어구(Ms. Johnson being honored)와 관련된 내용을 주의 깊게 듣는다. 지문 초반부에서 "We would especially like to acknowledge the hard work of ~ Ms. Emma Johnson. She was primarily responsible for the development of our company's new healthy snack bar(우리는 특히 Ms. Emma Johnson의 노고에 감사드리고 싶습니다. 그녀는 우리 회사의 새로운 건강 스낵 바 개발을 주요하게 담당했습니다)"라고 하였다. 따라서 (C)가 정답이다.

패러프레이징
healthy snack bar 건강 스낵 바 → nutrition bar 영양 바

어휘 nutrition [njuːtríʃən] 영양

## 06 다음에 할 일 문제

해석 다음에 무슨 일이 일어날 것 같은가?
(A) 견본이 나누어질 것이다.
(B) 축하 연회가 열릴 것이다.
(C) 연설이 있을 것이다.
(D) 음식이 제공될 것이다.

해설 지문의 마지막 부분을 주의 깊게 듣는다. "Now I would like to present Ms. Johnson, who will speak today about what motivates her research(이제 Ms. Johnson을 소개하고자 하며, 그녀는 오늘 무엇이 자신의 연구에 동기가 되었는지에 대해 이야기해 주실 것입니다)"라고 하였다. 따라서 (C)가 정답이다.

어휘 pass around 나누어 주다   reception [risépʃən] 축하 연회

## [07-09] [음성] 캐나다식 발음

Questions 7-9 refer to the following excerpt from a meeting.

May I have your attention, please. 07I've called this meeting to inform you that we're changing the way we do performance evaluations here at Bridgeport Advertising. 08Previously, managers would simply meet with employees to discuss their performance. However, 08the size of our staff has doubled. Therefore, we've created a new evaluation system with three possible ratings. The goal is to make the process more efficient and to ensure fair and accurate assessments. 09I will now hand out booklets with more information about the evaluation process. Please take some time to read through them.

inform [infɔ́ːrm] 알리다   performance [pərfɔ́ːrməns] 성과
rating [réitiŋ] 등급, 순위   fair [fer] 공정한, 타당한
assessment [əsésmənt] 평가, 사정

해석
7-9는 다음 회의 발췌록에 관한 문제입니다.

주목해 주세요. 07우리가 이곳 Bridgeport 광고사에서 성과 평가를 하는 방식을 변경할 것임을 알려드리기 위해 이 회의를 소집하였습니다. 08이전에는, 관리자들이 단순히 직원들과 만나서 그들의 성과를 논의했습니다. 하지만, 08우리 직원의 규모는 두 배가 되었습니다. 따라서, 우리는 세 가지 등급 선택이 가능한 새로운 평가 제도를 만들어냈습니다. 목표는 그 과정을 더 효율적으로 만드는 것과 공정하고 정확한 평가를 보장하는 것입니다. 09제가 이제 평가 과정에 대한 더 많은 정보가 담긴 소책자들을 나눠드릴 것입니다. 잠시 시간을 갖고 읽어보시기를 바랍니다.

## 07 화자 문제

**해석** 화자들은 어떤 업계에서 근무할 것 같은가?

(A) 전자기기
(B) 보험
(C) 패션
(D) 마케팅

**해설** 지문에서 신분 및 직업과 관련된 표현을 놓치지 않고 듣는다. 지문 초반부에서 "I've called this meeting to inform you that we're changing the way we do performance evaluations here at Bridgeport Advertising(우리가 이곳 Bridgeport 광고사에서 성과 평가를 하는 방식을 변경할 것임을 알려드리기 위해 이 회의를 소집하였습니다)"이라고 한 것을 통해, 화자들이 마케팅 업계에 근무함을 알 수 있다. 따라서 (D)가 정답이다.

## 08 의도 파악 문제

**해석** 화자는 왜 "우리 직원의 규모는 두 배가 되었습니다"라고 말하는가?

(A) 변화의 이유를 제시하기 위해
(B) 팀의 중요성을 보여주기 위해
(C) 문제의 해결책을 제안하기 위해
(D) 회사의 성공을 강조하기 위해

**해설** 질문의 인용어구(the size of our staff has doubled)가 언급된 주변을 주의 깊게 듣는다. 지문 중반부에서 "Previously, managers would simply meet with employees to discuss their performance(이전에는, 관리자들이 단순히 직원들과 만나서 그들의 성과를 논의했습니다)"라며 우리 직원의 규모는 두 배가 되었다고 한 뒤, "Therefore, we've created a new evaluation system(따라서, 우리는 새로운 평가 제도를 만들어냈습니다)"이라고 하였으므로, 화자가 관리자들이 직원들과 만나서 성과를 논의하던 것에서 새로운 평가 제도를 만든 변화의 이유를 제시하려는 의도임을 알 수 있다. 따라서 (A)가 정답이다.

**어휘** emphasize[émfəsaiz] 강조하다, 두드러지게 하다

## 09 다음에 할 일 문제

**해석** 화자는 다음에 무엇을 할 것 같은가?

(A) 사무실에 전화한다.
(B) 과정을 설명한다.
(C) 몇몇 직원들을 소개한다.
(D) 몇몇 문서들을 나누어준다.

**해설** 지문의 마지막 부분을 주의 깊게 듣는다. "I will now hand out booklets with more information about the evaluation process(제가 이제 평가 과정에 대한 더 많은 정보가 담긴 소책자들을 나눠드릴 것입니다)"라고 하였다. 따라서 (D)가 정답이다.

패러프레이징
hand out booklets 소책자들을 나누어주다 → Distribute some documents 몇몇 문서들을 나누어주다

### [10-12] 🔊 영국식 발음

Questions 10-12 refer to the following excerpt from a talk.

Hello, everyone. ¹⁰**I'd like to talk about developing important leadership skills.** We have to keep in mind that, as managers, our responsibilities include directing employees toward the achievement of company goals. ¹¹**Most importantly, we must be able to motivate them by creating a harmonious work environment.** By doing this, employees will perform better. Also, ¹²**don't forget to thank your employees when they do a good job. This will make them feel more confident.** If we lead by example, we will surely be more effective as managers.

responsibility[미 rispà:nsəbíləti, 영 rispɔ̀nsibíləti] 책임   ↻

include[inklú:d] 포함하다   direct[dirékt, dairékt] 이끌다
achievement[ətʃí:vmənt] 달성
lead by example 솔선수범하다, 모범을 보이다

**해석**
10-12는 다음 담화 발췌문에 관한 문제입니다.

안녕하세요, 여러분. ¹⁰저는 중요한 리더십 기술을 개발하는 것에 대해 이야기하고 싶습니다. 관리자로서, 우리의 책임이 회사 목표의 달성을 향해 직원들을 이끄는 것을 포함하고 있음을 명심해야 합니다. ¹¹가장 중요하게는, 우리는 조화로운 근무 환경을 만들어주어 그들에게 동기를 부여해 줄 수 있어야만 합니다. 이렇게 함으로써, 직원들은 업무를 더 잘 수행할 것입니다. 또한, ¹²직원들이 훌륭히 임무를 완수할 때 그들에게 감사를 표하는 것을 잊지 마십시오. 이것은 그들이 더 자신감 있게 느끼도록 만들 것입니다. 우리가 솔선수범하면, 우리는 관리자로서 분명히 더 효과적일 것입니다.

## 10 주제 문제

**해석** 담화의 주제는 무엇인가?

(A) 성과 평가
(B) 리더십 기술
(C) 고객 서비스
(D) 마케팅 전략

**해설** 지문의 주제를 묻는 문제이므로, 지문의 초반을 주의 깊게 들은 후 전체 맥락을 파악한다. "I'd like to talk about developing important leadership skills(저는 중요한 리더십 기술을 개발하는 것에 대해 이야기하고 싶습니다)"라고 한 후, 리더십 기술에 대한 세부 내용으로 지문이 이어지고 있다. 따라서 (B)가 정답이다.

**어휘** strategy[strǽtədʒi] 전략

## 11 특정 세부 사항 문제

**해석** 화자에 따르면, 청자들의 중요한 임무는 무엇인가?

(A) 직원들에게 동기 부여하기
(B) 직원들 교육하기
(C) 제품 판매 증가시키기
(D) 숙련된 직원들 고용하기

**해설** 질문의 핵심어구(important task)와 관련된 내용을 주의 깊게 듣는다. 지문 중반부에서 "Most importantly, we must be able to motivate them ~(가장 중요하게는, 우리는 그들에게 동기를 부여해 줄 수 있어야만 합니다)"이라고 하였다. 따라서 (A)가 정답이다.

**어휘** skilled[skild] 숙련된, 노련한

## 12 방법 문제

**해석** 화자에 따르면, 직원의 자신감을 향상시키는 효과적인 방법은 무엇인가?

(A) 정책을 변경함으로써
(B) 편의 시설을 제공함으로써
(C) 감사를 표함으로써
(D) 워크숍을 개최함으로써

**해설** 질문의 핵심어구(effective way to improve employee confidence)와 관련된 내용을 주의 깊게 듣는다. 지문 후반부에서 "don't forget to thank your employees ~. This will make them feel more confident(직원들에게 감사를 표하는 것을 잊지 마십시오. 이것은 그들이 더 자신감 있게 느끼도록 만들 것입니다)"라고 하였다. 따라서 (C)가 정답이다.

패러프레이징
improve ~ confidence 자신감을 향상시키다 → make ~ feel more confident 더 자신감 있게 느끼도록 만들다
thank 감사를 표하다 → expressing gratitude 감사를 표하기

**어휘** alter[ɔ́:ltər] 변경하다   amenity[əménəti] 편의 시설
gratitude[grǽtətjù:d] 감사, 사의

Questions 13-15 refer to the following telephone message.

Good morning, Mr. Boyle. This is Matthew Wilson from Edge Architecture. As you know, <sup>13</sup>**I've been assigned as the lead architect for the Nexus Sports Facility. I'm calling regarding a concern with the arena design.** <sup>14</sup>**I'm not sure we'll be able to incorporate as many box seats as you requested. Doing so would considerably reduce the number of standard seats available.** <sup>15</sup>**Tonight, I'm going to e-mail you** a revised building plan that addresses this matter. Please look it over and let me know what you think.

architect[미 á:rkətèkt, 영 á:kitèkt] 건축가, 건설가   arena[ərí:nə] 경기장, 공연장
incorporate[미 inkó:rpərèit, 영 inkó:pərèit] 포함시키다, 통합시키다
box seat 칸막이 좌석, 박스석   considerably[kənsídərəbli] 상당히, 많이
revised[riváizd] 수정된, 변경한   plan[plæn] 설계도, 도면
address[ədrés] 해결하다, 처리하다

해석
13-15는 다음 음성 메시지에 관한 문제입니다.

안녕하세요, Mr. Boyle. Edge 건설사의 Matthew Wilson입니다. 아시다시피, <sup>13</sup>제가 Nexus 스포츠 시설의 수석 건축가로 배정되었습니다. 경기장 설계 관련 건으로 전화드립니다. <sup>14</sup>귀하께서 요청하셨던 것처럼 많은 칸막이 좌석들을 포함시킬 수 있을지 모르겠습니다. 그렇게 하는 것은 이용 가능한 일반석의 수를 상당히 줄일 것입니다. <sup>15</sup>오늘 밤, 제가 이 사안을 해결할 수정된 건물 설계도를 이메일로 보내드리겠습니다. 그것을 살펴보시고 어떻게 생각하시는지 저에게 알려주십시오.

**13** 특정 세부 사항 문제
해석 어떤 유형의 건물이 설계되고 있는가?
(A) 시민 문화 회관
(B) 소매점
(C) 경기장
(D) 극장

해설 질문의 핵심어구(type of building ~ designed)와 관련된 내용을 주의 깊게 듣는다. 지문 초반부에서 "I've been ~ the lead architect for the Nexus Sports Facility. I'm calling regarding a concern with the arena design(저는 Nexus 스포츠 시설의 수석 건축가입니다. 경기장 설계 관련 건으로 전화드립니다)"이라고 하였다. 따라서 (C)가 정답이다.
패러프레이징
arena 경기장 → stadium 경기장

어휘 retail outlet 소매점, 소매판매점

**14** 특정 세부 사항 문제
해석 화자는 설계도에 대해 어떤 우려를 언급하는가?
(A) 특정한 좌석이 부족하다.
(B) 추가적인 근로자들을 필요로 한다.
(C) 너무 많은 비용이 든다.
(D) 더 많은 주차 공간을 필요로 한다.

해설 질문의 핵심어구(concern)와 관련된 내용을 주의 깊게 듣는다. 지문 중반부에서 "I'm not sure we'll be able to incorporate as many box seats as you requested. Doing so would considerably reduce the number of standard seats available(귀하께서 요청하셨던 것처럼 많은 칸막이 좌석들을 포함시킬 수 있을지 모르겠습니다. 그렇게 하는 것은 이용 가능한 일반석의 수를 상당히 줄일 것입니다)"이라고 하였다. 따라서 (A)가 정답이다.

**15** 다음에 할 일 문제
해석 화자는 오늘 저녁 늦게 무엇을 할 것인가?
(A) 회의를 준비한다.
(B) 메시지를 보낸다.
(C) 건축 허가를 요청한다.
(D) 예산안을 검토한다.

해설 지문의 마지막 부분을 주의 깊게 듣는다. "Tonight, I'm going to e-mail you(오늘 밤, 제가 이메일을 보내드리겠습니다)"이라고 하였다. 따라서 (B)가 정답이다.
패러프레이징
e-mail 이메일을 보내다 → Send a message 메시지를 보내다

어휘 building permit 건축 허가   budget proposal 예산안

Questions 16-18 refer to the following talk.

Good evening, everyone. <sup>16</sup>**We are gathered here to honor our valued contributors.** Our company would not be able to conduct studies and develop medical products without your funding and support. Tonight, I would also like to recognize our most recent sponsor, <sup>17</sup>**Dr. Christopher Fox, who has been a professor at the Massachusetts Medical School for 20 years.** He recently donated $3 million for diabetes research and is convinced that many people will benefit from the results of this study. We at the International Biotechnology Group sincerely thank all of you for your support and trust. <sup>18</sup>**Enjoy the special dinner and live music we have prepared for you.**

valued[vǽlju:d] 소중한, 귀중한   contributor[kəntríbjətər] 기부자, 기여자
recognize[rékəgnaiz] 감사하다, 알아주다   diabetes[dàiəbíːtis] 당뇨병
convince[kənvíns] 확신시키다, 납득시키다

해석
16-18은 다음 담화에 관한 문제입니다.

안녕하십니까, 여러분. <sup>16</sup>우리는 소중한 기부자분들께 영광을 돌리기 위해 이 자리에 모였습니다. 우리 회사는 여러분들의 자금 지원과 후원이 없다면 연구를 수행하거나 의료품을 개발하지 못할 것입니다. 오늘 밤, 우리의 가장 최근 후원자이자, <sup>17</sup>매사추세츠 의과 대학에서 20년 동안 교수로 재직해오신 Dr. Christopher Fox에게도 감사드리고자 합니다. 그는 최근 당뇨병 연구를 위해 3백만 달러를 기부하셨고, 이번 연구의 결과로 많은 사람들이 혜택을 볼 것이라고 확신하십니다. 저희 International Biotechnology 그룹의 일원들은 여러분 모두의 후원과 신뢰에 깊이 감사드립니다. <sup>18</sup>저희가 여러분을 위해 준비한 특별한 저녁 식사와 라이브 음악을 즐기시기 바랍니다.

**16** 목적 문제
해석 담화의 목적은 무엇인가?
(A) 몇몇 기부자들에게 감사하기 위해
(B) 기조 연설자를 소개하기 위해
(C) 의료품을 홍보하기 위해
(D) 상을 수여하기 위해

해설 담화의 목적을 묻는 문제이므로, 지문의 초반을 반드시 듣는다. "We are gathered here to honor our valued contributors(우리는 소중한 기부자분들께 영광을 돌리기 위해 이 자리에 모였습니다)"라고 하였다. 따라서 (A)가 정답이다.
패러프레이징
honor ~ contributors 기부자들에게 영광을 돌리다 → thank ~ donors 기부들에게 감사하다

어휘 keynote speaker 기조 연설자

**17 특정 세부 사항 문제**

해석 Christopher Fox는 어디에서 일하는가?

　(A) 실험실에서
　(B) 컨설팅 회사에서
　(C) 대학교에서
　(D) 금융 기관에서

해설 질문의 핵심어구(Christopher Fox)가 언급된 주변을 주의 깊게 듣는다. 지문 중반부에서 "Dr. Christopher Fox, who has been a professor at the Massachusetts Medical School for 20 years(매사추세츠 의과 대학에서 20년 동안 교수로 재직해오신 Dr. Christopher Fox)"라고 하였다. 따라서 (C)가 정답이다.

어휘 institution [ìnstətjúːʃən] 기관

**18 다음에 할 일 문제**

해석 청자들은 다음에 무엇을 할 것 같은가?

　(A) 몇 가지 질문들을 한다.
　(B) 식사를 한다.
　(C) 발표를 듣는다.
　(D) 기부를 한다.

해설 지문의 마지막 부분을 주의 깊게 듣는다. "Enjoy the special dinner ~ we have prepared for you(저희가 여러분을 위해 준비한 특별한 저녁 식사를 즐기시기 바랍니다)"라고 하였다. 따라서 (B)가 정답이다.

패러프레이징
Enjoy the ~ dinner 저녁 식사를 즐기다 → Eat a meal 식사를 하다

어휘 donation [dounéiʃən] 기부

**[19-21]** 🔊 호주식 발음

Questions 19-21 refer to the following announcement.

> ¹⁹**I would like to welcome you to the Grantville Flea Market, the largest outdoor market for secondhand goods in the state.** I'm sure all of you are eager to set up your booths. But before you do, ²⁰**please take a few minutes to look over the fire safety rules that you received when you registered.** We want to make sure that we provide a safe environment for sellers and customers. ²¹**My assistant, Sarah Weber, will inspect each booth in an hour** to ensure that there are no fire hazards. Thank you for your cooperation.
>
> flea market 벼룩시장, 중고 시장　secondhand [sékəndhænd] 중고의, 간접의
> eager [íːgər] 하고 싶은, 열렬한　register [rédʒistər] 등록하다, 신고하다
> inspect [inspékt] 점검하다, 검사하다　fire hazard 화재 위험

해석
19-21은 다음 공지에 관한 문제입니다.

¹⁹주에서 가장 큰 중고 물품 야외 시장인 Grantville 벼룩시장에 오신 여러분을 환영하고자 합니다. 여러분 모두 여러분의 부스를 설치하고 싶으실 겁니다. 하지만 그러시기 전에, ²⁰몇 분만 시간을 내서 여러분이 등록할 때 받으신 화재 안전 수칙을 살펴봐주시길 바랍니다. 저희는 판매자들과 손님들에게 안전한 환경을 제공하는지 확실히 하기를 바랍니다. 화재 위험이 없는지 확인하기 위해 ²¹저의 조수인 Sarah Weber가 한 시간 뒤에 각 부스를 점검할 것입니다. 협조해 주셔서 감사합니다.

**19 언급 문제**

해석 행사에 대해 무엇이 언급되는가?

　(A) 지역 예술가들이 출연한다.
　(B) 집에서 만든 음식을 포함한다.
　(C) 중고 제품을 내놓는다.

---

　(D) 농기구를 판매한다.

해설 질문의 핵심어구(event)와 관련된 내용을 주의 깊게 듣는다. 지문 초반부에서 "I would like to welcome you to the Grantville Flea Market, the largest outdoor market for secondhand goods in the state(주에서 가장 큰 중고 물품 야외 시장인 Grantville 벼룩시장에 오신 여러분을 환영하고자 합니다)"라고 하였다. 따라서 (C)가 정답이다.

패러프레이징
secondhand goods 중고 물품 → used merchandise 중고 제품

어휘 used [juːzd] 중고의, 익숙한

**20 요청 문제**

해석 청자들은 무엇을 하도록 요청되는가?

　(A) 활동에 등록한다.
　(B) 몇몇 규정들을 살펴본다.
　(C) 몇몇 고객들을 돕는다.
　(D) 양식을 작성한다.

해설 지문 중후반에서 요청과 관련된 표현이 포함된 문장을 주의 깊게 듣는다. "please take a few minutes to look over the fire safety rules ~ (몇 분만 시간을 내서 화재 안전 수칙을 살펴봐주시길 바랍니다)"라고 하였다. 따라서 (B)가 정답이다.

패러프레이징
look over the ~ rules 수칙을 살펴보다 → Review some regulations 몇몇 규정들을 살펴보다

어휘 regulation [règjuléiʃən] 규정, 규칙　fill out 작성하다, 기입하다

**21 특정 세부 사항 문제**

해석 Sarah Weber는 무엇을 하는 것에 책임이 있는가?

　(A) 점검 실시하기
　(B) 부스 설치하기
　(C) 기기 배부하기
　(D) 시연하기

해설 질문의 핵심어구(Sarah Weber)가 언급된 주변을 주의 깊게 듣는다. 지문 후반부에서 "My assistant, Sarah Weber, will inspect each booth in an hour(저의 조수인 Sarah Weber가 한 시간 뒤에 각 부스를 점검할 것입니다)"라고 하였다. 따라서 (A)가 정답이다.

어휘 distribute [distríbjuːt] 배부하다, 분배하다
demonstration [dèmənstréiʃən] 시연, 설명

**[22-24]** 🔊 미국식 발음

Questions 22-24 refer to the following introduction.

> And now we have a special guest, ²²**Denzel Vegas, a famous psychologist who teaches at the University of the Orient.** He has conducted numerous studies about stress-related problems among office employees. ²³**In his papers, he discusses how too much work can cause stress.** People who devote all their time to work and neglect other areas of their lives, such as relationships, hobbies, and exercise, are at a higher risk for stress. Dr. Vegas is here to tell us more about the methods of managing stress. ²⁴**Unfortunately, however, he is having issues with his laptop, so we won't be able to view his slideshow.** Now, let's give him a warm welcome.
>
> psychologist [saikɑ́lədʒist] 심리학자　conduct [kəndʌ́kt] 진행하다
> devote [divóut] 바치다, 헌신하다　neglect [niglékt] 도외시하다

22-24는 다음 소개에 관한 문제입니다.

그럼 이제 22Orient 대학교에서 강의하시는 저명한 심리학자인 Denzel Vegas를 특별 손님으로 모시겠습니다. 그는 회사원들의 스트레스 관련 문제들에 관한 많은 연구를 진행해 왔습니다. 23자신의 논문에서, 그는 과다한 업무가 어떻게 스트레스를 야기할 수 있는지에 대해 논합니다. 모든 시간을 일에 바치고 관계, 취미, 운동과 같은 삶의 다른 영역들은 도외시하는 사람들은 스트레스를 받을 위험이 더 높습니다. Dr. Vegas가 스트레스를 관리하는 방법에 대해 저희에게 더 말씀해주시기 위해 여기에 나오셨습니다. 24하지만 유감스럽게도, 그의 노트북 컴퓨터에 문제가 있어서, 그의 슬라이드 쇼는 볼 수 없을 것 같습니다. 이제, 그를 따뜻하게 맞이해 줍시다.

## 22 특정 세부 사항 문제

해석 Denzel Vegas는 누구인가?

(A) 교수
(B) 뉴스 기자
(C) 임원
(D) 컴퓨터 전문가

해설 질문 대상(Denzel Vegas)의 신분 및 직업과 관련된 표현을 놓치지 않고 듣는다. 지문 초반부에서 "Denzel Vegas, ~ who teaches at the University of the Orient(Orient 대학교에서 강의하시는 Denzel Vegas)"라고 하였다. 따라서 (A)가 정답이다.

패러프레이징
teaches at the University 대학교에서 강의하다 → professor 교수

## 23 특정 세부 사항 문제

해석 Denzel Vegas에 따르면, 무엇이 스트레스를 야기할 수 있는가?

(A) 가족 문제
(B) 재정적 근심
(C) 수면 부족
(D) 과다한 업무

해설 질문의 핵심어구(cause stress)가 언급된 주변을 주의 깊게 듣는다. 지문 중반부에서 "In his papers, he[Denzel Vegas] discusses how too much work can cause stress(자신의 논문에서, 그[Denzel Vegas]는 과다한 업무가 어떻게 스트레스를 야기할 수 있는지에 대해 논합니다)"라고 하였다. 따라서 (D)가 정답이다.

어휘 concern[kənsə́rn] 근심, 걱정

## 24 특정 세부 사항 문제

해석 화자는 무슨 문제를 언급하는가?

(A) 강연자가 늦었다.
(B) 마이크가 고장 났다.
(C) 컴퓨터가 제대로 작동하지 않는다.
(D) 강연 일정이 변경되었다.

해설 질문의 핵심어구(problem)와 관련된 내용을 주의 깊게 듣는다. 지문 후반부에서 "Unfortunately, however, he is having issues with his laptop, so we won't be able to view his slideshow(하지만 유감스럽게도, 그의 노트북 컴퓨터에 문제가 있어서, 그의 슬라이드 쇼는 볼 수 없을 것 같습니다)"라고 하였다. 따라서 (C)가 정답이다.

패러프레이징
is having issues with ~ laptop 노트북 컴퓨터에 문제가 있다 → A computer is malfunctioning 컴퓨터가 제대로 작동하지 않는다

어휘 malfunction[mælfʌ́ŋkʃən] 제대로 작동하지 않다

**[25-27]** 🎧 캐나다식 발음

Questions 25-27 refer to the following excerpt from a meeting and invoice.

---

I'm pleased to tell you that 25**preparations for next month's trade fair are going very well. We will participate in all five days of the event,** and our booth is located in a great spot in the convention center. 26**I've also received the flyers that we ordered for the fair. The printer gave us a discount, so they cost a little less than we expected.** 27**Now, before we end our meeting, please watch this short video** that we'll show attendees. It highlights our newest product line.

---

preparation[prèpəréiʃən] 준비   trade fair 무역 박람회, 산업 박람회
participate[pɑːrtísəpeit] 참여하다, 참석하다   flyer[fláiər] 전단, 광고
printer[príntər] 인쇄회사, 인쇄업자   attendee[ətèndíː] 참석자
highlight[háilait] 강조하다, 돋보이게 하다

---

해석
25-27은 다음 회의 발췌록과 송장에 관한 문제입니다.

25다음 달의 무역 박람회를 위한 준비가 매우 잘 되어가고 있음을 여러분께 알려드리게 되어 기쁩니다. 우리는 그 행사의 5일 내내 참여할 것이고, 우리 부스는 컨벤션 센터 내에 좋은 자리에 위치해 있습니다. 26저는 또한 우리가 그 박람회를 위해 주문했던 전단들도 받았습니다. 그 인쇄회사가 우리에게 할인을 해주어서, 그것들은 우리가 예상했던 것보다 비용이 약간 적게 들었습니다. 27이제, 우리가 회의를 마치기 전에, 참석자들에게 우리가 보여줄 이 짧은 영상을 봐주십시오. 그것은 우리의 최신 제품군을 강조합니다.

| 무역 박람회 경비 | |
|---|---|
| 부스 대여 | 75달러 |
| 교통 | 450달러 |
| 홍보 자료 | 26260달러 |
| 숙박 | 325달러 |
| 합계 | 1,110달러 |

## 25 언급 문제

해석 무역 박람회에 대해 무엇이 언급되는가?

(A) 이번 주말에 개막할 것이다.
(B) 매체에 의해 취재될 것이다.
(C) 해외에서 열릴 것이다.
(D) 5일 동안 계속될 것이다.

해설 질문의 핵심어구(trade fair)가 언급된 주변을 주의 깊게 듣는다. 지문 초반부에서 "preparations for next month's trade fair are going very well. We will participate in all five days of the event(다음 달의 무역 박람회를 위한 준비가 매우 잘 되어가고 있습니다. 우리는 그 행사의 5일 내내 참여할 것입니다)"라고 하였다. 따라서 (D)가 정답이다.

어휘 cover[kʌ́vər] 취재하다, 보도하다   overseas[òuvərsíːz] 해외에서

## 26 시각 자료 문제

해석 시각 자료를 보아라. 어느 금액이 예상된 것보다 적었는가?

(A) 75달러
(B) 450달러
(C) 260달러
(D) 325달러

해설 질문의 핵심어구(less than expected)가 언급된 주변을 주의 깊게 듣는다. 지문 중반부에서 "I've also received the flyers ~. The printer gave us a discount, so they cost a little less than we expected(저는 또한 전단들도 받았습니다. 그 인쇄회사가 우리에게 할인을 해주어서, 그것들은 우리가 예상했던 것보다 비용이 약간 적게 들었습니다)"라고 하였으므로, 홍보 자료인 전단들의 금액이 260달러로 예상된 것보다 적게 들었음을 시각 자료에서 확인할 수 있다. 따라서 (C)가 정답이다.

패러프레이징
amount was less than expected 금액이 예상된 것보다 적었다 → cost ~ less than ~ expected 예상했던 것보다 비용이 적게 들었다

어휘 amount[əmáunt] 금액, 양

## 27 다음에 할 일 문제

해석 청자들은 다음에 무엇을 할 것 같은가?
(A) 영상을 시청한다.
(B) 출장 연회업체를 고른다.
(C) 물품 창고를 방문한다.
(D) 행사를 계획한다.

해설 지문의 마지막 부분을 주의 깊게 듣는다. "Now, ~ please watch this short video(이제, 이 짧은 영상을 봐주십시오)"라고 하였다. 따라서 (A)가 정답이다.

어휘 supply store 물품 창고

### [28-30] 🔊 영국식 발음

Questions 28-30 refer to the following telephone message and list.

This message is for Vanessa Meyers. Ms. Meyers, I'm an employee at Vincent Manufacturing. ²⁸**You recently left a voice mail asking about our company's warranty policy. I'm calling to respond to that inquiry.** ²⁹**According to my records, you want to know if your sewing machine qualifies for a replacement.** Unfortunately, it does not. I'm very sorry, but ³⁰**the product you bought last year is no longer covered by its 10-month manufacturer's warranty**. It expired in June. If you have any other questions regarding your machine, don't hesitate to contact us. Have a pleasant day.

warranty[미 wɔ́ːrənti, 영 wɔ́rənti] 품질 보증    sewing machine 재봉틀
qualify[미 kwɑ́ːləfài, 영 kwɔ́lifai] 기준에 부합하다
cover[미 kʌ́vər, 영 kʌ́və] 보장하다    expire[미 ikspáiər, 영 ikspáiə] 만료되다

해석
28-30은 다음 음성 메시지와 목록에 관한 문제입니다.

이 메시지는 Vanessa Meyers를 위한 것입니다. Ms. Meyers, 저는 Vincent 제조 회사의 직원입니다. ²⁸고객님께서는 최근에 저희 회사의 품질 보증 정책에 대해서 문의하는 음성 메시지를 남겨주셨습니다. 그 문의에 답변드리기 위해 전화드립니다. ²⁹제 기록에 따르면, 고객님의 재봉틀이 교환 기준에 부합하는지 알고 싶으시네요. 유감스럽게도, 부합하지 않습니다. 정말 죄송하지만, ³⁰작년에 구입하신 그 제품은 10개월 제조사 품질 보증에 의해 더 이상 보장되지 않습니다. 그것은 6월에 만료되었습니다. 만약 고객님의 기계에 관해 다른 질문이 있으시면, 망설이지 말고 저희에게 연락해주십시오. 즐거운 하루 보내시길 바랍니다.

| 제품 | 품질 보증 기간 |
|---|---|
| Line RS | 6개월 |
| Tubro 12 | 8개월 |
| ³⁰Gibson XR | 10개월 |
| Eternity 3 | 12개월 |

## 28 목적 문제

해석 화자는 왜 전화를 하고 있는가?
(A) 소포에 대해 문의하기 위해
(B) 주문을 처리하기 위해
(C) 기기를 홍보하기 위해
(D) 문의에 답변하기 위해

해설 전화의 목적을 묻는 문제이므로, 지문의 초반을 반드시 듣는다. "You recently left a voice mail asking about our company's warranty policy. I'm calling to respond to that inquiry(고객님께서는 최근에 저희 회사의 품질 보증 정책에 대해서 문의하는 음성 메시지를 남겨주셨습니다. 그 문의에 답변드리기 위해 전화드립니다)"라고 하였다. 따라서 (D)가 정답이다.

어휘 parcel[미 pɑ́ːrsəl] 소포    promote[prəmóut] 홍보하다

## 29 특정 세부 사항 문제

해석 화자는 어떤 종류의 제품을 언급하는가?
(A) 태블릿 컴퓨터
(B) 진공 청소기
(C) 오디오
(D) 재봉틀

해설 질문의 핵심어구(type of product)와 관련된 내용을 주의 깊게 듣는다. 지문 중반부에서 "According to my records, you want to know if your sewing machine qualifies for a replacement(제 기록에 따르면, 고객님의 재봉틀이 교환 기준에 부합하는지 알고 싶으시네요)"라고 하였다. 따라서 (D)가 정답이다.

## 30 시각 자료 문제

해석 시각 자료를 보아라. 청자는 어떤 모델을 구입했는가?
(A) Line RS
(B) Tubro 12
(C) Gibson XR
(D) Eternity 3

해설 질문의 핵심어구(model ~ buy)와 관련된 내용을 주의 깊게 듣는다. 지문 중후반부에서 "the product you bought last year is no longer covered by its 10-month manufacturer's warranty(작년에 구입하신 그 제품은 10개월 제조사 품질 보증에 의해 더 이상 보장되지 않습니다)"라고 하였으므로, 청자가 품질 보증 기간이 10개월인 Gibson XR 모델을 구입했음을 시각 자료에서 확인할 수 있다. 따라서 (C)가 정답이다.

### DAY 17 세부 사항 관련 문제 3

## HACKERS PRACTICE
p. 164

| 01 (B) | 02 (A) | 03 (A) | 04 (B) | 05 (B) |
|---|---|---|---|---|
| 06 (A) | | | | |

### 01 🔊 영국식 발음 / 미국식 발음

Question 1 refers to the following broadcast.

On today's episode of *Business Update*, I will be interviewing Mirax Pharmaceuticals CEO, Colin Philips. The company will be opening a new research laboratory in Boston on June 13. Wait a minute . . . that should be June 23. Anyway, Mr. Philips will provide us with all the details.

pharmaceuticals [미 fɑ̀ːrməsúːtikəlz, 영 fɑ̀ːməsúːtikəlz] 제약 회사
research laboratory 연구소

1은 다음 방송에 관한 질문입니다.

오늘 *Business Update* 방송에서는 Mirax 제약 회사의 최고 경영자인 Colin Philips를 인터뷰하겠습니다. 이 회사는 6월 13일에 보스턴에 새로운 연구소를 열 것입니다. 잠시만요… 6월 23일이 되겠군요. 어쨌든, Mr. Philips가 세부 사항을 제공해 줄 것입니다.

### 01 의도 파악 문제

화자는 왜 "잠시만요"라고 말하는가?
(A) 그녀는 행사 날짜를 확인할 것이다.
(B) 그녀는 틀린 정보를 제공했다.

inaccurate [inǽkjərit] 틀린, 부정확한

### 02 🔊 캐나다식 발음 / 호주식 발음

Question 2 refers to the following announcement.

Welcome everyone to the Christmas party. I'd like to take a moment to thank Debra Parker for putting so much effort into organizing this event. Sadly, she will only be working with us for a few more weeks. So let's give her a round of applause to show our appreciation.

organize [미 ɔ́ːrgənàiz, 영 ɔ́ːgənaiz] 준비하다, 정리하다
round of applause 큰 박수  appreciation [əprìːʃiéiʃən] 감사

해석
2는 다음 공지에 관한 문제입니다.

크리스마스 파티에 오신 여러분을 환영합니다. 이 행사를 준비하는 데 정말 많은 노력을 한 Debra Parker에게 감사하는 시간을 잠시 갖고 싶습니다. 애석하게도, 그녀는 몇 주 동안만 더 우리와 함께 일할 것입니다. 감사의 표현으로 그녀에게 큰 박수를 보내 줍시다.

### 02 추론 문제

화자는 Debra Parker에 대해 무엇을 암시하는가?
(A) 그녀는 곧 회사를 떠날 것이다.
(B) 그녀는 전에 비슷한 행사들을 준비해 본 적이 있다.

### [03-04] 🔊 호주식 발음 / 캐나다식 발음

Questions 3-4 refer to the following announcement.

Earlier today, Sarah Feldman was chosen as the winner of the Walker Prize for Fiction, awarded by the National Arts Council each year. Um, it comes as no surprise . . . Her first novel received widespread praise from critics. The announcement was expected on May 31, but it was delayed by two weeks. This is because respected author Jonathan Davies was out of the country until last week, so the selection process could not proceed.

award [미 əwɔ́ːrd, 영 əwɔ́ːd] 수여하다  widespread [wáidspred] 널리 퍼진
praise [preiz] 찬사  critic [trítik] 평론가
respected [rispéktid] 존경받는, 훌륭한  selection [silékʃən] 선정, 선발

해석
3-4는 다음 공지에 관한 문제입니다.

오늘 아침, Sarah Feldman이 매년 전국 예술 자문 위원회에 의해 수여되는 Walker 소설상의 수상자로 선정되었습니다. 음, 이것은 놀라운 일이 아닙니다… 그녀의 첫 번째 소설은 평론가들로부터 널리 찬사를 받았습니다. 발표는 5월 31일로 예상되었으나, 2주 정도 지연되었습니다. 이는 존경받는 작가인 Jonathan Davies가 지난주까지 국외에 있어서 선정 과정이 진행될 수 없기 때문입니다.

### 03 의도 파악 문제

화자는 "그녀의 첫 번째 소설은 평론가들로부터 널리 찬사를 받았습니다"라고 말할 때 무엇을 의도하는가?
(A) 선정은 합당하다.
(B) 책은 현재 품절이다.

### 04 추론 문제

화자는 Jonathan Davies에 대해 무엇을 암시하는가?
(A) 그는 첫 번째 소설을 올해 출판했다.
(B) 그는 문학 대회의 심사위원이었다.

### [05-06] 🔊 미국식 발음 / 영국식 발음

Questions 5-6 refer to the following telephone message.

Good morning, Mr. Jenkins. This is Lisa Williams from Central Motors returning your call about the vehicle safety inspection. I know you requested an 11 A.M. vehicle inspection, but that won't work, unfortunately. We only have a 2 P.M. opening. However, you can drop off your car earlier if that is more convenient. Also, the inspection fee has increased slightly, as it does every year. It is now $240. Please call me back to confirm.

vehicle [미 víːikl, 영 víəkl] 차량  inspection [inspékʃən] 점검
opening [미 óupəniŋ, 영 óupəniŋ] (빈)자리
drop off 가져다 놓다, 내려 놓다
confirm [미 kənfɔ́ːrm, 영 kənfɔ́ːm] 확정하다, 확인하다

해석
5-6은 다음 음성 메시지에 관한 문제입니다.

안녕하세요, Mr. Jenkins. 저는 차량 안전 점검에 대해 Central Motors에서 전화로 회신드리는 Lisa Williams입니다. 고객님께서 오전 11시 차량 점검을 요청하신 것은 알지만, 유감스럽게도 그렇게 될 수 없을 것 같습니다. 저희는 오후 2시 자리밖에 없습니다. 하지만, 고객님께서 차를 더 일찍 가져다 놓으시는 게 더 편하시다면 그렇게 하실 수 있습니다. 또한, 매년 그렇듯이 점검 요금이 조금 올랐습니다. 이제 240달러입니다. 확정하시려면 제게 다시 전화주십시오.

### 05 의도 파악 문제

화자는 "유감스럽게도 그렇게 될 수 없을 것 같습니다"라고 말할 때 무엇을 의도하는가?
(A) 그녀는 오후에 일하고 있지 않을 것이다.
(B) 그녀는 희망하는 시간대에 일정을 잡을 수 없다.

### 06 추론 문제

화자는 차량 안전 점검에 대해 무엇을 암시하는가?
(A) 매년 요금이 바뀐다.
(B) 할인가에 제공된다.

## HACKERS TEST
p.165

| 01 (C) | 02 (B) | 03 (A) | 04 (B) | 05 (C) |
| 06 (A) | 07 (B) | 08 (A) | 09 (C) | 10 (A) |
| 11 (B) | 12 (D) | 13 (B) | 14 (B) | 15 (C) |
| 16 (B) | 17 (C) | 18 (B) | 19 (D) | 20 (C) |
| 21 (A) | 22 (A) | 23 (C) | 24 (B) | 25 (C) |
| 26 (B) | 27 (D) | 28 (A) | 29 (B) | 30 (C) |

## [01-03] 🎧 영국식 발음

Questions 1-3 refer to the following recorded message.

> Thank you for calling the office of Natalie Merrill in the human resources department. [01]**I'm currently on a business trip overseas** and will return to work next Monday, September 2. I'll be checking my e-mail infrequently, so [02]**any urgent issues may be directed to my administrative assistant's mobile number at 555-2388.** [03]**Other requests related to the ongoing payroll matters will be handled by Dale Peters in my absence.** He may be reached by dialing extension 3455. Please leave a message at the tone, and I'll return your call in a timely manner. Thank you.
>
> ------
> infrequently[infríkwəntli] 가끔, 드물게
> urgent[미 ə́rdʒənt, 영 ə́dʒənt] 긴급한
> payroll[미 péiroul, 영 péirəul] 급여 지불 총액　absence[ǽbsəns] 부재, 불참
> reach[riːtʃ] 연락하다　dial[dáiəl] 전화를 걸다　extension[iksténʃən] 내선 번호
> tone[미 toun, 영 təun] 소리　in a timely manner 적절한 때에

해석
1-3은 다음 녹음 메시지에 관한 문제입니다.

인사부 Natalie Merrill의 사무실에 전화 주셔서 감사합니다. [01]저는 현재 해외로 출장 중이며 다음 주 월요일인 9월 2일에 회사로 돌아올 것입니다. 제 이메일은 가끔 확인할 것이므로, [02]긴급한 사안들은 제 행정 비서의 휴대전화 번호인 555-2388로 해주시면 됩니다. [03]진행 중인 급여 지불 총액 문제와 관련된 다른 요청은 저의 부재 동안 Dale Peters에 의해 처리될 것입니다. 그는 내선 번호 3455로 전화를 거시면 연락하실 수 있습니다. 소리가 나면 메시지를 남겨 주시고, 제가 적절한 때에 다시 전화 드리겠습니다. 감사합니다.

### 01 언급 문제
해석 화자는 출장에 대해 무엇을 말하는가?
(A) 월요일에 시작될 것이다.
(B) 연기되었다.
(C) 해외에서 일어난다.
(D) 회사 임원들을 위한 것이다.

해설 질문의 핵심어구(business trip)가 언급된 주변을 주의 깊게 듣는다. 지문 초반부에서 "I'm currently on a business trip overseas(저는 현재 해외로 출장 중입니다)"라고 하였다. 따라서 (C)가 정답이다.

패러프레이징
overseas 해외로 → abroad 해외에서

어휘 postpone[poustpóun] 연기하다, 지연시키다

### 02 방법 문제
해석 긴급한 사안들은 어떻게 처리될 수 있는가?
(A) 사무실을 방문함으로써
(B) 비서에게 전화함으로써
(C) 내선 번호로 전화함으로써
(D) 관리자에게 이메일을 보냄으로써

해설 질문의 핵심어구(urgent issues ~ dealt with)와 관련된 내용을 주의 깊게 듣는다. 지문 중반부에서 "any urgent issues may be directed to my administrative assistant's mobile number at 555-2388(긴급한 사안들은 제 행정 비서의 휴대전화 번호인 555-2388로 해주시면 됩니다)"이라고 하였다. 따라서 (B)가 정답이다.

어휘 administrator[ædmínistrèitər] 관리자

### 03 추론 문제
해석 화자는 Dale Peters에 대해 무엇을 암시하는가?

---

(A) 그는 동료를 돕기로 동의했다.
(B) 그는 그의 업무 공간에서 멀리 있다.
(C) 그는 최근에 고용되었다.
(D) 그는 양식을 제시간에 제출했다.

해설 질문의 핵심어구(Dale Peters)가 언급된 주변을 주의 깊게 듣는다. 지문 후반부에서 "Other requests ~ will be handled by Dale Peters in my absence(다른 요청은 저의 부재 동안 Dale Peters에 의해 처리될 것입니다)"라고 한 것을 통해, Dale Peters가 동료인 Natalie Merrill의 부재 동안 그녀를 돕기로 동의했다는 것을 알 수 있다. 따라서 (A)가 정답이다.

어휘 workspace[wə́ːrkspèis] 업무 공간

## [04-06] 🎧 캐나다식 발음

Questions 4-6 refer to the following telephone message.

> Ms. Harlow, it's Benjamin calling. [04]**I have important news regarding your plans to meet with our clients in Paris next month.** Unfortunately, the representatives from Blackstone Footwear can no longer meet on April 3. [05]**I'm worried their new proposed dates are going to be a problem, but I'd like to hear what you think. I forwarded you an e-mail with the details. Please get back to me as soon as possible.** [06]**I know you're presenting a report to the shareholders this afternoon,** but the representatives from Blackstone want to finalize arrangements today.
>
> ------
> representative[rèprizéntətiv] 직원, 대표
> forward[fɔ́ːrwərd] 전달하다, 발송하다　shareholder[ʃéərhòuldər] 주주, 출자자
> finalize[fáinəlàiz] 마무리 짓다, 완결하다
> arrangement[əréindʒmənt] 계획, 준비

해석
4-6은 다음 음성 메시지에 관한 문제입니다.

Ms. Harlow, Benjamin입니다. [04]다음 달 파리에서 우리 고객들과 만나기로 한 당신의 계획과 관련하여 중요한 소식이 있습니다. 유감스럽게도, Blackstone Footwear사의 직원들이 더 이상 4월 3일에 모일 수 없게 되었습니다. [05]그들의 새로 제안된 날짜들이 문제가 될 것 같아 걱정되지만, 당신이 어떻게 생각하시는지 듣고 싶습니다. 제가 세부 사항과 함께 이메일을 전달해 드렸습니다. 제게 최대한 빨리 회신하여 주시기 바랍니다. [06]당신이 오늘 오후에 주주들에게 보고서를 발표할 것임을 알고 있으나, Blackstone사 직원들이 오늘 계획을 마무리 짓길 원합니다.

### 04 주제 문제
해석 메시지는 주로 무엇에 관한 것인가?
(A) 오리엔테이션
(B) 고객과의 회의
(C) 제품 출시 행사
(D) 기자 회견

해설 메시지의 주제를 묻는 문제이므로, 지문의 초반을 주의 깊게 들은 후 전체 맥락을 파악한다. "I have important news regarding your plans to meet with our clients in Paris next month(다음 달 파리에서 우리 고객들과 만나기로 한 당신의 계획과 관련하여 중요한 소식이 있습니다)"라고 한 후, 고객과의 회의에 대한 내용으로 지문이 이어지고 있다. 따라서 (B)가 정답이다.

패러프레이징
meet with ~ clients 고객들과 만나다 → client meeting 고객과의 회의

어휘 launch[lɔːntʃ] 출시 (행사), 개시　press conference 기자 회견

PART 4

해커스 토익 750+ LC

## 05 의도 파악 문제

해석 화자는 "제가 세부 사항과 함께 이메일을 전달해 드렸습니다"라고 말할 때 무엇을 의도하는가?
(A) 프로젝트가 취소되었다.
(B) 계약이 연장되어야 한다.
(C) 일정이 재검토되어야 한다.
(D) 제안이 받아들여졌다.

해설 질문의 인용어구(I forwarded you an e-mail with the details)가 언급된 주변을 주의 깊게 듣는다. 지문 중반부에서 "I'm worried their new proposed dates are going to be a problem, but I'd like to hear what you think(그들의 새로 제안된 날짜들이 문제가 될 것 같아 걱정되지만, 당신이 어떻게 생각하시는지 듣고 싶습니다)"라며 세부 사항과 함께 이메일을 전달해 드렸다고 한 후, "Please get back to me as soon as possible(제게 최대한 빨리 회신하여 주시기 바랍니다)"이라고 한 것을 통해, 화자가 고객과의 회의 일정이 재검토되어야 한다고 말하려는 의도임을 알 수 있다. 따라서 (C)가 정답이다.

어휘 extend[iksténd] 연장하다, 확대하다  review[rivjúː] 재검토하다, 살펴보다
accept[æksépt] 받아들이다, 수락하다

## 06 특정 세부 사항 문제

해석 화자에 따르면, 청자는 오늘 오후에 무엇을 해야 하는가?
(A) 발표를 한다.
(B) 항공편을 예약한다.
(C) 업무를 제출한다.
(D) 기자들에게 이야기한다.

해설 질문의 핵심어구(this afternoon)가 언급된 주변을 주의 깊게 듣는다. 지문 후반부에서 "I know you're presenting a report to the shareholders this afternoon(당신이 오늘 오후에 주주들에게 보고서를 발표할 것임을 알고 있습니다)"이라고 하였다. 따라서 (A)가 정답이다.

패러프레이징
presenting a report 보고서를 발표하기 → Give a presentation 발표를 하다

어휘 book[buk] 예약하다  turn in ~을 제출하다  reporter[ripɔ́ːrtər] 기자, 통신원

### [07-09] 〈美〉 미국식 발음

Questions 7-9 refer to the following radio broadcast.

You're listening to WZRC Radio. Today we have Frederick Balding on our show. 07**Mr. Balding is the author of best-selling novel** *Sweet Dreams*, which is about a young boy growing up in a rural town. 08**In the first part of our show, we'll discuss his plan to visit bookstores across the country during his promotional tour next month.** And in the second part, 09**I'll ask Mr. Balding 10 questions submitted through our social media application.** **It's a great way for you to interact with our guests.** So, let's get going. I'm delighted to welcome Frederick Balding.

novel[nάːvəl] 소설  rural[rúərəl] 시골의  submit[səbmít] 제출하다
interact[íntərǽkt] 소통하다  delighted[diláitid] 기쁜

해석
7-9는 다음 라디오 방송에 관한 문제입니다.

여러분은 WZRC 라디오를 듣고 계십니다. 오늘 우리는 쇼에 Frederick Balding을 모셨습니다. 07Mr. Balding은 베스트셀러 소설인 *Sweet Dreams*의 작가인데, 이 책은 시골 마을에서 성장하는 어린 소년에 대한 책입니다. 08쇼의 전반부에서, 우리는 다음 달에 있을 홍보 투어 동안의 그의 전국 서점 방문 계획에 대해 이야기할 것입니다. 그리고 후반부에서, 09우리의 소셜 미디어 애플리케이션을 통해

---

제출된 10개의 질문들을 제가 Mr. Balding에게 물어볼 것입니다. 이는 여러분들이 우리 게스트들과 소통할 좋은 방법입니다. 그럼, 시작해 봅시다. Frederick Balding을 맞이하게 되어 기쁩니다.

## 07 특정 세부 사항 문제

해석 화자에 따르면, Mr. Balding은 무엇을 했는가?
(A) 작은 마을로 이사했다.
(B) 책을 썼다.
(C) 판매원으로 일했다.
(D) 미술 전시회를 준비했다.

해설 질문의 핵심어구(Mr. Balding)가 언급된 주변을 주의 깊게 듣는다. 지문 초반부에서 "Mr. Balding is the author of best-selling novel *Sweet Dreams*(Mr. Balding은 베스트셀러 소설인 *Sweet Dreams*의 작가입니다)"라고 하였다. 따라서 (B)가 정답이다.

패러프레이징
is the author of ~ novel 소설의 작가이다 → Wrote a book 책을 썼다

## 08 특정 세부 사항 문제

해석 쇼의 전반부 동안 무엇이 논의될 것인가?
(A) 홍보 투어
(B) 상점 개업
(C) 온라인 서비스
(D) 자선 프로젝트

해설 질문의 핵심어구(first part of ~ show)가 언급된 주변을 주의 깊게 듣는다. 지문 중반부에서 "In the first part of our show, we'll discuss his plan to visit bookstores ~ during his promotional tour next month(쇼의 전반부에서, 우리는 다음 달에 있을 홍보 투어 동안의 그의 서점 방문 계획에 대해 이야기할 것입니다)"라고 하였다. 따라서 (A)가 정답이다.

패러프레이징
promotional tour 홍보 투어 → publicity tour 홍보 투어

어휘 publicity[pʌblísəti] 홍보  charity[tʃǽrəti] 자선, 자선 단체

## 09 의도 파악 문제

해석 화자는 왜 "이는 여러분들이 우리 게스트들과 소통할 좋은 방법입니다"라고 말하는가?
(A) 청자들이 표를 구매하는 것을 권하기 위해
(B) 미디어 기업의 목표를 확인하기 위해
(C) 청자들이 애플리케이션을 사용하도록 권하기 위해
(D) 청자들에게 라디오 방송국으로 전화해달라고 요청하기 위해

해설 질문의 인용어구(It's a great way for you to interact with our guests)가 언급된 주변을 주의 깊게 듣는다. 지문 후반부에서 "I'll ask Mr. Balding 10 questions submitted through our social media application(우리의 소셜 미디어 애플리케이션을 통해 제출된 10개의 질문들을 제가 Mr. Balding에게 물어볼 것입니다)"이라며 이는 여러분들이 우리 게스트들과 소통할 좋은 방법이라고 한 것을 통해, 화자가 청자들에게 애플리케이션을 사용해서 게스트들에게 질문을 하라고 권하려는 의도임을 알 수 있다. 따라서 (C)가 정답이다.

어휘 identify[aidéntəfài] 확인하다, 식별하다  radio station 라디오 방송국

### [10-12] 〈濠〉 호주식 발음

Questions 10-12 refer to the following announcement.

Attention all Science Museum visitors. 10**Throughout the month of June, we will be presenting a very special exhibit.** Entitled *The Gas Giant*, the exhibit will focus on the largest planet in our solar system—Jupiter. 11**While this exhibit is running, the museum will stay open until 8 P.M.** so that visitors can enjoy it in the ○

**evening.** Visitors should also note that the exhibit includes a great deal of technical information, so [12]**viewing it with a guide is highly encouraged**.

----

entitle[intáitl] ~라고 부르다  planet[plǽnit] 행성, 지구
Jupiter[미 dʒúːpitər, 영 dʒúːpitə] 목성
technical[téknikəl] 과학 기술의, 기술적인

해석
10-12는 다음 공지에 관한 문제입니다.

모든 과학 박물관 방문객들께 알립니다. [10]6월 내내, 저희는 매우 특별한 전시를 진행할 것입니다. The Gas Giant라고 불리는 그 전시는 우리 태양계에서 가장 큰 행성인 목성에 초점을 맞출 것입니다. [11]이 전시가 진행되는 동안, 방문객들이 저녁에도 이것을 즐기실 수 있도록 박물관은 오후 8시까지 운영할 것입니다. 방문객들께서는 이 전시가 많은 과학 기술 정보를 포함하므로 [12]가이드와 함께 관람하는 것이 적극 권장된다는 점도 유념하셔야 합니다.

### 10 언급 문제
해석 특별 전시에 대해 무엇이 언급되는가?
(A) 한 달 동안 지속될 것이다.
(B) 쌍방향의 화면들을 포함할 것이다.
(C) 많은 관람객들을 끌어들일 것으로 예상된다.
(D) 영상들을 포함할 것이다.

해설 질문의 핵심어구(special exhibit)가 언급된 주변을 주의 깊게 듣는다. 지문 초반부에서 "Throughout the month of June, we will be presenting a very special exhibit(6월 내내, 저희는 매우 특별한 전시를 진행할 것입니다)"이라고 하였다. 따라서 (A)가 정답이다.

어휘 interactive[ìntərǽktiv] 쌍방향의, 상호적인

### 11 추론 문제
해석 화자는 과학 박물관에 대해 무엇을 암시하는가?
(A) 추가 요금을 청구할 것이다.
(B) 운영 시간을 연장할 것이다.
(C) 전시관을 보수할 것이다.
(D) 학생 할인을 제공할 것이다.

해설 질문의 핵심어구(Science Museum)와 관련된 내용을 주의 깊게 듣는다. 지문 중반부에서 "While this exhibit is running, the museum [Science Museum] will stay open until 8 P.M. so that visitors can enjoy it in the evening(이 전시가 진행되는 동안, 방문객들이 저녁에도 이것을 즐기실 수 있도록 박물관[과학 박물관]은 오후 8시까지 운영할 것입니다)"이라고 한 것을 통해, 과학 박물관이 운영 시간을 연장할 것임을 알 수 있다. 따라서 (B)가 정답이다.

어휘 extend[iksténd] 연장하다, 확대하다  exhibit hall 전시관

### 12 제안 문제
해석 화자는 무엇을 하는 것을 제안하는가?
(A) 행사에 일찍 도착하기
(B) 온라인에서 전시에 대해 읽어보기
(C) 미리 입장권을 구매하기
(D) 가이드가 안내하는 투어하기

해설 지문 중후반에서 제안과 관련된 표현이 포함된 문장을 주의 깊게 듣는다. "viewing it with a guide is highly encouraged(가이드와 함께 관람하는 것이 적극 권장됩니다)"라고 하였다. 따라서 (D)가 정답이다.

패러프레이징
suggest 제안하다 → is ~ encouraged 권장되다
viewing ~ with a guide 가이드와 함께 관람하기 → Taking a guided tour 가이드가 안내하는 투어하기

어휘 pass[pæs] 입장권, 통행증  in advance 미리, 사전에

----

[13-15] 🎧 캐나다식 발음
Questions 13-15 refer to the following advertisement.

Are you looking to get into shape for the summer? If so, [13]**come to the grand opening of the Oakville Fitness Center on May 1**. This center will include a gym with the latest equipment, an Olympic-size swimming pool, as well as squash and racquetball courts. Our classes are led by [14]**instructors who have worked in the industry for a minimum of five years**. In the month of May, [15]**the Oakville Fitness Center will be offering complimentary three-day trial memberships. This will be for the first 50 customers.** Visit our Web site for more information about this opportunity. We hope to see you soon!

----

look to ~을 생각하다  grand opening 개업식, 대개장
equipment[ikwípmənt] 장비  instructor[instrʌ́ktər] 강사
complimentary[kàːmpləméntəri] 무료의
membership[mémbərʃip] 회원권, 회원 자격

해석
13-15는 다음 광고에 관한 문제입니다.

여름을 위해 몸매를 가꾸는 것을 생각하고 계신가요? 만약 그렇다면, [13]5월 1일에 Oakville 피트니스 센터의 개업식에 오십시오. 이 센터는 스쿼시와 라켓볼 경기장뿐만 아니라, 최신 장비를 갖춘 체육관과 올림픽 규격의 수영장을 포함할 것입니다. 저희 수업들은 [14]업계에서 최소 5년 동안 근무한 강사들에 의해 지도됩니다. 5월에 [15]Oakville 피트니스 센터는 3일간의 무료 체험 회원권을 제공할 것입니다. 이것은 첫 50분의 고객들께만 해당될 것입니다. 이 기회에 대한 더 많은 정보를 위해 저희 웹사이트를 방문해주세요. 여러분들을 곧 만나 뵙기를 바랍니다!

### 13 특정 세부 사항 문제
해석 화자에 따르면, 5월 1일에 무슨 일이 일어날 것인가?
(A) 센터가 개선될 것이다.
(B) 시설이 문을 열 것이다.
(C) 웹사이트가 개설될 것이다.
(D) 할인 행사가 종료될 것이다.

해설 질문의 핵심어구(May 1)가 언급된 주변을 주의 깊게 듣는다. 지문 초반부에서 "come to the grand opening of the Oakville Fitness Center on May 1(5월 1일에 Oakville 피트니스 센터의 개업식에 오십시오)"라고 하였다. 따라서 (B)가 정답이다.

어휘 upgrade[ʌ̀pgréid] 개선하다

### 14 언급 문제
해석 강사들에 대해 무엇이 언급되는가?
(A) 그들은 무료 상담을 제공할 것이다.
(B) 그들은 수년간의 경험이 있다.
(C) 그들은 전직 전문 선수들이다.
(D) 그들은 합리적인 요금을 청구한다.

해설 질문의 핵심어구(instructors)가 언급된 주변을 주의 깊게 듣는다. 지문 중반부에서 "instructors who have worked in the industry for a minimum of five years(업계에서 최소 5년 동안 근무한 강사들)"라고 하였다. 따라서 (B)가 정답이다.

패러프레이징
have worked ~ for a minimum of five years 최소 5년 동안 근무했다 → have several years of experience 수년간의 경험이 있다

어휘 reasonable[ríːzənəbl] 합리적인, 적정한

### 15 의도 파악 문제
해석 화자는 왜 "이것은 첫 50분의 고객들께만 해당될 것입니다"라고 말하는가?

(A) 청자들은 확인을 곧 받을 것이다.
(B) 시설이 붐빌 것이다.
(C) 청자들은 빨리 행동해야 한다.
(D) 입장권은 한번만 사용될 수 있다.

해설 질문의 인용어구(This will be for the first 50 customers)가 언급된 주변을 주의 깊게 듣는다. 지문 후반부에서 "the Oakville Fitness Center will be offering complimentary three-day trial memberships(Oakville 피트니스 센터는 3일간의 무료 체험 회원권을 제공할 것입니다)"라고 한 후, 이것은 첫 50분의 고객들에게만 해당될 것이라고 한 것을 통해 무료 체험 회원권을 이용하려면 청자들이 빨리 행동해야 한다는 의도임을 알 수 있다. 따라서 (C)가 정답이다.

[16-18] 영국식 발음

Questions 16-18 refer to the following telephone message.

Good morning, Mr. Greer. ¹⁶This is Janice Forsberg calling from the Eastside Medical Clinic regarding your checkup on November 18. Unfortunately, Dr. Lee was asked to speak at a conference that day. We are very sorry for the inconvenience. ¹⁶Do you work on Saturday? Dr. Lee is available the following day at 10:30 A.M. and 2:30 P.M. ¹⁷Could you please contact me at 555-6573 and let me know which time you prefer? Also, ¹⁸don't forget that you will need to take a blood test, so make sure to prepare. If you are unsure what to do, please review the directions I sent you by e-mail last Tuesday. I think that is everything. Thanks.

checkup[tʃékʌp] 검진  inconvenience[ìnkənvíːniəns] 불편
prefer[prifə́r] 선호하다  blood test 혈액 검사

해석
16-18은 다음 음성 메시지에 관한 문제입니다.

안녕하세요, Mr. Greer. ¹⁶11월 18일의 검진에 관해 Eastside 병원에서 전화드리는 Janice Forsberg입니다. 유감스럽게도, Dr. Lee가 그날 학회에서 연설을 해줄 것을 요청받았습니다. 불편을 드려 정말 죄송합니다. ¹⁶토요일에 일을 하시나요? Dr. Lee는 그 다음 날 오전 10시 30분과 오후 2시 30분에 시간이 있습니다. ¹⁷555-6573으로 제게 전화주셔서 어느 시간을 선호하는지 알려주시겠습니까? 또한, ¹⁸혈액 검사를 하셔야 한다는 것을 잊지 마시고, 반드시 준비해주시기 바랍니다. 무엇을 해야 하는지 잘 모르신다면, 지난 화요일에 제가 이메일로 보내드린 안내 사항들을 다시 살펴보시기 바랍니다. 그게 전부인 것 같습니다. 감사합니다.

## 16 의도 파악 문제

해설 화자는 왜 "토요일에 일을 하시나요"라고 말하는가?
(A) 시간제 일자리를 제안하기 위해
(B) 예약 시간에 대해 문의하기 위해
(C) 학회 날짜를 명시하기 위해
(D) 일정 변경을 알리기 위해

해설 질문의 인용어구(Do you work on Saturday)가 언급된 주변을 주의 깊게 듣는다. 지문 초반부에서 "This is ~ calling ~ regarding your checkup on November 18. ~ Dr. Lee was asked to speak at a conference that day(11월 18일의 검진에 관해 전화드립니다. Dr. Lee가 그날 학회에서 연설을 해줄 것을 요청받았습니다)"라며 토요일에 일을 하는지 물은 후, "Dr. Lee is available the following day at 10:30 A.M. and 2:30 P.M.(Dr. Lee는 그 다음 날 오전 10시 30분과 오후 2시 30분에 시간이 있습니다)"이라고 한 것을 통해, 화자가 예약 시간에 대해 문의하기 위한 의도임을 알 수 있다. 따라서 (B)가 정답이다.

어휘 part-time[pàːrttáim] 시간제의  appointment[əpɔ́intmənt] 예약, 약속

## 17 요청 문제

해설 화자는 청자에게 무엇을 하라고 요청하는가?
(A) 대금을 지불한다.
(B) 주소를 확인한다.
(C) 회신 전화를 한다.
(D) 이메일을 보낸다.

해설 지문 중후반에서 요청과 관련된 표현이 포함된 문장을 주의 깊게 듣는다. "Could you please contact me at 555-6573(555-6573으로 제게 전화주시겠습니까)"라고 하였다. 따라서 (C)가 정답이다.

## 18 특정 세부 사항 문제

해설 화자는 청자에게 무엇을 보냈는가?
(A) 의사의 진단서
(B) 방법에 대한 설명
(C) 서비스 요금 청구서
(D) 병원으로 가는 길 안내

해설 질문의 핵심어구(send)가 언급된 주변을 주의 깊게 듣는다. 지문 후반부에서 "don't forget that you will need to take a blood test, so make sure to prepare. If you are unsure what to do, please review the directions I sent you ~(혈액 검사를 하셔야 한다는 것을 잊지 마시고, 반드시 준비해주시기 바랍니다. 무엇을 해야 하는지 잘 모르신다면, 제가 보내드린 안내 사항들을 다시 살펴보시기 바랍니다)"라고 하였다. 따라서 (B)가 정답이다.

어휘 physician[fizíʃən] 의사, 내과의사  procedure[prəsíːdʒər] 방법, 절차

[19-21] 호주식 발음

Questions 19-21 refer to the following speech.

I've always been proud of my career, but ¹⁹I certainly didn't expect to receive an award from the National Music Association. It's an incredible honor. While there are many people who've helped me along the way, the most significant person has been Sandy Mitchell, the director of Systems Records. ²⁰Ms. Mitchell offered me my first recording contract when I started performing 10 years ago. She has also supported me throughout my career. ²¹I am particularly grateful that she arranged for me to perform in several European cities next month. Without her, I wouldn't be where I am today.

proud of ~을 자랑으로 생각하는  incredible[inkrédəbl] 믿을 수 없는, 놀라운
honor[미 ánər, 영 ɔ́nər] 영광, 명예  significant[signífikənt] 중요한, 의미 있는
recording[미 rikɔ́ːrdiŋ, 영 rikɔ́ːdiŋ] (녹음한) 음반, 녹음
particularly[pərtíkjələrli] 특히

해석
19-21은 다음 연설에 관한 문제입니다.

저는 항상 제 직업을 자랑으로 생각해왔지만, ¹⁹전국 음악 협회로부터 상을 받을 것이라고는 정말로 예상하지 못했습니다. 믿을 수 없는 영광입니다. 이 자리에 오기까지 저를 도와주신 많은 분들이 있지만, 가장 중요한 분은 System Records사의 책임자인 Sandy Mitchell이었습니다. ²⁰Ms. Mitchell은 10년 전에 제가 공연을 시작했을 때 저의 첫 음반 계약을 제안해 주셨습니다. 그녀는 또한 제 경력 내내 저를 지원해주셨습니다. ²¹제가 다음 달에 여러 유럽 도시들에서 공연하도록 그녀가 준비해주었다는 것에 대해 저는 특히 감사드립니다. 그녀가 없었다면, 저는 오늘 이 자리에 있지 않을 것입니다.

## 19 장소 문제

해설 청자들은 어디에 있는가?
(A) 은퇴 기념 파티에

(B) 자선 연회에

(C) 업무 회의에

(D) 시상식에

해설 장소와 관련된 표현을 놓치지 않고 듣는다. 지문 초반부에서 "I certainly didn't expect to receive an award from the National Music Association(전국 음악 협회로부터 상을 받을 것이라고 정말로 예상하지 못했습니다)"이라고 한 것을 통해, 청자들이 전국 음악 협회의 시상식에 있음을 알 수 있다. 따라서 (D)가 정답이다.

어휘 charity[tʃǽrəti] 자선, 자선 단체  banquet[bǽŋkwit] 연회, 만찬

## 20 추론 문제

해석 Ms. Mitchell에 대해 무엇이 암시되는가?

(A) 그녀는 기관에서 음악 수업을 마련했다.

(B) 그녀는 최근에 새로운 연주자와 계약을 했다.

(C) 그녀는 한 업계에서 오랫동안 일했다.

(D) 그녀는 유명한 음악가들과 정기적으로 공연했다.

해설 질문의 핵심어구(Ms. Mitchell)가 언급된 주변을 주의 깊게 듣는다. 지문 중반부에서 "Ms. Mitchell offered me my first recording contract when I started performing 10 years ago. She has also supported me throughout my career(Ms. Mitchell은 10년 전에 제가 공연을 시작했을 때 저의 첫 음반 계약을 제안해 주셨습니다. 그녀는 또한 제 경력 내내 저를 지원해주셨습니다)"라고 한 것을 통해, Ms. Mitchell이 한 업계에서 오랫동안 일했음을 알 수 있다. 따라서 (C)가 정답이다.

어휘 institution[instətúːʃən] 기관

## 21 특정 세부 사항 문제

해석 다음 달에 무슨 일이 일어날 것인가?

(A) 투어가 열릴 것이다.

(B) 앨범이 발매될 것이다.

(C) 콘서트가 취소될 것이다.

(D) 밴드가 결성될 것이다.

해설 질문의 핵심어구(next month)가 언급된 주변을 주의 깊게 듣는다. 지문 후반부에서 "I am particularly grateful that she arranged for me to perform in several European cities next month(제가 다음 달에 여러 유럽 도시들에서 공연하도록 그녀가 준비해주었다는 것에 대해 저는 특히 감사드립니다)"라고 하였다. 따라서 (A)가 정답이다.

어휘 release[rilíːs] 발매하다, 공개하다

[22-24] 🔊 미국식 발음

Questions 22-24 refer to the following report.

---

²²**Now for the evening traffic update.** The Field Street Bridge has been closed due to an accident involving seven cars. As of yet, we've received no word on the cause of the incident. However, it has been reported that emergency vehicles are there, and ²³**it'll likely be another two hours before all four lanes are open**. In the meantime, commuters are advised to take Fowler Bridge, which can be accessed from Second Avenue. ²⁴**You may need to leave a bit earlier, though. This bridge has only one lane running in each direction.** ²²**Stay tuned to 103.4 for more traffic updates.**

---

update[ʌ́pdèit] 최신 정보; 업데이트하다  accident[ǽksidənt] 사고
cause[kɔːz] 원인, 이유  incident[ínsədənt] 사고
emergency vehicle 구급차, 응급 차량  lane[lein] 차선, 도로
commuter[kəmjúːtər] 통근자

해석

22-24는 다음 보도에 관한 문제입니다.

²²지금은 저녁 교통 최신 정보입니다. Field가 다리가 일곱 대의 차량이 연루된 사고로 인해 폐쇄되었습니다. 아직까지, 사고의 원인에 대한 소식은 받지 못했습니다. 그러나, 구급차가 현장에 있다는 것이 보고되었으며, ²³네 개의 차선이 모두 개방되기까지는 두 시간이 더 걸릴 것으로 예상됩니다. 그동안에, 통근자들은 Fowler 다리를 이용하도록 권장되는데, 이는 2번가에서 접근할 수 있습니다. ²⁴하지만 여러분은 조금 더 일찍 출발해야 할 수도 있습니다. 이 다리는 각 방향으로 단 하나의 차선만 있습니다. ²²더 많은 교통 최신 정보를 위해 103.4에 채널을 고정해 주십시오.

## 22 화자 문제

해석 화자는 누구인 것 같은가?

(A) 라디오 진행자

(B) 교통 순경

(C) 공사 현장 작업자

(D) 자동차 수리공

해설 지문에서 신분 및 직업과 관련된 표현을 놓치지 않고 듣는다. 지문 초반부에서 "Now for the evening traffic update(지금은 저녁 교통 최신 정보입니다)"라고 한 후, 지문 후반부에서 "Stay tuned to 103.4 for more traffic updates(더 많은 교통 최신 정보를 위해 103.4에 채널을 고정해 주십시오)"라고 한 것을 통해, 화자가 교통 정보를 전달하는 라디오 진행자임을 알 수 있다. 따라서 (A)가 정답이다.

어휘 traffic officer 교통 순경

## 23 특정 세부 사항 문제

해석 두 시간 후에 무슨 일이 일어날 것 같은가?

(A) 구급차가 도착할 것이다.

(B) 도시의 다리가 점검될 것이다.

(C) 통근로가 다시 개방될 것이다.

(D) 교통 정보가 업데이트될 것이다.

해설 질문의 핵심어구(two hours)가 언급된 주변을 주의 깊게 듣는다. 지문 중반부에서 "it'll likely be another two hours before all four lanes are open(네 개의 차선이 모두 개방되기까지는 두 시간이 더 걸릴 것으로 예상됩니다)"이라고 하였다. 따라서 (C)가 정답이다.

## 24 의도 파악 문제

해석 화자는 "이 다리는 각 방향으로 단 하나의 차선만 있습니다"라고 말할 때 무엇을 의도하는가?

(A) 사고의 원인이 분명하다.

(B) 정체가 예상된다.

(C) 사람들이 교통량에 대해 불평했다.

(D) 수리가 되어야 한다.

해설 질문의 인용어구(This bridge has only one lane running in each direction)가 언급된 주변을 주의 깊게 듣는다. 지문 후반부에서 "You may need to leave a bit earlier, though(하지만 여러분은 조금 더 일찍 출발해야 할 수도 있습니다)"라고 한 후, 이 다리는 각 방향으로 단 하나의 차선만 있다고 하였으므로, 화자가 다리에 차선이 하나씩밖에 없어서 정체가 예상된다고 말하려는 의도임을 알 수 있다. 따라서 (B)가 정답이다.

[25-27] 🔊 호주식 발음

Questions 25-27 refer to the following talk.

---

Welcome to the Bellingham Wetlands Park. My name is Gerald Porter, and I'll be your guide today. ²⁵**The tour will begin with a presentation on the park**, which will take place here at the visitor's center. Following that, we will explore the trails surrounding the visitor's center. ↻

---

<sup>26</sup>**Watch for obstacles on the path. We still haven't repaired the damage from the storm last week.** At 1:30 P.M., we'll be joined by a park employee, who will accompany us to Everett Lake at the . . . um . . . at the center of the park. <sup>27</sup>**We'll spend about 30 minutes there watching the birds that visit the park each summer.**

---

wetland[미 wétlænd, 영 wétlənd] 습지, 습지대
tour[미 tuər, 영 tuə] 투어; 순회하다   trail[treil] 오솔길, 자취
surrounding[səráundiŋ] 주위의   obstacle[미 ɑ́bstəkl, 영 ɔ́bstəkl] 장애물
repair[미 ripɛ́ər, 영 ripéə] 보수하다   accompany[əkʌ́mpəni] 동행하다

해석
25-27은 다음 담화에 관한 문제입니다.

Bellingham 습지 공원에 오신 것을 환영합니다. 제 이름은 Gerald Porter이고, 오늘 여러분의 가이드가 될 것입니다. <sup>25</sup>투어는 공원에 대한 발표로 시작할 것이며, 이는 이곳 방문자 센터에서 이뤄질 것입니다. 그것에 뒤이어, 우리는 방문자 센터 주위의 오솔길을 탐험할 것입니다. <sup>26</sup>길 위의 장애물들을 주의하시기 바랍니다. 저희는 아직 지난주 폭풍으로부터의 피해를 보수하지 못했습니다. 오후 1시 30분에 공원 직원이 합류할 예정이며, 그는 우리와… 음… 공원 중앙에 있는 Everett 호수까지 동행할 것입니다. <sup>27</sup>우리는 그곳에서 매년 여름에 공원을 방문하는 새들을 관찰하는 데 약 30분을 보낼 것입니다.

**25 특정 세부 사항 문제**
해석 청자들은 가장 먼저 무엇을 할 것인가?
(A) 몇몇 새들에게 먹이를 준다.
(B) 몇몇 기념품들을 산다.
(C) 발표를 본다.
(D) 소책자를 읽는다.

해설 질문의 핵심어구(do first)와 관련된 내용을 주의 깊게 듣는다. 지문 초반부에서 "The tour will begin with a presentation on the park(투어는 공원에 대한 발표로 시작할 것입니다)"라고 하였다. 따라서 (C)가 정답이다.

어휘 feed[fi:d] 먹이를 주다, 음식을 먹이다   souvenir[sù:vəníər] 기념품, 선물

**26 의도 파악 문제**
해석 화자는 왜 "저희는 아직 지난주 폭풍으로부터의 피해를 보수하지 못했습니다"라고 말하는가?
(A) 접근이 거절된 이유를 설명하기 위해
(B) 주의가 필요한 이유를 말하기 위해
(C) 어떻게 실수가 발생되었는지 보여주기 위해
(D) 어떻게 작업이 이루어지는지 설명하기 위해

해설 질문의 인용어구(We still haven't repaired the damage from the storm last week)가 언급된 주변을 주의 깊게 듣는다. 지문 중반부에서 "Watch for obstacles on the path(길 위의 장애물들을 주의하시기 바랍니다)"라고 한 후, 아직 지난주 폭풍으로부터의 피해를 보수하지 못했다고 한 것을 통해, 화자가 주의가 필요한 이유를 말하려는 의도임을 알 수 있다. 따라서 (B)가 정답이다.

패러프레이징
Watch for ~을 주의하다 → caution 주의

어휘 deny[dinái] 거절하다, 부인하다

**27 특정 세부 사항 문제**
해석 청자들은 공원 중앙에서 무엇을 할 것인가?
(A) 호수에서 수영을 한다.
(B) 안내소를 방문한다.
(C) 약간의 간식을 먹는다.
(D) 몇몇 동물들을 관찰한다.

해설 질문의 핵심어구(at the center of the park)가 언급된 주변을 주의 깊게

듣는다. 지문 후반부에서 "We'll spend about 30 minutes there[at the center of the park] watching the birds that visit the park each summer(우리는 그곳[공원 중앙]에서 매년 여름에 공원을 방문하는 새들을 관찰하는 데 약 30분을 보낼 것입니다)"라고 하였다. 따라서 (D)가 정답이다.

패러프레이징
watching the birds 새들 관찰하기 → Observe some animals 몇몇 동물들을 관찰하다

**[28-30]** [음성] 캐나다식 발음
Questions 28-30 refer to the following telephone message.

---

My name is Louis Park. <sup>28</sup>**On June 2, I ordered a laptop on your Web site.** I selected your latest model, the GR150. Because I plan to give the item as a gift this weekend, <sup>29</sup>**I paid $20 extra for express delivery**. I was very pleased with this service, as the laptop arrived in two days. However, <sup>30</sup>**I indicated that I wanted the version of the computer with a red keyboard. The device I received has a black keyboard. I'm wondering if another one can be sent** before the end of the week.

---

pleased[pli:zd] 만족스러운   indicate[índikèit] 명시하다, 나타내다
wonder[wʌ́ndər] 궁금해하다, 의아하게 여기다

해석
28-30은 다음 음성 메시지에 관한 문제입니다.

제 이름은 Louis Park입니다. <sup>28</sup>6월 2일에, 저는 귀사의 웹사이트에서 노트북 컴퓨터를 주문했습니다. 저는 귀사의 최신 모델인 GR150을 골랐습니다. 제가 이번 주말에 그 제품을 선물로 줄 계획이기 때문에, <sup>29</sup>저는 신속 배송을 위해 20달러를 추가로 지불했습니다. 노트북 컴퓨터가 이틀 후에 도착했기 때문에 저는 이 서비스에 대해 매우 만족했습니다. 하지만, <sup>30</sup>저는 빨간색 키보드가 있는 버전의 컴퓨터를 원한다고 명시했습니다. 제가 받은 기기에는 검은색 키보드가 있습니다. 이번 주말 전까지 <sup>30</sup>다른 것이 발송될 수 있을지 궁금합니다.

**28 특정 세부 사항 문제**
해석 화자는 6월 2일에 무엇을 했는가?
(A) 주문을 했다.
(B) 선물을 줬다.
(C) 매장을 방문했다.
(D) 프로그램을 내려받았다.

해설 질문의 핵심어구(June 2)가 언급된 주변을 주의 깊게 듣는다. 지문 초반부에서 "On June 2, I ordered a laptop on your Web site(6월 2일에, 저는 귀사의 웹사이트에서 노트북 컴퓨터를 주문했습니다)"라고 하였다. 따라서 (A)가 정답이다.

**29 특정 세부 사항 문제**
해석 화자는 무엇을 위해 추가로 지불했는가?
(A) 컴퓨터 부속품
(B) 신속 배송
(C) 몇몇 추가적인 소프트웨어
(D) 연장된 보증 기간

해설 질문의 핵심어구(pay extra for)가 언급된 주변을 주의 깊게 듣는다. 지문 중반부에서 "I paid $20 extra for express delivery(저는 신속 배송을 위해 20달러를 추가로 지불했습니다)"라고 하였다. 따라서 (B)가 정답이다.

패러프레이징
express delivery 신속 배송 → Quick shipment 신속 배송

어휘 accessory[æksésəri, əksésəri] 부속품, 액세서리
warranty[wɔ́:rənti] (품질) 보증 기간, 보증

## 30 의도 파악 문제

해석 화자는 왜 "제가 받은 기기에는 검은색 키보드가 있습니다"라고 말하는가?

(A) 불만이 해결되었다는 것을 암시하기 위해
(B) 환불을 요청하려는 결정을 설명하기 위해
(C) 엉뚱한 제품이 발송되었다는 것을 명시하기 위해
(D) 이용 가능한 색상 선택을 명시하기 위해

해설 질문의 인용어구(The device I received has a black keyboard)가 언급된 주변을 주의 깊게 듣는다. 지문 중반부에서 "I indicated that I wanted the version of the computer with a red keyboard(저는 빨간색 키보드가 있는 버전의 컴퓨터를 원한다고 명시했습니다)"라고 한 후, 자신이 받은 기기에는 검은색 키보드가 있다며 "I'm wondering if another one can be sent(다른 것이 발송될 수 있을지 궁금합니다)"라고 한 것을 통해, 화자가 요청한 빨간색 키보드가 아니라 엉뚱한 제품인 검은색 키보드가 발송되었다는 것을 명시하려는 의도임을 알 수 있다. 따라서 (C)가 정답이다.

어휘 **address**[ədrés] 해결하다 **indicate**[índikèit] 명시하다, 암시하다
**specify**[spésəfai] 명시하다, 기재하다

---

# DAY 18  세부 사항 관련 문제 4

## HACKERS PRACTICE

p. 172

01 (A)     02 (B)     03 (B)     04 (B)     05 (A)
06 (A)

---

### 01 🔊 미국식 발음 / 영국식 발음

Question 1 refers to the following advertisement and list.

If you're looking for a hearty, healthy breakfast, stop by the Greenwood Eatery. We offer a variety of dishes prepared with organic ingredients purchased from farms in the region. And our prices are very affordable. We have just added a second breakfast special that costs only $4.99. We hope to see you soon!

**hearty**[미 hά:rti, 영 hά:ti] 푸짐한 **eatery**[í:təri] 식당
**organic**[미 ɔːrɡǽnik, 영 ɔːɡǽnik] 유기농의
**affordable**[미 əfɔ́ːrdəbl, 영 əfɔ́ːdəbl] 저렴한, 알맞은

해석
1은 다음 광고와 목록에 관한 문제입니다.

푸짐하고 건강한 아침 식사를 찾고 계신다면, Greenwood 식당에 들러 보세요. 저희는 지역 농장에서 구입된 유기농 재료로 만든 다양한 요리를 제공합니다. 또한 저희의 가격은 매우 저렴합니다. 저희는 단 4.99달러 가격의 두 번째 아침 특별 메뉴를 막 추가했습니다. 곧 만나 뵙기를 바랍니다!

| 아침 특별 메뉴 | 가격 |
|---|---|
| 벨기에 와플 | 4.99달러 |
| 에그 베네딕트 | 5.49달러 |

### 01 시각 자료 문제

시각 자료를 보아라. 어떤 아침 특별 메뉴가 막 추가되었는가?
(A) 벨기에 와플
(B) 에그 베네딕트

---

### 02 🔊 호주식 발음 / 미국식 발음

Question 2 refers to the following talk and pie chart.

Last week, we all met to talk about improving facilities, which was the biggest cause of customer dissatisfaction at our hotel locations nationwide. Today, we'll go over the second most common reason why customers are dissatisfied with our offerings. Once we've done so, we'll hear from Jenna Farris, a consultant who's been hired to look into this issue. She'll be giving us a short presentation on her recommendations regarding today's topic.

**facility**[fəsíləti] 시설 **dissatisfaction**[dìssætisfǽkʃən] 불만
**go over** 살펴보다 **look into** ~을 조사하다
**recommendation**[rèkəməndéiʃən] 의견, 추천

해석
2는 다음 담화와 원그래프에 관한 문제입니다.

지난주에 우리 모두는 시설을 향상시키는 것에 대해 논의하고자 만났으며, 그것은 전국의 우리 호텔 지점들에서 고객 불만의 가장 큰 원인이었습니다. 오늘은 고객들이 우리의 제공에 불만을 느끼는 두 번째로 흔한 이유를 살펴볼 것입니다. 일단 그렇게 하고 나서, 이 문제를 조사하기 위해 고용된 자문 위원인 Jenna Farris의 이야기를 들어보겠습니다. 그녀는 오늘의 주제에 관한 그녀의 의견을 다룬 짧은 발표를 할 것입니다.

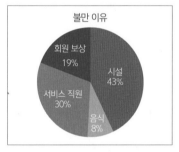

불만 이유
회원 보상 19%
시설 43%
서비스 직원 30%
음식 8%

### 02 시각 자료 문제

시각 자료를 보아라. Jenna Farris는 무엇에 관해 발표할 것인가?
(A) 시설
(B) 서비스 직원

---

### [03-04] 🔊 영국식 발음 / 캐나다식 발음

Questions 3-4 refer to the following news report and map.

And now for business news . . . Pillar Insurance announced the upcoming relocation of its headquarters. The company was originally considering a building next to the National Museum, but it ended up selecting one across from City Hall. The transition to the new site is expected to be completed by the day after tomorrow.

**upcoming**[ʌ́pkʌ̀miŋ] 곧 (있을)
**relocation**[미 rìːloukéiʃən, 영 rìːləukéiʃən] 이전
**headquarters**[미 hédkwɔ̀rtərz, 영 hédkwɔ̀təz] 본사
**end up** 결국 ~하게 되다 **transition**[미 trænzíʃən, 영 trænsíʒən] 이동
**bus depot** 버스 터미널

해석
3-4는 다음 뉴스 보도와 지도에 관한 문제입니다.

이제 비즈니스 뉴스입니다… Pillar 보험 회사는 곧 있을 본사 이전을 발표했습니다. 그 회사는 원래 국립 박물관 옆에 있는 건물을 고려하고 있었지만, 결국 시청

맞은편의 건물을 선택하게 되었습니다. 새로운 장소로의 이동은 모레까지 완료될 것으로 예상됩니다.

| Field 건물 | 국립 박물관 | 시청 |
|---|---|---|
| 버스 터미널 | 고등학교 | Union 건물 |

**03 시각 자료 문제**

시각 자료를 보아라. Pillar 보험 회사 본사의 위치는 어느 건물이 될 것인가?

(A) Field 건물
(B) Union 건물

**04 특정 세부 사항 문제**

이사는 언제 완료될 것인가?

(A) 하루 후에
(B) 이틀 후에

**[05-06]** 🎧 호주식 발음 / 미국식 발음

Questions 5-6 refer to the following announcement and schedule.

---

Attention all travelers. The recent snowstorm has resulted in ice on the train tracks. Workers are removing it now, but this will cause a delay. Passengers bound for Boston should note that they will now depart at 11:50 A.M. We apologize for any inconvenience this may cause.

snowstorm[snóustɔ̀:rm] 눈보라   bound for ~행의, ~로 향하는

---

해석

5-6은 다음 공지와 일정표에 관한 문제입니다.

모든 여행객 여러분, 주목해 주십시오. 최근의 눈보라가 기차 선로에 결빙을 야기했습니다. 현재 작업자들이 그것을 제거하고 있지만, 이는 지연을 초래할 것입니다. 보스턴행 승객분들께서는 이제 오전 11시 50분에 출발할 것임을 알아두기 바랍니다. 이것이 야기할 불편에 대해 사과드립니다.

| 행선지 | 출발 시간 |
|---|---|
| 보스턴 | 오전 11시 20분 |
| 워싱턴 DC | 오전 11시 45분 |

**05 특정 세부 사항 문제**

지연의 원인은 무엇인가?

(A) 궂은 날씨
(B) 정기 점검

maintenance[méintənəns] 점검, 정비

**06 시각 자료 문제**

시각 자료를 보아라. 어느 출발 시간이 변경되어야 하는가?

(A) 오전 11시 20분
(B) 오전 11시 45분

## HACKERS **TEST**                                    p. 174

| 01 (B) | 02 (A) | 03 (D) | 04 (D) | 05 (B) |
|---|---|---|---|---|
| 06 (B) | 07 (D) | 08 (B) | 09 (C) | 10 (A) |
| 11 (A) | 12 (C) | 13 (B) | 14 (C) | 15 (D) |
| 16 (C) | 17 (C) | 18 (B) | 19 (C) | 20 (C) |
| 21 (A) | 22 (B) | 23 (C) | 24 (D) | 25 (D) |
| 26 (B) | 27 (C) | 28 (A) | 29 (C) | 30 (B) |

---

**[01-03]** 🎧 캐나다식 발음

Questions 1-3 refer to the following telephone message and list.

---

Ms. Gordon, this is Freddie Stark. ⁰¹**I'm in charge of booking at Alliance Resort and Spa. According to your recent voice mail, you are considering staying at our resort next month.** To answer your questions about entertainment, ⁰²**a live band performs near the pool area every Saturday and Sunday evening.** ⁰³**As for the room you inquired about, it has amazing views and is available during your trip. Just so you know, however, that particular suite is our most expensive room.** But it's well worth the cost. Feel free to call me back at 555-3324 to reserve it.

entertainment[èntərtéinmənt] 오락, 여흥   inquire[inkwáiər] 문의하다, 묻다
view[vju:] 전망, 경치   available[əvéiləbl] 이용 가능한
particular[pərtíkjulər] 특정한   reserve[rizə́:rv] 예약하다

---

해석

1-3은 다음 음성 메시지와 목록에 관한 문제입니다.

Ms. Gordon, 저는 Freddie Stark입니다. ⁰¹저는 Alliance Resort and Spa의 예약을 담당하고 있습니다. 귀하의 최근 음성 메시지에 따르면, 귀하는 다음 달에 저희 리조트에서 숙박하는 것을 고려 중이시군요. 오락에 관한 귀하의 질문에 답을 드리자면, ⁰²라이브 밴드가 매주 토요일과 일요일 저녁에 수영장 구역 근처에서 공연을 합니다. ⁰³문의하신 객실에 관해서는, 그곳은 전망이 멋지며 귀하의 여행 동안에 이용 가능합니다. 그런데 참고로 말씀 드리자면, 그 특정 스위트룸은 저희의 가장 비싼 객실입니다. 하지만 충분히 그 가격의 가치가 있습니다. 예약하시려면 555-3324로 언제든지 다시 전화주세요.

| 객실 종류 | 숙박 요금 |
|---|---|
| Junior 스위트룸 | 225달러 |
| Superior 스위트룸 | 285달러 |
| Executive 스위트룸 | 325달러 |
| ⁰³Royal 스위트룸 | 375달러 |

**01 화자 문제**

해석 화자의 직업은 무엇인 것 같은가?

(A) 행사 기획자
(B) 고객 서비스 직원
(C) 여행사 직원
(D) 개인 비서

해설 지문에서 신분 및 직업과 관련된 표현을 놓치지 않고 듣는다. 지문 초반부에서 "I'm in charge of booking at Alliance Resort and Spa. ~ you are considering staying at our resort next month(저는 Alliance Resort and Spa의 예약을 담당하고 있습니다. 귀하는 다음 달에 저희 리조트에서 숙박하는 것을 고려 중이시군요)"라고 한 것을 통해, 화자가 리조트에서 예약 등의 고객 서비스를 담당하는 직원임을 알 수 있다. 따라서 (B)가 정답이다.

**02 특정 세부 사항 문제**

해석 화자에 따르면, 주말 저녁에는 무슨 일이 일어나는가?

(A) 공연이 열린다.
(B) 여행이 준비된다.
(C) 스파 할인이 제공된다.
(D) 수영장이 청소된다.

해설 질문의 핵심어구(weekend evenings)와 관련된 내용을 주의 깊게 듣는다. 지문 중반부에서 "a live band performs ~ every Saturday and Sunday evening(라이브 밴드가 매주 토요일과 일요일 저녁에 공연을 합니

다)"라고 하였다. 따라서 (A)가 정답이다.

패러프레이징
a live band performs 라이브 밴드가 공연을 하다 → A performance is given 공연이 열리다

### 03 시각 자료 문제

해석 시각 자료를 보아라. 청자는 어떤 종류의 객실을 고려하고 있는가?
(A) Junior 스위트룸
(B) Superior 스위트룸
(C) Executive 스위트룸
(D) Royal 스위트룸

해설 질문의 핵심어구(room type ~ considering)와 관련된 내용을 주의 깊게 듣는다. 지문 중반부에서 "As for the room you inquired about, it ~ is available during your trip. that particular suite in our most expensive room(문의하신 객실에 관해서는, 그곳은 귀하의 여행 동안에 이용 가능합니다. 그 특정 스위트룸은 저희의 가장 비싼 객실입니다)"이라고 하였으므로, 청자가 숙박 요금이 가장 비싼 객실인 Royal 스위트룸을 고려하고 있음을 시각 자료에서 확인할 수 있다. 따라서 (D)가 정답이다.

**[04-06]** 미국식 발음

Questions 4-6 refer to the following announcement and display case.

Attention, customers. All baked goods in our display case are 50 percent off today! Please note that 04**we have a limited supply of the items on the first shelf**, so you should hurry if you are interested in these. 05**We are holding this special sale in honor of Sweet Treat's second anniversary.** Additionally, 06**anyone who makes a purchase today will get a free plate with our bakery's name and logo.** The cashier will provide you with one at the counter. Thank you.

supply[səplái] 재고, 공급  in honor of ~을 기념하여, 축하하여
anniversary[æn̩əvə́ːrsəri] (몇)주년, 기념일  plate[pleit] 접시
cashier[kæʃíər] 계산원, 점원

해석
4-6은 다음 공지와 진열 선반에 관한 문제입니다.

고객님들께 알립니다. 오늘 저희 진열 선반에 있는 모든 오븐에 구운 제품이 50퍼센트 할인됩니다! 04저희가 첫 번째 칸에 있는 상품들에 대해서는 한정된 재고를 보유하고 있음을 유념해주시고, 이 상품들에 관심이 있으시다면 서두르셔야 합니다. 05저희는 Sweet Treat의 2주년을 기념하여 이 특별 할인 행사를 하고 있습니다. 추가로, 06오늘 구매를 하시는 모든 분들은 저희 빵집의 이름과 로고가 있는 접시를 무료로 받으실 것입니다. 계산원이 계산대에서 그것을 고객님들께 드릴 것입니다. 감사합니다.

| | |
|---|---|
| 네 번째 칸 | 파이 |
| 세 번째 칸 | 쿠키 |
| 두 번째 칸 | 머핀 |
| 첫 번째 칸 | 04케이크 |

### 04 시각 자료 문제

해석 시각 자료를 보아라. 가게는 무엇의 한정된 재고를 보유하고 있는가?
(A) 파이
(B) 쿠키
(C) 머핀
(D) 케이크

해설 질문의 핵심어구(have a limited supply)가 언급된 주변을 주의 깊게 듣는다. 지문 초반부에서 "we have a limited supply of the items on the first shelf(저희가 첫 번째 칸에 있는 상품들에 대해서는 한정된 재고를 보유하고 있습니다)"라고 하였으므로, 진열 선반에서 첫 번째 칸에 있는 케이크의 재고가 한정적임을 시각 자료에서 확인할 수 있다. 따라서 (D)가 정답이다.

### 05 이유 문제

해석 할인 행사는 왜 열리고 있는가?
(A) 휴일을 기념하기 위해
(B) 기념일을 축하하기 위해
(C) 제휴 계약을 홍보하기 위해
(D) 신제품을 출시하기 위해

해설 질문의 핵심어구(sale ~ held)와 관련된 내용을 주의 깊게 듣는다. 지문 중반부에서 "We are holding this special sale in honor of Sweet Treat's second anniversary(저희는 Sweet Treat의 2주년을 기념하여 이 특별 할인 행사를 하고 있습니다)"라고 하였다. 따라서 (B)가 정답이다.

패러프레이징
in honor of ~ second anniversary 2주년을 기념하여 →
To celebrate an anniversary 기념일을 축하하기 위해

어휘 partnership[pɑ́ːrtnərʃip] 제휴 계약, 동업

### 06 특정 세부 사항 문제

해석 각 구매에 무엇이 제공되는가?
(A) 출판물
(B) 접시
(C) 쿠폰
(D) 포스터

해설 질문의 핵심어구(provided with each purchase)와 관련된 내용을 주의 깊게 듣는다. 지문 후반부에서 "anyone who makes a purchase today will get a free plate ~(오늘 구매를 하시는 모든 분들은 접시를 무료로 받으실 것입니다)"라고 하였다. 따라서 (B)가 정답이다.

패러프레이징
plate 접시 → dish 접시

어휘 publication[pʌ̀bləkéiʃən] 출판물, 발행

**[07-09]** 호주식 발음

Questions 7-9 refer to the following talk and graph.

Good morning, everyone. Let's start this business meeting right away. As you know, our Magic cosmetics line has experienced a stunning 10 percent growth in sales since January. Congratulations to everyone and 07**a special thanks to the research team that redeveloped our line of eye shadows to include a wider range of colors.** What is most remarkable is that we did no conventional marketing for this line. 08**What boosted our sales was positive reviews by beauty bloggers.** To take advantage of this success, 09**we're moving up the release date of our new mascara to this summer, in the month that we've traditionally had the most significant decline in sales.**

PART 4

해커스 토익 750+ LC

line[lain] 제품 **stunning**[stʌ́niŋ] 놀랄 만한
**remarkable**[미 rimάːrkəbl, 영 rimάːkəbl] 주목할 만한
**conventional**[kənvénʃənl] 전형적인 **boost**[buːst] 신장시키다
**take advantage of** ~을 기회로 이용하다, ~을 이용하다 **move up** 앞당기다
**release**[rilíːs] 출시; 출시하다 **traditionally**[trədíʃənəli] 통상적으로
**significant**[signífikənt] 현저한, 상당한

해석

7-9는 다음 담화와 그래프에 관한 문제입니다.

안녕하세요, 여러분. 이 업무 회의를 바로 시작합시다. 여러분이 아시다시피, 우리의 Magic 화장품 제품은 1월 이후로 10퍼센트의 놀랄 만한 매출 성장을 겪었습니다. 모두들 축하드리며 ⁰⁷우리의 아이섀도 제품이 더욱 다양한 색상을 포함하도록 재개발한 연구팀에게 특히 감사드립니다. 가장 주목할 만한 점은 우리가 이 제품을 위해 어떤 전형적인 마케팅도 하지 않았다는 것입니다. ⁰⁸우리의 매출을 신장시켰던 것은 미용 관련 블로거들의 긍정적인 후기였습니다. 이 성공을 기회로 이용하기 위해, ⁰⁹우리는 새로운 마스카라의 출시 일자를 이번 여름, 우리가 통상적으로 가장 현저한 매출 감소를 보여온 달로 앞당길 것입니다.

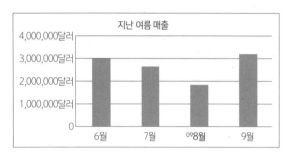

지난 여름 매출 (6월, 7월, ⁰⁹8월, 9월)

## 07 이유 문제

해석 화자는 왜 연구팀에 감사하는가?
(A) 생산 공정을 개발했다.
(B) 교육 프로그램을 만들었다.
(C) 고객 설문 조사를 실시했다.
(D) 제품을 향상시켰다.

해설 질문의 핵심어구(thank the research team)와 관련된 내용을 주의 깊게 듣는다. 지문 중반부에서 "a special thanks to the research team that redeveloped our line of eye shadows to include a wider range of colors(우리의 아이섀도 제품이 더욱 다양한 색상을 포함하도록 재개발한 연구팀에게 특히 감사드립니다)"라고 하였다. 따라서 (D)가 정답이다.

어휘 process[prάːses] 공정, 과정 conduct[kəndʌ́kt] 실시하다

## 08 특정 세부 사항 문제

해석 화자에 따르면, 무엇이 매출이 증가하도록 야기했는가?
(A) 판매 행사
(B) 온라인에서의 의견
(C) 잡지 기사
(D) 텔레비전 광고

해설 질문의 핵심어구(caused sales to increase)와 관련된 내용을 주의 깊게 듣는다. 지문 중반부에서 "What boosted our sales was positive reviews by beauty bloggers(우리의 매출을 신장시켰던 것은 미용 관련 블로거들의 긍정적인 후기였습니다)"라고 하였다. 따라서 (B)가 정답이다.

패러프레이징
caused sales to increase 매출이 증가하도록 야기했다 → boosted ~ sales 매출을 신장시켰다
reviews by ~ bloggers 블로거들의 후기 → Online feedback 온라인에서의 의견

## 09 시각 자료 문제

해석 시각 자료를 보아라. 새로운 마스카라는 언제 출시될 것인가?
(A) 6월에
(B) 7월에
(C) 8월에
(D) 9월에

해설 질문의 핵심어구(new mascara)가 언급된 주변을 주의 깊게 듣는다. 지문 후반부에서 "we're moving up the release date of our new mascara to this summer, in the month that we've traditionally had the most significant decline in sales(우리는 새로운 마스카라의 출시 일자를 이번 여름, 우리가 통상적으로 가장 현저한 매출 감소를 보여온 달로 앞당길 것입니다)"라고 하였으므로, 매출이 가장 현저한 감소를 보이는 8월에 새로운 마스카라가 출시될 것임을 시각 자료에서 확인할 수 있다. 따라서 (C)가 정답이다.

## [10-12] 🔊 영국식 발음

Questions 10-12 refer to the following excerpt from a meeting and pie chart.

As you all know, the pop band ¹⁰**TFG is extremely popular throughout Asia. The group is currently on tour in the largest music market in the region.** ¹¹**This week, our record label is going to broadcast a series of advertisements for the first time** to promote the tour. We expect this to considerably increase ticket sales. Finally, five or six days from now, ¹²**we'll be releasing the band's newest single. I'll play it for you now.**

**extremely**[ikstríːmli] 대단히, 매우 **tour**[tuər] 순회공연, 관광
**record label** 음반 회사 **promote**[prəmóut] 홍보하다, 촉진하다
**considerably**[kənsídərəbli] 상당히

해석
10-12는 다음 회의 발췌록과 원그래프에 관한 문제입니다.

여러분 모두가 아시다시피, 팝 밴드 ¹⁰TFG는 아시아 전역에서 대단히 인기가 많습니다. 이 그룹은 현재 그 지역의 가장 큰 음악 시장에서 순회공연 중입니다. ¹¹이번 주에, 우리 음반 회사는 순회공연을 홍보하기 위해 처음으로 광고 시리즈를 방영할 것입니다. 우리는 이것이 티켓 판매를 상당히 증가시킬 것이라 기대합니다. 마지막으로, 지금으로부터 5일 혹은 6일 후에 ¹²우리는 그 밴드의 최신 싱글 앨범을 발매할 것입니다. 여러분들을 위해 지금 그것을 들려드리겠습니다.

아시아 음악 시장
인도네시아 16%
대한민국 22%
¹⁰중국 34%
일본 28%

## 10 시각 자료 문제

해석 시각 자료를 보아라. TFG가 현재 어느 나라에서 순회공연 중인가?
(A) 중국
(B) 일본
(C) 대한민국
(D) 인도네시아

해설 질문의 핵심어구(TFG currently on tour in)가 언급된 주변을 주의 깊게 듣는다. 지문 초반부에서 "TFG is extremely popular throughout

Asia. The group is currently on tour in the largest music market in the region(TFG는 아시아 전역에서 대단히 인기가 많습니다. 이 그룹은 현재 그 지역의 가장 큰 음악 시장에서 순회공연 중입니다)"이라고 하였으므로, TFG가 현재 아시아에서 가장 큰 음악 시장인 중국에서 순회공연 중임을 시각 자료에서 확인할 수 있다. 따라서 (A)가 정답이다.

**11** 특정 세부 사항 문제

해석 화자는 회사가 이번 주에 무엇을 할 것이라고 말하는가?
(A) 몇몇 광고들을 시작한다.
(B) 새로운 밴드 매니저를 고용한다.
(C) 자선 콘서트를 후원한다.
(D) 직원들을 위한 표를 입수한다.

해설 질문의 핵심어구(this week)가 언급된 주변을 주의 깊게 듣는다. 지문 중반부에서 "This week, our record label is going to broadcast a series of advertisements for the first time(이번 주에, 우리 음반 회사는 처음으로 광고 시리즈를 방영할 것입니다)"이라고 하였다. 따라서 (A)가 정답이다.

패러프레이징
advertisements 광고 → commercials 광고

어휘 launch[lɔːntʃ] 시작하다, 출시하다 hire[haiər] 고용하다, 빌리다 sponsor[spάnsər] 후원하다, 지지하다 acquire[əkwáiər] 입수하다, 획득하다

**12** 다음에 할 일 문제

해석 청자들은 다음에 무엇을 할 것 같은가?
(A) 유인물을 읽는다.
(B) 몇몇 의견들을 나눈다.
(C) 노래를 듣는다.
(D) 그룹으로 나뉜다.

해설 지문의 마지막 부분을 주의 깊게 듣는다. 지문 후반부에서 "we'll be releasing the band's newest single. I'll play it for you now(우리는 그 밴드의 최신 싱글 앨범을 발매할 것입니다. 여러분들을 위해 지금 그것을 들려드리겠습니다)"라고 하였다. 이를 통해, 청자들이 노래를 들을 것임을 알 수 있다. 따라서 (C)가 정답이다.

어휘 handout[hǽndaut] 유인물, 인쇄물 split up 나뉘다, 갈라지다

**[13-15]** 🎧 캐나다식 발음

Questions 13-15 refer to the following telephone message and list.

This is Leonard Freeman from Courier Express. ¹³**I'm returning your call about sending a box of documents from Toronto to Philadelphia. You asked whether we could collect the container on Saturday morning.** ¹⁴**A weekend pickup is possible, but you'll have to pay an extra charge of $19.** In response to your second question, we offer a number of shipping services, and this information is available on our Web site. ¹⁵**Seeing as you requested that the box arrive in the afternoon on the same day, there's only one option available to you.** Please call me back if you require any further assistance.

---

container[kəntéinər] 상자, 용기 charge[tʃɑːrdʒ] 비용 seeing as ~인 것으로 보아 option[άpʃən] 선택(권) assistance[əsístəns] 도움

해석
13-15는 다음 음성 메시지와 목록에 관한 문제입니다.

Courier Express사의 Leonard Freeman입니다. ¹³서류 한 상자를 토론토에서 필라델피아로 보내는 것에 대한 귀하의 전화에 회신드립니다. 저희가 토요일

아침에 상자를 가지러 올 수 있는지 물어보셨더군요. ¹⁴주말 수거도 가능합니다만, 추가 비용으로 19달러를 내셔야 합니다. 귀하의 두 번째 질문에 답변드리자면, 저희는 여러 운송 서비스를 제공하며 이 정보는 저희 웹사이트에서 이용 가능합니다. ¹⁵귀하께서 그 상자가 당일 오후에 도착하도록 요청하셨던 것으로 보아, 이용하실 수 있는 선택권은 한 가지뿐입니다. 추가적인 도움이 필요하시면 제게 다시 전화 주십시오.

| 서비스 | 운송 기간 |
| --- | --- |
| Standard | 영업일 기준 3일 |
| Express | 영업일 기준 2일 |
| Priority | 익일 |
| ¹⁵Priority Plus | 당일 |

**13** 목적 문제

해석 화자는 왜 전화를 하고 있는가?
(A) 배송 목적지를 확인하기 위해
(B) 운송에 대한 질문에 답하기 위해
(C) 수거 서비스를 취소하기 위해
(D) 정책 변경을 설명하기 위해

해설 전화의 목적을 묻는 문제이므로, 지문의 초반을 반드시 듣는다. "I'm returning your call about sending a box of documents ~. You asked whether we could collect the container on Saturday morning(서류 한 상자를 보내는 것에 대한 귀하의 전화에 회신드립니다. 저희가 토요일 아침에 상자를 가지러 올 수 있는지 물어보셨더군요)"이라고 하였다. 따라서 (B)가 정답이다.

패러프레이징
sending 보내는 것 → shipping 운송

어휘 destination[dèstənéiʃən] 목적지 policy[pάːləsi] 정책

**14** 특정 세부 사항 문제

해석 청자는 주말 수거를 접수하기 위해 무엇을 해야 하는가?
(A) 온라인으로 신청서를 제출한다.
(B) 배달원에게 직접 전화한다.
(C) 추가 요금을 지불한다.
(D) 도심의 사무실에 방문한다.

해설 질문의 핵심어구(a weekend pickup)가 언급된 주변을 주의 깊게 듣는다. 지문 중반부에서 "A weekend pickup is possible, but you'll have to pay an extra charge of $19(주말 수거도 가능합니다만, 추가 비용으로 19달러를 내셔야 합니다)"라고 하였다. 따라서 (C)가 정답이다.

패러프레이징
extra charge 추가 비용 → additional fee 추가 요금

어휘 submit[səbmít] 제출하다 courier[kə́riər] 배달원

**15** 시각 자료 문제

해석 시각 자료를 보아라. 청자는 어떤 서비스를 이용할 것 같은가?
(A) Standard
(B) Express
(C) Priority
(D) Priority Plus

해설 질문의 핵심어구(service ~ use)와 관련된 내용을 주의 깊게 듣는다. 지문 후반부에서 "Seeing as you requested that the box arrive ~ on the same day, there's only one option available to you(귀하께서 그 상자가 당일에 도착하도록 요청하셨던 것으로 보아, 이용하실 수 있는 선택권은 한 가지뿐입니다)"라고 하였으므로, 청자가 당일에 운송되는 Priority Plus를 이용할 것임을 시각 자료에서 확인할 수 있다. 따라서 (D)가 정답이다.

Questions 16-18 refer to the following announcement and floor plan.

---

<sup>16</sup>**This announcement is for travelers taking Flight 309 to Mumbai, India.** There has been an unexpected change to your itinerary. At the moment, <sup>17</sup>**the boarding bridge at your original gate is experiencing a mechanical malfunction**. We apologize for this. Maintenance crews plan to have the bridge repaired within 30 minutes. However, it is unlikely that the problem will be resolved before your plane's scheduled takeoff time of 2:45 P.M. Consequently, <sup>18</sup>**passengers of Flight 309 have been assigned a new departure gate. It is located right next to the lounge.** We appreciate your understanding.

---

itinerary[미 aitínərèri, 영 aitínərəri] 여행 일정
boarding bridge 항공기 탑승교
malfunction[mӕlfʎŋkʃən] 고장; 제대로 작동하지 않다
maintenance[méintənəns] 정비, 보수   resolve[미 rizáːlv, 영 rizɔ́lv] 해결하다
takeoff[téikɔ̀ːf] 이륙   assign[əsáin] 배정하다, 맡기다

해석
16-18은 다음 공지와 평면도에 관한 문제입니다.

<sup>16</sup>인도 뭄바이행 309 항공편에 탑승하는 승객분들께 알려드립니다. 여러분들의 여행 일정에 예기치 않은 변경이 있었습니다. 지금, <sup>17</sup>기존 탑승구의 항공기 탑승교에 기계상의 고장이 있습니다. 이것에 대해 사과드립니다. 정비 팀원들이 30분 내에 그 탑승교를 수리할 예정입니다. 하지만, 여러분의 예정된 비행기 이륙 시간인 오후 2시 45분 전에 그 문제가 해결될 것 같지는 않습니다. 따라서, <sup>18</sup>309 항공편 승객분들께 새로운 출발 탑승구가 배정되었습니다. 그것은 라운지 바로 옆에 위치해 있습니다. 양해해 주셔서 감사합니다.

**16** 청자 문제

해석 청자들은 누구일 것 같은가?
　　(A) 구급 요원들
　　(B) 정비 직원들
　　(C) 항공사 승객들
　　(D) 매표 직원들

해설 지문에서 신분 및 직업과 관련된 표현을 놓치지 않고 듣는다. 지문 초반부에서 "This announcement is for travelers taking Flight 309 to Mumbai, India(인도 뭄바이행 309 항공편에 탑승하는 승객분들께 알려드립니다)"라고 한 것을 통해, 청자들이 비행기에 탑승하는 승객들임을 알 수 있다. 따라서 (C)가 정답이다.
　　패러프레이징
　　travelers 승객들 → passengers 승객들

**17** 특정 세부 사항 문제

해석 화자는 무슨 문제를 언급하는가?
　　(A) 서비스가 이용 불가능하다.
　　(B) 항공편이 지연되었다.
　　(C) 기계가 제대로 작동하지 않는다.
　　(D) 라운지에 들어갈 수 없다.

해설 질문의 핵심어구(problem)와 관련된 내용을 주의 깊게 듣는다. 지문 초반부에서 "the boarding bridge at your original gate is experiencing a mechanical malfunction(기존 탑승구의 항공기 탑승교에 기계상의 고장이 있습니다)"이라고 하였다. 따라서 (C)가 정답이다.
　　패러프레이징
　　mechanical malfunction 기계상의 고장 → A machine has malfunctioned 기계가 제대로 작동하지 않다

**18** 시각 자료 문제

해석 시각 자료를 보아라. 309 항공편 탑승구는 어느 곳이 될 것인가?
　　(A) 21번 탑승구
　　(B) 22번 탑승구
　　(C) 23번 탑승구
　　(D) 24번 탑승구

해설 질문의 핵심어구(Flight 309)가 언급된 주변을 주의 깊게 듣는다. 지문 후반부에서 "passengers of Flight 309 have been assigned a new departure gate. It is located right next to the lounge(309 항공편 승객분들께 새로운 출발 탑승구가 배정되었습니다. 그것은 라운지 바로 옆에 위치해 있습니다)"라고 하였으므로, 309 항공편 탑승구는 라운지 바로 옆인 22번 탑승구임을 시각 자료에서 확인할 수 있다. 따라서 (B)가 정답이다.

Questions 19-21 refer to the following talk and map.

---

As I'm sure most of you know, our business has been doing very well lately. In fact, <sup>19</sup>**our agents sold 30 percent more residential properties this year than last year.** As a result, <sup>20</sup>**we will be relocating to a larger office next month.** Um, the building is actually quite close to here. <sup>20</sup>**It's on Ridge Street, just across the street from the Plaza Subway Station.** Oh, one more thing . . . <sup>21</sup>**The new building has a fitness center on the main floor. If any of our staff members decide to join it, the company will pay the membership fees.** This benefit is being offered as a reward for all your hard work.

---

agent[éidʒənt] 중개인, 대리인   residential[rèzədénʃəl] 주거의, 주택에 알맞은
relocate[riːlóukeit] 이전하다, 이동하다   benefit[bénəfit] 혜택, 이득
reward[riwɔ́ːrd] 보상

해석
19-21은 다음 담화와 지도에 관한 문제입니다.

여러분 대부분이 아실 것이라고 확신하는데, 우리 사업이 최근에 아주 잘 되어가고 있습니다. 실제로, <sup>19</sup>우리 중개인들이 지난해보다 올해에 30퍼센트 더 많은 주거용 건물들을 팔았습니다. 그 결과, <sup>20</sup>우리는 다음 달에 더 넓은 사무실로 이전할 것입니다. 음, 그 건물은 사실 여기서 꽤 가깝습니다. <sup>20</sup>그곳은 Ridge가에 있고, Plaza 지하철역 바로 길 건너편에 있습니다. 아, 한 가지 더 있습니다… <sup>21</sup>새 건물은 1층에 헬스클럽이 있습니다. 만약 우리 직원들 중 누구든지 등록하기로 결정하면, 회사가 회비를 지불할 것입니다. 이 혜택은 여러분 모두의 노고에 대한 보상으로 제공됩니다.

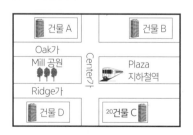

### 19 화자 문제

해석 화자는 어디에서 일하는 것 같은가?
(A) 금융 서비스 회사에서
(B) 마케팅 회사에서
(C) 부동산 중개업소에서
(D) 법률 사무소에서

해설 지문에서 신분 및 직업과 관련된 표현을 놓치지 않고 듣는다. 지문 초반부에서 "our agents sold 30 percent more residential properties this year than last year(우리 중개인들이 지난해보다 올해에 30퍼센트 더 많은 주거용 건물들을 팔았습니다)"라고 한 것을 통해, 화자가 주거용 건물을 파는 부동산 중개업소에서 일한다는 것을 알 수 있다. 따라서 (C)가 정답이다.

어휘 financial[fainǽnʃəl] 금융의, 재정의

### 20 시각 자료 문제

해석 시각 자료를 보아라. 사업체는 어느 건물로 이전할 것인가?
(A) 건물 A
(B) 건물 B
(C) 건물 C
(D) 건물 D

해설 질문의 핵심어구(building ~ business relocate)와 관련된 내용을 주의 깊게 듣는다. 지문 중반부에서 "we will be relocating to a larger office next month(우리는 다음 달에 더 넓은 사무실로 이전할 것입니다)"라고 하면서 "It's on Ridge Street, just across the street from the Plaza Subway Station(그곳은 Ridge가에 있고, Plaza 지하철역 바로 길 건너편에 있습니다)"이라고 한 것을 통해, 사업체가 Ridge가에 있으면서 Plaza 지하철역 바로 길 건너편에 있는 건물 C로 이전할 것임을 시각 자료에서 확인할 수 있다. 따라서 (C)가 정답이다.

### 21 특정 세부 사항 문제

해석 어떤 혜택이 직원들에게 제공될 것인가?
(A) 체육관 회원권
(B) 건강 보험
(C) 연례 보너스
(D) 휴가

해설 질문의 핵심어구(benefit ~ offered to staff members)와 관련된 내용을 주의 깊게 듣는다. 지문 후반부에서 "The new building has a fitness center ~. If any of our staff members decide to join it, the company will pay the membership fees(새 건물은 헬스클럽이 있습니다. 만약 우리 직원들 중 누구든지 등록하기로 결정하면, 회사가 회비를 지불할 것입니다)"라고 하였다. 따라서 (A)가 정답이다.

패러프레이징
fitness center 헬스클럽 → Gym 체육관

어휘 health insurance 건강 보험

### [22-24] 🔊 캐나다식 발음

Questions 22-24 refer to the following talk and Web page.

> ²²**One last thing I'd like to discuss before we wrap up the meeting today . . .** We have to replace our graphic design team's computer monitors. This needs to be done soon because ²³**the team has a major project starting early next month.** ²⁴**The graphic designers will need a wireless model. And when I spoke to the team leader earlier, she said that they require 28-inch monitors.** I looked online, and there is only one model that is suitable. I'll contact some suppliers later today.

discuss[diskʌ́s] 논의하다  wrap up 마무리하다  ○

replace[ripléis] 교체하다, 대체하다  wireless[wáiərlis] 무선의
suitable[súːtəbl] 알맞은, 적합한  supplier[səpláiər] 공급업체, 공급자

해석
22-24는 다음 담화와 웹페이지에 관한 문제입니다.

²²오늘 회의를 마무리하기 전에 제가 논의하고 싶은 마지막 한 가지가 있습니다… 우리는 그래픽 디자인팀의 컴퓨터 모니터를 교체해야 합니다. ²³그 팀이 다음 달 초에 시작하는 중요한 프로젝트가 있기 때문에 이것은 빨리 완료되어야 합니다. ²⁴그래픽 디자이너들은 무선 모델을 필요로 할 것입니다. 그리고 제가 이전에 그 팀장과 이야기했을 때, 그녀는 그들이 28인치 모니터를 필요로 한다고 했습니다. 제가 온라인에서 찾아보니, 알맞은 모델이 딱 하나가 있습니다. 제가 오늘 늦게 몇몇 공급업체들에 연락해 보겠습니다.

| www.skyelectronics.com/monitors | | | |
|---|---|---|---|
| 모델 | 유선 | 무선 | 크기 |
| Konon SD7 | O | | 26인치 |
| Pace XL | | O | 26인치 |
| Modo 400S | O | | 28인치 |
| ²⁴Vision CD | | O | 28인치 |

### 22 장소 문제

해석 담화는 어디에서 일어나는 것 같은가?
(A) 전자기기 상점에서
(B) 회의실에서
(C) 휴게실에서
(D) 제조 공장에서

해설 장소와 관련된 표현을 놓치지 않고 듣는다. 지문 초반부에서 "One last thing I'd like to discuss before we wrap up the meeting today(오늘 회의를 마무리하기 전에 제가 논의하고 싶은 마지막 한 가지가 있습니다)"라고 한 것을 통해, 담화가 회의실에서 일어나고 있음을 알 수 있다. 따라서 (B)가 정답이다.

어휘 electronics[ilektrániks] 전자기기  plant[plænt] 공장

### 23 언급 문제

해석 화자는 그래픽 디자인팀에 대해 무엇을 말하는가?
(A) 다양한 기기들을 검사할 것이다.
(B) 새로운 관리자를 맞이할 것이다.
(C) 중요한 프로젝트를 시작할 것이다.
(D) 다른 사무실로 옮겨갈 것이다.

해설 질문의 핵심어구(graphic design team)와 관련된 내용을 주의 깊게 듣는다. 지문 중반부에서 "the team[graphic design team] has a major project starting early next month(그 팀[그래픽 디자인팀]이 다음 달 초에 시작하는 중요한 프로젝트가 있습니다)"라고 하였다. 따라서 (C)가 정답이다.

패러프레이징
major 중요한 → important 중요한

어휘 device[diváis] 기기, 장치

### 24 시각 자료 문제

해석 시각 자료를 보아라. 화자는 어떤 기기를 주문할 것 같은가?
(A) Konon SD7
(B) Pace XL
(C) Modo 400S
(D) Vision CD

해설 질문의 핵심어구(device ~ order)와 관련된 내용을 주의 깊게 듣는다. 지문 중후반부에서 "The graphic designers will need a wireless model. And when I spoke to the team leader earlier, she said that they require 28-inch monitors(그래픽 디자이너들은 무선 모델을 필요로 할 것입니다. 그리고 제가 이전에 그 팀장과 이야기했을 때, 그녀는 그들이 28인치 모니터를 필요로 한다고 했습니다)"라고 하였으므로, 화자가 무선이고 크기가 28인치인 Vision CD를 주문할 것임을 시각 자료에서 확인할 수 있다. 따라서 (D)가 정답이다.

**[25-27]** 🔊 호주식 발음

Questions 25-27 refer to the following telephone message and coupon.

---

Kendra, this is Chris Bloom from the sales department. My manager informed me that you handle departmental purchases now, and ²⁵**I want to put in a request for a new chair for my workspace—the Grundy A329**, which is manufactured by Bernay Incorporated. ²⁶**The product costs $220, but I've got a coupon** for Office Warehouse, the store we usually buy supplies from. I'd drop it off at your office, but I'm really busy with work today. So, ²⁷**I recommend having your assistant come to my office to pick it up before you make the purchase.** Thanks!

---

**handle**[hǽndl] 처리하다
**departmental**[미 dìpɑːrtméntl, 영 dìːpɑːtméntl] 부서의
**manufacture**[미 mænjufǽktʃər, 영 mænjəfǽktʃə] 제작하다, 생산하다

해석
25-27은 다음 음성 메시지와 쿠폰에 관한 문제입니다.

Kendra, 저는 영업부의 Chris Bloom입니다. 제 부장님께서 현재 당신이 부서의 구매를 처리한다고 알려주셨는데, ²⁵저는 제 업무 공간을 위한 새 의자를 Bernay 사에서 제작된 Grundy A329로 신청하고 싶습니다. ²⁶그 제품은 220달러이지만, 보통 우리가 물품들을 구매하는 상점인 Office Warehouse의 쿠폰이 제게 있습니다. 이것을 당신의 사무실에 가져다 놓고 싶지만, 제가 오늘 업무로 인해 매우 바쁩니다. 그래서 ²⁷당신이 구매하기 전에 당신의 비서가 제 사무실로 와서 그것을 가져가도록 하는 것을 제안드립니다. 감사합니다!

| Office Warehouse 쿠폰 | |
|---|---|
| 10달러 할인<br>100달러 넘게 구매 시 | ²⁶20달러 할인<br>200달러 넘게 구매 시 |
| 30달러 할인<br>300달러 넘게 구매 시 | 40달러 할인<br>400달러 넘게 구매 시 |

**25 특정 세부 사항 문제**

해석 Grundy A329는 어떤 종류의 제품인가?
(A) 책장
(B) 책상
(C) 벤치
(D) 의자

해설 질문의 핵심어구(Grundy A329)가 언급된 주변을 주의 깊게 듣는다. 지문 초반부에서 "I want to put in a request for a new chair for my workspace—the Grundy A329(저는 제 업무 공간을 위한 새 의자를 Grundy A329로 신청하고 싶습니다)"이라고 하였다. 따라서 (D)가 정답이다.

**26 시각 자료 문제**

해석 시각 자료를 보아라. 얼마의 할인을 받게 될 것인가?
(A) 10달러
(B) 20달러
(C) 30달러
(D) 40달러

해설 질문의 핵심어구(discount ~ received)와 관련된 내용을 주의 깊게 듣는다. 지문 중반부에서 "The product costs $220, but I've got a coupon(그 제품은 220달러이지만, 쿠폰이 제게 있습니다)"이라고 하였으므로, 200달러 넘게 구매 시 적용되는 20달러 할인을 받게 될 것임을 시각 자료에서 확인할 수 있다. 따라서 (B)가 정답이다.

**27 제안 문제**

해석 화자는 무엇을 제안하는가?
(A) 온라인에서 제품 후기 찾아보기
(B) 웹사이트에서 쿠폰 내려받기
(C) 직원을 사무실로 보내기
(D) 직접 소매 판매점에 가기

해설 지문 중후반에서 제안과 관련된 표현이 포함된 문장을 주의 깊게 듣는다. "I recommend having your assistant come to my office to pick it up before you make the purchase(당신이 구매하기 전에 당신의 비서가 제 사무실로 와서 그것을 가져가도록 하는 것을 제안드립니다)"라고 하였다. 따라서 (C)가 정답이다.

패러프레이징
having ~ assistant come to ~ office 비서가 사무실로 오게 하기 → Sending an employee to an office 직원을 사무실로 보내기

어휘 **look up** ~을 찾아보다  **in person** 직접

**[28-30]** 🔊 영국식 발음

Questions 28-30 refer to the following talk and program.

---

Welcome to the online marketing workshop hosted by the Corporate Training Institute. I have a few things to go over before we start today. First, ²⁸**please check the updated schedule that I handed out**. You'll see that today's workshop sessions have all been moved to the classrooms on the second floor. Um, ²⁹**we replaced the wallpaper and flooring in the rooms on the first floor last week** and haven't had time to set up the furniture and equipment. The other thing I wanted to mention is that ³⁰**there will be a Q&A session at the end of the day. It will be held in the same room as the second workshop.** Does anyone have any questions?

---

**host**[houst] (행사를) 주최하다  **go over** 살펴보다
**hand out** 나누어 주다  **session**[séʃən] 수업, 시간
**wallpaper**[미 wɔ́ːlpèipər, 영 wɔ́ːlpèipə] 벽지  **flooring**[flɔ́ːriŋ] 바닥재

해석
28-30은 다음 담화와 일정표에 관한 문제입니다.

기업 교육 협회에 의해 주최되는 온라인 마케팅 워크숍에 오신 것을 환영합니다. 오늘 시작하기 전에 몇 가지 살펴볼 것이 있습니다. 먼저, ²⁸제가 나누어드린 최신 일정표를 확인해 주세요. 오늘 워크숍 수업들이 모두 2층의 강의실들로 옮겨졌음을 아실 겁니다. 음, ²⁹저희가 지난주에 1층 강의실들의 벽지와 바닥재를 교체했는데 가구와 장비를 설치할 시간이 없었습니다. 제가 언급하고 싶었던 다른 한 가지는 ³⁰오늘 마지막에 질의응답 시간이 있을 것이라는 점입니다. ³⁰그것은 두 번째 워크숍과 같은 강의실에서 열릴 것입니다. 질문 있으신 분 있나요?

| 변경된 시간표 | | |
|---|---|---|
| 워크숍 수업 | 시작 시간 | 강의실 |
| 사회 연결망 | 오전 9시 | 202호 |
| 쌍방향 미디어 | 오전 11시 | [30]203호 |
| 디지털 경향 | 오후 1시 | 204호 |
| 모바일 앱 | 오후 3시 | 205호 |

**28** 요청 문제

해석 화자는 청자들에게 무엇을 하라고 요청하는가?
(A) 문서를 확인한다.
(B) 다른 강의실로 이동한다.
(C) 정보를 적는다.
(D) 일정표를 업데이트한다.

해설 요청과 관련된 표현이 포함된 문장을 주의 깊게 듣는다. 지문 초반부에서 "please check the updated schedule that I handed out(제가 나눠드린 최신 일정표를 확인해 주세요)"이라고 하였다. 따라서 (A)가 정답이다.

패러프레이징
schedule 일정표 → document 문서

**29** 특정 세부 사항 문제

해석 기업 교육 협회는 최근에 무엇을 했는가?
(A) 새로운 장소로 이전했다.
(B) 추가 강사들을 고용했다.
(C) 몇몇 강의실들을 보수했다.
(D) 웹사이트를 개설했다.

해설 질문의 핵심어구(Corporate Training Institute recently do)와 관련된 내용을 주의 깊게 듣는다. 지문 중반부에서 "we[Corporate Training Institute] replaced the wallpaper and flooring in the rooms ~ last week(저희[기업 교육 협회]가 지난주에 강의실들의 벽지와 바닥재를 교체했습니다)"이라고 하였다. 따라서 (C)가 정답이다.

패러프레이징
replaced the wallpaper and flooring in the rooms 강의실들의 벽지와 바닥재를 교체했다 → renovated some classrooms 몇몇 강의실들을 보수했다

어휘 renovate[rénəvèit] 보수하다　launch[lɔ:ntʃ] 개설하다, 시작하다

**30** 시각 자료 문제

해석 시각 자료를 보아라. 질의응답 시간은 어디에서 열릴 것인가?
(A) 202호
(B) 203호
(C) 204호
(D) 205호

해설 질문의 핵심어구(Q&A session be held)가 언급된 주변을 주의 깊게 듣는다. 지문 후반부에서 "there will be a Q&A session at the end of the day. It will be held in the same room as the second workshop(오늘 마지막에 질의응답 시간이 있을 것입니다. 그것은 두 번째 워크숍과 같은 강의실에서 열릴 것입니다)"이라고 하였으므로, 질의응답 시간이 두 번째 워크숍 수업인 쌍방향 미디어 수업과 같은 강의실인 203호에서 열릴 것임을 시각 자료에서 확인할 수 있다. 따라서 (B)가 정답이다.

## HACKERS **PRACTICE**　　　　　　　p. 184

| 01 (A) | 02 (B) | 03 (A) | 04 (A) | 05 (B) |
|---|---|---|---|---|
| 06 (A) | | | | |

**[01-03]** 🔊 미국식 발음 / 영국식 발음

Questions 1-3 refer to the following telephone message.

> Hi, Danielle. This is Rupa Singh in the features department. I was wondering if you have some time this afternoon to edit my article on urban development for our upcoming issue. I am leaving for a vacation tomorrow morning and would like to have everything finished by the end of today. I will go ahead and e-mail you the article now. Just let me know whether or not you will be able to do it. Thanks.
>
> feature[미 fí:tʃər, 영 fí:tʃə] 특집 기사　issue[íʃu:] (정기 간행물의) 호

해석
1-3은 다음 음성 메시지에 관한 문제입니다.

안녕하세요, Danielle. 특집 기사 부서의 Rupa Singh입니다. 혹시 오늘 오후에 다음 호에 수록될 도시 개발에 관한 제 기사를 편집해 주실 시간이 되실지 궁금합니다. 제가 내일 아침에 휴가를 떠날 예정이라 오늘 안으로 모든 것이 마무리되었으면 합니다. 제가 지금 그 기사를 이메일로 보내드리겠습니다. 이 일을 하실 수 있을지의 여부만 제게 알려주시기 바랍니다. 감사합니다.

**01** 화자 문제
화자는 누구인 것 같은가?
(A) 기자
(B) 디자이너

**02** 목적 문제
메시지의 목적은 무엇인가?
(A) 마감 기한을 늦추기 위해
(B) 도움을 요청하기 위해

**03** 특정 세부 사항 문제
화자는 무엇을 할 것이라고 말하는가?
(A) 기사를 보낸다.
(B) 약속 일정을 변경한다.

**[04-06]** 🔊 캐나다식 발음 / 영국식 발음

Questions 4-6 refer to the following traffic report.

> Good morning. You are listening to WKRG 101 in New York. On Fields Avenue going south, there is a lot of traffic due to road construction. The east lane has been closed to vehicles. Motorists are advised to take Bayview Avenue as an alternate route. Also, the Summer Jazz Festival will be held in Hillside Park on Fifth Street today. People driving in the area should expect delays throughout the afternoon and evening. Thank you for listening. We will now have a short message from our sponsors.
>
> alternate route 우회로

PART 4

해커스 토익 750+ LC

해석

4-6은 다음 교통 보도에 관한 문제입니다.

안녕하세요. 여러분께서는 뉴욕의 WKRG 101을 듣고 계십니다. 남쪽으로 향하는 Fields가에는 도로 공사로 인해 교통량이 많습니다. 동쪽 차선은 차량 통행이 폐쇄되었습니다. 운전자들은 Bayview가를 우회로로 이용하도록 권장됩니다. 또한, 오늘 5번가의 Hillside 공원에서 여름 재즈 축제가 열릴 것입니다. 그 지역을 운전하시는 분들께서는 오후와 저녁 내내 지체를 예상하셔야겠습니다. 청취해주셔서 감사합니다. 이제 광고주들로부터의 짧은 광고 방송이 있겠습니다.

## 04 이유 문제

보도에 따르면, Fields가의 교통 체증의 원인은 무엇인가?

(A) 도로 공사
(B) 예상치 못한 폭풍

## 05 제안 문제

청자들은 무엇을 하도록 권고받는가?

(A) 최신 정보들을 확인한다.
(B) 다른 도로를 이용한다.

## 06 특정 세부 사항 문제

Hillside 공원에서 오늘 무슨 일이 일어날 것인가?

(A) 음악 축제
(B) 스포츠 경기

## HACKERS TEST

| 01 (C) | 02 (D) | 03 (A) | 04 (A) | 05 (B) |
| 06 (B) | 07 (D) | 08 (B) | 09 (A) | 10 (B) |
| 11 (B) | 12 (C) | 13 (B) | 14 (D) | 15 (B) |
| 16 (C) | 17 (A) | 18 (A) | 19 (A) | 20 (D) |
| 21 (B) | 22 (B) | 23 (A) | 24 (B) | 25 (B) |
| 26 (A) | 27 (C) | 28 (C) | 29 (D) | 30 (C) |

[01-03] 🎧 호주식 발음

Questions 1-3 refer to the following telephone message.

Hi, Mia. It's Colin Stiller. As you know, the human resources department is planning to have an outing during the second week of August: a picnic at Drew Beach. **01I'm calling to find out who among your team is interested in joining. 02Once I know the number of attendees, I'll book the necessary transportation**—probably some shuttle buses. It'd be great if you could inform me by this afternoon. Just note that you'll have to contact me on my cell phone. **03The newly installed telephone in my office** isn't working for some reason.

---

outing[áutiŋ] 야유회  attendee[ətèndíː] 참석자
inform[미 infɔ́ːrm, 영 infɔ́ːm] 알리다  install[instɔ́ːl] 설치하다

해석

1-3은 다음 음성 메시지에 관한 문제입니다.

안녕하세요, Mia. Colin Stiller입니다. 아시다시피, 인사부는 8월 둘째 주 동안 야유회로 Drew 해변으로 소풍을 가는 것을 계획하고 있습니다. 01당신의 팀 중에서 누가 참여하는 것에 관심이 있는지 알아보기 위해 전화드립니다. 02제가 참석자 수를 알게 되는 대로 필요한 교통편, 아마도 셔틀버스 몇 대를 예약할 것입니다. 저에게 오늘 오후까지 알려주실 수 있다면 좋겠습니다. 당신이 제 휴대전화로 연락하셔야 할 것임을 유의해주십시오. 03제 사무실에 새로 설치된 전화기가 어떤 이유에서인지 작동하지 않고 있습니다.

## 01 목적 문제

해석 화자는 왜 전화하고 있는가?

(A) 프로젝트 마감 기한을 설명하기 위해
(B) 휴가를 신청하기 위해
(C) 동료로부터 정보를 얻기 위해
(D) 지난 행사에 대한 세부 사항을 공유하기 위해

해설 전화의 목적을 묻는 문제이므로, 지문의 초반을 반드시 듣는다. "I'm calling to find out who among your team is interested in joining(당신의 팀 중에서 누가 참여하는 것에 관심이 있는지 알아보기 위해 전화드립니다)"이라고 한 것을 통해 동료인 청자에게 참여 인원에 대한 정보를 얻기 위해 전화하고 있음을 알 수 있다. 따라서 (C)가 정답이다.

패러프레이징
find out 알아보다 → get information 정보를 얻다

어휘 day off 휴가  colleague[káːlig] 동료

## 02 특정 세부 사항 문제

해석 화자는 무엇을 해야 하는가?

(A) 몇몇 버스 승차권들을 교환한다.
(B) 회사 모임에 등록한다.
(C) 목적지를 선정한다.
(D) 준비를 한다.

해설 질문의 핵심어구(need to do)와 관련된 내용을 주의 깊게 듣는다. 지문 중반부에서 "Once I know the number of attendees, I'll book the necessary transportation(제가 참석자 수를 알게 되는 대로 필요한 교통편을 예약할 것입니다)"이라고 하였다. 따라서 (D)가 정답이다.

패러프레이징
book the necessary transportation 필요한 교통편을 예약하다 → Make some arrangements 준비를 하다

어휘 gathering[gǽðəriŋ] 모임  arrangement[əréindʒmənt] 준비, 계획

## 03 언급 문제

해석 사무실 전화기에 대해 무엇이 언급되는가?

(A) 최근에 설치되었다.
(B) 새로운 내선 번호가 있다.
(C) 곧 수리될 것이다.
(D) 다시 연결되었다.

해설 질문의 핵심어구(office phone)와 관련된 내용을 주의 깊게 듣는다. 지문 후반부에서 "The newly installed telephone in my office(제 사무실에 새로 설치된 전화기)"라고 하였다. 따라서 (A)가 정답이다.

패러프레이징
office phone 사무실 전화기 → telephone in ~ office 사무실에 있는 전화기
newly installed 새로 설치된 → was recently set up 최근에 설치되었다

어휘 extention[iksténʃən] 내선 번호, 연장선

[04-06] 🎧 미국식 발음

Questions 04-06 refer to the following advertisement.

If you're a graduate looking for a new job and are tired of browsing through frustrating classified ads, well worry no more! **04The annual Rockefeller Job Fair will be held this Saturday at the Renault Stadium from 8 A.M. to 5 P.M. 05Some of the country's top employers will be there to accept applications and conduct on-site interviews.** College graduates and professionals seeking careers in information technology, engineering, architecture, sales, advertising, and other industries 🔊

are welcome to attend. Internships and part-time jobs are also available. **06Don't forget to bring copies of your résumé and references**, and dress in business attire. To register, please visit www.rockefellerjobs.com or call our office at 555-3232. See you there and good luck!

---

browse through 훑어보다  frustrating[frʌ́streitiŋ] 실망스러운
classified ad 안내 광고  conduct[kəndʌ́kt] 진행하다, 실시하다
on-site[ɑ́nsàit] 현장의  reference[réfərəns] 추천서  attire[ətáiər] 복장

해석
4-6은 다음 광고에 관한 문제입니다.

당신이 새 일자리를 구하고 있는 대학 졸업자이고, 실망스러운 안내 광고를 훑어보는 게 지겨우시다면, 더 이상 걱정하지 마세요! 04연례 Rockefeller 직업 박람회가 이번 주 토요일에 Renault 경기장에서 오전 8시부터 오후 5시까지 열릴 예정입니다. 05몇몇 국내 최고의 고용주들이 지원서를 받고 현장 면접을 진행하기 위해 그곳에 올 것입니다. 정보 통신 기술, 공학, 건축, 영업, 광고와 그 외 산업들에서 일자리를 찾고 있는 대학 졸업자들과 전문가들의 참석을 환영합니다. 인턴십과 시간제 일자리도 구할 수 있습니다. 06당신의 이력서와 추천서 사본을 가지고 오는 것을 잊지 마시고, 비즈니스 복장으로 입고 오세요. 등록하시려면, www.rockefellerjobs.com을 방문하시거나 저희 사무실 555-3232로 전화 주세요. 그곳에서 만나길 바라며 행운을 빕니다!

## 04 주제 문제
해석 무엇이 광고되고 있는가?
(A) 직업 박람회
(B) 스포츠 축제
(C) 인턴십 프로그램
(D) 비스니스 회의

해설 광고의 주제를 묻는 문제이므로, 지문의 초반을 주의 깊게 들은 후 전체 맥락을 파악한다. "The annual Rockefeller Job Fair will be held this Saturday at the Renault Stadium ~(연례 Rockefeller 직업 박람회가 이번 주 토요일에 Renault 경기장에서 열릴 예정입니다)"이라고 한 후, 직업 박람회에 대한 내용으로 광고가 이어지고 있다. 따라서 (A)가 정답이다.

패러프레이징
Job Fair 직업 박람회 → career exposition 직업 박람회

어휘 exposition[èkspəzíʃən] 박람회, 전시

## 05 특정 세부 사항 문제
해석 행사에서 무슨 일이 일어날 것인가?
(A) 교육이 제공될 것이다.
(B) 면접이 실시될 것이다.
(C) 발표가 있을 것이다.
(D) 시합이 열릴 것이다.

해설 질문의 핵심어구(at the event)와 관련된 내용을 주의 깊게 듣는다. 지문 중반부에서 "Some of the country's top employers will be there to ~ conduct on-site interviews(몇몇 국내 최고의 고용주들이 현장 면접을 진행하기 위해 그곳에 올 것입니다)"라고 하였다. 따라서 (B)가 정답이다.

패러프레이징
conduct on-site interviews 현장 면접을 진행하다 → Interviews ~ be conducted 면접이 실시되다

## 06 특정 세부 사항 문제
해석 청자들은 무엇을 가져오도록 요청받는가?
(A) 명함
(B) 서류 사본
(C) 고용 증명서
(D) 작업 견본

해설 질문의 핵심어구(asked to bring)와 관련된 내용을 주의 깊게 듣는다.

---

"Don't forget to bring copies of your résumé and references (당신의 이력서와 추천서 사본을 가지고 오는 것을 잊지 마세요)"라고 하였다. 따라서 (B)가 정답이다.

패러프레이징
résumé and references 이력서와 추천서 → documents 서류

어휘 certificate[sərtífikeit] 증명서, 자격증

## [07-09] 🔊 영국식 발음
Questions 7-9 refer to the following telephone message.

---

Hello, Mr. Quinn. **07This is Diane Scott calling from Sullivan Manufacturing. 08I'm calling because I need some price quotes for some raw materials** as we are planning to increase production. We need the items as soon as possible, so **09I'll send you a list of our requirements today.** We are confident that you will supply us with quality materials, just as you have done in the past. If you have questions regarding our request, please call me at 555-1002 extension 19. Thanks.

---

price quote 가격 견적  raw material 원자재
confident[미 kɑ́nfədənt, 영 kɔ́nfidənt] 굳게 믿는, 확신하는

해석
7-9는 다음 음성 메시지에 관한 문제입니다.

안녕하세요, Mr. Quinn. 07Sullivan 제조 회사에서 전화드리는 Diane Scott입니다. 저희가 생산을 늘릴 계획이라 08몇몇 원자재에 대한 가격 견적이 필요하여 전화드립니다. 이 물품들은 가능한 한 빨리 필요하므로, 09제가 오늘 저희의 요청 목록을 보내드리겠습니다. 이전에도 그래주셨듯이 양질의 자재를 공급해 주실 것이라 굳게 믿습니다. 저희의 요청에 관해 질문이 있으시면 555-1002 내선 19번으로 제게 전화 주시기 바랍니다. 감사합니다.

## 07 화자 문제
해석 화자는 어떤 종류의 사업체에서 일하는가?
(A) 운송 회사
(B) 재무 컨설팅 회사
(C) 출장 연회 서비스 업체
(D) 제조 회사

해설 지문에서 신분 및 직업과 관련된 표현을 놓치지 않고 듣는다. 지문 초반부에서 "This is Diane Scott calling from Sullivan Manufacturing (Sullivan 제조 회사에서 전화드리는 Diane Scott입니다)"이라고 하였다. 따라서 (D)가 정답이다.

어휘 firm[fərm] 회사

## 08 요청 문제
해석 화자는 무엇을 요청하는가?
(A) 공장 주소
(B) 비용 견적
(C) 회사 안내 책자
(D) 서명된 계약서

해설 요청과 관련된 표현이 포함된 문장을 주의 깊게 듣는다. "I'm calling because I need some price quotes for some raw materials (몇몇 원자재에 대한 가격 견적이 필요하여 전화드립니다)"라고 하였다. 따라서 (B)가 정답이다.

패러프레이징
price quotes 가격 견적 → Cost estimates 비용 견적

어휘 cost[kɔːst] 비용  estimate[éstəmət] 견적

## 09 특정 세부 사항 문제

해석 화자는 무엇을 할 계획인가?
(A) 몇몇 정보를 보낸다.
(B) 상품 몇 개를 환불한다.
(C) 다른 사업체에 연락한다.
(D) 계약을 갱신한다.

해설 질문의 핵심어구(plan to do)와 관련된 내용을 주의 깊게 듣는다. 지문 중반부에서 "I'll send you a list of our requirements today(제가 오늘 저희의 요청 목록을 보내드리겠습니다)"라고 하였다. 따라서 (A)가 정답이다.

패러프레이징
a list of ~ requirements 요청 목록 → some information 몇몇 정보

어휘 renew[rinjú:] 갱신하다

## [10-12] 🔊 호주식 발음

Questions 10-12 refer to the following recorded message.

> ¹⁰You've reached the Westside Medical Clinic. ¹¹Dr. Williams will be attending a medical convention in Dubai on September 2, so he will be unavailable until September 7. ¹¹We apologize for the short notice. He was asked to fill in for another speaker. ¹⁰To make an appointment, please call back during regular office hours to speak with the clinic's receptionist. Keep in mind that ¹²the receptionist is unable to access information in patient records, so she cannot respond to inquiries about test results or other medical matters.
>
> medical clinic 병원  fill in for ~를 대신하다, 대리하다
> regular office hour 정규 근무 시간  keep in mind 유념하다, 명심하다
> access[ǽkses] 접근하다, 이용하다  respond[미 rispánd, 영 rispɔ́nd] 답변하다
> inquiry[inkwáiəri] 문의, 질문

해석
10-12는 다음 녹음 메시지에 관한 문제입니다.

¹⁰Westside 병원입니다. ¹¹Dr. Williams가 9월 2일에 두바이에서 있을 의학 총회에 참석할 예정이라서, 9월 7일이 되어서야 진료를 볼 수 있을 것입니다. ¹¹촉박하게 알려드려서 죄송합니다. 그는 다른 연설자를 대신해줄 것을 요청받았습니다. ¹⁰예약을 하시려면, 정규 근무 시간에 다시 전화하셔서 병원의 접수 담당자와 이야기해 주십시오. ¹²접수 담당자는 환자 기록에 대한 정보에 접근할 수 없으므로, 검사 결과나 다른 의료 문제에 대한 문의에 답해드릴 수 없음을 유념해 주십시오.

## 10 청자 문제

해석 청자들은 누구인 것 같은가?
(A) 투자자들
(B) 환자들
(C) 참석자들
(D) 직원들

해설 지문에서 신분 및 직업과 관련된 표현을 놓치지 않고 듣는다. 지문 초반부에서 "You've reached the Westside Medical Clinic(Westside 병원입니다)"이라고 한 후 "To make an appointment, please call back ~ to speak with the clinic's receptionist(예약을 하시려면, 다시 전화하셔서 병원의 접수 담당자와 이야기해 주십시오)"라고 한 것을 통해, 청자들이 Westside 병원의 환자들임을 알 수 있다. 따라서 (B)가 정답이다.

어휘 investor[invéstər] 투자자

## 11 의도 파악 문제

해석 화자는 왜 "그는 다른 연설자를 대신해줄 것을 요청받았습니다"라고 말하는가?
(A) 날짜가 확정되지 않았다.

(B) 출장이 계획되지 않았다.
(C) 프로그램이 인기 있지 않았다.
(D) 워크숍이 연장될 것이다.

해설 질문의 인용어구(He was asked to fill in for another speaker)가 언급된 주변을 주의 깊게 듣는다. 지문 초반부에서 "Dr. Williams will be attending a medical convention in Dubai on September 2(Dr. Williams가 9월 2일에 두바이에서 있을 의학 총회에 참석할 예정입니다)"라고 한 후, "We apologize for the short notice(촉박하게 알려드려서 죄송합니다)"라며 그가 다른 연설자를 대신해줄 것을 요청받았다고 하였으므로 화자가 Dr. Williams의 두바이 출장이 계획되지 않았다고 말하려는 의도임을 알 수 있다. 따라서 (B)가 정답이다.

어휘 confirm[kənfə́:rm] 확정하다, 확인하다  extend[iksténd] 연장하다

## 12 이유 문제

해석 접수 담당자는 왜 일부 문의에 답할 수 없는가?
(A) 그녀는 검사 일정을 잡을 수 없다.
(B) 그녀는 두바이로 갈 것이다.
(C) 그녀는 정보에 접근할 수 없다.
(D) 그녀는 현재 Dr. Williams를 위해 일하지 않는다.

해설 질문의 핵심어구(can't ~ respond to ~ inquiries)가 언급된 주변을 주의 깊게 듣는다. 지문 후반부에서 "the receptionist is unable to access information in patient records, so she cannot respond to inquiries about test results or other medical matters(접수 담당자는 환자 기록에 대한 정보에 접근할 수 없으므로, 검사 결과나 다른 의료 문제에 대한 문의에 답해드릴 수 없습니다)"라고 하였다. 따라서 (C)가 정답이다.

패러프레이징
is unable to access information 정보에 접근할 수 없다 → cannot access data 정보에 접근할 수 없다

## [13-15] 🔊 캐나다식 발음

Questions 13-15 refer to the following news report.

> And now for a story from the world of entertainment . . . ¹³Celebrated singer Serena Collins was selected as the Artist of the Year at last night's annual Country Music Awards. ¹⁴Accompanied by her band, she held a free performance for her fans at the Peristyle Hall. ¹⁵The singer will go on a year-long tour starting next week, visiting a total of 38 cities. Tour dates are available at www.serenasings.com/worldconcerts.
>
> celebrated[séləbrèitid] 유명한  accompany[əkʌ́mpəni] 함께 하다, 동반하다

해석
13-15는 다음 뉴스 보도에 관한 문제입니다.

이제 연예계 소식입니다… ¹³유명 가수 Serena Collins가 어젯밤의 연례 컨트리 음악 시상식에서 올해의 예술가로 선정되었습니다. ¹⁴그녀의 밴드와 함께, 그녀는 Peristyle 홀에서 그녀의 팬들을 위해 무료 공연을 열었습니다. ¹⁵그 가수는 다음 주부터 1년간의 투어에 나서며, 총 38개의 도시를 방문할 것입니다. 투어 날짜는 www.serenasings.com/worldconcerts에서 확인하실 수 있습니다.

## 13 언급 문제

해석 Serena Collins에 대해 무엇이 언급되는가?
(A) 그녀는 최근에 앨범을 발매했다.
(B) 그녀는 상을 받았다.
(C) 그녀는 그녀의 이전 밴드를 떠났다.
(D) 그녀는 스튜디오를 열었다.

해설 질문의 핵심어구(Serena Collins)가 언급된 주변을 주의 깊게 듣는다. 지문 초반부에서 "Celebrated singer Serena Collins was selected as the Artist of the Year(유명 가수 Serena Collins가 올해의 예술가로 선정되었습니다)"라고 하였다. 따라서 (B)가 정답이다.

## 14 특정 세부 사항 문제

해석 Peristyle 홀에서 무슨 일이 일어났는가?
(A) 출시 기념식
(B) 의회 회의
(C) 미술 전시
(D) 음악 공연

해설 질문의 핵심어구(Peristyle Hall)가 언급된 주변을 주의 깊게 듣는다. 지문 중반부에서 "Accompanied by her band, she held a free performance ~ at the Peristyle Hall(그녀의 밴드와 함께, 그녀는 Peristyle 홀에서 무료 공연을 열었습니다)"이라고 하였다. 따라서 (D)가 정답이다.

어휘 launch[lɔːntʃ] 출시  council[káunsəl] 의회

## 15 특정 세부 사항 문제

해석 화자에 따르면, 다음 주에 무슨 일이 일어날 것인가?
(A) 기자가 음악가를 인터뷰할 것이다.
(B) 1년간의 투어가 시작될 것이다.
(C) 가수가 발표를 할 것이다.
(D) 시의 시설이 대중에게 개방될 것이다.

해설 지문의 핵심어구(next week)가 언급된 주변을 주의 깊게 듣는다. "The singer will go on a year-long tour starting next week(그 가수는 다음 주부터 1년간의 투어에 나설 것입니다)"이라고 하였다. 따라서 (B)가 정답이다.

패러프레이징
a year-long tour 1년간의 투어 → one-year tour 1년간의 투어

어휘 facility[fəsíləti] 시설

[16-18] 🎧 영국식 발음

Questions 16-18 refer to the following telephone message.

> This is Debbie Curtis from Kirsten Studio, and I'm calling for Ms. Trevina. ¹⁶**I want to let you know about our progress on your order.** ¹⁷**We've already finished the textile designs you asked us to develop last week.** I'm going to e-mail you a copy of the drafts this afternoon. ¹⁸**If you have any comments or want to make any changes to the design, I'm willing to discuss them with you.** I'm available any time between nine and six. Please call me back and let me know when you're free so we can arrange a meeting and finalize this project soon. Thanks.
>
> ----
>
> textile[tékstail] 섬유, 직물  develop[divéləp] 제작하다, 발전시키다
> draft[미 dræft, 영 drɑːft] 초안  arrange[əréindʒ] 준비하다, 마련하다
> finalize[fáinəlaiz] 마무리 짓다

해석
16-18은 다음 음성 메시지에 관한 문제입니다.

저는 Kirsten 스튜디오의 Debbie Curtis이고, Ms. Trevina께 전화드립니다. ¹⁶저는 고객님의 주문에 대한 진행 상황을 알려드리고자 합니다. ¹⁷저희는 고객님께서 지난주에 제작해달라고 요청하신 섬유 디자인을 이미 끝마쳤습니다. 오늘 오후에 초안 사본을 이메일로 보내드리겠습니다. ¹⁸디자인에 대해 의견이 있으시거나 변경하고 싶은 부분이 있으시다면, 그것들을 기꺼이 고객님과 함께 논의하고자 합니다. 저는 9시와 6시 사이에 언제든지 시간이 됩니다. 우리가 회의를 준비하고 조만간 이 프로젝트를 마무리 지을 수 있도록 제게 다시 전화 주셔서 언제 시간이 되시는지 알려주시기 바랍니다. 감사합니다.

## 16 주제 문제

해석 메시지는 주로 무엇에 관한 것인가?
(A) 사업 제안서
(B) 계약 갱신
(C) 주문 관련 최신 정보
(D) 곧 있을 판촉 행사

해설 메시지의 주제를 묻는 문제이므로, 지문의 초반을 주의 깊게 들은 후 전체 맥락을 파악한다. "I want to let you know about our progress on your order(저는 고객님의 주문에 대한 진행 상황을 알려드리고자 합니다)"라고 한 후, 디자인 주문의 진행 상황에 대한 내용으로 지문이 이어지고 있다. 따라서 (C)가 정답이다.

어휘 agreement[əgríːmənt] 계약  renewal[rinjúːəl] 갱신
upcoming[ʌ́pkʌ̀miŋ] 곧 있을, 다가오는

## 17 화자 문제

해석 화자는 어떤 종류의 회사에서 일하는 것 같은가?
(A) 디자인 회사
(B) 인쇄 업체
(C) 음악 스튜디오
(D) 의류 소매점

해설 지문에서 신분 및 직업과 관련된 표현을 놓치지 않고 듣는다. 지문 초반부에서 "We've already finished the textile designs you asked us to develop last week(저희는 고객님께서 지난주에 제작해달라고 요청하신 섬유 디자인을 이미 끝마쳤습니다)"이라고 한 것을 통해, 화자가 디자인 회사에서 일하고 있음을 알 수 있다. 따라서 (A)가 정답이다.

어휘 retailer[ríːteilər] 소매점, 소매 상인

## 18 특정 세부 사항 문제

해석 화자는 무엇을 할 의향이 있다고 말하는가?
(A) 업무에 대해 논의한다.
(B) 회의 일정을 변경한다.
(C) 정보를 찾는다.
(D) 프로젝트를 연기한다.

해설 질문의 핵심어구(willing to do)와 관련된 내용을 주의 깊게 듣는다. 지문 중후반부에서 "If you have any comments or want to make any changes to the design, I'm willing to discuss them with you(디자인에 대해 의견이 있으시거나 변경하고 싶은 부분이 있으시다면, 그것들을 기꺼이 고객님과 함께 논의하고자 합니다)"라고 하였다. 따라서 (A)가 정답이다.

[19-21] 🎧 호주식 발음

Questions 19-21 refer to the following news report.

> Welcome to Business News. I'm your host, Thomas Young. This week, ¹⁹**we are going to focus on prosperous small businesses and speak with their owners.** Although manufacturing has been declining because of record-setting oil prices, these price increases have also produced an awareness of the benefits of alternative energy sources. ²⁰**Orientis, a Vancouver-based company that installs sun-powered energy systems,** has experienced incredible growth and earned massive profits since it opened for business seven years ago. During that period, Orientis increased its staff from 15 to 60. ²¹**Venus Corr, the company owner, expects more employees to be hired next year as her aim is to set up new offices in several cities.**
>
> ----
>
> prosperous[미 prάːspərəs, 영 prɔ́spərəs] 성공한

**해석**

19-21은 다음 뉴스 보도에 관한 문제입니다.

비즈니스 뉴스입니다. 저는 여러분의 진행자 Thomas Young입니다. 이번 주에는 ¹⁹성공한 소기업에 초점을 맞추고 그 기업들의 소유주들과 이야기를 나눌 것입니다. 기록적인 유가로 인해 제조업이 쇠퇴해왔지만, 이러한 가격 인상은 대체 에너지원의 장점에 대한 관심도 불러일으켰습니다. ²⁰태양열 에너지 시스템을 설치하는 밴쿠버 기반의 회사인 Orientis사는 7년 전에 사업을 시작한 이후로 놀랄만한 성장을 경험했으며 대규모의 수익을 벌어들였습니다. 그 기간 동안, Orientis사는 직원을 15명에서 60명까지 늘렸습니다. ²¹회사 소유주인 Venus Corr는 그녀의 목표가 여러 도시에 새로운 사무실들을 짓는 것이기 때문에, 내년에 더 많은 직원들이 고용될 것을 기대합니다.

**19 주제 문제**

해석 보도의 주제는 무엇인가?
(A) 성공적인 소기업
(B) 대체 연료원
(C) 경제 전망
(D) 제조 기술

해설 보도의 주제를 묻는 문제이므로, 지문의 초반을 주의 깊게 들은 후 전체 맥락을 파악한다. "we are going to focus on prosperous small businesses and speak with their owners(성공한 소기업에 초점을 맞추고 그 기업들의 소유주들과 이야기를 나눌 것입니다)"라고 한 후, 성공한 소기업들 중 한곳에 대한 내용으로 보도가 이어지고 있다. 따라서 (A)가 정답이다.

패러프레이징
prosperous small businesses 성공한 소기업 → Successful small companies 성공적인 소기업

어휘 forecast[fɔ́ːrkæst] 전망

**20 특정 세부 사항 문제**

해석 Orientis사는 어떤 종류의 사업체인가?
(A) 제조 회사
(B) 기업 자문 회사
(C) 전자기기 수리 서비스 업체
(D) 에너지 시스템 설치업체

해설 질문의 핵심어구(Orientis)가 언급된 주변을 주의 깊게 듣는다. 지문 중반부에서 "Orientis, a Vancouver-based company that installs sun-powered energy systems(태양열 에너지 시스템을 설치하는 밴쿠버 기반의 회사인 Orientis사)"라고 하였다. 따라서 (D)가 정답이다.

패러프레이징
company that installs ~ energy systems 에너지 시스템을 설치하는 회사 → energy system installer 에너지 시스템 설치업체

어휘 consultancy[kənsʌ́ltənsi] 자문 회사

**21 특정 세부 사항 문제**

해석 Venus Corr의 내년 목표는 무엇인가?
(A) 직원 능률 향상시키기
(B) 추가적인 지점 개설하기
(C) 운영비 감축하기
(D) 고객 만족도 증가시키기

해설 질문의 핵심어구(Venus Corr's goal for next year)와 관련된 내용을 주의 깊게 듣는다. 지문 후반부에서 "Venus Corr ~ expects more employees to be hired next year as her aim is to set up new

---

offices in several cities(Venus Corr는 그녀의 목표가 여러 도시에 새로운 사무실들을 짓는 것이기 때문에, 내년에 더 많은 직원들이 고용될 것을 기대합니다)"라고 하였다. 따라서 (B)가 정답이다.

패러프레이징
goal 목표 → aim 목표

어휘 efficiency[ifíʃənsi] 능률, 효율성  operating cost 운영비

**[22-24]** 🔊 캐나다식 발음

Questions 22-24 refer to the following telephone message.

---

This message is for the product manager of GRC Food Corporation. My name is Greg Hoffman and I'm calling from the National Product Safety Commission. ²²**I would like to remind you about the seminar on manufacturing safer consumer products on December 12 at Blue Bay Hotel.** ²³**During the seminar, we will talk about the quality control procedures** that must be followed before products are distributed. ²⁴**If you plan to attend, please visit our Web site to fill out and submit a registration form.** You can reach me at 555-1007 if you have any questions. Thank you, and I hope to see you on December 12.

---

**해석**

22-24는 다음 음성 메시지에 관한 문제입니다.

이 메시지는 GRC 식품 회사의 제품 관리자를 위한 것입니다. 제 이름은 Greg Hoffman이고 국립 제품 안전 위원회에서 전화 드립니다. ²²12월 12일에 Blue Bay 호텔에서 개최될 더 안전한 소비재 생산에 관한 세미나에 대해 상기시켜드리고자 합니다. ²³세미나 동안에 저희는 제품이 유통되기 전에 따라야 하는 품질 관리 절차에 대해 이야기할 것입니다. ²⁴만약 참석하실 계획이시라면, 저희 웹사이트에 방문하셔서 신청서를 작성하시고 제출해주세요. 질문이 있으시면 555-1007로 제게 연락하시면 됩니다. 감사드리며, 12월 12일에 뵙기를 바랍니다.

**22 목적 문제**

해석 음성 메시지의 목적은 무엇인가?
(A) 점검에 대해 문의하기 위해
(B) 세미나에 대한 세부 사항을 전달하기 위해
(C) 신제품을 홍보하기 위해
(D) 변경된 의제를 공지하기 위해

해설 음성 메시지의 목적을 묻는 문제이므로, 지문의 초반을 반드시 듣는다. "I would like to remind you about the seminar on manufacturing safer consumer products on December 12 at Blue Bay Hotel(12월 12일에 Blue Bay 호텔에서 개최될 더 안전한 소비재 생산에 관한 세미나에 대해 상기시켜드리고자 합니다)"이라고 하였다. 따라서 (B)가 정답이다.

어휘 revised[riváizd] 변경된, 수정된  agenda[ədʒéndə] 의제, 협의 사항

**23 특정 세부 사항 문제**

해석 화자에 따르면, 행사 중에 무엇이 논의될 것인가?
(A) 품질 관리 절차
(B) 제품 유통 방법
(C) 공장에서의 안전 수칙
(D) 직원 교육 방법

해설 질문의 핵심어구(discussed during the event)와 관련된 내용을 주의 깊게 듣는다. 지문 중반부에서 "During the seminar, we will talk about the quality control procedures(세미나 동안에 저희는 품질 관리

---

절차에 대해 이야기할 것입니다"라고 하였다. 따라서 (A)가 정답이다.

패러프레이징
be discussed 논의되다 → talk about ~에 대해 이야기하다

어휘 **distribution**[dìstrəbjúːʃən] 유통, 분배 **technique**[tekníːk] 방법, 기술

## 24 요청 문제

해석 화자는 청자에게 무엇을 하라고 요청하는가?
(A) 제품 견본을 보낸다.
(B) 신청 절차를 완료한다.
(C) 홍보 책자를 업데이트한다.
(D) 회사 방침을 승인한다.

해설 지문 중후반에서 요청과 관련된 표현이 포함된 문장을 주의 깊게 듣는다. "If you plan to attend, please visit our Web site to fill out and submit a registration form(만약 참석하실 계획이시라면, 저희 웹사이트에 방문하셔서 신청서를 작성하시고 제출해주세요)"이라고 하였다. 따라서 (B)가 정답이다.

## [25-27] 🎧 미국식 발음

Questions 25-27 refer to the following telephone message and directory.

---

Good afternoon. This is Wendy Pearce calling for Larry Rayburn. I want to inform you that ²⁵**my team still needs to receive your banking information form. Without this, we cannot make direct deposit payments to your account.** Since the next pay date is less than two weeks away, ²⁶**could you please make sure to turn in the form to me by this Friday?** Just bring it to my office. If you have any questions about this request, ²⁷**you may contact me anytime this week except on Thursday, since that is a day off for me. Instead, you can contact my assistant, Kevin Grand, on that day.**

---

**direct deposit** (급여의) 자동 이체, 계좌 입금 **assistant**[əsístənt] 비서, 조수

해석
25-27은 다음 음성 메시지와 전화번호부에 관한 문제입니다.

안녕하세요. Larry Rayburn에게 전화드리는 Wendy Pearce입니다. ²⁵저희 팀이 여전히 당신의 은행 정보 양식을 받아야 한다는 것을 알려드리고자 합니다. 이것 없이, 저희는 당신의 계좌로 자동 이체를 할 수 없습니다. 다음 급여일이 2주도 남지 않았으므로, ²⁶이번 주 금요일까지 제게 그 양식을 꼭 제출해 주시겠습니까? 그것을 제 사무실로 가져오시기만 하면 됩니다. 이 요청에 대해 질문이 있으시면, ²⁷목요일은 제가 휴가이므로, 그날을 제외한 이번 주 언제든지 저에게 연락하시면 됩니다. 대신에, 그날에는 저의 비서인 Kevin Grand에게 연락하시면 됩니다.

| 내선 번호 | |
| --- | --- |
| Mike Harris | 4427번 |
| Wendy Pearce | 2819번 |
| Kevin Grand | ²⁷6568번 |
| Jennifer Song | 3225번 |

## 25 언급 문제

해석 은행 정보 양식에 대해 무엇이 언급되는가?
(A) 몇몇 오류들을 포함한다.
(B) 지급 절차를 위해 필수이다.
(C) 온라인에서 이용 가능하다.
(D) 컨설턴트에 의해 검토될 것이다.

해설 질문의 핵심어구(banking information form)가 언급된 주변을 주의 깊게 듣는다. 지문 초반부에서 "my team still needs to receive your

---

banking information form. Without this, we cannot make direct deposit payments to your account(저희 팀이 여전히 당신의 은행 정보 양식을 받아야 합니다. 이것 없이, 저희는 당신의 계좌로 자동 이체를 할 수 없습니다)"라고 하였다. 따라서 (B)가 정답이다.

어휘 **contain**[kəntéin] 포함하다 **essential**[isénʃəl] 필수의, 필수적인

## 26 요청 문제

해석 화자는 청자에게 무엇을 하라고 요청하는가?
(A) 서류를 제출한다.
(B) 지급 날짜를 확인한다.
(C) 부서 회의에 참석한다.
(D) 주소를 기재한다.

해설 지문 중후반에서 요청과 관련된 표현이 포함된 문장을 주의 깊게 듣는다. "could you please make sure to turn in the form to me by this Friday?(이번 주 금요일까지 제게 그 양식을 꼭 제출해 주시겠습니까?)"라고 하였다. 따라서 (A)가 정답이다.

패러프레이징
turn in the form 양식을 제출하다 → Submit a document 서류를 제출하다

어휘 **submit**[səbmít] 제출하다

## 27 시각 자료 문제

해석 시각 자료를 보아라. 청자는 목요일에 어떤 내선 번호로 전화해야 하는가?
(A) 4427번
(B) 2819번
(C) 6568번
(D) 3225번

해설 질문의 핵심어구(on Thursday)가 언급된 주변을 주의 깊게 듣는다. 지문 후반부에서 "you may contact me anytime ~ except on Thursday ~. Instead, you can contact ~ Kevin Grand, on that day(목요일을 제외한 언제든지 저에게 연락하시면 됩니다. 대신에, 그날에는 Kevin Grand에게 연락하시면 됩니다)"라고 하였으므로, 청자는 목요일에 Kevin Grand의 내선 번호인 6568번으로 전화해야 함을 시각 자료에서 확인할 수 있다. 따라서 (C)가 정답이다.

패러프레이징
call 전화하다 → contact 연락하다

## [28-30] 🎧 캐나다식 발음

Questions 28-30 refer to the following weather forecast and graph.

---

And now for the 101.3 FM weather report. ²⁸**The State Weather Bureau issued a storm warning yesterday for the San Francisco metro area.** Wind speeds are expected to increase throughout Tuesday morning, peaking at 140 kilometers per hour as the storm passes through the city. However, ²⁹**the wind will change direction and start moving northeast when speeds are at their lowest point.** The storm is expected to be rather strong, so damage to structures is anticipated. In addition, ³⁰**residents are advised to avoid going near local beaches** because there is a risk of flooding. We'll provide you with another update on storm developments in half an hour.

---

**bureau**[bjúərou] 청, 부서 **issue**[íʃuː] 발령하다, 발표하다
**peak**[piːk] 최고조에 달하다 **rather**[rǽðər] 상당히
**resident**[rézidənt] 주민 **advise**[ædváiz] 권고하다 **flooding**[flʌ́diŋ] 홍수
**development**[divéləpmənt] 전개, 진전

해석

28-30은 다음 일기 예보와 그래프에 관한 문제입니다.

이제 FM 101.3 날씨 예보입니다. ²⁸어제 주립 기상청에서 샌프란시스코 도시 전역에 폭풍 경보를 발령했습니다. 화요일 오전 내내 풍속이 높아지고, 폭풍이 도시를 통과하면서 시속 140킬로미터로 최고조에 달할 것으로 예상됩니다. 그러나, ²⁹풍속이 최저점에 있을 때 바람은 방향을 바꾸어 북동쪽을 향하기 시작할 것입니다. 폭풍이 상당히 강할 것으로 예상되므로, 건물들에 피해가 예상됩니다. 게다가, 홍수의 위험이 있기 때문에 ³⁰주민들은 지역 해변 가까이 가는 것을 피하도록 권고됩니다. 30분 후 폭풍의 전개에 대한 또 다른 새로운 소식을 제공해 드리겠습니다.

**28 특정 세부 사항 문제**

해석 화자에 따르면, 주립 기상청은 어제 무엇을 했는가?
(A) 안전 지침을 발표했다.
(B) 연간 보고서를 게시했다.
(C) 폭풍 경보를 발령했다.
(D) 강우 예측을 정정했다.

해설 질문의 핵심어구(State Weather Bureau ~ yesterday)가 언급된 주변을 주의 깊게 듣는다. 지문 초반부에서 "The State Weather Bureau issued a storm warning yesterday for the San Francisco metro area(어제 주립 기상청에서 샌프란시스코 도시 전역에 폭풍 경보를 발령했습니다)"라고 하였다. 따라서 (C)가 정답이다.

패러프레이징
issued 발령했다 → Released 발령했다

어휘 rainfall[réinfɔːl] 강우, 강우량　prediction[pridíkʃən] 예측, 예견

**29 시각 자료 문제**

해석 시각 자료를 보아라. 바람은 언제 방향을 바꿀 것인가?
(A) 오전 8시에
(B) 오전 10시에
(C) 오후 12시에
(D) 오후 2시에

해설 질문의 핵심어구(the wind change direction)가 언급된 주변을 주의 깊게 듣는다. 지문 중반부에서 "the wind will change direction ~ when speeds are at their lowest point(풍속이 최저점에 있을 때 바람은 방향을 바꾸기 시작할 것입니다)"라고 하였으므로, 풍속이 최저점인 오후 2시에 바람이 방향을 바꿀 것임을 시각 자료에서 확인할 수 있다. 따라서 (D)가 정답이다.

**30 제안 문제**

해석 화자는 청자들에게 무엇을 하라고 권하는가?
(A) 건물 안에 머무른다.
(B) 적절한 옷차림을 한다.
(C) 해안 지역을 피한다.
(D) 비상용품을 모은다.

해설 지문 중후반에서 제안과 관련된 표현이 포함된 문장을 주의 깊게 듣는다. "residents are advised to avoid going near local beaches(주민들은 지역 해변 가까이 가는 것을 피하도록 권고됩니다)"라고 하였다. 따라서 (C)가 정답이다.

어휘 appropriate[əpróupriət] 적절한　coastal area 해안 지역

## DAY 20 공지 및 연설

### HACKERS PRACTICE　p. 192

| 01 (B) | 02 (A) | 03 (B) | 04 (A) | 05 (B) |
|---|---|---|---|---|
| 06 (A) | | | | |

**[01-03]** 🎧 캐나다식 발음 / 호주식 발음

Questions 1-3 refer to the following announcement and schedule.

> Attention, everyone. I hope you've all <u>enjoyed your lunch break</u>. I'd like to remind you of some important details before our tour continues. First, although the event <u>originally set to take place</u> at 1 P.M. has been canceled, please note that the other activity on your schedule will <u>go on as planned</u>. Also, be careful <u>not to throw any garbage</u> on the ground as doing so is prohibited on the island. <u>That's all</u> for now. See you soon at the dining hall entrance.

prohibit[미 prouhíbit, 영 prəhíbit] 금지하다

해석

1-3은 다음 공지와 일정표에 관한 문제입니다.

주목해 주십시오, 여러분. 모두들 점심 휴식을 즐기셨기를 바랍니다. 우리의 관광이 계속되기 전에 중요한 세부 사항들을 상기시켜드리고자 합니다. 먼저, 원래 오후 1시에 열리기로 했던 행사는 취소되었지만, 여러분이 일정표 상의 다른 활동은 예정대로 진행될 것이라는 점을 유념해 주십시오. 또한, 이 섬에서는 땅바닥에 쓰레기를 버리는 것이 금지되어 있으므로, 그렇게 하지 않도록 주의해 주십시오. 지금으로서는 그게 전부입니다. 곧 식당 입구에서 뵙겠습니다.

| 행사 | 시간 |
|---|---|
| 다큐멘터리 시청 | 오후 1시 |
| 수족관 방문 | 오후 2시 |

**01 목적 문제**

공지는 왜 이루어지고 있는가?
(A) 폐장을 설명하기 위해
(B) 다시 상기시켜 주기 위해

closure[klóuʒər] 폐장, 휴업

**02 시각 자료 문제**

시각 자료를 보아라. 어떤 행사가 열리지 않을 것인가?
(A) 다큐멘터리 시청
(B) 수족관 방문

aquarium[əkwéəriəm] 수족관

**03 특정 세부 사항 문제**

화자에 따르면, 섬에서는 무엇이 허용되지 않는가?
(A) 해변에서 요리하기
(B) 땅바닥에 쓰레기 버리기

Questions 4-6 refer to the following speech.

Good evening, everyone. Welcome to Leighton Hospital's annual fundraiser. We would like to extend our gratitude to the staff here at The Royal Arms Hotel for being such incredible hosts. This year's event is particularly important as we are planning to build a new research facility. Anyone interested in making a donation should submit a donor form. If you're not sure how to do this, I'll be here until 10 P.M. OK . . . dinner will be served in 20 minutes in the second-floor lounge, and I hope all of you enjoy yourselves tonight. Thank you.

fundraiser [fʌ́ndrèizər] 모금 행사  extend gratitude 감사 인사를 하다
incredible [inkrédəbl] 훌륭한  host [미 houst, 영 həust] 진행자, 주최자
donation [미 dounéiʃən, 영 dənéiʃən] 기부

해석
4-6은 다음 연설에 관한 문제입니다.

안녕하세요, 여러분. Leighton 병원의 연례 모금 행사에 오신 것을 환영합니다. 이곳 Royal Arms 호텔의 직원분들께 이렇게 훌륭한 진행자가 되어주신 것에 대해 감사 인사를 드리고 싶습니다. 올해의 행사는 우리가 새로운 연구 시설을 지을 예정이기 때문에 특히 중요합니다. 기부를 하실 의향이 있으신 모든 분께서는 기부 양식을 제출하셔야 합니다. 만약 이것을 하는 방법을 모르신다면, 저는 오후 10시까지 이곳에 있을 것입니다. 좋습니다… 저녁 식사는 20분 후에 2층 라운지에서 제공될 것이며, 여러분 모두가 오늘 밤을 즐겁게 보내시길 바랍니다. 감사합니다.

**04 장소 문제**
연설은 어디에서 이루어지고 있는가?
(A) 기금 모금 행사에서
(B) 시상식에서

**05 의도 파악 문제**
화자가 "저는 오후 10시까지 이곳에 있을 것입니다"라고 말할 때, 무엇을 의도하는가?
(A) 일정이 변경되었다.
(B) 그녀는 도움을 줄 수 있다.

**06 특정 세부 사항 문제**
2층 라운지에서 무슨 일이 일어날 것인가?
(A) 저녁 식사가 제공될 것이다.
(B) 공연이 있을 것이다.

## HACKERS TEST
p. 193

| 01 (A) | 02 (A) | 03 (D) | 04 (C) | 05 (A) |
|--------|--------|--------|--------|--------|
| 06 (D) | 07 (A) | 08 (C) | 09 (A) | 10 (C) |
| 11 (D) | 12 (A) | 13 (C) | 14 (D) | 15 (B) |
| 16 (D) | 17 (A) | 18 (B) | 19 (A) | 20 (B) |
| 21 (B) | 22 (D) | 23 (B) | 24 (D) | 25 (B) |
| 26 (A) | 27 (C) | 28 (A) | 29 (D) | 30 (A) |

Questions 1-3 refer to the following talk.

01**Our guest speaker today is the award-winning architect Harry Portman.** During his career, Mr. Portman has designed a number of buildings and theme parks. ◯

Most recently, 02**he designed the State Historical Center, which is located in downtown Glennville.** The facility's lobby is something you have to see and experience. Experts from around the world have praised the building for its appearance, particularly the beautiful stone ceiling. This morning, Mr. Portman will talk about his work on the historical center and discuss all of the effort that went into its planning. 03**He has set aside time following his presentation to respond to questions, so please hold off until then if you have any.**

award-winning [미 əwɔ́ːrdwìniŋ, 영 əwɔ́ːdwìniŋ] 수상 경력이 있는, 상을 받은
architect [미 ɑ́ːrkətekt, 영 ɑ́ːkitekt] 건축가  praise [preiz] 격찬하다, 칭찬하다
appearance [əpíərəns] 외관, 모습  ceiling [síːliŋ] 천장
set aside (시간을) 비워두다  hold off 미루다, 연기하다

해석
1-3은 다음 담화에 관한 문제입니다.

01오늘의 초청 연사는 수상 경력이 있는 건축가인 Harry Portman입니다. 그의 경력 기간 중, Mr. Portman은 다수의 건물과 테마 공원을 설계했습니다. 가장 최근에, 02그는 주립 역사 센터를 설계했는데, 이곳은 Glennville 시내에 위치해있습니다. 그 시설의 로비는 여러분이 꼭 보고 경험해봐야 하는 것입니다. 전 세계 전문가들은 그 건물의 외관, 특히 아름다운 석조 천장을 격찬했습니다. 오늘 아침에, Mr. Portman이 그의 역사 센터 작업에 대해 이야기하고 그 건물을 계획하는 데 들어간 모든 노력에 대해 이야기할 것입니다. 03그는 질문에 답하기 위해 그의 발표 후에 시간을 비워두었으니, 질문이 있으시다면 그때까지 미뤄주시기 바랍니다.

**01 특정 세부 사항 문제**
해석 Harry Portman은 무엇에 대해 상을 받았는가?
(A) 건축물 설계하기
(B) 교과서 집필하기
(C) 학생들 가르치기
(D) 예술 작품 제작하기

해설 질문의 핵심어구(Harry Portman receive awards)와 관련된 내용을 주의 깊게 듣는다. 지문 초반부에서 "Our guest speaker today is the award-winning architect Harry Portman(오늘의 초청 연사는 수상 경력이 있는 건축가인 Harry Portman입니다)라고 하였다. 따라서 (A)가 정답이다.

**02 언급 문제**
해석 주립 역사 센터에 대해 무엇이 언급되는가?
(A) 시내에 위치해있다.
(B) 학생들에게 인기가 있다.
(C) 대중에게 개방되지 않는다.
(D) 보수를 진행하고 있다.

해설 질문의 핵심어구(State Historical Center)가 언급된 주변을 주의 깊게 듣는다. 지문 중반부에서 "he designed the State Historical Center, which is located in downtown Glennville(그는 주립 역사 센터를 설계했는데, 이곳은 Glennville 시내에 위치해있습니다)"이라고 하였다. 따라서 (A)가 정답이다.

패러프레이징
downtown 시내 → city center 시내

어휘 undergo [ʌ̀ndərgóu] 진행하다, 받다

**03 특정 세부 사항 문제**
해석 청자들은 무엇을 하도록 지시받는가?
(A) 건물에 대한 의견 제공하기
(B) 유인물에 있는 정보 확인하기
(C) 프로젝트에 대한 생각 공유하기

(D) 발표 후에 질문하기

해설 질문의 핵심어구(instructed to do)와 관련된 내용을 주의 깊게 듣는다. 지문 후반부에서 "He has set aside time following his presentation to respond to questions, so please hold off until then if you have any(그는 질문에 답하기 위해 그의 발표 후에 시간을 비워두었으니, 질문이 있으시다면 그때까지 미뤄주시기 바랍니다)"라고 하였다. 따라서 (D)가 정답이다.

## [04-06] 🎧 캐나다식 발음

Questions 4-6 refer to the following announcement.

---

04Attention all Regalia Department Store shoppers. We would like to inform everyone that starting next week 05our business hours will be extended to provide our customers with more shopping time for the holidays. We will be open from 9 A.M. to 10 P.M. until December 31. In addition, you will be happy to know that 06we are offering 20 to 50 percent discounts on clothing in December. For your convenience, we are going to open additional cashier counters during the sale. If you have inquiries or concerns, please proceed to the customer service desk. Thank you and we hope you enjoy your shopping.

---

extend[ikstĕnd] (기간을) 연장하다, 늘이다
concern[kənsə́rn] (개인적) 용건, 관심사   proceed[prəsíːd] 가다, 나아가다

해석
4-6은 다음 공지에 관한 문제입니다.

04모든 Regalia 백화점 쇼핑객에게 알립니다. 05연휴 동안에 고객들에게 더 많은 쇼핑 시간을 제공하기 위해 다음 주부터 저희의 영업시간이 연장됨을 모든 분들께 알려드리고자 합니다. 저희는 12월 31일까지 오전 9시에서 오후 10시까지 영업할 것입니다. 게다가, 06저희가 12월에는 의류에 20퍼센트에서 50퍼센트까지 할인을 제공할 예정이라는 것을 여러분들이 알게 되면 기뻐하실 것입니다. 여러분의 편의를 위해서, 할인 기간 동안에 계산대를 추가로 열 것입니다. 문의 사항이나 용건이 있으시다면, 고객 서비스 창구로 가주십시오. 감사드리며 즐거운 쇼핑 되시기를 바랍니다.

### 04 청자 문제
해석 공지는 누구를 위한 것인가?
(A) 제품 공급업자들
(B) 고객 서비스 직원들
(C) 백화점 쇼핑객들
(D) 소매점 점장들

해설 지문에서 신분 및 직업과 관련된 표현을 놓치지 않고 듣는다. 지문 초반부에서 "Attention all Regalia Department Store shoppers(모든 Regalia 백화점 쇼핑객에게 알립니다)"라고 한 것을 통해, 공지가 백화점 쇼핑객들을 위한 것임을 알 수 있다. 따라서 (C)가 정답이다.

어휘 supplier[səpláiər] 공급업자

### 05 이유 문제
해석 상점은 왜 영업시간을 연장하는가?
(A) 고객의 편의를 도모하기 위해
(B) 오래된 재고를 판매하기 위해
(C) 정부 규정을 따르기 위해
(D) 다른 상점과 경쟁하기 위해

해설 질문의 핵심어구(extending business hours)와 관련된 내용을 주의 깊게 듣는다. 지문 초반부에서 "our business hours will be extended to provide our customers with more shopping time for the holidays(연휴 동안에 고객들에게 더 많은 쇼핑 시간을 제공하기 위해 저희의 영

업시간이 연장됩니다)"라고 하였다. 따라서 (A)가 정답이다.

어휘 accommodate[əká:mədeit] 편의를 도모하다, 수용하다
regulation[règjuléiʃən] 규정, 규제

### 06 특정 세부 사항 문제
해석 12월에는 어떤 제품이 할인될 것인가?
(A) 축제 장식품
(B) 사무용품
(C) 가구
(D) 의류

해설 질문의 핵심어구(products ~ on sale in December)와 관련된 내용을 주의 깊게 듣는다. 지문 중반부에서 "we are offering 20 to 50 percent discounts on clothing in December(저희가 12월에는 의류에 20퍼센트에서 50퍼센트까지 할인을 제공할 예정입니다)"라고 하였다. 따라서 (D)가 정답이다.

패러프레이징
sale 할인 → discounts 할인

## [07-09] 🎧 미국식 발음

Questions 7-9 refer to the following excerpt from a meeting.

---

Hello, everyone. Thank you for being here today for Greener World's annual conference. 07This year's event is noteworthy because it has the highest number of people in attendance ever. Today, I will be speaking about some environmental issues. 08First, however, I'm going to talk about the goal of our organization. With the cooperation of local governments, we support projects that help preserve our environment and maintain the cleanliness of water, air, and other natural resources. 09Following my talk, I will play a 30-minute movie that highlights some of the environmental work we have done.

---

noteworthy[nóutwə̀rði] 주목할 만한, 눈에 띄는   in attendance 참석한
environmental[invàirənméntl] 환경의   organization[ɔ̀ːrgənəzéiʃən] 단체
cooperation[kouà:pəréiʃən] 협조   local government 지방 자치 단체
preserve[prizə́ːrv] 보존하다   highlight[háilàit] 잘 보여주다, 강조하다

해석
7-9는 다음 회의 발췌록에 관한 문제입니다.

안녕하세요, 여러분. 오늘 Greener World의 연례 회의를 위해 여기에 와 주셔서 감사합니다. 07지금까지 가장 많은 수의 사람들이 참석해주셔서 올해의 행사가 주목할 만하네요. 오늘, 저는 몇 가지 환경 문제들에 대해 이야기할 것입니다. 08하지만, 먼저 우리 단체의 목표에 대해 말씀드리겠습니다. 지방 자치 단체와의 협조를 통해, 우리는 환경을 보존하고 물, 공기, 그리고 다른 천연자원의 청결을 유지하도록 돕는 프로젝트들을 지원합니다. 09제 연설 후에, 우리가 해온 환경과 관련된 작업의 일부를 잘 보여주는 30분짜리 영화를 틀어드리겠습니다.

### 07 특정 세부 사항 문제
해석 화자는 올해의 회의에 대해 무엇이 주목할 만하다고 말하는가?
(A) 참석자 수 규모
(B) 장소
(C) 발표자들
(D) 모금 활동을 위한 노력들

해설 질문의 핵심어구(noteworthy about this year's conference)와 관련된 내용을 주의 깊게 듣는다. 지문 초반부에서 "This year's event is noteworthy because it has the highest number of people in attendance ever(지금까지 가장 많은 수의 사람들이 참석해주셔서 올해의 행사가 주목할 만하네요)"라고 하였다. 따라서 (A)가 정답이다.

어휘 fundraising[fʌndrèiziŋ] 모금 활동의, 자금 조달의

## 08 특정 세부 사항 문제

해석 화자는 먼저 무엇을 논할 것인가?
(A) 프로젝트의 예산
(B) 정부 프로그램
(C) 단체의 목표
(D) 행사 일정

해설 질문의 핵심어구(discuss first)와 관련된 내용을 주의 깊게 듣는다. 지문 중반부에서 "First ~ I'm going to talk about the goal of our organization(먼저 우리 단체의 목표에 대해 말씀드리겠습니다)"이라고 하였다. 따라서 (C)가 정답이다.

패러프레이징
discuss 논하다 → talk about ~에 대해 말하다

어휘 budget[bʌ́dʒit] 예산, 비용

## 09 다음에 할 일 문제

해석 연설 후에 무슨 일이 일어날 것인가?
(A) 영화가 상영될 것이다.
(B) 몇몇 손님들이 무대 위로 올라갈 것이다.
(C) 사진 몇 장이 촬영될 것이다.
(D) 만찬 행사가 열릴 것이다.

해설 지문의 마지막 부분을 주의 깊게 듣는다. "Following my talk, I will play a 30-minute movie that highlights some of the environmental work we have done(제 연설 후에, 우리가 해온 환경과 관련된 작업의 일부를 잘 보여주는 30분짜리 영화를 틀어드리겠습니다)"이라고 하였다. 따라서 (A)가 정답이다.

패러프레이징
will play a ~ movie 영화를 틀 것이다 → A film will be shown 영화가 상영될 것이다

## [10-12] 🎧 영국식 발음

Questions 10-12 refer to the following talk.

> ¹⁰**Welcome to the Caluroso Glass Plant. Here, the art and tradition of glassmaking have been kept alive for more than a hundred years.** My name is Jessica Nelson, and I'll be your guide for today. Before we begin, ¹¹**I will hand out wireless headphones so that you will be able to hear me well. Please check that they are working properly.** Then, ¹²**we will all proceed to the second floor, where you'll witness how extreme heat is used in order to create art glass products.**

glassmaking[미 glǽsmèikiŋ, 영 glɑ́ːsmèikiŋ] 유리 제조술
properly [미 prɑ́ːpərli, 영 prɔ́pəli] 제대로, 적절히  proceed[prəsíːd] 이동하다
witness[wítnəs] 보다, 목격하다

해석
10-12는 다음 담화에 관한 문제입니다.

¹⁰Caluroso 유리 공장에 오신 것을 환영합니다. 여기서, 유리 제조술의 기술과 전통이 100년이 넘도록 유지되어 왔습니다. 제 이름은 Jessica Nelson이고, 오늘 여러분의 가이드가 될 것입니다. 시작하기 전에, ¹¹여러분들이 제가 하는 말을 잘 들으실 수 있도록 무선 헤드폰을 나눠드리겠습니다. 제대로 작동하는지 확인해주시기 바랍니다. 그런 다음, ¹²2층으로 다 함께 이동하여, 그곳에서 공예 유리 제품을 만들기 위해 얼마나 강한 열이 사용되는지를 보시겠습니다.

## 10 장소 문제

해석 청자들은 어디에 있는 것 같은가?
(A) 선물 가게에

(B) 미술관에
(C) 유리 공장에
(D) 연구 센터에

해설 장소와 관련된 표현을 놓치지 않고 듣는다. 지문 초반부에서 "Welcome to the Caluroso Glass Plant. Here, the art and tradition of glassmaking have been kept alive for more than a hundred years(Caluroso 유리 공장에 오신 것을 환영합니다. 여기서, 유리 제조술의 기술과 전통이 100년이 넘도록 유지되어 왔습니다)"라고 한 것을 통해, 화자들이 유리를 제조하는 유리 공장에 있음을 알 수 있다. 따라서 (C)가 정답이다.

패러프레이징
Plant 공장 → factory 공장

어휘 art gallery 미술관, 화랑

## 11 요청 문제

해석 화자는 청자들에게 무엇을 하라고 요청하는가?
(A) 출입증을 패용한다.
(B) 안내책자를 읽어본다.
(C) 후기를 작성한다.
(D) 기기를 확인한다.

해설 지문 중후반에서 요청과 관련된 표현이 포함된 문장을 주의 깊게 듣는다. "I will hand out wireless headphones ~. Please check that they are working properly(무선 헤드폰을 나눠드리겠습니다. 제대로 작동하는지 확인해주시기 바랍니다)"라고 하였다. 따라서 (D)가 정답이다.

패러프레이징
check 확인하다 → Test 확인하다
wireless headphones 무선 헤드폰 → device 기기

## 12 특정 세부 사항 문제

해석 청자들은 2층에서 무엇을 할 것인가?
(A) 공정을 관찰한다.
(B) 양식을 작성한다.
(C) 몇몇 장비를 착용한다.
(D) 의견을 준다.

해설 질문의 핵심어구(second floor)가 언급된 주변을 주의 깊게 듣는다. 지문 후반부에서 "we will all proceed to the second floor, where you'll witness how extreme heat is used in order to create art glass products(2층으로 다 함께 이동하여, 그곳에서 공예 유리 제품을 만들기 위해 얼마나 강한 열이 사용되는지를 보시겠습니다)"라고 하였다. 따라서 (A)가 정답이다.

패러프레이징
witness 보다 → Observe 관찰하다

어휘 observe[əbzə́ːrv] 관찰하다  gear[giər] 장비

## [13-15] 🎧 미국식 발음

Questions 13-15 refer to the following excerpt from a meeting.

> One last thing . . . I'd like to let you know that ¹³**management has launched a new initiative to encourage staff members to eat more healthily.** Starting February 1, you will be able to sign up for lunch delivery from a local vegetarian restaurant. Each day, you will receive a different sandwich and salad. ¹⁴**Payment for the meals must be made once a month** and will be withheld from your salary. If you are interested, please speak to ¹⁵**Ms. Grayson, the head of human resources.**

launch[lɔːntʃ] 시작하다  initiative[iníʃiətiv] 계획
encourage[inkə́ːridʒ] 장려하다, 권장하다
withhold[wiðhóuld] (세금 등을 임금에서) 공제하다  salary[sǽləri] 급여

13-15번은 다음 회의 발췌록에 관한 문제입니다.

마지막으로… ¹³경영진은 직원들이 더 건강하게 먹도록 장려하기 위한 새로운 계획을 시작했다는 것을 알려드리고자 합니다. 2월 1일부터, 여러분은 지역 채식 식당으로부터 점심 식사 배달을 신청할 수 있게 됩니다. 매일, 여러분은 각각 다른 샌드위치와 샐러드를 받을 것입니다. ¹⁴식사에 대한 지불은 한 달에 한 번 이루어져야 하고 여러분의 급여에서 공제될 것입니다. 만약 관심이 있으시다면, ¹⁵인사부장인 Ms. Grayson께 이야기해주세요.

## 13 특정 세부 사항 문제
해석 계획의 목표는 무엇인가?
(A) 높은 효율성을 장려하기 위해
(B) 직원 사기를 증진시키기 위해
(C) 좋은 영양 섭취를 장려하기 위해
(D) 직원 스트레스를 줄이기 위해

해설 질문의 핵심어구(goal of the initiative)와 관련된 내용을 주의 깊게 듣는다. 지문 초반부에서 "management has launched a new initiative to encourage staff members to eat more healthily(경영진은 직원들이 더 건강하게 먹도록 장려하기 위한 새로운 계획을 시작했습니다)"라고 하였다. 따라서 (C)가 정답이다.

패러프레이징
encourage ~ to eat more healthily 더 건강하게 먹도록 장려하다 → promote good nutrition 좋은 영양 섭취를 장려하다

어휘 efficiency [ifíʃənsi] 효율성  morale [məráel] 사기, 의욕
promote [prəmóut] 장려하다, 홍보하다

## 14 특정 세부 사항 문제
해석 계획의 요건은 무엇인가?
(A) 경영진 승인
(B) 교대 근무
(C) 정기적인 의견
(D) 월별 납부

해설 질문의 핵심어구(requirement of the initiative)와 관련된 내용을 주의 깊게 듣는다. 지문 중후반부에서 "Payment for the meals must be made once a month(식사에 대한 지불은 한 달에 한 번 이뤄져야 합니다)"라고 하였다. 따라서 (D)가 정답이다.

어휘 approval [əprúːvəl] 승인  shift work 교대 근무

## 15 언급 문제
해석 Ms. Grayson에 대해 무엇이 언급되는가?
(A) 그녀는 최근에 승진을 했다.
(B) 그녀는 부서장이다.
(C) 그녀는 은퇴하기로 결정했다.
(D) 그녀는 다른 지점으로 이동할 것이다.

해설 질문의 핵심어구(Ms. Grayson)가 언급된 주변을 주의 깊게 듣는다. 지문 후반부에서 "Ms. Grayson, the head of human resources(인사부장인 Ms. Grayson)"라고 하였다. 따라서 (B)가 정답이다.

[16-18] 〖3세〗 호주식 발음

Questions 16-18 refer to the following announcement.

Before we discuss our project, ¹⁶**I would like to mention that starting next week we will be adopting a new work system in the laboratory**. As soon as you finish your product analysis, ¹⁷**you should not only record the results in your logbook but also prepare a report that must be signed by your supervisor.** ¹⁸**Always remember to put the product codes on your reports** ○

**so that we can have an effective control system for documentation.** Also, make sure that you have backup copies. Does anybody want to ask me anything before we continue?

adopt [미 ədáːpt, 영 ədɔ́pt] 도입하다, 채택하다  analysis [ənǽləsis] 분석
record [미 rikɔ́ːrd, 영 rikɔ́ːd] 기록하다  logbook [미 lɑ́ːgbùk, 영 lɔ́gbuk] 일지
documentation [미 dàːkjumentéiʃən, 영 dɔ̀kjəmentéiʃən] 문서(화)
backup [bǽkʌ̀p] 예비(품)

16-18은 다음 공지에 관한 문제입니다.

우리의 프로젝트를 논의하기 전에, ¹⁶다음 주부터 우리가 연구소에서 새로운 작업 체계를 도입하게 될 것임을 말씀드리고 싶습니다. 여러분은 제품 분석을 마치는 대로, ¹⁷일지에 결과를 기록해야 할 뿐 아니라 여러분의 감독관으로부터 서명을 받은 보고서도 준비해야 합니다. ¹⁸우리가 문서화를 위한 효과적인 관리 체계를 갖추도록 상품 코드를 보고서에 기입하는 것을 항상 잊지 마시기 바랍니다. 또한, 반드시 예비 사본도 가지고 있으셔야 합니다. 계속 진행하기 전에 질문 있으신 분 계십니까?

## 16 화자 문제
해석 화자는 어디에서 일하는 것 같은가?
(A) 컴퓨터 회사에서
(B) 대학교에서
(C) 식품 공장에서
(D) 연구소에서

해설 지문에서 신분 및 직업과 관련된 표현을 놓치지 않고 듣는다. 지문 초반부에서 "I would like to mention that starting next week we will be adopting a new work system in the laboratory(다음 주부터 우리가 연구소에서 새로운 작업 체계를 도입하게 될 것임을 말씀드리고 싶습니다)"라고 한 것을 통해, 화자가 연구소에서 일하고 있음을 알 수 있다. 따라서 (D)가 정답이다.

## 17 요청 문제
해석 청자들은 무엇을 하도록 요청받는가?
(A) 보고서를 작성한다.
(B) 실험을 한다.
(C) 제안서를 검토한다.
(D) 회의에 참석한다.

해설 지문 중후반에서 요청과 관련된 표현이 포함된 문장을 주의 깊게 듣는다. "you should ~ prepare a report that must be signed by your supervisor(여러분의 감독관으로부터 서명을 받은 보고서도 준비해야 합니다)"라고 하였다. 따라서 (A)가 정답이다.

어휘 experiment [ikspérəmənt] 실험

## 18 특정 세부 사항 문제
해석 화자에 따르면, 상품 코드는 무엇을 위한 것인가?
(A) 품질 보증하기
(B) 문서 관리하기
(C) 자료 분석하기
(D) 견본 준비하기

해설 질문의 핵심어구(product codes)가 언급된 주변을 주의 깊게 듣는다. 지문 중후반부에서 "Always remember to put the product codes on your reports so that we can have an effective control system for documentation(우리가 문서화를 위한 효과적인 관리 체계를 갖추도록 상품 코드를 보고서에 기입하는 것을 항상 잊지 마시기 바랍니다)"라고 하였다. 따라서 (B)가 정답이다.

have ~ control system for documentation 문서화를 위한 관리 체계를 갖추다 → Managing documents 문서 관리하기

어휘 assure[əʃúər] 보증하다, 책임지다

**[19-21]** 3회 미국식 발음

Questions 19-21 refer to the following talk.

> ¹⁹**I appreciate that you all took the time to come to this farewell party for Andrea Blight.** Tonight, as we honor Ms. Blight, I can't help but feel a bit sad about her upcoming move to the United States. She has been such a talented and hardworking associate here at our firm. In addition to that, she has been a very good friend to everyone, always offering her assistance to anyone who needs it. ²⁰**As the senior partner in this law firm, I have no doubt that she will be successful in her endeavors.** ²¹**I would now like to invite Ms. Blight up to the stage to say a few words.**

appreciate[əpríʃieit] 감사하다  farewell party 송별회
honor[ánər] 경의를 표하다  upcoming[ʌ́pkʌ̀miŋ] 곧 (있을)
talented[tǽləntid] 재능 있는  hardworking[hárdwə̀rkiŋ] 열심히 일하는
assistance[əsístəns] 도움  senior partner (법률 회사 등의) 대표 변호사
successful[səksésfəl] 성공적인  endeavor[indévər] 노력, 시도

해석

19-21은 다음 담화에 관한 문제입니다.

¹⁹여러분 모두 시간을 내어 Andrea Blight를 위한 이 송별회에 와 주셔서 감사합니다. 오늘 밤, Ms. Blight에게 경의를 표하며, 저는 그녀가 곧 미국으로 이주하는 것에 대해 조금 슬퍼하지 않을 수 없습니다. 그녀는 이곳 우리 회사에서 매우 재능 있고 열심히 일하는 동료였습니다. 그뿐 아니라, 그녀는 도움이 필요한 사람에게 언제나 도움을 주는, 모두에게 매우 좋은 친구였습니다. ²⁰이 법률 회사의 대표 변호사로서, 저는 그녀의 노력들이 성공적일 것이라고 믿어 의심치 않습니다. ²¹이제 Ms. Blight가 짧은 연설을 하도록 무대로 모시겠습니다.

**19 주제 문제**

해석 담화는 주로 무엇에 관한 것인가?
(A) 떠나는 직원
(B) 지점 개점
(C) 회사의 확장
(D) 신입 사원

해설 담화의 주제를 묻는 문제이므로, 지문의 초반을 주의 깊게 들은 후 전체 맥락을 파악한다. "I appreciate that you all took the time to come to this farewell party for Andrea Blight(여러분 모두 시간을 내어 Andrea Blight를 위한 이 송별회에 와 주셔서 감사합니다)"이라고 한 후, 떠나는 직원에 대한 내용으로 담화가 이어지고 있다. 따라서 (A)가 정답이다.

어휘 depart[dipá:rt] 떠나다  branch[brænt ʃ] 지점  expansion[ikspǽnʃən] 확장

**20 화자 문제**

해석 화자의 직업은 무엇인 것 같은가?
(A) 연예인
(B) 변호사
(C) 여행 보조원
(D) 법원 판사

해설 지문에서 신분 및 직업과 관련된 표현을 놓치지 않고 듣는다. 지문 중후반부에서 "As the senior partner in this law firm, I have no doubt that she will be successful in her endeavors(이 법률 회사의 대표 변호사로서, 저는 그녀의 노력들이 성공적일 것이라고 믿어 의심치 않습니다)"라고

한 것을 통해, 화자가 법률 회사의 변호사임을 알 수 있다. 따라서 (B)가 정답이다.

패러프레이징

senior partner 대표 변호사 → lawyer 변호사

**21 다음에 할 일 문제**

해석 다음에 무슨 일이 일어날 것인가?
(A) 상이 수여될 것이다,
(B) 연설이 있을 것이다.
(C) 콘서트가 시작될 것이다.
(D) 쇼가 끝날 것이다.

해설 지문의 마지막 부분을 주의 깊게 듣는다. "I would now like to invite Ms. Blight up to the stage to say a few words(이제 Ms. Blight가 짧은 연설을 하도록 무대로 모시겠습니다)"라고 하였다. 따라서 (B)가 정답이다.

패러프레이징

say a few words 짧은 연설을 하다 → A speech ~ be given 연설이 있다

어휘 present[prizént] 수여하다, 주다  conclude[kənklú:d] 끝나다

**[22-24]** 3회 호주식 발음

Questions 22-24 refer to the following talk.

> I'm pleased to welcome all exhibitors to the Tisdale Agricultural Fair. ²³**This is my first year being in charge of organizing this event**, so I'm a little nervous. I hope that all of you enjoy displaying your produce, farm equipment, and related items over the next three days. Before you begin setting up, though, I'd like to remind you that ²³**exhibitors are responsible for keeping their booths clean. Our janitors need to focus on the public areas.** Also, please note that ²⁴**the opening ceremony tomorrow morning has been pushed back from 9 A.M. to 10 A.M. The technicians will need additional time to set up the speakers and microphones.** Thank you.

exhibitor[igzíbitər] 참가자, 출품자
produce[미 prə́du:s, 영 prɔ́dju:s] 농산물, 생산물
janitor[미 dʒǽnətər, 영 dʒǽnitə] (빌딩 등의) 관리인, 수위
push back (시간이나 날짜를) 미루다

해석

22-24는 다음 담화에 관한 문제입니다.

저는 Tisdale 농업 박람회의 모든 참가자들을 환영하게 되어 기쁩니다. ²²이번이 제가 이러한 행사 준비의 책임을 맡은 첫해여서, 저는 조금 긴장되네요. 여러분 모두가 앞으로의 3일 동안 농산물, 농업 기구, 그리고 관련 품목들의 전시를 즐기시길 바랍니다. 그렇지만 여러분이 준비를 시작하기 전에, ²³참가자들은 각자의 부스를 깨끗하게 유지할 책임이 있음을 상기시켜드리고자 합니다. 저희 시설 관리인들은 공용 구역에 집중해야 합니다. 또한, ²⁴내일 아침 개막식이 오전 9시에서 오전 10시로 미뤄졌음을 유념해 주십시오. 기술자들이 스피커와 마이크를 설치하는 데 추가적인 시간이 필요할 것입니다. 감사합니다.

**22 화자 문제**

해석 화자는 누구인 것 같은가?
(A) 매체 대표
(B) 농장 노동자
(C) 정비 관리자
(D) 행사 기획자

해설 지문에서 신분 및 직업과 관련된 표현을 놓치지 않고 듣는다. 지문 초반부에서 "This is my first year being in charge of organizing this

PART 4

해커스 토익 750+ LC

event(이번이 제가 이러한 행사 준비의 책임을 맡은 첫해입니다)"라고 한 것을 통해, 화자가 행사 기획자임을 알 수 있다. 따라서 (D)가 정답이다.

패러프레이징
being in charge of organizing ~ event 행사 준비의 책임을 맡다 → event organizer 행사 기획자

어휘 representative[rèprizéntətiv] 대표, 대리인

## 23 의도 파악 문제

해석 화자는 왜 "저희 시설 관리인들은 공용 구역에 집중해야 합니다"라고 말하는가?
(A) 제안을 하기 위해
(B) 방침을 설명하기 위해
(C) 요금을 정당화하기 위해
(D) 요청을 수락하기 위해

해설 질문의 인용어구(Our janitors need to focus on the public areas)가 언급된 주변을 주의 깊게 듣는다. 지문 중반부에서 "exhibitors are responsible for keeping their booths clean(참가자들은 각자의 부스를 깨끗하게 유지할 책임이 있습니다)"이라며 시설 관리인들은 공용 구역에 집중해야 한다고 하였으므로, 화자가 참가자들이 부스를 깨끗하게 유지해야 한다는 방침을 설명하려는 의도임을 알 수 있다. 따라서 (B)가 정답이다.

어휘 justify[dʒʌ́stifai] 정당화하다, 해명하다

## 24 이유 문제

해석 기념식은 왜 연기되었는가?
(A) 기술자들이 늦게 도착할 것이다.
(B) 가구가 옮겨질 것이다.
(C) 참가자들이 도움을 필요로 할 것이다.
(D) 장비가 설치될 것이다.

해설 질문의 핵심어구(ceremony ~ postponed)와 관련된 내용을 주의 깊게 듣는다. 지문 후반부에서 "the opening ceremony ~ has been pushed back from 9 A.M. to 10 A.M. The technicians will need additional time to set up the speakers and microphones(개막식이 오전 9시에서 오전 10시로 미뤄졌습니다. 기술자들이 스피커와 마이크를 설치하는 데 추가적인 시간이 필요할 것입니다)"라고 하였다. 따라서 (D)가 정답이다.

패러프레이징
been postponed 연기되다 → been pushed back 미뤄지다
set up 설치하다 → be installed 설치되다

어휘 furniture[fə́rnitʃər] 가구, 비품

## [25-27] 🎧 영국식 발음

Questions 25-27 refer to the following introduction and graph.

Thank you for coming to this meet-and-greet event. ²⁵**I'm here to speak briefly about renowned playwright Martina Lopez's many accomplishments** over the years. She has created plays and musicals that have touched audiences around the world. At ²⁶**the Global Theater Arts Conference, which I attended last month**, she was honored as a special guest by the Committee for Stage Performance. Additionally, her most recent play *Gone Away* was recognized by the Latin American Arts Society. ²⁷**A record-breaking number of people came to see the performance during one month of its run at Kenbury Theater, and the following month, she received a Golden Bell Award.** Now, let's all welcome Martina Lopez.

meet-and-greet[mìːtəngríːt] 만남과 대화의 행사 ⏺

playwright[pléirait] 극작가  accomplishment[əká:mpliʃmənt] 업적
record-breaking[미 rékərdbrèikiŋ, 영 rékɔːdbrèikiŋ] 전례가 없는, 기록을 깨뜨린
run[rʌn] 장기 공연

해석
25-27은 다음 소개와 그래프에 관한 문제입니다.

만남과 대화의 행사에 와 주셔서 감사드립니다. ²⁵저는 유명한 극작가인 Martina Lopez의 지난 몇 년간의 여러 업적들에 대해 잠시 이야기하고자 여기 있습니다. 그녀는 전 세계의 관객들을 감동시킨 연극과 뮤지컬을 제작했습니다. ²⁶제가 지난 달에 참석했던 세계 연극 예술 학회에서, 그녀는 무대 공연 위원회에 의해 특별 손님으로 예우되기도 하였습니다. 게다가, 그녀의 최신 연극 *Gone Away*는 라틴 아메리카 예술 협회에 의해 인정을 받았습니다. ²⁷Kenbury 극장에서의 장기 공연 중 한 달 동안 전례가 없는 많은 사람들이 그 공연을 보러 왔으며, 그 다음 달에 그녀는 Golden Bell 상을 받았습니다. 이제, 모두 Martina Lopez를 환영해 주시기 바랍니다.

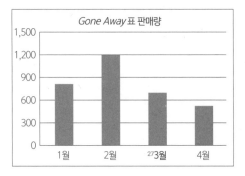

*Gone Away* 표 판매량

## 25 목적 문제

해석 담화의 목적은 무엇인가?
(A) 프로젝트를 발표하기 위해
(B) 몇몇 업적들을 이야기하기 위해
(C) 발표에 관한 세부 사항을 알리기 위해
(D) 새로운 뮤지컬을 홍보하기 위해

해설 담화의 목적을 묻는 문제이므로, 지문의 초반을 반드시 듣는다. "I'm here to speak briefly about ~ Martina Lopez's many accomplishments(저는 Martina Lopez의 여러 업적들에 대해 잠시 이야기하고자 여기 있습니다)"라고 하였다. 따라서 (B)가 정답이다.

패러프레이징
accomplishments 업적들 → achievements 업적들

어휘 achievement[ətʃíːvmənt] 업적, 공로

## 26 특정 세부 사항 문제

해석 화자는 지난달에 무엇을 했는가?
(A) 업계 행사에 갔다.
(B) 회사 소유주와 만났다.
(C) 연극 표를 구매했다.
(D) 공연자 목록을 만들었다.

해설 질문의 핵심어구(last month)가 언급된 주변을 주의 깊게 듣는다. 지문 중반부에서 "the Global Theater Arts Conference, which I attended last month(제가 지난달에 참석했던 세계 연극 예술 학회)"라고 하였다. 따라서 (A)가 정답이다.

어휘 industry[índəstri] 업계, 산업  performer[pərfɔ́rmər] 공연자, 연기자

## 27 시각 자료 문제

해석 시각 자료를 보아라. Martina Lopez는 언제 Golden Bell 상을 받았는가?
(A) 1월에
(B) 2월에
(C) 3월에

(D) 4월에

해설 질문의 핵심어구(receive the Golden Bell Award)가 언급된 주변을 주의 깊게 듣는다. 지문 후반부에서 "A record-breaking number of people came to see the performance during one month of its run ~ and the following month, she[Martina Lopez] received a Golden Bell Award(장기 공연 중 한 달 동안 전례가 없는 많은 사람들이 그 공연을 보러 왔으며, 그 다음 달에 그녀[Martina Lopez]는 Golden Bell 상을 받았습니다)"라고 하였으므로, 가장 많은 사람들이 공연을 보러 간 2월 다음의 3월에 Martina Lopez가 Golden Bell 상을 받았음을 시각 자료에서 확인할 수 있다. 따라서 (C)가 정답이다.

### [28-30] 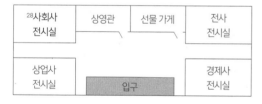 캐나다식 발음

Questions 28-30 refer to the following talk and floor plan.

Welcome to The Thayer Museum. I'm going to be guiding you around our facility today. OK . . . ²⁸**We will begin the tour with the exhibit that is right next to the theater**, and it should take us approximately three hours to view all of the exhibits in the museum. ²⁹**If you have questions at any time, I encourage you to raise your hand and ask.** Also, please note that ³⁰**we will stop by the gift shop at the end of the tour** so that you can buy some souvenirs.

souvenir[sùːvəniər] 기념품

해석

28-30은 다음 담화와 평면도에 관한 문제입니다.

Thayer 박물관에 오신 것을 환영합니다. 저는 오늘 여러분에게 시설을 안내해드릴 것입니다. 좋습니다… ²⁸우리는 상영관 바로 옆에 있는 전시실에서 견학을 시작할 것이고, 우리가 박물관에 있는 모든 전시실을 관람하는 데 약 세 시간 정도가 걸릴 것입니다. ²⁹언제든지 질문이 있으시면, 손을 들고 문의하시길 권해드립니다. 또한, ³⁰우리는 여러분이 몇몇 기념품들을 구입하실 수 있도록 견학의 마지막에 선물 가게에 들를 것임을 유념해 주시기 바랍니다.

| ²⁸사회사<br>전시실 | 상영관 | 선물 가게 | 전사<br>전시실 |
|---|---|---|---|
| 상업사<br>전시실 | | 입구 | 경제사<br>전시실 |

### 28 시각 자료 문제

해석 시각 자료를 보아라. 청자들은 어느 전시실을 먼저 관람할 것인가?
(A) 사회사
(B) 전사
(C) 상업사
(D) 경제사

해설 질문의 핵심어구(view first)와 관련된 내용을 주의 깊게 듣는다. 지문 초반부에서 "We will begin the tour with the exhibit that is right next to the theater(우리는 상영관 바로 옆에 있는 전시실에서 견학을 시작할 것입니다)"라고 하였으므로, 청자들이 상영관 바로 옆에 있는 사회사 전시실을 먼저 관람할 것임을 시각 자료에서 확인할 수 있다. 따라서 (A)가 정답이다.

패러프레이징
view 관람하다 → tour 견학

### 29 제안 문제

해석 화자는 청자들에게 무엇을 하라고 권하는가?
(A) 소지품을 챙긴다.
(B) 몇몇 유인물들을 읽는다.

(C) 휴대전화를 끈다.
(D) 몇몇 질문들을 한다.

해설 지문 중후반에서 제안과 관련된 표현이 포함된 문장을 주의 깊게 듣는다. "If you have questions at any time, I encourage you to ~ ask(언제든지 질문이 있으시면, 문의하시길 권해드립니다)"라고 하였다. 따라서 (D)가 정답이다.

패러프레이징
ask 문의하다 → Make some inquiries 몇몇 질문들을 하다

어휘 gather[gǽðər] 챙기다, 모으다  belonging[bilɔ́ːŋiŋ] 소지품
inquiry[inkwáiəri] 질문

### 30 다음에 할 일 문제

해석 청자들은 견학의 마지막에 무엇을 할 것 같은가?
(A) 가게를 방문한다.
(B) 버스에 탑승한다.
(C) 영화를 시청한다.
(D) 강연을 듣는다.

해설 지문의 마지막 부분을 주의 깊게 듣는다. "we will stop by the gift shop at the end of the tour(우리는 견학의 마지막에 선물 가게에 들를 것입니다)"라고 하였다. 따라서 (A)가 정답이다.

패러프레이징
stop by the ~ shop 가게에 들르다 → Visit a store 가게를 방문하다

20일 만에 끝내는

# 해커스
David Cho
# 토익
# 750+ LC

## 실전모의고사

**해커스 어학연구소**

## LISTENING TEST

In this section, you must demonstrate your ability to understand spoken English. This section is divided into four parts and will take approximately 45 minutes to complete. Do not mark the answers in your test book. Use the answer sheet that is provided separately.

## PART 1

**Directions:** For each question, you will listen to four short statements about a picture in your test book. These statements will not be printed and will only be spoken one time. Select the statement that best describes what is happening in the picture and mark the corresponding letter (A), (B), (C) or (D) on the answer sheet.

*Sample Answer*

The statement that best describes the picture is (B), "The man is sitting at the desk." So, you should mark letter (B) on the answer sheet.

**1.**

**2.**

*GO ON TO THE NEXT PAGE*

**3.**

**4.**

**5.**

**6.**

*GO ON TO THE NEXT PAGE*

## PART 2

**Directions:** For each question, you will listen to a statement or question followed by three possible responses spoken in English. They will not be printed and will only be spoken one time. Select the best response and mark the corresponding letter (A), (B), or (C) on your answer sheet.

7. Mark your answer on your answer sheet.

8. Mark your answer on your answer sheet.

9. Mark your answer on your answer sheet.

10. Mark your answer on your answer sheet.

11. Mark your answer on your answer sheet.

12. Mark your answer on your answer sheet.

13. Mark your answer on your answer sheet.

14. Mark your answer on your answer sheet.

15. Mark your answer on your answer sheet.

16. Mark your answer on your answer sheet.

17. Mark your answer on your answer sheet.

18. Mark your answer on your answer sheet.

19. Mark your answer on your answer sheet.

20. Mark your answer on your answer sheet.

21. Mark your answer on your answer sheet.

22. Mark your answer on your answer sheet.

23. Mark your answer on your answer sheet.

24. Mark your answer on your answer sheet.

25. Mark your answer on your answer sheet.

26. Mark your answer on your answer sheet.

27. Mark your answer on your answer sheet.

28. Mark your answer on your answer sheet.

29. Mark your answer on your answer sheet.

30. Mark your answer on your answer sheet.

31. Mark your answer on your answer sheet.

## PART 3

**Directions:** In this part, you will listen to several conversations between two or more speakers. These conversations will not be printed and will only be spoken one time. For each conversation, you will be asked to answer three questions. Select the best response and mark the corresponding letter (A), (B), (C), or (D) on your answer sheet.

**32.** What are the speakers mainly discussing?

    (A) A project deadline
    (B) A technical issue
    (C) A company regulation
    (D) A security procedure

**33.** What does the man recommend?

    (A) Using another computer
    (B) Requesting a new pass
    (C) Submitting a complaint
    (D) Talking to a colleague

**34.** What does the woman ask about?

    (A) The location of an office
    (B) The cost of a device
    (C) The name of a manager
    (D) The time of a meeting

**35.** Where most likely are the speakers?

    (A) At a movie theater
    (B) At a department store
    (C) At a ticket office
    (D) At a recording studio

**36.** Which seat location does the woman select?

    (A) The lower box
    (B) The main auditorium
    (C) The upper box
    (D) The front row

**37.** What does the man ask the woman to do?

    (A) Use a credit card
    (B) Read a booklet
    (C) Save a receipt
    (D) Print a ticket

**38.** What is the conversation mainly about?

    (A) A retirement party
    (B) A training workshop
    (C) A client dinner
    (D) A press conference

**39.** Why did Josh decide to make a purchase at Marion Sweets?

    (A) It is holding a sale.
    (B) It is located nearby.
    (C) It is open late at night.
    (D) It is offering free deliveries.

**40.** What does the woman suggest?

    (A) Downloading a coupon
    (B) Requesting a discount
    (C) Returning a product
    (D) Visiting a business

**41.** What does the woman want to do?

    (A) Assemble an item
    (B) Read a set of instructions
    (C) Clear out an office
    (D) Locate some people

**42.** Why is the man unavailable at the moment?

    (A) He has to attend a meeting.
    (B) He has to find a document.
    (C) He must install light bulbs.
    (D) He must turn in an assignment.

**43.** What does the woman say she will do?

    (A) Call another colleague
    (B) Purchase some shelves
    (C) Find a particular book
    (D) Sort some materials

*GO ON TO THE NEXT PAGE*

**44.** What does the man ask the woman to do?

(A) Send a travel itinerary
(B) Forward a conference schedule
(C) Reserve a hotel room in New York
(D) Provide a copy of a document

**45.** What will the speakers most likely do tomorrow?

(A) Attend a social event
(B) Confirm a booking
(C) Depart on a trip
(D) Visit with a client

**46.** Why was the woman unable to finish a task?

(A) She didn't have the needed documents.
(B) She was busy with other work.
(C) She was away for a conference.
(D) She didn't have authorization.

**47.** What industry do the speakers work in?

(A) Energy
(B) Electronics
(C) Law
(D) Transportation

**48.** Why does the man say, "Our department head is reviewing it"?

(A) To confirm a plan
(B) To show appreciation
(C) To explain a delay
(D) To express satisfaction

**49.** What does the woman ask the man to do?

(A) Notify a coworker
(B) Update a database
(C) Send an e-mail
(D) Deliver a package

**50.** What does the woman mean when she says, "I was out of the office all morning"?

(A) She met with some customers.
(B) She was unable to complete a task.
(C) She was unaware of some news.
(D) She missed an important meeting.

**51.** According to the woman, what did the new director do last month?

(A) Announced salary increases
(B) Gave workers a day off
(C) Held an event for staff
(D) Distributed evaluation results

**52.** Why is the man visiting the Greenwood branch?

(A) To interview job applicants
(B) To train new employees
(C) To assess local performance
(D) To review sales records

**53.** What are the speakers mainly discussing?

(A) The cost of an order
(B) The location of a business
(C) The installation of a machine
(D) The arrival of a shipment

**54.** What problem does the man mention?

(A) A vehicle malfunctioned.
(B) A project was canceled.
(C) A package was damaged.
(D) A coworker resigned.

**55.** What does Sarah have to do?

(A) Go to a storeroom
(B) Check a parcel
(C) Meet with a supervisor
(D) Contact a supplier

**56.** Who most likely is the woman?

(A) A ticket agent
(B) An airline pilot
(C) A hotel manager
(D) A security guard

**57.** What does the woman ask about?

(A) A schedule preference
(B) A payment method
(C) A reservation process
(D) A seating option

**58.** What most likely will the man do next?

(A) Change a password
(B) Provide information
(C) Create an account
(D) Submit an application

**59.** Which department does the man most likely work in?

(A) Customer service
(B) Sales
(C) Finance
(D) Marketing

**60.** What does the man warn about?

(A) Data loss
(B) A shipping delay
(C) Screen damage
(D) A price increase

**61.** What will the woman most likely do this afternoon?

(A) Apply for a membership
(B) Cancel a reservation
(C) Read a manual
(D) Go to a clinic

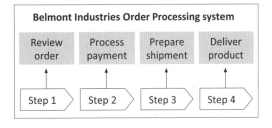

**62.** What did the man do this morning?

(A) Submitted a proposal
(B) Toured a warehouse
(C) Attended a meeting
(D) Trained an employee

**63.** Look at the graphic. Which step will be changed?

(A) Step 1
(B) Step 2
(C) Step 3
(D) Step 4

**64.** What does the woman reassure the man?

(A) A storage facility will be accessible.
(B) A colleague will provide suggestions.
(C) A review process will be fair.
(D) A customer will accept a proposal.

*GO ON TO THE NEXT PAGE*

| Service | Rate |
|---|---|
| • Cut | $20 |
| • Perm | $40 |
| • Styling | $45 |
| • Extensions | $75 |

| Conference Rooms | Capacity | Equipment |
|---|---|---|
| 301 | 30 | Whiteboard |
| 302 | 20 | Whiteboard |
| 303 | 25 | Projector |
| 304 | 35 | Projector |

**65.** What does the man say about the business?

(A) It is having a sale.
(B) It recently opened.
(C) It is currently busy.
(D) It has hired new staff.

**66.** What does the woman agree to do?

(A) Return to a business later
(B) Wait for an opening
(C) Make an appointment online
(D) Complete a customer survey

**67.** Look at the graphic. How much will the woman probably pay?

(A) $20
(B) $40
(C) $45
(D) $75

**68.** What problem does the man mention?

(A) His team members have low morale.
(B) A deadline might not be met.
(C) His colleagues are not ready for a meeting.
(D) A schedule has not been sent out yet.

**69.** Look at the graphic. Where will the meeting be held?

(A) Room 301
(B) Room 302
(C) Room 303
(D) Room 304

**70.** What does the woman ask the man to do?

(A) Book an assembly space
(B) Announce a meeting location
(C) Distribute printed materials
(D) Check some electronics

## PART 4

**Directions:** In this part, you will listen to several short talks by a single speaker. These talks will not be printed and will only be spoken one time. For each talk, you will be asked to answer three questions. Select the best response and mark the corresponding letter (A), (B), (C), or (D) on your answer sheet.

**71.** What is the talk mainly about?

(A) The success of a business
(B) A new employee
(C) An upcoming workshop
(D) Some marketing strategies

**72.** What does the speaker say about the company?

(A) It will relocate to another city.
(B) It will introduce a new benefit.
(C) It will open an additional branch.
(D) It will hire more personnel.

**73.** What will happen on December 8?

(A) A report will be distributed.
(B) A celebration will be held.
(C) A promotion will be launched.
(D) A manager will be replaced.

---

**74.** Why is the speaker calling?

(A) To schedule a meeting
(B) To respond to an inquiry
(C) To change a service
(D) To request a document

**75.** What information does the speaker say is included in the brochure?

(A) Product specifications
(B) Service fees
(C) Branch locations
(D) Business hours

**76.** What does the speaker offer to do?

(A) Arrange a demonstration
(B) Make a brochure
(C) Extend a warranty
(D) Install a device

---

**77.** What is the advertisement about?

(A) A teacher training workshop
(B) An aerobics course
(C) A musical performance
(D) A language class

**78.** What most likely was Mila Andropov's previous occupation?

(A) Receptionist
(B) Singer
(C) Dancer
(D) Author

**79.** What can listeners receive for free?

(A) A consultation
(B) A clothing item
(C) A monthly pass
(D) A publication

---

**80.** What problem does the speaker mention?

(A) An airport is undergoing renovations.
(B) A departure has been canceled.
(C) Baggage has been misplaced.
(D) Equipment is malfunctioning.

**81.** What does the speaker mean when she says, "there is a customer service desk next to the escalators"?

(A) Reservations can be confirmed.
(B) A complaint can be made.
(C) Directions will be given.
(D) Transportation will be arranged.

**82.** Why are long wait times expected?

(A) A flight has not arrived.
(B) A form is unavailable.
(C) A regulation has changed.
(D) An area is understaffed.

---

*GO ON TO THE NEXT PAGE*

83. Where does the speaker most likely work?

(A) At a construction firm
(B) At a media company
(C) At a city museum
(D) At a federal agency

84. Why is the zoo being shut down?

(A) It will be relocated.
(B) It is hosting a private event.
(C) It must undergo improvements.
(D) It does not make a profit.

85. What will happen in July?

(A) A facility will reopen.
(B) Construction will begin.
(C) A budget will be increased.
(D) A Web site will be launched.

86. Why does the speaker say, "Our director, Joe Lawrence, recommended your services"?

(A) To stress the importance of a project
(B) To provide an incentive to participate
(C) To give a reason for an offer
(D) To show a willingness to negotiate

87. What is the company planning to build?

(A) A sports facility
(B) A luxury hotel
(C) A conference center
(D) An apartment complex

88. What does the speaker ask Ms. Rodriguez to bring to the meeting?

(A) An updated résumé
(B) A reference letter
(C) Work samples
(D) Clothing designs

89. What will happen this weekend?

(A) A movie will be released.
(B) An award will be given.
(C) A review will be published.
(D) A service will be launched.

90. What is mentioned about Mr. Kellen?

(A) He has opened a business in Rome.
(B) He has appeared in the popular film.
(C) He plans to write a novel about space.
(D) He works at an educational institution.

91. What will Mr. Kellen talk about?

(A) A future project
(B) A recent trip
(C) A successful product
(D) A popular performance

92. What does the speaker imply when she says, "I had to check it again to be sure"?

(A) She was surprised by an amount.
(B) She was unhappy with a proposal.
(C) She was worried about a client.
(D) She was confused by a problem.

93. What does the speaker mention about the property?

(A) It includes several buildings.
(B) It is available for rent.
(C) It was recently sold.
(D) It has a view of the ocean.

94. What does the speaker ask the listener to do?

(A) Return a call
(B) Delay an appointment
(C) Visit a showroom
(D) Provide a number

| Stairs | Dining Room | Kitchen |
| --- | --- | --- |
| Library | Main Hall | |
| | | Entrance |

| Speaker | Presentation |
| --- | --- |
| Maria Court | International Sales |
| Jennifer Trang | Cover Design |
| Kelly Smith | Author Rights |
| Leslie Oman | Online publishing |

**95.** Who most likely is the speaker?

(A) A building manager
(B) A front desk clerk
(C) A tour guide
(D) An interior designer

**96.** What does the speaker say he will do?

(A) Hand out visitor passes
(B) Talk about some objects
(C) Modify a building map
(D) Explain some rules

**97.** Look at the graphic. Where are the listeners instructed to meet at 4 P.M.?

(A) The dining room
(B) The kitchen
(C) The main hall
(D) The library

**98.** Where is the announcement taking place?

(A) At a financial institute
(B) At a bookstore branch
(C) At a publishing firm
(D) At an accommodation facility

**99.** Look at the graphic. Who created the survey?

(A) Maria Court
(B) Jennifer Trang
(C) Kelly Smith
(D) Leslie Oman

**100.** According to the speaker, what will happen tonight?

(A) Tables will be moved.
(B) Documents will be copied.
(C) Results will be reviewed.
(D) Certificates will be presented.

# 점수 환산표

문제 풀이 후, 정답 개수를 세어 자신의 토익 리스닝 점수를 예상해 보세요.

| 정답 수 | 리스닝 점수 | 정답 수 | 리스닝 점수 |
|---|---|---|---|
| 98~100개 | 495점 | 47~49개 | 210~220점 |
| 95~97개 | 485~495점 | 44~46개 | 195~205점 |
| 92~94개 | 470~480점 | 41~43개 | 180~190점 |
| 89~91개 | 455~465점 | 38~40개 | 165~175점 |
| 86~88개 | 435~450점 | 35~37개 | 150~160점 |
| 83~85개 | 415~430점 | 32~34개 | 135~145점 |
| 80~82개 | 395~410점 | 29~31개 | 120~130점 |
| 77~79개 | 375~390점 | 26~28개 | 105~115점 |
| 74~76개 | 355~370점 | 23~25개 | 90~100점 |
| 71~73개 | 335~350점 | 20~22개 | 75~85점 |
| 68~70개 | 315~330점 | 17~19개 | 60~70점 |
| 65~67개 | 300~310점 | 14~16개 | 45~55점 |
| 62~64개 | 285~295점 | 11~13개 | 30~40점 |
| 59~61개 | 270~280점 | 8~10개 | 15~25점 |
| 56~58개 | 255~265점 | 5~7개 | 5~10점 |
| 53~55개 | 240~250점 | 2~4개 | 0~5점 |
| 50~52개 | 225~235점 | 0~1개 | 0~5점 |

* 점수 환산표는 해커스토익 사이트 유저 데이터를 근거로 제작되었으며, 주기적으로 업데이트되고 있습니다. 해커스토익 사이트(Hackers.co.kr)에서 최신 경향을 반영하여 업데이트된 점수환산기를 이용하실 수 있습니다. (토익 > 토익게시판 > 토익점수환산기)

# Answer Sheet

## LISTENING (Part I~IV)

| # | | | | | # | | | | | # | | | | | # | | | | | # | | | | |
|---|---|---|---|---|---|---|---|---|---|---|---|---|---|---|---|---|---|---|---|---|---|---|---|---|
| 1 | Ⓐ | Ⓑ | Ⓒ | Ⓓ | 21 | Ⓐ | Ⓑ | Ⓒ | | 41 | Ⓐ | Ⓑ | Ⓒ | Ⓓ | 61 | Ⓐ | Ⓑ | Ⓒ | Ⓓ | 81 | Ⓐ | Ⓑ | Ⓒ | Ⓓ |
| 2 | Ⓐ | Ⓑ | Ⓒ | Ⓓ | 22 | Ⓐ | Ⓑ | Ⓒ | | 42 | Ⓐ | Ⓑ | Ⓒ | Ⓓ | 62 | Ⓐ | Ⓑ | Ⓒ | Ⓓ | 82 | Ⓐ | Ⓑ | Ⓒ | Ⓓ |
| 3 | Ⓐ | Ⓑ | Ⓒ | Ⓓ | 23 | Ⓐ | Ⓑ | Ⓒ | | 43 | Ⓐ | Ⓑ | Ⓒ | Ⓓ | 63 | Ⓐ | Ⓑ | Ⓒ | Ⓓ | 83 | Ⓐ | Ⓑ | Ⓒ | Ⓓ |
| 4 | Ⓐ | Ⓑ | Ⓒ | Ⓓ | 24 | Ⓐ | Ⓑ | Ⓒ | | 44 | Ⓐ | Ⓑ | Ⓒ | Ⓓ | 64 | Ⓐ | Ⓑ | Ⓒ | Ⓓ | 84 | Ⓐ | Ⓑ | Ⓒ | Ⓓ |
| 5 | Ⓐ | Ⓑ | Ⓒ | Ⓓ | 25 | Ⓐ | Ⓑ | Ⓒ | | 45 | Ⓐ | Ⓑ | Ⓒ | Ⓓ | 65 | Ⓐ | Ⓑ | Ⓒ | Ⓓ | 85 | Ⓐ | Ⓑ | Ⓒ | Ⓓ |
| 6 | Ⓐ | Ⓑ | Ⓒ | Ⓓ | 26 | Ⓐ | Ⓑ | Ⓒ | | 46 | Ⓐ | Ⓑ | Ⓒ | Ⓓ | 66 | Ⓐ | Ⓑ | Ⓒ | Ⓓ | 86 | Ⓐ | Ⓑ | Ⓒ | Ⓓ |
| 7 | Ⓐ | Ⓑ | Ⓒ | | 27 | Ⓐ | Ⓑ | Ⓒ | | 47 | Ⓐ | Ⓑ | Ⓒ | Ⓓ | 67 | Ⓐ | Ⓑ | Ⓒ | Ⓓ | 87 | Ⓐ | Ⓑ | Ⓒ | Ⓓ |
| 8 | Ⓐ | Ⓑ | Ⓒ | | 28 | Ⓐ | Ⓑ | Ⓒ | | 48 | Ⓐ | Ⓑ | Ⓒ | Ⓓ | 68 | Ⓐ | Ⓑ | Ⓒ | Ⓓ | 88 | Ⓐ | Ⓑ | Ⓒ | Ⓓ |
| 9 | Ⓐ | Ⓑ | Ⓒ | | 29 | Ⓐ | Ⓑ | Ⓒ | | 49 | Ⓐ | Ⓑ | Ⓒ | Ⓓ | 69 | Ⓐ | Ⓑ | Ⓒ | Ⓓ | 89 | Ⓐ | Ⓑ | Ⓒ | Ⓓ |
| 10 | Ⓐ | Ⓑ | Ⓒ | | 30 | Ⓐ | Ⓑ | Ⓒ | Ⓓ | 50 | Ⓐ | Ⓑ | Ⓒ | Ⓓ | 70 | Ⓐ | Ⓑ | Ⓒ | Ⓓ | 90 | Ⓐ | Ⓑ | Ⓒ | Ⓓ |
| 11 | Ⓐ | Ⓑ | Ⓒ | | 31 | Ⓐ | Ⓑ | Ⓒ | Ⓓ | 51 | Ⓐ | Ⓑ | Ⓒ | Ⓓ | 71 | Ⓐ | Ⓑ | Ⓒ | Ⓓ | 91 | Ⓐ | Ⓑ | Ⓒ | Ⓓ |
| 12 | Ⓐ | Ⓑ | Ⓒ | | 32 | Ⓐ | Ⓑ | Ⓒ | Ⓓ | 52 | Ⓐ | Ⓑ | Ⓒ | Ⓓ | 72 | Ⓐ | Ⓑ | Ⓒ | Ⓓ | 92 | Ⓐ | Ⓑ | Ⓒ | Ⓓ |
| 13 | Ⓐ | Ⓑ | Ⓒ | | 33 | Ⓐ | Ⓑ | Ⓒ | Ⓓ | 53 | Ⓐ | Ⓑ | Ⓒ | Ⓓ | 73 | Ⓐ | Ⓑ | Ⓒ | Ⓓ | 93 | Ⓐ | Ⓑ | Ⓒ | Ⓓ |
| 14 | Ⓐ | Ⓑ | Ⓒ | | 34 | Ⓐ | Ⓑ | Ⓒ | Ⓓ | 54 | Ⓐ | Ⓑ | Ⓒ | Ⓓ | 74 | Ⓐ | Ⓑ | Ⓒ | Ⓓ | 94 | Ⓐ | Ⓑ | Ⓒ | Ⓓ |
| 15 | Ⓐ | Ⓑ | Ⓒ | | 35 | Ⓐ | Ⓑ | Ⓒ | Ⓓ | 55 | Ⓐ | Ⓑ | Ⓒ | Ⓓ | 75 | Ⓐ | Ⓑ | Ⓒ | Ⓓ | 95 | Ⓐ | Ⓑ | Ⓒ | Ⓓ |
| 16 | Ⓐ | Ⓑ | Ⓒ | | 36 | Ⓐ | Ⓑ | Ⓒ | Ⓓ | 56 | Ⓐ | Ⓑ | Ⓒ | Ⓓ | 76 | Ⓐ | Ⓑ | Ⓒ | Ⓓ | 96 | Ⓐ | Ⓑ | Ⓒ | Ⓓ |
| 17 | Ⓐ | Ⓑ | Ⓒ | | 37 | Ⓐ | Ⓑ | Ⓒ | Ⓓ | 57 | Ⓐ | Ⓑ | Ⓒ | Ⓓ | 77 | Ⓐ | Ⓑ | Ⓒ | Ⓓ | 97 | Ⓐ | Ⓑ | Ⓒ | Ⓓ |
| 18 | Ⓐ | Ⓑ | Ⓒ | | 38 | Ⓐ | Ⓑ | Ⓒ | Ⓓ | 58 | Ⓐ | Ⓑ | Ⓒ | Ⓓ | 78 | Ⓐ | Ⓑ | Ⓒ | Ⓓ | 98 | Ⓐ | Ⓑ | Ⓒ | Ⓓ |
| 19 | Ⓐ | Ⓑ | Ⓒ | | 39 | Ⓐ | Ⓑ | Ⓒ | Ⓓ | 59 | Ⓐ | Ⓑ | Ⓒ | Ⓓ | 79 | Ⓐ | Ⓑ | Ⓒ | Ⓓ | 99 | Ⓐ | Ⓑ | Ⓒ | Ⓓ |
| 20 | Ⓐ | Ⓑ | Ⓒ | | 40 | Ⓐ | Ⓑ | Ⓒ | Ⓓ | 60 | Ⓐ | Ⓑ | Ⓒ | Ⓓ | 80 | Ⓐ | Ⓑ | Ⓒ | Ⓓ | 100 | Ⓐ | Ⓑ | Ⓒ | Ⓓ |

시험시간: **45분**

맞은 문제 개수: _____ /100

답안지 마킹은 **연필**을 사용하시기 바랍니다.

---

자르는 선 ✂

---

# Answer Sheet
## 200% 활용법

교재에 수록된 실전모의고사 문제풀이에
활용할 수 있는 Answer Sheet입니다.

시험을 시작하기 전에 Answer Sheet를 잘라내어 사용하고,
정해진 시간 내에 답안지 마킹까지 완료하세요.

실제 시험처럼 연습해봄으로써,
시간 관리 방법을 익히고
실전 감각을 더욱 극대화할 수 있습니다.

## PART 1

| | | | | |
|---|---|---|---|---|
| 1. (B) | 2. (A) | 3. (B) | 4. (D) | 5. (B) |
| 6. (C) | | | | |

## PART 2

| | | | | |
|---|---|---|---|---|
| 7. (A) | 8. (C) | 9. (B) | 10. (C) | 11. (B) |
| 12. (C) | 13. (C) | 14. (A) | 15. (A) | 16. (B) |
| 17. (C) | 18. (B) | 19. (A) | 20. (A) | 21. (C) |
| 22. (A) | 23. (B) | 24. (C) | 25. (C) | 26. (A) |
| 27. (B) | 28. (C) | 29. (A) | 30. (B) | 31. (B) |

## PART 3

| | | | | |
|---|---|---|---|---|
| 32. (B) | 33. (D) | 34. (A) | 35. (C) | 36. (C) |
| 37. (B) | 38. (A) | 39. (D) | 40. (B) | 41. (A) |
| 42. (C) | 43. (D) | 44. (D) | 45. (C) | 46. (B) |
| 47. (B) | 48. (C) | 49. (A) | 50. (C) | 51. (C) |
| 52. (B) | 53. (D) | 54. (A) | 55. (B) | 56. (A) |
| 57. (A) | 58. (B) | 59. (B) | 60. (A) | 61. (D) |
| 62. (C) | 63. (C) | 64. (B) | 65. (C) | 66. (B) |
| 67. (A) | 68. (A) | 69. (D) | 70. (C) | |

## PART 4

| | | | | |
|---|---|---|---|---|
| 71. (A) | 72. (B) | 73. (B) | 74. (B) | 75. (A) |
| 76. (A) | 77. (B) | 78. (C) | 79. (A) | 80. (D) |
| 81. (C) | 82. (D) | 83. (B) | 84. (C) | 85. (A) |
| 86. (C) | 87. (C) | 88. (C) | 89. (A) | 90. (D) |
| 91. (A) | 92. (A) | 93. (D) | 94. (B) | 95. (C) |
| 96. (B) | 97. (C) | 98. (D) | 99. (B) | 100. (D) |

# PART 1

**1.** 🔊 미국식 발음

(A) She is taking off her helmet.
**(B) She is reaching toward a control panel.**
(C) She is tying back her hair.
(D) She is looking into a mirror.

take off 벗다 reach[riːtʃ] (손을) 뻗다 control panel 조작판
tie[tai] 묶다 look into ~을 들여다보다

해석 (A) 그녀는 헬멧을 벗고 있다.
　　(B) 그녀는 조작판으로 손을 뻗고 있다.
　　(C) 그녀는 머리를 묶고 있다.
　　(D) 그녀는 거울을 들여다보고 있다.

해설 (A) [×] 여자가 헬멧을 쓰고 있는 상태인데 헬멧을 벗고 있다고 잘못 묘사했으므로 오답이다.
　　(B) [○] 여자가 조작판으로 손을 뻗고 있는 모습을 정확히 묘사한 정답이다.
　　(C) [×] 여자의 머리가 이미 묶여진 상태인데 여자가 머리를 묶고 있다고 잘못 묘사했으므로 오답이다.
　　(D) [×] 사진에서 거울을 확인할 수 없으므로 오답이다.

**2.** 🔊 호주식 발음

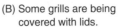

**(A) Some food is being cooked outdoors.**
(B) Some grills are being covered with lids.
(C) The man is rinsing off some pots.
(D) The man is putting a device together.

grill[gril] 석쇠 lid[lid] 뚜껑 rinse off 헹구다
put together (이것저것을 모아) 준비하다, 모으다
device[diváis] 기구, 장치

해석 (A) 음식이 야외에서 요리되고 있다.
　　(B) 몇몇 석쇠들이 뚜껑으로 덮이고 있다.
　　(C) 남자는 몇몇 냄비들을 헹구고 있다.
　　(D) 남자는 기구를 준비하고 있다.

해설 (A) [○] 음식이 야외에서 요리되고 있는 모습을 정확히 묘사한 정답이다.
　　(B) [×] 사진에서 석쇠는 보이지만 뚜껑으로 덮이고 있는(being covered with lids) 모습은 아니므로 오답이다.
　　(C) [×] rinsing off some pots(몇몇 냄비들을 헹구고 있다)는 남자의 동작과 무관하므로 오답이다. 사진에 있는 냄비들 (pots)을 사용하여 혼동을 주었다.
　　(D) [×] putting a device together(기구를 준비하고 있다)는 남자의 동작과 무관하므로 오답이다. 사진에 있는 기구 (device)를 사용하여 혼동을 주었다.

**3.** 🔊 영국식 발음

(A) A man is pointing at a screen.
**(B) A woman has crossed her legs.**
(C) They are distributing some documents.
(D) They are standing around a table.

cross legs 다리를 꼬다 distribute[distríbjuːt] 나누어 주다

해석 (A) 한 남자가 화면을 가리키고 있다.
　　(B) 한 여자가 다리를 꼬았다.
　　(C) 그들은 몇몇 서류들을 나누어 주고 있다.

(D) 그들은 탁자 근처에 서 있다.

해설 (A) [×] 사진에 화면을 가리키고 있는(pointing at a screen) 남자가 없으므로 오답이다. 사진의 컴퓨터와 관련 있는 화면(screen)을 사용하여 혼동을 주었다.
(B) [○] 한 여자가 다리를 꼰 모습을 정확히 묘사한 정답이다.
(C) [×] distributing some documents(몇몇 서류들을 나누어 주고 있다)는 사람들의 동작과 무관하므로 오답이다.
(D) [×] 사람들이 탁자에 앉아 있는 상태인데 탁자 근처에 서 있다고 잘못 묘사했으므로 오답이다.

### 4. 🔊 캐나다식 발음

(A) One of the men is getting on a boat.
(B) The men are holding tool boxes.
(C) The men are unpacking some equipment.
**(D) One of the men is sitting on a stool.**

unpack[ʌ̀npǽk] 꺼내다　equipment[ikwípmənt] 장비, 용품
stool[stuːl] 등받이 없는 의자

해석 (A) 남자들 중 한 명이 보트에 올라타고 있다.
(B) 남자들은 도구 상자들을 들고 있다.
(C) 남자들은 장비를 꺼내고 있다.
(D) 남자들 중 한 명이 등받이 없는 의자 위에 앉아있다.

해설 (A) [×] 사진에서 보트를 확인할 수 없으므로 오답이다.
(B) [×] 사진에서 도구 상자들을 들고 있는(holding tool boxes) 남자들을 확인할 수 없으므로 오답이다. 사진의 낚시대(fishing pole)와 관련된 도구(tool)를 사용하여 혼동을 주었다.
(C) [×] unpacking some equipment(장비를 꺼내고 있다)는 남자들의 동작과 무관하므로 오답이다.
(D) [○] 남자들 중 한 명이 등받이 없는 의자 위에 앉아 있는 모습을 정확히 묘사한 정답이다.

### 5. 🔊 미국식 발음

(A) A photograph is being hung on the wall.
**(B) A camera is being shown to a shopper.**
(C) They are browsing through a display case.
(D) They are putting lenses in a container.

browse through 살펴보다, 훑어보다　display case 진열장

해석 (A) 사진이 벽에 걸리고 있다.
(B) 카메라가 쇼핑객에게 보여지고 있다.
(C) 그들은 진열장을 살펴보고 있다.
(D) 그들은 통에 렌즈들을 넣고 있다.

해설 (A) [×] 사진에 벽에 걸리고 있는 사진이 없으므로 오답이다. 사진의 카메라(camera)와 관련 있는 사진(photograph)을 사용하여 혼동을 주었다.
(B) [○] 카메라가 쇼핑객에게 보여지고 있는 모습을 가장 잘 묘사한 정답이다.
(C) [×] browsing through a display case(진열장을 살펴보고 있다)는 사람들의 동작과 무관하므로 오답이다. 사진에 있는 진열장(display case)을 사용하여 혼동을 주었다.

(D) [×] putting lenses(렌즈들을 넣고 있다)는 사람들의 동작과 무관하므로 오답이다. 사진의 카메라(camera)와 관련 있는 렌즈들(lenses)을 사용하여 혼동을 주었다.

### 6. 🔊 호주식 발음

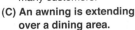

(A) The restaurant is being prepared by waiters.
(B) The café is crowded with many customers.
**(C) An awning is extending over a dining area.**
(D) A table is being carried into a building.

crowded[kráudid] 붐비는, 혼잡한　awning[ɔ́ːniŋ] 차양, 천막
extend[iksténd] 뻗어 있다

해석 (A) 식당이 종업원들에 의해 준비되고 있다.
(B) 카페가 많은 손님들로 붐빈다.
(C) 차양이 식사 공간 위로 뻗어 있다.
(D) 식탁이 건물 안으로 옮겨지고 있다.

해설 (A) [×] 사진에서 식당은 보이지만 종업원들에 의해 준비되고 있는(being prepared by waiters) 모습은 아니므로 오답이다. 사람이 등장하지 않은 사진에 진행 수동형을 사용해 사람의 동작을 묘사한 오답에 주의한다.
(B) [×] 사진에 손님들이 없으므로 오답이다. 사진의 장소로 보이는 카페(café)를 사용하여 혼동을 주었다.
(C) [○] 차양이 식사 공간 위로 뻗어 있는 상태를 가장 잘 묘사한 정답이다.
(D) [×] 사진에서 식탁은 보이지만 옮겨지고 있는(being carried) 모습은 아니므로 오답이다. 사람이 등장하지 않은 사진에 진행 수동형을 사용해 사람의 동작을 묘사한 오답에 주의한다.

## PART 2

### 7. 🔊 캐나다식 발음 → 영국식 발음

Who requested a cost estimate?
**(A) I think it was Ms. Moon.**
(B) Yes, it is quite expensive.
(C) By ten o'clock this morning.

request[rikwést] 요청하다　estimate[éstəmət] 견적, 평가

해석 누가 비용 견적을 요청했나요?
(A) Ms. Moon이었던 것 같아요.
(B) 네, 그것은 꽤 비싸요.
(C) 오늘 아침 10시까지요.

해설 Who 의문문
(A) [○] Ms. Moon이었던 것 같다며 비용 견적을 요청한 인물을 언급했으므로 정답이다.
(B) [×] Who 의문문에는 Yes/No 응답이 불가능하므로 오답이다. cost(비용)와 관련 있는 expensive(비싼)를 사용하여 혼동을 주었다.
(C) [×] 비용 견적을 요청한 사람을 물었는데, 시간으로 응답했으므로 오답이다.

8. ③ 미국식 발음 → 호주식 발음

What apartment does Mr. Fernando want to see?
(A) Yes, he saw it.
(B) He moves in very soon.
**(C) The one on the fifth floor.**

---
apartment[əpάːrtmənt] 방, 아파트  move in 이사 오다

해석 Mr. Fernando는 어떤 방을 보길 원하나요?
(A) 네, 그는 그것을 봤어요.
(B) 그는 곧 이사올 거예요.
(C) 5층에 있는 거요.

해설 **What 의문문**
(A) [×] What 의문문에는 Yes/No 응답이 불가능하므로 오답
이다. 질문의 see를 saw로 반복 사용하여 혼동을 주었다.
(B) [×] 질문의 Mr. Fernando를 나타낼 수 있는 He를 사용하
여 혼동을 준 오답이다.
(C) [○] 5층에 있는 것이라며 Mr. Fernando가 보기를 원하는
방을 언급했으므로 정답이다.

9. ③ 미국식 발음 → 영국식 발음

Do you know when the flight from Lima is
supposed to arrive?
(A) At Terminal 4.
**(B) The schedule is on the wall.**
(C) It was a long drive.

---
be supposed to ~하기로 되어 있다

해석 리마에서 오는 비행기가 언제 도착하기로 되어 있는지 아세요?
(A) 4번 터미널에서요.
(B) 일정표가 벽에 있어요.
(C) 장거리 운전이었어요.

해설 **조동사 의문문**
(A) [×] flight(비행기)에서 연상할 수 있는 공항과 관련된
Terminal(터미널)을 사용하여 혼동을 준 오답이다.
(B) [○] 일정표가 벽에 있다는 말로 리마에서 오는 비행기가 언제
도착하는지 모른다는 간접적인 응답을 했으므로 정답이다.
(C) [×] arrive – drive의 유사 발음 어휘를 사용하여 혼동을 준
오답이다.

10. ③ 캐나다식 발음 → 호주식 발음

When can you bring your car to the repair shop?
(A) Yes, I bought it at a fair price.
(B) It is very reliable.
**(C) Maybe this weekend.**

---
repair shop 정비소, 수리점  fair[미 fɛər, 영 feə] 적당한, 공정한
reliable[riláiəbl] 믿을 만한

해석 당신의 자동차를 언제 정비소에 가져올 수 있나요?
(A) 네, 저는 그걸 적당한 가격에 샀어요.
(B) 그것은 매우 믿을 만해요.
(C) 아마 이번 주말에요.

해설 **When 의문문**
(A) [×] When 의문문에는 Yes/No 응답이 불가능하므로 오

답이다. repair – fair의 유사 발음 어휘를 사용하여 혼동을
주었다.
(B) [×] 질문의 car(자동차)를 나타낼 수 있는 It을 사용하여 혼동
을 주었다.
(C) [○] this weekend(이번 주말)라는 특정 시점을 언급했으므
로 정답이다.

11. ③ 미국식 발음 → 캐나다식 발음

The shop on Petrov Street has some beautiful
clothes.
(A) They've finished their shopping.
**(B) I prefer the place on Karenina Avenue.**
(C) Yes, in the afternoon.

---
prefer[prifə́ːr] 선호하다

해석 Petrov가에 있는 상점에는 멋진 옷들이 있어요.
(A) 그들은 쇼핑을 끝냈어요.
(B) 저는 Karenina가에 있는 곳을 선호해요.
(C) 네, 오후에요.

해설 **평서문**
(A) [×] shop – shopping의 유사 발음 어휘를 사용하여 혼동
을 준 오답이다.
(B) [○] 자신은 Karenina가에 있는 상점을 선호한다는 말로
다른 의견을 제시했으므로 정답이다.
(C) [×] Petrov가에 있는 상점에는 멋진 옷이 있다고 말했
는데, 오후라며 관련이 없는 내용으로 응답했으므로 오답
이다.

12. ③ 영국식 발음 → 미국식 발음

Where did you buy your briefcase?
(A) Last year.
(B) It was a brief meeting.
**(C) At a store downtown.**

---
briefcase[bríːfkeis] 서류 가방  brief[briːf] (시간이) 짧은, 간단한

해석 당신의 서류 가방을 어디서 사셨나요?
(A) 작년에요.
(B) 그것은 짧은 회의였어요.
(C) 시내에 있는 상점에서요.

해설 **Where 의문문**
(A) [×] 서류 가방을 산 장소를 물었는데, 시점으로 응답했으므로
오답이다.
(B) [×] briefcase – brief의 유사 발음 어휘를 사용하여 혼동
을 준 오답이다.
(C) [○] 시내에 있는 상점이라며 자신의 서류 가방을 산 장소를
언급했으므로 정답이다.

13. ③ 영국식 발음 → 호주식 발음

Are you coming to the company picnic next Friday?
(A) More than 50 employees.
(B) It was a lot of fun.
**(C) Probably not.**

---
company picnic 회사 야유회

해석 다음 주 금요일에 회사 야유회에 오시나요?
(A) 50명 이상의 직원들이요.
(B) 그것은 정말 재미있었어요.
(C) 아마도 가지 않을 것 같아요.

해설 **Be 동사 의문문**
(A) [×] company(회사)와 관련 있는 employees(직원들)를 사용하여 혼동을 준 오답이다.
(B) [×] 질문의 company picnic(회사 야유회)을 나타낼 수 있는 It을 사용하여 혼동을 준 오답이다.
(C) [○] 아마도 가지 않을 것 같다는 말로 다음 주 금요일에 있을 회사 야유회 참석 여부를 전달했으므로 정답이다.

**14.** 🔊 미국식 발음 → 호주식 발음

Would you like a copy of our brochure?
**(A) No, thanks. I already have one.**
(B) The files should not be copied.
(C) The last item of the page.

----
brochure[brouʃúər] 안내 책자  item[áitəm] 항목

해석 저희의 안내 책자를 한 부 드릴까요?
(A) 아니요, 괜찮아요. 저는 이미 그것을 가지고 있어요.
(B) 그 서류들은 복사되어서는 안 돼요.
(C) 그 페이지의 마지막 항목이요.

해설 **제공 의문문**
(A) [○] No로 제공을 거절한 후, 이미 그것을 가지고 있다는 부연 설명을 했으므로 정답이다.
(B) [×] 질문의 copy(부, 사본)를 '복사하다'라는 의미의 copied로 사용하여 혼동을 준 오답이다.
(C) [×] brochure(안내 책자)와 관련 있는 page(페이지)를 사용하여 혼동을 준 오답이다.

**15.** 🔊 캐나다식 발음 → 영국식 발음

How do I get to the central train station?
**(A) It was closed a week ago.**
(B) Here's your ticket.
(C) For a training seminar.

----
central[séntrəl] 중앙의  training[tréiniŋ] 교육, 훈련

해석 중앙 기차역으로 어떻게 가나요?
(A) 일주일 전에 폐쇄되었어요.
(B) 여기 당신의 표가 있어요.
(C) 교육 세미나를 위해서요.

해설 **How 의문문**
(A) [○] 중앙 기차역이 일주일 전에 폐쇄되었다는 말로 중앙 기차역을 이용할 수 없음을 간접적으로 전달했으므로 정답이다.
(B) [×] train station(기차역)과 관련된 ticket(표)을 사용하여 혼동을 준 오답이다.
(C) [×] train – training의 유사 발음 어휘를 사용하여 혼동을 준 오답이다.

**16.** 🔊 호주식 발음 → 미국식 발음

Could you contact Mr. Loren this morning about the sales presentation?
(A) I'll send the contract right away.          ◐

**(B) I'll do that before my break.**
(C) Since about eight o'clock.

----
contact[미 kántækt, 영 kɔ́ntækt] 연락하다, 접촉하다
contract[미 kántrækt, 영 kɔ̀ntrækt] 계약서
break[breik] 휴식 시간

해석 Mr. Loren에게 판매량 발표에 대하여 오늘 아침에 연락해 줄 수 있나요?
(A) 제가 바로 계약서를 보낼게요.
(B) 휴식 시간 전에 할게요.
(C) 8시 정도부터요.

해설 **요청 의문문**
(A) [×] contact – contract의 유사 발음 어휘를 사용하여 혼동을 준 오답이다.
(B) [○] 휴식 시간 전에 하겠다는 말로 요청을 수락한 정답이다.
(C) [×] morning(아침)에서 연상할 수 있는 시간과 관련된 eight o'clock(8시)을 사용하여 혼동을 준 오답이다.

**17.** 🔊 영국식 발음 → 캐나다식 발음

Shouldn't we spend more time reviewing the translation?
(A) Since it was completed.
(B) Send them a check.
**(C) That's a good idea.**

----
translation[미 trænsléiʃən, 영 trænzléiʃən] 번역물, 번역
complete[kəmplíːt] 완료하다  check[tʃek] 수표, 계산서

해석 우리가 번역물을 검토하는 데 더 많은 시간을 써야 하지 않나요?
(A) 그것이 완료되었기 때문이에요.
(B) 그들에게 수표를 보내세요.
(C) 좋은 생각이에요.

해설 **부정 의문문**
(A) [×] 질문의 reviewing the translation(번역물을 검토하다)을 나타낼 수 있는 it을 사용하여 혼동을 주었다.
(B) [×] spend – Send의 유사 발음 어휘를 사용하여 혼동을 준 오답이다.
(C) [○] 좋은 생각이라는 말로 번역물을 검토하는 데 더 많은 시간을 써야 함을 전달했으므로 정답이다.

**18.** 🔊 미국식 발음 → 호주식 발음

Do I need to be at the product launch?
(A) Let's have some lunch.
**(B) We all have to go.**
(C) You should be more productive.

----
launch[lɔːntʃ] 출시 행사, 출시  productive[prədʌ́ktiv] 생산적인

해석 상품 출시 행사에 제가 있어야 하나요?
(A) 점심을 먹읍시다.
(B) 우리 모두 가야 해요.
(C) 당신은 더 생산적이어야 해요.

해설 **조동사 의문문**
(A) [×] launch – lunch의 유사 발음 어휘를 사용하여 혼동을 준 오답이다.

(B) [○] 우리 모두 가야 한다며 상품 출시 행사에 상대방이 있어
야 함을 간접적으로 전달했으므로 정답이다.
(C) [×] product – productive의 유사 발음 어휘를 사용하여
혼동을 준 오답이다.

19. ③ 영국식 발음 → 캐나다식 발음

You're leaving for Colombo on Tuesday, aren't
you?
**(A) Yes, I'm going with my secretary.**
(B) I left it in the lobby.
(C) Enjoy your trip.

---

leave for ~로 떠나다   secretary[sékrətèri] 비서, 서기관

해석 당신은 화요일에 콜롬보로 떠나죠, 안 그런가요?
(A) 네, 제 비서와 함께 갈 거예요.
(B) 저는 그것을 로비에 두고 왔어요.
(C) 즐거운 여행 되세요.

해설 **부가 의문문**
(A) [○] Yes로 화요일에 콜롬보로 떠난다는 것을 전달한 후, 비
서와 함께 갈 것이라는 부연 설명을 했으므로 정답이다.
(B) [×] 질문의 leaving(떠나다)에서의 leave를 '~을 두고 가다'
라는 의미의 left로 사용하여 혼동을 준 오답이다.
(C) [×] leaving for Colombo(콜롬보로 떠나다)에서 연상할
수 있는 관광과 관련된 trip(여행)을 사용하여 혼동을 준 오답
이다.

20. ③ 캐나다식 발음 → 호주식 발음

Which hotel would you like to stay at?
(A) From April third to the seventh.
(B) Yes, I really enjoyed my stay.
**(C) What about the one by the beach?**

---

stay[stei] 머무르다

해석 어느 호텔에서 머무르고 싶으세요?
(A) 4월 3일부터 7일까지요.
(B) 네, 저는 머무르는 동안 정말 즐거웠어요.
(C) 해변가에 있는 호텔은 어때요?

해설 **Which 의문문**
(A) [×] 어느 호텔에서 머무르고 싶은지를 물었는데, 시점으로 응
답했으므로 오답이다.
(B) [×] Which 의문문에는 Yes/No 응답이 불가능하므로 오답
이다. 질문의 stay(머무르다)를 '머무름, 숙박'이라는 의미로
사용하여 혼동을 주었다.
(C) [○] 해변가에 있는 호텔이 어떤지를 되물어 머무르고 싶은 호
텔에 대한 의견을 제시했으므로 정답이다.

21. ③ 캐나다식 발음 → 미국식 발음

A few of our investors withdrew their funds, didn't
they?
(A) He raised funds for charity.
(B) They give awards to inventors.
**(C) Yes, but we've found new ones.**

---

investor[invéstər] 투자자                                      ○

withdraw[wiðdrɔ́ː] 회수하다, 인출하다   raise funds 기금을 모으다
charity[tʃǽrəti] 자선   inventor[invéntər] 발명가

해석 우리 투자자들 중 몇몇이 그들의 자금을 회수했어요, 그러지 않았
나요?
(A) 그는 자선 기금을 모았어요.
(B) 그들은 발명가들에게 상을 줘요.
(C) 네, 하지만 우리는 새로운 투자자들을 찾았어요.

해설 **부가 의문문**
(A) [×] 질문의 funds를 반복 사용하여 혼동을 준 오답이다.
(B) [×] investors – inventors의 유사 발음 어휘를 사용하여
혼동을 준 오답이다.
(C) [○] Yes로 투자자들 중 몇몇이 그들의 자금을 회수했음을 전
달한 후, 새로운 투자자를 찾았다는 부연 설명을 했으므로 정
답이다.

22. ③ 호주식 발음 → 영국식 발음

Where can I sign up for the cooking lessons?
**(A) Let's ask at the front desk.**
(B) No, I taught myself.
(C) Here's the recipe book.

---

sign up for 등록하다   front desk 안내 데스크
teach oneself 스스로 배우다, 독학하다   recipe book 요리책

해석 요리 수업을 어디서 등록할 수 있나요?
(A) 안내 데스크에 물어보죠.
(B) 아니요, 저 스스로 배웠어요.
(C) 요리책이 여기 있어요.

해설 **Where 의문문**
(A) [○] 안내 데스크에 물어보자는 말로 요리 수업을 어디서 등록
할 수 있는지 모른다는 간접적인 응답을 했으므로 정답이다.
(B) [×] Where 의문문에는 Yes/No 응답이 불가능하므로
오답이다. lessons(수업)와 관련 있는 taught myself(스스
로 배웠다)를 사용하여 혼동을 주었다.
(C) [×] cooking lessons(요리 수업)와 관련 있는 recipe
book(요리책)을 사용하여 혼동을 준 오답이다.

23. ③ 호주식 발음 → 캐나다식 발음

Who's going to present the construction proposal
on Monday?
(A) The building is on Elm Street.
**(B) Mr. Suva is going to do it.**
(C) It is scheduled to begin this month.

---

present[prizént] 발표하다   construction[kənstrʌ́kʃən] 건축, 구조
proposal[미 prəpóuzəl, 영 prəpə́uzəl] 계획, 제안

해석 누가 월요일에 건축 계획을 발표할 건가요?
(A) 그 건물은 Elm가에 있어요.
(B) Mr. Suva가 그걸 할 거예요.
(C) 그것은 이번 달에 시작하기로 예정되어 있어요.

해설 **Who 의문문**
(A) [×] construction(건축)과 관련 있는 building(건물)을
사용하여 혼동을 준 오답이다.
(B) [○] Mr. Suva가 그걸 할 것이라며 월요일에 건축 계획을 발

표할 인물을 언급했으므로 정답이다.

(C) [×] Monday – month의 유사 발음 어휘를 사용하여 혼동을 준 오답이다.

## 24. 캐나다식 발음 → 미국식 발음

Excuse me. I don't see a drink list on the menu.
**(A) Your server will bring one.**
(B) I'm not very thirsty.
(C) Let's get the bill now.

list[list] 목록   thirsty[θə́ːrsti] 목마른   bill[bil] 계산서, 청구서

해석 실례합니다. 메뉴에 음료 목록이 안 보여서요.
(A) 당신의 담당 종업원이 그것을 가져다 드릴 거예요.
(B) 저는 그다지 목마르지 않아요.
(C) 이제 계산서를 받도록 해요.

해설 평서문
(A) [○] 당신의 담당 종업원이 그것, 즉 음료 목록을 가져다 줄 것이라며 메뉴에 음료 목록이 안 보이는 문제점에 대한 해결책을 제시했으므로 정답이다.
(B) [×] drink(음료)에서 연상할 수 있는 갈증이 나는 상태와 관련된 thirsty(목마른)를 사용하여 혼동을 준 오답이다.
(C) [×] menu(메뉴)에서 연상할 수 있는 식당과 관련된 bill(계산서)을 사용하여 혼동을 준 오답이다.

## 25. 미국식 발음 → 호주식 발음

Which is the best way to contact you, by phone or e-mail?
(A) Give me her home address.
(B) I already received it.
**(C) Just send me a text message.**

text message 문자 메시지

해석 당신에게 연락할 가장 좋은 방법은 전화인가요, 아니면 이메일인가요?
(A) 제게 그녀의 집 주소를 알려주세요.
(B) 저는 이미 그것을 받았어요.
(C) 그냥 제게 문자 메시지를 보내주세요.

해설 선택 의문문
(A) [×] e-mail(이메일)과 관련 있는 address(주소)를 사용하여 혼동을 준 오답이다.
(B) [×] 질문의 e-mail(이메일)에서 연상할 수 있는 이메일 수신과 관련된 received(받았다)를 사용하여 혼동을 준 오답이다.
(C) [○] 그냥 자신에게 문자 메시지를 보내달라는 말로 제3의 것을 선택했으므로 정답이다.

## 26. 영국식 발음 → 캐나다식 발음

Are we meeting in the auditorium or in the conference room?
**(A) The auditorium, I believe.**
(B) A single room, please.
(C) It's a large space.

auditorium [미 ɔ̀ːdətɔ́ːriəm, 영 ɔ̀ːditɔ́ːriəm] 강당
conference room 회의실

해석 우리는 강당에서 모이나요, 아니면 회의실에서 모이나요?
(A) 강당인 것 같아요.
(B) 1인실로 주세요.
(C) 그것은 넓은 공간이에요.

해설 선택 의문문
(A) [○] auditorium(강당)으로 강당에서 모인다는 것을 선택했으므로 정답이다.
(B) [×] 질문의 room을 반복 사용하여 혼동을 준 오답이다.
(C) [×] 질문의 auditorium(강당)과 conference room(회의실)에서 연상할 수 있는 장소와 관련된 space(공간)를 사용하여 혼동을 준 오답이다.

## 27. 호주식 발음 → 미국식 발음

How many people are planning to come to the awards dinner?
(A) The meal will begin at 8 P.M.
**(B) I'll ask Matt who has confirmed.**
(C) By canceling the reservation.

awards dinner 시상 만찬   confirm[kənfə́rm] 확정하다
cancel[kǽnsəl] 취소하다

해석 시상 만찬에 몇 명이 올 예정인가요?
(A) 식사는 오후 8시에 시작할 거예요.
(B) Matt에게 누가 확정했는지 물어볼게요.
(C) 예약을 취소함으로써요.

해설 How 의문문
(A) [×] dinner(만찬)와 관련 있는 meal(식사)을 사용하여 혼동을 준 오답이다.
(B) [○] Matt에게 누가 확정했는지 물어보겠다는 말로 시상 만찬에 몇 명이 올 계획인지 모른다는 간접적인 응답을 했으므로 정답이다.
(C) [×] awards dinner(시상 만찬)에서 연상할 수 있는 만찬 장소 마련과 관련된 reservation(예약)을 사용하여 혼동을 준 오답이다.

## 28. 캐나다식 발음 → 영국식 발음

Why did you decide to take the job in Calgary?
(A) I'll give you my decision tomorrow.
(B) You have family in Canada, right?
**(C) I was offered an excellent salary.**

decision[disíʒən] 결정   excellent[éksələnt] 아주 높은, 훌륭한
salary[sǽləri] 봉급, 월급

해석 왜 캘거리에 있는 일자리를 받아들이기로 결정했나요?
(A) 내일 제 결정을 알려 드릴게요.
(B) 당신은 캐나다에 가족이 있죠, 그렇죠?
(C) 저는 아주 높은 봉급을 제안받았어요.

해설 Why 의문문
(A) [×] decide – decision의 유사 발음 어휘를 사용하여 혼동을 준 오답이다.
(B) [×] Calgary(캘거리)에서 연상할 수 있는 장소인 Canada(캐나다)를 사용하여 혼동을 준 오답이다.
(C) [○] 아주 높은 봉급을 제안받았다는 말로 캘거리에 있는 일자리를 받아들이기로 결정한 이유를 언급했으므로 정답이다.

## 29. 🎧 호주식 발음 → 미국식 발음

> How about booking a table at the Greek restaurant?
> **(A) I already took care of it.**
> (B) If you are finished.
> (C) Once in a while.
>
> book[buk] 예약하다  once in a while 이따금, 때때로

해석 그리스식 식당에 테이블을 예약하는 것이 어때요?
  (A) 제가 이미 해두었어요.
  (B) 당신이 끝마치면요.
  (C) 이따금이요.

해설 제안 의문문
  (A) [o] 자신이 이미 예약해두었다는 말로 그리스식 식당에 테이블을 예약하지 않아도 됨을 간접적으로 전달했으므로 정답이다.
  (B) [×] 그리스식 식당에 테이블을 예약하자고 제안했는데, 상대방이 끝마치면이라며 관련이 없는 내용으로 응답했으므로 오답이다.
  (C) [×] 그리스식 식당에 테이블을 예약하자고 제안했는데, 이따금이라며 관련이 없는 내용으로 응답했으므로 오답이다.

## 30. 🎧 영국식 발음 → 캐나다식 발음

> She seems very nervous to present her findings to the manager.
> (A) Did she find the ride comfortable?
> **(B) Yes, I can tell by looking at her.**
> (C) She managed to send it before the deadline.
>
> nervous[미 nə́rvəs, 영 ná̆rvəs] 초조해 하는
> finding[fáindiŋ] 조사 결과
> comfortable[미 kʌ́mfərtəbl, 영 kʌ́mfətəbl] 편안한

해석 그녀는 부장님께 조사 결과를 발표하게 되어 매우 초조해 보여요.
  (A) 그녀는 여정이 편안하다고 느꼈나요?
  (B) 네, 그녀를 보면 알 수 있어요.
  (C) 그녀는 가까스로 마감 전에 그것을 보낼 수 있었어요.

해설 평서문
  (A) [×] 질문의 She를 반복 사용하고, findings – find의 유사 발음 어휘를 사용하여 혼동을 준 오답이다.
  (B) [o] Yes로 의견에 동의한 후, 그녀를 보면 알 수 있다는 부연 설명을 했으므로 정답이다.
  (C) [×] 질문의 She를 반복 사용하고, manager – managed의 유사 발음 어휘를 사용하여 혼동을 준 오답이다.

## 31. 🎧 호주식 발음 → 영국식 발음

> When can I schedule an appointment with Professor Yoon?
> (A) Just a book review.
> **(B) She's busy nowadays.**
> (C) Yes, I met with her this morning.
>
> schedule[미 skédʒuːl, 영 ʃédjuːl] 일정을 잡다  book review 서평

해석 Yoon 교수님과 언제 약속 일정을 잡을 수 있나요?
  (A) 그저 서평이에요.
  (B) 그녀는 요즘 바빠요.
  (C) 네, 오늘 아침에 그녀와 만났어요.

해설 When 의문문
  (A) [×] Yoon 교수님과 언제 약속 일정을 잡을 수 있는지를 물었는데, 그저 서평이라며 관련이 없는 내용으로 응답했으므로 오답이다.
  (B) [o] 그녀, 즉 Yoon 교수님이 요즘 바쁘다는 말로 약속 일정을 잡을 수 없다는 간접적인 응답을 했으므로 정답이다.
  (C) [×] When 의문문에는 Yes/No 응답이 불가능하므로 오답이다. 질문의 Professor Yoon(Yoon 교수님)을 나타낼 수 있는 her를 사용하여 혼동을 주었다.

# PART 3

[32-34] 🎧 미국식 발음 → 호주식 발음

Questions 32-34 refer to the following conversation.

> W: Cody, ³²my Internet isn't working. I've been trying all morning, and I can't get online.
> M: That's strange. Mine is working just fine. ³³Why don't you speak to Mr. Lowell in the technical support department?
> W: Umm . . . ³⁴Do you know where his office is?
> M: His office is on the third floor, right next to the mail room. You can't miss it.
>
> get online 인터넷에 접속하다
> technical support department 기술지원부서
> mail room 우편물실

해석
32-34는 다음 대화에 관한 문제입니다.

W: Cody, ³²제 인터넷이 되지 않아요. 제가 오전 내내 시도해 봤는데, 인터넷 접속이 안 돼요.
M: 그거 이상하네요. 제 것은 잘만 되는데요. ³³기술지원부서의 Mr. Lowell에게 이야기해 보는 게 어때요?
W: 음… ³⁴그의 사무실이 어디에 있는지 아시나요?
M: 그의 사무실은 3층에, 우편물실 바로 옆에 있어요. 쉽게 찾으실 거예요.

## 32. 주제 문제

해석 화자들은 주로 무엇에 관해 이야기하고 있는가?
  (A) 프로젝트 마감일
  (B) 기술적 문제
  (C) 회사 규정
  (D) 보안 절차

해설 대화의 주제를 묻는 문제이므로, 대화의 초반을 주의 깊게 들은 후 전체 맥락을 파악한다. 여자가 "my Internet isn't working(제 인터넷이 되지 않아요)"이라고 한 후, 인터넷 접속 문제에 대한 내용으로 대화가 이어지고 있다. 따라서 (B)가 정답이다.

어휘 deadline[dédlain] 마감일  security[sikjúərəti] 보안, 안전

## 33. 제안 문제

해석 남자는 무엇을 권하는가?

(A) 다른 컴퓨터 사용하기

(B) 새로운 출입증 요청하기

(C) 불만 사항 제출하기

(D) 동료에게 이야기하기

해설 남자의 말에서 제안과 관련된 표현이 언급된 다음을 주의 깊게 듣는다. 대화 중반부에서 "Why don't you speak to Mr. Lowell in the technical support department?(기술지원부서의 Mr. Lowell에게 이야기해 보는 게 어때요?)"라고 하였다. 따라서 (D)가 정답이다.

**패러프레이징**

speak 이야기하다 → Talking 이야기하기

어휘 **pass**[pæs] 출입증, 통행증  **submit**[səbmít] 제출하다, 제시하다

## 34. 특정 세부 사항 문제

해석 여자는 무엇에 대해 문의하는가?

(A) 사무실 위치

(B) 기기 가격

(C) 관리자 이름

(D) 회의 시간

해설 질문의 핵심어구(woman ask)와 관련된 내용을 주의 깊게 듣는다. 대화 후반부에서 여자가 "Do you know where his office is?(그의 사무실이 어디에 있는지 아시나요?)"라고 하였다. 따라서 (A)가 정답이다.

어휘 **device**[diváis] 기기, 장치

[35-37] ③ 영국식 발음 → 캐나다식 발음

Questions 35-37 refer to the following conversation.

---

W: Hi, **35I'm here to buy three tickets for Saturday evening's concert**.

M: OK. The lower box seats are already reserved. **36Do you prefer to be seated in the upper box area or in general admission seats?**

W: **36The upper box, please.**

M: Sure. That will be $150 for the three tickets. Also, **37here is a brochure with information about our future shows. Please look through it.**

---

box seat 특별관람석, 칸막이석  **prefer**[미 prifə́r, 영 prifə́] 선호하다
general admission seat 일반석
**brochure**[미 brouʃúər, 영 bróuʃə] 소책자

**해석**

35-37은 다음 대화에 관한 문제입니다.

W: 안녕하세요, 35저는 토요일 저녁의 콘서트 표를 세 장 사러 왔어요.

M: 네. 아래층 특별관람석들은 이미 예약이 되어 있습니다. 36위층 특별관람석 구역에 앉는 것을 선호하세요, 아니면 일반석에 앉는 것을 선호하세요?

W: 36위층 특별관람석을 주세요.

M: 물론이죠. 표는 세 장에 150달러입니다. 그리고, 37여기 저희의 향후 공연들에 대한 정보가 담긴 소책자가 있습니다. 살펴봐 주세요.

## 35. 장소 문제

해석 화자들은 어디에 있는 것 같은가?

(A) 영화관에

(B) 백화점에

(C) 매표소에

(D) 녹음 스튜디오에

해설 장소와 관련된 표현을 놓치지 않고 듣는다. 대화 초반부에서 여자가 "I'm here to buy three tickets for Saturday evening's concert(저는 토요일 저녁의 콘서트 표를 세 장 사러 왔어요)"라고 한 것을 통해, 화자들이 매표소에 있음을 알 수 있다. 따라서 (C)가 정답이다.

## 36. 특정 세부 사항 문제

해석 여자는 어느 좌석 위치를 선택하는가?

(A) 아래층 특별관람석

(B) 주 관객석

(C) 위층 특별관람석

(D) 앞 좌석

해설 질문의 핵심어구(seat location ~ select)와 관련된 내용을 주의 깊게 듣는다. 대화 중반부에서 남자가 "Do you prefer to be seated in the upper box area or in general admission seats?(위층 특별관람석 구역에 앉는 것을 선호하세요, 아니면 일반석에 앉는 것을 선호하세요?)"라고 하자, 여자가 "The upper box, please(위층 특별관람석을 주세요)"라고 하였다. 따라서 (C)가 정답이다.

어휘 **location**[loukéiʃən] 위치  **auditorium**[ɔ̀ditɔ́ːriəm] 관객석, 방청석

## 37. 요청 문제

해석 남자는 여자에게 무엇을 하라고 요청하는가?

(A) 신용카드를 사용한다.

(B) 소책자를 읽는다.

(C) 영수증을 보관한다.

(D) 표를 출력한다.

해설 남자의 말에서 요청과 관련된 표현이 언급된 다음을 주의 깊게 듣는다. 대화 후반부에서 "here is a brochure with information about our future shows. Please look through it(여기 저희의 향후 공연들에 대한 정보가 담긴 소책자가 있습니다. 살펴봐 주세요)"이라고 하였다. 따라서 (B)가 정답이다.

**패러프레이징**

look through it[brochure] 소책자를 살펴보다 → Read a booklet 소책자를 읽다

어휘 **booklet**[búklit] (소)책자

[38-40] ③ 캐나다식 발음 → 미국식 발음 → 호주식 발음

Questions 38-40 refer to the following conversation with three speakers.

---

M1: **38Is everything prepared for Bob Willard's party tonight?**

W: I think so. **38I can't believe he's leaving our corporation after 30 years.**

M1: Yeah. He's been one of the company's most dedicated accountants.

W: Right. **39Josh, you are planning to pick up a cake, right?**

M2: **39Yes. I'm going to buy one from Marion Sweets** since it's just across the street from our office.

W: Oh, **40that bakery offers 10 percent off to people who work at our firm.** Make sure to ask for that.

---

M2: Really? I had no idea. Thanks for letting me
    know.

---

corporation[미 kɔ̀ːrpəréiʃən, 영 kɔ̀ːpəréiʃən] 회사, 법인
dedicated[dédikèitid] 헌신적인
accountant[əkáuntənt] 회계사, 회계원  ask for 요청하다, 청구하다

**해석**
38-40은 다음 세 명의 대화에 관한 문제입니다.

M1: ³⁸오늘 밤 Bob Willard의 파티를 위한 모든 것이 준비되었나요?

W: 그런 것 같아요. ³⁸그가 30년을 근무한 끝에 우리 회사를 떠난다니
   믿을 수가 없어요.

M1: 그러게요. 그는 회사에서 가장 헌신적인 회계사 중 한 명이었어요.

W: 맞아요. ³⁹Josh, 당신이 케이크를 찾아올 예정이죠, 그렇죠?

M2: ³⁹네. 우리 사무실에서 바로 길 건너에 Marion Sweets가 있어서
    그곳에서 하나 사려고 해요.

W: 아, ⁴⁰그 제과점은 우리 회사에서 근무하는 사람들에게 10퍼센트
   할인을 제공해줘요. 꼭 할인을 요청하도록 해요.

M2: 정말요? 저는 몰랐어요. 알려줘서 고마워요.

## 38. 주제 문제

**해석** 대화는 주로 무엇에 관한 것인가?
  (A) 은퇴 파티
  (B) 연수 워크숍
  (C) 고객과의 저녁 식사
  (D) 기자 회견

**해설** 대화의 주제를 묻는 문제이므로, 대화의 초반을 주의 깊게 들은
  후 전체 맥락을 파악한다. 남자 1이 "Is everything prepared
  for Bob Willard's party tonight?(오늘 밤 Bob Willard의 파
  티를 위한 모든 것이 준비되었나요?)"이라고 하자, 여자가 "I can't
  believe he's leaving our corporation after 30 years(그
  가 30년을 근무한 끝에 우리 회사를 떠난다니 믿을 수가 없어요)"라고
  한 후, 은퇴 파티에 대한 내용으로 대화가 이어지고 있다. 따라서
  (A)가 정답이다.

**어휘** retirement[ritáiərmənt] 은퇴, 퇴직  press conference 기자 회견

## 39. 이유 문제

**해석** Josh는 왜 Marion Sweets에서 구매하기로 결정했는가?
  (A) 할인을 하고 있다.
  (B) 근처에 위치해있다.
  (C) 밤에 늦게까지 문을 연다.
  (D) 무료 배송을 제공하고 있다.

**해설** 질문의 핵심어구(Marion Sweets)가 언급된 주변을 주의 깊게
  듣는다. 대화 중반부에서 여자가 "Josh, you are planning
  to pick up a cake, right?(Josh, 당신이 케이크를 찾아올 예
  정이죠, 그렇죠?)"이라고 하자, 남자 2가 "Yes. I'm going to
  buy one from Marion Sweets since it's just across
  the street from our office(네. 우리 사무실에서 바로 길 건너에
  Marion Sweets가 있어서 그곳에서 하나 사려고 해요)"라고 하였
  다. 따라서 (B)가 정답이다.

**패러프레이징**
make a purchase 구매하다 → buy 사다
it's just across the street 바로 길 건너에 있다 → It is
located nearby 근처에 위치해있다

## 40. 제안 문제

**해석** 여자는 무엇을 제안하는가?
  (A) 쿠폰 내려 받기

---

  (B) 할인 요청하기
  (C) 제품 돌려보내기
  (D) 사업체 방문하기

**해설** 여자의 말에서 제안과 관련된 표현이 언급된 다음을 주의 깊게
  듣는다. 대화 후반부에서 "that bakery offers 10 percent
  off ~. Make sure to ask for that(그 제과점은 10퍼센트 할인
  을 제공해줘요. 꼭 할인을 요청하도록 해요)"이라고 하였다. 따라서
  (B)가 정답이다.

**패러프레이징**
ask for 요청하다 → Requesting 요청하기

**어휘** business[bíznis] 사업체, 사업

**[41-43]** 🎧 미국식 발음 → 호주식 발음

Questions 41-43 refer to the following conversation.

---

W: Francis, ⁴²are you busy right now? ⁴¹I need
   some help assembling my new bookshelf.
   I tried to do it myself, but it's a job for two
   people.

M: Well, ⁴²I need to change some light bulbs
   downstairs. Once I'm finished though, I can
   come right back. It shouldn't take more than
   15 minutes. Then, I can help you with the
   shelf.

W: That's fine. While you're doing that, ⁴³I'll start
   organizing my books and papers so I can
   put them on the shelf later.

---

assemble[əsémbl] 조립하다, 모으다  light bulb 전구
organize[미 ɔ́ːrɡənàiz, 영 ɔ́ːɡənaiz] 정리하다

**해석**
41-43은 다음 대화에 관한 문제입니다.

W: Francis, ⁴²지금 바쁜가요? ⁴¹저는 제 새로운 책꽂이를 조립하는
   데 도움이 좀 필요해요. 저 혼자서 해보려고 했지만, 두 사람이 필
   요한 일이에요.

M: 음, ⁴²저는 아래층에서 전구를 몇 개 갈아야 해요. 하지만 그 일이 끝
   나면 바로 돌아올 수 있어요. 15분 넘게 걸리진 않을 거예요. 그런
   다음, 책꽂이와 관련해서 도와드릴 수 있어요.

W: 좋아요. 당신이 그걸 하는 동안, 저는 나중에 책꽂이에 꽂을 수 있도
   록 ⁴³제 책들과 문서들을 정리하기 시작할게요.

## 41. 특정 세부 사항 문제

**해석** 여자는 무엇을 하고 싶어 하는가?
  (A) 물품을 조립한다.
  (B) 지시 사항들을 읽는다.
  (C) 사무실을 청소한다.
  (D) 몇몇 사람들의 소재를 파악한다.

**해설** 질문의 핵심어구(woman want)와 관련된 내용을 주의 깊
  게 듣는다. 대화 초반부에서 여자가 "I need some help
  assembling my new bookshelf(저는 제 새로운 책꽂이를
  조립하는 데 도움이 좀 필요해요)"라고 하였다. 따라서 (A)가 정답
  이다.

**패러프레이징**
bookshelf 책꽂이 → item 물품

**어휘** instruction[instrʌ́kʃən] 지시, 설명  clear out ~을 청소하다
  locate[lóukeit] 소재를 파악하다, 위치를 알아내다

## 42. 이유 문제

해석 남자는 왜 지금 시간이 없는가?
  (A) 그는 회의에 참석해야 한다.
  (B) 그는 문서를 찾아야 한다.
  (C) 그는 전구를 설치해야 한다.
  (D) 그는 과제를 제출해야 한다.

해설 질문의 핵심어구(unavailable at the moment)와 관련된 내용을 주의 깊게 듣는다. 대화 초반부에서 여자가 "are you busy right now?(지금 바쁜가요?)"라고 하자, 남자가 "I need to change some light bulbs downstairs(저는 아래층에서 전구를 몇 개 갈아야 해요)"라고 하였다. 따라서 (C)가 정답이다.

**패러프레이징**
unavailable 시간이 없는 → busy 바쁜
at the moment 지금 → right now 지금

어휘 install[instɔ́:l] 설치하다  assignment[əsáinmənt] 과제, 배정

## 43. 특정 세부 사항 문제

해석 여자는 무엇을 할 것이라고 말하는가?
  (A) 다른 직장 동료에게 전화한다.
  (B) 몇몇 책꽂이들을 구매한다.
  (C) 특정한 책을 찾는다.
  (D) 몇몇 자료들을 정리한다.

해설 질문의 핵심어구(she will do)와 관련된 내용을 주의 깊게 듣는다. 대화 후반부에서 여자가 "I'll start organizing my books and papers(제 책들과 문서들을 정리하기 시작할게요)"라고 하였다. 따라서 (D)가 정답이다.

**패러프레이징**
organizing ~ books and papers 책들과 문서들을 정리하기 → Sort some materials 몇몇 자료들을 정리하다

어휘 colleague[káliːg] 직장 동료  particular[pərtíkjulər] 특정한  sort[sɔːrt] 정리하다  material[mətíəriəl] 자료

[44-46] 캐나다식 발음 → 영국식 발음

Questions 44-46 refer to the following conversation.

---

M: Susan, **44could you e-mail me a copy of the presentation you're giving at the conference on Friday?**
W: Actually, I've not quite finished it yet. But **45we're on the same flight to New York tomorrow, so I can give you a copy then and we can discuss it during the trip.**
M: I suppose we can do that. But **46why haven't you finished it yet?**
W: **46I've had several clients to deal with before we leave, so I just haven't had enough time.** Don't worry, though, it is nearly finished.

---

presentation[prìːzentéiʃən] 발표  quite[kwait] 완전히, 꽤
discuss[diskʌ́s] 논의하다  deal with ~를 상대하다
nearly[níərli] 거의

해석
44-46은 다음 대화에 관한 문제입니다.

M: Susan, 44금요일에 당신이 회의에서 할 발표 자료의 사본을 제게 이메일로 보내줄 수 있나요?
W: 사실, 제가 그것을 아직 완전히 끝내지 못했어요. 하지만 45우리는 내일 뉴욕으로 가는 같은 항공편을 타니까, 그때 제가 당신에게 사

본을 드리고 이동 중에 그것을 논의할 수 있어요.
M: 그렇게 하면 될 것 같네요. 그런데 46왜 아직도 그것을 끝내지 못했나요?
W: 46우리가 떠나기 전에 상대해야 할 고객들이 여러 명 있어서, 충분한 시간이 없었어요. 하지만 거의 끝났으니까 걱정 마세요.

## 44. 요청 문제

해석 남자는 여자에게 무엇을 하라고 요청하는가?
  (A) 여행 일정표를 보낸다.
  (B) 회의 일정을 전달한다.
  (C) 뉴욕의 호텔 객실을 예약한다.
  (D) 문서 사본을 제공한다.

해설 남자의 말에서 요청과 관련된 표현이 언급된 다음을 주의 깊게 듣는다. 대화 초반부에서 "could you e-mail me a copy of the presentation ~ ?(발표 자료의 사본을 제게 이메일로 보내줄 수 있나요?)"라고 하였다. 따라서 (D)가 정답이다.

**패러프레이징**
e-mail ~ a copy of the presentation 발표 자료의 사본을 이메일로 보내주다 → Provide a copy of a document 문서 사본을 제공하다

어휘 itinerary[aitínərèri] 여행 일정표  forward[fɔ́ːrwərd] 전달하다

## 45. 특정 세부 사항 문제

해석 화자들은 내일 무엇을 할 것 같은가?
  (A) 사교 모임에 참석한다.
  (B) 예약을 확인한다.
  (C) 이동을 한다.
  (D) 고객과 이야기를 나눈다.

해설 질문의 핵심어구(tomorrow)가 언급된 주변을 주의 깊게 듣는다. 대화 중반부에서 여자가 "we're on the same flight to New York tomorrow, so ~ we can discuss it during the trip(우리는 내일 뉴욕으로 가는 같은 항공편을 타니까, 이동 중에 그것을 논의할 수 있어요)"이라고 하였다. 따라서 (C)가 정답이다.

어휘 confirm[kənfɔ́rm] 확인하다  visit with ~와 이야기를 나누다

## 46. 이유 문제

해석 여자는 왜 업무를 끝낼 수 없었는가?
  (A) 그녀는 필요한 문서들이 없었다.
  (B) 그녀는 다른 일로 바빴다.
  (C) 그녀는 회의 때문에 자리를 비웠다.
  (D) 그녀는 허가를 받지 못했다.

해설 질문의 핵심어구(unable to finish a task)와 관련된 내용을 주의 깊게 듣는다. 대화 후반부에서 남자가 "why haven't you finished it yet?(왜 아직도 그것을 끝내지 못했나요?)"이라고 하자, 여자가 "I've had several clients to deal with before we leave, so I just haven't had enough time(우리가 떠나기 전에 상대해야 할 고객들이 여러 명 있어서, 충분한 시간이 없었어요)"이라고 하였다. 따라서 (B)가 정답이다.

**패러프레이징**
haven't had enough time 충분한 시간이 없었다 → was busy 바빴다

어휘 authorization[ɔ̀ːθərizéiʃən] 허가, 인증

[47-49] 🎧 영국식 발음 → 캐나다식 발음

Questions 47-49 refer to the following conversation.

> W: Good job on getting the contract with Tinsel Electronics.
> M: Thanks. **47That store chain will be a great retailer for our company's new laptop models.**
> W: I agree. Oh, Sarah Dyer on the legal team called when you were out. **48She said that a copy of the agreement was supposed to have been sent to her this morning.** Do you know when you'll be able to take care of that?
> M: **48Our department head is reviewing it. He said I could pick it up at 3.**
> W: I see. In that case, **49could you let her know that you will drop it off later this afternoon?** Her extension is 878.
> M: Sure. I'll do that right away.
>
> ------
> get a contract 계약을 따다
> retailer [미 rí:teilər, 영 rí:teilə] 유통업체
> agreement [əgrí:mənt] 계약(서), 협약
> drop off ~에 갖다 놓다, 내려주다　extension 내선 번호

해석
47-49은 다음 대화에 관한 문제입니다.

W: Tinsel Electronics사와의 계약을 따내느라 수고하셨어요.
M: 감사해요. 47그 상점 체인은 우리 회사의 새로운 노트북 모델의 좋은 유통업체가 될 거예요.
W: 저도 동의해요. 아, 법무팀의 Sarah Dyer가 당신이 나갔을 때 전화했어요. 48그녀는 계약서 사본이 오늘 오전에 그녀에게 보내시기로 되어 있었다고 했어요. 당신이 그것을 언제 처리할 수 있을지 아시나요?
M: 48저희 부서장님이 그걸 검토하고 계세요. 그는 제가 3시에 찾아가면 된다고 하셨어요.
W: 알겠어요. 그렇다면, 49당신이 오늘 오후 늦게 그것을 가져다줄 거라고 그녀에게 알려주시겠어요? 그녀의 내선 번호는 878이에요.
M: 물론이죠. 바로 그렇게 할게요.

**47. 화자 문제**
해석 화자들은 어떤 업계에서 일하는 것 같은가?
(A) 에너지
(B) 전자기기
(C) 법률
(D) 운송

해설 대화에서 신분 및 직업과 관련된 표현을 놓치지 않고 듣는다. 대화 초반부에서 남자가 "That store chain will be a great retailer for our company's new laptop models(그 상점 체인은 우리 회사의 새로운 노트북 모델의 좋은 유통업체가 될 거예요)"라고 하였다. 이를 통해, 화자들이 전자기기 업계에서 일하는 것을 알 수 있다. 따라서 (B)가 정답이다.

**48. 의도 파악 문제**
해석 남자는 왜 "저희 부서장님이 그걸 검토하고 계세요"라고 말하는가?
(A) 계획을 확인하기 위해
(B) 감사를 나타내기 위해
(C) 지연을 설명하기 위해
(D) 만족을 표현하기 위해

해설 질문의 인용어구(Our department head is reviewing it)가 언급된 주변을 주의 깊게 듣는다. 대화 중반부에서 여자가 "She[Sarah Dyer] said that a copy of the agreement was supposed to have been sent to her this morning(그녀[Sarah Dyer]는 계약서 사본이 오늘 오전에 그녀에게 보내지기로 되어 있었다고 했어요)"이라고 하자, 남자가 부서장님이 그걸 검토하고 계시다며 "He[department head] said I could pick it up at 3(그[부서장님]는 제가 3시에 찾아가면 된다고 하셨어요)"라고 한 것을 통해, 남자가 계약서 사본 전달이 지연된 것에 대해 설명하려는 의도임을 알 수 있다. 따라서 (C)가 정답이다.

어휘 appreciation [əprì:ʃiéiʃən] 감사　satisfaction [sætisfǽkʃən] 만족

**49. 요청 문제**
해석 여자는 남자에게 무엇을 하라고 요청하는가?
(A) 동료에게 알린다.
(B) 데이터베이스를 업데이트한다.
(C) 이메일을 발송한다.
(D) 소포를 배달한다.

해설 여자의 말에서 요청과 관련된 표현이 언급된 다음을 주의 깊게 듣는다. 대화 후반부에서 "could you let her[Sarah Dyer] know that you will drop it off later this afternoon?(당신이 오늘 오후 늦게 그것을 가져다줄 거라고 그녀[Sarah Dyer]에게 알려주시겠어요?)"이라고 하였다. 따라서 (A)가 정답이다.

패러프레이징
let ~ know 알려주다 → Notify 알리다

[50-52] 🎧 호주식 발음 → 영국식 발음

Questions 50-52 refer to the following conversation.

> M: Hey, Amelia. **50Did you hear that our company is giving out cash bonuses this quarter?**
> W: **50I was out of the office all morning.** That's great! We deserve it.
> M: I think it was the new director's idea. She seems committed to improving employee morale.
> W: Uh-huh, like when **51she threw that employee appreciation party last month.** That was such a kind gesture.
> M: I think so too. Anyway, **52I need to head over to our Greenwood branch now. I'm leading a workshop for recently hired sales representatives.**
> W: OK. I hope everything goes well.
>
> ------
> quarter [미 kwɔ́:rtər, 영 kwɔ́:tə] 분기, 4분의 1
> deserve [미 dizə́:rv, 영 dizə́:v] ~의 자격이 되다, ~을 받을 만하다
> committed to ~하는 데 전념하는
> morale [미 mərǽl, 영 mərɑ́:l] 사기, 의욕
> throw [미 θrou, 영 θrəu] (파티를) 열다
> head over to ~로 가다, ~로 향하다　go well 순조롭게 진행되다

해석
50-52는 다음 대화에 관한 문제입니다.

M: 안녕하세요, Amelia. 50우리 회사가 이번 분기에 현금 상여금을 나

뉘준다는 것을 들으셨어요?

W: ⁵⁰저는 아침 내내 사무실에 없었어요. 그거 잘됐네요! 우리는 그걸 받을 자격이 있어요.

M: 새로운 부장님의 생각이었던 것 같아요. 그녀는 직원들의 사기를 향상시키는 데 전념하고 계신 것처럼 보여요.

W: 맞아요, ⁵¹지난달에 그녀가 그 직원 감사 파티를 열었을 때처럼요. 그것은 정말 친절한 행동이었어요.

M: 저도 그렇게 생각해요. 그건 그렇고, ⁵²저는 이제 우리 Greenwood 지점에 가야 해요. 제가 최근에 고용한 영업 사원들을 위한 워크숍을 진행할 거거든요.

W: 알겠어요. 모든 게 순조롭게 진행되길 바라요.

### 50. 의도 파악 문제

해석 여자는 "저는 아침 내내 사무실에 없었어요"라고 말할 때 무엇을 의도하는가?
(A) 그녀는 몇몇 고객들과 만났다.
(B) 그녀는 업무를 끝낼 수 없었다.
(C) 그녀는 어떤 소식에 대해 알지 못했다.
(D) 그녀는 중요한 회의에 참석하지 못했다.

해설 질문의 인용어구(I was out of the office all morning)가 언급된 주변을 주의 깊게 듣는다. 대화 초반부에서 남자가 "Did you hear that our company is giving out cash bonuses this quarter?(우리 회사가 이번 분기에 현금 상여금을 나눠준다는 것을 들으셨어요?)"라고 하자, 여자가 자신은 아침 내내 사무실에 없었다고 한 것을 통해, 여자가 상여금을 준다는 소식에 대해 알지 못했다고 말하려는 의도임을 알 수 있다. 따라서 (C)가 정답이다.

어휘 unaware[ʌnəwéər] ~을 알지 못하는  miss[mis] 참석하지 않다

### 51. 특정 세부 사항 문제

해석 여자에 따르면, 새로운 부장은 지난달에 무엇을 했는가?
(A) 급여 인상을 발표했다.
(B) 직원들에게 휴가를 주었다.
(C) 직원들을 위한 행사를 열었다.
(D) 평가 결과를 공유했다.

해설 질문의 핵심어구(new director ~ last month)와 관련된 내용을 주의 깊게 듣는다. 대화 중반부에서 여자가 "she[new director] threw that employee appreciation party last month(지난달에 그녀[새로운 부장님]가 그 직원 감사 파티를 열었어요)"라고 하였다. 따라서 (C)가 정답이다.

패러프레이징
threw ~ employee appreciation party 직원 감사 파티를 열었다 → Held an event for staff 직원들을 위한 행사를 열었다

### 52. 이유 문제

해석 남자는 왜 Greenwood 지점을 방문하는가?
(A) 취업 지원자들의 면접을 보기 위해
(B) 신입사원들을 교육하기 위해
(C) 지역의 실적을 평가하기 위해
(D) 판매 기록을 검토하기 위해

해설 질문의 핵심어구(Greenwood branch)가 언급된 주변을 주의 깊게 듣는다. 대화 후반부에서 남자가 "I need to head over to our Greenwood branch now. I'm leading a workshop for recently hired sales representatives(저는 이제 우리 Greenwood 지점에 가야 해요. 제가 최근에 고용한 영업 사원들을 위한 워크숍을 진행할 거거든요)"라고 하였다. 따라서 (B)가 정답이다.

패러프레이징
recently hired ~ representatives 최근에 고용된 사원들 → new employees 신입사원들

어휘 assess[əsés] 평가하다, 가늠하다
performance[pərfɔ́ːrməns] 실적, 성과
sales records 판매 기록, 매출 장표

[53-55] ③ 캐나다식 발음 → 영국식 발음 → 미국식 발음

Questions 53-55 refer to the following conversation with three speakers.

M: ⁵³The computer parts we ordered will be delivered at 3 P.M. today.
W1: OK. Will you be receiving the package?
M: Actually, I can't. ⁵⁴My car broke down this morning, so I am taking the afternoon off to pick it up from the repair shop. Sarah, can you handle this?
W2: Sure. I'll take care of it. Do I need to take all the components out of the box?
M: Thanks. ⁵⁵You just need to check that everything we ordered is included.
W2: Got it.

-----
break down 고장 나다, 무너지다  repair shop 정비소, 수리점
handle[hǽndl] 처리하다, 다루다
component[미 kəmpóunənt, 영 kəmpóunənt] 부품
include[inklúːd] 포함하다, 포괄하다

해석
53-55는 다음 세 명의 대화에 관한 문제입니다.

M: ⁵³우리가 주문한 컴퓨터 부품들이 오늘 오후 3시에 배송될 거예요.
W1: 알겠어요. 당신이 소포를 받을 건가요?
M: 사실, 제가 받을 수 없어요. ⁵⁴제 차가 오늘 아침에 고장 나서, 오늘 오후에 휴가를 내고 정비소에서 차를 찾아올 예정이라서요. Sarah, 당신이 이걸 처리해주실 수 있으세요?
W2: 물론이죠. 제가 처리할게요. 제가 모든 부품들을 상자에서 꺼내 놓아야 할까요?
M: 고마워요. ⁵⁵우리가 주문한 모든 게 포함되어 있는지 확인만 하시면 돼요.
W2: 알겠어요.

### 53. 주제 문제

해석 화자들은 주로 무엇에 관해 이야기하고 있는가?
(A) 주문 비용
(B) 사업체 위치
(C) 기계 설치
(D) 배송품 도착

해설 대화의 주제를 묻는 문제이므로, 대화의 초반을 주의 깊게 들은 후 전체 맥락을 파악한다. 남자가 "The computer parts ~ will be delivered ~ today(컴퓨터 부품들이 오늘 배송될 거예요)"라고 한 후, 컴퓨터 부품 배송 도착에 대한 내용으로 대화가 이어지고 있다. 따라서 (D)가 정답이다.

어휘 installation[instəléiʃən] 설치, 설비

### 54. 문제점 문제

해석 남자는 무슨 문제를 언급하는가?
(A) 차량이 제대로 작동하지 않았다.
(B) 계획이 취소되었다.

(C) 소포가 파손되었다.
(D) 동료가 사직했다.

해설 남자의 말에서 부정적인 표현이 언급된 다음을 주의 깊게 듣는다. 대화 중반부에서 "My car broke down this morning(제 차가 오늘 아침에 고장 났어요)"이라고 하였다. 따라서 (A)가 정답이다.

**패러프레이징**
car broke down 차가 고장 났다 → A vehicle malfunctioned 차량이 제대로 작동하지 않았다

어휘 malfunction[mælfʌ́ŋkʃn] (기계 등이) 제대로 작동하지 않다
resign[rizáin] 사직하다, 사임하다

## 55. 특정 세부 사항 문제

해석 Sarah는 무엇을 해야만 하는가?
(A) 창고로 간다.
(B) 소포를 확인한다.
(C) 상사와 만난다.
(D) 공급업체에 연락한다.

해설 질문의 핵심어구(Sarah have to do)와 관련된 내용을 주의 깊게 듣는다. 대화 후반부에서 남자가 여자2[Sarah]에게 "You just need to check that everything we ordered is included(우리가 주문한 모든 게 포함되어 있는지 확인만 하시면 돼요)"라고 한 것을 통해, Sarah가 소포를 확인해야 한다는 것을 알 수 있다. 따라서 (B)가 정답이다.

어휘 storeroom[stɔ́ːrrùːm] 창고 parcel[pɑ́ːrsəl] 소포, 꾸러미
supplier[səpláiər] 공급업체, 공급자

**[56-58]** 🎧 미국식 발음 → 호주식 발음

Questions 56-58 refer to the following conversation.

> W: **⁵⁶Thank you for calling West Coast Airways. May I help you?**
>
> M: Hi, I'd like to fly to Jakarta this coming weekend. **⁵⁶Do you have seats available for two people on an evening flight?**
>
> W: Let me check. **⁵⁷We have flights departing on Saturday and Sunday at 6:30 P.M. with seats available. Which flight would be best for you?**
>
> M: The Saturday one, please.
>
> W: OK. I can make the reservation for you now. **⁵⁸First, I'll need your full name and phone number.**
>
> ---
>
> available[əvéiləbl] 이용할 수 있는, 구할 수 있는
> depart[미 dipɑ́ːrt, 영 dipɑ́ːt] 출발하다

해석
56-58은 다음 대화에 관한 문제입니다.

W: ⁵⁶West Coast 항공사에 전화 주셔서 감사합니다. 무엇을 도와드릴까요?

M: 안녕하세요, 저는 다가오는 주말에 자카르타행 비행기를 타고 싶어요. ⁵⁶저녁 항공편에 두 명이 이용할 수 있는 좌석이 있나요?

W: 확인해 보겠습니다. ⁵⁷토요일과 일요일 오후 6시 30분에 출발하는 항공편에 이용 가능한 좌석이 있습니다. 어떤 항공편이 손님께 가장 좋으실까요?

M: 토요일 것으로 주세요.

W: 네. 지금 예약을 해드리겠습니다. ⁵⁸우선, 저는 손님의 성명과 전화번호가 필요합니다.

## 56. 화자 문제

해석 여자는 누구인 것 같은가?
(A) 표 판매원
(B) 항공기 조종사
(C) 호텔 지배인
(D) 경호원

해설 대화에서 신분 및 직업과 관련된 표현을 놓치지 않고 듣는다. 대화 초반부에서 여자가 "Thank you for calling West Coast Airways. May I help you?(West Coast 항공사에 전화 주셔서 감사합니다. 무엇을 도와드릴까요?)"라고 하자, 남자가 "Do you have seats available for two people on an evening flight?(저녁 항공편에 두 명이 이용할 수 있는 좌석이 있나요?)"이라고 한 것을 통해, 여자가 항공사의 표 판매원임을 알 수 있다. 따라서 (A)가 정답이다.

어휘 ticket agent 표 판매원 security guard 경호원, 경비원

## 57. 특정 세부 사항 문제

해석 여자는 무엇에 대해 문의하는가?
(A) 선호 일정
(B) 지불 방식
(C) 예약 절차
(D) 좌석 선택권

해설 질문의 핵심어구(woman ask about)와 관련된 내용을 주의 깊게 듣는다. 대화 중반부에서 여자가 "We have flights departing on Saturday and Sunday ~. Which flight would be best for you?(토요일과 일요일에 출발하는 항공편이 있습니다. 어떤 항공편이 손님께 가장 좋으실까요?)"라고 하였다. 따라서 (A)가 정답이다.

어휘 preference[préfərəns] 선호(도), 애호

## 58. 특정 세부 사항 문제

해석 남자는 다음에 무엇을 할 것 같은가?
(A) 비밀 번호를 변경한다.
(B) 정보를 제공한다.
(C) 계정을 만든다.
(D) 신청서를 제출한다.

해설 질문의 핵심어구(man do next)와 관련된 내용을 주의 깊게 듣는다. 대화 후반부에서 여자가 "First, I'll need your full name and phone number(우선, 저는 손님의 성명과 전화번호가 필요합니다)"라고 한 것을 통해, 남자가 여자에게 성명과 전화번호 정보를 제공할 것임을 알 수 있다. 따라서 (B)가 정답이다.

**패러프레이징**
full name and phone number 성명과 전화번호 → information 정보

어휘 password[pǽswərd] 비밀번호, 암호 account[əkáunt] 계정, 계좌

**[59-61]** 🎧 호주식 발음 → 영국식 발음

Questions 59-61 refer to the following conversation.

> M: Hello. **⁵⁹Thanks for calling Zig Mobile. You've reached the customer help line.**
>
> W: Hi. I need some help with my mobile phone. I accidentally dropped it in the pool yesterday, and now it doesn't turn on. Do you think it can be fixed?
>
> M: Probably. But **⁶⁰there is a risk that you** ⊙

will lose your data. Do you remember when you bought the phone?

W: Um, about seven months ago. On May . . . 15, I think.

M: In that case, it's still covered by the warranty. If you bring it to our service center, one of our technicians will be happy to repair it.

W: Great. ⁶¹I have a doctor's appointment this afternoon, so I'll do that tomorrow.

accidentally [미 æ̀ksədéntəli, 영 æ̀ksidéntəli] 실수로, 우연히
cover [미 kʌ́vər, 영 kʌ́və] 보장하다, 부담하다
warranty [wɔ́ːrənti] 보증서, 보증  technician [tekníʃən] 기술자
doctor's appointment 진료 예약

해석
59-61은 다음 대화에 관한 문제입니다.

M: 안녕하세요. ⁵⁹Zig 통신사에 전화 주셔서 감사합니다. 고객 지원 회선입니다.

W: 안녕하세요. 제 휴대전화에 관해 도움이 좀 필요해요. 제가 어제 그 것을 실수로 수영장에 빠뜨렸는데, 지금 켜지지가 않아요. 수리될 수 있을 것 같나요?

M: 아마도요. 하지만 ⁶⁰데이터가 소실될 위험이 있습니다. 휴대전화를 언제 구매했는지 기억하시나요?

W: 음, 7개월 정도 전에요. 5월… 15일인 것 같아요.

M: 그렇다면, 그것은 보증서로 아직 보장됩니다. 저희 서비스 센터에 그것을 가져오시면, 저희 기술자들 중 한 명이 기꺼이 수리해 드 릴 것입니다.

W: 다행이네요. ⁶¹제가 오늘 오후에 진료 예약이 있어서, 내일 그렇게 할게요.

## 59. 화자 문제
해석 남자는 어느 부서에서 일하는 것 같은가?
(A) 고객 서비스
(B) 판매
(C) 재무
(D) 마케팅

해설 대화에서 신분 및 직업과 관련된 표현을 놓치지 않고 듣는다. 대화 초반부에서 남자가 "Thanks for calling Zig Mobile. You've reached the customer help line(Zig 통신사에 전 화 주셔서 감사합니다. 고객 지원 회선입니다)"이라고 한 것을 통해, 남자가 고객 서비스 부서에서 일하고 있음을 알 수 있다. 따라서 (A)가 정답이다.

어휘 finance [fáinæns] 재무, 재정

## 60. 특정 세부 사항 문제
해석 남자는 무엇에 대해 예고하는가?
(A) 데이터 소실
(B) 배송 지연
(C) 화면 손상
(D) 가격 인상

해설 질문의 핵심어구(man warn about)와 관련된 내용을 주의 깊 게 듣는다. 대화 중반부에서 남자가 "there is a risk that you will lose your data(데이터가 소실될 위험이 있습니다)"라고 하 였다. 따라서 (A)가 정답이다.

패러프레이징
lose ~ data 데이터가 소실되다 → Data loss 데이터 소실

어휘 damage [dǽmidʒ] 손상, 피해  increase [inkríːs] 인상, 증가

## 61. 특정 세부 사항 문제
해석 여자는 오늘 오후에 무엇을 할 것 같은가?
(A) 회원권을 신청한다.
(B) 예약을 취소한다.
(C) 설명서를 읽는다.
(D) 병원에 간다.

해설 질문의 핵심어구(this afternoon)가 언급된 주변을 주의 깊 게 듣는다. 대화 후반부에서 여자가 "I have a doctor's appointment this afternoon(제가 오늘 오후에 진료 예약이 있 어요)"이라고 하였다. 따라서 (D)가 정답이다.

어휘 manual [mǽnjuəl] 설명서, 안내서

[62-64] [영]  영국식 발음 → 캐나다식 발음

Questions 62-64 refer to the following conversation and flow chart.

W: Hi, David. ⁶²How did your meeting with the company's directors go this morning?

M: Overall, they're pleased with our branch's sales. However, they would like us to make our order processing system more efficient.

W: Oh, really? What in particular are they concerned about?

M: ⁶³They feel staff take too long to prepare items for shipment. While they haven't decided how to address the issue, ⁶³they want to make some changes to that step of the process.

W: I see. Well, ⁶⁴don't worry. I'm sure our warehouse manager will have some ideas about how to speed things up. I'll talk to her about this today.

M: Great. Please do that.

director [diréktər, dairéktər] 임원, 관리자
overall [미 òuvərɔ́ːl, 영 əuvərɔ́ːl] 전반적으로, 종합적으로
pleased [plíːzd] 만족해하는, 기쁜
efficient [ifíʃənt] 효율적인, 유능한  in particular 특히, 특별히
address [ədrés] 처리하다, 연설하다
warehouse [미 wérhaus, 영 wéəhaus] 창고, 저장소

해석
62-64는 다음 대화와 업무 흐름도에 관한 문제입니다.

W: 안녕하세요, David. ⁶²오늘 아침에 회사 임원들과의 회의는 어떻 게 되었어요?

M: 전반적으로, 그들은 우리 지점의 매출에 대해 만족해요. 하지만, 그 들은 우리가 주문 처리 시스템을 좀 더 효율적으로 만들기를 원해요.

W: 아, 정말요? 특히 그들이 무엇에 대해 걱정하던가요?

M: ⁶³그들은 직원들이 선적을 위한 물품들을 준비하는 데 너무 오래 걸린 다고 생각해요. 그들이 그 문제를 어떻게 처리할지 정하지는 않았지만, ⁶³그들은 그 처리 단계를 조금 변경하기를 원해요.

W: 알겠어요. 음, ⁶⁴걱정 말아요. 분명히 우리 창고 관리자에게 일의 속 도를 낼 방법에 대한 생각이 있을 거예요. 제가 오늘 그것에 대해 그 녀와 이야기해볼게요.

M: 좋아요. 그렇게 해주세요.

정답·해설·해설

해커스 토익 750+ LC

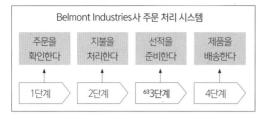

Belmont Industries사 주문 처리 시스템

| 주문을<br>확인한다 | 지불을<br>처리한다 | 선적을<br>준비한다 | 제품을<br>배송한다 |
|---|---|---|---|
| 1단계 | 2단계 | ⁶³3단계 | 4단계 |

**62. 특정 세부 사항 문제**

해석 남자는 오늘 아침에 무엇을 했는가?

(A) 제안서를 제출했다.
(B) 창고를 둘러보았다.
(C) 회의에 참석했다.
(D) 직원을 교육시켰다.

해설 질문의 핵심어구(this morning)가 언급된 주변을 주의 깊게 듣
는다. 대화 초반부에서 여자가 "How did your meeting ~ go
this morning?(오늘 아침에 회의는 어떻게 되었어요?)"이라고 한
것을 통해, 남자가 오늘 아침에 회의에 참석했음을 알 수 있다. 따
라서 (C)가 정답이다.

어휘 **submit**[səbmít] 제출하다, 항복하다

**63. 시각 자료 문제**

해석 시각 자료를 보아라. 어떤 단계가 변경될 것인가?

(A) 1단계
(B) 2단계
(C) 3단계
(D) 4단계

해설 질문의 핵심어구(step ~ changed)가 언급된 주변을 주의 깊
게 듣는다. 대화 중반부에서 남자가 "They feel staff take too
long to prepare items for shipment(그들은 직원들이 선적
을 위한 물품들을 준비하는 데 너무 오래 걸린다고 생각해요)"라고 하
면서, "they want to make some changes to that step
of the process(그들은 그 처리 단계를 조금 변경하기를 원해요)"
라고 하였으므로, 선적을 준비하는 3단계가 변경될 것임을 시각
자료에서 확인할 수 있다. 따라서 (C)가 정답이다.

패러프레이징
be changed 변경되다 → make ~ changes 변경하다

**64. 특정 세부 사항 문제**

해석 여자는 남자에게 무엇을 안심시키는가?

(A) 보관 시설이 이용 가능해질 것이다.
(B) 동료가 제안을 할 것이다.
(C) 검토 과정이 공정할 것이다.
(D) 고객이 제안을 수락할 것이다.

해설 질문의 핵심어구(woman reassure)와 관련된 내용을 주의
깊게 듣는다. 대화 후반부에서 여자가 "don't worry. ~ our
warehouse manager will have some ideas about
how to speed things up(걱정 말아요. 우리 창고 관리자에게
일의 속도를 낼 방법에 대한 생각이 있을 거예요)"이라고 한 것을 통
해, 동료인 창고 관리자가 제안을 할 것이라며 남자를 안심시키고
있음을 알 수 있다. 따라서 (B)가 정답이다.

패러프레이징
warehouse manager 창고 관리자 → colleague 동료

어휘 **reassure**[rìːəʃúr] 안심시키다, 재보증하다  **fair**[fer] 공정한, 타당한

[65-67] 🔊 캐나다식 발음 → 미국식 발음

Questions 65-67 refer to the following conversation
and list.

M: Good morning. Do you have an appointment
with one of our stylists today?

W: No, I don't. Will that be a problem?

M: As **⁶⁵we are fully booked right now**, **⁶⁶the
earliest available appointment is 11:45 A.M.
Do you mind waiting?**

W: **⁶⁶No. I'm not in a rush.** And I'm happy with
anyone.

M: Great. Also, which services are you interested
in?

W: **⁶⁷I just need a hair cut.** My bangs are too
long right now.

M: No problem. By the way, our rates are listed on
the board behind you.

appointment[əpɔ́intmənt] 예약, 약속  in a rush 급하게, 서둘러
bang[bæŋ] 앞머리  rate[reit] 요금, 가격

해석

65-67은 다음 대화와 목록에 관한 문제입니다.

M: 안녕하세요. 오늘 저희 스타일리스트 중 한 명과 예약이 있으신가
요?

W: 아니요, 없어요. 그게 문제가 될까요?

M: ⁶⁵현재 저희가 예약이 꽉 차 있어서 ⁶⁶가능한 가장 빠른 예약은 오
전 11시 45분입니다. 기다려 주시겠어요?

W: ⁶⁶네. 저는 급하지 않아요. 그리고 저는 어느 분이나 다 괜찮아요.

M: 잘됐네요. 또한, 어떤 서비스를 생각하고 계신가요?

W: ⁶⁷저는 머리카락을 좀 자르고 싶어요. 제 앞머리가 지금 너무 길
어요.

M: 문제없어요. 그건 그렇고, 저희 요금은 손님 뒤에 있는 게시판에 기
재되어 있습니다.

| 서비스 | 요금 |
|---|---|
| • 커트 | ⁶⁷20달러 |
| • 파마 | 40달러 |
| • 스타일링 | 45달러 |
| • 길이 연장 | 75달러 |

**65. 언급 문제**

해석 남자는 가게에 대해 무엇을 말하는가?

(A) 할인을 하고 있다.
(B) 최근에 개업했다.
(C) 현재 바쁘다.
(D) 새로운 직원을 고용했다.

해설 남자의 말에서 질문의 핵심어구(business)와 관련된 내용을 주
의 깊게 듣는다. 대화 중반부에서 "we are fully booked right
now(현재 저희가 예약이 꽉 차 있어요)"라고 하였다. 따라서 (C)가
정답이다.

패러프레이징
right now 현재 → currently 현재

어휘 **business**[bíznis] 가게, 장사

## 66. 특정 세부 사항 문제

해석 여자는 무엇을 하기로 동의하는가?
    (A) 나중에 가게로 다시 돌아온다.
    (B) 빈 시간대를 기다린다.
    (C) 온라인으로 예약을 한다.
    (D) 고객 설문 조사를 작성한다.

해설 질문의 핵심어구(woman agree)와 관련된 내용을 주의 깊게 듣는다. 대화 중반부에서 남자가 "the earliest available appointment is 11:45 A.M. Do you mind waiting?(가능한 가장 빠른 예약은 오전 11시 45분입니다. 기다려 주시겠어요?)"이라고 하자, 여자가 "No. I'm not in a rush(네. 저는 급하지 않아요)"라고 하였다. 따라서 (B)가 정답이다.

## 67. 시각 자료 문제

해석 시각 자료를 보아라. 여자는 얼마를 지불할 것 같은가?
    (A) 20달러
    (B) 40달러
    (C) 45달러
    (D) 75달러

해설 질문의 핵심어구(woman ~ pay)와 관련된 내용을 주의 깊게 듣는다. 대화 후반부에서 여자가 "I just need a hair cut(저는 머리카락을 좀 자르고 싶어요)"이라고 하였으므로, 여자는 커트를 위해 20달러를 지불할 것임을 시각 자료에서 확인할 수 있다. 따라서 (A)가 정답이다.

[68-70] [음성] 호주식 발음 → 미국식 발음

Questions 68-70 refer to the following conversation and table.

---

M: Hello, Claire. You're giving a presentation at the meeting tomorrow, right?
W: Yes, I'll be discussing ways to improve employee morale.
M: That's great because **68I've been worried that my team's a little . . . um, a little discouraged.**
W: Yours isn't the only one. Many departments are struggling.
M: I see. By the way, **69where is the meeting happening?**
W: **69The room on the third floor. It's the largest room with a projector.**
M: Great. Do you need help setting up beforehand?
W: I already took care of the equipment, but **70if you could distribute handouts, that'd be great.**

---

morale[미 mərǽl, 영 mɔrɑ́ːl] 사기, 의욕
discouraged[diskʌ́ridʒd] 의욕을 잃어버린
struggle[strʌ́gl] 고심하다　set up 준비하다, (장비를) 설치하다
beforehand[미 bifɔ́ːrhænd, 영 bifɔ́ːhænd] 사전에
distribute[distríbjuːt] 나눠주다　handout[hǽndaut] 인쇄물

해석
68-70은 다음 대화와 표에 관한 문제입니다.

M: 안녕하세요, Claire. 당신은 내일 회의에서 발표를 하시죠, 그렇죠?
W: 네, 저는 직원 사기를 향상시킬 방법에 대해 논의할 거예요.

M: 68저희 팀이 조금··· 음, 조금 의욕을 잃어버려서 걱정이었는데 잘됐네요.
W: 당신의 팀만 그런 게 아니에요. 많은 부서가 고심하고 있어요.
M: 그렇군요. 그건 그렇고, 69회의는 어디에서 진행되나요?
W: 693층에 있는 회의실이요. 영사기가 있는 가장 큰 회의실이에요.
M: 좋아요. 사전에 준비하는 데 도움이 필요하신가요?
W: 제가 장비는 이미 처리했는데, 70인쇄물을 나눠주신다면 좋을 것 같아요.

| 회의실 | 수용 인원 | 장비 |
|---|---|---|
| 301호 | 30명 | 화이트보드 |
| 302호 | 20명 | 화이트보드 |
| 303호 | 25명 | 영사기 |
| **69304호** | 35명 | 영사기 |

## 68. 문제점 문제

해석 남자는 무슨 문제를 언급하는가?
    (A) 그의 팀원들이 사기가 저하됐다.
    (B) 마감 기한이 지켜지지 못할 수도 있다.
    (C) 그의 동료들이 회의에 준비되어 있지 않다.
    (D) 일정표가 아직 발송되지 않았다.

해설 남자의 말에서 부정적인 표현이 언급된 다음을 주의 깊게 듣는다. 대화 중반부에서 "I've been worried that my team's ~ a little discouraged(저희 팀이 조금 의욕을 잃어버려서 걱정이었어요)"라고 하였다. 따라서 (A)가 정답이다.

**패러프레이징**
discouraged 의욕을 잃어버린 → have low morale 사기가 저하되다

어휘 colleague[kɑ́liːg] 동료

## 69. 시각 자료 문제

해석 시각 자료를 보아라. 회의는 어디에서 열릴 것인가?
    (A) 301호
    (B) 302호
    (C) 303호
    (D) 304호

해설 질문의 핵심어구(meeting be held)와 관련된 내용을 주의 깊게 듣는다. 대화 중반부에서 남자가 "where is the meeting happening?(회의는 어디에서 진행되나요?)"이라고 하자, 여자가 "The room on the third floor. It's the largest room with a projector(3층에 있는 회의실이요. 영사기가 있는 가장 큰 회의실이에요)"라고 한 것을 통해, 회의가 영사기가 있는 가장 큰 회의실인 304호에서 열릴 것임을 시각자료에서 확인할 수 있다. 따라서 (D)가 정답이다.

## 70. 요청 문제

해석 여자는 남자에게 무엇을 하라고 요청하는가?
    (A) 회의 장소를 예약한다.
    (B) 회의 장소를 공지한다.
    (C) 인쇄된 자료를 나눠준다.
    (D) 몇몇 전자기기를 확인한다.

해설 여자의 말에서 요청과 관련된 표현이 언급된 다음을 주의 깊게 듣는다. 대화 후반부에서 "if you could distribute handouts, that'd be great(인쇄물을 나눠주신다면 좋을 것 같아요)"이라고 하였다. 따라서 (C)가 정답이다.

패러프레이징
handouts 인쇄물 → printed materials 인쇄된 자료

어휘 electronics[ilektrániks] 전자기기

# PART 4

**[71-73]** 🎧 호주식 발음

Questions 71-73 refer to the following talk.

---

Good morning. Thank you for coming to our year-end meeting. **⁷¹I'd like to inform everyone that we have exceeded our expected food sales this year**, and it would not have been possible without your hard work and cooperation. You will be pleased to know that **⁷²the board of directors has decided to introduce profit sharing starting on January 1 as a way of thanking all our employees**. Also, **⁷³we will be having a company dinner on December 8 at Alexandra's Restaurant to celebrate**. See you all there.

---

inform[미 infɔ́:rm, 영 infɔ́:m] 알려주다 **exceed**[iksíːd] 초과하다
cooperation[미 kouὰːpəréiʃən, 영 kəuɔ̀pəréiʃən] 협조
introduce[미 intrədjúːs, 영 intrədʒúːs] 도입하다, 소개하다
profit sharing 이익 배분제

**해석**
71-73은 다음 담화에 관한 문제입니다.

안녕하세요. 연말 회의에 와 주셔서 감사합니다. ⁷¹우리는 올해 예상 식품 판매액을 초과하였으며, 이는 여러분들의 노고와 협조가 없었다면 가능하지 않았을 것임을 여러분께 알려드리고 싶습니다. 여러분은 ⁷²이 사회가 모든 직원들에게 감사를 표하는 한 가지 방법으로 1월 1일부터 이익 배분제를 도입하기로 결정했음을 알게 되면 기쁘실 것입니다. 또한, ⁷³축하하기 위해 12월 8일에 Alexandra's 식당에서 회식을 할 것입니다. 모두 거기서 뵙겠습니다.

## 71. 주제 문제

해석 담화는 주로 무엇에 관한 것인가?
(A) 사업 성공
(B) 신입 사원
(C) 곧 있을 워크숍
(D) 몇몇 마케팅 전략들

해설 지문의 주제를 묻는 문제이므로, 지문의 초반을 주의 깊게 들은 후 전체 맥락을 파악한다. "I'd like to inform everyone that we have exceeded our expected food sales this year(우리는 올해 예상 식품 판매액을 초과하였음을 여러분께 알려드리고 싶습니다)"라고 한 후, 사업 성공에 따른 결과에 대한 내용으로 지문이 이어지고 있다. 따라서 (A)가 정답이다.

## 72. 언급 문제

해석 화자는 회사에 대해 무엇을 말하는가?
(A) 다른 도시로 이전할 것이다.
(B) 새로운 혜택을 도입할 것이다.
(C) 추가 지점을 열 것이다.
(D) 더 많은 직원을 고용할 것이다.

해설 질문의 핵심어구(company)와 관련된 내용을 주의 깊게 듣는

다. 지문 중반부에서 "the board of directors has decided to introduce profit sharing ~ as a way of thanking all our employees(이사회가 모든 직원들에게 감사를 표하는 한 가지 방법으로 이익 배분제를 도입하기로 결정했습니다)"라고 하였다. 따라서 (B)가 정답이다.

어휘 relocate[rìːloukéit] 이전하다 **benefit**[bénifit] 혜택, 이익
personnel[pə̀ːsənél] 직원, 인사과

## 73. 특정 세부 사항 문제

해석 12월 8일에 무슨 일이 일어날 것인가?
(A) 보고서가 배부될 것이다.
(B) 축하 행사가 열릴 것이다.
(C) 판촉 행사가 시작될 것이다.
(D) 관리자가 교체될 것이다.

해설 질문의 핵심어구(December 8)가 언급된 주변을 주의 깊게 듣는다. 지문 후반부에서 "we will be having a company dinner on December 8 ~ to celebrate(축하하기 위해 12월 8일에 회식을 할 것입니다)"이라고 하였다. 따라서 (B)가 정답이다.

어휘 distribute[distríbjuːt] 배부하다, 나누어주다
celebration[sèləbréiʃən] 축하 행사, 축하

**[74-76]** 🎧 영국식 발음

Questions 74-76 refer to the following telephone message.

---

Hello, Ms. Jacobs. This is Cathy Davis from the Excel Technology Corporation. **⁷⁴I am calling to inform you that ⁷⁴/⁷⁵I just e-mailed you a brochure of the latest model of our video phone in response to your inquiries from two days ago.** Our GS379 model is suitable for various professional applications. **⁷⁵Please review the specifications in the brochure**, and if you have questions, contact us at 555-1124. **⁷⁶If you wish, we will send a representative to provide a product demonstration in your office.** Thank you, and we look forward to doing business with you.

---

latest[léitist] 최신의 in response to ~에 대한 응답으로
inquiry[inkwáiəri] 문의, 질문
suitable[미 súːtəbl, 영 sjúːtəbl] 적합한
application[æ̀pləkéiʃən] 용도 **specification**[spèsəfikéiʃən] 사양
product demonstration 제품 시연회

**해석**
74-76은 다음 음성 메시지에 관한 문제입니다.

안녕하세요, Ms. Jacobs. 저는 Excel Technology사의 Cathy Davis입니다. ⁷⁴이틀 전 고객님의 문의에 대한 응답으로 ⁷⁴/⁷⁵저희의 최신 화상 전화 모델의 안내 책자를 방금 이메일로 고객님께 보내드렸다는 것을 알려드리기 위해 전화 드렸습니다. 저희 GS379 모델은 다양한 전문 용도에 적합합니다. ⁷⁵안내 책자에 있는 사양을 살펴보시고, 문의 사항이 있으시면 555-1124로 연락 주십시오. ⁷⁶원하신다면, 고객님의 사무실에서 제품 시연회를 제공하기 위해 저희가 직원을 보내겠습니다. 감사드리며, 고객님과 거래할 수 있기를 고대합니다.

## 74. 목적 문제

해석 화자는 왜 전화를 하고 있는가?

(A) 회의 일정을 잡기 위해
(B) 문의에 답변하기 위해
(C) 서비스를 변경하기 위해
(D) 서류를 요청하기 위해

해설 전화의 목적을 묻는 문제이므로, 지문의 초반을 반드시 듣는다. "I am calling to inform you that I just e-mailed you a brochure ~ in response to your inquiries from two days ago(이틀 전 고객님의 문의에 대한 응답으로 안내 책자를 방금 이메일로 고객님께 보내드렸다는 것을 알려드리기 위해 전화 드렸습니다)"라고 하였다. 따라서 (B)가 정답이다.

**패러프레이징**
in response to ~에 대한 응답으로 → To respond to ~에 답변하기 위해

어휘 request[rikwést] 요청하다

### 75. 특정 세부 사항 문제
해석 화자는 안내 책자에 어떤 정보가 포함되어 있다고 말하는가?
(A) 제품 사양
(B) 서비스 요금
(C) 지점 위치
(D) 영업 시간

해설 질문의 핵심어구(information ~ included in the brochure)와 관련된 내용을 주의 깊게 듣는다. 지문 초반부에서 "I just e-mailed you a brochure of the latest model of our video phone ~(저희의 최신 화상 전화 모델의 안내 책자를 방금 이메일로 고객님께 보내드렸습니다)"이라고 한 후, "Please review the specifications in the brochure(안내 책자에 있는 사양을 살펴보십시오)"라고 하였다. 따라서 (A)가 정답이다.

어휘 fee[fi:] 요금

### 76. 제안 문제
해석 화자는 무엇을 해주겠다고 제안하는가?
(A) 시연회를 마련한다.
(B) 안내 책자를 만든다.
(C) 보증 기한을 연장한다.
(D) 기기를 설치한다.

해설 지문 중후반에서 제안과 관련된 표현이 언급된 다음을 주의 깊게 듣는다. "If you wish, we will send a representative to provide a product demonstration in your office(원하신다면, 고객님의 사무실에서 제품 시연회를 제공하기 위해 저희가 직원을 보내겠습니다)"라고 하였다. 따라서 (A)가 정답이다.

어휘 arrange[əréindʒ] 마련하다, 처리하다   warranty[wɔ́:rənti] 보증

[77-79] 🎧 캐나다식 발음
Questions 77-79 refer to the following advertisement.

Are you looking for a way to lose a few extra pounds? **77Sunray Gym will be introducing dance aerobics classes** conducted by **78former ballerina Mila Andropov.** Ms. Andropov will teach morning and evening classes for both beginners and more advanced students. Registration for next month's classes may be done online from now until the end of this week, but space is limited. **79If you would like more information about class schedules, formats, and fees, we offer a free consultation.** 🔊

Please call us at 555-3938 to arrange one.

introduce[ìntrədjú:s] 시작하다, 소개하다
conduct[kəndʌ́kt] 진행하다   advanced[ædvǽnst] 상급의, 고급의
limited[límitid] 한정된, 제한된   format[fɔ́:rmæt] 구성 방식

해석
77-79는 다음 광고에 관한 문제입니다.

체중을 몇 파운드 더 감량할 방법을 찾고 계신가요? 77Sunray 체육관은 78전직 발레리나인 Mila Andropov에 의해 진행되는 77댄스 에어로빅 수업을 시작할 것입니다. Ms. Andropov는 초보자들과 더 상급의 학생들 모두를 위한 아침 및 저녁 수업을 할 것입니다. 다음 달 수업의 등록은 지금부터 이번 주 말까지 온라인으로 될 수 있지만, 자리가 한정되어 있습니다. 79수업 일정, 구성 방식, 그리고 수업료에 대한 더 많은 정보를 원하시면, 저희가 무료 상담을 제공합니다. 상담 일정을 잡으시려면 555-3938로 저희에게 전화해주세요.

### 77. 주제 문제
해석 광고는 무엇에 관한 것인가?
(A) 교사 연수 워크숍
(B) 에어로빅 수업
(C) 음악 공연
(D) 어학 수업

해설 광고의 주제를 묻는 문제이므로, 지문의 초반을 주의 깊게 들은 후 전체 맥락을 파악한다. 지문 초반부에서 "Sunray Gym will be introducing dance aerobics classes(Sunray 체육관은 댄스 에어로빅 수업을 시작할 것입니다)"라고 한 후, 댄스 에어로빅 수업에 대한 내용으로 지문이 이어지고 있다. 따라서 (B)가 정답이다.

**패러프레이징**
classes 수업 → course 수업

### 78. 특정 세부 사항 문제
해석 Mila Andropov의 이전 직업은 무엇이었던 것 같은가?
(A) 접수 담당자
(B) 가수
(C) 무용수
(D) 작가

해설 질문의 핵심어구(Mila Andropov's previous occupation)와 관련된 내용을 주의 깊게 듣는다. 지문 초반부에서 "former ballerina Mila Andropov(전직 발레리나인 Mila Andropov)"라고 하였다. 따라서 (C)가 정답이다.

**패러프레이징**
ballerina 발레리나→ Dancer 무용수

어휘 previous[prí:viəs] 이전의, 앞의

### 79. 특정 세부 사항 문제
해석 청자들은 무엇을 무료로 받을 수 있는가?
(A) 상담
(B) 옷
(C) 월간 정기권
(D) 출판물

해설 질문의 핵심어구(receive for free)와 관련된 내용을 주의 깊게 듣는다. 지문 후반부에서 "If you would like more information ~, we offer a free consultation(더 많은 정보를 원하시면, 저희가 무료 상담을 제공합니다)"이라고 하였다. 따라서 (A)가 정답이다.

어휘 publication[pÀbləkéiʃən] 출판물, 발행

## [80-82] 🎧 미국식 발음

Questions 80-82 refer to the following announcement.

---

The following is an important announcement for passengers arriving on Flight 234 from Helsinki. **80Some of the machinery in the baggage claim area is not working**, so you have been assigned a new claim location. **81To pick up your luggage, proceed to Baggage Claim Area 12** at the far side of the baggage claim zone. **81If you cannot find it, there is a customer service desk next to the escalators.** Furthermore, as this is the first international arrival of the day, **82the customs area is not fully staffed. Passengers with items to declare may experience longer than usual waits.** We appreciate your patience.

---

baggage claim area 수하물 찾는 곳
assign[əsáin] 배정하다, 배치하다
proceed[prəsíːd] 가다  desk[desk] 창구, 접수처
customs[kʌ́stəmz] 세관, 관세
staff[stæf] ~에 직원을 두다, ~의 직원으로 근무하다
declare[diklér] (세관에서) 신고하다
patience[péiʃəns] 인내, 참을성

해석
80-82는 다음 공지에 관한 문제입니다.

다음은 헬싱키에서 234편 비행기로 도착하는 승객 여러분들을 위한 중요한 공지입니다. 80수하물 찾는 곳의 일부 기계가 작동하지 않고 있는 관계로, 승객분들께 새로운 찾는 장소가 배정되었습니다. 81짐을 찾으시려면, 수하물 찾는 장소의 끝쪽에 있는 12번 수하물 찾는 곳으로 가시기 바랍니다. 81이곳을 찾으실 수 없다면, 에스컬레이터 옆에 고객 서비스 창구가 있습니다. 게다가, 이것이 오늘의 첫 국제 비행편 도착이기 때문에, 82세관 구역에 전 직원이 근무하고 있지는 않습니다. 신고하실 물품을 가지고 계신 승객 여러분들께서는 평소보다 더 긴 대기 시간을 겪으실 수도 있습니다. 여러분들의 인내에 감사드립니다.

### 80. 특정 세부 사항 문제

해석 화자는 어떤 문제를 언급하는가?
(A) 공항이 수리를 진행 중이다.
(B) 출발편이 취소되었다.
(C) 수하물이 잘못 두어졌다.
(D) 장비가 제대로 작동하지 않는다.

해설 질문의 핵심어구(problem)와 관련된 내용을 주의 깊게 듣는다. 지문 초반부에서 "Some of the machinery in the baggage claim area is not working(수하물 찾는 곳의 일부 기계가 작동하지 않고 있습니다)"이라고 하였다. 따라서 (D)가 정답이다.

패러프레이징
Some of the machinery ~ is not working 일부 기계가 작동하지 않고 있다 → Equipment is malfunctioning 장비가 제대로 작동하지 않는다

어휘 undergo[ʌ̀ndərgóu] 진행하다  misplace[mispléis] 잘못 두다
malfunction[mælfʌ́ŋkʃən] 제대로 작동하지 않다

### 81. 의도 파악 문제

해석 화자는 "에스컬레이터 옆에 고객 서비스 창구가 있습니다"라고 말

---

할 때 무엇을 의도하는가?
(A) 예약이 확인될 수 있다.
(B) 불만이 제기될 수 있다.
(C) 길 안내가 제공될 것이다.
(D) 교통편이 마련될 것이다.

해설 질문의 인용어구(there is a customer service desk next to the escalators)가 언급된 주변을 주의 깊게 듣는다. 지문 중반부에서 "To pick up your luggage, proceed to Baggage Claim Area 12(짐을 찾으시려면 12번 수하물 찾는 곳으로 가시기 바랍니다)"라고 한 후, 이곳을 찾으실 수 없다면, 에스컬레이터 옆에 고객 서비스 창구가 있다고 한 것을 통해, 화자가 수하물 찾는 곳을 찾을 수 없으면 고객 서비스 창구에서 길 안내를 받을 수 있다고 말하려는 의도임을 알 수 있다. 따라서 (C)가 정답이다.

어휘 transportation[trænspərtéiʃən] 교통편, 수송

### 82. 이유 문제

해석 왜 긴 대기 시간이 예상되는가?
(A) 비행편이 도착하지 않았다.
(B) 양식을 구할 수 없다.
(C) 규정이 바뀌었다.
(D) 구역에 직원이 부족하다.

해설 질문의 핵심어구(long wait times expected)와 관련된 내용을 주의 깊게 듣는다. 지문 후반부에서 "the customs area is not fully staffed. Passengers ~ may experience longer than usual waits(세관 구역에 전 직원이 근무하고 있지는 않습니다. 승객 여러분들께서는 평소보다 더 긴 대기 시간을 겪으실 수도 있습니다)"라고 하였다. 따라서 (D)가 정답이다.

패러프레이징
wait times 대기 시간 → waits 대기 시간
is not fully staffed 전 직원이 근무하고 있지는 않다 → is understaffed 직원이 부족하다

어휘 regulation[règjuléiʃən] 규정, 규제
understaffed[ʌ̀ndərstǽft] 직원이 부족한, 인원 부족의

## [83-85] 🎧 호주식 발음

Questions 83-85 refer to the following report.

---

**83This is Matt Mattson with the local news.** After receiving a large federal grant, **84the state zoo will be temporarily closing for much-needed remodeling and restorations.** All of the animal exhibits are expected to undergo considerable improvements during the construction. In addition to more spacious living areas for the animals, a new botanical garden will be built. March 31 will be the final day that the zoo is open before shutting down. **85The zoo is expected to be closed for about three months, opening up again in July.** For details about the closure, visit the zoo's Web site at www.statezoo.com.

---

federal[fédərəl] 정부의  grant[미 grænt, 영 grɑːnt] 보조금
temporarily[미 tèmpərérəli, 영 témpərərəli] 일시적으로
much-needed[mʌ́tʃníːdid] 절실히 필요한
remodeling[미 riːmɑ́dəliŋ, 영 riːmɔ́dəliŋ] 개조
restoration[rèstəréiʃən] 복구  improvement[imprúːvmənt] 개선
spacious[spéiʃəs] 넓은  botanical garden 식물원

83-85는 다음 보도에 관한 문제입니다.

<sup>83</sup>지역 뉴스의 Matt Mattson입니다. 대규모 정부 보조금을 받은 후, <sup>84</sup>주립 동물원은 절실히 필요한 개조와 복구를 위해 일시적으로 문을 닫을 것입니다. 모든 동물 관람은 공사 중에 상당한 개선이 진행될 것으로 예상됩니다. 동물들의 더 넓은 생활 구역뿐만 아니라, 새로운 식물원이 지어질 것입니다. 3월 31일은 동물원이 폐장되기 전에 문을 여는 마지막 날이 되겠습니다. <sup>85</sup>동물원은 약 3개월 간 문을 닫을 것으로 예상되며, 7월에 다시 개장할 것입니다. 폐장에 관해 자세한 정보를 원하시면, 동물원 웹사이트인 www.statezoo.com을 방문해 주십시오.

## 83. 화자 문제

해석 화자는 어디에서 일하는 것 같은가?
(A) 건설 회사에서
(B) 미디어 회사에서
(C) 시 박물관에서
(D) 정부 기관에서

해설 지문에서 신분 및 직업과 관련된 표현을 놓치지 않고 듣는다. 지문 초반부에서 "This is Matt Mattson with the local news (지역 뉴스의 Matt Mattson입니다)"라고 한 것을 통해, 화자가 뉴스를 보도하는 미디어 회사에서 일하고 있음을 알 수 있다. 따라서 (B)가 정답이다.

어휘 agency[éidʒənsi] 기관

## 84. 이유 문제

해석 동물원은 왜 폐장될 것인가?
(A) 이전될 것이다.
(B) 개인 행사를 주최할 것이다.
(C) 개선이 진행되어야 한다.
(D) 수익을 내지 못한다.

해설 질문의 핵심어구(zoo ~ shut down)와 관련된 내용을 주의 깊게 듣는다. 지문 초반부에서 "the state zoo will be temporarily closing for much-needed remodeling and restorations(주립 동물원은 절실히 필요한 개조와 복구를 위해 일시적으로 문을 닫을 것입니다)"라고 하였다. 따라서 (C)가 정답이다.

**패러프레이징**
is ~ being shut down 폐장될 것이다 → will be ~ closing 문을 닫을 것이다
remodeling and restorations 개조와 복구 → improvements 개선

어휘 profit[prá:fit] 수익, 이익

## 85. 특정 세부 사항 문제

해석 7월에 무슨 일이 일어날 것인가?
(A) 시설이 다시 문을 열 것이다.
(B) 공사가 시작될 것이다.
(C) 예산이 늘어날 것이다.
(D) 웹사이트가 개설될 것이다.

해설 질문의 핵심어구(in July)가 언급된 주변을 주의 깊게 듣는다. 지문 후반부에서 "The zoo is expected to be closed for about three months, opening up again in July(동물원은 약 3개월간 문을 닫을 것으로 예상되며, 7월에 다시 개장할 것입니다)"라고 하였다. 따라서 (A)가 정답이다.

**패러프레이징**
zoo 동물원 → facility 시설
opening up again 다시 개장하다 → reopen 다시 문을 열다

---

어휘 budget[bʌ́dʒit] 예산, 비용  launch[lɔːntʃ] 개설하다, 개시하다

## [86-88] 🔊 미국식 발음

Questions 86-88 refer to the following telephone message.

Hello, Ms. Rodriguez. This is Laura Estevez calling from the Rosefield Construction. <sup>86</sup>**Our director, Joe Lawrence, recommended your services.** We would like to hire you for an upcoming project. <sup>87</sup>**Our company is planning to put up a conference center,** and we would like you to design the meeting rooms and lounge areas of the building. <sup>88</sup>**Are you available to meet on Thursday morning at 10 o'clock?** If so, contact me at 555-1006 as soon as possible. Also, <sup>88</sup>**please bring samples of your previous design projects**. We look forward to doing business with you. Thank you.

---

director[diréktər] 부장, 이사  recommend[rèkəménd] 추천하다
put up 짓다, 세우다  lounge[laundʒ] 휴게실
look forward to ~을 고대하다

해석
86-88은 다음 음성 메시지에 관한 문제입니다.

안녕하세요, Ms. Rodriguez. 저는 Rosefield 건설사의 Laura Estevez입니다. <sup>86</sup>저희 부장님이신 Joe Lawrence께서 당신의 서비스를 추천하셨어요. 저희는 곧 있을 프로젝트에 당신을 고용하고 싶습니다. <sup>87</sup>저희 회사는 회의장을 지을 계획이며, 당신이 건물의 회의실과 휴게실을 설계해 주셨으면 합니다. <sup>88</sup>목요일 오전 10시에 만날 시간이 되시나요? 되신다면, 가능한 한 빨리 555-1006으로 저에게 연락 주세요. 또한, <sup>88</sup>당신의 이전 디자인 프로젝트의 견본을 가져와 주세요. 당신과 함께 일할 수 있기를 고대합니다. 감사합니다.

## 86. 의도 파악 문제

해석 화자는 왜 "저희 부장님이신 Joe Lawrence께서 당신의 서비스를 추천하셨어요"라고 말하는가?
(A) 프로젝트의 중요성을 강조하기 위해
(B) 참여하도록 동기를 제공하기 위해
(C) 제안의 이유를 설명하기 위해
(D) 협상 의지를 보이기 위해

해설 질문의 인용어구(Our director, Joe Lawrence, recommended your services)가 언급된 주변을 주의 깊게 듣는다. 지문 초반부에서 자신의 부장님이신 Joe Lawrence가 상대방의 서비스를 추천했다고 하면서 "We would like to hire you for an upcoming project(저희는 곧 있을 프로젝트에 당신을 고용하고 싶습니다)"라고 한 것을 통해, 화자가 고용 제안을 한 이유를 설명하려는 의도임을 알 수 있다. 따라서 (C)가 정답이다.

어휘 incentive[inséntiv] 동기, 보상책
willingness[wíliŋnis] 의지, 기꺼이 ~하려는 마음

## 87. 특정 세부 사항 문제

해석 회사는 무엇을 지을 계획인가?
(A) 스포츠 시설
(B) 고급 호텔
(C) 회의장

(D) 아파트 단지

해설 질문의 핵심어구(company planning to build)와 관련된 내용을 주의 깊게 듣는다. 지문 중반부에서 "Our company is planning to put up a conference center(저희 회사는 회의장을 지을 계획입니다)"라고 하였다. 따라서 (C)가 정답이다.

**패러프레이징**
build 짓다 → put up 짓다

어휘 luxury[lʌ́kʃəri] 고급의, 사치의
complex[kámpleks] (건물) 단지, 복합 건물

## 88. 요청 문제

해석 화자는 Ms. Rodriguez에게 회의에 무엇을 가져오라고 요청하는가?
(A) 최신 이력서
(B) 추천서
(C) 작업 견본
(D) 의상 디자인

해설 지문 중후반에서 요청과 관련된 표현이 언급된 다음을 주의 깊게 듣는다. "Are you available to meet on Thursday morning at 10 o'clock?(목요일 오전 10시에 만날 시간이 되시나요?)"이라고 한 후, "please bring samples of your previous design projects(당신의 이전 디자인 프로젝트의 견본을 가져와 주세요)"라고 하였다. 따라서 (C)가 정답이다.

**패러프레이징**
samples of ~ design projects 디자인 프로젝트의 견본 → Work samples 작업 견본

[89-91] [3ᵈ] 영국식 발음

Questions 89-91 refer to the following introduction.

Today, we will hear a speech by the famed film director Joshua Kellen. **⁸⁹Mr. Kellen's newest film, entitled *Air Space*, will premiere this coming weekend** in Rome and Paris. The movie has already received incredible reviews from critics. In addition to his film work, Mr. Kellen produces several television programs, and **⁹⁰he is a guest lecturer for students at Pacific Coast University**. **⁹¹Mr. Kellen plans to tell us how he came up with the idea for his upcoming television project.**

--------
famed[feimd] 유명한  entitle[intáitl] 제목을 붙이다
premiere[미 primíər, 영 prémieə] 개봉하다, 초연하다
incredible[inkrédəbl] 놀라운  review[rivjúː] 평, 평론지
critic[krítik] 평론가  lecturer[미 léktʃərər, 영 léktʃərə] 강사
come up with ~을 생각해내다

**해석**
89-91은 다음 소개에 관한 문제입니다.

오늘은 유명한 영화감독인 Joshua Kellen의 연설을 들어보겠습니다. ⁸⁹*Air Space*라는 제목의 Mr. Kellen의 최신 영화가 다가오는 이번 주말에 로마와 파리에서 개봉할 것입니다. 그 영화는 이미 평론가들로부터 놀라운 평을 받았습니다. 그의 영화 작업뿐만 아니라, Mr. Kellen은 몇몇 텔레비전 프로그램을 제작하고 있으며, ⁹⁰그는 Pacific Coast 대학교의 학생들을 위한 초청 강사이기도 합니다. ⁹¹Mr. Kellen은 그가 어떻게 그의 곧 있을 텔레비전 프로젝트를 위한 아이디어를 생각해 냈는지 우리에게 이야기할 예정입니다.

## 89. 특정 세부 사항 문제

해석 이번 주말에 무슨 일이 일어날 것인가?
(A) 영화가 개봉될 것이다.
(B) 상이 수여될 것이다.
(C) 평론지가 발행될 것이다.
(D) 서비스가 출시될 것이다.

해설 질문의 핵심어구(this weekend)가 언급된 주변을 주의 깊게 듣는다. 지문 초반부에서 "Mr. Kellen's newest film ~ will premiere this coming weekend(Mr. Kellen의 최신 영화가 다가오는 이번 주말에 개봉할 것입니다)"라고 하였다. 따라서 (A)가 정답이다.

**패러프레이징**
premiere 개봉하다 → be released 개봉되다

## 90. 언급 문제

해석 Mr. Kellen에 대해 무엇이 언급되는가?
(A) 그는 로마에서 사업체를 개업했다.
(B) 그는 유명한 영화에 출연했다.
(C) 그는 우주에 대한 소설을 쓸 계획이다.
(D) 그는 교육 기관에서 일한다.

해설 질문의 핵심어구(Mr. Kellen)와 관련된 내용을 주의 깊게 듣는다. 지문 중반부에서 "he[Mr. Kellen] is a guest lecturer for students at Pacific Coast University(그[Mr. Kellen]는 Pacific Coast 대학교의 학생들을 위한 초청 강사입니다)"라고 하였다. 따라서 (D)가 정답이다.

**패러프레이징**
is a guest lecturer ~ at ~ University 대학교의 초청 강사이다 → works at an educational institution 교육 기관에서 일하다

어휘 appear[əpíər] 출연하다, 나타나다  novel[nάːvəl] 소설

## 91. 특정 세부 사항 문제

해석 Mr. Kellen은 무엇에 대해 이야기할 것인가?
(A) 향후의 프로젝트
(B) 최근의 여행
(C) 성공적인 제품
(D) 인기 있는 공연

해설 질문의 핵심어구(Mr. Kellen talk)가 언급된 주변을 주의 깊게 듣는다. 지문 후반부에서 "Mr. Kellen plans to tell us how he came up with the idea for his upcoming television project(Mr. Kellen은 그가 어떻게 그의 곧 있을 텔레비전 프로젝트를 위한 아이디어를 생각해 냈는지 우리에게 이야기할 예정입니다)"라고 한 것을 통해, Mr. Kellen이 향후의 프로젝트에 대해 이야기할 것임을 알 수 있다. 따라서 (A)가 정답이다.

어휘 performance[pərfɔ́ːrməns] 공연, 수행

[92-94] [3ᵈ] 미국식 발음

Questions 92-94 refer to the following telephone message.

Hello, Mr. Jones. This is Sylvia Smith calling from the Cedar Real Estate Agency. I received an e-mail from an investor about your property on Harbor Avenue. **⁹²He offered to pay a much higher amount than I expected. I had to check it again to be sure.** Apparently, **⁹³he is very interested in the property because it faces** ⟳

the ocean. I guess he's planning to build a hotel on the site. Would it be possible to get together later this afternoon? We could meet at 3 P.M. at my office. **⁹⁴Please contact me at 555-1708** and let me know. Thanks.

------------------------------------------------

real estate 부동산 investor[invéstər] 투자자
property[prá:pərti] 부지, 부동산
apparently[əpǽrəntli] 듣자 하니, 보기에 face[feis] ~을 향하다
site[sait] 장소, 부지

**해석**

92-94는 다음 음성 메시지에 관한 문제입니다.

안녕하세요, Mr. Jones. Cedar 부동산 중개소에서 전화드리는 Sylvia Smith입니다. Harbor가에 있는 고객님 부지와 관련하여 투자자로부터 이메일을 받았습니다. ⁹²그는 제가 예상했던 것보다 훨씬 높은 액수를 지불하겠다고 제시했습니다. 저는 확실히 하기 위해 그것을 다시 확인해야 했습니다. 듣자 하니, ⁹³부지가 바다를 향하고 있기 때문에 그가 매우 관심을 보이는 듯합니다. 그는 그 장소에 호텔을 지을 계획인 것 같습니다. 오늘 오후 늦게 만나는 게 가능하십니까? 오후 3시에 제 사무실에서 만날 수 있을 것 같습니다. ⁹⁴555-1708로 제게 연락하셔서 알려 주시기 바랍니다. 감사합니다.

**92. 의도 파악 문제**

**해석** 화자는 "저는 확실히 하기 위해 그것을 다시 확인해야 했습니다"라고 말할 때 무엇을 의도하는가?
(A) 그녀는 액수로 인해 놀랐다.
(B) 그녀는 제안에 만족하지 않았다.
(C) 그녀는 고객에 대해 걱정했다.
(D) 그녀는 문제로 인해 혼란스러웠다.

**해설** 질문의 인용어구(I had to check it again to be sure)가 언급된 주변을 주의 깊게 듣는다. 지문 초반부에서 "He[investor] offered to pay a much higher amount than I expected(그[투자자]는 제가 예상했던 것보다 훨씬 높은 액수를 지불하겠다고 제시했습니다)"라고 한 후, 자신이 확실히 하기 위해 그것을 다시 확인해야 했다고 했으므로 화자가 제시된 액수로 인해 놀랐다고 말하려는 의도임을 알 수 있다. 따라서 (A)가 정답이다.

**93. 언급 문제**

**해석** 화자는 부지에 대해 무엇을 언급하는가?
(A) 몇몇 건물들을 포함한다.
(B) 임대가 가능하다.
(C) 최근에 팔렸다.
(D) 바다가 보이는 전망이 있다.

**해설** 질문의 핵심어구(property)가 언급된 주변을 주의 깊게 듣는다. 지문 중반부에서 "he is very interested in the property because it faces the ocean(부지가 바다를 향하고 있기 때문에 그가 매우 관심을 보입니다)"이라고 하였다. 따라서 (D)가 정답이다.

**패러프레이징**
faces the ocean 바다를 향하고 있다 → has a view of the ocean 바다가 보이는 전망이 있다

**어휘** rent[rent] 임대

**94. 요청 문제**

**해석** 화자는 청자에게 무엇을 하라고 요청하는가?
(A) 회신 전화를 한다.

(B) 약속을 연기한다.
(C) 전시실을 방문한다.
(D) 전화번호를 준다.

**해설** 지문 중후반에서 요청과 관련된 표현이 언급된 다음을 주의 깊게 듣는다. "Please contact me at 555-1708(555-1708로 제게 연락해주시기 바랍니다)"이라고 하였다. 따라서 (A)가 정답이다.

**어휘** delay[diléi] 연기하다, 지연시키다
showroom[ʃóuru:m] 전시실, 진열실

---

**[95-97]** 🎧 캐나다식 발음

Questions 95-97 refer to the following talk and map.

Welcome, everyone. **⁹⁵I'll be your guide for the duration of our tour of Portville Mansion**, a building that has been here for hundreds of years. We'll start off by visiting the individual rooms while **⁹⁶I provide you with some interesting facts about the artifacts inside each one**. After that, we'll proceed outside to look at the breathtakingly beautiful gardens. Then, you'll have some free time to wander around on your own. Take a look at this map. **⁹⁷At 4 P.M., we'll meet in the room right next to the entrance.** OK, let's begin the tour.

------------------------------------------------

duration[djuréiʃən] 기간, 지속 individual[ìndəvídʒuəl] 각각의
artifact[á:rtəfækt] 공예품, 인공물 proceed[prəsí:d] 이동하다
breathtakingly[bréθtèikiŋli] 놀랄 만큼
wander around 돌아다니다 on one's own 혼자서, 혼자 힘으로

**해석**

95-97은 다음 담화와 지도에 관한 문제입니다.

환영합니다, 여러분. ⁹⁵저는 여기에 수백 년간 있었던 건물인 Portville 대저택의 관광 기간 중 여러분들의 가이드가 될 것입니다. 우리는 각각의 방들을 방문하는 것부터 시작할 것인데, 그와 동시에 ⁹⁶제가 여러분들께 각 방에 있는 공예품들에 대한 몇 가지 흥미로운 사실들을 말씀드릴 것입니다. 그 후에, 우리는 놀랄 만큼 아름다운 정원을 보기 위해 밖으로 이동할 것입니다. 그리고 나서, 여러분들은 혼자서 돌아다닐 수 있는 자유 시간을 갖게 될 것입니다. 이 지도를 한번 봐주세요. ⁹⁷오후 4시에, 우리는 입구 바로 옆 방에서 모일 것입니다. 자, 관광을 시작합시다.

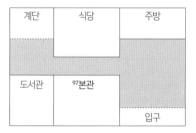

| 계단 | 식당 | 주방 |
|------|------|------|
| 도서관 | ⁹⁷본관 | |
| | | 입구 |

**95. 화자 문제**

**해석** 화자는 누구인 것 같은가?
(A) 건물 관리인
(B) 안내 데스크 직원
(C) 여행 가이드
(D) 인테리어 디자이너

해설 지문에서 신분 및 직업과 관련된 표현을 놓치지 않고 듣는다. 지문 초반부에서 "I'll be your guide for the duration of our tour of Portville Mansion(저는 Portville 대저택의 관광 기간 중 여러분들의 가이드가 될 것입니다)"이라고 한 것을 통해, 화자가 여행 가이드임을 알 수 있다. 따라서 (C)가 정답이다.

## 96. 다음에 할 일 문제

해석 화자는 무엇을 할 것이라고 말하는가?
(A) 방문객 출입증을 나눠준다.
(B) 몇몇 물건들에 대해 이야기한다.
(C) 건물 지도를 수정한다.
(D) 몇몇 규칙들을 설명한다.

해설 다음에 할 일을 묻는 문제이지만, 특별히 이 문제는 지문의 중반에 다음에 할 일과 관련된 내용이 언급되었음에 주의한다. "I provide you with some interesting facts about the artifacts inside each one(제가 여러분들께 각 방에 있는 공예품들에 대한 몇 가지 흥미로운 사실들을 말씀드릴 것입니다)"이라고 하였다. 따라서 (B)가 정답이다.

**패러프레이징**
artifacts 공예품들 → some objects 몇몇 물건들

어휘 pass[pæs] 출입증, 통행증  modify[mάdəfài] 수정하다, 변경하다

## 97. 시각 자료 문제

해석 시각 자료를 보아라. 청자들은 오후 4시에 어디에서 모이도록 지시 받는가?
(A) 식당
(B) 주방
(C) 본관
(D) 도서관

해설 질문의 핵심어구(meet at 4 P.M.)가 언급된 주변을 주의 깊게 듣는다. 지문 후반부에서 "At 4 P.M., we'll meet in the room right next to the entrance(오후 4시에, 우리는 입구 바로 옆 방에서 모일 것입니다)"라고 하였으므로, 청자들이 오후 4시에 입구 바로 옆의 본관에서 모이도록 지시받고 있음을 시각 자료에서 확인할 수 있다. 따라서 (C)가 정답이다.

어휘 instruct[instrʌ́kt] 지시하다

## [98-100] 🔊 영국식 발음

Questions 98-100 refer to the following announcement and list.

⁹⁸**Thank you all for coming here to Lilac Hotel** for the second day of our book publisher's seminar. Before we begin, I'd like to make some announcements. First of all, please note that Maria Court's arrival has been delayed. Her presentation will thus commence 20 minutes later than planned. While we're waiting, though, ⁹⁹**I will pass out a short survey for you to complete. It was created by the speaker who will be presenting on cover design.** And I'm also pleased to announce that ¹⁰⁰**all attendees will receive a certificate of completion during tonight's celebratory banquet.**

commence[kəméns] 시작하다
certificate[미 sərtífikət, 영 sətífikət] 증명서, 증서   ◯

completion[kəmplíːʃən] 수료, 완성
celebratory[미 séləbrətɔ̀ri, 영 sèləbrətəri] 축하의, 기념의
banquet[bǽŋkwit] 연회

해석
98-100은 다음 공지와 목록에 관한 문제입니다.

도서 출판업자 세미나의 둘째 날을 위해 ⁹⁸이곳 Lilac 호텔에 와주셔서 모두에게 감사합니다. 시작하기 전에, 저는 몇 가지 공지를 하고 싶습니다. 먼저, Maria Court의 도착이 지연되었음을 알아두십시오. 따라서 그녀의 발표는 예정보다 20분 늦게 시작할 것입니다. 그러나 저희가 기다리는 동안, ⁹⁹저는 여러분들이 작성하실 짧은 설문지를 나눠드릴 것입니다. 그것은 표지 디자인에 대해 발표할 연사에 의해 만들어졌습니다. 그리고 ¹⁰⁰오늘 밤 축하 연회 동안 모든 참가자들이 수료 증명서를 받게 될 것이라는 점도 알려드리게 되어 기쁩니다.

| 연사 | 발표 |
|---|---|
| Maria Court | 국제 거래 |
| ⁹⁹Jennifer Trang | 표지 디자인 |
| Kelly Smith | 작가의 지적 재산권 |
| Leslie Oman | 온라인 출판 |

## 98. 장소 문제

해석 공지는 어디에서 일어나고 있는가?
(A) 금융기관에서
(B) 서점 지점에서
(C) 출판사에서
(D) 숙박 시설에서

해설 장소와 관련된 표현을 놓치지 않고 듣는다. 지문 초반부에서 "Thank you all for coming here to Lilac Hotel(이곳 Lilac 호텔에 와주셔서 모두에게 감사합니다)"이라고 한 것을 통해, 공지가 숙박 시설인 호텔에서 일어나고 있음을 알 수 있다. 따라서 (D)가 정답이다.

**패러프레이징**
Hotel 호텔 → accommodation facility 숙박 시설

어휘 accommodation[əkὰːmədéiʃən] 숙박

## 99. 시각 자료 문제

해석 시각 자료를 보아라. 누가 설문지를 만들었는가?
(A) Maria Court
(B) Jennifer Trang
(C) Kelly Smith
(D) Leslie Oman

해설 질문의 핵심어구(created the survey)가 언급된 주변을 주의 깊게 듣는다. 지문 중후반부에서 "I will pass out a short survey ~. It was created by the speaker who will be presenting on cover design(저는 짧은 설문지를 나눠드릴 것입니다. 그것은 표지 디자인에 대해 발표할 연사에 의해 만들어졌습니다)"이라고 하였으므로, 표지 디자인에 대해 발표할 연사인 Jennifer Trang이 설문지를 만들었음을 시각 자료에서 확인할 수 있다. 따라서 (B)가 정답이다.

## 100. 특정 세부 사항 문제

해석 화자에 따르면, 오늘 밤에 무슨 일이 일어날 것인가?
(A) 탁자들이 옮겨질 것이다.
(B) 문서가 복사될 것이다.
(C) 결과가 검토될 것이다.

(D) 증명서가 수여될 것이다.

해설 질문의 핵심어구(tonight)가 언급된 주변을 주의 깊게 듣는다. 지문 후반부에서 "all attendees will receive a certificate of completion during tonight's celebratory banquet(오늘 밤 축하 연회 동안 모든 참가자들이 수료 증명서를 받게 될 것입니다)"이라고 하였다. 따라서 (D)가 정답이다.

**패러프레이징**

will receive a certificate 증명서를 받을 것이다 → Certificates will be presented 증명서가 수여될 것이다

**MEMO**